Titel:	Schlaglichter der Rottweiler Geschichte
Herausgeber:	Stadt Rottweil, Mathias Kunz
Herstellung:	verlag regionalkultur (vr)
Gestaltung und Satz:	Jochen Baumgärtner (vr)
Umschlaggestaltung:	Jochen Baumgärtner (vr)
Endkorrektur:	Saskia Pakieser (vr)

ISBN 978-3-95505-291-1

Bibliographische Information der Deutschen Bibliothek
Die Deutsche Bibliothek verzeichnet diese Publikation in der Deutschen Nationalbibliographie;
detaillierte bibliographische Daten sind im Internet über http://dnb.dnb.de abrufbar.

Diese Publikation ist auf alterungsbeständigem und säurefreiem Papier
(TCF nach ISO 9706) gedruckt entsprechend den Frankfurter Forderungen.

© 2021. Alle Rechte vorbehalten.

verlag regionalkultur

Ubstadt-Weiher – Heidelberg– Speyer – Stuttgart – Basel

Verlag Regionalkultur GmbH & Co. KG
Bahnhofstraße 2 • 76698 Ubstadt-Weiher • Telefon (07251) 36703-0 • Fax 36703-29
E-Mail: kontakt@verlag-regionalkultur.de • Internet: www.verlag-regionalkultur.de

Schlaglichter der Rottweiler Geschichte

Hrsg. von der Stadt Rottweil

verlag regionalkultur

Grußwort

Die vorliegende Festschrift erscheint anlässlich der Ersterwähnung Rottweils als rotuvilla in einer der bedeutendsten Quellen der abendländischen Christenheit. Es handelt sich um die sogenannte Vita vetustissima Sancti Galli, sprich um die älteste Version der Lebensbeschreibung des heiligen Gallus, der um 600 n. Chr. lebte und das Kloster St. Gallen gründete. In dieser hagiographischen Quelle wird von einem Königsgutbezirk Rottweil gesprochen. Die Datierung auf das Jahr 771 ist möglich, weil in der Schrift auf das vierte Regierungsjahr des Königs Karlmann (768–771) verwiesen wird.

Der zeitliche Rahmen erstreckt sich vom römischen Rottweil der frühen Kaiserzeit bis zur Errichtung des Testturms und dem Turmfest 2019.

Im Jahr 2021 begeht Rottweil somit sein 1250-jähriges Jubiläum. Anlässlich dieses Ereignisses erscheint vorliegendes Buch, das den Titel „Schlaglichter der Rottweiler Geschichte" trägt. Zahlreiche Autoren haben zum Gelingen des Werks beigetragen. In insgesamt 55 ausgewählten Schlaglichtern werden verschiedene Aspekte der Rottweiler Geschichte behandelt. Diese Schlaglichter sind in Kapitel eingeteilt und ermöglichen die Lektüre einzelner oder mehrerer frei ausgewählter Beiträge, die für sich stehen und doch ein Ganzes bilden.

Zu den Schlaglichtern zählen Beiträge über Stadtwerdung und Stadtentwicklung (Kap. 1), Politik (Kap. 2), Partnerschaften und Patenschaften (Kap. 3), Fehden und Kriege (Kap. 4), Recht und Rechtsprechung (Kap. 5), Demokratie und Diktatur (Kap. 6), Wirtschaft und Industrie (Kap. 7), Zünfte, Verbände und Vereine (Kap. 8), Religion und Glaube (Kap. 9), Kultur und Kunst (Kap. 10) sowie über die Fasnet (Kap. 11).

Die jeweiligen Texte werden durch zahlreiche Abbildungen veranschaulicht, z.B. durch Urkunden, Akten, Zeitungsausschnitte, Fotos, Karten, Briefe, Auszüge aus Protokollen und sonstigen Gegenständen. Es versteht sich von selbst, dass nicht alle erdenkbaren Schlaglichter in einer solchen Festschrift abgehandelt werden können. Das breite Themenspektrum bietet jedoch jedem interessierten Bürger eine Auswahl aus knapp 2000 Jahren Rottweiler Geschichte an.

Ich danke dem Stadtarchiv Rottweil unter Leitung von Herrn Dr. Mathias Kunz, der das Buch entworfen und redigiert hat, den zahlreichen Autoren, die mit ihrem großen Engagement die Entstehung des Buches ermöglicht haben, sowie dem verlag regionalkultur Ubstadt-Weiher für die gute Zusammenarbeit bei der Publikation des Buches.

Ralf Broß, Oberbürgermeister der Stadt Rottweil

Abb. 1
Oberbürgermeister Ralf Broß
© Stadt Rottweil

Inhalt

1 STADTWERDUNG UND STADTENTWICKLUNG

186: Die älteste Stadt Baden-Württembergs – Rottweil in römischer Zeit (Klaus Kortüm) 9
Altstadt und Pelagiuskirche (Christian Gildhoff) 13
771: Am Anfang war ein Wunder. Rotuvilla – die erste Erwähnung (Bernhard Rüth) 18
Um 1100/1200: Mittelstadt und staufische Neugründung (Bertram Jenisch) 23
1564: Die Pürschgerichtskarte des David Rötlin (Carsten Kohlmann) 29
Die Reichsstadt Rottweil und ihre Landschaft (Edwin Ernst Weber) 36
2011: „Vom Kloster zum Mehrgenerationenhaus:
    Der Kapuziner wird neu eröffnet." (Heide Friederichs/Henry Rauner) 45
2017: Highest Hopes: Der Turmbau zu Rottweil.
    Wie in der ältesten Stadt Baden-Württembergs die Zukunft begann (Tobias Hermann) 51
2021: Rottweil 5.0 (Ralf Broß) 59

2 POLITIK

1519: Der „Ewige Bund" mit den Eidgenossen (Mathias Kunz) 65
1802/1803: Rottweil wird württembergisch (Mathias Kunz) 71
Strikt katholisch: Die Zentrumspartei in Rottweil von 1870 – 1920 (Wolfgang Vater) 77
1899: S.M. König Wilhelm II. besucht Rottweil (Anja Frommer) 79
1920: Matthias Erzberger in Rottweil (Jürgen Mehl) 83
1946: Rottweil soll Hauptstadt eines „schwäbisch-alemannischen"
    Staates werden (Andreas Linsenmann) 89

3 PARTNERSCHAFTEN UND PATENSCHAFTEN

1913: Rottweil und Brugg – eine Städtepartnerschaft im Wandel der Zeit (Harald Sommer) 95
Rottweil und seine Patenschiffe (Michael Rauschert) 102
Das „Schweizerfest" von 1969 (Andreas Linsenmann) 105
2009: Die Erde bebt in L'Aquila (Ludwig Kohler) 108
2014: Servus Imst! 50 Jahre Freundschaft (Gabriele Ulbrich) 114
2020: 50 Jahre Freundschaft: Hyères et Rottweil (Margot Groß) 120

4 FEHDEN UND KRIEGE

1449: Die Hohenberger Fehde und ihre Folgen für Rottweil (Niklas Konzen) *127*

1643: Die Zerstörung Rottweils im Dreißigjährigen Krieg (Carsten Kohlmann) *135*

1915/1916: Fliegerangriffe auf die Rottweiler Pulverfabrik
    im Ersten Weltkrieg (1914 – 1918) (Gerald Paul Mager) *144*

5 RECHT UND RECHTSPRECHUNG

1299: Eine Residenz des Rechts: Das Kaiserliche Hofgericht zu Rottweil (Mathias Kunz) *152*

1434: Bulla aurea rotuvillensis: Rechte und Pflichten einer Reichsstadt (Carsten Kohlmann) *158*

Ein dunkles Kapitel – Hexenprozesse in Rottweil (Cornelia Votteler) *165*

Der steinige Weg zum neuen Gefängnis (Tobias Hermann) *170*

6 DEMOKRATIE UND DIKTATUR

Nazis im Himmelreich. Die Napola in Rottweil (Rudolf Strasser) *177*

Einweihung der Dietrich-Eckart-Oberschule im Jahr 1938.
    Zur Bedeutung des Gymnasiums in der Geschichte Rottweils (Augusta Hönle) *186*

1940: Ein Licht gegen die Dunkelheit der Euthanasie (Eva Müller) *193*

1940: Dr. med. Josef Wrede: „Weiß" gegen „Braun" (Eva Müller) *197*

Als die Franzosen kamen: Kriegsende 1945 (Andreas Linsenmann) *200*

1946: Eine Frau der ersten Stunde – politisch und sozial engagiert.
    Dr. Gertrud Metzger, geb. Schünemann (Cornelia Votteler) *203*

7 WIRTSCHAFT UND INDUSTRIE

Die Königliche Saline Wilhelmshall 1824 – 1969.
    Der erste große Industriebetrieb Rottweils (Martina van Spankeren-Gandhi) *207*

1868: Die Lokomotive „Wilhelmsglück" fährt in Rottweil ein (Wolfgang Vater) *210*

Max von Duttenhofer (1843 – 1903) (Michael Rauschert) *212*

1984: Freie Energiestadt Rottweil. Stadtwerke-Direktor Siegfried Rettich
    macht die Stadt berühmt (Jochen Schicht) *214*

8 ZÜNFTE, VERBÄNDE UND VEREINE

1454: Aufnahme der Rottweiler Büchsenschützen
    in den Johanniterorden (Winfried Hecht) *218*

1765: Die Rottweiler Buchbinder-Ordnung:
    Zum Verhältnis von Zunft und Handwerk in Rottweil (Winfried Hecht) *222*

Von „Alterthumsfreunden und Geschichtsforschern".
    Die Anfänge des Rottweiler Geschichts- und Altertumsvereins e. V. (Harald Sellner) 225
2006: 150 Jahre Rottweiler Feuerwehr (Rainer Müller) 229

9   RELIGION UND GLAUBE

1224: Die Gründung des Zisterzienserinnenklosters Rottenmünster (Harald Sellner) 232
1275: Das Heilig-Geist-Spital zu Rottweil steht unter päpstlichem Schutz (Ludwig Ohngemach) 238
Zwei Schreiben des Provinzials der deutschen Dominikaner von 1520 bzw. 1525
    an Bürgermeister und Rat der Stadt Rottweil (Winfried Hecht) 243
1529/1530: Katholisch oder protestantisch – die unterbundene Reformation (Bernhard Rüth) 246
Die Societas Iesu in der Schulstadt Rottweil (Manfred Waldraff(†)/Mathias Kunz) 250

10   KULTUR UND KUNST

Die Rottweiler Gasthäuser (Arved Sassnick) 256
Der Künstler Romuald Hengstler und das Sichtbarmachen des Zeitverlaufs.
    „Kunst gibt nicht das Sichtbare wieder, sondern macht sichtbar." (Anja Rudolf) 262
Erich Hauser: Ein Kraftmensch verankert die Gegenwartskunst in Rottweil (Claudia Knubben) 268
1997: Rottweiler Schüler hinterlassen ihre „Schreibspuren" (Sabina Kratt) 274
1998: Von der Pulverfabrik zum angesagten Veranstaltungsort:
    Das Kraftwerk wird eröffnet (Thomas Wenger/Mike Wutta) 279
2005: ACHTUNG ROTTWEILER! Ottmar Hörls Vierbeiner erobern Rottweil (Jürgen Knubben) 287
2017: 50 Jahre Klassik-Festival „Sommersprossen" (Andreas Linsenmann) 293

11   FASNET

Narrensprung und Maskenspiel: Rottweil und seine Fasnet (Jochen Schicht) 299
1937: Die Uraufführung der Oper „Die Fasnacht von Rottweil" (Andreas Linsenmann) 302
1963: Der Viererbund. Narrenfreundschaft der besonderen Art (Jochen Schicht) 309

12   ANHANG

Abkürzungsverzeichnis 312

1 STADTWERDUNG UND STADTENTWICKLUNG

186: Die älteste Stadt Baden-Württembergs – Rottweil in römischer Zeit

Von Klaus Kortüm

Prolog

Wir schreiben das Jahr, in dem unser erhabener Kaiser Marcus Aurelius Commodus zum fünften Mal und der Senator Manius Acilius Glabrio zum zweiten Mal als Konsul dem Römischen Reich vorstehen. Es ist Hochsommer. Morgen wird mit den Nonen der erste Abschnitt des Augusts vorbei sein (= 4. August 186 n. Chr.).

Ich – gestatten: Lucius Pervincius Saturninus – bin heilfroh, dass mit dem heutigen Richterspruch des kaiserlichen Kommandeurs der erhabenen 8. Legion ein letztinstanzliches Urteil vorliegt. Damit kann ich endlich unsere Außenstände über einen meiner Bevollmächtigten eintreiben lassen.

Meinem kürzlich verstorbenen alten Onkel hatten ein paar windige „Ehrenmänner" ein Legat aus einer Erbschaft vorenthalten sowie mehrere verzinste Darlehen nicht mehr zurückgezahlt. Wenn ich das richtig im Kopf zusammengezählt habe, deutlich über 2000 Silberstücke! Mein langjähriger Sekretär Eutyches, den ich vor kurzem freigelassen habe, der aber selbstverständlich weiter für mich arbeitet, kennt die genauen Zahlen. Von so viel Geld kann der Schulfreund meines Sohnes, der in die Straßburger Legion eingetreten ist, nur träumen. Vielleicht, wenn er es eines Tages bis zum vom Kaiser bestallten Offizier bringt… Er stammt nur aus einfachen Verhältnissen, ist aber nicht auf den Kopf gefallen und ehrgeizig. Ihm kann man so etwas zutrauen. Einen zuverlässigen Soldaten bzw. Offizier quasi in der Familie zu haben wäre in diesen mehr als unsicheren Zeiten nicht verkehrt. Aber ich schweife ab.

Der Prozessanfang war schwierig. Die städtischen Geschworenengerichte hatten den Fall nicht angenommen, mit einer juristischen Begründung, die ich nicht verstanden habe. Jedenfalls war die Sache an die oberste Provinzinstanz gegangen, den kaiserlichen Statthalter in *Mogontiacum* (Mainz). Dieser wiederum hatte die Sache schon einmal zur Entscheidung an den Legionskommandeur in *Argentoratum* (Straßburg) überwiesen. Er ist ja ebenfalls Angehöriger des römischen Senats und in unserer Provinz quasi der zweite Mann Roms nach dem Statthalter.

Für einen erfolgreichen Großhändler und Mitglied im Rat der Stadt wie mich bedeutet die Streitsumme ehrlich gesagt nur einen kleinen Teil meiner täglichen Geldgeschäfte. Bei den vielen Leuten, die

Abb. 2
Hölzerne Urkunde mit Resten eines Gerichturteils vom 4.8.186 n. Chr. Gefunden bei Ausgrabungen in der Rottweiler Altstadt
© Landesmuseum Württemberg
Fotos: H. Zwietasch/P. Frankenstein

sich bei mir Geld leihen, muss man aber peinlich drauf achten, dass die „Rückzahlungsmoral" nicht leidet. Unser Zivilrecht soll ja sehr durchdacht und fortschrittlich sein. Ich empfinde es aber eher als sehr formell. Für jede kleine Klage braucht man einen juristischen Experten. Der kostet. Und die Wankelmütigkeit der Geschworenengerichte bleibt trotzdem unkalkulierbar. Daher bin ich froh, dass der Legionskommandeur als unabhängiger Richter eingesetzt worden ist. Denn Klüngel, den gibt es leider auch in unserem kleinen, aber dank des alljährlichen Festes für die Kaiser immer noch hoch angesehenen Städtchen.

Daher war es sicher kein Fehler, dem Kommandeur frühzeitig ein kleines Präsent überreicht zu haben, selbstverständlich nur als bescheidenen Ausgleich dafür, dass er sich noch mal auf den mühsamen Weg vom Rheintal hinauf zu uns machen musste. Obwohl: Jedermann weiß, dass er Anspruch auf die Benutzung des staatlichen Transportdienstes hat und mit einem bequemen Reisewagen gekommen ist. Außerdem weilte er ja nicht nur wegen unseres Rechtsstreites in der Stadt. Mehrere Tage lang hat er in der Gerichts- und Markthalle im Zentrum der Stadt auf seinem Richterstuhl gesessen und im Namen des Kaisers Urteile gefällt. Die Zuhörerschaft stand teilweise bis auf den Hof hinaus. Sein Stab war wohl vorbereitet und hatte sich im Vorfeld mit Abschriften der nötigen Papiere aus unterschiedlichen Archiven versorgt. Respekt! Nicht jeder Senator aus Rom nimmt seine Geschäfte am Rande des Imperiums so ernst wie dieser Iuventius Caesianus, Senator aus *Briscia* (Brescia), wie man hört. Den Namen sollte man sich merken!

Aber jetzt erstmal schnell nach Hause – es ist das schmucke Wohn- und Geschäftshaus am Eck des zweiten Stadtviertels unweit des Gerichtsgebäudes – und die Urkunde mit dem Urteil in der großen, mit Eisen beschlagenen Truhe in meinem Schlafzimmer verstauen. Damit sie nicht wegkommt! Die Mädchen räumen ja manchmal sehr gründlich auf. Was ich nicht alles schon im Garten hinter dem Haus wiedergefunden habe. Am Ende landet das unscheinbare Schriftstück noch in unserem alten Brunnen!

Rottweil – das antike Municipium Arae Flaviae

Die eingangs formulierte, zugegebenermaßen etwas ausgeschmückte Geschichte basiert auf Fakten. Ausgangspunkt sind die Angaben auf der „Rottweiler Schreibtafel" (Abbildung 2). Hinzu tritt unsere Kenntnis der allgemeinen Verwaltungspraxis und der sozialen Verhältnisse in römischer Zeit.

Die Tafel gehört zu einem ehemals dreiteiligen Dokument. Auf der ursprünglich abgedeckten und versiegelten Innenseite zeichnet sich im Holz ein Teil des Textes ab, der in die ursprünglich vergangene Wachsauflage mit dem Schreibgriffel eingeritzt worden war. Auf der Rückseite sind die Zeugen aufgeführt. Der „Durchschrieb" der originalen Schreibschrift lässt auch den Fachmann zuweilen rätseln. Die Urkunde, ein Gerichtsprotokoll, ist nicht nur für Rottweil selbst, sondern auch für die Geschichte des römischen Privatrechtes und das antike Südwestdeutschland von unschätzbarem Wert.

Sicher ist, dass das Verfahren nach dem Rechtskodex des *ius civile*, dem Urahn unseres Bürgerlichen Gesetzbuches, unter römischen Bürgern in Rottweil stattgefunden hat. Mehrere unvollständig überlieferte Forderungen waren strittig. Secundius Secundinus ist einer der Gläubiger. Prifernius Victorinus hatte ihm 500 Denare vermacht. Man wird nicht fehlgehen, den oder die Kläger zu den Honoratioren der Stadt zu zählen. In dem Verfahren hat es offenbar vorinstanzliche Urteile gegeben, die geprüft werden sollten. Der damalige Kommandeur der in Straßburg stationierten 8. Legion, Marcus Iuventius Caesanius, der nach anderen Quellen tatsächlich aus Brescia stammt und wenige Jahre nach seiner Tätigkeit in der germanischen Provinz zum Konsul aufgestiegen ist, hat vielleicht sowohl das erste wie auch das vorliegende Urteil von 186 n. Chr. mit der Ernennung eines anonymen Bevollmächtigten in Rottweil vollzogen. Als *actum municipio Aris:* „ausgefertigt in der Bürgerstadt Arae (zu ergänzen: Flaviae). Damit sind die „Altäre für das flavische Kaiserhaus" als Siedlung mit römischem Stadtrecht ausgewiesen. Der Empfänger der Summe fehlt im erhaltenen Text. Der Protagonist des Prologs Lucius Pervincius Saturninus ist uns aber durch eine beschriftete Sitzstufe aus dem Theater als mutmaßlicher Stadtrat Rottweils bekannt.

Gefunden wurde die Schreibtafel tatsächlich in einem Brunnen auf dem beschriebenen antiken Grundstück (heute Flavierstraße 1), zusammen mit anderem Abfall aus der Endzeit der römischen Siedlung. Der feuchte Grund hatte für ihre Erhaltung gesorgt.

So gesehen hätte Rottweil z.B. schon im Jahre 1986 sein 1800-jähriges Stadtjubiläum feiern können. Dass man diese älteste Erwähnung als Stadt nicht für das aktuelle Stadtjubiläum herangezogen hat, beruht auf einem Unterbruch in der Stadtgeschichte. Mit dem Rückzug der Römer über den Rhein um 260 n. Chr. hat Rottweil für mehrere Jahrhunderte seine Funktion als Stadt verloren. Der Ort wurde verlassen. Erst im Frühmittelalter erlangte er als Rotuvilla-Rottweil wieder eine zentrale Bedeutung und später erneut das formelle Stadtrecht. Damals kündeten nur noch die mächtigen Ruinen der antiken Stadt von der alten Größe, die Rottweil schon einmal zur Zeit der „Heiden" besessen hatte.

Zurück zur Römerzeit: Um 75 n. Chr. beschloss Kaiser Flavius Vespasianus, das Reich an der Nordgrenze zu erweitern und die Truppen teilweise über den Rhein vorzuverlegen. Eine verkehrsgünstige Stelle am Zusammenfluss von Prim und Neckar wurde ausgewählt, um als Hauptquartier für den südlichen Abschnitt des Unternehmens zu dienen. Hier, im Bereich der heutigen Altstadt und der Mittelstadt, spielten sich die ersten Jahrhunderte der Rottweiler Stadtgeschichte ab. Den Pioniertruppen folgten rasch die Stammbesatzungen. Ein ca. 16 ha großes Legionslager für ca. 5000 Mann errichtete man auf der Hochfläche westlich des Neckars, ein Reiterlager für ca. 500 Reiter auf dem Höhenrücken gegenüber. Darum herum entwickelte sich ein „Lagerdorf", eher eine Kleinstadt, in der alles zu finden war, was die Soldaten brauchten, und wo auch deren Familien, so sie welche mitgebracht hatten, lebten. Die Zahl der Bewohner dürfte in etwa der der Soldaten entsprochen haben. Nach dem Namen der (späteren) Stadt muss hier auch ein zentraler Kultplatz (*ara*) für das Kaiserhaus der Flavier (Vespasian und seine Söhne und Nachfolger Titus und Domitian) existiert haben.

Nach ca. 30 Jahren hat man die Truppen an den Limes vorverlegt. Rottweil entwickelte sich zur reinen Zivilsiedlung. Vielleicht noch von Kaiser Ulpius Traianus (98–117 n. Chr.) erhielt diese das Stadtrecht; das bedeutete eigene Gesetze, einen Stadtrat, Bürgermeister, Richter usw. Aus dem anfänglichen Holzbudendorf wurde eine Stadt, in der nicht nur die öffentlichen Gebäude, sondern auch die Wohn- und Geschäftshäuser der Honoratioren wie des Mittelstandes aus Stein bestanden. Wirtschaftlich war der Abzug der Soldaten natürlich ein herber Schlag. Die Einwohnerzahl ging deutlich zurück. Als Verwaltungszentrum des gesamten Umfeldes behielt der Ort aber seine Bedeutung bei. Keine andere Siedlung rechts des Rheins hat – soweit wir wissen – jemals römisches Stadtrecht erhalten. Daher auch der Anspruch Rottweils, die älteste Stadt des Landes zu sein.

Ungefähr zur Zeit des Schreibtäfelchens kam es in Teilen der Provinz zu ernsten wirtschaftlichen Problemen. Räuberbanden machten das Land unsicher. Auch Rottweil scheint davon betroffen gewesen zu sein. War das die Ursache für die schleppende Zahlungsmoral, wie sie in der Urkunde beschriebenen wurde? Jedenfalls zogen weitere Bewohner weg. Die berühmten Mosaiken in den reichen Stadtvillen, die heute im Museum ausgestellt sind, bezeugen aber, dass es danach wieder aufwärts ging. Erst die zunehmenden Germaneneinfälle und die Aufgabe der rechtsrheinischen Besitzung Roms bedeuteten für das antike Rottweil das Ende. Andere Bewohner, Germanen, kamen ins Land und siedelten zunächst in kleinen Hofgruppen im Weichbild der ehrwürdigen Ruinenstätte.

Die Abbildung auf der nächsten Seite soll einen Eindruck davon vermitteln, wie das *Municipium Arae Flaviae* in seiner Blütezeit ausgesehen haben könnte. Dank der langen Ausgrabungstätigkeit sind große Teile der Stadt im Grundriss bekannt. Darauf baut das Modell auf. Die Stadtmitte nimmt der Forumsplatz mit der Gerichts- und Markthalle ein (1). Der Haupttempel der Stadt, ein Kultareal (?) und das Theater schließen sich an (2). Weitere Heiligtümer reihen sich entlang des Primabhangs (3). Im Stadtzentrum liegen die Villen der Honoratioren, darunter die mit dem Orpheusmosaik (4) und die mit dem Solmosaik (5). Etwas bescheidener

1 STADTWERDUNG UND STADTENTWICKLUNG

gibt sich das „Haus der Secundinier" (6). Die Thermen findet man am Abhang zum Neckar (7), weiter oben das staatliche Unterkunftshaus (8) dort, wo früher das Reiterlager gestanden hat. Gegenüber sind Reste des alten Legionslagers und eines kurzlebigen Nachfolgers aus Stein (9). Ganz im Süden breitet sich das große Gräberfeld aus (10). Dort, wo Kalksteinbänke am Neckarufer austreten, findet man Steinbrüche und Kalköfen (11).

Abb. 3
Arae Flaviae um 170 n. Chr.
Virtuelles 3-D-Modell
© Link3D Merzhausen

Quellen

Wilmanns, Juliane C., Die Doppelurkunde von Rottweil und ihr Beitrag zum Städtewesen in Obergermanien, in: Epigraphische Studien 12 (1981) S. 1–182.

Deutsche Übersetzung der Textreste: https://wiki.eagle-network.eu/wiki/Item:Q9894

📖

Kemkes, Martin/ Meyr, Martina, Römisches Rottweil, Arae Flaviae. Führer durch die Ausstellung des Dominikanermuseums Rottweil, Reutlingen 2015.

Kortüm, Klaus, Die römische Epoche, in: Landesamt für Denkmalpflege (Hrsg.), Denkmaltopographie Bundesrepublik Deutschland. Kulturdenkmale in Baden-Württemberg, Band III, 7, Landkreis Rottweil, Ostfildern 2021 (im Druck).

Reuter, Marcus/ Scholz, Markus, Geritzt und entziffert: Schriftzeugnisse der römischen Informationsgesellschaft, Stuttgart 2004 (Schriften des Limesmuseums Aalen; 57).

Altstadt und Pelagiuskirche

Von Christian Gildhoff

Sehr spät, nämlich im Jahre 1314, taucht in einer Urkunde erstmals die Rottweiler Altstadt auf. Allerdings verlangt der Name damals wie heute nach einer Erklärung, denn eine Stadt oder etwas Vergleichbares hat sich an dem Platz, den diese Stelle bezeichnet, weder nach mittelalterlichem noch nach modernem Verständnis je befunden. Die spätmittelalterlichen Erwähnungen einzelner Örtlichkeiten lassen auf eine eher lockere Bebauung schließen, daran hatte sich, so erweist ein Blick auf den Rottweiler Primärkataster von 1837, auch rund ein halbes Jahrtausend später nicht viel geändert.

Dennoch liegt richtig, wer hier aufgrund des Namens die Anfänge des nachrömischen Rottweils vermutet. Indes haben die historischen und archäologischen Untersuchungen der letzten Jahrzehnte Vieles ins Wanken gebracht, was noch der durchaus verdienstvollen älteren Lokalforschung als unumstößliche Gewissheit galt. Verabschiedet hat man sich etwa von der Vorstellung eines gewaltigen, die gesamte rechtsrheinische Römerherrschaft hinwegfegenden Limesdurchbruchs im Jahr 259/60 und einer unmittelbar daran anschließenden Eroberung des sogenannten Dekumatenlandes. Es war eher eine Vielzahl kleinerer und größerer Angriffe einerseits und die Schwächung durch innenpolitische Auseinandersetzungen sowie der Zusammenbruch der ländlichen Gutswirtschaft andererseits, die den Römern einen Rückzug hinter die Rheinlinie geraten erscheinen ließ. Eher zögerlich und in kleineren Gruppen ließen sich die germanischen Neusiedler (die sich zu diesem Zeitpunkt noch keineswegs als „Alemannen" verstanden) dann in dem größtenteils verlassenen Land nieder; zuerst in den nördlichen, noch limesnahen Gebieten, um bald danach weiter nach Süden vorzudringen. Noch im späten 3. Jahrhundert dürfte auch die Gegend am oberen Neckar erreicht worden sein. Dass die neuen Bewohner nicht selten an den Plätzen anzutreffen waren, wo schon die Römer gesiedelt hatten, hatte dabei ganz pragmatische Gründe. Nicht nur handelte es sich um die ohnehin siedlungsbegünstigten Gebiete, sondern auch der Rodungsaufwand war wegen der nicht allzu weit zurückliegenden Nutzung deutlich geringer. Wie entsprechende Spuren südlich der Altstadt zeigen, orientierten sich noch die nachantiken Verkehrswege an den ehemaligen römischen Straßen. Die vielerorts festzustellende „Standortkontinuität" darf daher nicht mit Siedlungskontinuität verwechselt werden. Während sich in rheinnahen und linksrheinischen Gebieten aufgrund der intensiven archäologischen Forschung mittlerweile ein Weiterleben der römischen Besiedlung nachweisen lässt, fehlt dafür östlich des Schwarzwaldes jeglicher Anhaltspunkt. Auch für den Raum um Rottweil kann diese lange diskutierte Frage mittlerweile doch mit großer Sicherheit negativ beantwortet werden.

Nachdem schon bei früheren Grabungen sehr vereinzelt Funde aus nachantiker Zeit zutage getreten waren, gelang 2014 im Kapellenösch der Nachweis eines 20 m langen Wohngebäudes mit zugehörigem Speicher, das aufgrund seiner Bauweise aus dem 4.–5. Jahrhundert stammen könnte. Aufgrund der beschriebenen allgemeinen Siedlungsentwicklung ist dies durchaus vorstellbar, leider fehlen zur endgültigen Gewissheit (vorläufig?) die entsprechenden Funde. Freilich wird man etwas zögern, in den Bewohnern dieses Hofes schon die ersten Rottweiler zu sehen. Denn die Siedlungen in dieser Zeit, auch diese Einsicht ist erst der neueren Forschung zu verdanken, waren keineswegs ortskonstant. Abgesehen von der aus baulichen Gründen ohnehin notwendigen regelmäßigen Erneuerung erleichterte die gängige Holzbauweise auch die Mobilität, wenn die bewirtschafteten Böden ausgelaugt waren. Auch in Rottweil gibt es keine Hinweise, dass diese bislang noch singuläre erste nachrömische Besiedlung von längerer Dauer war.

1 STADTWERDUNG UND STADTENTWICKLUNG

Die historischen Wurzeln des heutigen Rottweils sind hingegen im Frühmittelalter, genauer gesagt in der fortgeschrittenen Merowingerzeit zu suchen und hier kommt tatsächlich die später so benannte Altstadt ins Spiel. Denn ein Großteil der Fundplätze dieser Zeit stammt aus dem Gebiet zwischen Neckar und Prim. Fast durchweg handelt es sich dabei um einzelne, vielfach eher ärmlich ausgestattete Gräber oder Gräbergruppen, die sich ohne direkten Bezug zueinander über das Areal des ehemaligen Arae Flaviae verteilen. Deutlich hob sich davon das Reiterdoppelgrab des mittleren Drittels des 7. Jahrhunderts ab, auf das man 1990 im Kapellenösch südlich des römischen Municipiums gestoßen war. Ihrer Ausstattung nach zu urteilen, waren hier Angehörige der alemannischen Oberschicht beigesetzt. Ungeachtet wiederholter Keramikfunde an verschiedenen Stellen sind Überreste einer frühmittelalterlichen Wohnbebauung im Altstadtgebiet hingegen selten geblieben. Erst vor wenigen Jahren wurde bei Grabungen am nordwestlichen Rand der Altstadt, unmittelbar oberhalb der Talaue des Neckars, erstmals ein Grubenhaus des 6. oder 7. Jahrhunderts entdeckt.

Anders sieht es hingegen auf der gegenüberliegenden linken Neckarseite aus, wo schon in den 1970er Jahren bei den Grabungen im »Königshof« merowingerzeitliche Siedlungsspuren zum Vorschein kamen. Völlig unerwartet stieß man dann 2013 weiter südlich, an der Ecke Steig/Tuttlinger Straße und nahe des Neckarübergangs auf Überreste einer Ansiedlung, die in der Zeit um 600 einsetzte und bis in das 11. Jahrhundert reichte. Vermutlich gehörte dazu eine kleine, 17 Bestattungen umfassende Nekropole aus dem späten 7. und der ersten Hälfte des 8. Jahrhunderts etwas weiter westlich auf der Engelshalde, die im Jahr 2016 vollständig untersucht werden konnte. Nun liegen die Gräber ebenso wie die benachbarten Siedlungsreste nicht nur außerhalb der hochmittelalterlichen Umwallung der Mittelstadt, sondern auch außerhalb des Bereiches, der heute als Altstadt bezeichnet wird. In diesem Zusammenhang ist indes nicht ohne Belang, dass der historische Begriff der Altstadt früher geographisch weiter gefasst wurde. Wie der eingangs erwähnte Rottweiler Primärkataster zeigt, war offensichtlich noch im 19. Jahrhundert genau dieser linksufrige Teil ebenfalls mit einbezogen.

Den Grabbeigaben nach zu urteilen, die hier wegen der größeren Datierungsgenauigkeit aussagekräftiger sind als die Siedlungsfunde, scheint die Wiederbesiedlung beidseits des Neckars frühestens im späten 6. Jahrhundert einzusetzen – aber dieses Mal dauerhaft. Die Mehrzahl der Gräber stammt allerdings aus dem 7. und 8., vielleicht sogar aus dem 9. Jahrhundert, wozu auch die zu beobachtende räumliche Streuung gut passt. Die Zeit der großen Reihengräberfriedhöfe neigte sich nun allmählich ihrem Ende zu, stattdessen ging man vermehrt dazu über, die Toten in kleineren, nur wenige Bestattungen umfassenden Gräbergruppen in der Nähe der Gehöfte beizusetzen. Daher muss man sich das Rottweil dieser Zeit nicht als geschlossenes Dorf, sondern als eine Häufung eher weilerartiger Hofgruppen, jedoch ohne eigentlichen Siedlungskern, vorstellen. Ob diese in ihrer Gesamtheit schon als Rottweil, oder *rotuvilla*, wie es in der ältesten Überlieferung von 771 heißt, bezeichnet wurde, scheint eine nicht ganz unberechtigte Frage. Denn die ersten Erwähnungen, die uns vorliegen, beziehen sich durchweg auf den Königshof.

Untrennbar verknüpft mit der Altstadt ist die Frage nach der ältesten Kirche Rottweils. Sie hat schon in der Vergangenheit zu allerlei Mutmaßungen geführt. Das liegt in erster Linie an der geradezu desolaten Quellenüberlieferung. Die Kirche St. Pelagius wird 1264 zum ersten Mal erwähnt, der heute noch bestehende Bau ist im späten 11. Jahrhundert über einem ehemals römischen Badegebäude entstanden, und selbst das Patrozinium des Heiligen dürfte kaum vor das 10. Jahrhundert zurückreichen. Die Antwort auf die Frage nach dem Alter lautet daher schlicht und ernüchternd: Wir wissen es nicht! Das Einzige, was gleichwohl für ein frühes Gründungsdatum spricht, ist der Umstand, dass St. Pelagius noch bis in das Spätmittelalter die Rottweiler Pfarrkirche war – also auch zu dem Zeitpunkt, als sie bereits weit außerhalb der späteren Stadt lag. Alle darüberhinausgehenden Überlegungen, wie sie in der älteren Forschungsliteratur anzutreffen sind, basieren auf Vermutungen, nämlich auf der Annahme, schon im späten 7. Jahrhundert sei in der Altstadt eine erste Kirche entstanden. Doch zeigt schon die Streuung der Gräber und Siedlungsbefunde, dass dem Geländerücken zwischen Neckar und Prim in dieser Zeit keine irgendwie hervorgehobene Rolle zukam. Tatsächlich datieren die ältesten Siedlungsbefunde im Umfeld von St. Pelagius – den Vorberichten zufolge – erst in das 11. und 12. Jahrhundert, also in den Zeitraum, auf den auch der heutige Kirchenbau zurückgeht. Vorsichtig formuliert, legen also sowohl der archäologische wie der Baubefund einen deutlicheren Bevölkerungszuwachs erst im Hochmittelalter nahe.

Möglicherweise schützte diese Siedlung bereits ein Befestigungsgraben. Ein solcher wurde 1971 nahe Hochmauren aufgedeckt, wobei allerdings hinzuzufügen ist, dass sich zu seiner Zeitstellung nach wie vor nur sagen lässt, dass er in nachantiker Zeit entstanden sein muss.

Die Frage, ob die Pelagiuskirche einen älteren Vorgänger an gleicher Stelle gehabt hat und wann dieser gegebenenfalls entstanden ist, muss daher nach wie vor offen bleiben. Mit Vorsicht sind deshalb auch drei vor einigen Jahren entdeckte Gräber in unmittelbarer Nähe des Kirchengebäudes zu bewerten, die nach ^{14}C-Datierungen aus dem 7.–9. Jahrhundert stammen. Sie sollen, so die Annahme, Teil eines Friedhofes gewesen sein, der zu einem etwa zeitgleichen Vorgängerbau gehört hatte. Doch ist die Zahl der Bestattungen zu gering, um hier zweifelsfrei auf einen Lagebezug zu schließen; ähnliche Gräber wurden ja an verschiedenen Stellen der Altstadt aufgedeckt, so dass die Nähe zu St. Pelagius durchaus Zufall sein kann. Zur Vorsicht mahnen jedenfalls die Beobachtungen in der Wüstung Sülchen bei Rottenburg, einem mit der Rottweiler Altstadt in mancherlei Hinsicht vergleichbaren Platz. Hier war der älteste Kirchenbau über einem Gräberfeld des 6./7. Jahrhunderts errichtet worden; allein der dortigen Schichtabfolge ist es zuzuschreiben, dass sich Gräber und Kirchenbau trotz engster räumlicher Nähe zweifelsfrei trennen ließen. Im bayerischen Pliening sind um den heutigen spätromanischen Kirchenbau mehrere frühmittelalterliche Siedlungsstellen, Hofgrablegen und ein Reihengräberfeld nachgewiesen. Entgegen

Abb. 4:
© Stadtarchiv Rottweil, thematische Einträge vom Verfasser.

Legende zur Karte der frühmittelalterlichen Fundstellen im Bereich Alt- und Mittelstadt

Rot: Gräber und Gräbergruppen
Orange: Siedlungsreste

1. Gräbergruppen „Lehr"
2. Gräber Töpferweg
3. Gräber „Hochmauren"
4. Gräber Heerstraße 25/27
5. Gräber Heerstraße 43/49
6. Siedlungsreste „Königshof"
7. Grubenhaus Filztal
8. Siedlungsreste „Pflugbrauerei"
9. Gräber St. Pelagius
10. Gräber „Engelshalde"
11. Kapellenösch

(südlich außerhalb des Kartenbilds)

1 STADTWERDUNG UND STADTENTWICKLUNG

Abb. 5:
Überraschung bei den Rottweiler Thermen, in: Archäologische Ausgrabungen in Baden-Württemberg 2009, hrsg. vom Landesamt für Denkmalpflege im RP Stuttgart, S. 142.
© Kortüm, Klaus, Stadt Rottweil.

allen vorherigen Annahmen erwies aber eine archäologische Untersuchung, dass der älteste Bau, eine Holzkirche, erst auf das 10., möglicherweise sogar erst auf das 11. Jahrhundert zurückgeht. Ohnehin haben gerade die archäologischen Untersuchungen der letzten Jahre gezeigt, dass sich der Ausbau der Kirchenorganisation schwerlich in ein einheitliches Entwicklungsschema zwängen lässt.

Erlaubt also die Befundsituation um die Rottweiler Pelagiuskirche durchaus mehrere Interpretationen, wirft die Datierung eines vermuteten karolingerzeitlichen Vorgängerbaues überdies weitere Fragen auf.

Denn seit dem 8. Jahrhundert ist der Königshof auf der gegenüberliegenden Neckarseite in den Schriftquellen nachgewiesen. Da man sich die ländlichen Kirchen dieser Epoche aber mehrheitlich als Stiftungen adeliger Grundherren vorzustellen hat, kommt man nicht umhin zu fragen, weshalb ausgerechnet die älteste Rottweiler Pfarrkirche außerhalb des Königshofes entstanden sein soll. Dies umso mehr, als bei den bereits erwähnten Grabungen im mutmaßlichen Königshofareal in unmittelbarer Nähe der heute verschwundenen Mauritiuskapelle ein mittelalterlicher Friedhof zum Vorschein kam. St. Mauritius, so wäre zu schlussfolgern, müsste demnach Bestattungsrechte gehabt haben; ein Recht, das jedoch zur „Standardausstattung" einer Pfarrei gehörte. Mithin wäre die geläufige Annahme, St. Pelagius sei nicht nur die älteste Pfarrkirche, sondern auch allein zuständig für den gesamten Rottweiler Pfarrsprengel, auf den Prüfstand zu stellen.

Nur am Rande ließe sich noch eine weitere, sicherlich nicht zwingende Beobachtung hinzufügen. 1190 wird erstmals ein *plebanus de Rôtwila* erwähnt. Dieser sogenannte Leutpriester, also derjenige, der anstelle des Kirchenherrn die tatsächliche Pfarrtätigkeit vor Ort ausübte, wird üblicherweise mit St. Pelagius in Verbindung gebracht. Doch ist etwa aus derselben Zeit für das Gebiet links des Neckars ein anderer Name durch die Quellen bezeugt, nämlich Hochmauren. Indes bleibt unklar, wie Rottweil gegen Hochmauren abzugrenzen ist. Nur so viel scheint sicher, dass *Rôtwila* als Ortsname damals noch nicht das gesamte hochmittelalterliche Siedlungsgefüge umfasste.

Damit kehren wir zurück zu der eingangs aufgeworfenen Frage nach der Erklärung des Namens „Altstadt". Leider sind die ältesten Schriftbelege dazu noch in lateinischer Sprache verfasst, und der hier verwendete Begriff *vetus villa* kann ebenso gut mit „altes Dorf" wie „alte Stadt" übersetzt werden. Doch augenfällig ist, dass das Gebiet jenseits des Neckars nunmehr in die Geschichte der Stadt mit einbezogen wurde. Offenbar hatte sich zu dieser Zeit eine städtische Überlieferungstradition herausgebildet, die in jener „Altstadt" die historischen Wurzeln der Reichsstadt Rottweil suchte. Jedoch dürfte man dabei weniger an die eher kümmerlichen und längst vergangenen Reste der frühmittelalterlichen Besiedlung gedacht haben, sondern sonnte sich vielmehr im Glanze einer vermeintlich von den Römern gegründeten Stadt, deren archäologische Relikte noch der „Zimmerischen Chronik" des 16. Jahrhunderts geläufig waren.

📖

Archäologische Ausgrabungen in Baden-Württemberg, hier bes. die Jahrgänge 2000, 2009, 2013 – 2018.

Ade, Dorothee, Ein frühmittelalterlicher Bestattungsplatz unter der Sülchenkirche, in: Die Sülchenkirche bei Rottenburg. Frühmittelalterliche Kirche – alte Pfarrkirche – Friedhofskirche – bischöfliche Grablege, hrsg. von Aderbauer, Herbert/Kiebler, Harald, Regensburg 2018, S. 54 – 95.

Ade-Rademacher, Dorothee et al., Rottweil, Stuttgart 2005 (Archäologischer Stadtkataster Baden-Württemberg; 30).

Beck, Eric, Deinde ad munimen Romani exercitus castella in circuitu munivit. Zur Wahrnehmung und Funktion römischer Überreste am Oberrhein, in: Sebastian Brather et al. (Hrsg.), Antike im Mittelalter. Fortleben, Nachwirken, Wahrnehmung, Stuttgart 2014, S. 329 – 354 (Archäologie und Geschichte; 21).

Gildhoff, Christian, Nach den Karolingern. Anmerkungen und Fragen zum Rottweiler Königshof aus archäologischer Sicht, in: Volkhard Huth/R. Johanna Regnath (Hrsg.), Die Baar als Königslandschaft. Tagung des Alemannischen Instituts vom 6. – 8. März 2008 in Donaueschingen, Ostfildern 2010, S. 281 – 377 (Veröffentlichungen des Alemannischen Instituts Freiburg i. Br.; 77).

Kortüm, Klaus, Stadt Rottweil. Überraschung bei den Rottweiler Thermen, in: Archäologische Ausgrabungen in Baden-Württemberg 2009, hrsg. vom Landesamt für Denkmalpflege im RP Stuttgart, S. 142 – 146.

Later, Christian, Kirche und Siedlung im archäologischen Befund – Anmerkungen zur Situation in der Baiovaria zwischen Spätantike und Karolingerzeit, in: Jochen Haberstroh/Irmtraut Heitmeier (Hrsg.), Gründerzeit. Siedlung in Bayern zwischen Spätantike und Frühmittelalter, St. Ottilien 2019, S. 823 – 864.

Landesdenkmalamt Baden-Württemberg /Stadtarchiv Rottweil (Hrsg.), „... von anfang biss zu unsern zeiten ..." Das mittelalterliche Rottweil im Spiegel archäologischer Quellen, Stuttgart 1998 (Archäologische Informationen aus Baden-Württemberg; 38).

Schmid, Beate, Die archäologische Ausgrabung in der Sülchenkirche, in: Die Sülchenkirche bei Rottenburg. Frühmittelalterliche Kirche – alte Pfarrkirche – Friedhofskirche – bischöfliche Grablege, hrsg. von Aderbauer, Herbert/Kiebler, Harald, Regensburg 2018, S. 14 – 53.

Steinhauser, August, Die Pelagiuskirche in der Altstadt bei Rottweil als geschichtliches Denkmal, in: ZWLG 8 (1944/48) S. 185 – 216.

Von Bernhard Rüth

771:
Am Anfang war ein Wunder
Rotuvilla – die erste Erwähnung

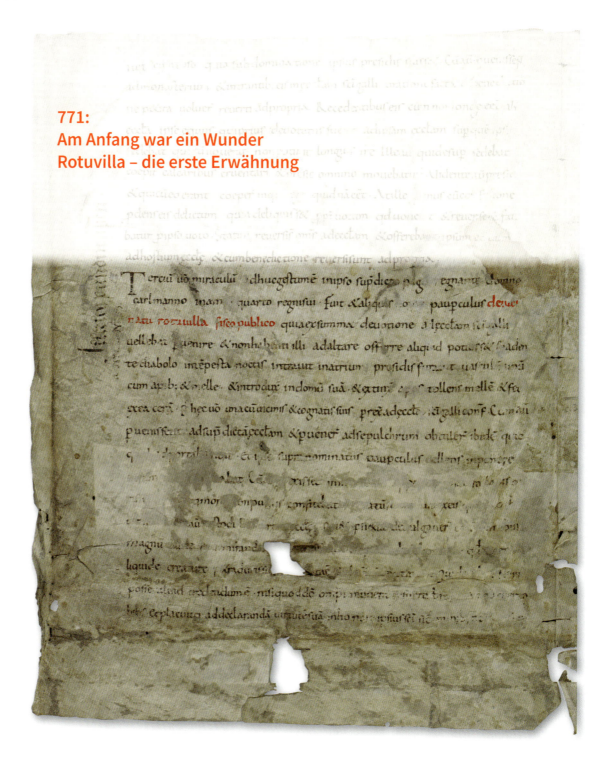

Abb. 6:
© Stiftsbibliothek
St. Gallen, Cod. Sang. 2106, fol. 3v.

Aus der ältesten Lebensbeschreibung des heiligen Gallus

Text

Tercium uero miraculum adhuc gestum est in ipso supradicto pag[o] regnante domno Carlmanno in ann[o] quarto regni sui. Fuit et aliquis [h]o[mo] pauperculus **de uicinatu Rotuuilla fisco publico.** Quia ex summa deuotione ad ęcclesiam sancti Galli uellebat peruenire et non habenti illi ad altare offerre aliquid potuisset, suadente diabolo intempesta noctis intrauit in atrium presidis, furauit uasculum unum cum apibus et melle et introduxit in domum suam et extinxit ap[e]s, tollens mellem, et fec[it] ex ea ceram. Post hęc uero una cum uicinis et cognatis suis perrexit ad ęcclesiam sancti Galli confessoris. Cum autem peruenissent ad supradictam ęcclesiam et peruenerunt ad sepulchrum, obtulerunt ibidem, quidq[ui]d adportabantur. Et ipse supranominatus pauperculus uellens inponere ceram, q[uam adport]abat, cum a[utem perr]exisset, in m[anu eius] appa[ruit ip]sa cera lapis durissi[mus. Ille] timor[e c]onpulsus, confitebat[ur re]atum suum uni ex eis, qui [cum e]od[em] uenerant. Qui] autem [cu]stodib[us ape]ru[it] ęcclesię, q[u]i et ipsi etiam deuulgauerunt co[r]am [o]mnibus. Magnum ualde atque mirand[um ...] [inau]d[it]um hom[ini]bus, quod [mat]er[ia] liquide creature petra durissi[ma reddi]ta est et el[e]men[tum] mutat[um]. Qui deest [...] fieri posse aliud credendum est, nisi quod Deo omnipotenti munera ex furtu uel rap[in]a non est acceptabilis, et placuit ei ad declarandam uirtutem suam in honore ipsius sancti, sicut omnibus no[tum est]. Ipse lapis usque in hodihernum diem in ipsa ęcclesia perspicue uidetur.

Übersetzung

Noch ein drittes Wunder geschah in derselben Gegend im vierten Jahr der Königsherrschaft von Karlmann. **In der Nähe des Kronguts von Rottweil** lebte ein armer Mann. Er wollte aus tiefer Frömmigkeit zur Kirche des heiligen Gallus pilgern, besaß aber nichts, das er ihm als Opfergabe zum Altar bringen konnte. Verleitet vom Teufel, brach er deshalb mitten in der Nacht in den Hof des Grafen ein und stahl einen Bienenstock mit Bienen und Honig. Er brachte ihn in sein Haus, tötete die Bienen, nahm den Honig heraus und machte aus den Waben Wachs. Danach pilgerte er zusammen mit Nachbarn und Verwandten zur Kirche des heiligen Bekenners Gallus. Sie kamen dort an, begaben sich zum Grab des Heiligen und brachten ihre Gaben dar. Da wollte der erwähnte Arme das Wachs dazulegen, das er mitgebracht hatte. Als er aber vortrat, fand er es in seiner Hand zu hartem Stein verwandelt. Von Angst ergriffen, gestand er einem seiner Gefährten sein Vergehen. Dieser berichtete den Kustoden der Kirche davon, und die machten es allen Leuten bekannt. Das war ein großes und staunenswertes Wunderzeichen, wie man es bei den Menschen noch nie gehört hatte: Ein flüssiger Stoff war zu hartem Stein geworden, und seine Beschaffenheit hatte sich verwandelt. Dass dies geschehen konnte, ist nur deswegen glaubwürdig, weil dem allmächtigen Gott Geschenke, die durch Diebstahl oder Raub gewonnen wurden, nicht wohlgefällig sind. Und so hat er seine Macht öffentlich zur Ehre unseres Heiligen gezeigt. Dieser Stein ist bis zum heutigen Tag in der Galluskirche zu sehen.

Aus: Vita sancti Galli vetustissima. Die älteste Lebensbeschreibung des heiligen Gallus. Lateinisch/Deutsch, hrsg. von der Stiftsbibliothek St. Gallen, St. Gallen 2012, S. 50f.

1 STADTWERDUNG UND STADTENTWICKLUNG

Historischer Hintergrund

Nach den dunklen Zeitläufen der Spätantike und der Alemannenzeit, von denen wir lediglich aus archäologischen Zeugnissen Kenntnis haben, tritt der oberste Neckarraum um die Mitte des 8. Jahrhunderts wieder in Schriftdokumenten dauerhaft ins Licht der Geschichte. Von der Existenz eines Ortes namens Rottweil erfahren wir erstmals aus der ältesten der Lebensbeschreibungen des Wandermönchs Gallus († um 640), auf dessen Einsiedlerzelle das im frühen 8. Jahrhundert begründete Benediktinerkloster St. Gallen in der Ostschweiz zurückgeht. Die Abtei St. Gallen unterhielt im frühen und hohen Mittelalter enge Beziehungen zur Baar und zum oberen Neckargäu, wo sie dank großzügiger Schenkungen reich begütert war. Die Heiligenlegende ist im späten 7., 8. und frühen 9. Jahrhundert in verschiedenen Fassungen aufgezeichnet worden. Die älteste Lebensbeschreibung („Vita vetustissima sancti Galli") ist bruchstückhaft auf zwei Pergamentdoppelblättern überliefert, die 1895 im Staatsarchiv Zürich in Bucheinbänden aufgefunden wurden.

Seit 2006 wird das Bruchstück, Fragment einer Sammlung von Heiligenlegenden, in der Stiftsbibliothek St. Gallen verwahrt. Der in merowingischem Latein verfasste Text der Gallusvita ist in karolingischer Minuskel niedergeschrieben. Die Handschrift dürfte spätestens um die Mitte des 9. Jahrhunderts entstanden sein. Die erste Erwähnung des Ortes Rottweil findet sich auf der Rückseite des dritten Blattes in Zeile 13 („Rotuuilla"). In einem Anhang zur eigentlichen Lebensbeschreibung des heiligen Gallus (zweite Fortsetzung) wird von einer wundersamen Begebenheit an dessen Grab berichtet, die sich im Herbst des Jahres 771 ereignet haben soll. Der Nachtrag dürfte noch im späten 8. Jahrhundert verfasst worden sein. Im frühen 9. Jahrhundert schufen die Reichenauer Mönche Wetti und Walahfrid Strabo Neufassungen der Gallusvita, in die sie das sogenannte Wachsstrafwunder mit aufnahmen.

Der Mirakelbericht ist mit Orts- und Zeitangaben versehen. Diesem Umstand verdanken wir die zeitliche Einordnung der Ersterwähnung des Ortsnamens Rottweil. Im vierten Regierungsjahr des fränkischen Königs Karlmann (768–771), des Bruders und Mitregenten Karls des Großen (768–814), soll ein armer Mann aus dem Umfeld des Königsgutbezirks Rottweil („de vicinatu Rotuvilla fisco publico") in der Absicht, bei einer Wallfahrt zur Kirche des heiligen Gallus eine Opfergabe darzubringen, im (Wirtschafts-)Hof des Vorstehers („in atrium presidis") einen Bienenstock gestohlen haben, um aus den Waben Wachs zu gewinnen. Als der arme Mann das weiche Wachs am Grab des heiligen Gallus opfern wollte, verwandelte es sich in einen harten Stein, worauf der reumütige Dieb seine Missetat bekannte.

Was ist dem Wunderbericht über die Verhältnisse in und um Rottweil zu entnehmen? Der Ort „Rotuvilla" war, wie der anonyme Verfasser des Nachtrags ausführt, im späten 8. Jahrhundert namensgebender Mittelpunkt eines Königsgutbezirks (Königshof mit zugehörigen Gütern) und vermutlich auch Amtssitz des Vorstehers der Bezirksverwaltung. Bei diesem Amtsträger handelt es sich möglicherweise um den Grafen Pirihtilo (Birhtilo), der in der ältesten Gallus-Vita im Zusammenhang mit dem Verwaltungsbezirk der Bertoldsbaar begegnet. Als Bertoldsbaar – der Name verweist auf die Magnatenfamilie der Bertolde oder Alaholfinger – wurde im späten 8. und 9. Jahrhundert das Gebiet zwischen Schwarzwald und Schwäbischer Alb bezeichnet. In zeitgenössischen Urkunden tauchen Namen weiterer Amtsträger auf, die mit dem Verwaltungssitz Rottweil in Verbindung zu bringen sind: der des Judex Wolfolt und des Grafen Ratolf. Nach den Quellenzeugnissen zu schließen, amtierten – und residierten – in Rottweil in der zweiten Hälfte des 8. Jahrhunderts also fränkische Grafen. Als Kristallisationspunkt von Königsgut und Grafengewalt nahm Rottweil „eine zentrale Stellung im karolingischen Machtgefüge an oberer Donau und oberem Neckar" ein (Christian Gildhoff).

Der Rottweiler Königsgutbezirk dürfte im Zuge der politischen Neuordnung des alemannischen Raums durch die fränkische Zentralgewalt um 760 entstanden sein. Wie wir aus spätmittelalterlichen Zeugnissen wissen, lag der Verwaltungssitz auf dem Hochplateau über dem linken Neckarufer in der Mittelstadt. Erstmals ausdrücklich erwähnt wurde der Rottweiler Königshof an der Wende vom 9. zum 10. Jahrhundert („curtis" bzw. „curta regalis"). Bei den von Lothar Klappauf geleiteten Grabungen der Jahre 1985 bis 1989 wurden Grundmauern eines repräsentativen Steingebäudes entdeckt, das mit dem frühmittelalterlichen Königshof in Verbindung gebracht wurde. Ob der Befund in diesem Sinne zu deuten ist, sei dahingestellt.

In den Quellen der Karolingerzeit begegnet der Ort Rottweil zumeist unter dem Namen „*Rotu(n)villa*", der in der Forschung vom althochdeutschen Adjektiv „*rot(un)*" als Bestimmungswort (in der Dativform) und dem lateinischen Substantiv „*villa*" – für „*Hof*" – als Grundwort abgeleitet wird. Man vermutet, dass der Ortsname auf rote Erdschichten oder Gebäudereste aus römischer Zeit Bezug nimmt. Bei dem zum Jahr 771 erstmals bezeugten Ortsnamen „Rottweil" handelt es sich jedenfalls um eine frühmittelalterliche Neubildung. Ob der Name ursprünglich auf die sogenannte Altstadt um die Pfarrkirche St. Pelagius und/oder auf den Königshof und die ihn umgebende Mittelstadt bezogen war, ist mangels aussagekräftiger Siedlungsfunde aus alemannischer Zeit vorerst nicht zu entscheiden.

Wie wir aus den Schriftquellen der Karolingerzeit erfahren, hatte die zentralörtliche Bedeutung Rottweils – im Gegensatz zum Namen des römischen Municipiums – die „dunklen Jahrhunderte" überdauert. Der verkehrsgünstig gelegene Siedlungsplatz fungierte wiederum als Verwaltungsmittelpunkt für das obere Neckargäu. Angesichts dessen ist von einer – wie auch immer gearteten – Linie der Kontinuität auszugehen, die von der Spätantike bis ins Frühmittelalter und weiter bis zur Gründung der Stadt im Hochmittelalter reicht. So gesehen führt Rottweil mit gewissem Recht den Ehrentitel der „ältesten Stadt Baden-Württembergs".

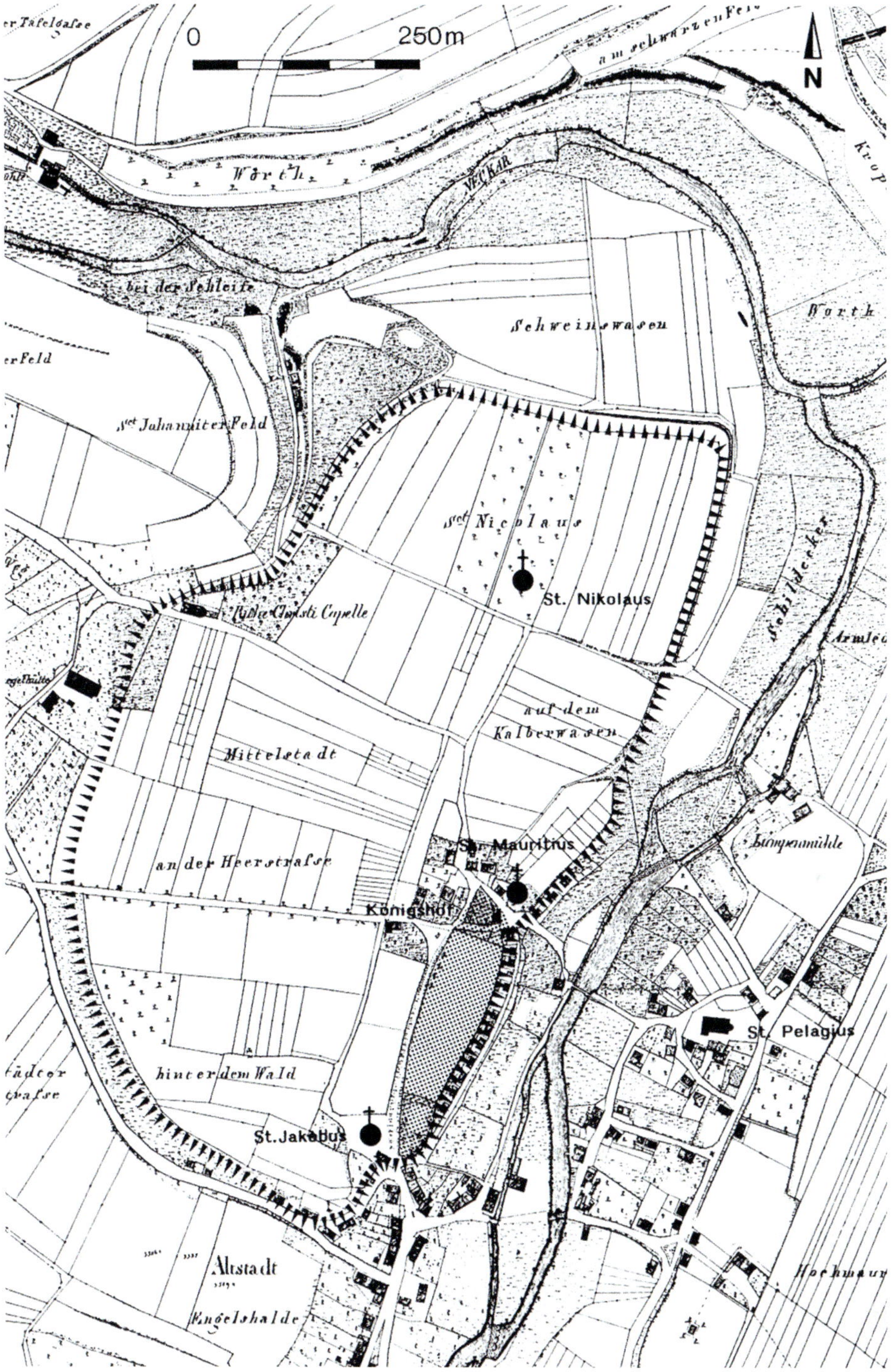

Abb. 7:
Plan des Königshofes und der frühstädtischen Siedlung, aus: Der Landkreis Rottweil, hrsg. vom Landkreis Rottweil, bearb. von Andrea Hahn-Weishaupt, Konrad Theiss Verlag Stuttgart 1994 (Führer zu archäologischen Denkmälern in Deutschland; 29, S. 150).
© Christian Gildhoff

1 STADTWERDUNG UND STADTENTWICKLUNG

Quellen

St. Gallen, Stiftsbibliothek, Cod. Sang. 2106: Fragment eines Passionars: Vita sancti Galli vetustissima, Laudatio Lucae evangelistae, Passio Simonis et Iudae apostolorum – https://www.e-codices.ch/de/list/one/csg/2106 Edition (mit Übersetzung) Vita sancti Galli vetustissima. Die älteste Lebensbeschreibung des heiligen Gallus. Lateinisch/Deutsch, hrsg. von der Stiftsbibliothek St. Gallen, St. Gallen 2012.

Berschin, Walter, Gallus abbas vindicatus, in: HJb 95 (1975) S. 257–277.

Borgolte, Michael, Das Königtum am oberen Neckar (8.–11. Jahrhundert), in: Zwischen Schwarzwald und Schwäbischer Alb. Das Land am oberen Neckar, hrsg. von Franz Quarthal, Sigmaringen 1984 (Veröffentlichung des Alemannischen Instituts Freiburg i. Br.; 52) S. 67–110.

Erhart, Peter, Herr und Nachbar. Beziehungen zwischen dem Kloster St. Gallen und der Baar in der Karolingerzeit, in: Die Baar als Königslandschaft. Tagung des Alemannischen Instituts vom 6.–8. März 2008 in Donaueschingen, hrsg. von Volkhard Huth und R. Johanna Regnath, Ostfildern 2010 (Veröffentlichung des Alemannischen Instituts Freiburg i. Br.; 77) S. 127–160.

Gildhoff, Christian, Arae Flaviae – Rotunvilla – Rotweil. Der lange Weg zur Stadt Rottweil, in: Villingen 999–1218. Aspekte seiner Stadtwerdung und Geschichte bis zum Ende der Zähringerzeit im überregionalen Vergleich, hrsg. von Heinrich Maulhardt und Thomas Zotz, Waldkirch 2003 (Veröffentlichungen des Stadtarchivs und der Städtischen Museen Villingen-Schwenningen; 27 / Veröffentlichung des Alemannischen Instituts Freiburg i. Br.; 70) S. 99–128.

Ders., Nach den Karolingern. Anmerkungen und Fragen zum Rottweiler Königshof aus archäologischer Sicht, in: Die Baar als Königslandschaft. Tagung des Alemannischen Instituts vom 6.–8. März 2008 in Donaueschingen, hrsg. von Volkhard Huth und R. Johanna Regnath, Ostfildern 2010 (Veröffentlichung des Alemannischen Instituts Freiburg i. Br.; 77) S. 281–377.

Hecht, Winfried, Rottweil 771 – ca. 1340. Von „rotuvilla" zur Reichsstadt, Rottweil 2007.

Die deutschen Königspfalzen. Repertorium der Pfalzen, Königshöfe und übrigen Aufenthaltsorte der Könige im deutschen Reich des Mittelalters, hrsg. vom Max-Planck-Institut für europäische Rechtsgeschichte, Bd. 3,2, Lfg. 5, bearb. von Helmut Maurer, Göttingen 2013, S. 1–45.

Müller, Iso, Die älteste Gallus-Vita, in: ZSG 66 (1972) S. 209–249.

Rüth, Bernhard, Der oberste Neckarraum in den Anfängen schriftlicher Überlieferung, in: Alamannen zwischen Schwarzwald, Neckar und Donau, hrsg. von Dorothee Ade, Bernhard Rüth und Andreas Zekorn, Stuttgart 2008, S. 163–168.

Um 1100/1200: Mittelstadt und staufische Neugründung

Von Bertram Jenisch

Das römische Rottweil (*municipium Arae Flaviae*) darf sich mit Recht „älteste Stadt Baden-Württembergs" nennen, doch wann erfolgte die Stadtwerdung im Mittelalter? Zur Beantwortung dieser Frage lassen sich nur wenige Schriftzeugnisse heranziehen, den umfangreich archäologisch erforschten Bodenzeugnissen kommt hier eine besondere Bedeutung zu.

Die im Mittelalter besiedelten Flächen gliedern sich in drei heute miteinander verbundene, ursprünglich aber getrennte und zu unterschiedlichen Zeiten besiedelte Teilbereiche.

Gerade in der auf einem Sporn zwischen Prim und Neckar liegenden „Altstadt" genannten Siedlung auf der östlichen Seite des Neckars vollzog sich die Stadtentstehung nicht. Bei der römischen Ruinenstätte kam es im Hochmittelalter zu einer ersten Siedlungskonzentration um die St.-Pelagius-Kirche, die bis in das Spätmittelalter Pfarrkirche blieb.

Der Königshof, ein früher Ort königlicher und herzoglicher Herrschaft

Ansatzpunkt für die urbane Entwicklung ist das Gebiet westlich des Neckars. Die Erstnennung *rotunvilla* im Jahr 771 bezieht sich offenbar auf den dort liegenden Königshof, der allerdings erst 902 in einer Urkunde Ludwigs des Kindes (900–911) zweifelsfrei bezeichnet ist. Seit dem 10. Jahrhundert wird das Gebiet südlich von Rottweil zur Baargrafschaft gezählt, der nördliche Bereich unterstand dem Grafen des Nagoldgaues. Rottweil bildete einen eigenen Grafschaftsbezirk, hier befand sich seit der 2. Hälfte des 8. Jahrhunderts das Verwaltungszentrum für die königlichen Besitzungen im oberen Neckarraum (*fiscus publicus*). Im 10. bis 12. Jahrhundert waren hier ein zentraler Ort und eine Stätte königlicher und herzoglicher Herrschaft am oberen Neckar. Dies ist insbesondere an den Land- und Gerichtstagen nachzuvollziehen: 1094 und 1095 trat hier Berthold II. (später von Zähringen) als Herzog von Schwaben auf, nach ihm erscheint sein Rivale um die Herzogswürde, der Staufer Friedrich I. in dieser Funktion. Seit dem 12. Jahrhundert standen die Grafen von Sulz der Gerichtsstätte vor. Der Königshof von Rottweil war seit dem 9. Jahrhundert Ausstellungsort von Herrscherurkunden.

Während man sich in der Fachwelt hinsichtlich der rechtlichen Stellung dieses Königshofs weitgehend einig ist, bleibt strittig, wo sich die Residenz dieser „Rottweiler Grafen" befunden hat. Ein 1975 ausgegrabenes großes Gebäude mit steinernen Fundamenten unweit der Mauritiusklause wird von einigen Forschern mit dem 771 erwähnten *atrium praesidis*, einem repräsentativen Grafenhof, gleichgesetzt. Diese Zuweisung kann jedoch nicht zweifelsfrei vorgenommen werden. Als Sitz dieser Grafen kommt auch die Neckarburg in Frage. Die karolingische Ringwallanlage liegt auf

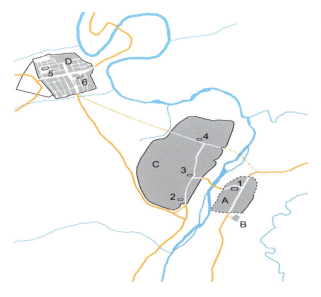

Abb. 8:

Lage der drei Rottweiler Siedlungen mit überlieferten Kirchen und kirchlichen Einrichtungen um 1200 sowie vermutliche Wegeführungen (orange): A Altstadt, B ehemaliges Frauenkloster/ Hofgut Hochmauren, C Mittelstadt, D Neuanlage (ab frühes 13. Jahrhundert). 1 St. Pelagius, 2. St. Jakob, 3 St. Mauritius, 4 St. Nikolaus, 5 Heilig-Kreuz-Münster, 6 Kapellenkirche
© Landesamt für Denkmalpflege Vorlage Jonathan Scheschkewitz

1 STADTWERDUNG UND STADTENTWICKLUNG

einem Umlaufberg in einer markanten Schlinge des Neckars, auf der linken Neckarseite etwa 3 km nördlich von Rottweil. Als älteste urkundlich genannte Burg des oberen Neckarraumes ist die *Nehhepurc* 793 im Besitz des Grafen Berthold überliefert.

Die Mittelstadt – gescheiterter Versuch einer Stadtgründung?

Um den Königshof mit der Mauritiusklause bildete sich seit der Merowingerzeit (6./7. Jahrhundert) eine rasch wachsende Siedlung heraus. Sie erreichte die beachtliche Größe von 35 ha und wurde um 1100 mit einem Wall umschlossen. In der Gründungsnotiz des Klosters St. Georgen wird 1094 der Ort als *oppidum Rotwilere* bezeichnet, was ihn als Zentralort charakterisiert und aus den sonst zeitgleich *villae* genannten Dörfern und Weilern hervorhebt. Um 1200 sind auch adelige Dienstleute (*ministri*) fassbar, die mit Verwaltungsaufgaben betraut waren und eine lokale Führungsschicht repräsentieren. Gegen Ende des 11. Jh. wurde Rottweil zu einem Vorort des Herzogtums Schwaben, was sich nicht zuletzt in der spätestens 1180 erfolgten Einrichtung einer Münzprägestätte niederschlug. Der Fund einer Klappwage zum Wiegen von Geld und Edelmetall im Bereich des Königshofs fügt sich gut in dieses Bild. Aus Urkunden der Jahre 1285 und 1316 lässt sich rückschließen, dass der Königshof sowie die Zoll-, Münz- und Fischrechte von einem Schultheißen verwaltet wurden.

Erst im Spätmittelalter sind Hinweise auf die kirchliche Organisation der Mittelstadt überliefert. Die 1315 erstmals genannte Kirche St. Nikolaus, die ehemals an der Hoferstraße stand, wird aufgrund ihres Patroziniums mit der Ansiedlung von Kaufleuten in Verbindung gebracht. Die Mauritiusklause scheint aus der ehemaligen Kapelle des Königshofs hervorgegangen zu sein. In Ihrem Umfeld wurde ein Friedhof teilweise erfasst.

Für die Mittelstadt lässt sich bereits ein strukturiertes Straßen- und Wegenetz fassen. Im Mittelalter nutzte man die antiken Hauptverbindungen weiter,

Abb. 9:
Rottweil Königshof. Plan der Grabungen 1975-1979 von Lothar Klappauf mit Rekonstruktionsvorschlag der Pfalzanlage
© Landesamt für Denkmalpflege Vorlage Jonathan Scheschkewitz

die ehemalige *via praetoria* (heute Hoferstraße) war auch im 11./12. Jahrhundert eine wichtige Verkehrsachse. Dort konzentrierten sich vor allem Häuser mit steinernen Fundamenten, möglicherweise auch von Wohntürmen. Hier zeichnet sich eine Zone ab, in der sozial höherstehende Personen und Kaufleute wohnten. Die Hoferstraße hatte im westlichen Bereich eine nachgewiesene Breite von ca. 4 m. Weitere regelmäßig angelegte Nebenstraßen und Wegeführungen sind meist durch Kiesschüttungen fassbar.

Die flächige Besiedlung der Mittelstadt kann aufgrund zahlreicher Ausgrabungen beurteilt werden. Die mit über 8000 m² größte Untersuchung wurde 1975–1979 auf dem Königshof durchgeführt (Abb. 9).

Dort zeigt sich exemplarisch die dichte Besiedlung über einen Zeitraum von 600 Jahren. In der hier besonders interessierenden Siedlungsphase vom 11. bis 13. Jahrhundert gab es zahlreiche Wohnbauten, die als ebenerdige Pfosten- oder Schwellbalkenbauten errichtet wurden. Viele davon waren mit Kachelöfen beheizbare Nebengebäude, von denen sich Erdkeller (in zwei Fällen auch Steinkeller) erhalten haben, die zur Vorratshaltung oder als Raum für handwerkliche Tätigkeiten dienten. Da viele Fragen der Datierung noch ungeklärt sind, wissen wir nicht, wie viele Gebäude gleichzeitig bestanden haben und wie dicht die Besiedlung war. Die Haupt- und Nebengebäude waren aber innerhalb Parzellen gehöftartig gruppiert. An der Heerstraße lässt sich auf den 20–25 m schmalen Parzellen eine regelhaft gruppierte Bauabfolge fassen. Die Wohngebäude waren zur Straße hin orientiert, im Hofbereich lagen Latrinen und Zisternen/Brunnen.

Nur wenige Befunde belegen handwerkliche Tätigkeiten (Eisen- und Buntmetallschmiede), die in einem frühstädtischen Zentrum zu erwarten wären. Eine Ausnahme bildet die Textilproduktion. Webgewichte und charakteristische Standspuren weisen auf die weit verbreiteten Gewichtswebstühle hin, die in dörflichen Siedlungen vorwiegend der Eigenversorgung dienten. Erstaunlicherweise finden sich aber auch auffallend viele Nachweise von so genannten Trittwebstühlen. Die Gefache des Webstuhls ließen sich über Pedale mechanisch steuern, die in den Boden eingetieft wurden und so archäologisch fassbar sind. Dies ermöglichte

Abb. 10:
Der Weber Hans an einem Trittwebstuhl. Darstellung aus dem Hausbuch der Mendelschen Zwölfbrüderstiftung aquarellierte Zeichnung um 1425
© Stadtbibliothek im Bildungscampus Nürnberg, Amb.317.2° fol. 4v.

eine erheblich effizientere Arbeit. Neben einzelnen Webstühlen in Grubenhäusern fanden sich in einem Fall fünf dieser modernen Webstühle, die gleichzeitig in Reihe betrieben wurden. Diese Textilproduktion geht weit über den Eigenbedarf hinaus, hier wurden manufakturartig lange Stoffbahnen für den Markt produziert.

Die Mittelstadt war von einer ausgedehnten Befestigungsanlage umgeben, die noch um 1900 weitgehend bestand und von der sich heute obertägig nichts mehr erhalten hat. Obwohl sie ursprünglich als römisch angesehen, steht inzwischen zweifelsfrei fest, dass die Anlage um 1100 errichtet worden ist und mehrere Ausbauten erfahren hat. Im Kern handelt es sich um einen einfachen, etwa 4 m hohen Erdwall, der aus dem Aushub des vorgelagerten Grabens aufgeschüttet worden ist.

1 STADTWERDUNG UND STADTENTWICKLUNG

Abb. 11:
Eine um 1900 entstandene Fotografie zeigt den noch weitgehend intakten Wall der Befestigung der Mittelstadt
© Stadtarchiv Rottweil J3/1354

Abb. 12:
Ansicht der Mittelstadt in der Rottweiler Hofgerichtsordnung. Die Befestigung mit Wall und Graben sowie die steinernen Tore sind gut zu erkennen. Buchmalerei um 1430
© Württembergische Landesbibliothek Stuttgart
HB VI 110

zentralörtlichen Funktionen und teils gewerbsmäßiger Produktion als frühe Stadt bezeichnen. Auch wenn sie es im rechtlichen Sinn damals noch nicht war.

Um 1200 ist aufgrund des geringen Fundanfalls ein starker Siedlungsrückgang erkennbar.

Planmäßige Neuanlage an heutiger Stelle

Im frühen 13. Jh. gründete der schwäbische Herzog Friedrich V. von Staufen ca. 1,3 km nordwestlich der Mittelstadt auf einem abfallenden Höhenrücken die heutige Kernstadt.

Die planmäßig angelegte Gründungsstadt ist von einer in großen Teilen erhaltenen Befestigungsanlage umschlossen. Der aus Tuffstein- und Muschelkalkquadern ausgeführten Stadtmauer von einer Höhe von ca. 9,5 m ist ein Graben vorgelagert.

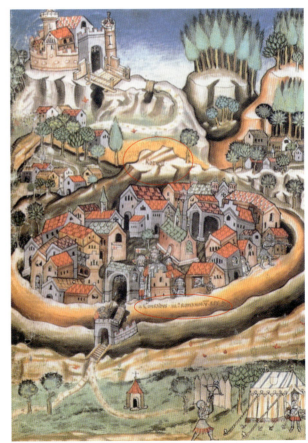

Er umschloss das gesamte 35 ha große Siedlungsareal und hatte zur jenseits des Neckars gelegenen „Altstadt" hin drei Zugänge, die als nach innen gebogene Zangentore ausgebildet waren. Weitere Durchlässe für Wege lagen offenbar nach Westen hin. Verschiedene Untersuchungen konnten nachweisen, dass auf der etwa 1 m breiten Wallkrone teilweise eine 1,4 m breite Trockenmauer, abschnittsweise aber wohl Palisaden standen, von denen sich verkohlte Balken erhalten haben. In ihrem Erscheinungsbild ist die Befestigung der frühen Stadt des 70 km südlich gelegenen Schaffhausen aus der Zeit um 1100 zu vergleichen. Wie der ältesten Wehranlage Schaffhausens wurden dem Rottweiler Wall Trockenmauern vorgeblendet, die teilweise turmartige Vorsprünge aufweisen. In der Tuttlinger Straße 15 grub man ein 15 m langes Teilstück dieser Stadtmauer aus. Es wurde um 1200 als zweischalige Mauer erbaut und hatte einen vorspringenden Turm.

Im späten 12. Jahrhundert waren so Teile des Walls mit einer Steinmauer ausgestattet, eine vollständige Ummauerung ist allerdings auszuschließen. In dieser Weise wurde in einer um 1430 entstandenen Buchmalerei die Mittelstadt dargestellt, die dicht besiedelt von einem Erdwall umschlossen war und steinerne Tore aufwies.

Die im 12. Jahrhundert intensivierte Siedlungstätigkeit in der Mittelstadt fand im frühen 13. Jahrhundert ein Ende. Zu diesem Zeitpunkt kann man den ausgedehnten, dicht bebauten und befestigten Ort mit

Um 1100/1200: Mittelstadt und staufische Neugründung

Das 12 ha große, nach Südosten abfallende Areal ist durch ein Hauptstraßenkreuz klar in vier Quartiere gegliedert. Diese sind durch Wirtschaftsgassen erschlossen, an denen sich Steinbauten traufständig und in geschlossenen Zeilen auf annähernd gleich großen Hofstätten reihen. Seit der Mitte des 13. Jh. entstanden Großbauten, die das Stadtbild bis heute prägen. Markant sind insbesondere kirchliche Bauten, wie das Heilig-Kreuz-Münster im nordwestlichen Stadtviertel (seit 1314 Pfarrkirche), die gegenüber der Nord-Süd-Achse zurücktretende Kapellenkirche mit ihrer ab 1330 errichteten monumentalen Turmfront, sowie die 1286 geweihte Dominikanerkirche, deren Chor den nördlichen Raumabschluss dieser Achse bildet. Seit dem

Abb. 13:
Luftbild des historischen Zentrums von Rottweil von Süden
© Landesamt für Denkmalpflege im Regierungspräsidium Stuttgart
Foto: Otto Braasch, L7916-036-01_20160804-0626_DSC_0626)

14. Jh. entstanden auch markante Profanbauten wie das Rathaus an der oberen Hauptstraße und Klosterhöfe.

Im Spätmittelalter bildeten sich Vorstädte aus. Die Waldtor-Vorstadt im Westen, zwischen Schwarzem Tor und Hochturm, wurde in die Befestigung der Kernstadt einbezogen. Die Vorstadt in der Au östlich des Neckars war durch mehrere Mühlen gewerblich geprägt.

Durch archäologische und bauhistorische Untersuchungen konnte an zahlreichen Bürgerhäusern gezeigt werden, dass Umbauten der Frühneuzeit in großem Umfang mittelalterliche Kernbauten mit einbezogen. Im 19. Jh. hat sich das Siedlungsbild Rottweils durch den teilweisen Abbruch der Wehranlagen, insbesondere von mehreren Tortürmen verändert, in der Kernstadt ist aber historische Bausubstanz in bemerkenswertem Umfang erhalten geblieben.

Gründe für die Siedlungsverlagerung von der Mittelstadt zum neu gegründeten Rottweil

Wann genau und weshalb sich die Verlagerung der Stadt im frühen 13. Jahrhundert vollzogen hat, ist nicht zweifelsfrei geklärt, in der Forschung werden mehrere Antworten diskutiert. Die wenigen Schriftquellen geben zwar Hinweise zu Besitzrechten, liefern aber keine Beschreibung der Siedlung(en) selbst.

War es eine bewusste Verlegung, um in günstigeren topographischen Gegebenheiten eine moderne, planvoll angelegte Stadt zu bauen? Oder war die Neuanlage eine staufische Konkurrenzgründung zur benachbarten Frühstadt? Geht man davon aus, dass Rottweil nach dem Verzicht der Zähringer auf die schwäbische Herzogswürde 1098 in deren Besitz übergegangen ist, sprechen unter anderem die Aufenthalte König Friedrichs II. von Staufen 1214 und 1217 in der Stadt für Letzteres.

Mehrfach sind in Häusern der Mittelstadt in dieser Phase Brände nachweisbar. Fiel die gesamte Siedlung einem Schadfeuer oder einer Zerstörung im Zuge kriegerischer Ereignisse zum Opfer? Denkbar ist auch die systematische Niederlegung von Gehöften vor einer Übersiedlung in die neue Stadt Rottweil. Klar ist hingegen auch, dass kleinere Siedlungskomplexe bis in das 13./14. Jahrhundert hinein noch weiter bestanden.

Hinter der Verlagerung können aber auch ganz andere Ursachen stehen. Die Wasserversorgung war in der Mittelstadt ein Problem. Die nachgewiesenen Brunnen, die meist von mehreren benachbarten Parzellen genutzt wurden, haben in einer Tiefe von 6–7 m nur unergiebiges Schichtwasser angetroffen. Mit Lehm abgedichtete Gruben dienten darüber hinaus als Zisternen. Die neue Stadt wurde demgegenüber mit einem System von Laufbrunnen konstant mit Wasser versorgt. Die Reduktion der Fläche auf fast ein Drittel brachte durchaus auch Vorteile mit sich. Die Größe der Wehranlage verringerte sich dadurch erheblich und konnte auch effektiver verteidigt werden.

Abschließend können diese Fragen nicht geklärt werden, die Genese der Stadt Rottweil ist aber gerade deshalb ein spannendes Forschungsobjekt der süddeutschen Landesgeschichte.

Ade-Rademacher, Dorothee et al., Rottweil, Stuttgart 2005 (Archäologischer Stadtkataster Baden-Württemberg; 30).

Findeisen, Peter, Stadt Rottweil. Ortskernatlas Baden-Württemberg 3.1, Stuttgart 1989.

Gildhoff, Christian, Arae Flaviae – Rotunvilla – Rotweil. Der lange Weg zur Stadt Rottweil, in: Villingen 999–1218. Aspekte seiner Stadtwerdung und Geschichte bis zum Ende der Zähringerzeit im überregionalen Vergleich, hrsg. von Heinrich Maulhardt und Thomas Zotz, Waldkirch 2003 (Veröffentlichungen des Stadtarchivs und der Städtischen Museen Villingen-Schwenningen; 27 / Veröffentlichung des Alemannischen Instituts Freiburg i. Br.; 70), S. 99–128.

Ders., Nach den Karolingern. Anmerkungen und Fragen zum Rottweiler Königshof aus archäologischer Sicht, in: Die Baar als Königslandschaft. Tagung des Alemannischen Instituts vom 6.–8. März 2008 in Donaueschingen, hrsg. von Volkhard Huth und R. Johanna Regnath, Ostfildern 2010 (Veröffentlichung des Alemannischen Instituts Freiburg i. Br.; 77), S. 281–377.

Scheschkewitz, Jonathan, Rottweil um 1200 – Siedlungsstrukturen von hochmittelalterlicher Mittelstadt und spätmittelalterlicher Stadtgründung, in: Karsten Igel et al. (Hrsg.), Wandel in der Stadt um 1200. Die bauliche und gesellschaftliche Transformation der Stadt im Hochmittelalter, Stuttgart 2013, (Materialhefte zur Archäologie in Baden-Württemberg; 96), S. 299–320.

1564: Die Pürschgerichtskarte des David Rötlin

Von Carsten Kohlmann

Die Pürschgerichtskarte von David Rötlin aus dem Jahr 1564 ist eines der bedeutendsten und bekanntesten Zeugnisse, die in Rottweil aus der Reichsstadtzeit erhalten geblieben sind. Die einzigartige bildliche Darstellung ist deshalb im Lauf der Zeit zu einem der wichtigsten stadtgeschichtlichen Symbol geworden – bis zur Gegenwart.

Im altehrwürdigen Stadtmuseum wird sie von den Besuchern bestaunt und wird auch im neuen, schon lange gewünschten Stadtmuseum eines Tages einen zentralen Platz einnehmen.

Die erste im Jahr 1888 im Maßstab 1:1 angefertigte Kopie ziert das Dienstzimmer der Oberbürgermeister im geschichtsträchtigen Rathaus. Ganz bewusst entschied sich die Stadtverwaltung 1970 auch für die Pürschgerichtskarte als Titelbild der Festschrift zur Erhebung der Kreisstadt zur Großen Kreisstadt. 1972 wurde vom Banholzer Verlag in Rottweil außerdem eine fotografische Reproduktion hergestellt, die Interessierte erwerben konnten und seitdem bei vielen Bürgern zu Hause aufgehängt ist. Die Pürschgerichtskarte symbolisiert auf diese Art und Weise über die Jahrhunderte das zentralörtliche Selbstbewusstsein der Stadt Rottweil – damals als Mittelpunkt eines bedeutenden (ursprünglich) königlichen Rechtsbezirks und heute als politischer Mittelpunkt eines Landkreises.

„Die Stadt ist ein Abbild der Seele", so die spätmittelalterliche Mystikerin Katharina von Siena (1347 – 1380), die in der Epoche lebte, in der das europäische Städtewesen aufblühte und aus der auch die ersten bildlichen Darstellungen von (italienischen) Städten bekannt sind. Der „Seele" der Reichsstadt Rottweil hat David Rötlin mit seiner Pürschgerichtskarte ein meisterhaftes Denkmal gesetzt. Wer sich als Zeitreisender in die faszinierend detailreiche Darstellung der Reichsstadt mit ihren vier Stadtteilen („Orten"), Straßen, Gebäuden und Einrichtungen vertieft, findet bestätigt, was Franz Prinz von Sayn-Wittgenstein (1910 – 2001) über „Reichsstädte" geschrieben hat: *„So hat jede Stadt ihr eigenes, unverwechselbares Antlitz, ihren eigenen Stadtgeist, der sich*

Abb. 14:
Ausschnitt
aus der Pürschgerichtskarte
© Städtische Museen Rottweil
Foto: Robert Hak

1 STADTWERDUNG UND STADTENTWICKLUNG

in Plätzen und Straßenzügen, in Kirchen und Palästen, in Bürgerhäusern, Denkmälern und Gärten manifestiert [...] Gerade das äußere Bild mußte als Kunstwerk wirken, weil es sich organisch entwickelt hat: der fest gefügte Mauergürtel mit Türmen und Toren, dahinter die vielgestaltigen Giebel der Häuser, die gewaltigen Dächer der Münster und Kirchen." Die Pürschgerichtskarte repräsentiert den „Stadtgeist" der Reichsstadt Rottweil, so dass sich auch die Zeitgenossen des 21. Jahrhunderts in ihn zurückversetzen können.

Entstanden ist die Karte im Jahr 1564 aber eigentlich nicht als Kunstwerk für die Nachwelt, sondern als Gebrauchsgegenstand der Stadtverwaltung, um den Rechtsanspruch auf die „Freie Pürsch" in einem weit über die Reichsstadt („Stadtbann") hinausgehenden Gebiet („Pürschgericht") durchsetzen zu können. Die Art und Weise, wie David Rötlin die ihm vom Magistrat gestellte Aufgabe erfüllte, zeigt aber, dass „der Bürger immer schon Freude am Bilde seiner Stadt hatte". Er erledigte nicht nur einen kartographischen Auftrag, er malte auch liebevoll seine Heimatstadt – ganz offensichtlich voller Stolz, ein Reichsstädter und ein Rottweiler zu sein. Von einer weiteren von ihm um 1579/1580 entstandenen Arbeit, einer „Abreißung der Statt Rottweil, und derselben zugehörigen Fleckhen und Landschaft", für einen Kalender ist bis heute leider kein Exemplar bekannt geworden.

So hat jede Stadt ihr eigenes, unverwechselbares Antlitz, ihren eigenen Stadtgeist, der sich in Plätzen und Straßenzügen, in Kirchen und Palästen, in Bürgerhäusern, Denkmälern und Gärten manifestiert [...] Gerade das äußere Bild mußte als Kunstwerk wirken, weil es sich organisch entwickelt hat: der fest gefügte Mauergürtel mit Türmen und Toren, dahinter die vielgestaltigen Giebel der Häuser, die gewaltigen Dächer der Münster und Kirchen."

Die „Freie Pürsch" war eines der wichtigsten Hoheitsrechte der Reichsstadt, das „Juwel der Stadt Rottweil" (Jörg Leist) und zunächst auch eng mit dem Kaiserlichen Hofgericht verbunden. Der eigentümliche Rechtsbegriff erscheint in der schriftlichen Überlieferung zum ersten Mal in einer Urkunde aus der Zeit zwischen 1273 und 1291, deren genaues Datum sich leider nicht erhalten hat. Darin bürgten Bürgermeister, Schultheiß und die gesamte Bürgerschaft der Stadt Rottweil („bur[gimagister], scultetus et universitas civium civitatis Rohtwil") für 300 Mark Silber, die König Rudolf von Habsburg (1273–1291) für die von ihm erworbene Steuer- und Gerichtsbarkeit in Rottweil mit allen Gütern und der als „Birse" bezeichneten Besitzungen mit ihren Zugehörungen Herzog Konrad II. von Teck (geb. um 1225–1292) schuldig war („pro thelonio et jurisdictione aput Rohtwil ac bonis sive possessionibus dictis Birse eorumque pertinenciis").

König Rudolf von Habsburg ging es damals darum, das im Interregnum zwischen 1254 und 1273 zerfallene Herzogtum Schwaben neu zu errichten, in dem er die damit verbundenen Rechte wieder zu erwerben versuchte, die in andere Hände gekommen waren – wie im Fall der „Freien Pürsch" in Rottweil, dessen selbstbewusste Bürgerschaft unablässig daran arbeitete, ihren Status als Reichsstadt durch den Erwerb von Rechten aller Art auszubauen. Der Rückerwerb der „Birse" für das Reich war die entscheidende Voraussetzung für diese Entwicklung und die zitierte Urkunde deshalb „die geradezu wichtigste Urkunde der Rottweiler Geschichte" (Eugen Mack). Die Forschung geht davon aus – eine Urkunde ist leider nicht überliefert –, dass Rottweil die „Freie Pürsch" als Reichslehen im Jahr 1415 an sich ziehen konnte. Die Bedeutung der „Birse" als „Juwel" war der Reichsstadt wohl immer bewusst, weshalb sie alles daransetzte, diesen Edelstein auf ihrer Bürgerkrone tragen zu können. Es wird vermutet, dass die Reichsstadt damit von Kaiser Sigismund (1411–1437) für ihre militärische Unterstützung bei den Konflikten um die Ächtung Herzog Friedrichs IV. von Österreich (1382–1439) beim Konzil von Konstanz belohnt wurde: ein gut vorstellbarer Zusammenhang.

Unter der „Birse" ist die aus dem Königshof hervorgegangene Reichsvogtei zu verstehen, zu der ein weitläufiger Gerichts-, Geleit- und Jagdbezirk gehörte, der sich von Rottweil aus weit in das Umland erstreckte, insbesondere in den westlich gelegenen Schwarzwald, dessen Erschließung durch den Aufbau von Herrschaften und die Gründung von Siedlungen im 11. Jahrhundert einsetzte. Im 16. Jahrhundert gab es das Narrativ, *„dass vor etlich hundert Jahren, als der Schwarzwald noch eine Wildnuss gewesen, wo sich allerley böse Buben und Gesellschaften geschlagen und die Wege unsicher gemacht, der Stadt Rottweil, als nächstdaran gelegen, von römischen Kaysern und Königen aufgetragen worden, ihr getreu Aufmerken auf jene Gesellschaften zu haben, und dass ihr desswegen neben der freyen Bürsch auch die hohe Obrigkeit auf 5 Stunden Weges, fast halb hinein in den Wald, gegeben, und dieselbe von Kayser zu Kayser bestätigt worden sey."* In der „Zimmerischen Chronik" findet sich außerdem das Narrativ, die Reichsstadt Rottweil hätte die „Birse" von den Herzögen von Urslingen erworben und sei ihr dann von den Kaisern und Königen bestätigt worden, einerseits wegen des Kaiserlichen Hofgerichts und andererseits *„das einest vil adels dahin kommen, die iren lust mit dem waidwerk gehapt."*

Die enge Beziehung zwischen dem Königshof, der Reichsvogtei und der „Freien Pürsch" zeigt sich darin, dass das Pürschgericht und das Kaiserliche Hofgericht in der Mittelstadt tagten, wo sich der Königshof befunden hatte. 1418 wurden die beiden Gerichtsstätten voneinander getrennt: Das Kaiserliche Hofgericht tagte von nun an vor der Hochbrücktorvorstadt, das Pürschgericht blieb dagegen an seinem angestammten Ort bei der Pürschgerichtslinde in der Mittelstadt. Derartige Hoheitsgebiete gab es auch um andere (Reichs)Städte im staufisch-zähringischen Machtbereich, in denen sich ebenfalls eine „Freie Pürsch" mit ähnlichen Rechtsverhältnissen wie in Rottweil entwickelte, zum Beispiel in Schwäbisch Gmünd, Ulm und Villingen.

Das Wort „Pürsch" ist aus der Jagdsprache bis heute bekannt („auf die Pirsch gehen" oder „heranpirschen"), hat sich in seiner Bedeutung jedoch sehr gewandelt. Die Entstehung des Wortes ist bis heute nicht eindeutig geklärt, es leitet sich aber vom lateinischen Verb „birsare" oder „bersare" ab. Unter einer „bersa" verstand man schon früh ein Wildgehege und unter der „Pürsch" die Jagd mit Schusswaffen (Pfeil und Bogen, Armbrust) in einem eingezäunten Wildgehege und später auch in der freien Wildbahn.

In der „Freien Pürsch" beanspruchte die Reichsstadt in etwa 50 Gemeinden ihres Umlandes die Hochgerichtsbarkeit über Leben und Tod („Blutbann"), das Recht auf freies Geleit und das Recht auf freie Jagd. Die Reichsstadt selbst war aber bereits seit 1401 selbst im Besitz der Hochgerichtsbarkeit für ihren Stadtbann und dadurch vom Pürschgericht exemt. Auch in den Umlandgemeinden zog sie die Hochgerichtsbarkeit im Lauf der Zeit immer mehr an sich, so dass sich die Kompetenz des Pürschgerichtes bereits seit 1473 auf Todschlag reduzierte. Zu den Pürschgerichtssitzungen kamen unter der Leitung eines von der Reichsstadt gestellten Pürschrichters zunächst zwölf und später vierzehn Pürschrichter aus den Pürschdörfern zusammen.

Am 17. Oktober 1474 gab Kaiser Friedrich III. (1440–1493) in einer Urkunde bei einer Strafe von 50 Mark Gold allen Empfängern bekannt, *„das ir dieselben von Rotweil an der obernannten freien bürsch mit hochen und nideren gerichten, so dan under der linden auff der mitlenstat in gericht gehalten würdet und sie von uns, unsern vorfarn und dem hailigen reich zu lehen tragen, mit allen herlichaiten, wildtpennen und gwaldtsam, wie ir altvordern und sie die bisshër von unser und des hailigen reichs wegen ingehapt und gebraucht haben, fürbass ewiglich unverhindert beleiben, dess gebrauchen und geniessen lassen und nit gestatten, das sie hierüber durch niemandt bekhommert noch beschwerdt werden."*

Der weitläufige Pürschgerichtsbezirk bot jedoch viel (mitunter hochexplosiven) Konfliktstoff mit den Nachbarterritorien der Reichsstadt, namentlich mit dem Herzogtum Württemberg, der (seit 1583 vorderösterreichischen) Herrschaft Schramberg, der (vorderösterreichischen) Grafschaft Hohenberg, der Grafschaft Fürstenberg, der Reichsabtei Rottenmünster, der Reichsritterschaft und dem Johanniterorden. Im Zeitalter der Territorialisierung bildeten sich auch diese Herrschaftsmächte immer stärker aus und wollten die altertümlich überkommene „Freie Pürsch" nicht akzeptieren, insbesondere nicht im Besitz einer vom Adel als grundsätzlich aggressiv empfundenen Reichsstadt. In der „Zimmerischen Chronik" klagt Graf Froben Christof von Zimmern (1519–1566) eindrücklich darüber, die Reichsstadt habe *„allen adelsstenden anfahen sich zu widersetzen und, zugleich wie der kreps an eim mentschen, um sich zu fressen."* Der Kampf für und wider die „Freie Pürsch" eskalierte mehrfach in gewaltsamen Konflik-

1 STADTWERDUNG UND STADTENTWICKLUNG

ten, vor allem mit dem Herzogtum Württemberg und der Herrschaft Schramberg. Nach einer Intervention des Kaisers Maximilian I. (1493–1519) konnten immerhin die rottweilisch-württembergischen Probleme in einem Vertrag größtenteils beigelegt werden, indem sich beide Parteien auf eine jährlich alternierende Ausübung der Hochgerichtsbarkeit in der „Freien Pürsch" einigten und sich daran bis zum Ende des Alten Reiches auch weitgehend hielten.

Ungleich härter und länger verliefen indes die Konflikte zwischen der Reichsstadt Rottweil und der Herrschaft Schramberg, die sich von der Mitte des 15. Jahrhunderts bis in das 18. Jahrhundert erstreckten und in der „Landenberger Fehde" im 16. Jahrhundert sogar zu einem Krieg ausarteten. Umkämpft war vor allem die von Rottweil beanspruchte freie Jagd im Burschachen und im Feurenmoos, zwei großen, wildreichen Waldgebieten. Nach einem im Jahr 1539 von der Eidgenossenschaft bei einer Zusammenkunft in Oberndorf am Neckar vermittelten Vergleich flammten die Konflikte in den 1560er-Jahren wieder auf, als sich die Herrschaft Schramberg zunächst im Besitz von Rochus Merz (†1563) und später seiner Witwe Anna Merz von Staffelfelden (†1571) befand.

In der „Zimmerischen Chronik" ist aus dieser Zeit eine gleichermaßen anschauliche wie unterhaltsame Episode überliefert: Mit der Entsendung einer Streitmacht von 500 Bürgern, darunter 300 Hakenschützen, wollte die Reichsstadt Rottweil in der Herrschaft Schramberg ein Exempel statuieren. Die streitbare Witwe Anna Merz von Staffelfelden, unterstützt von anderen Adligen umliegender Herrschaften, drohte den Rottweilern aber unter Nennung ihrer zeitgenössischen Spitz- und Schimpfnamen, *„welcher gestalt sie mit den schmerschneidern und sichelschmiden umgeen welten, da sie user den mauren im schrambergischen forst betretten würden."* Die Rottweiler – für ihren Kampfgeist durchaus bekannt und gefürchtet – waren indes ohnehin nicht völlig überzeugt von der Aktion, da sie sich nicht freiwillig zu ihr gemeldet hatten. Der Erfolg war bescheiden. Gefangen wurden lediglich zwei Hasen, die ein Rottweiler mit seinem klappernden Harnisch aufgescheucht hatte. Als die Streitmacht an einem dunklen, nebligen Tag auf einer Höhe bei Sulgen einige Pferde und Kühe erblickte, von denen sie glaubte, *„es seien die edelleut mit den schrambergischen paurn"*, zog sie sich wieder zurück. Es kam damals zu einem Spottlied, gegen das die Reichsstadt vorging. Die Herrschaft Schramberg brachte das Problem auch vor das Reichskammergericht in Speyer. Insgesamt behauptete sie jedoch die „Freie Pürsch" gegenüber der Herrschaft Schramberg bis zum Ende des Alten Reiches.

Der Erfolg war bescheiden. Gefangen wurden lediglich zwei Hasen, die ein Rottweiler mit seinem klappernden Harnisch aufgescheucht hatte. Als die Streitmacht an einem dunklen, nebligen Tag auf einer Höhe bei Sulgen einige Pferde und Kühe erblickte, von denen sie glaubte, „es seien die edelleut mit den schrambergischen paurn", zog sie sich wieder zurück.

Vor dem Hintergrund dieser Konflikte sah sich die Reichsstadt Rottweil veranlasst, die „Freie Pürsch" auf einer Karte darstellen zu lassen. Deren Grenzen wurden immer wieder durch „Pürschbereitungen" geprüft. 1563 machte sich dazu eine aus 22 Mitgliedern bestehende Kommission mit dem Maler Hans Freiburger auf den Weg. Aber erst 1564 wurde die Pürschgerichtskarte fertig, aus unbekanntem Grund aber nicht von Hans Freiburger, sondern von David Rötlin angefertigt. In den Mittelpunkt seiner etwa zwei Meter großen, drehbaren Karte stellte David Rötlin die Reichsstadt Rottweil und nahm dabei eine Perspektive aus der Vogelschau beim Turm der Kapellenkirche aus ein. Er zeichnete mit Tusche auf Papier und kolorierte mit Deckfarben in unterschiedlichen Brauntönen.

In der Kunstgeschichte kamen eigenständige Darstellungen von Städten erst seit dem Ende des 15. Jahrhunderts auf. In der mittelalterlichen Kunst waren sie zuvor lediglich ein „untergeordneter Bildgegenstand, der ein religiöses oder profanes Thema ergänzt oder bereichert" (Matthias Bruhn/Gabriele Bickendorf). Die neuen Reproduktionstechniken Buchdruck und Kupferstich lösten dagegen zu Beginn der frühen Neuzeit eine Welle eigenständiger Darstellungen von Städten für Bücher, Karten, Pläne und Wandbilder aus. Als Vorbild für zahlreiche folgende Darstellungen in Europa wirkten die um 1500 in Italien entstandenen Ansichten von Florenz oder Venedig aus der Vogelschau. Seit 1540 entstanden auch dreidimensionale Stadtmodelle, zum Beispiel von Augsburg, Nürnberg, Landshut und München. Unter den „Landtafeln aus der Vogelschau oder Kavaliersperspektive" gilt die Rottweiler Pürschgerichtskarte in der südwestdeutschen Kartographiegeschichte als „eines der schönsten Beispiele dieses Kartentyps" (Ruthardt Oehme). Ähnliche Karten einer „Freien Pürsch" entstanden für Schwäbisch Gmünd, Villingen und den Ritterkanton Neckar-Schwarzwald.

Als „einzigartige Bildquelle" (Gerald P. Mager) ist die Pürschgerichtskarte für die Forschung zur Geschichte der Reichsstadt ein Juwel von unschätzbarem Wert. Mit dem dargestellten Stadtbild haben sich bereits zahlreiche Publikationen befasst. Je weiter die Pürschgerichtskarte in das Umland ausgreift, desto kleiner werden die dargestellten Landschaften, Orte und Gebäude, aber nicht weniger detailreich und wertvoll, sind es doch auch hier meistens die ersten bekannten bildlichen Darstellungen. Die fortschreitende Forschung zeigt auch beim Umland oft eine bemerkenswerte Wirklichkeitstreue zum damaligen Aussehen. Die Territorien, zu denen sie gehörten, hat David Rötlin durch insgesamt 15 Wappen kenntlich gemacht.

Der Künstler blieb seiner Nachwelt jedoch lange ein Rätsel. Erst 1926 gelang es dem katholischen Pfarrer Albert Pfeffer (1873–1937) aus Oberndorf am Neckar, damals Kunstsachverständiger der Diözese Rottenburg, die beiden ineinander verschlungenen Initialen „DR" rechts vom Hochturm richtig zu deuten, angeregt und gestützt durch einen Fund von August Steinhauser (1868–1951) in den zeitgenössischen Ratsprotokollen im Stadtarchiv Rottweil.

Die große Zeit der „Freien Pürsch" war aber im Jahr 1564 mit zunehmender Integration in die Hochgerichtsbarkeit der Reichsstadt eigentlich schon fast zu Ende gegangen. Das letzte überlieferte Urteil ist aus dem Jahr 1568, die letzte Pürschgerichtssitzung ist aus dem Jahr 1619 bekannt. „Das Straßenkreuz wird zum Koordinatensystem der Karte Rötlins, die Pürschgerichtslinde als ideelles Zentrum der Rottweiler Pürsch ist dagegen bereits vergessen" (Winfried Hecht). Da gemalte Karten damals mit der Entwicklung der Messtechnik und Druckverfahren bereits überholt waren, erscheint die Pürschgerichtskarte trotz ihres hohen historisch-kulturellen Wertes auch als „Rückblick in eine stolze Vergangenheit" in einer Zeit, in der Rottweil immer mehr dabei war, „den Anschluß an die führenden städtischen Zentren in Oberdeutschland zu verlieren" (Winfried Hecht). 1574 gab die Reichsstadt noch eine neue Ordnung für das Pürschgericht bekannt, hatte aber bereits die Zuständigkeit auch für Totschlag immer mehr an sich gezogen.

Seit dem 17. Jahrhundert wurde im Schwäbischen Reichskreis häufig über die altertümlichen Pürschgerichte mit dem Ziel ihrer Abschaffung verhandelt. Trotz zunehmender Bedeutungslosigkeit hielt die Reichsstadt Rottweil aber immer an diesem „Juwel" fest und ließ es sich zuletzt im Jahr 1791 durch Kaiser Leopold II. (1790–1792) nochmals bestätigen. Bei Verhandlungen zwischen der Reichsstadt Rottweil und dem Herzogtum Württemberg über den Tausch einiger Rechte entstand im Jahr 1787 noch eine Kopie von einem Teil der Pürschgerichtskarte durch den Zeichenlehrer Leopold Bern, die heute im Hauptstaatsarchiv Stuttgart verwahrt wird.

Am Ende des Alten Reiches befand sich die Pürschgerichtskarte in der sogenannten „Achtzehnerstube" und wäre bei der Mediatisierung der Reichsstadt Rottweil durch das Kurfürstentum Württemberg im Jahr 1803 beinahe auf dem berühmten Müllhaufen der Geschichte gelandet, wurde sie doch als Ofenschirm und Zielscheibe würdelos zweckentfremdet. Einem Geometer und Leutnant Goebel, der in der Geschichtsschreibung der Stadt Rottweil noch mehr zu würdigen ist, haben wir die Rettung der Pürschgerichtskarte für die Nachwelt zu verdanken, da er 1818 für ihre Rückführung in die „Achtzehnerstube" sorgte.

Bald darauf nahm sich der heutige Geschichts- und Altertumsverein Rottweil ihrer Bewahrung in der „Altertümer-Sammlung" an und stellte sie seit 1831 zunächst im Gymnasium und seit 1884 in der „Altertumshalle" aus. 1888 spendete Kommerzienrat Max von Duttenhofer (1843–1903) das Geld für eine Nachbildung durch den Zeichenlehrer Oskar Hölder (1832–1894)

1 STADTWERDUNG UND STADTENTWICKLUNG

im Maßstab 1:1, die seitdem in der „Altertumshalle" im „Herderschen Haus" gezeigt wurde und sich heute im Dienstzimmer der Oberbürgermeister im Rathaus befindet. Das Original, das vermutlich durch ihn mit einem die Randbereiche überdeckenden Rahmen versehen wurde, kam unterdessen in die Lorenzkapelle. 1893 widmete Oscar Hölder der Pürschgerichtskarte die erste stadtgeschichtliche Veröffentlichung, mit der er den denkmalpflegerisch engagierten Aufruf verband, das noch erhaltene Stadtbild zu hegen und zu pflegen: „Hoffen wir, was noch vorhanden ist, werde mit schonender Hand und pietätsvollem Sinn erhalten bleiben, zur Freude der Besucher, zum Stolze der Bürger einer Stadt, welche eine Vergangenheit aufweisen kann, wie wenige unseres Landes."

1922 brachte man die Pürschgerichtskarte – als Teil des Reichsstadtarchivs betrachtet – im Pulverturm auf dem Bockshof unter. 1938 kehrte sie bei einer Überarbeitung der Ausstellung zur Reichsstadtzeit in das Stadtmuseum im „Herderschen Haus" zurück, wo sie bis heute zu sehen ist. Seit 2011 können die Besucher das „Panoptikum einer kleinen Welt um die Mitte des 16. Jahrhunderts" (Gerald P. Mager) im Stadtmuseum Rottweil auch mit einer digitalen Präsentation en détail unter die Lupe nehmen.

Im Jahr 2016 erlebte die altehrwürdige Pürschgerichtskarte in einer Ausstellung im Alten Rathaus der Stadt Rottweil eine denkwürdige Begegnung mit einer zeitgenössischen Stadtansicht. In der Ausstellung traf das historische Werk des Malers David Rötlin auf das

Abb. 15:
„Überdauert"
von Norbert Stockhus
© Kreisarchiv Rottweil
Foto: HP Kammerer.

moderne Werk des Malers und Grafikers Norbert Stockhus, der vom Landkreis Rottweil den Auftrag erhalten hatte, ein Bild der Stadt Rottweil zu schaffen. Der in Glatt lebende Künstler hatte bereits einige fantastisch-realistische Stadtansichten geschaffen und nach Porträts von Haigerloch, Horb und Sulz ohnehin bereits auch über ein Porträt von Rottweil nachgedacht. An dem monumentalen Gemälde mit den Maßen 160 x 220 Zentimeter arbeitete Norbert Stockhus von 2011 bis 2016 und gab ihm den Titel „Überdauert".

„Stockhus mischt Neu und Alt – und er mischt Realität und Fiktion", schrieb Rainer Zerbst über das Bild, auf dem auch der thyssenkrupp Testturm seinen Platz hat, unten wie der Turm von Pisa aussehend, aus dem eine spiralförmige Säule nach oben wächst. „Altmeisterlich im Stil wirken seine Bilder – und sind doch hochgradig modern", so Rainer Zerbst, der in den Stadtansichten von Norbert Stockhus letztlich Bilder über das unergründliche Rätsel der Zeit sieht: „Zeit, die unendlich zu sein scheint, in der sich nichts bewegen will, kaum ein Wind die Blätter der Bäume rauschen lässt, Zeit aber auch, die über die Menschen und die von ihnen über Jahrtausende sorgsam errichtete Zivilisation hinweggeeilt ist […] Bilder, die in ihrer malerischen Präzision und Detailverliebtheit präzise und eindeutig wirken und zugleich vor dem geistigen Auge des Betrachters ein Eigenleben zu entwickeln scheinen, wie das große Rottweilporträt, bei dem man meint, in nächster Sekunde eine Wunderwelt geschäftigen Mittelalters erleben zu können, und das doch zugleich festgemauert in der Erden unerschütterlich zu ruhen scheint." Ähnliche Gedanken haben wohl auch bereits viereinhalb Jahrhunderte zuvor seinen Kollegen David Rötlin bewegt …

Quellen

Günter, Heinrich, Urkundenbuch der Stadt Rottweil. Erster Band, Stuttgart 1896, S. 7 – 9 Nr. 32 und S. 639 – 640 Nr. 1429 (Württembergische Geschichtsquellen; 3).

Zimmerische Chronik urkundlich bearbeitet von Graf Froben Christof von Zimmern 1567 und seinem Schreiber Johannes Müller 1600. Nach der von Karl Barack besorgten zweiten Ausgabe neu herausgegeben von Dr. Paul Herrmann, 4 Bände, Meersburg/Leipzig o.J. [1932].

Bickendorf, Gabriele/Bruhn, Matthias, Das Bild der Stadt, in: Mieg, Harald A./Heyl, Christoph (Hrsg.), Stadt. Ein interdisziplinäres Handbuch, Stuttgart 2013, S. 244 – 262.

Deutsches Rechtswörterbuch. Wörterbuch der älteren deutschen Rechtssprache, hrsg. von der Heidelberger Akademie der Wissenschaften. Zehnter Band Notsache-Raeswa. Bearbeitet von Heino Speer, Weimar 1991 – 2001, Sp. 1065 – 1066 (Pirsch).

Hafke, Christian, Jagd- und Fischereirecht, in: HRG, hrsg. von Adalbert Erler und Ekkehard Kaufmann unter philologischer Mitarbeit von Ruth Schmidt-Wiegand. Mitbegründet von Wolfgang Stammler. Redaktion: Dieter Werkmüller. II. Band: Haustür – Lippe, Berlin 1978, Sp. 281 – 288.

Hecht, Winfried, Rottweil vor 400 Jahren. Die Rottweiler Pürschgerichtskarte des David Rötlin von 1564 in Einzelansichten. Photographiert von Hellmut Hell, Rottweil 1987 (Jahresgabe des GAV Rottweil; 87).

Ders., Rottweil 1529 – 1643. Von der konfessionellen Spaltung zur Katastrophe im 30jährigen Krieg, Rottweil 2002.

Hölder, Oscar, Die Pürschgerichtskarte der ehem[aligen] Freien Reichsstadt Rottweil aus dem Jahre 1564, Stuttgart 1893 (Jahresgabe des GAV Rottweil; 13).

Leist, Jörg, Reichsstadt Rottweil. Studien zur Stadt- und Gerichtsverfassung bis zum Jahr 1546, Rottweil 1962.

Oehme, Ruthardt, Die Geschichte der Kartographie des deutschen Südwestens, hrsg. von der Kommission für Geschichtliche Landeskunde in Baden-Württemberg, Konstanz 1961.

Rüth, Bernhard, Norbert Stockhus trifft David Rötlin. Überdauert. Altes Rathaus Rottweil 26. Juni – 4. September 2016. Mit Textbeiträgen von Casimir Bumiller und Gerald Paul Mager, Rottweil 2016.

Sayn-Wittgenstein, Franz zu, Reichsstädte. Patrizisches Leben von Bern bis Lübeck, München 1965.

Schwenk, Sigmund, Art. „Pirsch", in: LexMA VI. Lukasbilder bis Plantagenet. München 1980 [ND Darmstadt 2009], Sp. 2176.

1 STADTWERDUNG UND STADTENTWICKLUNG

Von Edwin Ernst Weber

Die Reichsstadt Rottweil und ihre Landschaft

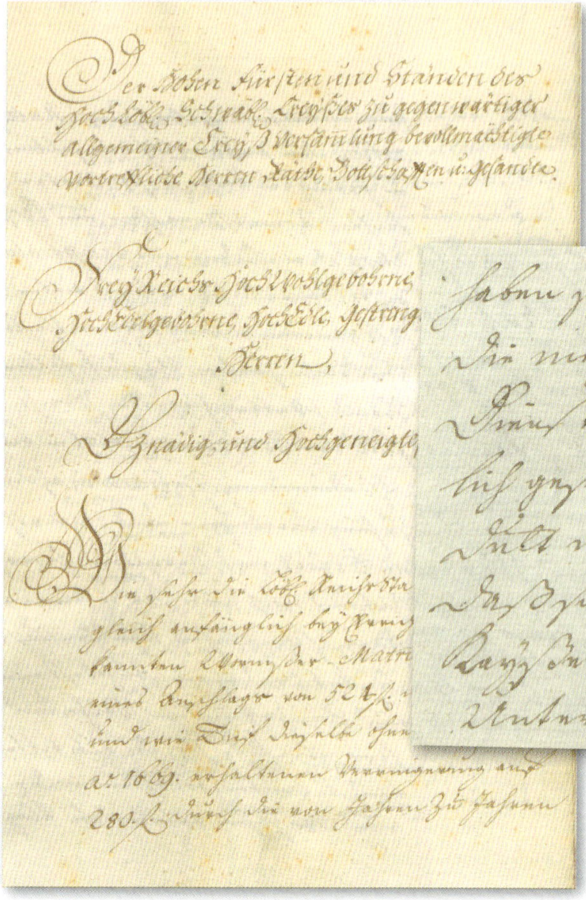

Abb. 16:
Klageschreiben der Rottweiler Landschaft an die Schwäbische Kreisversammlung o.D. (um 1755)
© Stadtarchiv Rottweil A1/L29 Fasz. 3 Nr. 20, S. 1

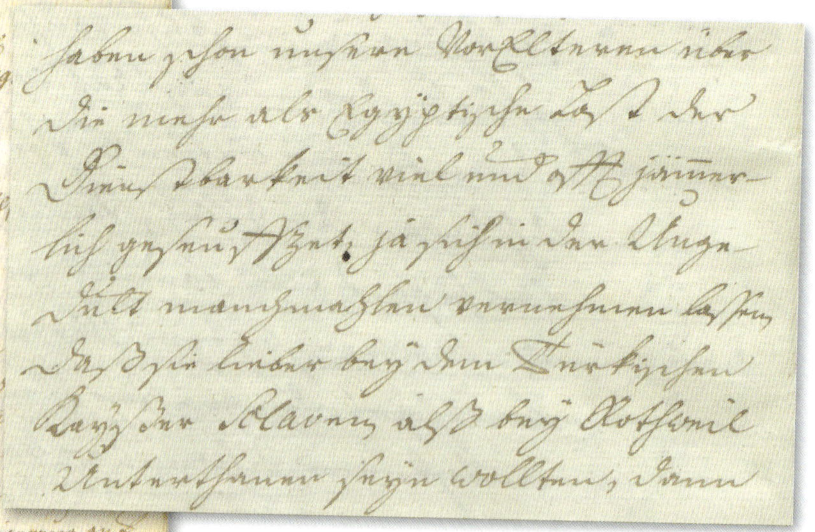

Abb. 17:
Untertänige, flehentliche Vorstellung und Bitte der Reichsstadt Rottweilischen Landschaft an die Allgemeine Kreisversammlung des Schwäbischen Kreises um Angedeihung und Genuss des Beneficii moderationis etc. o.D. (um 1755)
© Stadtarchiv Rottweil A1/L29 Fasz. 3 Nr. 20, S. 10.

„Schon unsere Vor Elfern (haben) über die mehr als Egyptische Last der Dienstbarkeit viel und offt jämmerlich geseuffzet, ja sich in der Ungedult manchmahlen vernehmen lassen, daß sie lieber beÿ dem Türkischen Kaÿser Sclaven als beÿ Rothweil Unterthanen seÿn wollten."[1]

Diese plakative Aussage findet sich in einer undatierten Supplik „samtliche(r) Dorfvögt, Gemeindsvorsteher und Ausschüss der (...) Reichsstatt Rothweilischen Landschafft"[2] an die Kreisversammlung des Schwäbischen Reichskreises in Ulm aus der Mitte der 1750er Jahre. Darin wird bittere Klage geführt über die ruinösen Steuer- und Militärlasten des Reichsstandes Rottweil und

---

1 Stadtarchiv Rottweil A1/L29 Fasz. 3 Nr. 20.
2 Ebd.

zumal über deren ungleiche Repartition³ zwischen städtischer Bürgerschaft und bäuerlicher Landschaft. Letztere müsse die aufgebürdeten Lasten nahezu allein tragen, sodass bei einer auf das Vermögen erhobenen Steuerquote von 4 Prozent in Friedens- und gar bis zu 9 Prozent in Kriegszeiten am Ende harter Feldarbeit *„vor Unß, unsere Weiber und Kinder kaum ein Bissen Brodt übrig bleibt. Als Urquellen Unseres Unglükes"*⁴ – werden neben dem ungebührlich hohen Matrikularanschlag als Verteilungsschlüssel für die öffentlichen Lasten auf Kreis- und Reichsebene auch die inneren Zerwürfnisse, die Misswirtschaft und die üble Verwaltung in Rottweil benannt. Sollte der Kreis keine gerechtere Lastenverteilung zwischen Stadt und Land und eine unparteiische Untersuchung der vorgebrachten Beschwerden erwirken können, will die Landschaft den Kaiser anrufen – oder aber, im schlimmsten Fall *„lieber Haus und Hoff mit dem Ruken ansehen und in auswärttigen Landen, sollte es auch in einem anderen Welttheil seyn, unser Brodt mit der saurestem Knechtarbeit verdienen als noch länger in einer solchen ohnerträglichen Praegravation⁵ (zu) leben."*⁶

Das Landgebiet der Reichsstadt Rottweil

Mit einer Fläche von ca. 220 Quadratkilometern und rund 10.500 Einwohnern, denen ca. 3100 Stadtbewohner gegenüberstehen, besitzt Rottweil am Ende des Alten Reiches hinter Ulm und Schwäbisch Hall eines der größten reichsstädtischen Landgebiete im deutschen Südwesten. 24 und im 17. Jahrhundert zeitweise sogar 26 Dörfer zwischen Hochmössingen im Norden und Mühlhausen im Süden, Feckenhausen im Osten und Fischbach-Sinkingen im Westen bildeten das ländliche Untertanengebiet, das die zu dieser Zeit wirtschaftlich potente Reichsstadt bzw. die von ihr verwalteten frommen Stiftungen des Heilig-Geist-Spitals und der Heilig-Kreuz-Bruderschaft vom ausgehenden 14. bis zum Ende des 16. Jahrhunderts durch Auskauf des Besitzes von Stadtbürgern, vor allem aber des Niederadels und der Grafen von Zimmern erworben hatten. Der wirtschaftliche Niedergang seit

dem Dreißigjährigen Krieg (1618–1648) und die enormen Lasten der Franzosen- und Türkenkriege Ende des 17. und zu Beginn des 18. Jahrhunderts zwingen Rottweil zum Verkauf einzelner Dörfer: Des halben Dorfes Kappel 1677 an Württemberg, von Balgheim 1689 an Jacob Rudolph Streit von Immendingen und von Niedereschach mit dem Schlossgut Graneck 1690 an Freiherr Sebastian Ludwig von Beroldingen. Noch weiter reichende Verkaufspläne des Magistrats werden 1689 von der Bürgerschaft verhindert. Niedereschach kann 1737 zurückerworben werden.

Grundlage der Rottweiler Territorialherrschaft ist der Besitz der Orts- und Niedergerichtsherrschaft mit dem Zugriff auf den Alltag der Untertanen in allen 24 bzw. 26 Dörfern des Landgebiets. Die politische und insbesondere materielle Reichweite der Landeshoheit hängt indessen vom Besitz und der Bündelung der weiteren herrschaftlichen Einzelrechte ab: vor allem der hoheitlichen Rechte in Gestalt der Hochgerichtsbarkeit,

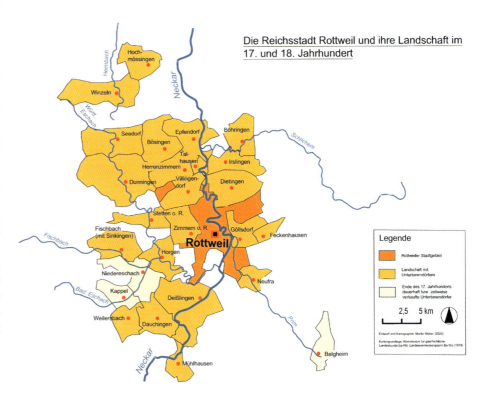

Abb. 18:
Die Reichsstadt Rottweil und ihr Landgebiet im 17. und 18. Jahrhundert
© Entwurf: Edwin Ernst Weber, Kartographie: Moritz Weber.

---

3   Verteilung.
4   Stadtarchiv Rottweil A1/L29.
5   Überlastung.
6   Stadtarchiv Rottweil A1/L29.

die Rottweil über die sog. „Freie Pürsch" mit Ausnahme des im fürstenbergischen Forst gelegenen Mühlhausen in seinem gesamten Territorium sowie in einem weit darüber hinaus reichenden Bezirk ausübt, und der Steuer- und Wehrhoheit, die der Reichsstadt in allen Untertanenorten mit Ausnahme der von der Reichsritterschaft beanspruchten Dörfer Niederschach und Stetten zusteht; zum anderen der hoheitlich unbedeutenden, aber materiell gleichwohl gewichtigen Feudalrechte in Gestalt der Grundherrschaft, der Zehntherrschaft sowie der Patronatsherrschaft. Wie die allermeisten anderen adligen, geistlichen und reichsstädtischen Territorien im politisch kleinparzellierten deutschen Südwesten des Alten Reiches bleibt auch Rottweil mit seinem Landgebiet einer vormodernen „Staatlichkeit" verhaftet, die in nahezu allen Untertanenorten durch konkurrierende Herrschaftsrechte und Leistungsansprüche auswärtiger Klöster, Adliger, Stiftungen oder auch von Nachbarherrschaften beeinträchtigt wird.

Städtische Feudalherrschaft über die bäuerlichen Untertanen

Die städtische Herrschaft über ihre bäuerlichen Untertanen fußt auf den gleichen Rechtsgrundlagen wie die ihrer fürstlichen, geistlichen oder reichsritterschaftlichen Nachbarn und schöpft über die innehabenden Einzelrechte und die damit verbundenen Natural- und Geldabgaben in gleicher Weise den Mehrwert aus dem beherrschten ländlichen Bereich ab. Zusammengerechnet tragen die Feudaleinkünfte aus Grund- und Zehntherrschaft, den diversen ortsherrschaftlichen Abgaben, Zöllen, Umgeld und Kameralsteuer aus dem Landgebiet im 18. Jahrhundert regelmäßig mehr als die Hälfte zum Rottweiler Stadthaushalt bei. Besonders hohe jährliche Naturaleinnahmen bezieht das städtische Kastenamt aus der Grundherrschaft in Niedereschach, Stetten und insbesondere Seedorf, dessen Lehensbauern sich ihrer wirtschaftlichen Bedeutung für die Reichsstadt durchaus bewusst sind, wenn sie 1752 selbstbewusst verlangen, *„daß mann auff uns als einer der Erträglichisten Dorffschafften, undt wür sozusagen der Brodtkasten der Statt Rottweil sein, auffs Sorgfältigiste Sorg tragen sollen."*[7] Noch höhere Anteile von 75 Prozent, mehr ihrer Naturaleinkünfte und rund 50 Prozent der Geldeinnahmen schöpfen die beiden wichtigsten Sozialeinrichtungen der Reichsstadt, das Spital und die Bruderschaft, aus ihren zahlreichen Lehensgütern, den sog. Drittelhöfen sowie diversen Zehntrechten in der Landschaft. Mit ihren jeweils drei Teilbauhöfen und weiteren Lehensgütern haben Zimmern und Feckenhausen den Charakter von Spitaldörfern, während der Besitzschwerpunkt der Bruderschaft in den vier von der Stiftung unmittelbar verwalteten sog. Bruderschaftsflecken Deißlingen, Dauchingen, Weilersbach und Mühlhausen liegt. Die solchermaßen weitestgehend aus dem Landgebiet gewonnenen Einkünfte der beiden Sozialstiftungen, deren Fruchtrechnungen im 18. Jahrhundert je für sich das Volumen der städtischen Kastenamtsrechnung erreichen und deren Geldeinkünfte zusammen genommen ein Viertel der Stadtrechnung ausmachen, kommen mit ihren Versorgungsleistungen für Bedürftige, Arme und Kranke nahezu ausschließlich der Stadtbürgerschaft und durch Beiträge zumal in Krisenzeiten auch dem Stadthaushalt zugute.

Die Grundherrschaft, die vom Mittelalter bis zu ihrer Ablösung im 19. Jahrhundert auf dem Obereigentum eines Grundherrn über Land basiert, das dieser gegen die Leistung von Abgaben und teilweise auch von Diensten zur Nutzung an Bauern überlässt, ist in den allermeisten Dörfern des Rottweiler Landgebiets in der Frühen Neuzeit regelrecht zersplittert auf vielfach zehn und mehr verschiedene Grundherren. Neben der Reichsstadt selbst sowie Spital und Bruderschaft haben in einer von Ort zu Ort variierenden Verteilung auch die Rottweiler Klöster, Altarpfründen und Bürger, die dörflichen Kirchenpflegen, Pfarrer und Widumgüter[8] und schließlich auch „ausländische" Klöster, Stiftungen, Adlige und Herrschaften Anteil an der Grundherrschaft und ihren durchaus beträchtlichen Erträgen. Während in Dunningen, Herrenzimmern und Weilersbach die verschiedenen Rottweiler Grundherren auf einen Anteil von zwei Dritteln und in Dietingen und Mühlhausen auf rund die Hälfte kommen, sind in Hochmössingen

---

7   HStAS B 203 Bü 73L. Supplik der Gemeinde Seedorf an die kaiserliche Subdelegationskommission vom 24.2.1752.
8   Kirchengüter.

die Klöster Wittichen und Kirchberg sowie verschiedene Oberndorfer Einrichtungen und in Deißlingen das Reichsstift Rottenmünster die dominierenden Grundherren.

Ähnlich parzelliert präsentiert sich die Zehntherrschaft, die in der Frühen Neuzeit ihren früheren Charakter einer allgemeinen Kirchensteuer längst eingebüßt hat und zu einer weithin auch für Laien disponiblen Grundlast geworden ist, der allerdings zumeist durchaus namhafte Bau- und Unterhaltungsverpflichtungen für die Pfarr- und Kirchengebäude und deren geistliches Personal anhaften. Die Reichsstadt nebst Spital und Bruderschaft beziehen aus weniger als der Hälfte der Untertanenorte den ertragreichen Fruchtzehnten oder wenigstens relevante Anteile daran, während in 14 Dörfern, darunter Deißlingen, Niedereschach, Hochmössingen und Winzeln, auswärtige Berechtigte neben Ortspfarrern, Kirchenpflegen und auch Rottweiler Klöstern im Vordergrund stehen. Das vielfach mit der Zehntherrschaft verbundene Kirchenpatronat bietet mit dem damit verknüpften Präsentationsrecht für die Pfarrpfründen die Chance einer Einflussnahme auf die seelsorgerliche Betreuung der Untertanen. Über das unmittelbar ausgeübte Patronatsrecht oder die Kontrolle der Mutterpfarrei von Filialorten ist die Reichsstadt bzw. deren Magistrat Patronatsherr in 17 der 26 Untertanendörfer, während in neun Pfarr- und Filialorten eine fremde Zuständigkeit besteht. Der Magistrat nutzt sein Präsentationsrecht unübersehbar zur Versorgung von aus der Reichsstadt hervorgegangenen Theologen mit Pfarrstellen, so dass etwa von 15 Seedorfer Pfarrern im Zeitraum von 1661 bis 1803 nicht weniger als 13 Rottweiler Bürgersöhne sind. Der Rottweiler Magistrat versteht sich ausdrücklich als „christkatholische Obrigkeit", in deren patriarchalisch-bevormundender Verantwortung auch eine hinlängliche seelsorgerliche Betreuung sowie ein gottesfürchtiger und sittenstrenger Lebenswandel sowohl der Stadtbürger wie auch der Landuntertanen liegen.

Ungleiche Verteilung der Steuer- und Militärlasten von Reich und Kreis

Als Reichsstand hat Rottweil über Steuern und die Gestellung von Truppenkontingenten einen Beitrag zur äußeren und inneren Sicherheit des Reiches zu leisten. Verteilungsschlüssel ist seit dem 16. Jahrhundert der Matrikularanschlag, der die Reichsstädte weitaus stärker belastet als die fürstlichen und zumal die geistlichen Reichsstände. Trotz einer mehrfachen Absenkung hat Rottweil mit dem seit 1683 gültigen Anschlag von 177 Gulden etwa den 40. Teil eines sog. Kreisrömermonats zu tragen, obgleich die Reichsstadt nebst ihrem Landgebiet weniger als 1 Prozent der Gesamtbevölkerung des Schwäbischen Reichskreises stellt. Zum stehenden Heer des Kreises stellt Rottweil hinter dem Herzogtum Württemberg, dem Hochstift Augsburg, den Reichsstädten Ulm, Augsburg und Schwäbisch Hall sowie der Markgrafschaft Baden-Durlach das größte Kontingent, das zu Beginn des Spanischen Erbfolgekriegs 1701 immerhin 190 Fußsoldaten und 18 Reiter umfasst. Eine kaiserliche Ökonomie- und Debitkommission[9] befindet 1754, dass die endlosen Klagen Rottweils über einen die Leistungskraft der Reichsstadt weit übersteigenden Matrikularanschlag „nicht ohne Grund" seien. Die chronische Überforderung Rottweils durch die Leistungsforderungen von Reich und Kreis führt insbesondere in Kriegszeiten zu gewaltigen Schulden, zu permanenten Zahlungsrückständen und massiven Eingriffen des Kreises in die inneren Verhältnisse der Reichsstadt. 1695 droht der Kreis gar die Einsetzung eines Administrators, also eines Zwangsverwalters,

Die Grundherrschaft, die vom Mittelalter bis zu ihrer Ablösung im 19. Jahrhundert auf dem Obereigentum eines Grundherrn über Land basiert, das dieser gegen die Leistung von Abgaben und teilweise auch von Diensten zur Nutzung an Bauern überlässt, ist in den allermeisten Dörfern des Rottweiler Landgebiets in der Frühen Neuzeit regelrecht zersplittert auf vielfach zehn und mehr verschiedene Grundherren.

---

9 Kommission zur Untersuchung der Wirtschafts- und Finanzlage und zur Schuldenregulierung.

über die überforderte Reichsstadt an. Während des Holländischen und des Pfälzischen Krieges im ausgehenden 17. Jahrhundert beanspruchen die Quartier- und Militärlasten vielfach die Hälfte bis zwei Drittel der gesamten Einnahmen des Stadthaushalts, sodass der Magistrat einen Ausweg nur noch in der Erhebung zahlreicher Extrasteuern insbesondere von den Landuntertanen sowie, wie geschildert, im Verkauf mehrerer Dörfer sieht.

Ähnlich wie andere Reichsstädte versucht auch Rottweil die hohen Steuer- und Militärlasten von Reich und Kreis unter weitgehender Schonung der Stadtbürger großenteils auf die bäuerlichen Untertanen im Landgebiet abzuwälzen. Die seit dem 17. Jahrhundert gültige Lastenverteilung zwischen Stadt und Land von eins zu zwei begünstigt die Bürgerschaft, deren Beitrag überdies zumeist nicht durch eine tatsächliche Steuererhebung, sondern in der Regel aus dem Stadthaushalt sowie durch Kreditaufnahmen bestritten wird. Demgegenüber werden auf dem Land die bäuerlichen Steuerpflichtigen durch Einzelveranlagung auf ihre Vermögen tatsächlich besteuert. Nach den Berechnungen der kaiserlichen Kommission von 1752/53 hat die Landschaft in Friedenszeiten wenigstens 6, in Kriegszeiten aber 13 ½ Anlagen zu erbringen, was bei Einrechnung der 1 ½ Kameralsteuern an die Reichsstadt eine jährliche Steuerbelastung auf 100 Gulden Steuervermögen von 3 fl.[10] 7 ½ x[11] in Friedens- und von 6 fl. 15 x in Kriegszeiten ausmacht. Dies liegt unter der von der Landschaft im erwähnten Klageschreiben an die Kreisversammlung reklamierten Quote, stellt aber gleichwohl im Vergleich zu Nachbarterritorien eine gewaltige Last dar, die die Existenz vieler Bauernhöfe gefährdet. Die krasse Disparität bei der Verteilung der überterritorialen Steuer- und Militärlasten zwischen Stadtbürgern und Landuntertanen steht 1684 am Beginn des bäuerlichen Widerstandes der sich politisch als korporative Streit- und Interessengemeinschaft formierenden Rottweiler Landschaft, die sich nicht mehr damit zufriedengeben will, dass die Stadt das Kommando trage, die Bauern aber *„den Beidl (zu) ziehen"* haben.

Eine Sonderentwicklung im Steuer- und Militärwesen und langfristig auch in ihrer rechtlichen Stellung innerhalb des Rottweiler Territoriums wie auch der politischen Landschaft nehmen die Dörfer Niedereschach und Stetten. Unter Berufung auf das 1566 der Reichsritterschaft verliehene kaiserliche Privileg, wonach alle ihr zugehörenden Güter ein untrennbares Ganzes bilden und Besitzungen auch im Fall einer Veräußerung an fürstliche, geistliche oder reichsstädtische Herrschaften ihr als Korporation mit der Steuer- und Militärhoheit sowie einer begrenzten Landeshoheit weiter verbleiben, setzt der für den oberen Neckarraum zuständige Ritterkanton Neckar-Schwarzwald nach einem seit 1680 vor dem kaiserlichen Reichshofrat geführten Rechtsstreit gegen Rottweil in einem Vergleichsrezess 1688 sein uneingeschränktes Steuerrecht in beiden Ortschaften nebst einer Entschädigungszahlung für die vorenthaltenen Steuern seit dem Dreißigjährigen Krieg durch. Beide Dörfer haben es fortan mit zwei rivalisierenden Obrigkeiten zu tun und profitieren davon durch markant geringere Steuer- und Militärlasten sowie eine weitgehende Abwehr unliebsamer herrschaftlicher Leitungsforderungen und insbesondere des Wirtschaftszwangs der Reichsstadt Rottweil.

Der städtische Wirtschaftszwang im Landgebiet

Unmittelbar der Sicherung der Nahrung des *„gemeinen Bürgersmanns"* dient der allenthalben bei den Reichsstädten anzutreffende, im zünftisch dominierten Rottweil aber besonders rigoros gehandhabte Wirtschaftszwang gegenüber dem herrschaftlich gebundenen bäuerlichen Landgebiet. Dessen eines Element, der bis ins 16. Jahrhundert zurückzuverfolgende Marktzwang, verpflichtet die bäuerlichen Untertanen zur vorrangigen Vermarktung ihrer Produktionsüberschüsse insbesondere an Getreide zu Vorzugspreisen in der Reichsstadt und an deren Bürgerschaft. Erst wenn sie ihre Waren zwei- oder dreimal vergeblich in Rottweil feilgeboten haben, dürfen sie auch auswärtige Märkte aufsuchen, die ihnen zumeist bessere Preise bieten. Be-

---

10 Fl(oreni) = Gulden.
11 X = Kreutzer; 1 fl. = 60 x.

günstigt sind die Rottweiler Stadtbürger überdies durch die Zollfreiheit für ihre Käufe wie Verkäufe, während die auf die Reichsstadt als Marktort verpflichteten Lanenduntertanen ihre Waren wie Landfremde zu verzollen haben. Erst die Landschaftsrezesse von 1698 und 1783 bringen für die rottweilschen Bauern geringfügige, teilweise durch Konzessionszahlungen der Landschaft an die Stadt erkaufte Erleichterungen, ohne ihre Benachteiligung gegenüber den Stadtbürgern bei Vermarktung und Verzollung grundsätzlich zu beseitigen. Für die zur Marktproduktion fähigen Lehensbauern der Rottweiler Dörfer bedeutet der Marktzwang eine eklatante Schmälerung ihrer Marktchancen und Verdienstmöglichkeiten – zum alleinigen Nutzen der regierenden Stadt und der sicheren und preiswerten Lebensmittelversorgung ihrer Bürgerschaft. Verstöße gegen den Marktzwang und Strafen wegen Zollvergehen sind vor diesem Hintergrund weit verbreitet.

Zum anderen verpflichtet der seit dem 16. Jahrhundert nachweisbare Handwerkerzwang die Bewohner des Rottweiler Territoriums auf den Gebrauch der städtischen Professionisten[12] und verbietet weitestgehend das in der württembergischen oder vorderösterreichischen Nachbarschaft verbreitete Aufkommen eines Dorfhandwerks und ebenso die Inanspruchnahme „ausländischer" Handwerker. Über die Einhaltung des Handwerkerzwangs wachen vorrangig die Rottweiler Handwerkerzünfte selbst, die in den Landorten das Recht zu Haus-Visitationen und bis zum Landschaftsrezess von 1783 sogar zur Verhängung von Strafen bei Verstößen besitzen. In eklatantem Unterschied zur Nachbarschaft bleiben die Rottweiler Untertanendörfer weithin gewerbefreie Siedlungen, auch der Landschaftsrezess von 1698 mit der von der Landschaft abgetrotzten Zulassung von 66 Handwerkerstellen in den zur Reichsstadt entfernteren Dörfern bringt hier keine grundsätzliche Änderung. Für die Bauern der Dörfer bedeutet diese weitgehende Verpflichtung zum Gebrauch der Rottweiler Zunfthandwerker eine Erschwernis beim Einkauf von Handwerksleistungen. Für die landarmen, klein- und unterbäuerlichen Schichten des Landgebiets versperrt der Handwerkerzwang die anderenorts bestehenden gewerblichen Erwerbsquellen zur Erweiterung ihrer bescheidenen Nahrungs- und Verdienstspielräume.

Landschaft und bäuerlicher Widerstand

„Landschaft" begegnet in Rottweil wie allgemein in Oberdeutschland im Alten Reich in einer doppelten Bedeutung: Zum einen bezeichnet sie das ländliche Untertanengebiet der regierenden Reichsstadt und dessen bäuerliche Bewohner, etwa wenn der Magistrat 1565 mit obrigkeitlicher Verordnung die Untertanen der „Lanndtschafft" bei Strafe anweist, „in Summa alle Hanndtwerckh zu Rotwil (zu) pruchen." Dieser territoriale Landschaftsbegriff erfährt mit der Konstituierung der „genossenschaftlich organisierten, korporativ auftretenden Untertanenschaft einer Herrschaft" (Peter Blickle) eine politische Mobilisierung. Dies geschieht im Rottweiler Fall 1684 durch das gemeinsame Auftreten und den Zusammenschluss der Vögte, Schultheißen und Ausschüsse aller Dorfgemeinden des reichsstädtischen Landgebiets als „Landschaft", die sich gegen die Abwälzung der Kriegs- und Steuerlasten durch die Stadt auf die Landuntertanen und alsbald auch weitere Zumutungen der regierenden Reichsstadt zur Wehr setzt, sich einen Anwalt nimmt und die reichsstädtische Obrigkeit in aller Form vor dem kaiserlichen Reichshofrat verklagt. Unmittelbarer Stein des Anstoßes ist die gegen den Willen des Magistrats erfolgende Weigerung der Stadtbürgerschaft, zwei der Reichsstadt vom Schwäbischen Kreis zur Einquartierung zugewiesene Fußkompanien des Kreisheeres in die Mauern einzulassen. Die Soldaten quartieren sich daraufhin in benachbarten Dörfern des Rottweiler Territoriums ein und lassen sich dort drei Monate lang verpflegen.

Ähnlich wie andere Reichsstädte versucht auch Rottweil die hohen Steuer- und Militärlasten von Reich und Kreis unter weitgehender Schonung der Stadtbürger großenteils auf die bäuerlichen Untertanen im Landgebiet abzuwälzen.

---
12 Gelernte Handwerker.

1 STADTWERDUNG UND STADTENTWICKLUNG

Die reichsstädtischen Herren empfinden es zunächst als dreiste Vermessenheit, von ihren untertänigen Bauern verklagt zu werden, und denunzieren gegenüber dem Reichshofrat den bäuerlichen Widerstand als gänzlich ungerechtfertigten Ungehorsam. Als die drei Gemeinden Dietingen, Irslingen und Böhringen beim Jahrgericht im Herbst 1684 den Huldigungseid für Rottweil nur unter Ausklammerung der in Wien anhängigen Streitpunkte leisten wollen, werden sie von der Reichsstadt gewaltsam zur umfassenden Eidablegung gezwungen. Die den Widerstand anführenden Dorfvögte und Schultheißen von Hochmössingen, Seedorf, Epfendorf, Deißlingen und Horgen werden wiederholt inhaftiert, der Anwalt der Landschaft, der aus Rottweil stammende, aber mit der städtischen Oberschicht verfeindete Balthasar Nollhart, wird vom Magistrat als Aufwiegler denunziert, durch Zwangsversteigerung seines Stadthauses beraubt und des Landes verwiesen. Im Gegenzug verweigern die Untertanen der Reichsstadt über Jahre hinweg die strittigen Leistungen und teilweise sogar die für die Zwecke von Reich und Kreis erhobenen Steuern. Dass der Konflikt trotzdem nicht gewaltsam eskaliert, sondern im Wesentlichen in den geregelten Bahnen eines Rechtsstreits ausgetragen wird, ist in erster Linie dem in Untertanenkonflikten erfahrenen kaiserlichen Reichshofrat zu verdanken. Das oberste Reichsgericht drängt die Rottweiler Konfliktparteien zu einem gütlichen Ausgleich unter Verzicht auf die jeweiligen Maximalpositionen und hält an dieser Linie auch fest, als im Sommer 1686 Beamte des mit einer kaiserlichen Kommission beauftragten Fürstbischofs von Konstanz einen einseitigen Vergleichsrezess ohne Zustimmung und zum Nachteil der Landschaft errichten.

Durch den 14 Jahre währenden Prozess konsolidiert sich die bäuerliche Landschaft als korporativer Streit- und Interessenverband der Untertanengemeinden des Rottweiler Landgebiets und findet sich mit ihrem Verlangen nach Mitsprache und Teilhabe in allen die Landuntertanen betreffenden Fragen der territorialen Steuer-, Leistungs- und Wirtschaftsverfassung zunächst von den externen Gerichts- und Kommissionsinstanzen und durch deren Vermittlung schließlich auch von der reichsstädtischen Obrigkeit anerkannt. Ein politischer Lernprozess auf beiden Seiten führt 1698 schließlich zu einem von Subdelegierten des Fürstbischofs von Konstanz und der Reichsstadt Überlingen in kaiserlichem Kommissionsauftrag vermittelten Vergleichsrezess, der sich als wirklicher Kompromiss darstellt und beiden Parteien schmerzliche Zugeständnisse abverlangt: Bei den überterritorialen Steuer- und Militäraufwendungen wird die Lastenaufteilung zwischen Stadt und Land von eins zu zwei vertraglich festgeschrieben, die Abzugsfähigkeit von Grundzinsen und Kreditschulden, die Steuerfreiheit für die Dorfallmenden sowie die Gleichstellung von Landuntertanen und Stadtbürgern beim Steuersatz vereinbart. Vor allem aber wird der Landschaft ein Kontrollrecht über die neu zu errichtende Kriegs- und Landschaftskasse eingeräumt, in der fortan die Steuererhebung für Reich und Kreis getrennt von der Stadtkasse abgerechnet werden soll. Neben weiteren Kompromissen namentlich bei der Zollerhebung, dem Weidegeld sowie dem sog. Sitzgulden der dörflichen Taglöhner erstreitet die Landschaft die Zulassung von insgesamt 66 Dorfhandwerkern und damit knapp 40 über den bisherigen Stand hinaus.

Der Landschaftsrezess vom 22. Juni 1698 trägt den Charakter eines Waffenstillstands zwischen Reichsstadt und Landschaft und stellt gleichzeitig das Verhältnis zwischen städtischer Obrigkeit und bäuerlichen Untertanen auf eine vertragliche, verfassungsähnliche Grundlage.

Der Landschaftsrezess vom 22. Juni 1698 trägt den Charakter eines Waffenstillstands zwischen Reichsstadt und Landschaft und stellt gleichzeitig das Verhältnis zwischen städtischer Obrigkeit und bäuerlichen Untertanen auf eine vertragliche, verfassungsähnliche Grundlage. Ungeachtet des fortbestehenden Lastenungleichgewichts zwischen Stadt und Land und, wie geschildert, anhaltender bitterer Klagen der Landschaft über die Politik der Lastenabwälzung der Stadtbürgerschaft auf die Landuntertanen behält die gefundene Übereinkunft in der Frage der überterritorialen Steuer- und Militärlasten weitgehend unverändert Bestand bis zum Untergang der Rottweiler „Stadtstaates" 1802/1803. Die Errichtung separater, vom herrschaftlichen Kamerale getrennter Kontributionskassen zur Verrechnung der Reichssteuern mit Kontrollrechten der Untertanen ist ein im Gefolge der Rechtsprechung der obersten Reichsgerichte im 17. und 18. Jahrhundert nicht zuletzt auch in der Rottweiler Nachbarschaft vielfach beschrittener Weg zur Beilegung von Steuerkonflikten zwischen Herrschaft und Untertanen. Während im Rottweiler Fall von der jährlichen Rechnungsabhör der Dorfvögte keine erkennbaren politischen Impulse ausgehen, gewinnt die Anfang des 18. Jahrhunderts errichtete und in den ersten Jahrzehnten herrschaftlich geprägte Kriegs- und Landschaftskasse durch Anstoß der 1752/1753 in Rottweil tätigen kaiserlichen Ökonomie- und Debitkommission in der ausgehenden Reichsstadtzeit ein zunehmendes Eigenleben.

Dieses äußert sich in einem personell vom Magistrat gelösten und stärker der Landschaft verpflichteten Kassier sowie in einer Funktionsspaltung in eine traditionelle, von Stadt und Land gemeinsam unterhaltenen Kontributionskasse einerseits und eine von den bäuerlichen Untertanen allein getragenen, *"nicht zur Drittel-Concurrenz gehörig(en)"* Landschaftskasse andererseits. Deren Aufgabenfeld reicht von der Funktion einer Darlehens- und in geringerem Umfang auch einer Sparkasse für die bäuerlichen Gemeinden und Untertanen der Rottweiler Landgebiets bis zu Investitionen in die öffentliche Sicherheit und Infrastruktur der Landschaft etwa durch die Beschaffung von Feuerspritzen, die Entlohnung größerer Löscheinsätze, Beiträge für den Bau von Chausseestraßen oder die Anstellung und Entlohnung sog. *„Hatschiere"*, einer 1784/85 immerhin neun Mann starken Polizeitruppe für Land und Stadt. Nicht zuletzt werden über die Landschaftskasse auch die Konzessionszahlungen von jährlich 750 Gulden bestritten, mit denen die Landschaft im Vergleichsrezess von 1783 weitere Zugeständnisse der Reichsstadt im Fron- und Zollwesen erkauft, sowie die stetig wachsenden Besoldungsbeiträge der Landschaft für städtische Magistratsmitglieder und Bedienstete für ihre tatsächlichen oder angeblichen Dienstleistungen für die Untertanen finanziert.

Während solchermaßen auf dem Gebiet des überterritorialen Steuer- und Militärwesens ein tragfähiger Ausgleich gelingt, ist auf dem anderen zentralen Konfliktfeld, dem städtischen Markt- und Handwerkerzwang, letztlich kein für die bäuerlichen Untertanen befriedigender Ausgleich zu finden. Im bis zur Mediatisierung anhaltenden Streit um den städtischen Wirtschaftszwang über das beherrschte Land prallen elementare Wirtschaftsinteressen der städtischen Zunftbürgerschaft und der dörflichen Bauernschaft aufeinander und offenbart sich ein grundlegender Systemkonflikt, der sich unter den Verfassungsbedingungen des Alten Reiches einer einvernehmlichen Beilegung entzieht. So gelingt der bäuerlichen Landschaft in zwei weiteren Anläufen in den 1750er und 1770er Jahren und einem neuerlichen Prozess vor dem Reichshofrat ungeachtet der politischen Unterstützung durch den Schwäbischen Kreis und Vorderösterreich nicht die erhoffte Beseitigung der für die dörfliche Ökonomie nachteiligen wirtschaftlichen Zwangsbindung an die Reichsstadt und deren Zunftbürgerschaft. Erreichen lässt sich lediglich die Begrenzung des Vermarktungszwangs in Rottweil auf ein jährlich zu bestimmendes Getreidequantum, die Übertragung der Strafbefugnis bei Verstößen gegen den Handwerkerzwang von den Zünften auf die städtische Obrigkeit und der Gebrauch auswärtiger Handwerker durch die Untertanen in Einzelfällen gegen Konzessionszahlungen an die reichsstädtischen Zünfte.

Pazifizierung und Teilhabe bei fortbestehender Ungleichheit

Die Territorialherrschaft Rottweils in seinem Landgebiet stellt sich insbesondere im 17. und 18. Jahrhundert als Zusammenklang von feudaler Ausbeutung, ungleicher öffentlicher Lastenverteilung und zunftbürgerlicher Wirtschaftsreglementierung zum Nachteil der bäuerlichen Untertanen dar. In ihrem mit Unterbrechungen über einhundert Jahre, von der Konstituierung der politischen Landschaft 1684 bis zum 2. Landschaftsrezess von 1783 währenden Widerstand können die Rottweiler Landuntertanen zwar Erleichterungen, aber unter den Verfassungsbedingungen des Alten Reiches keine Beseitigung der ökonomischen und lastenmäßigen Ungleichheit und Privilegierung der regierenden Stadt und ihrer

Bürgerschaft zum Nachteil des beherrschten Landes erreichen. Erst die Mediatisierung Rottweils durch Württemberg bringt erstmals bei den öffentlichen Lasten und Pflichten eine Gleichbehandlung von Stadt und Land und stellt zumindest in dieser Hinsicht für die dörflichen Untertanen eine Befreiung dar.

Trotz dieser bis zum Ende des Alten Reiches fortbestehenden Disparitäten und Hypotheken im Rottweiler „Stadtstaat" eskaliert der Interessen- und Systemkonflikt zwischen Stadt und Landschaft nicht, sondern kann durch systemimmanente Zugeständnisse der Reichsstadt in Einzelfragen, vor allem aber durch die Einräumung von Mitsprache- und Teilhaberechten für die bäuerliche Landschaft pazifiziert werden. Am Ende der Reichsstadtzeit besitzt die Landschaft über die drei Stabsvögte von Dunningen, Winzeln und Deißlingen als Sprecher eine quasiamtliche Vertretungsinstanz, die vom Magistrat in den letzten drei Jahrzehnten des 18. Jahrhunderts in zahllosen *„Amtsangelegenheiten"* zur präventiven Beratung und Berücksichtigung der bäuerlichen Interessen vor allem auf dem Gebiet der Steuer-, Leistungs- und Wirtschaftsverfassung einberufen wird. Die Rottweiler Landschaft hat damit innerhalb der reichsstädtischen Herrschaft dank des Rechtssystems des Alten Reiches und der politischen Lernerfahrungen von Obrigkeit wie Untertanen eine Stellung der Teilhabe und Partizipation erreicht, der sie Landtagen in größeren Territorien zumindest annähert. Die einhundertjährige Geschichte des bäuerlichen Widerstandes und die Entwicklung der politischen Landschaft im Rottweiler Territorium verdienen als Bestandteil der freiheitlichen Traditionen der deutschen Geschichte bleibende Beachtung.

Quellen

Stadtarchiv Rottweil A1/L29 Fasz. 30 Nr. 20 (Untertänige, flehentliche Vorstellung und Bitte der Reichsstadt Rottweilischen Landschaft an die Allgemeine Kreisversammlung des Schwäbischen Kreises um Angedeihung und Genuss des Beneficii moderationis etc. o.D. (um 1755)

Der Rottweiler Landschaftsrezeß von 1783, in vereinfachtem Deutsch veröffentlicht von Eugen Mack, Rottweil a.N. 1923.

Hecht, Winfried, Rottweil 1643 – 1802. Die späte Reichsstadtzeit, Rottweil 1999.

Merkle, Josef Adolf, Die Entwicklung des Territoriums der Stadt Rottweil bis 1600, Tübingen 1913.

Weber, Edwin Ernst, Städtische Herrschaft und bäuerliche Untertanen in Alltag und Konflikt. Die Reichsstadt Rottweil und ihre Landschaft vom 30jährigen Krieg bis zur Mediatisierung, 2 Bde, Rottweil 1992 (Veröffentlichungen des Stadtarchivs Rottweil; 14).

Ders., Zum Rottweiler Landschaftsrezess von 1698. In: RHBll. 60/6 (1999), S. 3 – 4.

Ders., Städtische Territorialherrschaft und bäuerlicher Widerstand im Spätmittelalter und der Frühen Neuzeit, in: Clemens Zimmermann (Hrsg.), Dorf und Stadt. Ihre Beziehungen vom Mittelalter bis zur Gegenwart, Frankfurt a.M. 2001, S. 105 – 122.

Ders., Bäuerliche Landschaften in südwestdeutschen Reichsstadt-Territorien der Frühen Neuzeit, in: Peter Blickle (Hrsg.), Landschaften und Landstände in Oberschwaben. Bäuerliche und bürgerliche Repräsentation im Rahmen des frühen europäischen Parlamentarismus, Tübingen 2000, S. 207 – 222 (Oberschwaben. Geschichte und Kultur; 5).

Ders., Von der Knechtschaft in die Freiheit? Die Mediatisierung und die reichsstädtischen Landgebiete am Fallbeispiel des Rottweiler Territoriums. in: Peter Blickle und Andreas Schmauder (Hrsg.), Die Mediatisierung der oberschwäbischen Reichsstädte im europäischen Kontext, Epfendorf 2003, S. 147 – 167. (Oberschwaben. Geschichte und Kultur; 11).

2011: „Vom Kloster zum Mehrgenerationenhaus: Der Kapuziner wird neu eröffnet."

Von Heide Friederichs (Text) und Henry Rauner (Fotomontage)

Das Kapuzinerkloster in Rottweil (1653–1805) kann auf eine wechselvolle Geschichte zurückblicken. Durch die Säkularisation wurde das Kapuzinerkloster wie viele andere aufgelöst – in Rottweil etwas später, da die Kapuzinermönche in der Stadt über einen guten Ruf als Prediger und Sozialfürsorgende verfügten.

1813 wurde das Kloster an eine Privatperson verkauft mit verschiedenen Nutzungen – als Brauerei, als Gaststätte. Um 1900 kam es zum ersten Teilabbruch und Veränderungsbau durch den damaligen Besitzer Viktor Wenger. Die Kapuzinerkirche musste einem Saalbau, dem Sonnensaal, weichen. Dabei wurde die Ostmauer komplett abgebrochen und zusammen mit einer Bodenabsenkung von ca. 60 cm wurden Grabgelege auch von der angebauten Fideliskapelle (1723) zerstört bzw. verschüttet.

Vermutlich wurde bereits bei der Säkularisation die Innenausstattung der Kirche und Kapelle, wie z.B. Altäre und sonstige wichtige kirchliche Inventarien entfernt und an andere Kirchen in der Umgebung weitergegeben. Jedenfalls blieb spätestens nach dem Umbau nichts „Kirchliches" mehr übrig.

Die wechselvolle Geschichte setzte sich fort: Neben Bällen und Großveranstaltungen – auch politischen – wurden im Nationalsozialismus dort auch Zwangsarbeiter einquartiert. Am Ende des Zweiten Weltkrieges wurde der Sonnensaal als Quartierslager der Befreiungsarmeen genutzt. Nach einer Erzählung sollen Marokkaner (franz. Besatzungsarmee), die im

Saal genächtigt hatten, das vorhandene Parkett für ein offenes Feuer verwendet haben.

Nach dem Zweiten Weltkrieg stand der Gebäudekomplex zunächst leer, wurde bis 1960 z.T. als Wohn- und Gastraum genützt; der Verkauf an die Stadt Rottweil erfolgte 1969. Danach zog die „Aktion Eine Welt" mit ihrem Lagerraum in den Sonnensaal ein, und der Stadtjugendring eroberte sich Räume

Abb. 19: Altes (gezeichnetes) Bild eines „serienreifen" Klosters aus einer Baufibel der Kapuziner-Brüder aufgrund der sie sich sehr rasch im süddeutschen Raum verbreiten konnten / Abb. 20 und Abb. 21: Oben und unten rechts: Bilder aus vergangenen Zeiten, teilweise zum „Schandfleck" mutiert / Abb. 22: unten links der neue Anblick des Kapuziners 2011 © „Bürgerinitiative Kapuziner Rottweil"

Abb. 23: Sonnensaal früherer Kirchenraum mit Empore (links) und mit Bühne (rechts) ©„Bürgerinitiative Kapuziner Rottweil"

1 STADTWERDUNG UND STADTENTWICKLUNG

Abb. 24:
Skizzen von Architekt Albrecht Laubis über die zukünftige Ansicht des renovierten Kapuziners
© „Bürgerinitiative Kapuziner Rottweil"

im ehemaligen Konventsgebäude als Jugendaufenthaltsräume.

Der Zerfall des klösterlichen Gebäudekomplexes wurde immer sichtbarer, bis Neuüberlegungen über einen möglichen Umbau in ein Kongresshaus mit unterirdischen Parkplätzen bis hin zu einem Komplettabriss dem Stillstand ein Ende bedeuten sollten (2000).

Das Fanal war ein Abrissantrag der CDU-Fraktion im Gemeinderat im Jahr 2003.

Dieser rief die Denkmalbehörde auf den Plan: Professor Dieter Planck aus Stuttgart, damaliger Präsident des Landesdenkmalamtes für Denkmalpflege, schritt ein in einer Runde im städtischen Ratssaal und stellte einen kostenlosen Sanierungsplan in Aussicht (Architekt Albrecht Laubis, der das Franziskanerinnenkloster im benachbarten Horb saniert hatte).

Gleichzeitig traten Bürgerinnen und Bürger der Stadt auf den Plan, die sich gegen einen Abbruch wandten: Am 27. April 2004 gründete sich die Bürgerinitiative Kapuziner e.V. in der Gründungsversammlung mit 70 Mitgliedern: Mit dabei war Landeskonservator Franz Meckes.

Fortan kämpfte eine starke Fachkompetenz an Bürgern (Architekten, Bauingenieure, Bänker, Denkmalsanierer, Historiker, Germanisten, Mitglieder des Geschichts- und Altertumsvereins, Stadtführer, Zimmerer, Elektriker, Stadtplaner) für den Erhalt des Kapuzinerdenkmals am Rande der historischen Innenstadt.

In die erste Vorstandsrunde wurden gewählt: Erster Vorsitzender Henry Rauner, zweiter Vorsitzender Hermann Klos, Schriftführerin Cornelia Votteler, Kassier Guntram Vater.

„Sonne, Leben, Kapuziner" wurde das Schlagwort und nicht nur das Wort, sondern die Schlagkraft für unzählige Arbeitseinsätze in der maroden, von der Denkmalbehörde zwischen 2001 und 2003 ausgekernten Gesamtanlage: Der klösterliche Konvent-Innenhof musste von Baum- und Buschbestand freigeräumt werden bis auf einen Baum, einer Saalweide, die in den folgenden Jahren ihr Grün spendete („Heide Friederichs-Gedächtnisbaum"), Fußböden im Refektorium, begehbare Bretterwege über die archäologischen Grabungen und den völlig freigelegten Boden im Sonnensaal; die gesamte Infrastruktur wie Strom, Wasser, Heizung, Sanitäranlagen und Thekenanlagen für die Bewirtung mussten wieder erstellt werden.

Schnell begann die Bürgerinitiative das Haus – oder das „alt Glump", wie die Abrissgegner den Kapuziner einordneten – wieder einigermaßen für die Öffentlichkeit zugänglich zu machen.

Eine Vielfalt an Veranstaltungen entfachte sowohl bei Befürwortern des Erhalts als auch bei den Abrissgegnern hitzige Diskussionen: Der Kapuziner war aus seinem Dornröschenschlaf erwacht! Unvergesslich sind die Führungen im Gebäude, Fasnetsveranstaltungen,

2011: „Vom Kloster zum Mehrgenerationenhaus: Der Kapuziner wird neu eröffnet."

Konzerte von Klassik (Sommersprossen) bis Jazz, Kunstausstellungen und Symposien, Lesungen im Rahmen des Deutsch-Schweizer Autorentreffens sowie Theateraufführungen. Sonnensaal, Refektorium und besonders der Innenhof bestachen durch ihren Charme.

Aber noch lange war der Kampf um den Erhalt des Kapuziners nicht gesichert.

Die Bürgerinitiative begann zu netzwerken und ihre Fühler zu Denkmal- und Finanzbehörden auszustrecken, zu Stiftungen wie zur Deutschen Stiftung Denkmalschutz und Toto Lotto für Denkmale, zum Landessanierungsprogramm und zu den örtlichen Entscheidungsträgern. Besonders der Kontakt zum damaligen Landeskonservator Professor Dr. Michael Goer war von Erfolg und Wohlwollen gekrönt: Goer stufte den Kapuziner als Kulturdenkmal von besonderer Bedeutung nach § 12 DSchG ein.

Die Weichenstellung für die Finanzierung brachte das berühmte „Rosenessen" im Innenhof des Kapuzinerkonventes. Atmosphäre, geselliges Essen im maroden Ambiente hätte nicht wegweisender sein können! Dabei war das bisherige und zukünftige ehrenamtliche Engagement der Bürgerinitiative als maßgebliches Element für alle Zuschuss gebenden Stellen ausschlaggebend. Ebenso war ein funktionierendes Nutzungskonzept, das von der Bürgerinitiative und vom Kulturamt der Stadt Rottweil entwickelt wurde, eine zwingende Voraussetzung für die Sanierungsmittel.

Als Richtschnur sollte ein von einem jährlichen Startzuschuss (außer der mietfreien Zurverfügungstellung) unabhängiger Betrieb für sämtliche laufende Kosten gewährleistet sein. Geplant war ein öffentli-

Abb.25 – 28: Oben: Kloster-Innenhof bei Rodung durch die BI (oben links und rechts). Unten: Refektorium (links) und Sonnensaal (rechts) bei der Begehbarmachung durch die BI für zukünftige Events
© „Bürgerinitiative Kapuziner Rottweil"

Abb. 29 – 32: Abb. 29: Fasnet im Refektorium (oben links) / Abb. 30: Sommersprossen-Konzert im Innenhof mit Ingo Goritzki und Yeon Hee Kwak (oben rechts) /Abb. 31: Kunst-Ausstellung (Skulptur von Siegfried Haas) mit gespieltem Kunstprofessor durch Schauspieler Bernd Tauber (unten links) / Abb. 32: Evening-Treff von Alt und Jung im Innenhof (unten rechts)
© „Bürgerinitiative Kapuziner Rottweil"

1 STADTWERDUNG UND STADTENTWICKLUNG

Abb. 33-34:
Legendäres „Rosen-Essen" im Innenhof in bester Gesellschaft mit Prof. Dr. Michael Goer (damaliger Landeskonservator im Landesamt für Denkmalpflege)
© „Bürgerinitiative Kapuziner Rottweil"

ches ständig betriebenes Bistro im Refektorium, eine Vermietung für Hochzeiten, Veranstaltungen etc. im Sonnensaal, eine Belegung der oberen Räumlichkeiten durch das Kulturamt und das Kinder- und Jugendreferat der Stadt Rottweil für Jugendräume, sowie eine ständige Vermietung des oberen „kleinen" Sonnensaals. Hinzu kam noch das Konzept eines „Mehrgenerationenhauses" als Treffpunkt aller Generationen, das durch ein Bundesprogramm mit Bundeszuschuss gefördert wurde.

Nach fast fünfjährigem Kampf schien der Erhalt und eine Finanzierung der Sanierung des Kapuziners in Sichtweite: Im Jahr 2007 beschloss der Rottweiler Gemeinderat die Sanierung. Eine Architektenausschreibung folgte und das für Denkmalschutz bekannte Büro Manderscheid aus Stuttgart gewann, trat aber nach kurzer Zeit zurück und der nächstfolgende Sieger, das Rottweiler Büro KTL (Koczos, Teuchert, Lünz), übernahm die Gesamtsanierung.

Die Bausanierung wurde zu einer Durststrecke für die Bürgerinitiative, denn sie konnte im Gebäude keine Veranstaltungen und Vermietungen mehr durchführen. Zudem musste sie die Auflagen für ein Mehrgenerationenhaus erfüllen, nachdem ihr gestellter Antrag positiv bestätigt worden war.

Wer den Elan der Bürgerinitiative kannte, wunderte sich nicht über die Idee, das benachbarte Kutschenhaus instand zu setzen. In fachmännischer Eigenregie wurde das kleine benachbarte Haus in mehreren

Abb. 35-36:
Kutschenhaus vor dem Umbau von außen / Innen nach Umbau für Treffen von Alt und Jung
© „Bürgerinitiative Kapuziner Rottweil"

2011: „Vom Kloster zum Mehrgenerationenhaus: Der Kapuziner wird neu eröffnet."

Arbeitseinsätzen entrümpelt und mit Heizung, Strom und Wasser hergerichtet, um es zur Zwischennutzung als Mehrgenerationenhaus anzubieten. Kleine, aber feine Veranstaltungen fanden zunehmend Gefallen und wurden angenommen. Mitgliederversammlungen der Bürgerinitiative und des Seniorenrates, Vorträge, Frauenfrühstück und private Feiern füllten das im Aussehen bewusst bis heute im maroden Stil belassene Haus neben dem Kapuziner voll aus.

Eine große Herausforderung für die Bürgerinitiative, denn sie musste in den kleinen Räumen mit einer halben Kraft als Geschäftsführung die Vorgaben eines Mehrgenerationenhauses erfüllen.

Nach drei Jahren Bauzeit (2008 – 2010) und aktiver Mitbeteiligung der Bürgerinitiative bei der Gestaltung des Innenhofes (lebender Buchs mit Installierung eines aufgefundenen klösterlichen Handwaschbeckens aus Stein) und vor allem der Deckung des großen Daches mit historischen Ziegeln – ein mehrwöchiger Arbeitseinsatz im Sommer zur Reinigung und Neustapelung im Außenbereich von Rottweil gelagerter Biberschwanzziegel, durch das Mitglied Guntram Vater im Wesentlichen durchgeführt – rückte der Eröffnungstermin in die Nähe.

Im Januar 2011 fand die Eröffnung statt und wurde mit einem Tag der offenen Tür und im festlich geschmückten Sonnensaal mit einem Festakt gefeiert. Drei Kapuzinermönche aus der Schweiz weihten das Haus zusammen mit den örtlichen Kirchenträgern neu ein.

„Der sanierte Kapuziner begeistert Tausende" bejubelte die Presse den Eröffnungstag.

Nach anfänglicher fast ausschließlich ehrenamtlicher Eigenregie der Bürgerinitiative (drei Jahre) musste nun eine professionelle Nutzung her. Diese sah mehrere Beteiligte vor:

Abb. 37:
Dachlandschaft des Kapuziners nach Renovierung – mit ca. 55.000 historischen handgestrichenen Biberschwanzziegeln (tw. 300 Jahre alt)
© „Bürgerinitiative Kapuziner Rottweil"

Abb. 38-40: Abb. 38
Der neue Kapuziner in seiner ganzen neuen Pracht bei bestem Wetter

Abb. 39:
Die Bevölkerung nimmt den Kapuziner mit Begeisterung auf; hier bei einer Führung mit Karl Lambrecht (Mitte)

Abb. 40:
Am prominenten Tisch:
OB Ralf Broß mit Gattin;
BM Werner Guhl mit Gattin und Prof. Dr. Michael Goer mit Partnerin
© „Bürgerinitiative Kapuziner Rottweil"

Abb. 41:
Innenraum der kleinen Kirche in Hausen am Tann (ca. 1965) mit den alten originalen Altären links (Maria-Bildnis) und rechts (Antonius-Bildnis) aus dem ehemaligen Kapuzinerkloster Rottweil
©: „Bürgerinitiative Kapuziner Rottweil". Foto von ausgehängtem Foto

Abb. 42-48:
Details von den noch vorhandenen Neben-Altären aus der Kapuziner-Kirche Rottweil; derzeit im Depot der Diözese Rottenburg in Obermarchtal
© „Bürgerinitiative Kapuziner Rottweil"

Die Bruderhaus Diakonie betrieb das Bistro im Refektorium als funktionierende Inklusionstätigkeit von Menschen mit Behinderung, die Vermietung des Sonnensaals, des Refektoriums und des Kutschenhauses für private Feste und städtische Anlässe (Sommersprossen- und Dreiklangkonzerte, Jazz im Refektorium). Im Jahr 2012 fand außerdem die internationale Städtetagung „Forum Stadt", ein Netzwerk historischer Städte, im neu sanierten Kapuziner statt; die Stadt Rottweil ist Gründungsmitgliedsstadt.

Das Kinder- und Jugendreferat wurde in den ehemaligen Schlafräumen im Konvent untergebracht, der Seniorenrat hat seinen festen Platz im Refektorium. Zunächst begann die Kunstschule Hohenheim im oberen kleinen Sonnensaal, entschied sich dann für einen Umzug in den Ortsteil Neufra und der Raum wurde an die Bruderhaus Diakonie für Offsetdruck vermietet.

War die Sanierung nun das Ende der Bürgerinitiative Kapuziner? Nein – im Gegenteil – sie übernahm die Verantwortung und Organisation der städtischen traditionellen Feste (Fasnet: Schmotziger und Narrhalla-Ball, Jazz in town und der jährliche Tag des Denkmals).

Viele „Tage des Denkmals" nutzte die Bürgerinitiative zu gemeinsamen Veranstaltungen mit der Stadt: Ausstellungen im Innenhof, Vorträge zu denkmalschutzrelevanten Themen und zu immer noch gefragten Führungen durch das Haus.

Ihre neueste Aufgabe nach dem letzten Tag des Denkmals 2019 unter dem Motto "Erinnern und Zusammenbringen, was uns verbindet" ist die Suche nach den Altären aus der nicht mehr vorhandenen Kapuzinerkirche. Zwei Seitenaltäre waren bis zur Renovierung im Jahr 1966 der kath. Pfarrkirche in Hausen am Tann (Zollernalbkreis) dort aufgestellt mit den Altarbildern des Hl. Antonius von Padua und der Immaculata mit Engeln, Heiligen und armen Seelen.

Das Marienbild hängt nur noch im schlichten Rahmen an der Längswand in der Pfarrkirche; das Altargehäuse und der gesamte Antonius Seitenaltar konnten im Depot der Diözese Rottenburg in Obermarchtal gefunden werden. Die Bürgerinitiative Kapuziner sucht nach einem Weg, die beiden noch vorhandenen Altäre wieder in den städtischen Kunstkomplex (Kapuziner, Museum oder Kirchenraum) zu integrieren.

Hecht, Winfried/Mager, Gerald Paul, Kapuzinerkloster und Sonne in Rottweil, Rottweil 1998 (Kleine Schriften des Stadtarchivs Rottweil; 6).
King, Stefan, Kapuziner Rottweil. Bauhistorischer Rundgang durch das ehemalige Kapuzinerkloster, Rottweil ²2016.

2017: Highest Hopes: Der Turmbau zu Rottweil.
Wie in der ältesten Stadt Baden-Württembergs die Zukunft begann

Von Tobias Hermann

Es war nichts Geringeres als eine Sensation, was die Deutsche Presse Agentur am 25. April 2013 aus Rottweil vermeldete: „Er soll höher werden als der Stuttgarter Fernsehturm: Die Firma thyssenkrupp will in Rottweil einen rund 235 Meter hohen Turm für die Entwicklung von Hochgeschwindigkeitsaufzügen bauen." Nachdem der Gemeinderat am Vorabend vertraulich informiert worden war, stellte die Stadtspitze gemeinsam mit thyssenkrupp in einer kurzfristig anberaumten Pressekonferenz der Öffentlichkeit die Pläne vor, die der „Schwarzwälder Bote" in einem ersten Kommentar als „echten Coup" bezeichnete. Dass ein weltweit tätiges Unternehmen eine Summe von rund 40 Millionen Euro investiert, um ausgerechnet im beschaulichen Rottweil Hochtechnologie zu entwickeln, hätte zuvor kaum jemand in der Stadt für möglich gehalten, die sich bis dato als älteste Stadt Baden-Württembergs vermarktete und vor allem durch ihre traditionsreiche Fasnet und für die gleichnamige Hunderasse bekannt war.

Die enorme Höhe warf natürlich die Frage auf, ob denn ein Turm dieser Dimension in eine beschauliche Kleinstadt passen könnte. Nach den Erfahrungen mit der hochkontroversen Standortdiskussion um den Neubau der Justizvollzugsanstalt Rottweil[13] in den Jahren zuvor war man im Rathaus durchaus auf heftigen Gegenwind gefasst. Oberbürgermeister Ralf Broß appellierte deshalb einerseits an das Traditionsbewusstsein seiner Bürger, Rottweil sei bereits seit dem Mittelalter eine „Stadt der Türme". Zugleich betonte er das Zukunftspotential des Projekts, es stärke den

Abb. 49:
Erster Entwurf des Testturms für den Standort Gewerbepark Neckartal
© Elmar Gauggel, Labor Weltenbau

Wirtschaftsstandort Rottweil an der „Innovationsachse Stuttgart-Zürich".[14] Diesen Gedanken griff Alexander Keller, Europachef von thyssenkrupp Elevator, in der ersten Informationsveranstaltung wenige Wochen später im Sonnensaal des „Kapuziner" auf: „Unsere Kunden werden in Zürich landen, in Rottweil die Aufzüge anschauen und in Stuttgart die Verträge unterzeichnen."[15] Eine deutliche Mehrheit im Saal – rund 400 Bürger waren gekommen – quittierte diesen Satz mit lebhaftem Applaus. Wichtigster Wunsch der Bürgerschaft: Wenn

---

13 Vgl. den Beitrag „Der steinige Weg zum neuen Gefängnis" von Tobias Hermann in diesem Buch.
14 Gemeinsame Pressemitteilung Stadt Rottweil und thyssenkrupp Elevator, 25. April 2013.
15 Stadt Rottweil, Stadtnachrichten auf rottweil.de: „Test-Turm: 400 Bürger informieren sich", 7. Mai 2013.

1 STADTWERDUNG UND STADTENTWICKLUNG

ein Turm dieser Größe in Rottweil gebaut würde, dann sollte ein Restaurant oder zumindest eine Aussichtsplattform für die Bürger möglich sein. Alexander Keller zeigte sich offen für diese Anregungen, auch wenn er einschränkte, dass dies nicht zum „Kerngeschäft" eines Aufzugsbauers gehöre.

Aber auch Kritiker traten auf den Plan, und der SWR widmete dem Vorhaben in seiner Sendung „Zur Sache Baden-Württemberg" einen gut drei Minuten langen Fernsehbeitrag. Fazit: der „Turmbau zu Rottweil spaltet die Bürger."[16] Interessanterweise wurde das Narrativ von der zerrissenen Stadt durch zahlreiche Medienvertreter aufgegriffen, die von außerhalb nach Rottweil angereist kamen. Die Rottweiler Medien hingegen zeichneten ein anderes Bild: Die Neue Rottweiler Zeitung (NRWZ) titelte: „Die zweite Sensation ist perfekt: Die Bürger sind offenbar dafür."[17] Und der „Schwarzwälder Bote" ermittelte in einer Telefonumfrage gar 80 Prozent Zustimmung.[18]

Geplant war der Testturm bei der Vorstellung des Projekts noch an einem Standort im Gewerbepark Neckartal, unweit der Veranstaltungslocation „Kraftwerk". Der Vorentwurf des Büros „Labor Weltenbau" aus Stuttgart sah einen Betonkern mit Aufzugsschächten vor, umgeben von einem Geflecht von Stahlrohren, das zur Stabilisierung dienen sollte. Der Gewerbepark war seit den 1990er Jahren auf dem Gelände der ehemaligen Pulverfabrik entstanden, die der Fabrikant Max von Duttenhofer im 19. Jahrhundert aus kleinsten Anfängen zu einer deutschlandweit führenden Produktionsanlage aufgebaut hatte. An diesen Pioniergeist knüpfte der Rottweiler Architekt Alfons Bürk an, der die Konversion des Geländes maßgeblich begleitet hatte und nun beim Turmprojekt als Projektentwickler im Auftrag von thyssenkrupp aktiv war. Bürk hatte auch dafür gesorgt, dass erste Visualisierungen des Turms mit dem Landschaftsbild rund um Rottweil erstellt wurden. Während die Architektur des Turmes in der öffentlichen Diskussion weniger eine Rolle spielte, entwickelte sich in der Folge eine lebhafte Debatte darüber, um wie viele Meter der Testturm die altehrwürdige Reichsstadt überragen würde. Durch die Lage im Neckartal würde ein gutes Drittel des Turmes im Landschaftsbild nicht zur Geltung kommen, die Erscheinung dadurch weniger wuchtig ausfallen, so das Argument der Befürworter. Kritiker hielten mit eigenen Berechnungen und Zeichnungen dagegen und die örtliche Tageszeitung titelte: „Dem Neckartal-Riesen fehlt es an wahrer Größe."[19] Eine geradezu prophetische Aussage, wie sich bald zeigen sollte.

Denn thyssenkrupp erlebte bei Baugrunduntersuchungen eine böse Überraschung: Zwar waren die ersten Meter des Baugrunds tragfähig, doch für die Gründung eines Bauwerks dieser Größe hätte man tiefer in den Boden vordringen müssen. Und dort lauerten quellfähige Gesteinsschichten – was schon den langjährigen Standort „Stallberg" für die geplante Justizvollzugsanstalt aus dem Rennen befördert hatte. Die Presse hatte davon bereits vor den Sommerferien

Abb. 50:
OB Ralf Broß und Hermann Klos von der Holzmanufaktur Rottweil bei Dreharbeiten für „Zur Sache Baden-Württemberg", Mai 2013
© Stadt Rottweil

---

16 SWR, Zur Sache Baden-Württemberg, „Streit um Riesenturm: Geplanter Power-Tower spaltet Rottweil, 16. Mai 2013."
17 NRWZ, „Riesenturm: Zweite Sensation ist perfekt, 18. Mai 2013."
18 Schwarzwälder Bote, „80 Prozent finden: Projekt macht Stadt attraktiver, 11. Mai 2013."
19 Schwarzwälder Bote, „Dem Neckartal-Riesen fehlt es an wahrer Größe", 4. Juli 2013.

Wind bekommen, spekulierte „Wackelt der Testturm, bevor er steht?"[20] Die Sorge bei den Verantwortlichen seitens der Stadt und bei thyssenkrupp war zu diesem Zeitpunkt groß, dass das Projekt im Sommerloch in die Schlagzeilen geraten oder gar zerredet werden könnte. Die Pressestellen von thyssenkrupp und der Stadt Rottweil bemühten sich, den aufkommenden Zweifeln entgegenzuwirken. Letztendlich gab thyssenkrupp eine mit der Stadt abgestimmte Stellungnahme ab, wonach der Baugrund die „Möglichkeit, jedoch nicht die idealen Bauvoraussetzungen" zur Gründung des Testturms biete. thyssenkrupp untermauerte sein Festhalten am Standort Rottweil mit dem Hinweis auf den großen Rückhalt in der Bevölkerung und teilte zudem mit, dass man bereits ein Verfahren zur Vergabe der Bauleistungen gestartet habe.[21]

Nichtsdestoweniger dürfte allen Projektbeteiligten zu diesem Zeitpunkt klar gewesen sein, dass der Testturm in Rottweil vor dem Aus stand, sollte nicht in kürzester Zeit ein neuer Standort gefunden werden. Tatsächlich gelang es Alfons Bürk und dem damaligen Bürgermeister Werner Guhl in der Sommerpause ein solches Grundstück aufzutreiben: Wenige hundert Meter vom bisherigen Bauplatz entfernt, jedoch hoch über dem Neckartal im Industrie- und Gewerbegebiet Berner Feld. Erneute Probebohrungen brachten Gewissheit, dass diesmal bis in 50 Meter Tiefe fester Baugrund verfügbar sein würde. Allerdings: Derartig exponiert würde der Turm weithin in der Landschaft sichtbar sein. Daher war völlig offen: Würden die Menschen den neuen Standort dennoch akzeptieren? Die Stimmung hinter den Kulissen schwankte von „Wir sollten es wenigstens noch versuchen" bis zu „Jetzt erst recht".

In der ersten Sitzung des Rottweiler Gemeinderats nach der Sommerpause hätte man die sprichwörtliche Stecknadel fallen hören können, als Oberbürgermeister Broß das Ergebnis der Bodenuntersuchungen vorstellte. Entsetzen machte sich in den Gesichtern der Stadt-

Abb. 51:
Die thyssenkrupp lässt auf dem „Berner Feld" einen Ballon steigen, um die Höhe des Turmes zu veranschaulichen.
© Stadt Rottweil

räte breit, als klar wurde, dass nach dem Gefängnis das zweite Großprojekt am Untergrund zu scheitern drohte.[22] Umso größer war dann die Erleichterung, dass offenbar doch noch ein Ausweg gefunden wurde. OB Ralf Broß griff zudem eine Anregung aus der Bürgerschaft auf und kündigte eine spektakuläre Aktion an, um die Höhe des Bauwerks zu veranschaulichen: thyssenkrupp ließ an einem Herbstwochenende einen etwa vier Meter großen, gasgefüllten Ballon über dem Berner Feld bis auf die geplante Turmhöhe von 235 Metern steigen.

---

20 Schwarzwälder Bote, „Wackelt der Testturm, bevor er steht? Bohrungen auf Gelände enden vorzeitig", 27. Juli 2013.
21 thyssenkrupp Elevator, „Bieterverfahren für den AufzugsTestturm ist gestartet.", 9. August 2013.
22 Das Land Baden-Württemberg hatte 2008 den Standort „Stallberg" wegen Gips im Untergrund verworfen und 2011 einen regionalen Standortsuchlauf für den JVA-Neubau gestartet, nachdem der Alternativvorschlag „Bitzwäldle" auf Rottweiler Gemarkung zu großen Bürgerprotesten geführt hatte. Die Chancen, dass Rottweil noch zum Zug kommen könnte, wurden in der Stadt 2013 gemeinhin nur noch als sehr gering eingeschätzt.

1 STADTWERDUNG UND STADTENTWICKLUNG

Die Standortverlagerung tat der großen Turm-Euphorie in der Bürgerschaft keinen Abbruch. Im Gegenteil: Das „seltsame Versteckspiel" sei nun zu Ende, kommentierte der „Schwarzwälder Bote"[23] nach der Präsentation im Gemeinderat und dürfte damit den Nerv vieler Menschen in der Stadt getroffen haben. Über den Sommer hinweg hatte sich jedoch auch Widerstand in der Bürgerschaft formiert. Eine Gruppe kritischer Bürger hatte Fragen an Stadt und Konzern formuliert, 84 an der Zahl.[24] Im Kern drehten sich die Einwände aus der Bürgerschaft um die Befürchtung, der Turm könnte das Stadt- und Landschaftsbild beeinträchtigen. Es wurden jedoch auch Sorgen laut, dass der Turm durch Windgeräusche oder durch eine Verschattung negative Folgen für umliegende Wohngebiete haben könnte.

Im Herbst 2013 folgte eine weitere Bürgerinformationsveranstaltung. Dort präsentierte man dann bereits neue Visualisierungen des Testturms, die in Fotografien mit dem Testballon hineinmontiert worden waren. Die Kritiker befürchteten weiterhin eine „Zerstörung" des denkmalgeschützten Stadtensembles, eine Bürgerin warnte in einem emotionalen Appell gar vor einem „Monstrum". Am Ende der Versammlung fragte Oberbürgermeister Broß ein Stimmungsbild ab, es folgte lang anhaltender Applaus pro Turm.[25] In der Folge machte der Gemeinderat mit großer Mehrheit den Weg frei für eine Änderung des Bebauungsplans für das Industrie- und Gewerbegebiet Berner Feld. Dabei ging es vor allem um die Abweichung von der dort normalerweise zulässigen Gesamthöhe und alle damit verbundenen Fragen, wie etwa Auswirkungen auf das Landschaftsbild und ökologische Folgen für den angrenzenden Naturraum Neckartal.

In den kommenden Monaten waren die Planer am Zug. So galt es, die Änderungen des Bebauungsplanes durch Fachgutachten abzusichern. Stadt und Vorhabenträger ließen sich dabei auch auf Bedenken aus der Bürgerschaft ein: Sichtachsen und Blickbeziehungen wurden untersucht, um festzustellen, inwiefern der Turm das historische Ensemble der mittelalterlichen Innenstadt beeinträchtigt, zudem wurde ein denkmalschutzrechtliches Fachgutachten erstellt. Fotorealistische Darstellungen veranschaulichten Lage und Wirkung des Turms in der Landschaft.[26] Ergebnis: Der Turm greift zwar in das Stadt- und Landschaftsbild ein, die Eingriffe wurden jedoch im Rahmen der Abwägung als vertretbar bewertet. Ausgleichsmaßnahmen wie das Freischneiden städtischer Grünanlagen nach dem Vorbild historischer Stadtansichten trugen zur Kompensation bei.[27] Parallel trieb thyssenkrupp das konzerninterne Bieterverfahren voran: Dabei ging es nicht allein darum, ein Bauunternehmen zu finden, sondern sich auch auf die finale Turmarchitektur festzulegen. Denn spätestens bei der Bürgerversammlung im Oktober 2013 hatte thyssenkrupp deutlich gemacht, dass der bis dahin vom Unternehmen favorisierte und in der

Abb. 52:
Der Rottweiler Gemeinderat und die Verwaltungsspitze besuchten im Herbst 2013 das Aufzugswerk von thyssenkrupp in Neuhausen auf den Fildern
© Stadt Rottweil

---

23 Schwarzwälder Bote, „Kein Vergleich", 12. September 2013.
24 thyssenkrupp, Stadt Rottweil „Antworten auf 84 Bürgerfragen, Stand: 9. Oktober 2013.
25 Schwarzwälder Bote: „So gut wie sicher: Testturm steht fest", 15. Oktober 2013.
26 Die Gegenüberstellung von Prognose und tatsächlich gebautem Turm durch das Büro z&m 3D-Welt im städtischen Youtube-Kanal zeigt, mit welch hoher Präzision dies gelungen ist (abgerufen am 7. März 2021).
27 Siehe Anlagen Bebauungsplan „Berner Feld", 2. Änderung – Testturm, 1. Oktober 2014.

Bürgerschaft breit akzeptierte Entwurf des Büros „Labor Weltenbau" noch längst nicht beschlossene Sache war.

Mit großer Spannung wurde daher eine Pressekonferenz im April 2014 erwartet, auf der thyssenkrupp im Sonnensaal des Kapuziners den Sieger des Bieterverfahrens präsentierte: Demnach sollte Züblin als Generalunternehmer den Turm bauen. Die Architektur stammte nun – und das war die eigentliche Überraschung dieses Tages – aus der Feder des renommierten Architekten-Gespanns Werner Sobek (Stuttgart) und Helmut Jahn (Chicago). Der Turm präsentierte sich in einer völlig anderen Gestalt: Statt eines Geflechts aus Stahlstreben schlugen Jahn und Sobek eine weiße Haut aus Glasfasergewebe vor, die einen kreisrunden Betonkern elegant umhüllen sollte. Der Turm sollte nachts erleuchtet werden und den Namen „Tower of Light" tragen. Die „Neue Rottweiler Zeitung" hob in einer ersten Reaktion dagegen mehr auf die gewundene Spiralform ab, die den Turm vor Windböen schützen sollte und titelte in ihrer Online-Ausgabe etwas weniger poetisch: „Es ist ein Riesenbohrer".[28] Das Medieninteresse an diesem Tag war enorm, rund 30 Journalisten hatten sich zu der Pressekonferenz angemeldet, die für die internationalen Medienvertreter sogar durch eigens organisierte Simultandolmetscher ins Englische übersetzt wurde.

Abends stellten Jahn und Sobek den Turm dann der Rottweiler Bürgerschaft vor, wieder im voll besetzten Sonnensaal des Kapuziners. Und Jahn bekräftigte, was er vormittags schon vor den Pressevertretern gesagt hatte: Der Testturm müsse in der Nachbarschaft zu einer historischen Stadt mehr sein als ein Zweckbau: „Er soll ein Kunstwerk sein." Und unter Applaus rief er den Menschen zu: „Es ist Euer Turm." Im Gepäck hatten Jahn und Sobek an diesem Tag nicht nur einen Videofilm, der den Bogen von New York mit seinen Wolkenkratzern bis nach Rottweil, der „Stadt der Türme" schlug, sondern auch ein Bild von der öffentlichen Besucherplattform in 232 Metern Höhe. Das Versprechen seitens thyssenkrupp, den Wunsch nach einem öffentlichen Zugang wohlwollend zu prüfen und am Ende zu erfüllen, dürfte mithin der Schlüssel

Abb. 53:
„Turmvater" Jahn bei der Präsentation der Architektur im „Kapuziner"
© Stadt Rottweil

Abb. 54:
Turm-Befürworter bei der dritten Bürgerinformation im Sonnensaal des „Kapuziner"
© Ralf Graner

---

28   NRWZ: „Es ist ein Riesenbohrer", Online-Ausgabe, abgerufen am 11. April 2014.

1 STADTWERDUNG UND STADTENTWICKLUNG

Abb. 55:
Nach wenigen Monaten Bauzeit erreicht der Rohbau des Testturms 2015 die volle Höhe von 246 Metern.
© Stadt Rottweil

zum Projekterfolg gewesen sein. Bei der Mehrheit der anwesenden Bürger stieß die neue Turmarchitektur jedenfalls auf begeisterte Zustimmung.

Im Frühjahr und Sommer 2014 trieben Gemeinderat und Stadtverwaltung das Änderungsverfahren zum Bebauungsplan so weit voran, dass bereits im Herbst die notwendigen Beschlüsse gefasst werden konnten: Mit 22 Ja- und drei Nein-Stimmen gab der Gemeinderat grünes Licht. Zuvor wurde mit ähnlich großer Mehrheit dem städtebaulichen Vertrag zugestimmt. Er regelt die öffentliche Zugänglichkeit der Besucherplattform, aber auch umweltrechtliche Belange wie die Zeiten der Beleuchtung des „Tower of Light." So ist beispielsweise festgelegt, dass die Scheinwerfer im Frühjahr und Herbst zum Schutz von Zugvögeln bereits kurz nach Einsetzen der Dämmerung wieder ausgeschaltet werden müssen.

Einen Tag nach dem entscheidenden Gemeinderatsbeschluss erfolgte am 2. Oktober 2014 bereits der offizielle erste Spatenstich: thyssenkrupp hatte offenbar keine Zeit zu verlieren, wollte man sich doch im Konkurrenzkampf mit internationalen Wettbewerbern wie Otis oder Kone behaupten.

In den Wintermonaten 2014/15 ging es dann zunächst einmal in die Tiefe: Bagger gruben ein über 20 Meter breites und 30 Meter tiefes Loch für das Fundament.

Rechtzeitig zum Frühlingsbeginn wuchs der Turm dann im Gleitschalverfahren in die Höhe. Der Baufortschritt war rasant – an Spitzentagen legte der Turm gut fünf Meter an Höhe zu. Es setzte ein regelrechter Baustellentourismus ein. Die Stadt Rottweil und thyssenkrupp reagierten mit Baustellenführungen und zählten allein im ersten Baujahr rund 50.000 Besucher.[29] Spätestens zu diesem Zeitpunkt änderte sich auch der Tenor in den überregionalen Medien, dem Turm haftete angesichts dieser enormen Resonanz nicht länger das Etikett „umstritten" an. Mehr noch: Wurde der Turm zunächst eher als Impuls für Forschung und Entwicklung in der Region verstanden, rückte durch das enorme Publikumsinteresse nun zunehmend das touristische Potential in den Fokus des öffentlichen Bewusstseins.

Nach nur knapp zehn Monaten Bauzeit konnte thyssenkrupp im Juli 2015 Richtfest feiern. Bis Ende 2016 war der Innenausbau beendet und der Testbetrieb konnte aufgenommen werden. Mittlerweile hatte thyssenkrupp auch verraten, was im Turm genau entwickelt werden soll: MULTI, der erste seillose Aufzug der Welt. Basierend auf der Magnetschwebe-Technik, die zuerst für den Hochgeschwindigkeitszug „Transrapid" entwickelt worden war, sollen mehrere Aufzugskabinen ähnlich wie beim Paternoster in einem Umlaufsystem durch die Gebäude kreisen. Damit spart MULTI vor allem in großen Wolkenkratzern eine Menge Platz.

---

29 André Lomsky, Jahresbericht Stabsstelle Stadtmarketing und Wirtschaftsförderung 2015, „Baustellenmarketing", S. 4.

Abb. 56:
MULTI von TK Elevator ist der erste seillose Aufzug der Welt.
© Grafik: TK Elevator

Da auch Seitwärtsbewegungen „um die Ecke" möglich sind, eröffnet das neue System darüber hinaus völlig neue Möglichkeiten, Hochhäuser zu erschließen und bietet damit Architekten ganz neue Perspektiven. In seinem ersten Film über MULTI zeigte thyssenkrupp Hochhäuser, die aus seitlich versetzten Würfeln bestehen und in denen das neue System horizontal und vertikal zirkuliert.[30]

Der Konzern stellte das neue System MULTI im Juni 2017 der Öffentlichkeit vor – noch bevor der Turm offiziell eingeweiht wurde. Die Eröffnungsfeier war zunächst auch für die erste Jahreshälfte 2017 geplant, musste wegen Verzögerungen bei der Montage der Turmhülle jedoch mehrfach verschoben werden. Letztendlich luden thyssenkrupp und die Stadt Rottweil dann am 7. und 8. Oktober 2017 zum „Turmfest". Zur feierlichen Eröffnung am Samstagnachmittag hatten sich Heinrich Hiesinger, Vorstandsvorsitzender von thyssenkrupp, und Ministerpräsident Winfried Kretschmann angekündigt. „Der Turm ist jetzt schon vieles: Er ist ein Zukunftslabor für eine neue Ära des Aufzugs und ein eindrucksvoller Beleg für Innovationskraft und Ingenieurskunst", unterstrich Hiesinger vor geladenen Gästen auf der Besucherplattform in 232 Metern Höhe. Ministerpräsident Kretschmann sagte bei der Einweihung: „Der Testturm von thyssenkrupp ist ein Leucht-

Abb. 57:
Turm mit Membran und Baukran kurz vor der Fertigstellung
© Stadt Rottweil

---

30 Youtube: thyssenkrupp unveils the world's first sideways-moving elevator system", abgerufen am 7. März 2021.

1 STADTWERDUNG UND STADTENTWICKLUNG

turm für Innovation und Bürgerbeteiligung." Der Turm mit seiner öffentlich zugänglichen Besucherplattform sei ein landesweit beachtetes Symbol dafür, dass Großprojekte gelingen könnten, wenn sich die Menschen mitgenommen fühlen. Oberbürgermeister Ralf Broß hob den Turm als Symbol für ein neues Kapitel in der Stadtgeschichte hervor: „Rottweil 5.0 ist eine Stadt im Aufbruch, voller Chancen und Ideen."[31]

Der Turm sei Sinnbild für eine Epoche, in der sich Tradition und Innovation gegenseitig befruchten und engagierte Bürger ihre Stadt aktiv mitgestalten und mitverantworten. „Der Turm zeigt uns, was Rottweil erreichen kann, wenn wir dabei alle an einem Strang ziehen."

Beim anschließenden Turmfest verwandelte sich dann die gesamte historische Innenstadt in eine bunte Festmeile: Von der Hochbrücke bis zum Friedrichsplatz konnten die Besucher an beiden Tagen eine spannende Zeitreise unternehmen und Rottweils Geschichte, Gegenwart und Zukunft erleben. Römische Legionäre lagerten neben Rittern aus dem Mittelalter, die Fasnet als Weltkulturerbe war ebenso vertreten wie der Rottweiler Hund und die Kunst des Stahlbildhauers Erich Hauser. Mit einem Stadtmodell aus dem 3D-Drucker oder einem Nachbau der geplanten Fußgänger-Hängebrücke zwischen Turm und historischer Innenstadt zeigte sich die Stadt von ihrer innovativen Seite. An einer 246 Meter langen Tafel feierten Mitarbeiter von thyssenkrupp mit geladenen Gästen und Rottweiler Bürgern den erfolgreichen Abschluss des Projekts. Abends folgte ein großes Eröffnungsfeuerwerk, bei dem – einziger Wermutstropfen an diesem Tag – die Turmmembran beschädigt wurde. Während der Turmnacht von Samstag auf Sonntag spielten zahlreiche Bands bei freiem Eintritt in circa 30 Rottweiler Kneipen. Ein Riesenrad sowie ein weiteres Fahrgeschäft namens „Flying Table" boten in luftiger Höhe an beiden Festtagen spektakuläre Perspektiven auf Rottweil und sein neues Wahrzeichen, den in den Abendstunden festlich illuminierten Testturm. Wer Glück hatte ergatterte bei einer Tombola bereits eines der begehrten Tickets für die Besucherplattform. Die Stadt Rottweil und thyssenkrupp, die als Gastgeber auf das Know-how der Rottweiler Agentur trend factory zurückgreifen konnten, schätzten das Besucheraufkommen an den beiden Turmfest-Tagen auf insgesamt rund 40.000 Menschen. Eine Zahl, die Rottweil sonst nur während der Fasnet erreicht.

Nach dem Verständnis der Turmfest-Macher bei der Stadt Rottweil sollte das Event übrigens nicht allein ein glanzvolles Fest, sondern gleichsam der Startschuss für eine dynamische Stadtentwicklung sein: Mitten auf dem altehrwürdigen Hauptstraßenkreuz hatten sie ein beleuchtetes Banner aufgestellt. Es war Teil der „Zeitreise" und trug den programmatischen Titel: „Die Zukunft beginnt jetzt." Neben dem Testturm waren darauf geplante Projekte der Stadt Rottweil abgebildet: Die Gastronomie in der Villa Duttenhofer oder das Neckarcenter am Nägelesgraben, die Fußgänger-Hängebrücke, der Neubau der Justizvollzugsanstalt. Und ja – obwohl der Gemeinderat just am Mittwoch vor dem Turmfest erst die Bewerbung beschlossen hatte – auch das: Die Vision einer Landesgartenschau in Rottweil. Das Banner endete mit folgenden Worten: „Gute Aussichten also für eine fast 2000-jährige Stadt, die sich ihre Traditionen bewahrt hat und sich mutig der Zukunft zuwendet. Fortsetzung folgt."

Abb. 58:
Eröffnungsfeuerwerk beim Turmfest 2017, im Vordergrund der „Flying Table"
© Thomas Decker/Team Ralf Graner

---

31 Vgl. den Beitrag „Rottweil 5.0" von Ralf Broß in diesem Buch.

2021: Rottweil 5.0

Von Ralf Broß

Der historische Blick

Rund 2000 Jahre Stadtgeschichte ergäben einen langen Film, würde man die historischen Etappen und Schlaglichter wie Bilder aneinanderreihen und sie auf die Filmspule der Rottweiler Geschichte wickeln. Die Beschreibung der Rottweiler Geschichte ist ein umfassendes Unterfangen. Sie konzentriert sich nach dem Selbstverständnis der Historiker auf die Beschreibung der Vergangenheit. Das überrascht nicht. Das ist der Kern dieser Disziplin. Überraschend ist eher, dass sich der Beitrag *Rottweil 5.0* vom üblichen historischen Bogenschlag löst. Von einem Bogenschlag, der in der Regel am römischen Municipium Arae Flaviae beginnt, sich über den eidgenössischen Ewigen Bund spannt und mit dem Eintritt in das Königreich Württemberg endet[32], wobei die Zeit danach eher als Fußnote wahrgenommen wird.[33] *Rottweil 5.0* nimmt dahingegen die jüngste Vergangenheit der Rottweiler Schlaglichter in den Blick, die in der Gegenwart noch recht präsent ist.

Nicht von den Römern, den Staufern oder den Eidgenossen soll also hier die Rede sein, sondern von den Bürgern des heutigen Rottweils und von einer Entwicklung, wie sie unsere Stadt in den vergangenen rund zehn Jahren genommen hat. Diese Entwicklung zu rekonstruieren ist ein schwieriges Unternehmen. Sie objektiv zu erklären schier unmöglich. Dennoch soll der Versuch unternommen werden, quasi ein Erklärungsmuster zu liefern, wie die älteste Stadt Baden-Württembergs, die an Traditionen und historischen Ereignissen reiche Stauferstadt, sich der Zukunft zuwendet.[34]

Abb. 59:
Hochbrücktorstraße mit Kapellenkirche und Testturm
© Stadt Rottweil

Von Rottweil 1.0 nach Rottweil 5.0

Wir haben in den letzten Jahren in unserer Stadt einen Entwicklungsprozess eingeleitet, der uns nachhaltig prägt. Damit verbunden ist eine Dynamik, die mehr ist als nur eine rein städtebauliche Entfaltung. Diese Entwicklung habe ich zum ersten Mal bei der Eröffnung der Turmplattform im Oktober 2017 mit dem Begriff

---

32 Vgl. Hecht, Winfried, Rottweil, in: Historisches Lexikon der Schweiz, hrsg. von der Stiftung Historisches Lexikon der Schweiz (HLS), Band 10, Basel 2010, S. 489ff.
33 Vgl. die Geschichte der Stadt Rottweil in sechs Bänden von Winfried Hecht.
34 Vgl. Wein, Eberhard, Neue Rekordpläne für Rottweil. Brückenschlag zum Aufzugsturm (Stuttgarter Zeitung vom 13.5.2016) und Dirk, Werner, Standortporträt Rottweil, in: econo – Das Portal für den Mittelstand, veröffentlicht am 10.5.2016.

Rottweil 5.0 beschrieben. *Rottweil 5.0* ist kein statischer Entwicklungsstand. *Rottweil 5.0* ist mehr.

Machen Sie mit mir eine kurze Zeitreise in die Anfänge unserer Stadt.

Die Römer überschritten vor rund 2.000 Jahren die Alpen und bauten hier ein kleines Rom mitten in der germanischen Wildnis. Es handelte sich um einen wichtigen militärischen Legionsstützpunkt am oberen Neckar. Um den römischen Legionsstandort herum entwickelte sich die Römerstadt Arae Flaviae.[35] Heute verbinden wir die Hypokausten in der Pelagiuskirche, das Legionsbad und das Orpheus-Mosaik mit dieser Zeitepoche. Es war bereits damals ein Beleg dafür, dass „*im römischen Rottweil zeitlos gültige Kunst geschaffen wurde*"[36]. So können wir es in der Stadtgeschichte nachlesen. Das war „Rottweil 1.0."

Dann entstand eine zweite Stadt. „Rottweil 2.0." Diese Zeit war eng mit dem Datum 771 n.Chr. verbunden. Rottweil führte erstmals den Namen „rotuvilla" und erstreckte sich geografisch in etwa dort, wo heute die Mittelstadt liegt zwischen Nikolausfeld und Steig mit einem karolingischen Königshof als Mittelpunkt.

Im Spätmittelalter erfolgte dann eine weitere Stadtgründung. Nach der Römerstadt Arae Flaviae und dem Königshof nun „Rottweil 3.0", die dritte Gründung. Das spätmittelalterliche Rottweil wird vom Stadtgraben umgeben und ist gekennzeichnet durch das Straßenkreuz im Zentrum, durch die Einteilung in Hofstätten, durch Wehrtürme, die Traufstellung der Häuser sowie die typische Lage des Marktes und der Hauptkirche.[37] Wir staunen noch heute über die himmelstrebenden Türme der alten Reichsstadt, sie belegen eindrucksvoll den Wagemut unserer Vorfahren in diesem dritten Rottweil. Die Pürschgerichtskarte aus dem Jahr 1564 liefert ein Abbild dieser nahezu idealtypischen mittelalterlichen Stadt.

Die Römer überschritten vor rund 2.000 Jahren die Alpen und bauten hier ein kleines Rom mitten in der germanischen Wildnis.

Der Übergang von der Reichsstadt zur modernen Stadt kann mit dem Jahr 1802 in Verbindung gebracht werden. Es ist das Jahr, in dem die heute so oft verherrlichte Reichsstadtzeit endet und Rottweil württembergisch wird. Es folgen Industrialisierung, zwei Weltkriege, die Nachkriegszeit und die Verwaltungsreform zu Beginn der 1970er Jahre. Rottweil wird Große Kreisstadt und Mittelzentrum, die umliegenden ehemals selbständigen Gemeinden werden als Ortsteile eingegliedert. Neue Wohngebiete werden erschlossen, Gewerbe- und Industriegebiete angelegt, ein Schulcampus errichtet. Das ist Rottweil in der Prägung der letzten Jahre: „Rottweil 4.0."

Und wenn jede der genannten Städte ihre Symbole und Wahrzeichen hatte – die Hypokausten, das Legionsbad und das Orpheusmosaik stehen für Arae Flaviae, der versunkene Königshof für die Mittelstadt und Kapellenturm, Schwarzes Tor und Hochturm für die alte Reichsstadt – dann stehen für ein „Rottweil 4.0" der Moderne das Kraftwerk als Veranstaltungstempel im Neckartal, die Pyramide von Erich Hauser, der Schulcampus oder der Wasserturm.

Die Menschen hauchen der Stadt Leben ein

Städtebaulich hat sich unsere Stadt weiterentwickelt und wird dies weiter tun. Da müssen wir gar nicht lange nachdenken. Der Testturm mit Deutschlands höchster Aussichtsplattform steht als Landmarke und Zeichen einer in die Zukunft gerichteten Architektur genauso für diese Entwicklung wie der von der Bürgerschaft beschlossene Neubau der Justizvollzugsanstalt des Landes Baden-Württemberg[38] und die geplante Fußgängerhängebrücke[39] eines privaten Investors. Auch weitere Beispiele könnten hier herangezogen werden: die Stadthalle, die neue Jugendherberge, das neue Feuerwehrhaus, das Wohnbaugebiet auf der Spital-

---

35 Vgl. Hecht, Winfried, Rottweil vor 771 n.Chr. Anfänge und Wurzeln der Stadtgeschichte, Rottweil 2008, S. 24.
36 Ebd. S. 82.
37 Vgl. Hecht, Winfried, Rottweil 771 – ca. 1340. Von „rotuvilla" zur Reichsstadt, Rottweil 2007, S. 34.
38 Vgl. Stuttgarter Zeitung vom 20.9.2015: Bürgerentscheid-Rottweil stimmt für das Großgefängnis.
39 Vgl. Stuttgarter Zeitung vom 19.3.2017: Abstimmung in Rottweil. Bürger sagen Ja zum Bau der Hängebrücke.

höhe, der Neubau der Mehrzweckhalle im Ortsteil Göllsdorf etwa.

Allein mit diesen Bauprojekten hat die Zukunft jedoch noch nicht begonnen. Da braucht es mehr. Vom griechischen Staatsphilosophen Perikles stammte die Erkenntnis, dass Gebäude zwar eine Stadt bilden, es aber die Menschen sind, die eine Stadt lebendig machen. Sie prägen das Miteinander.

Was hat nun Perikles mit *Rottweil 5.0* zu tun?

Ich denke, eine ganze Menge. *Rottweil 5.0* steht für eine aktive Bürgerkommune. Für Menschen, die sich einsetzen. Für engagierte Bürger, die mitgestalten und Verantwortung übernehmen wollen, die sich ehrenamtlich einbringen, die der Stadt „Leben einhauchen." Welche Kraft der Bürgerwille erreichen kann, zeigt sich am ehemaligen Kapuzinerkloster, das im südlichen Waldtorvorort lange Jahre ein ärmliches Dasein fristete und mangels sinnvoller nachhaltiger Nutzung zu einem städtebaulichen Schandfleck verfiel. Dank eines breiten Bürgerwillens konnte nach kontroverser Diskussion in der Öffentlichkeit und im Rottweiler Gemeinderat der denkmalgeschützte Gebäudekomplex vor dem Abriss bewahrt und als Mehrgenerationenhaus einer neuen Nutzung zugeführt werden.[40]

Der „Kapuziner" steht heute nicht nur für eine gelungene Sanierung und beispielgebende architektonische Kombination klosterzeitlicher Bausubstanz mit zeitgenössischen Baumaterialien, sondern auch und gerade im Kontext zu *Rottweil 5.0* für ein Vorzeigeprojekt bürgerschaftlichen Engagements.[41] Sein Kennzeichen ist die gesellschaftliche Dimension und bürgerschaftliche Energie, die dadurch zum Ausdruck kommt. Der Kapuziner ist daher nicht nur gelungene Altbausanierung, nicht nur städtebaulicher Impuls, sondern ein bürgerschaftliches Gemeinschaftsprojekt[42] und im besten Sinne Ausdruck einer aufgeklärten Bürgergesellschaft, die Initiative ergreift und Verantwortung übernimmt, um unsere Stadt mitzugestalten.

Der Mensch prägt die Stadt, nicht die Häuser. Der Mensch haucht der Stadt Leben ein, nicht die Gebilde aus Stein und Glas.

Eine Stadt im Aufbruch

Stadtrat und Stadtverwaltung unterstützen diese Entwicklung. Wir setzen auf den Ideenreichtum in den Köpfen unserer Bürger. Von der alten Reichsstadt zur ideen-reichen Stadt! Voller Chancen und Ideen und mit einer Offenheit, mit der wir letztlich sehr erfolgreich waren.

5.0 steht für eine Zeitepoche, in der Tradition und Innovation keine Gegensätze mehr bilden, sondern sich gegenseitig ergänzen und befruchten. Es steht für eine architektonische und bürgerliche Weiter-Entwicklung unserer Stadt.

Das hat etwa auch die Diskussion in den Jahren 2013 und 2014 gezeigt, als die Rottweiler Stadträte und die Bürgerschaft auf der einen Seite über die Architektur und das moderne Design des Testturms von thyssenkrupp in Bürgerversammlungen und Internetforen, auf dem Wochenmarkt und mittels Leserbriefen, in Gemeinderatssitzungen und auf Nachbarschaftsanhörungen diskutierten. Es setzte sich dabei die Erkenntnis durch, dass Rottweil bereits seit über 800 Jahren eine „Stadt der Türme" ist und auf eine lange Turmbautradition zurückblickt. Jeder Turm, jedes Bauwerk war in seiner Zeit eine Innovation. Etwas Neues, was es bis dahin noch nicht gab. Eine Weiterentwicklung der handwerklichen Fertigkeiten. Nicht entstanden aus einem Guss, sondern im Laufe mehrerer Jahrhunderte. So steht der Testturm in dieser Tradition. Er markiert eine neue Epoche der „Stadt der Türme" und steht wie kein zweites Bauwerk im bewussten Kontrast zur alten Stadtsilhouette als Sinnbild für *Rottweil 5.0*.

Auf der anderen Seite fand eine weitere Emanzipierung des Bürgertums und Verstärkung des bereits seit vielen Jahren stark ausgeprägten ehrenamtlichen

---

40 Vgl. King, Stefan, Kapuziner Rottweil. Bauhistorischer Rundgang durch das ehemalige Kapuzinerkloster, hrsg. von der Stadt Rottweil, Rottweil 2011, S. 20: „Eine Bürgerinitiative macht mobil."
41 Vgl. Klos, Hermann/Rauner, Henry, Wie rette ich ein Kloster? in: Landesamt für Denkmalpflege im Regierungspräsidium Stuttgart (Hrsg.), Kapuzinerkloster Rottweil, Esslingen 2015, S. 52ff.
42 Vgl. Broß, Ralf, Das Mehrgenerationenhaus „Kapuziner" als gesellschaftlicher und architektonischer Faktor der Stadt Rottweil", in: Landesamt für Denkmalpflege im Regierungspräsidium Stuttgart (Hrsg.), Kapuzinerkloster Rottweil, Esslingen 2015, S. 100ff.

1 STADTWERDUNG UND STADTENTWICKLUNG

Engagements hin zu einer durch aktive Partizipation getragenen Bürgergesellschaft statt.

Bürgergesellschaft und Demokratie

Es gibt damit einen entscheidenden Unterschied zu den vergangenen 800 Jahren. In keiner Zeitepoche waren die Bürger unserer Stadt so stark am kommunalpolitischen Entscheidungsprozess beteiligt wie derzeit. *Rottweil 5.0* hat sehr viel mit einer „*Politik mit und für Bürger*"[43] zu tun und mit einer neuen offenen Beteiligungskultur, die nicht Alibiveranstaltung ist, sondern das ernst gemeinte Angebot beinhaltet, gemeinsam die Zukunft unserer Stadt zum Besten zu gestalten und ein hohes Maß an Akzeptanz zu wahren. Wer die Zukunft gestalten möchte, der braucht ein hohes Maß an Akzeptanz.[44]

Stadtrat und Stadtverwaltung haben in den vergangenen Jahren bewiesen, dass sie in der Lage sind, diese Akzeptanz zu schaffen, auch wenn sie letztlich am Postulat einer repräsentativen Demokratie im Grundsatz festhalten. *Rottweil 5.0* funktioniert nur unter zwei Voraussetzungen:

Zum einen braucht es eine aufgeklärte und offene Bürgerschaft. Zum anderen setzt *Rottweil 5.0* auch ein kommunalpolitisches Gremium voraus, das sich seiner besonderen Verantwortung bewusst ist und den Freiraum für Gestaltungs- und Mitwirkungsprozesse von engagierten Einzelpersonen und bürgerschaftlichen Gruppierungen vorgibt, ohne ihn mit Verweis auf die repräsentative Demokratie über Gebühr einzuengen.

Rottweil 5.0 hat zahlreiche Beispiele hervorgebracht, die als best-practice-Beispiele gelten. Die neu gewonnene Beteiligungskultur war nicht nur die Voraussetzung für Testturm, Hängebrücke und Justizvollzugsanstalt – und damit auch für zwei gewonnene Bürgerentscheide[45] –, sondern hat auch die baden-württembergische Landesregierung und den Landesvorstand von Mehr Demokratie Baden-Württemberg dazu bewogen, die Stadt Rottweil für eine umfassende Bürgerbeteiligung mit der Demokratie-Rose 2015 auszuzeichnen.[46]

Wir haben von dieser bürgerschaftlichen Entwicklung profitiert. Sie war ein wesentlicher Erfolgsfaktor für unsere Bewerbung um die Landesgartenschau 2028, die wir unter das Motto „Höher.Grüner.Weiter."[47] setzen. „Höher bauen" ist ein Synonym für eine ressourcenschonende Stadtentwicklung. „Grüner leben" bringt zum Ausdruck, dass wir nachhaltig wachsen wollen, und mit „weiter denken" wollen wir innovative Mobilitätskonzepte umsetzen.

Abb. 60: Bürgerworkshop „Rottweil gemeinsam weiter denken" © Thomas Decker / Team Ralf Graner

---

43 Vgl. den Sammelband von Glaab, Manuela (Hrsg.), Politik mit Bürgern – Politik für Bürger, Wiesbaden 2016.
44 Vgl. Broß, Ralf, Die Bürgerbeteiligung zum Neubau der JVA Rottweil – ein Lehrbuchbeispiel direkter Demokratie? in: Glaab, op. cit., S.299.
45 Bürgerentscheid zum Neubau der Justizvollzugsanstalt Rottweil am Standort „Esch" am 20.9.2015 (dafür: 58,4%, dagegen: 41,6%, Wahlbeteiligung: 48,5%) und Bürgerentscheid zur Hängebrücke Rottweil am 19.3.2017 (dafür: 71,6%, dagegen: 28,4%, Wahlbeteiligung: 48,4%).
46 Die Demokratierose 2015 des Landesvorstandes Mehr Demokratie Baden-Württemberg wurde als Demokratiepreis vergeben.
47 Höher.Grüner.Weiter. Landesgartenschau 2028. Bewerbung der Stadt Rottweil für die Landesgartenschau 2026 – 2030, Dezember 2017.

Abb. 61:
Rundgang mit der Bewertungskommission für die Landesgartenschau 2028
© Ralf Graner

Abb. 62:
Eintrag von Ministerin Nicole Hoffmeister-Kraut in das Goldene Buch der Stadt Rottweil 2018
© Stadt Rottweil

Rottweil: progressiv und innovativ

Der Zukunftsforscher Matthias Horx bescheinigte uns vor ein paar Jahren, dass wir Maßstäbe für die Zukunft setzen.⁴⁸ Wir hätten den Mut, auch einmal Außergewöhnliches und Unkonventionelles zu wagen, und zwar Leuchtturmprojekte, die über die eigenen Stadtgrenzen hinaus sichtbar werden. Rottweil zeige, dass auch und gerade in der Provinz kreative, selbstbewusste und wachsende Städte blühen können, so Horx bei einem Vortrag mit dem Titel „Rottweil 5.0 – wie die progressive Provinz die Zukunft erobert", den er auf Einladung der Stadt am 19. April 2018 in der Rottweiler Stadthalle hielt.

Auch wenn ich im Kontext zu unserer Stadt jetzt nicht von „Provinz" sprechen würde, in einem Punkt hat Horx Recht: wir setzen Maßstäbe.

„Rottweil ist innovativ, mutig und entwickelt sich mit einer großen Dynamik nach vorn – Kompliment! Respekt! Weiter so!" Dieses Zitat spiegelt wider, wie ein Mitglied der baden-württembergischen Landesregierung unsere Stadt sieht. Es stammt von Wirt-

---

48 Vgl. Horx, Matthias, Zukunftsinstitut Horx GmbH, in: Höher.Grüner.Weiter. RW Landesgartenschau 2028. Bewerbung der Stadt Rottweil für die Landesgartenschau 2026 – 2030, Dezember 2017, S.104.

schaftsministerin Nicole Hoffmeister-Kraut, die sich anlässlich des in Rottweil stattfindenden *Hightech Summit Baden-Württemberg 2018* in das Goldene Buch der Stadt Rottweil eintrug. Sie bestätigt damit das, was das Institut der deutschen Wirtschaft Köln bereits im Innovationsatlas 2017 dokumentierte: die Gründungsintensität in innovationsaffine Branchen ist bundesweit rund um Rottweil mit Abstand am höchsten.[49] Auch dieser Aspekt ist ein Merkmal von *Rottweil 5.0*.

Rottweil ist sich nicht mehr selbst genug, verweilt nicht mehr in bewahrender Zufriedenheit, sondern erfindet sich ganz im Hegel'schen Sinne im System einer dialektischen Wechselwirkung zwischen rechtlich normierter Staatsordnung und bürgerschaftlich geprägter Sphäre neu. Die älteste Stadt von Baden-Württemberg hat es verstanden, dass eine Stadt nur dann lebens- und liebenswert bleibt, wenn sie behutsam und angemessen mit der Zeit geht und die Herausforderungen der Zukunft mutig anpackt.

Quellen

Stuttgarter Zeitung vom 20.9.2015: Bürgerentscheid-Rottweil stimmt für das Großgefängnis (https://www.stuttgarter-zeitung.de/inhalt.buergerentscheid-rottweilstimmt-fuer-grossgefaengnis.efba3fafc995-49f4-b4ee-cd48bfaf38f1.html, abgerufen am 25.8.2020)

Stuttgarter Zeitung vom 13.5.2016: Neue Rekordpläne für Rottweil. Brückenschlag zum Aufzugsturm, von Eberhard Wein (https://www.stuttgarter-zeitung.de/inhalt.neuer-rekordplaene-fuer-rottweil-brueckenschlag-zum-aufzugturm.8a2bf0e1-699d-42a0-91c5-1b59d359eacc.html, abgerufen am 25.8.2020)

Stuttgarter Zeitung vom 19.3.2017: Abstimmung in Rottweil. Bürger sagen Ja zum Bau der Hängebrücke, von Eberhard Wein (https://www.stuttgarter-zeitung.de/inhalt.abstimmung-in-rottweil-buerger-sagen-ja-zum-bau-der-haengebruecke.fadac0fd-0534-4f91-bf08-65515ad41bd6.html, abgerufen am 25.8.2020)

Dirk, Werner, Standortportrait Rottweil in: econo – Das Portal für den Mittelstand, veröffentlicht am 10.5.2016 (https://www.econo.de/dossiers/dossier/standortportraet-rottweil-4/ abgerufen am 25.8.2020)

Berger, Sarah/Kempermann, Hanno/Koppel, Oliver/Orth, Anja Katrin/Röben, Enno, Innovationsatlas 2017. Die Innovationskraft deutscher Wirtschaftsräume im Vergleich, hrsg. vom Institut der deutschen Wirtschaft, Köln 2017 (IW-Analysen-Forschungsberichte aus dem Institut der deutschen Wirtschaft Köln; 117).

Broß, Ralf, Das Mehrgenerationenhaus „Kapuziner" als gesellschaftlicher und architektonischer Faktor der Stadt Rottweil, in: Landesamt für Denkmalpflege im Regierungspräsidium Stuttgart (Hrsg.), Kapuzinerkloster Rottweil, Lindenberg im Allgäu 2015, S.100 – 109 (Kulturdenkmale in Baden-Württemberg; 10).

Ders., Die Bürgerbeteiligung zum Neubau der JVA Rottweil. Ein Lehrbuchbeispiel direkter Demokratie? in: Glaab, Manuela (Hrsg.), Politik mit Bürgern – Politik für Bürger, Wiesbaden 2016, S. 289 – 302.

Glaab, Manuela (Hrsg.), Politik mit Bürgern – Politik für Bürger, Wiesbaden 2016.

Hecht, Winfried, Rottweil vor 771 n. Chr. Anfänge und Wurzeln der Stadtgeschichte, Rottweil 2008.

Ders., Rottweil 771 – ca. 1340. Von „rotuvilla" zur Reichsstadt, Rottweil 2007.

Ders., Rottweil 1643 – 1802. Die späte Reichsstadtzeit, Rottweil 1999.

Ders., Rottweil, in: Historisches Lexikon der Schweiz, hrsg. von der Stiftung Historisches Lexikon der Schweiz (HLS), Band 10, Basel 2010, S. 489 – 492.

Irtenkauf, Wolfgang, Die Rottweiler Hofgerichtsordnung um 1430. Porträt einer Handschrift. Württembergische Landesbibliothek Stuttgart, Stuttgart 1981.

King, Stefan, Kapuziner Rottweil. Bauhistorischer Rundgang durch das ehemalige Kapuzinerkloster, hrsg. von der Stadt Rottweil, Rottweil 2011.

Ders./Rauner, Henry, Wie rette ich ein Kloster? in: Landesamt für Denkmalpflege im Regierungspräsidium Stuttgart (Hrsg.), Kapuzinerkloster Rottweil, Lindenberg im Allgäu 2015, S. 52 – 61 (Kulturdenkmale in Baden-Württemberg; 10).

Stadt Rottweil, HÖHER.GRÜNER.WEITER. Bewerbung auf die Landesgartenschau 2028, Rottweil 2017.

---

49 Vgl. Berger, Sarah/Kempermann, Hanno/Koppel, Oliver/Orth, Anja Katrin/Röben, Enno, Innovationsatlas 2017. Die Innovationskraft deutscher Wirtschafträume im Vergleich, hrsg. vom Institut der deutschen Wirtschaft Köln (IW): IW-Analysen Nr. 117, Köln 2017, S. 36; zitiert auch durch Golombek, Nicole und Pavlovic, Tomo: Bollenhüte und Patente, in: Magazin der Stuttgarter Zeitung 16./17.5.2020, S. 2.

2 POLITIK

1519: Der „Ewige Bund" mit den Eidgenossen

Von Mathias Kunz

Im September 2019 wurde das 500-jährige Jubiläum des sogenannten „Ewigen Bundes" mit einem Festakt feierlich in Rottweil begangen. Gäste wie Dr. Paul Seger, Botschafter der Schweiz in der Bundesrepublik Deutschland, sowie zahlreiche Vertreter der eidgenössischen Kantone und von Schweizer Städten unterzeichneten bei diesem Anlass eine neue Urkunde als Beweis gegenseitiger Freundschaft – gleichsam für die nächsten 500 Jahre.

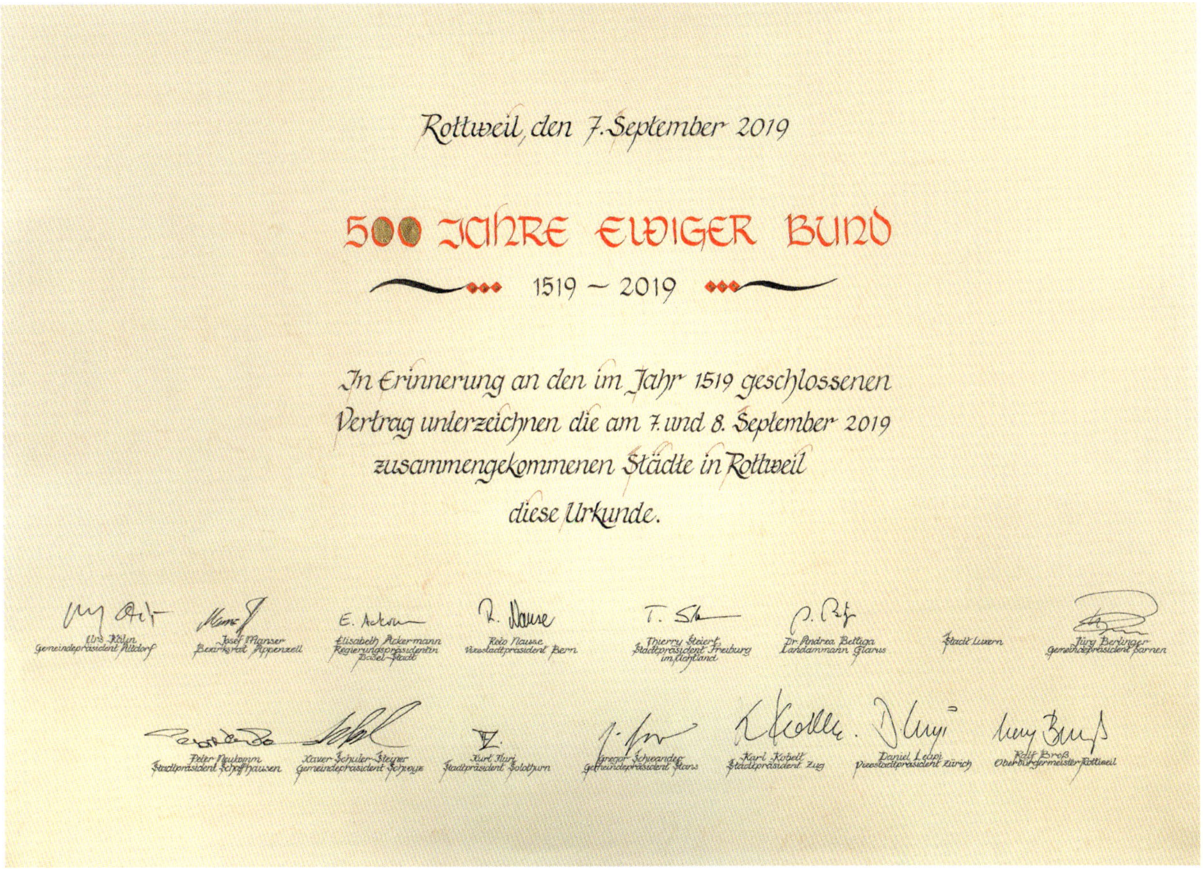

Abb. 63:
oben: Urs Kälin (Gemeindepräsident Altdorf); Josef Manser (Bezirksrat Appenzell); Elisabeth Ackermann (Regierungspräsidentin Basel-Stadt); Reto Nause (Vizestadtpräsident Bern); Thierry Steiert (Stadtammann Freiburg im Üchtland); Dr. Andrea Bettiga (Regierungsrat des Kantons Glarus); N.N. (Stadt Luzern); Jürg Berlinger (Gemeindepräsident Sarnen)
unten: Peter Neukomm (Stadtpräsident Schaffhausen); Xaver Schuler-Steiner (Gemeindepräsident Schwyz); Kurt Fluri (Stadtpräsident Solothurn); Gregor Schwander (Gemeindepräsident Stans); Dr. Karl Kobelt (Stadtpräsident Zug); Daniel Leupi (Vizestadtpräsident Zürich); Ralf Broß (Oberbürgermeister Rottweil)
© Stadtarchiv Rottweil Bestand B6/210 (Originalurkunde vom 7. September 2019)

Enge politische, wirtschaftliche, soziale und kulturelle Verbindungen zwischen Rottweil und den Eidgenossen hatte es schon seit langer Zeit gegeben.

Wie kam es dazu, dass die Reichsstadt Rottweil im Jahre 1519 mit den Eidgenossen einen Vertrag abschloss, an den man sich noch 500 Jahre später erinnert?

Historischer Hintergrund

Um Zustandekommen, Inhalt und Bedeutung des Ewigen Bundes für die Geschichte Rottweils zu verstehen, bedarf es der Skizzierung der politischen Großwetterlage des Heiligen Römischen Reiches Deutscher Nation zwischen etwa 1400 und 1519.

Im Alten Reich (bis 1806) gab es verschiedene Akteure, die allesamt die Durchsetzung ihrer individuellen Interessen zu erreichen suchten: Der Kaiser als Reichsoberhaupt, die Kurfürsten, die sonstigen Reichsfürsten, geistliche Würdenträger, Reichsritter und zahlreiche Städte. Letztere schlossen sich zu diesem Zweck immer wieder zu Städtebünden zusammen, z.B. zum Schwäbischen Städtebund (1376–1389), dem auch Rottweil angehörte. Die Städte forderten verstärkt politische Mitbestimmung, mussten sich ihre Anerkennung als eigenständiges Gremium auf dem Reichstag[50], sprich den Versammlungen der einzelnen Reichsstände, aber erst nach und nach erkämpfen. Seit 1489 bildeten die Frei- und Reichsstädte das Reichsstädtekollegium als dritte Kurie, seit 1582 besaßen sie Sitz und Stimme auf dem Reichstag.

Erst der im Jahre 1648 abgeschlossene Westfälische Friede garantierte den einzelnen Reichsständen das Recht, Bündnisverträge mit dem In- und Ausland abzuschließen, wobei diese Verträge ihrem Geist nach nicht gegen Kaiser und Reich gerichtet sein durften. Als Vertretung der Kurfürsten, Reichsfürsten sowie der Frei- und Reichsstädte auf Reichsebene tagte seit 1653 der sogenannte *Immerwährende Reichstag* in Regensburg, wobei die Städte als eigenes Corpus – bestehend aus einer schwäbischen[51] und einer rheinischen Bank – vertreten waren. Auf Ebene der Reichskreise, die in vielen Punkten ähnliche Aufgaben wie die heutigen Bundesländer wahrnahmen, fanden ebenfalls regelmäßige Versammlungen statt. Im Falle Rottweils war der im Ulm stattfindende Kreistag des Schwäbischen Reichskreises der geeignete Ort für reichsstädtische Politik und Diplomatie.

Betrachtet man die internationalen Beziehungen um 1450/1500 im zentraleuropäischen Raum, so lässt sich festhalten, dass verschiedene Akteure das Geschehen prägten: Zum einen die habsburgischen Kaiser Friedrich III. (1440–1493), Maximilian I. (1493–1519), die Könige von Frankreich, die aufstrebenden Herzöge von Burgund Philipp der Gute (1419–1467) und Karl der Kühne (1467–1477), die mächtiger und selbstbewusster werdenden Eidgenossen, die Bischöfe von Augsburg, Straßburg und Konstanz, die Grafen bzw. ab 1495 die Herzöge von Württemberg wie Eberhard im Bart (1459–1496) und Herzog Ulrich (1503–1519 und 1534–1550), die Grafen von Fürstenberg, die Grafen von Zollern der verschiedenen Linien sowie verschiedene Reichsstädte.

Burgunder, Eidgenossen und sonstige Akteure versuchten, ihre Position zwischen dem französischen Königshaus Valois und dem Haus Habsburg zu finden.

Ein Grundsatzkonflikt zwischen Valois und Habsburgern um das Erbe des Herzogtums Burgund und um die Vormachtstellung in Italien zeichnete sich ab.

Diese verfassungsrechtlichen und politischen Gegebenheiten bestimmten den Rahmen, in dem sich reichsstädtische Politik bewegen konnte.

Das Bündnis von 1463

1463 schloss Rottweil mit den damals acht Orten der Eidgenossenschaft Zürich, Bern, Luzern, Schwyz, Uri, Unterwalden, Zug und Glarus ein auf fünfzehn Jahre angelegtes Bündnis ab, durch das Rottweil zu einem *zugewandten Ort* wurde. Dies bedeutete, dass Rottweil nur gelegentlich Vertreter zur Versammlung der Eidgenossen (Tagsatzung in Baden im Aargau) entsandte und nur bei manchen Bündnissen der Eidgenossen beteiligt war.

Das Vertragswerk beinhaltete vor allem politische und militärische Bestimmungen.

---

50 Der heutige Begriff Reichstag meint dagegen das Gebäude, in dem der Deutsche Bundestag in Berlin seinen Sitz hat.
51 Die Vertreter der Reichsstadt Rottweil gehörten der schwäbischen Städtebank an.

Die Vertragspartner kamen darin überein, sich im Konfliktfall gegenseitig militärische Unterstützung zu leisten. Die Rottweiler konnten keine kriegerische Auseinandersetzung ohne vorherige Rücksprache mit den Eidgenossen und deren Zustimmung beginnen. Darüber hinaus musste die Reichsstadt Rottweil den Eidgenossen im Kriegsfall die Stadttore öffnen.

Die Unterzeichnung des Bündnisses hatte zur Folge, dass die Rottweiler auf den verschiedenen Kriegsschauplätzen durch die Entsendung eines Truppenkontingents präsent sein mussten. Dazu zählten etwa die Schlachten in den Burgunderkriegen, in denen die Rottweiler an der Seite der Eidgenossen gegen Herzog Karl den Kühnen von Burgund kämpften, nämlich 1474 bei Héricourt[52], 1476 bei Grandson am Neuenburger See[53], 1476 bei Murten am Murtensee in der heutigen Westschweiz sowie schließlich 1477 in der Entscheidungsschlacht bei Nancy.

Nachdem das Bündnis von 1463 in den Jahren 1477 und 1490 um weitere fünfzehn Jahre verlängert worden war, stellte sich die Frage einer erneuten Verlängerung für die Zeit ab 1507. Damit verbunden war die grundsätzliche Frage, ob sich die weitere Entwicklung Rottweils innerhalb oder außerhalb des Heiligen Römischen Reiches Deutscher Nation vollziehen sollte, weil die Eidgenossen seit dem Schweizerkrieg und dem Frieden von Basel (1499)[54] praktisch aus dem Reich ausgeschieden waren und eigene Wege gehen sollten.

Die Rottweiler beteiligten sich zu Beginn des 16. Jahrhunderts auch auf dem Kriegsschauplatz Norditalien und kämpften an der Seite der Eidgenossen. Hier sei stellvertretend die Schlacht von Marignano[55] (1515) genannt, in der die Eidgenossen und die sie unterstützenden Rottweiler gegen König Franz I. von Frankreich (1515–1547) zu Felde zogen und schwere Verluste erlitten.

1463 schloss Rottweil mit den damals acht Orten der Eidgenossenschaft Zürich, Bern, Luzern, Schwyz, Uri, Unterwalden, Zug und Glarus ein auf fünfzehn Jahre angelegtes Bündnis ab, durch das Rottweil zu einem zugewandten Ort wurde.

Der „Ewige Bund" von 1519

Das zeitlich befristete Bündnis wurde schließlich am 6. April 1519 in ein dauerhaftes Bündnis umgewandelt. In Kraft trat es freilich erst im September 1519, nachdem die Rottweiler den öffentlichen Schwur geleistet hatten.

Auch hier bedarf es der Schilderung der diplomatisch-politischen Ausgangslage, um das bilaterale Bündnis zu verstehen.

Eine neue Gemengelage ergab sich 1519 durch den Thronwechsel im Reich: Kaiser Maximilian I. verstarb am 12. Januar 1519, und als Bewerber für dessen Nachfolge traten Maximilians Enkel Karl (d.h. der spätere Kaiser Karl V. 1519–1556) und König Franz I. von Frankreich als Gegenkandidat an.

Das zweite schwer wiegende Ereignis zu Beginn des Jahres war der Überfall Herzog Ulrichs von Württemberg auf die Reichsstadt Reutlingen am 28. Januar 1519. Über Ulrich wurde die Reichsacht verhängt, und das Herzogtum Württemberg wurde bis zum Jahre 1534 von Erzherzog Ferdinand von Österreich regiert. Auch die Eidgenossen waren bei den Kriegshandlungen nach der Besetzung Reutlingens beteiligt.

Solange die Kurfürsten noch keinen Nachfolger für Maximilian I. gewählt hatten und die weiteren Machtverhältnisse im Herzogtum Württemberg noch nicht abschließend geklärt waren, ergaben sich für die Rottweiler neue Handlungsspielräume.

Da Karl V. erst am 28. Juni 1519 gewählt werden sollte, wurden die entscheidenden Schritte zum Abschluss des Ewigen Bundes in der ersten Hälfte des Jahres 1519 getan. Die Initiative ging dabei von den Rottweilern aus, die im März 1519 mit einer Gesandtschaft bei den Eidgenossen vorstellig wurden. Die Rottweiler wünschten einen dauerhaften Vertrag und richteten ihre Blicke in Richtung des elsässischen Mülhausen, das 1515 ebenfalls zum zugewandten Ort der Eidgenossenschaft geworden war.

---

52 Héricourt liegt etwa 100km westlich von Basel und etwa 60km südwestlich von Mülhausen im Elsass.
53 Das Rottweiler Kontingent traf verspätet zu dieser Schlacht ein.
54 Die Souveränität der Eidgenossen wurde völkerrechtlich erst im Jahre 1648 (Westfälischer Friede) anerkannt.
55 Marignano (heute: Melegnano) liegt etwa 20km südöstlich von Mailand.

Abb. 64: Originalurkunde vom 6. April 1519 (ganz rechts das Siegel von Rottweil) © Stadtarchiv Rottweil Bestand B6/200

Inhaltliche Bestimmungen

Der am 6. April 1519 in Zürich vereinbarte Vertrag zwischen der Reichsstadt Rottweil und den dreizehn Orten Zürich, Bern, Luzern, Schwyz, Uri, Unterwalden, Zug, Glarus, Freiburg im Üchtland, Solothurn, Basel, Schaffhausen und Appenzell zementierte das erfolgreiche Auftreten der Rottweiler bei den eidgenössischen Nachbarn.

Die Vertragsparteien kamen darüber ein, sich im Konfliktfall gegenseitig militärische Hilfe zu leisten. Ein kleiner Unterschied bestand bei der Finanzierung eines etwaigen Krieges: die dreizehn Orte sollten den Rottweilern unentgeltlich beistehen, während die Rottweiler eine Aufwandsentschädigung von den dreizehn Orten einfordern konnten. Wie schon 1463 so wurde auch 1519 vereinbart, dass die Reichsstadt zur Kriegsführung zuvor die Bündnispartner konsultieren und deren Genehmigung einholen musste. Das Vertragswerk enthielt auch Bestimmungen auf dem Gebiet des Handels: man räumte sich gegenseitig das Prinzip der Meistbegünstigung ein und verzichtete auf die Erhebung neuer Zölle. Auch bei der Strafverfolgung wollte man gemeinsame Wege gehen, in dem man Straftäter an die Bündnispartner auslieferte.

Unstimmigkeiten sollten in Baden im Aargau geschlichtet werden.

Bewertung des Ewigen Bundes

Der Vertrag war als dauerhaft gültiges Abkommen gedacht; Rottweil sollte dadurch zum zugewandten Ort für alle Zeit werden. Die Kündigung von Seiten einer Vertragspartei war nicht vorgesehen. Änderungen des Vertragswerks sollten dagegen möglich sein – aber auch dies nur einvernehmlich.

Die einzelnen Vertragsbestimmungen verdeutlichen die militärische, diplomatisch-politische, wirtschaftliche und rechtliche Dimension des Bündnisses. Die Rottweiler stellten mit dessen Unterzeichnung die Weichen für eine sehr enge Anlehnung an die eidgenössischen Bündnispartner. Es wäre denkbar gewesen, dass die Eidgenossen bei weiteren militärischen Erfolgen völkerrechtlich auch schon vor 1648 vollends aus dem Reich ausgeschieden wären und mit ihnen Rottweil.

Wert und Nutzen des Bündnisses stiegen und fielen mit der (Un)Möglichkeit der praktischen Umsetzung.

Neue gewaltige Umwälzungen wie Reformation und Gegenreformation (1517 – 1555) und damit die Frage unterschiedlicher Interessen von Katholiken, Lutheranern und Reformierten sowie der Dreißigjährige Krieg (1618 – 1648), der auch im süddeutschen Raum wütete, bekräftigten das Bündnis entweder oder stellten dieses gar in Frage.

Im zweiten Kappeler Krieg (1531) unterstützte Rottweil z.B. die schließlich siegreichen katholischen Orte. Unterlegene Orte wie das reformierte Zürich forderten daher die Aufkündigung des Ewigen Bundes von eidgenössischer Seite. Zürich konnte sich allerdings mit dieser Forderung nicht durchsetzen. In der zwischen der Reichsstadt Rottweil und den Herren von Landenberg ausgetragenen Fehde (1538 – 1542), bei der es zunächst um die Ausübung der freien Pürsch in Teilen der Herrschaft Schramberg ging, vermittelten die Eidgenossen zwischen den Konfliktparteien und unterstützten die Rottweiler diplomatisch durch Intervention bei König Ferdinand I. und Herzog Ulrich von Württemberg.

Das Lavieren Rottweils zwischen den einzelnen Lagern im Dreißigjährigen Krieg führte zu einer merklichen Abkühlung der diplomatischen Beziehungen zur Eidgenossenschaft, weil Rottweil kaiserlichen Truppen die Stadttore geöffnet hatte, nachdem die Schweizer keine Einheiten nach Rottweil verlegt hatten. Von Seiten der reformierten eidgenössischen Orte stand der Vorwurf der Vertragsverletzung im Raum. Im Frieden von Rijswijk (1697) wurden zwar die Städte Mülhausen im Elsass, Biel und Sankt Gallen als zugewandte Orte erwähnt, Rottweil jedoch nicht mehr.

Die militärische und politische Dimension des Ewigen Bundes trat bei den diplomatischen Beziehungen der Reichsstadt Rottweil zu den Eidgenossen seit diesem Zeitpunkt deutlich in den Hintergrund. Eine Wiederbelebung des Bündnisses erstrebte erst wieder der Rottweiler Stadtschultheiß Johann Baptist Hofer ab 1793 – allerdings vergebens. Auch wenn der Ewige Bund formal gesehen nie aufgekündigt wurde, spielt er staats- und völkerrechtlich schon vor der Auflösung des Heiligen Römischen Reiches Deutscher Nation 1806 keine Rolle mehr.

Aus heutiger Sicht mag es erstaunen, dass eine einzelne Stadt auf dem diplomatischen Parkett aktiv werden konnte. Schließlich fallen die Bereiche Außenpolitik und Diplomatie in der Bundesrepublik Deutschland in die Zuständigkeit des Bundes. Doch auch heutzutage gibt es mit dem Deutschen Städtetag ein Forum, das den Städten die Möglichkeit bietet, ihre politischen und wirtschaftlichen Interessen vorzutragen.

2 POLITIK

Nicht nur Rottweil bemühte sich zwischen 1463 und 1519 um eine enge diplomatische und politische Anbindung an die Eidgenossenschaft, zu der zunächst die acht alten Orte Zürich, Bern, Luzern, Uri, Schwyz, Unterwalden, Glarus und Zug gehörten. Zur damaligen Zeit kamen neue Orte wie Biel[56] (1478), Freiburg im Üchtland (1481) Solothurn (1481), Basel (1501), Schaffhausen (1501), Appenzell (1513) und Mülhausen im Elsass[57] (1515) hinzu, sodass der Ewige Bund in diesen Kontext einzuordnen ist.

Die Rottweiler versprachen sich Rückendeckung durch die Eidgenossen gegenüber den Herzögen von Württemberg, mit denen es immer wieder zu rechtlichen und politischen Differenzen kam. Ferner spielte der Wunsch nach Unterstützung bei den zahlreichen Fehden, die die Reichsstadt Rottweil damals austrug, eine gewichtige Rolle. Der Ewige Bund von 1519 stellt insgesamt ein gutes Beispiel für Handlungsspielräume, Zwangslagen, Möglichkeiten und Grenzen städtischer Diplomatie im frühneuzeitlichen Europa (1453–1789) dar.

Das Verhältnis Rottweils zu den Eidgenossen blieb stets ein besonderes. Dies zeigt sich nicht zuletzt an der seit 1913 bestehenden intensiven Städtepartnerschaft mit Brugg und an der 500-Jahr Feier in Rottweil im Jahr 2019: *„Ewig ding und ewige fründtschafft..."* So war es schon 1519 im Vertragswerk festgehalten worden.

In der Gegenwart steht der politische, wirtschaftliche, kulturelle und sportliche Austausch zwischen Rottweilern und Schweizern im Mittelpunkt der freundschaftlich geprägten Beziehungen.

Aus heutiger Sicht mag es erstaunen, dass eine einzelne Stadt auf dem diplomatischen Parkett aktiv werden konnte. Schließlich fallen die Bereiche Außenpolitik und Diplomatie in der Bundesrepublik Deutschland in die Zuständigkeit des Bundes.

Quellen
Staatsarchiv Luzern AKT 11 Rottweil (Urkunde Bündnis von 1463)
Stadtarchiv Rottweil B6/200 (Urkunde Ewiger Bund 1519)
Stadtarchiv Rottweil B6/210 (Urkunde Ewiger Bund 2019)

Bader, Karl Siegfried, Rottweil und die Eidgenossenschaft. Ein spät angerufenes Schweizerbündnis, in: ZSG 30 (1950) S. 439–444.
Boesch, Gottfried, Rottweil im Spiegel der eidgenössischen Geschichte, in: Der Geschichtsfreund 122 (1969) S. 67–82.
Braun, Bettina, Die Eidgenossen, das Reich und das politische System Karls V., Berlin 1997.
Bütler, Placid, Die Beziehungen der Reichsstadt Rottweil zur Schweizerischen Eidgenossenschaft bis 1528, in: JbSG 33 (1908) S. 55–130.
Hecht, Winfried, Rottweil und die Eidgenossenschaft im Dreißigjährigen Krieg, in: 450 Jahre Ewiger Bund hrsg. vom Stadtarchiv Rottweil, Rottweil 1969, S. 110–138.
Ders., Rottweil ca. 1340–1529. Im Herbst des Mittelalters, Rottweil 2005.
Ders., Art. „Rottweil", in: HLS 10, Basel 2011, S. 489–492.
Kläui, Paul, Rottweil und die Eidgenossenschaft, in: ZWLG 18 (1959) S. 1–14.
Kunz, Mathias/Hecht, Winfried/Ebert, Hartwig, 500 Jahre Ewiger Bund zwischen der Schweizer Eidgenossenschaft und Rottweil 1519–2019. Festschrift zum Jubiläum, Rottweil 2019 (Veröffentlichungen des Stadtarchivs Rottweil; 26).
Marquardt, Bernd, Die alte Eidgenossenschaft und das Heilige Römische Reich (1350–1798). Staatsbildung, Souveränität und Sonderstatus am alteuropäischen Alpenrand, Zürich 2007.
Oechsli, Wilhelm, Orte und Zugewandte. Eine Studie zur Geschichte des schweizerischen Bundesrechts, in: JbSG 13 (1888) S. 1–497.
Peyer, Hans Conrad, Verfassungsgeschichte der alten Schweiz, Zürich 1978.
Richner, Felix, Rottweil und der Eidgenössische Vorort am Abend des Ancien Régime, in: Zürcher Taschenbuch 111 (1991) S. 96–120.
Stadtarchiv Rottweil (Hrsg.), 450 Jahre Ewiger Bund. Festschrift zum 450. Jahrestag des Abschlusses des Ewigen Bundes zwischen den XIII Orten der Schweizerischen Eidgenossenschaft und dem zugewandten Ort Rottweil, Rottweil 1969.

---

56 Nur zugewandter Ort.
57 Nur zugewandter Ort.

1802/1803: Rottweil wird württembergisch

Von Mathias Kunz

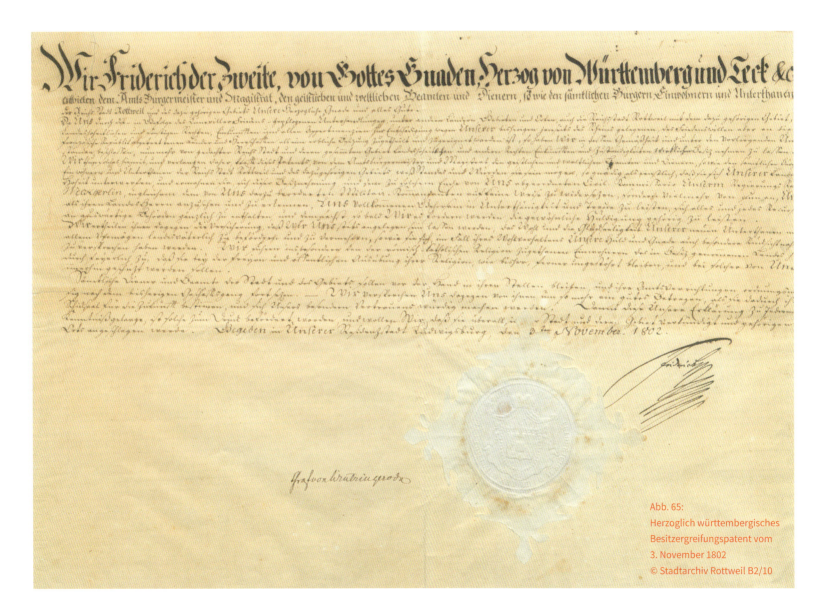

Abb. 65:
Herzoglich württembergisches
Besitzergreifungspatent vom
3. November 1802
© Stadtarchiv Rottweil B2/10

Zusammenfassung des Inhalts

Ludwigsburg 1802 November 3

Herzog Friedrich II. von Württemberg kündigt die Inbesitznahme der bisherigen Reichsstadt Rottweil und die Eingliederung in das Herzogtum Württemberg an.

Transkription

1. Wir Friederich der Zweite, von Gottes Gnaden Herzog von Württemberg und Teck etc.
2. entbieten dem Amts Bürgermeister und Magistrat, den geistlichen und weltlichen Beamten und Dienern, sowie den sämtlichen Bürgern, Einwohnern und Unterthanen
3. der Reichs Stadt Rottweil und des dazu gehörigen Gebiets Unsere Herzogliche Gnade und alles Gute
4. Da Unß durch die – in Gefolge des Lüneviller Friedens – gepflogenen Unterhandlungen unter andern Ländern, Gebieten und Orten, auch die Reichsstadt Rottweil mit dem dazu gehörigem Gebiet,
5. Landeshoheitlichen und sonstigen Rechten, Einkünfften und allen Appertinenzien[58] zur Entschädigung wegen Unserer bisherigen jenseits des Rheins gelegenen, des Friedens willen aber an die
6. französische Republik abgetretenen Länder und Herrschaften als eine erbliche Besizung zugetheilt und zugeeignet worden ist, so haben Wir in dessen Gemäßheit und unter den vorliegenden Um-
7. ständen beschlossen, nun mehr von gedachter Reichs Stadt und deren gesamten Gebiet Landeshoheitlichen und anderen Rechten Einkünften und Zuständigkeiten wirklichen Besiz nehmen zu lassen.
8. Wir thun solches hiemit, und verlangen daher, Kraft dieses Patents, von dem Amtsbürgermeister und Magistrat, den geistlichen und weltlichen Beamten und Dienern so wie den sämtlichen Bürgern
9. Ein wohnern und Unterthanen der Reichs Stadt Rottweil und des dazu gehörigen Gebiets, weß Standes und Würden sie sein mögen, so gnädig als ernstlich, daß sie sich Unserer Landes-
10. Hoheit unterwerfen, und ermahnen sie, sich dieser Besiznehmung, und dem zu solchem Ende von Uns abgeordneten Civil – Kommissario Unserem Regierungs Rath
11. Weckherlin, ingleichem dem von Uns darzu beordertem Militair – Kommandanten auf keine Weise zu widersezen, sondern vielmehr von nun an, Uns
12. als ihren Landes Herrn anzusehen und zu erkennen. Uns vollkommenen Gehorsam in Unterthänigkeit und Treue zu leisten, sich alles und jedes Recursis[59]
13. an auswärtige Behörden gänzlich zu enthalten, und demnächst, so bald Wir es fordern werden, die gewöhnliche Huldigung gehörig zu leisten.
14. Wir ertheilen ihnen dagegen die Versicherung, daß Wir Uns stets angelegen sein lassen werden, das Wohl und die Glückseligkeit Unserer neuen Unterthanen nach
15. allem Vermögen landesväterlich zu befördern und zu vermehren, so wie sie sich, im Fall ihres wohlverhaltens Unsere Huld und Gnade auch besondere Rücksichtnahme
16. zu versprechen haben werden. Wir sichern ins besondere den der römisch – katholischen Religion zugethanen Einwohnern des in Besizgenommenen Landes hie-
17. durch feyerlich zu, daß sie bey der freyen und öffentlichen Ausübung ihrer Religion, wie bisher, ferner ungestöhrt bleiben, und bei solcher von Uns
18. immerhin geschützt werden sollen.
19. sämtliche Diener und Beamten der Stadt und des Gebiets sollen vor der hand in ihren Stellen bleiben, und ihre Amtsverrichtungen ordnungsmä-
20. sig nach dem bisherigen geschäftsgang fortsetzen. – Wir versprechen Uns dagegen von ihnen umso mehr ein gutes Betragen, als sie dadurch ihr
21. Schicksal für die Zukunft bestimmen, und sich Unsers besondere Vertrauens würdig machen werden. Damit diese Unsere Erklärung zu jedermanns

---

58 Dazugehörender Besitz.
59 Hinwenden, Wenden.

22 Kenntniß gelange, ist solche zum Druck befördert worden, und wollen Wir daß sie überall in der Stadt und deren Gebiet verkündigt und gehörigen

23 Orts angeschlagen werde. Gegeben in Unserer Residenzstadt Ludwigsburg, den 3ten November 1802

Unterschrift rechts: Friedrich
Prägesiegel mit der Siegellegende: Fridericus secundus Dei Gratia Dux wirtembergensis et teckensis (Friedrich II., von Gottes Gnaden Herzog von Württemberg und Teck)
Cum deo et iure (mit Gott und Recht)
Mitte des Prägesiegels: herzoglich württembergisches Wappen
Rechte Ecke unten: ad mandatum Serenissimi Domini Ducis proprium.
(Die Urkunde wurde im Auftrag des Herrn Herzogs ausgestellt.)
Geheimer Legations Rath Menoth
Links: Graf von Wintzigerode[60]
Ad mandatum domini Ducis proprium[61]
Geh[eimer] Legationsrath

Historischer Hintergrund

Im Zuge der Französischen Revolution (1789 – 1799) veränderten sich die staatlichen, politischen, verfassungsrechtlichen und gesellschaftlichen Strukturen des Alten Reiches, auch bekannt als das Heilige Römische Reich Deutscher Nation, grundlegend. Der 1801 im französischen Lunéville geschlossene Friede bestimmte, dass alle linksrheinischen Territorien dem Königreich Frankreich zuzuschlagen seien. Dafür sollten die betroffenen Fürsten mit rechtsrheinischen Gebieten entschädigt werden. Zahlreiche geistliche Herrschaften wurden säkularisiert, d.h. unter die Herrschaft des neuen Landesherrn gestellt. Dazu gehörten vor allem Bistümer, Abteien und Klöster.

Herzog Friedrich II. nahm in vorliegender Urkunde ausdrücklich Bezug auf diesen Friedensvertrag, um seine Ansprüche zu rechtfertigen. Er forderte auf der Grundlage dieses Friedens geistliche und weltliche Territorien als Entschädigung für den Verlust linksrheinischer Gebiete wie der Grafschaft Mömpelgard (heute: Montbéliard).

Mehrere im Süden des zerfallenden Reiches gelegene Reichsstädte wie Augsburg, Biberach, Dinkelsbühl, Esslingen, Gengenbach, Giengen, Heilbronn, (Schwäbisch) Gmünd, (Schwäbisch) Hall, Isny, Kempten, Leutkirch, Lindau, Memmingen, Nördlingen, Nürnberg, Offenburg, Pfullendorf, Ravensburg, Regensburg, Reutlingen, Rothenburg (ob der Tauber), Rottweil, Überlingen, Ulm, Wangen und Weil der Stadt wurden nach und nach in das badische, württembergische oder bayerische Staatsgebiet einverleibt, Baden zum Großherzogtum erhoben, Württemberg und Bayern gar zu Königreichen. Den Eingliederungsprozess der bisherigen Reichsstädte in den neuen Staat bezeichnet man als Mediatisierung: Die Reichsstädte verloren den Status der unmittelbaren Unterstellung unter den römisch-deutschen Kaiser als Reichsoberhaupt.

Ab 1802 fiel der Kaiser als Steuerungsfaktor bei der Austarierung der Kräfte und unterschiedlichen Interessen im Reich weg. Mit dessen Auflösung im Jahr 1806 erlosch ein für alle Mal die durch den Kaiser garantierte Sicherstellung der reichsstädtischen Rechte, Pflichten, Verwaltungs- und Verfassungsstrukturen.

Gab es Handlungsspielräume für die reichsstädtische Diplomatie, um das bevorstehende Schicksal abzuwenden?

Auf dem im August 1802 stattfindenden Ulmer Städtetag trat der Rottweiler Stadtschultheiß Johann Baptist Hofer als Sprecher der Städte hervor, die sich einer etwaigen Mediatisierung widersetzen wollten. Hofer legte eine ausführliche Denkschrift vor, in der er auf die Bewahrung der althergebrachten reichsstädtischen Rechte pochte. Er arbeitete hier sehr eng mit dem Ulmer Syndikus Härlin zusammen, der die Reichsstadt Ulm ebenso vor einer bevorstehenden Mediatisierung bewahren wollte. Die militärische Besetzung der Reichsstädte durch Baden, Bayern und Württemberg schien unausweichlich, und doch dachte man dar-

---

60 Eigenhändige Unterschrift des Grafen Georg Ernst Levin von Wintzigerode, als Gegenzeichnung. Der Graf war zum damaligen Zeitpunkt Vorsitzender des Geheimrats und zählte zu den engsten Vertrauten des Herzogs.
61 Bearbeitungsvermerk: Die Urkunde wurde auf Befehl des Herzogs zur Absendung ausgefertigt.

an, auf die verfassungsrechtliche Lage zu verweisen, sprich, dass man dem Kaiser unterstellt sei und gewisse Rechte innehabe. Letzten Endes scheiterte Hofer mit seinem Plan, und auch beim Reichstag in Regensburg vermochte er es eingedenk seines minimalen diplomatischen Handlungsspielraums nicht, mit seinen Thesen durchzudringen.

Auffällig ist, dass die Besitzergreifung Rottweils wie auch anderer Reichsstädte schon einige Monate vor dem sog. Reichsdeputationshauptschluss (25.2.1803) erfolgte, der als Reichsgrundgesetz die gewaltigen Umstrukturierungen im Reich legitimierte. Der Reichsdeputationshauptschluss selbst trat erst nach der Ratifizierung durch Kaiser Franz II. (1792–1806) am 27.4.1803 in Kraft.

Herzog Friedrich II. von Württemberg nutzte wie andere Fürsten auch die Gunst der Stunde, um mögliche Konkurrenten zuvorzukommen und für vollendete Tatsachen zu sorgen. Friedrich avancierte 1806 zum König von Württemberg und regierte als König Friedrich I. bis zu seinem Tod 1816. Unter seiner Herrschaft wurde Rottweil sukessive in das neue Königreich Württemberg eingegliedert.

Wie vollzog sich die Inbesitznahme der Reichsstadt Rottweil?

Hierbei gab es eine zivile und militärische Komponente. Beide Ebenen gingen Hand in Hand und liefen ab Ende 1802 parallel ab. Für die formale Ankündigung der Inbesitznahme entsandte Herzog Friedrich II. von Württemberg seinen Geheimrat Ferdinand Wilhelm von Weckherlin, der die bisherige städtische Regierung sowie die Einwohner über die Gemengelage informierte. Dies geschah einerseits durch Verlesen des Besitzergreifungspatents, andererseits durch Aushang von Abschriften an zentralen Stellen in der Stadt, damit alle Bescheid wussten.

Der entscheidende Faktor war jedoch das Militär, das aufgrund seiner Waffengewalt die Autorität des Geheimrats von Weckherlin entscheidend zur Geltung brachte und zur erfolgreichen Umsetzung des herzoglichen Willens beitrug. Bei der Besetzung Rottweils kam es zur Entsendung eines deutlich größeren Truppenkontingents (ca. 1100 Mann insg.) im Vergleich zu anderen Reichsstädten. Zentrale Punkte wie die Stadttore wurden besetzt, Wachen vor dem Alten Rathaus und sonstigen wichtigen Ämtern und Institutionen aufgestellt und patrouillierende Soldaten sorgten für den Fall von Zuwiderhandlungen von Rottweilern für die Akzeptanz der neuen Machtverhältnisse.

Die umfangreichen diplomatischen Aktivitäten des ehemaligen Stadtschultheißen Johann Baptist Hofer im Vorfeld der Besitzergreifung hatten mit Sicherheit für Unmut bei Herzog Friedrich II. gesorgt, sodass er sicherheitshalber für eine starke Truppenpräsenz auf dem bisherigen reichsstädtischen Territorium, das besonders umfangreich und ausgedehnt war, als Vorsichtsmaßnahme sorgte. Darüber hinaus war man sich der engen diplomatischen, politischen und militärischen Kontakte Rottweils zur Eidgenossenschaft bewusst, sodass die Truppen jedwede möglichen Aktionen von Seiten Rottweils oder der Eidgenossenschaft unterbinden sollten. Hofer hatte sich ebenfalls sehr um eine Wiederbelebung des 1519 mit den Eidgenossen abgeschlossenen Ewigen Bundes eingesetzt.

Welche Folgen hatte die Mediatisierung für Rottweil?

Rottweil gehörte von 1802 an bis zum Ende des Ersten Weltkriegs 1918 zum Königreich Württemberg. Die seit dem Spätmittelalter andauernde Reichsstadtzeit ging definitiv zu Ende. Als neue Untertanen des Herzogs bzw. Königs von Württemberg mussten Stadt und alle volljährigen männlichen Bürger dem Fürsten Gehorsam und Treue schwören sowie den Huldigungseid leisten. Dabei wurde der neue Landesherr durch einen Gesandten vertreten und durch die Zeremonie förmlich anerkannt. Reichsstädtische Symbole wie Wappen wurden durch württembergische Hoheitszeichen ersetzt. Das württembergische Schwarz-Gelb verdrängte bald das reichsstädtische Rot-Weiß.

Die Stadt konnte nicht mehr durch eigene Gesandte auf dem diplomatischen Parkett auftreten und selbstständig Bündnisse und Verträge schließen, weder mit anderen deutschen noch mit ausländischen Staaten. Bis zur Mediatisierung hatte Rottweil verschiedene Gesandtschaften im Heiligen Römischen Reich Deutscher

Nation unterhalten. Die Stadt war Mitglied der schwäbischen Städtebank auf dem Reichstag zu Regensburg gewesen und hatte Vertreter zum Schwäbischen Kreistag nach Ulm und auf die Schweizer Tagsatzung nach Baden im Aargau entsandt. Hier hatte sich zumindest ein gewisser Handlungsspielraum für eine Reichsstadt wie Rottweil eröffnet, um die eigenen politischen und wirtschaftlichen Interessen anzumelden.

Herzog Friedrich II. von Württemberg organisierte die Verwaltung seines Landes grundlegend neu. Dies betraf auch das Städtewesen, für das die neue württembergische *Munizipalverfassung* galt. Wichtige städtische Verfassungsorgane wie der Stadtschultheiß, Rat, Zünfte und Obervögte, die über weit reichende Rechte verfügt hatten, standen nun nicht mehr an der Spitze der neuen Stadtverwaltung, sondern ein württembergischer Oberamtmann als Vertreter der königlichen Autorität bestimmte entscheidend die Geschicke Rottweils und seiner bisherigen Landschaft. Der Oberamtmann berief den Rottweiler Magistrat ein, setzte die Tagesordnung fest und leitete die Sitzungen. Das Stadtoberamt wurde zusammen mit dem Landoberamt und anderen Ämtern in der neu geschaffenen Landvogtei Rottweil zusammengefasst. Der Stadtmagistrat, d.h. die neue Rottweiler Stadtverwaltung bestand aus einem Rats- und einem Gerichtskollegium. Das Kaiserliche Hofgericht zu Rottweil spielte zur Zeit der Mediatisierung schon länger keine Rolle mehr. Die letzte Sitzung des Gerichts hatte bereits im Jahr 1784 stattgefunden.

Auch bei der Verwaltung des historischen Archivs zeigten sich die neuen Machtverhältnisse. In den 1820er Jahren wurde das Rottweiler Archiv systematisch durchforstet und besonders wertvolle Archivalien vom königlich württembergischen Archivar Lotter nach Stuttgart transportiert. Auch hier teilte Rottweil das Schicksal der anderen ehemaligen Reichsstädte.

Der neue Landesherr musste bei der Verwaltung natürlich auf die lokalen Eliten zurückgreifen, um Rottweil künftig regieren zu können. Ein vollständiger Austausch der bisherigen Führungsschichten wäre nicht praktikabel gewesen. Daher kam es darauf an, Personen, die dem Landesherrn und dem Staatsgebilde wohlwollend gegenüberstanden, für den neuen Staat zu gewinnen. Andererseits brachte die neue Landesregierung vielfach protestantische Verwaltungsbeamte aus Alt-Württemberg nach Rottweil.

Herzog Friedrich II. hatte verständlicherweise besonderes Interesse an einem umfassenden Überblick über die städtischen Finanzen. Auch auf diesem Gebiet musste sich Rottweil in das neue württembergische Staatswesen einfügen. Im Falle Rottweils zeigte sich jedoch, dass die Stadt durch die seit 1792 andauernden Koalitionskriege hoch verschuldet war. Hinzu kamen weitere finanzielle Belastungen, weil Rottweil für den Truppeneinsatz und für die Verpflegung der Soldaten ordentlich zur Kasse gebeten wurde.

Heftiger Unmut rief die von Seiten des neuen Landesherrn ausbleibende Unterscheidung zwischen reichsstädtischem Besitz und Vermögen einerseits und den Stiftungen andererseits hervor, deren finanzieller Grundstock von freigebigen Rottweiler Bürgern herrührte. Eine in dieser Angelegenheit an den Herzog übersandte Beschwerde brachte allerdings nicht den gewünschten Erfolg. Friedrich II. rügte den Magistrat scharf für die Insubordination, entließ führende Personen und bestrafte diese. Die bisher für karitative Zwecke verwendeten finanziellen Mittel des Spitals und der Heilig-Kreuz-Bruderschaft wurden bald in der sog. Armenfondspflege zusammengeführt.

Weniger Konfliktpotential ergab sich in der Frage der freien Religionsausübung der Untertanen. Der protestantische Herzog Friedrich II. garantierte dieses Recht in seinem Besitzergreifungspatent. Reichsrechtlich galt die Religionsfreiheit allerdings bereits seit dem Westfälischen Frieden (1648), in dem Katholiken, Lutheraner und Reformierte verbindlich anerkannt worden waren. Die freie Religionsausübung änderte freilich nichts an der Säkularisation der Klöster der Kapuziner, Dominikaner und Dominikanerinnen sowie der reichsunmittelbaren Zisterzienserinnenabtei Rottenmünster und der

Das Stadtoberamt wurde zusammen mit dem Landoberamt und anderen Ämtern in der neu geschaffenen Landvogtei Rottweil zusammengefasst. Der Stadtmagistrat, d.h. die neue Rottweiler Stadtverwaltung bestand aus einem Rats- und einem Gerichtskollegium.

Johanniterkommende Rottweil. Vermögen und Besitz ließ der neue Landesherr beschlagnahmen.

Zusammenfassend lässt sich sagen, dass die Mediatisierung der Reichsstadt Rottweil und ihres umfangreichen Territoriums sowie die Säkularisation der Abteien und Klöster die Rottweiler schwer trafen. Viele akzeptierten die neue politische Gesamtlage nicht bzw. lange nicht und erst nach und nach wuchs Rottweil in das neue Königreich Württemberg hinein. Auch ohne den offiziellen Status einer Reichsstadt bestanden nach 1802 ein besonderes Reichsstadt-Bewusstsein und ein ausgeprägter Bürgerstolz sui generis fort.

Quellen

Stadtarchiv Rottweil B2/10 (Originalurkunde vom 3. November 1802)

Stadtarchiv Rottweil C1 RPR/1802 und 1803 (Ratsprotokolle von 1802 und 1803)

Bühner, Peter, Die Freien und Reichsstädte des Heiligen Römischen Reiches. Kleines Repertorium, Petersberg 2019 (Schriftenreihe der Friedrich-Christian-Lesser-Stiftung; 38)

Hecht, Winfried, Rottweiler Widerstand gegen Württemberg im Jahre 1803, in; RHBll. 42 (4/1981) S. 1–2.

Ders., 1802–1970. Von der Reichsstadt zur Großen Kreisstadt, Rottweil 1997.

Hufeld, Ulrich, Der Reichsdeputationshauptschluss von 1803. Eine Dokumentation zum Untergang des Alten Reiches, Stuttgart 2003.

Mack, Eugen, Die Johann Baptist Hofer-Denkschrift namens der freien Reichsstädte in Schwaben 1802 überreicht bei der Reichsdeputation zu Regensburg, Rottenburg am Neckar 1926.

Miller, Max, Neuwürttemberg unter Herzog und Kurfürst Friedrich. Organisation und Verwaltung, Stuttgart 1934.

Müller, Rainer A., Das Ende der kleinen Reichsstädte 1803 im süddeutschen Raum, München 2007 (ZBLG; Beiheft 27 Reihe B).

Press, Volker, Die Reichsstädte des Schwäbischen Reichskreises zwischen Revolution und Mediatisierung, in: Baden und Württemberg im Zeitalter Napoleons Band 2, hrsg. vom Württembergischen Landesmuseum Stuttgart, Stuttgart 1987, S. 121–133.

Schroeder, Klaus-Peter, Das Alte Reich und seine Städte. Untergang und Neubeginn: Die Mediatisierung der oberdeutschen Reichsstädte im Gefolge des Reichsdeputationshauptschlusses 1802/03, München 1991.

Weber, Edwin Ernst, Von der Knechtschaft in die Freiheit? Die Mediatisierung der reichsstädtischen Landgebiete am Fallbeispiel des Rottweiler Territoriums, in: Die Mediatisierung der oberschwäbischen Reichsstädte im europäischen Kontext, hrsg. von Peter Blickle und Andreas Schmauder, Epfendorf 2003, S. 147–167 (Ulm und Oberschwaben. Geschichte und Kultur; 11)

Wintterlin, Friedrich, Geschichte der Behördenorganisation in Württemberg. Erster Teil. Bis zum Ende des 18. Jahrhunderts, Stuttgart 1902.

Strikt katholisch: Die Zentrumspartei in Rottweil von 1870 bis 1920

Von Wolfgang Vater

„Festungsviereck"
„Pius IX. unser heiliger Vater, ein Gefangener inmitten der ewigen Stadt, der weltlichen Macht, der Grundlage seiner vollkommenen Unabhängigkeit beraubt! So hallt der Schmerz und der Schrei des Entsetzens über die Frevelthat in allen katholischen Landen."[62]

Diesen Aufruf hatten die politischen Leitfiguren der Rottweiler „Ultramontanen" am 13. November 1870 in der örtlichen Presse veröffentlicht. Stadtschultheiß Johann Baptist Marx (1852–1887), Maler Josef Saier, Kaufmann Johann Wernz und Konditor Josef Linder luden zu einer Morgenandacht in Heilig Kreuz ein mit anschließender öffentlicher Versammlung im städtischen Kaufhaus.

Was war vorausgegangen? Kaiser Napoleon III. (1852–1870) hatte nach Kriegsausbruch zwischen Frankreich und Preußen 1870 seine päpstlichen Schutztruppen aus Rom abgezogen, sodass der König von Italien nach der französischen Niederlage bei Sedan die Gelegenheit zur Besetzung der Ewigen Stadt ergriff.

Im 1871 neu gegründeten Deutschen Reich bewegte sich die Konfrontation zwischen dem politischen Katholizismus und der preußisch-protestantischen Reichsführung ihrem Höhepunkt zu, Reichskanzler Otto von Bismarck (1871–1890) inszenierte den sogenannten „Kulturkampf" gegen die katholische Minderheit. Besonders einschneidend war die gesetzliche Einführung der obligatorischen Zivilehe: So fand am 7. Januar 1876 in Rottweil erstmalig eine „Ziviltrauung" statt.

Im preußischen Landtag hatte sich die Zentrumspartei schon 1870 organisiert, im Königreich Württemberg dagegen bestanden nur lose, christlich orientierte Wahlkomitees. Beim erbittert geführten Landtagswahlkampf

Abb. 66:
Otto-Wolf-Album. Zentrumsgründer 1884. Josef Linder Conditor „Armenvater" (1817–1897) Johann Wernz Kaufmann (1820–1891) Josef Saier Malermeister (1816–1891) Augustin Hugger Glockengießer (1818–1887)
© Stadtarchiv Rottweil

---
62 Zit. nach Schwarzwälder Bürgerzeitung vom 13.11.1870.

1876/1877 kam es im Oberamtsbezirk Rottweil zu einem Kopf-an-Kopf-Rennen zwischen dem ultramontanen Oberstaatsanwalt Dr. Zimmerle und dem nationalliberalen Gerichtsdirektor von Boscher; letzterer siegte nach einer Stichwahl knapp. Wie wenig die damalige württembergische Parteienlandschaft programmatisch strukturiert war zeigt Boschers Stellungnahme vom Dezember 1877: Er stellte sich gegen die Übertragung der Schulaufsicht von Geistlichen auf Laien mit der Begründung, es könnte zu konfessionslosen Schulen führen.

In den Achtzigerjahren ebbte der Kulturkampf merklich ab. In Rottweil hatte sich immerhin ein Zentrumskomitee konstituiert, das 1884 fotografisch dokumentiert wurde. Die führenden Köpfe waren familiär und beruflich der Römischen Kirche eng verbunden: Franz J. Linder als Vater der späteren Generaloberin der Vinzentinerinnen, Johann Wernz, der Vater des Jesuitengenerals Franz Xaver Wernz, Glockengießer Augustin Hugger und Maler Franz J. Saier führten kirchliche Aufträge aus.

Bei den Wahlen zum Reichstag und Landtag hatten Kandidaten des Zentrums dagegen schlechte Karten. Selbst Ludwig Windthorst, die Führungspersönlichkeit des Zentrums schlechthin und Otto von Bismarcks schärfster Gegner, schaffte es 1890 nicht, den Reichstagswahlkreis im äußersten Südwesten des Königreichs Württemberg zu gewinnen.

Erst 1895 kam es zur Gründung einer württembergischen Zentrumspartei, und bei den Landtagswahlen von 1900 erhielt Rottweil schließlich einen Zentrumsabgeordneten: Georg Maier, Landwirt und Schultheiß der Gemeinde Dietingen. Sicher zählte er nicht zur vordersten Reihe der Fraktion, doch hat er die wesentlichen Beschlüsse seiner Partei mitgetragen. In ihrem vorrangigen Bestreben, die Interessen der katholischen Minderheit zu wahren, nahm das Zentrum gesellschaftliche Veränderungen in Richtung einer pluralistischen Gesellschaft nicht ausreichend wahr: So stellte sich die Fraktion 1906 gegen die Verfassungsreform, die die Zweite Kammer des Landtags zur reinen Volksvertretung umgestaltete. Verschiedene meist evangelische „Privilegierte" wechselten dabei von der Zweiten in die Erste Kammer, die somit ihre katholische Mehrheit verlor.

Als abzusehen war, dass König Wilhelm II. (1891–1918) keinen Sohn mehr bekommen sollte, rückte der Erbfall an die katholische Seitenlinie in Altshausen näher. Unbeirrt von politischen Querschüssen aus dem evangelischen Lager hielt der König streng an Buchstaben und Sinn der Verfassung fest und wurde dabei von der Zentrumspartei bestärkt. Das heiße Eisen der staatlichen Aufsicht über die Volksschule wurde 1909 angepackt, allein die Zentrumsfraktion stimmte dagegen. Damit war der Weg frei zur Ersetzung des Ortsgeistlichen durch die staatliche Schulbehörde, doch blieb die Konfessionsschule erhalten.

Mit Rechtsanwalt Lorenz Bock hatte das Rottweiler Zentrum endlich in den revolutionären Novembertagen 1918 seinen Weg zur Demokratie gefunden. Einen besonderen Akzent setzte die Zentrumspartei mit Matthias Erzberger, der im Reichstagswahlkampf 1920 im Sonnensaal zu hören war. Der ehemalige Leiter der deutschen Waffenstillstandskommission erklärte unmissverständlich: „Warum konnten wir den Krieg nicht gewinnen? Die Übermacht gegen Deutschland war so groß, dass kein Opfermut ausgereicht hätte, die Feinde niederzuringen. Man durfte dem deutschen Volk nicht die Wahrheit sagen."[63] Diese klare Absage an die Dolchstoßlegende sollte ihm 1921 zum persönlichen Verhängnis werden.

Quellen

Materialien zu Georg Maier, dankenswerterweise bereitgestellt von Herrn Bürgermeister i.R. H. Burkard, Dietingen

Stadtarchiv Rottweil Zb 5 (Schwarzwälder Bürgerzeitung Jgg. 1880–1910, passim).

Groot, Gerard-René de/Schneider, Hildegard, Professor Dr. Gustav Eble (1844–1905), Rottweil 2005 (Kleine Schriften des Stadtarchivs Rottweil; 14).

Hecht, Winfried, Rottweil 1802–1970. Von der Reichsstadt zur großen Kreisstadt, Rottweil 1997.

Naujoks, Eberhard, Württemberg 1864 bis 1918, in: Handbuch der baden-württembergischen Geschichte Band III. Vom Ende des alten Reiches bis zum Ende der Monarchien, hrsg. von Hans Fenske, Hansmartin Schwarzmaier et al., Stuttgart 1992, S. 333–432.

---

63 Vgl. dazu den Beitrag von Jürgen Mehl in diesem Buch.

1899: S.M. König Wilhelm II. besucht Rottweil

Von Anja Frommer

„Herzinnige Freude und ungezwungener Jubel erfüllte gestern die ganze Einwohnerschaft der Stadt und auch die Landbevölkerung strömte zu Fuß, zu Wagen und mit der Bahn herbei, um an der Freude Teil zu nehmen und in den Jubel einzustimmen, den der Besuch Seiner Majestät des Königs Wilhelm II. in Begleitung Ihrer Majestät der Königin Charlotte hervorrief, in richtiger Würdigung der hohen Ehre, die die hiesige Pulverfabrik und die Stadt Rottweil durch diesen Besuch erfahren durften."[64]

Abb. 67:
Baldachin für das Königspaar
© Stadtarchiv Rottweil Bestand S 11 (Postkartensammlung)

Derart euphorisch wurde vom Besuch des württembergischen Königspaares in Rottweil berichtet. Das Augenmerk des hohen Besuchs lag dabei weniger auf der Stadt Rottweil als vielmehr auf der Rüstungsindustrie, die mit der Waffenfabrik Mauser in Oberndorf und der Pulverfabrik in Rottweil am oberen Neckar umfänglich vertreten war. Am Morgen des 12. April 1899 kamen König Wilhelm II. von Württemberg (1891 – 1918) und Königin Charlotte mit einem Sonderzug in Oberndorf an, um die dortige Waffenfabrik Mauser in Augenschein zu nehmen. Danach wurde die Reise in das nahe gelegene Rottweil fortgesetzt. Dort empfing Max von Duttenhofer, dessen Frau Anna und ein Großteil der 510 Mitarbeiter umfassenden Belegschaft die Majestäten auf dem Bahnhof der Pulverfabrik.

Die Bedeutung des Rottweiler Pulverfabrikanten Max von Duttenhofer für Rottweil kann als sehr hoch bewertet werden. So gingen nur wenige Entscheidungen, die die Stadt betrafen, an diesem vielschichtig interessierten und engagierten, aber im Umgang oft schwierigen Industriemagnaten vorbei. Auch innerhalb Deutschlands war der Name Duttenhofer ein Begriff. So wurde er als ‚der Krupp Süddeutschlands' bezeichnet und hatte nicht nur in der Pulverindustrie eine Vormachtstellung, sondern auch als Vorsitzender der Daimler-Motorengesellschaft einen Namen.

Als König und Königin am firmeneigenen Bahnhof eintrafen, wurde vom Geschützplatz aus Königssalut geschossen. Max von Duttenhofer begrüßte gemeinsam mit Generaldirektor Heidemann, der eine Anspra-

---

64 Zit. nach Schwarzwälder Bürger-Zeitung vom 13. April 1899.

2 POLITIK

che hielt, die hohen Herrschaften. Daraufhin wurden die Besucher *„unter den jubelnden Hochrufen des in großer Anzahl auf der Terrasse vor dem Beamtenwohngebäude und auf der ganzen Straße versammelten Publikums"*[65] von Max von Duttenhofer zu den Kutschen geleitet, mit welchen zur großen Ehrenpforte am Fabrikeingang gefahren wurde. Nach der Durchquerung der von Feldgeschützen flankierten Ehrenpforte, die die Worte *„Willkommen hohes Königspaar"* zeigte, wurde auf der in den Farben von Württemberg, Schaumburg-Lippe[66] und des Deutschen Reiches beflaggten Fabrikstraße bis zum Jagdlaboratorium gefahren.

Die Betriebe für rauchloses Pulver, die Blättchenpulverfabrikation und die Röhrenpulverfabrikation wurden besichtigt. Vor der Arbeiterrestauration warteten 15, in den Trachten der Ortschaften des Oberamtes Rottweil gekleidete Arbeiterinnen. Die Arbeiterin Rosa Bahnholzer trug ein Gedicht Anna Duttenhofers vor. Nach einer Bierverkostung ging es zum Geschützplatz, wo die Belagerungs- und Feldgeschütze der Obrigkeit vorgeführt wurden. Hier lernte König Wilhelm sein Patenkind, den Sohn des Aufsehers Weber, kennen.

Nach der Besichtigung des chemischen Laboratoriums und der Untersuchungsanstalt, bei der die Königsstandarte gehisst und die neuesten Handfeuerwaffen und Maschinengewehre vorgeführt wurden, ging es in das neu errichtete Museum. Dort konnte sich das Königspaar über die Fortschritte in der Pulvertechnik, allem voran über das von Max von Duttenhofer erfundene rauchfreie Pulver informieren, und der König schrieb sich als Erster in das neue Gedenkbuch der Fabrik ein.

Die Besichtigung der Pulverfabrik endete mit der Auszeichnung folgender Herren:
– Dr. Carl Duttenhofer, Max' Bruder und Direktor der Pulverfabrik Düneberg – Ritterkreuz erster Klasse des Friedrichsordens
– Direktor Major Schnittspahn und Oberstleutnant Kuttroff – Ritterkreuz des Ordens der Württembergischen Krone
– Oberinspektor Freyler – goldene Verdienstmedaille des Kronenordens
– Inspektor Probst – goldene Verdienstmedaille des Friedrichsordens
– Maschinenmeister Frey, die Aufseher Maier, Bantle, Merkle und Pulverarbeiter Hummel – silberne Verdienstmedaille

Im Verlaufe des weiteren Tages wurden noch weitere Orden verliehen:
– Landgerichtspräsident von Hiller – Ehrenritterkreuz des Kronordens
– Stadtpfarrer Prof. Dr. Ruckgaber – Ritterkreuz der württembergischen Krone
– Stadtpfarrer Hiller – Ritterkreuz erster Klasse des Friedrichsordens
– Stadtschultheiß Glükher – Ritterkreuz zweiter Klasse des Friedrichsordens

Nach der Verleihung der Orden stiegen die Herrschaften in die Kutschen ein, um in die Stadt Rottweil zu gelangen. Die Fahrt führte am Höllenstein entlang, vorbei am Triumphbogen, der die Auffahrt zum Viadukt markierte und die Aufschrift *„Willkommen in Rottweils Mauern, Erhabenes Königspaar"* trug, in die Stadt.

Die Einwohner gaben sich die größte Mühe, um dem Königspaar zu gefallen.

„So haben auch die städtischen und staatlichen Behörden und nicht minder auch alle Private in anerkennenswertem edlem Wetteifer alle Straßen, Gebäude, Kirchen und Türme mit einem Reichtum und mit feinem Geschmack dekoriert, wie es am hiesigen Platz in diesem Maße noch nie der Fall war. Ohne auf Einzelheiten einzugehen, können wir den von Herrn Zeichnungslehrer Dursch entworfenen sehr hübschen Triumphbogen am Viadukt und hauptsächlich

---

65 Zit. nach Schwarzwälder Bürger-Zeitung vom 14. April 1899.
66 Königin Charlotte von Württemberg entstammte dem Haus Schaumburg-Lippe.

auch das mit ungeteiltem Beifall bewunderte, großartig wirkende Empfangszelt in der Mitte der Stadt, ein Werk unseres Herrn Stadtbaumeisters Haug... nicht unerwähnt lassen".[67]

Die Stadtkapelle spielte während der Vorbeifahrt der Herrschaften Heil unserem König heil.

„Unter Kanonendonner, Glockengeläute und stürmischen Hochrufen der Bevölkerung...erfolgte die Einfahrt in die reichgezierte Stadt".[68]

An der Hauptkreuzung und somit am Baldachin hatten sich bereits Schüler der einzelnen Bildungsanstalten, ferner Gesangs-, Turn-, Schützen- und Arbeiterbildungsverein, Katholischer Gesellenverein, Katholischer Arbeiter- und Lehrlingsverein, Evangelischer Jünglingsverein, Lokomotivführerverein, Arbeiter der Lokomotivwerkstätten, Arbeiter der Saline Wilhelmshall, die Zünfte mit ihren Fahnen sowie der sich in herausragender Art und Weise präsentierende Militärverein versammelt. Die Feuerwehr übernahm die Ehrenwache.

Der König wurde mit einer Ansprache des Stadtschultheißen Edwin Glükher (1887–1923) empfangen. Daran schloss sich ein Stadtrundgang mit Besichtigung der Heilig-Kreuz-Kirche, der Predigerkirche, der Lorenzkapelle und der Kapellenkirche an. In der Heilig-Kreuz-Kirche interessierte sich der König besonders für das Königsfenster, das von König Wilhelm I. von Württemberg (1816–1864) gestiftet worden war. Dieses im Altarraum rechts befindliche Fenster zeigt Wilhelm I., wie er die Huldigung der Stadt entgegennimmt. Bei der Lorenzkapelle wurde der König vom Ausschuss des Altertumsvereins – im speziellen von Rektor Dr. Eble – begrüßt. Dieser zeigte dem König die in der Lorenzkapelle befindlichen, ebenfalls von Wilhelm I. geschenkten Kunstschätze der Sammlung Dursch. Die Stadt erhoffte sich vom König finanzielle Unterstützung bei der Renovierung der historischen Baudenkmäler. Nach dem Rundgang durch die Stadt fuhren die Kutschen zur Villa Duttenhofer. Davor hatte sich der Militärverein aufgestellt, welcher vom König abgeschritten wurde.

Gegen 18 Uhr betrat zunächst Max von Duttenhofer mit der Königin, gefolgt vom König mit Anna Duttenhofer, den prächtig geschmückten Festsaal der Villa. Die Tische des Festsaals standen für die 41 Gäste hufeisenförmig bereit und waren mit wunderschönem Blumenschmuck verziert. Das Königspaar nahm zwischen dem Ehepaar Duttenhofer Platz. Gegenüber saßen Generaldirektor Heidemann, Stadtschultheiß Glükher und Landgerichtspräsident von Hiller.

Während im Nebensaal die Stadtkapelle musizierte, wurden die köstlichen Speisen gereicht.

„Austern, russischer Kaviar, Schildkrötensuppe, Steinbuttschnitten mit Butter, schottischer

Abb. 68:
Villa Duttenhofer
am Tag des Königspaarbesuchs
© Stadtarchiv Rottweil Bestand
J Fotoarchiv

---

67 Zit. nach Schwarzwälder Bürger-Zeitung vom 13. April 1899.
68 Ebd.

Hammelrücken mit Gemüsen und Gurkensalat, Langusten und gefüllte Wachteln, Welschhühner mit Trüffeln, römischer Salat und gedünstetes Obst, Spargeln mit Holländertunke und zum Nachtisch Käsestangen, Eis und Obst. Dazu wurden ‚Rottweiler Sekt' aus der eigenen Kellerei und bis zu 35 Jahre alte Weine kredenzt".[69]

Am Ende des Mahls hielt von Duttenhofer eine Ansprache, die mit einem dreifachen Hoch auf das Königspaar und der Königshymne endete. Daraufhin erhob der König das Glas zu einer Dankesrede auf von Duttenhofer und auf die Stadt Rottweil. Der König ließ sich bei Kaffee, Zigarren und Bier die anderen Gäste im Kuppelhaus der Villa vorstellen. Während der Ausfahrt des königlichen Sonderzuges aus Rottweil gab es für die Mitfahrenden die Gelegenheit, auf eine wunderschön beleuchtete Stadt Rottweil zu blicken.

Bereits am folgenden Tag ging das Dankesschreiben des Königs in der Villa Duttenhofer ein.

„Stuttgart, 13. April. Herrn Gemeiner Kommerzienrat v. Duttenhofer Rottweil

Die Königin und Ich sprechen Ihnen und Ihrer Familie wärmsten Dank aus für die schönen in Ihrem gastlichen Hause verlebten Stunden. Der lehrreiche so interessante Gang durch Ihre Fabriken, wie der wohlthuende herzliche Empfang in der Stadt Rottweil werden uns unvergeßlich bleiben. Wilhelm."[70]

Der gesamte Königsbesuch mutete fast wie ein Staatsempfang an. Im Mittelpunkt der Ereignisse stand neben dem Königspaar eindeutig Max von Duttenhofer, der den Besuch nutzte, um politische Netzwerkarbeit zu betreiben und seine wirtschaftliche Machtstellung weiter auszubauen. Dagegen spielten Stadtschultheiß Glükher und die Stadt Rottweil eher eine nachgeordnete Rolle. Der Besuch zeigte deutlich, welche herausragende Stellung und welchen Einfluss der Großindustrielle von Duttenhofer in der Stadt Rottweil hatte.

Quellen
Stadtarchiv Rottweil Zb 5/1899 (Schwarzwälder Bürger-Zeitung)

Hecht, Winfried, Rottweil 1802–1970. Von der Reichsstadt zur Großen Kreisstadt. Rottweil 1997.
Kraus, Jörg, Für Geld, Kaiser und Vaterland. Max Duttenhofer, Gründer der Rottweiler Pulverfabrik und erster Vorsitzender der Daimler-Motoren-Gesellschaft, Heidelberg ²2014.
Mezger, Werner, Rottweil von gestern. Ein Zeitbild aus Ansichtskarten der Jahre 1892 bis 1914, Horb a. N. 1984.

---

69   Zit. nach Mezger, Werner, Rottweil von gestern. Ein Zeitbild aus Ansichtskarten der Jahre 1892 bis 1914, Horb a.N. 1984, S. 19.
70   Zit. nach Schwarzwälder Bürger-Zeitung vom 14. April 1899.

1920: Matthias Erzberger in Rottweil

Von Jürgen Mehl

Am 3.2.2009 füllte der Besuch von Bundeskanzlerin Angela Merkel beim Neujahrsempfang der CDU die Stadthalle Rottweil mit fast 1000 Besuchern.

Am 29.5.1920 sprach Matthias Erzberger vor der Reichstagswahl im Sonnensaal in Rottweil vor 1400 Zuhörern, die seinen Auftritt stürmisch beklatschten. Wer war Matthias Erzberger?

Ein umtriebiger Schwabe von der Alb, gläubiger Katholik und zutiefst überzeugter Demokrat, ein begnadeter Redner und Vollblutpolitiker, der mit 28 Jahren von der Provinz nach Berlin zog. Er war Reichstagsabgeordneter und Finanzminister, wurde vom rechten politischen Lager angefeindet und gehasst, denn man lastete ihm den verlorenen Weltkrieg und den Versailler Friedensvertrag an. Als Sündenbock war er mehrfach Zielscheibe nationalistischer Attentäter und wurde ein Jahr nach seinem umjubelten Auftritt in Rottweil ermordet: Am 26. August 1921 erschossen ihn die beiden Rechtsradikalen Heinrich Schulz und Heinrich Tillessen. Matthias Erzberger also ein früher Märtyrer der Weimarer Republik, die belastet durch eine gesellschaftliche Verrohung von Sprache und politischer Kultur noch weitere Opfer forderte.

Geboren wurde er am 20.9.1875 im württembergischen Dorf Buttenhausen auf der Schwäbischen Alb. Im Ort war die Hälfte der Bevölkerung protestantisch, die andere jüdisch. Es gab einige wenige katholische Familien, zu denen auch die Erzbergers gehörten. Matthias war das älteste Kind und hatte drei Brüder und zwei Schwestern. Sein Vater arbeitete als Schneider und war zusätzlich Postbote.

Matthias wurde in Schwäbisch Gmünd und im Lehrerseminar in Saulgau ausgebildet, unterrichtete ab 1891 als Volksschullehrer in Marbach, Göppingen und Stuttgart-Feuerbach und engagierte sich in der 1895 neugegründeten württembergischen Zentrumspartei.

1896 orientierte sich Erzberger beruflich neu, studierte Staatsrecht und Nationalökonomie im schweizerischen Freiburg, bis ihn das Deutsche Volksblatt in Stuttgart, Sprachrohr des württembergischen Katholizismus, als Redakteur einstellte. Erzberger hatte nun die Finger am Puls der Landespolitik, er begleitete die Debatten, stritt für das Zentrum, für die katholische Minderheit in Württemberg und für die Kirche.

In Göllsdorf, Deißlingen, Spaichingen, Rottweil und Schramberg hielt er Vorträge und redete auf Wahlveranstaltungen. In Konkurrenz zur SPD warb er um die kleinen Leute, leitete ab 1897 das katholische Arbeitersekretariat im Stuttgarter Volksblattgebäude und betrieb die Gründung von Interessenverbänden. 1898 sprach Erzberger als Festredner in Rottweil bei der Fahnenweihe des am 1. März gegründeten katholischen Arbeitervereins.

Schwäbischer Handwerkerbund, Bauernverein und christliche Gewerkschaften entstanden 1899 mit seiner Hilfe, der von ihm geförderte Volksverein für das katholische Deutschland zählte 1903 in Württemberg 27000 Mitglieder.

Matthias Erzberger heiratete 1900 in Rottenburg seine Frau Paula Eberhard. Mit ihr hatte er zwei Töchter und einen Sohn, der jedoch bereits 1918 als Soldat an der Spanischen Grippe starb.

Bei Wahlkampfveranstaltungen scheute der schlagfertige Erzberger keine Auseinandersetzungen. Rechtsanwalt Haußmann redete in Rottweil am 5. Dezember 1900 als Kandidat der liberalen Volkspartei, lieferte sich anschließend ein „gewaltige(s) Rededuell" mit Redakteur Erzberger und geriet dabei laut Pressebericht des „Heuberger Bote" schwer in die Defensive. Auch in Bösingen, Herrenzimmern, Wellendingen, Neufra und Spaichingen trat Erzberger als Wahlkämpfer für das Zentrum auf und sprach Anfang Dezember 1900 im neu errichteten Großen Sonnensaal – der Göllsdorfer Viktor Wenger hatte das Jahr über die ehemalige Kapuzinerkirche zum „Saalbau Sonne" erweitern lassen. Im auch politisch katholisch geprägten Rottweil erzielte das Zentrum bei der Kommunal- und Landtagswahl 1900 gute Ergebnisse: Mehrheiten im Oberamt, im Bürgerausschuss und im Gemeinderat wurden erreicht – obwohl mit Max von Duttenhofer ein gewichtiger nationalkonservativer Konkurrent angetreten war – und blieben auch 1906 und 1912 bestehen. Bei den Reichstagswahlen 1903, 1907 und 1912 dominierte im größeren Wahlbezirk mit dem evangelischen Balingen und Tuttlingen allerdings die liberale Partei und ihr Kandidat, eben besagter Conrad Haußmann.

Matthias Erzberger selbst trat erstmals 1903 als Zentrumskandidat für den Reichstag im Kreis Biberach-Wangen an, erhielt dort erstaunliche 92 Prozent aller Stimmen des Wahlbezirks und war fortan Mitglied des Reichstags, mit 28 Jahren zudem der jüngste Abgeordnete. Weil es noch keine Diäten gab, verdiente er seinen Lebensunterhalt durch abends verfasste Zeitungsberichte und den Verkauf an süddeutsche Zeitungen über seine eigene Nachrichtenagentur. Tagsüber arbeitete der talentierte und ehrgeizige Jungpolitiker äußerst engagiert für das Zentrum und saß nach einem Jahr bereits in der Haushaltskommission. Im Parlament stritt er für die Gleichbehandlung der Katholiken, die in einigen deutschen Ländern auch nach Ende des Kulturkampfes rechtlich diskriminiert wurden, er bekämpfte die Duellpraxis und setzte sich für verbesserte Soldatenpensionen ein. Seine scharfe und stete Kritik an der Kolonialverwaltung, wo er Korruption, Misswirtschaft, Zwangsarbeit und Ausbeutung anprangerte und die Ermordung von Afrikanern verurteilte, machte ihn bei der nationalen Rechten und beim Adel unbeliebt. Sie führte nach einem umstritten finanzierten Militäreinsatz in den Kolonien schließlich sogar zu vorgezogenen Reichstagswahlen, den sogenannten „Hottentottenwahlen" von 1907.

Matthias Erzberger selbst trat erstmals 1903 als Zentrumskandidat für den Reichstag im Kreis Biberach-Wangen an, erhielt dort erstaunliche 92 Prozent aller Stimmen des Wahlbezirks und war fortan Mitglied des Reichstags, mit 28 Jahren zudem der jüngste Abgeordnete.

Prinzipiell war Erzberger jedoch einverstanden mit der deutschen Kolonialpolitik.

Als Fachmann für Haushaltsfragen befasste er sich ab 1909 intensiv mit Steuerreformen und rückte 1912 als kompetenter Finanzpolitiker auf in den Führungszirkel der Zentrumsfraktion.

Eine Woche vor der Reichstagswahl 1912 warnte Matthias Erzberger am 5. Januar in Rottweil seine Zuhörer im Sonnensaal vor einer möglichen liberalsozialdemokratischen Mehrheit gegen das Zentrum und die konservativen rechten Parteien. Er befürwortete die deutsche Aufrüstung und kritisierte die Sozialdemokraten: Sie seien eine der größten Gefahren für den Weltfrieden, hätten erhöhte Militärausgaben trotz günstiger Finanzlage nach der rasch verwirklichten Reichsfinanzreform abgelehnt. Er lobte die konsequente Schutzzollpolitik, durch die Schuhmacher in Tuttlingen und Textilarbeiter in Ebingen gegen Konkurrenz aus Niedriglohnländern bestehen könnten. Mit einem Plädoyer für die christliche Religion als Garant einer gerechten Gesetzgebung und für den politischen Katholizismus im Deutschen Reich beendete Erzberger seinen Wahlkampfauftritt vor Rottweiler Publikum und erntete dafür, vom Stenograf des „Schwarzwälder Volksfreund" notiert, „rauschenden, lang anhaltenden Beifall."

Das Zentrum erhielt am 12.1.1912 bei der Wahl 91 Sitze und kämpfte in den folgenden Jahren mäßig erfolgreich für die Parlamentarisierung der Monarchie.

Wie die Mehrheit der deutschen Bevölkerung feierte Erzberger 1914 die Mobilmachung und forderte in einer Denkschrift zu Kriegsbeginn weitreichende Gebietseingliederungen, darunter den Anschluss Belgiens, Polens und des Baltikums. Im Auftrag der Regierung war er jetzt auf diplomatischen Sondermissionen in neutralen Ländern unterwegs und koordinierte dort die deutsche Auslandspropaganda. Nachrichten über das reale Geschehen an den Fronten und zum Kriegsverlauf waren hier zensurfrei und die Maßlosigkeit der deutschen Kriegsziele für ihn bald deutlich erkennbar. Den uneingeschränkten U-Boot-Krieg lehnte er 1917 rundweg ab und kritisierte die Marineleitung heftig. Das Ende der Zarenherrschaft im Februar 1917 sah er als Chance, den Krieg politisch zu beenden. Als im April 1917 auch noch die USA in den Krieg eintraten, schien ihm ein Verständigungsfrieden als einzig mögliche Option. In Stockholm sprach er mit der russischen Seite über einen Waffenstillstand und den Friedensschluss zwischen beiden Ländern, wurde allerdings vom deutschen Militär und dem Kaiser zurückbeordert. Erzberger versuchte danach, auf parlamentarischem Weg zu Friedensverhandlungen zu kommen, sprach sich am 6.7.1917 gegen alle Annexionen aus und verabschiedete mit den Mehrheitsparteien im Reichstag zwei Wochen später eine Resolution für einen Verständigungsfrieden. Der geforderte Friedensschluss ohne Ausdehnung des Herrschaftsgebiets stieß bei der nationalen Rechten und beim Militär auf massiven Widerstand, was Erzberger nicht daran hinderte, bei jeder Gelegenheit dafür zu werben. Die deutsche Kriegsführung änderte sich jedoch nicht. Schon Ende September 1918 war allerdings die Front nicht mehr zu halten. Die Oberste Heeresleitung verlangte völlig überraschend von der Regierung, Waffenstillstandsverhandlungen sofort aufzunehmen. Hierbei wollte sie die politischen Parteien des Parlaments nun auch beteiligt haben: Die Kriegsniederlage und die erwarteten Folgen sollten nicht auf die Generäle der deutschen Militärführung zurückfallen. Unter dem innen- und außenpolitischen Druck kam es im Oktober 1918 zur Parlamentarisierung des Deutschen Reiches: Der Reichskanzler benötigte eine Mehrheit im Reichstag und dieser sollte nun über Krieg und Frieden entscheiden.

Im neugebildeten Kabinett übernahm Erzberger nach zwei Monaten im Amt als Staatssekretär im November 1918 Verantwortung und die entscheidende, undankbare Aufgabe: Er akzeptierte die Ernennung zum deutschen Bevollmächtigten für die Waffenstillstandsverhandlungen. In einem Eisenbahnwagon im Wald von Compiègne wurde die deutsche Abordnung mit den harten, teilweise unerfüllbaren Forderungen der Alliierten konfrontiert, Verhandlungen darüber wurden von den Siegermächten abgelehnt. Erzberger und seine Begleiter kommunizierten über Telegramme mit Berlin und dem militärischen Hauptquartier in Spa und konnten innerhalb der 72stündigen Frist einige Zugeständnisse der französisch-englisch-amerikanischen Delegation aushandeln. Während dieser drei Tage war in Deutschland die Revolution ausgebrochen, Reichskanzler Max von Baden wurde vom Sozialdemokraten Friedrich Ebert abgelöst, der Kaiser ging ins Exil, die politische Ordnung des Kaiserreichs war zusammengebrochen. Mit ausdrücklicher Zustimmung Generalfeldmarschalls von Hindenburg unterschrieb nicht die Oberste Heeresleitung sondern Matthias Erzberger den Waffenstillstand am 11.11.1918 und beendete damit den Ersten Weltkrieg. Die Arbeit in Compiègne war „das Schwerste und Bitterste, was mir auferlegt worden ist", sagte er 1921. In England und Frankreich erinnert auch heute noch ein Feiertag an den 11.11.1918, der von vielen Deutschen als nationale Demütigung empfunden wurde.

Für einen Friedensschluss im Mai 1919 verlangte der Versailler Vertrag große deutsche Staatsgebietsabtretungen, die ein Zehntel der Bevölkerung einschlossen, dazu hohe Reparationszahlungen und traf die Feststellung, Deutschland sei allein schuld am Krieg gewesen. Allgemeine Empörung war die Reaktion der deutschen Öffentlichkeit, rechte Parteien und auch Sozialdemokraten lehnten die Forderungen zunächst ab. Die Alliierten drohten jedoch damit, den Krieg fortzusetzen, das Reich zu besetzen und den Nationalstaat in mehrere Einzelstaaten aufzuteilen. Da es militärische oder politische Alternativen nicht gab, riet Matthias Erzberger (als Reichsminister) im Kabinett Scheidemann dazu, den Versailler Vertrag anzunehmen, was aber erst unter einer neuen Regierung und knapp vor Ablauf des Ultimatums am 28.6.1919 im Reichstag geschah. „Damals war nur die Unterzeichnung des Friedens der Weg zur Rettung des deutschen Volkes".

Im neuen Kabinett Bauer war Erzberger Finanzminister und fand bei Amtsantritt im Juni 1919 leere Staatskassen vor. Siegesgewiss hatte man die Kriegsführung vier Jahre lang durch Kredite inflationär finanziert, nun mussten die eigenen Schulden und immense Reparationszahlungen an die alliierten Länder bezahlt werden. Steuererhöhungen waren unumgänglich.

Abb. 69
Matthias Erzberger in Rottweil
© Stadtarchiv Rottweil

Erzberger verwirklichte innerhalb von neun Monaten eine grundlegende Finanzreform: Das Reich erhielt Finanzhoheit gegenüber den 25 Ländern, die Steuererhebung wurde reichsweit vereinheitlicht. Kapitalbesteuerung, progressive Einkommensteuerzahlung im Lohnabzugsverfahren und steuerfreies Existenzminimum schufen Steuergerechtigkeit und sind auch 100 Jahre später noch aktuell. Die Erzbergersche Reform war die umfangreichste der deutschen Steuer- und Finanzgeschichte.

Die Neuverteilung der Steuerlasten erhielt verständlicherweise nicht nur Zuspruch.

Aber zum „bestgehassten aller deutschen Politiker" und zur Zielscheibe der antirepublikanischen Hetze wurde Matthias Erzberger durch sein unermüdliches Eintreten für die Demokratie und seine 1917 im Reichstag initiierte Friedensresolution, die im Nachhinein als „Dolchstoß" in den Rücken des (eigentlich unbesiegbaren) deutschen Heeres und als entscheidend für die Kriegsniederlage angesehen wurde.

Von der radikalen Rechten wurde er als „Novemberverbrecher" (Waffenstillstand 1918) und „Volksverräter" (Versailler Vertrag 1919) diffamiert und als papsthörig, als „Vorkämpfer der Judenrepublik", als ein Umstürzler, Schmarotzer und Reichsverderber beschimpft. „Fort mit Erzberger" lautete eine Polemik des deutschnationalen Politikers Karl Helfferich, den Erzberger daraufhin wegen Beleidigung anzeigte.

Das gerichtliche Verfahren gegen Karl Helfferich geriet zu einem Schauprozess gegen Erzberger und die durch ihn repräsentierte demokratische Ordnung der Weimarer Republik. Helfferich verabscheute Erzberger, weil dieser seine Karriere in der Kolonialverwaltung und später seine Berufung zum Reichskanzler verhindert hatte. Massive Verleumdungen, die später widerlegt wurden, stellten Erzberger im Verlauf des Prozesses als verlogen und korrupt dar. Folge dieser geistigen Brandstiftung war am 26.1.1920 ein Attentat auf ihn vor dem Gerichtsgebäude in Berlin-Moabit. Erzberger überlebte mit viel Glück leicht verletzt. Seine

Uhrkette hatte die Kugel des Täters, eines entlassenen Offiziersanwärters, zur Schulter abgelenkt. Das Gericht verurteilte letztendlich Helfferich zu einer Geldstrafe wegen Beleidigung, hielt aber einige der falschen Anschuldigungen für rechtens. Nach diesem Fehlurteil einer tendenziell republikfeindlichen Justiz trat der diskreditierte Erzberger sofort vom Reichsfinanzministeramt zurück und legte sein Mandat im März 1920 nieder – einen Tag vor dem Kapp-Putsch gegen die Weimarer Republik und die von SPD, Zentrum und liberaler DDP gebildeten Regierung.

Drei Monate später stand am 6. Juni 1920 in der neuen demokratischen Weimarer Republik die erste Wahl zum Reichstag und Landtag an. Obwohl samstags gearbeitet wurde, kamen 1400 Zuhörer aus Rottweil und Umgebung und zahlten 2,50 Mark Eintritt, um Matthias Erzberger im gedrängt vollen Sonnensaal zu erleben. Auch der Bärensaal in Schramberg war drei Tage später bei seiner dortigen Wahlveranstaltung völlig überfüllt.

Erzberger sprach für das Zentrum, der in Rottweil durch die katholische Bevölkerungsmehrheit führenden Partei und fesselte mit seiner charismatischen Art das Publikum. Zwei Stunden lang hingen die „vielen hunderte von Besuchern am Munde des Redners", der alle eindringlich zum Wahlgang aufforderte. Zum ersten Mal in Deutschland wählten das Volk, Männer und Frauen, souverän den Reichstag, der die Regierung einsetzte, kontrollierte und absetzen konnte. In seiner Rede relativierte Erzberger die Vaterlandsliebe und den Nationalismus in Europa, sprach sich für Konfessionsschulen aus, pries die allgemeine Einführung des achten (!) Schuljahres und die Gerechtigkeit des neuen Steuersystems, warb für das Zentrum als christliche Partei der kleinen Leute, der Bauern und Arbeiter. Am „interessantesten und packendsten" waren seine Ausführungen über den Kriegsverlauf und den Zusammenbruch am Ende. Erzberger schilderte, was er persönlich 1917 bei der Suche nach einer Friedenslösung, bei den Waffenstillstandsverhandlungen in Frankreich 1918 und beim Ringen um den Versailler Vertrag 1919 erlebt hatte und stellte die Verantwortlichkeit der deutschen Generäle, deren militärischen Unverstand und das politische Versagen der Reichsführung und der Regierung dar. Abschließend warnte er die Versammlung vor einer sozialdemokratischen Mehrheit und dem dann drohenden sozialistischen Staat, vor einem Großpreußen, das in Süddeutschland keiner wolle und wünschte sich für die Zukunft ein freies und demokratisches Deutschland. Beide Rottweiler Zeitungen, „Schwarzwälder Bürgerzeitung" und „Schwarzwälder Volksfreund", berichteten von stürmischem Beifall und dem vielstimmigen Hoch auf einen glänzenden Redner. Zufrieden war man mit dem störungsfreien Ablauf, denn in Esslingen war wenige Tage zuvor während der Wahlveranstaltung mit Erzberger im Saal ein Sprengkörper explodiert.

Mit über 50% der Stimmen erreichte das Zentrum in Rottweil ein gutes Wahlergebnis. Reichsweit konnte sich die Partei zumindest behaupten, während SPD und Liberale Stimmenverluste erlitten. Rechts- wie linksradikale Parteien wurden dagegen stärker und die

Abb. 70:
Auszug aus dem „Schwarzwälder Volksfreund" vom 1. Juni 1920
© Stadtarchiv Rottweil

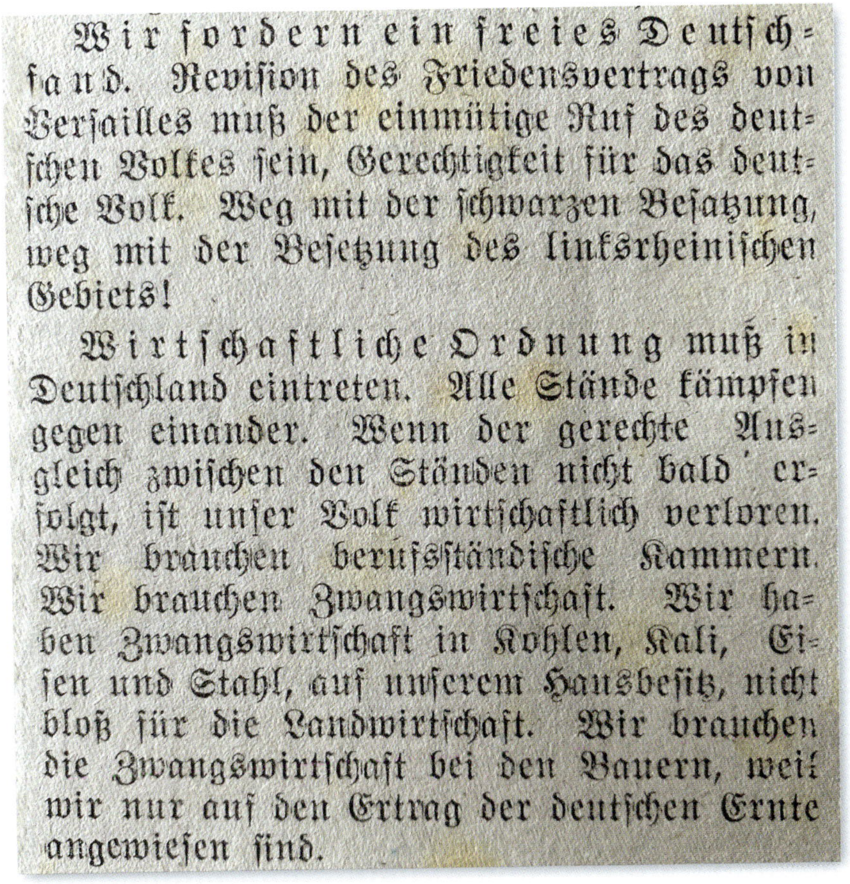

> Wir fordern ein freies Deutschland. Revision des Friedensvertrags von Versailles muß der einmütige Ruf des deutschen Volkes sein, Gerechtigkeit für das deutsche Volk. Weg mit der schwarzen Besatzung, weg mit der Besetzung des linksrheinischen Gebiets!
>
> Wirtschaftliche Ordnung muß in Deutschland eintreten. Alle Stände kämpfen gegen einander. Wenn der gerechte Ausgleich zwischen den Ständen nicht bald erfolgt, ist unser Volk wirtschaftlich verloren. Wir brauchen berufsständische Kammern. Wir brauchen Zwangswirtschaft. Wir haben Zwangswirtschaft in Kohlen, Kali, Eisen und Stahl, auf unserem Hausbesitz, nicht bloß für die Landwirtschaft. Wir brauchen die Zwangswirtschaft bei den Bauern, weil wir nur auf den Ertrag der deutschen Ernte angewiesen sind.

parlamentarische Mehrheit für die gemäßigten Parteien ging auf Dauer verloren.

In den folgenden Monaten betrieb Erzberger seine juristische Rehabilitation. Die veranlassten Untersuchungen entlasteten ihn von den Vorwürfen des Meineides, der Steuerhinterziehung und der Kapitalflucht. Über die Landesliste Württemberg errang er ein Reichstagsmandat und bereitete seine Rückkehr in die Politik vor.

Vor seinem geplanten Auftritt beim ersten Nachkriegs-Katholikentag in Frankfurt machte er Urlaub mit seiner Frau und der jüngsten Tochter in Bad Griesbach im Schwarzwald.

Am 26. August 1921 wurde Matthias Erzberger ermordet. Bei einem Spaziergang am Kniebis lauerten ihm zwei ehemalige Marineoffiziere auf. Sie waren Mitglieder der rechtsradikalen Brigade Ehrhardt und erschossen ihn aus nächster Nähe. Das Attentat war durch den Germanen-Orden vorbereitet und von Manfred von Killinger beauftragt worden. Beide gehörten zur rechten „Organisation Consul", die nur zehn Monate später in Berlin auch Außenminister Walther Rathenau tötete.

Nach Erzbergers Ermordung kam es im ganzen Reich zu Massenprotesten und Demonstrationen, allerdings nur von Anhängern der Republik. Das rechte Lager einschließlich der NSDAP in München war zufrieden und jubelte teilweise unverhohlen: „Nun danket alle Gott, für diesen braven Mord".

Hier erinnert man sich an die rechtspopulistische Genugtuung und die zahlreichen Hasskommentare in den sozialen Medien, als Walter Lübcke, Kasseler Regierungspräsident, am 2. Juni 2019 auf der Terrasse seines Hauses vom Rechtsradikalen Stephan Ernst erschossen wurde.

Die Beisetzung Erzbergers in Biberach am 30.8.1921 wurde zur politischen Kundgebung. 30000 Menschen nahmen an seiner Beerdigung teil, Reichskanzler Joseph Wirth hielt die Grabrede. Die Erinnerung an Matthias Erzberger und die Würdigung seiner Person blieb allerdings lange Zeit so umstritten wie die demokratischen Staatsstrukturen, für die er gekämpft hatte. Schon 1925 lehnte der Biberacher Gemeinderat die Benennung einer Straße nach Matthias Erzberger ab. Die Ehrentafel von 1927 an seinem Geburtshaus in Buttenhausen wurde 1934 von den Nationalsozialisten entfernt, seine Bücher in Rottenburg auf dem Marktplatz verbrannt. Noch 1981 und 1988 konnte sich die Gesamtlehrerkonferenz in Münsingen nicht dazu durchringen, das Gymnasium nach ihm zu benennen.

In Rottweil enthüllte der CDU Stadtverband eine Gedenktafel für Matthias Erzberger im Kapuziner, wo er im Sonnensaal die Menschen der Region für sein Wirken und seine Visionen begeistert hatte: „Matthias Erzberger war ein Wegbereiter der deutschen Demokratie, auf den Rottweil stolz sein kann", so die laudatio am 23.3.2012.

Quellen

Stadtarchiv Rottweil Zb 5/1920 (Schwarzwälder Bürger-Zeitung vom 1.6.1920: Aus dem Parteileben. Erzbergerversammlung)

Stadtarchiv Rottweil Zb 5h/1912 und 1920 (Schwarzwälder Volksfreund vom 6.1.1912: Rede des Reichstagsabgeordneten M. Erzberger in Rottweil gehalten am 5. Januar 1912 bei der Wählerversammlung der Zentrumspartei; Schwarzwälder Volksfreund vom 30.1.1912: Die neue Zentrumsfraktion; Schwarzwälder Volksfreund vom 1.6.1920: Erzberger in Rottweil)

Stadtarchiv Rottweil Zb 8/2012 (Schwarzwälder Bote vom 22.3.2012 und 26.3.2012: Gedenktafel für Matthias Erzberger)

Dowe, Christopher, Die Ausstellung, in: Matthias Erzberger. Ein Wegbereiter der deutschen Demokratie. Hrsg. vom Haus der Geschichte Baden-Württemberg, Stuttgart 2011, S. 22–91.

Hecht, Winfried, Rottweil 1802–1970. Von der Reichsstadt zur Großen Kreisstadt. Rottweil 1997.

Ders., Matthias Erzberger und die Anfänge des Zentrums am oberen Neckar, in: RHBll. Nr. 3 (2011), S. 2–3.

Ders., 100 Jahre SPD Rottweil 1909–2009, Rottweil 2009.

Kitzing, Michael, Conrad Haußmann. In: Momente. Beiträge zur Landeskunde von Baden-Württemberg 4/2020, S. 15.

Kohlmann, Carsten, Mehrheit der ‚Weimarer Koalition' verloren, in: Schwarzwälder Bote vom 6.5.2020.

Lutum-Lenger, Paula, Matthias Erzberger: Eine politische Biografie ausstellen, in: Matthias Erzberger. Ein Wegbereiter der deutschen Demokratie. Hrsg. vom Haus der Geschichte Baden-Württemberg, Stuttgart 2011, S. 10–19.

Vater, Wolfgang, Strikt katholisch. Die Zentrumspartei in Rottweil 1870 bis 1920. Rottweil o.J. (Beitrag in diesem Buch).

1946: Rottweil soll Hauptstadt eines „schwäbisch-alemannischen" Staates werden

Von Andreas Linsenmann

Die Karte aus dem Jahr 1946 umfasst nur wenige Angaben: Den Rhein vom Bodensee bis zur Neckarmündung, die Donau von der Quelle bis zum Zufluss des Lechs, die Mittelgebirge dazwischen und ein gutes Dutzend Städte. Aber die knappe Darstellung hat es in sich. Denn sie veranschaulicht, welche Teile Südwestdeutschlands

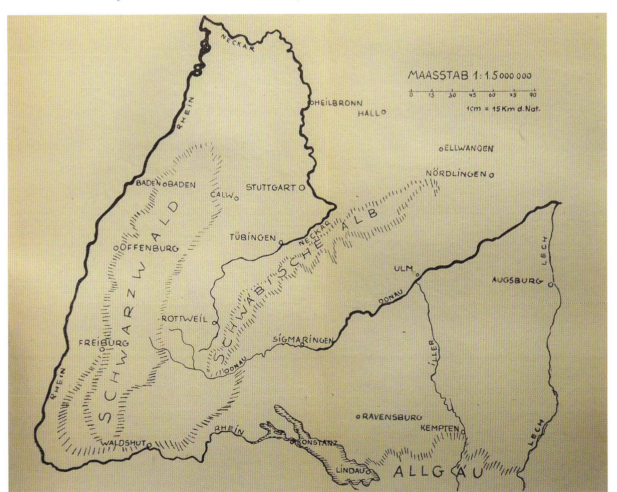

Abb. 71:
© Feger, Otto, Schwäbisch-Alemannische Demokratie. Aufruf und Programm, Konstanz 1946, S. 225.

zu einem „schwäbisch-alemannischen" Staat gehören sollten, der damals vorgeschlagen wurde. Mit Rottweil als Hauptstadt – einschließlich Parlament, Ministerien und einem höchsten Gericht.

Zur Diskussion gestellt hat dies Otto Feger (1905–1968), von 1945 bis 1965 Leiter des Stadtarchivs Konstanz. Der promovierte Jurist und promovierte Historiker veröffentlichte 1946 ein Buch mit dem Titel „Schwäbisch-alemannische Demokratie". Es war, wie es im Untertitel hieß, „Aufruf und Programm" zugleich: Feger warb, ganz ohne akademische Attitüde in gut lesbarem, griffigem Stil, für seine Ideen und legte auf 230 Seiten detailliert dar, wie sie umgesetzt werden könnten. Sein Buch erschien mit Unterstützung der französischen Besatzungsbehörden in mehreren Auflagen in der vergleichsweise hohen Zahl von 50000 Exemplaren.

Rückschauend mögen die Überlegungen abseitig, ja skurril erscheinen. Aber Feger, 1905 im damals zum Deutschen Reich gehörenden elsässischen Mülhausen geboren, war, wie der Historiker Jürgen Klöckler in intensiver Forschung gezeigt hat, kein Sektierer, sondern ein durchaus ernst zu nehmender politischer Denker. Um seine Ideen einzuordnen, muss man sich zunächst die damalige Lage vor Augen halten: Knapp ein Jahr nach der totalen Niederlage und bedingungslosen Kapitulation Deutschlands im Mai 1945 war kaum absehbar, wie sich das staatliche Leben entwickeln würde. Über den Gang der Dinge bestimmten die vier Hauptsiegermächte, die mit der Berliner Erklärung vom 5. Juni 1945 die Regierungsgewalt übernommen und vier Besatzungszonen errichtet hatten, welche anfangs teils strikt voneinander abgeschottet waren.

Fegers Vorschläge sind im Kontext einer vielstimmigen Debatte darüber zu sehen, wie Deutschland nach der nationalsozialistischen Diktatur, dem neuerlichen Weltkrieg und der in deutschem Namen verübten monströsen Verbrechen politisch und wirtschaftlich wiederaufgebaut werden sollte. Diese Diskussion reichte bei den Westalliierten sowie in Widerstandskreisen bereits in die frühen 1940er Jahre zurück und wurde nach der Kapitulation breit geführt. Dabei wurde einerseits nach Ursachen der, wie der Historiker Friedrich Meinecke 1945 in einem wirkmächtigen Buch formuliert hatte, „deutschen Katastrophe" gefragt. Andererseits richtete sich der Blick auf Vorkehrungen, mit denen ein erneutes Expansionsstreben und Abgleiten in eine Gewaltherrschaft verhindert werden konnte.

Otto Feger gehörte zu einem Kreis von Intellektuellen, die hierbei eine südwestdeutsche Perspektive einnahmen. Denn für diese Gruppe stand außer Frage: Wäre es nach dem Südwesten gegangen, hätte die NS-Bewegung Deutschland keine Diktatur aufzwingen können. Dem Südwesten attestierte er, auch vor dem Hintergrund der einstigen Selbstverwaltung der Reichsstädte sowie des liberalen Frühkonstitutionalismus des 19. Jahrhunderts, eine „angeborene demokratische Tradition". Ins „Verderben" seien die freiheitlich gesinnten Schwaben und Alemannen „durch den Norden" gestürzt worden. Auch in das mörderische Abenteuer eines Eroberungskriegs hätte sich, so stellt es Feger dar, der Südwesten aufgrund der Nähe zu Frankreich und der Erfahrung zahlloser gewaltsamer Auseinandersetzungen, nicht gestürzt. Der Expansionsdrang sei vielmehr vom „Osten" ausgegangen, der Polen habe unterwerfen wollen. Deutlich wird: Feger versuchte, den Südwesten von einer Mitverantwortung für die verheerende Bilanz, wie sie sich 1945 darstellte, zu entlasten, wenn nicht gar freizusprechen. Ähnliche Muster finden sich auch im Rheinland, wo sich etwa der spätere rheinland-pfälzische Ministerpräsident Peter Altmeier (1899–1977) auf eine angeblich tief wurzelnde Distanz seiner Landsleute zu aggressivem Militarismus berief und die Rheinländer besonders zur Demokratie und zur Verständigung mit Frankreich befähigt sah.

Auf dieser Basis schien die Ausgangslage für weitreichende Neuordnungsansätze durchaus günstig, zumal die Pläne der Besatzungsmächte häufig unausgereift und widersprüchlich waren. Zudem hatte die Erfahrung gezeigt, dass die politische Landkarte Deutschlands seit Beginn des 19. Jahrhunderts mehrfach fundamental umgekrempelt worden war. Das Hinwegfegen des gerade im Südwesten vielgestaltigen Gefüges des Heiligen Römischen Reichs Deutscher Nation zum Vorteil weniger Fürsten war durchaus noch im Bewusstsein. Auch die Westverschiebung Preußens durch den wegen seiner willkürlichen Regelungen als „Seelengeschacher" verschrienen Wiener Kongress 1815, die Einverleibung des Königreichs Hannover in das preußische Staatsgebiet so-

1946: Rottweil soll Hauptstadt eines „schwäbisch-alemannischen" Staates werden

wie der Ausschluss Österreichs aus dem Nationalstaatsprojekt 1866 standen als Beispiele dafür vor Augen, dass nichts vorschnell als undenkbar abgetan werden konnte.

Als verbindende Idee vieler Neuordnungsvorschläge nach 1945 lässt sich die Ausrichtung auf eher föderale, nicht zentralstaatliche Strukturen ausmachen. Grundlage hierfür war ein bestimmtes Geschichtsbild: In Frankreich etwa, aber nicht nur dort, hatte ein Deutungsmuster Konjunktur, das im Einfluss Preußens auf die deutsche Geschichte einen entscheidenden Faktor sah. Mit Preußen, das im Kaiserreich sowie in der Weimarer Republik schon seiner schieren Größe wegen eine dominante Position eingenommen hatte, verband man holzschnittartig schlechthin alles Negative: Militarismus, Untertanengeist, Kriegstreiberei sowie einen übersteigerten Nationalismus, in dem dieser Lesart zufolge die Rassenideologie des Nationalsozialismus lediglich eine besonders aggressive, perfide Zuspitzung darstellte. Vor allem bei der französischen Besatzungsmacht vertrat man die Ansicht, Preußen habe den Rest Deutschlands gleichsam von seinen guten Traditionen entfremdet, weshalb die Franzosen eine regelrechte „Entpreußung" vorantrieben. Ausdruck fanden diese Vorstellungen insbesondere, als der Staat Preußen 1947 durch ein alliiertes Kontrollratsgesetz aufgelöst wurde.

Zugleich entstanden neue Strukturen – zumindest bei den Westalliierten geleitet von dem langfristigen Ziel, eine Demokratie mit bundesstaatlicher Grundstruktur aufzubauen. Dies sollte eine erneute Machtballung wie während der NS-Diktatur verhindern. So gründeten etwa die Amerikaner bereits im September 1945 in ihrem Besatzungsgebiet drei Länder: Bayern, Groß-Hessen und Württemberg-Baden. Aus leidvoller Erfahrung waren die Franzosen den Deutschen gegenüber lange misstrauisch und bei der Neuordnung zögerlich. Sie führten im Herbst 1945 das Saargebiet administrativ an Frankreich heran und hatten auch für die linksrheinischen Gebiete zunächst eine autonomieartige Konstruktion im Blick. Erst im Spätjahr 1946 brachten sie im südlichen Teil ihres Besatzungsgebiets die Konstituierung des aus Süd-Württemberg und Hohenzollern geformten Landes Württemberg-Hohenzollern auf den Weg, ebenso wie die Bildung des Landes Baden aus dem südbadischen Landesteil.

Wie wenig bei den alliierten Schritten auf gewachsene Gebilde Rücksicht genommen wurde, zeigen besonders zwei Beispiele: Das im August 1946 von den Briten in der so genannten „Operation Mariage" („Hochzeit") geschaffene Land Nordrhein-Westfalen sowie

Abb. 72:
Otto Feger ca. 1946
© Stadtarchiv Konstanz

das im selben Monat von den Franzosen aus der Taufe gehobene Rheinland-Pfalz – beides höchst heterogene Gebilde ohne historische Wurzeln, entstanden aus der Willkür der Zonengeografie. Was mit Deutschland als Ganzem geschehen sollte, war noch ungewisser, zumal die Anti-Hitler-Koalition zusehends auseinanderbrach und sich 1946 mehr und mehr die globalen Frontlinien des Kalten Krieges mit ihrer polarisierenden Blocklogik herauskristallisierten.

Vor diesem Hintergrund einer historisch extrem offenen Konstellation nun brachte Otto Feger zwischen Sommer 1945 und Januar 1946 seine Überlegungen zu einer „schwäbisch-alemannischen Demokratie" zu Papier. Für ihn lag die Lösung der Probleme darin, dass der südwestdeutsche Raum politisch und wirtschaftlich autonom werden sollte. Eine Wiederherstellung des Bismarckreichs von 1871 kam für ihn – ein antipreußischer Affekt ist in seiner Programmschrift unübersehbar – nicht infrage. Den Vorwurf des Separatismus, der gegen Autonomiepläne etwa in der Pfalz und im Rheinland in der Zwischenkriegszeit zu scharfer Agitation geführt hatte, wollte er freilich nicht aufkommen lassen. Er hatte durchaus übergreifende Strukturen im Blick. Fegers Vision für Deutschland war jedoch die einer locker gefügten Konföderation, mit dem schwäbisch-alemannischen Staat als einem gleichberechtigten Mitglied neben anderen.

Otto Fegers Konzept versprach eine Entkoppelung des Südwestens von den aus damaliger Sicht destruktiven Kräften der deutschen Geschichte. Der entscheidende Schritt war ein Rückgriff auf eine lange vergangene Epoche: Feger plädierte für ein Anknüpfen an das schwäbisch-alemannische Siedlungsgebiet des frühen Mittelalters. Die Begriffe „Alemannien" und „Schwaben" bezeichneten dabei letztlich denselben Raum und dieselbe Bevölkerung. Feger wollte allerdings nicht mit dem Kopf durch die Wand. Um Konflikte zu vermeiden, hätte er Teile Bayrisch-Schwabens auch außen vorgelassen. Zentraler Bezugspunkt war das Herzogtum Schwaben, das im 12. Jahrhundert unter den Staufern zu einer kulturellen, geistigen und politischen Einheit gefunden hatte und mit den drei staufischen Löwen im Wappen 1952 auch vom neuen Bundesland Baden-Württemberg als Traditionsquelle herangeführt wurde.

Die Basis von Fegers Überlegungen bestand darin, dass er von einer „stammesmäßigen", sprachlichen und kulturellen Einheit der Schwaben und Alemannen ausging. Als Bindeglied über die Zersplitterung des Raumes seit dem Spätmittelalter hinweg erkannte er ein bündisches, genossenschaftliches Prinzip als „Wesenselement der schwäbischen Verfassungsgeschichte". Daran galt es für Feger anzuknüpfen und historische „Irrtümer" zu überwinden, die er insbesondere im unter der schützenden Hand Napoleons entstandenen Land Baden sah. An diesem zentralistischen Baden, in dem der unter anderem durch klösterliche Besitzungen zu kultureller Blüte geführte traditionsreiche Bodenseeraum als Nebengebiet rangierte, ließ er kein gutes Haar. Es habe, argumentierte Feger mit Blick auf die brachialen Säkularisierungsschübe im frühen 19. Jahrhundert, binnen weniger Jahrzehnte „mehr Kulturgüter auf dem Gewissen" gehabt „als die Kriege von Jahrhunderten".

Feger entwarf einen dezentralen Staatsaufbau mit starken Kommunen und einem Zweikammern-Parlament, das mit Kirchen-, Gewerkschafts- und Berufsvertretern auch ständische Komponenten einschloss. Wichtig waren zudem basisdemokratische Elemente – hier schimmert deutlich das Schweizer Modell durch, das in Konstanz ja gleichsam vor der Tür lag. In diesem Szenario kommt Rottweil ins Spiel. Bei der Frage, wo die Zentralgewalt ihren Sitz haben sollte, schrieb er: *„Es muss durchaus nicht Stuttgart sein, das keineswegs zentral liegt und außerdem einer Regierung zu sehr ihr eigenes Gesicht geben würde. Vielleicht wäre die alte Reichsstadt Rottweil am besten geeignet, einer zwangsläufig bescheidenen schwäbischen Regierung Sitz und Unterkunft zu geben".*[71]

> *Feger entwarf einen dezentralen Staatsaufbau mit starken Kommunen und einem Zweikammern-Parlament, das mit Kirchen-, Gewerkschafts- und Berufsvertretern auch ständische Komponenten einschloss.*

---

71 Zit. nach Feger, Schwäbisch-Alemannische Demokratie, S. 159.

Für Feger wäre Rottweil als Hauptstadt wohlgemerkt keine Verlegenheitslösung gewesen. Er argumentiert offensiv: Durch die Wahl einer Mittel- oder Kleinstadt wäre, so Feger, *„der Tendenz zur Entstehung von großen Zentralverwaltungen, Todfeinden jeder wahren Demokratie, wirksam entgegengearbeitet".*[72] Der Historiker führt Beispiele an: In der amerikanischen Demokratie seien die Kapitalen nach ähnlichen Gesichtspunkten ausgewählt, schreibt er und verweist auf die vergleichsweise kleinen Staaten-Hauptstädte Albany (New York), Columbus (Ohio) und Springfield (Illinois).

Dies habe sich „drüben bewährt", hebt Feger hervor, der Teile seiner Schul- und Studienzeit in den USA verbracht hatte. „Die Amerikaner" hätten „in der Entfernung der politischen und Verwaltungszentren von den Mittelpunkten der Wirtschaft" sogar „einige Vorteile gefunden." Ein dirigistisches, auf Berlin zulaufendes Wirtschaftssystem wie im „Dritten Reich", das auf kriegerische Zwecke ausgerichtet wurde, wäre damit jedenfalls unmöglich, meinte Feger. Dezentrale Strukturen und eine gewisse provinzielle Beschaulichkeit erschienen ihm als ein verlässliches Bollwerk gegen die Gefahren eines totalitären Einheitsstaats.

Die Resonanz auf Otto Fegers „Aufruf und Programm" ist nur ansatzweise zu rekonstruieren. Viel spricht dafür, dass das Manifest durchaus ein breiteres Publikum fand. Als Indikator mag dienen, dass der Tübinger Jurist Adolf Julius Merkl die Schrift 1947 mit dem Prädikat „vielzitiert" belegte. Auch in Rottweil war Fegers Buch laut dem früheren Stadtarchivar Winfried Hecht durchaus präsent. In den Beratungen des Gemeinderats freilich spielten die Hauptstadt-Pläne des Konstanzer Historikers keine Rolle, jedenfalls fanden sie keinen Niederschlag in den Protokollen.

Bezugnahmen auf Fegers Vorschläge lassen sich etliche nachweisen, vor allem in der in- und ausländischen Presse. Der Mitbegründer der CDU in der sowjetischen Besatzungszone Jakob Kaiser etwa berichtete nach einer Reise durch die französische Zone von dem Werk. Selbst „Der Sozialdemokrat" vermerkte mit Erstaunen die vergleichsweise hohe Auflage in einer Zeit extremer Papierknappheit. Das Hamburger Nachrichtenmagazin „Der Spiegel" indes betrachtete Fegers Überlegungen mit betont distanzierter Attitüde und mokierte sich über den Autor als „bebrillten Stammesmann".

Aber Feger fand auch Zuspruch. Sympathien für seine Pläne hegte anfänglich sogar der in Rottweil als Rechtsanwalt und Notar tätige CDU-Mitgründer und bedeutende Parlamentarier Lorenz Bock, von Juli 1947 bis zu seinem Tod im August 1948 Staatspräsident von Württemberg-Hohenzollern. Auch der Schwenninger Bürgermeister Otto Gönnenwein, mit Feger persönlich bekannt, liebäugelte mit dessen Alemannien-Ideen, ebenso wie der Baden-Badener Polizeidirektor Walter Bargatsky, später Präsident des Deutschen Roten Kreuzes, der dezidiert Rottweil als mögliche Hauptstadt erwähnte. In der Beratenden Landesversammlung von Württemberg-Hohenzollern, dem für solche Pläne vorrangig zuständigen Gremium, wurden Fegers Vorschläge indes nur einmal aufgegriffen. Der Schwenninger KPD-Abgeordnete Wilfried Acker nahm in der Sitzung vom 22. November 1946 darauf Bezug, allerdings indem er die Alemannien-Pläne als separatistische Abwege darstellte, denen er ein Bekenntnis zu Deutschland als Ganzem entgegenhielt.

Die historische Entwicklung ging über Fegers Vision letztlich rasch hinweg. Auch wenn danach immer wieder Neugliederungsdebatten aufflammten: Spätestens mit Gründung des Landes Baden-Württemberg im März 1952 waren seine Pläne einer schwäbisch-alemannischen Demokratie mit Rottweil als Hauptstadt obsolet.

Die historische Entwicklung ging über Fegers Vision letztlich rasch hinweg. Auch wenn danach immer wieder Neugliederungsdebatten aufflammten: Spätestens mit Gründung des Landes Baden-Württemberg im März 1952 waren seine Pläne einer schwäbisch-alemannischen Demokratie mit Rottweil als Hauptstadt obsolet.

---

72   Ebd.

2 POLITIK

Quellen

Feger, Otto, Schwäbisch-Alemannische Demokratie. Aufruf und Programm, Weller Verlag Konstanz 1946.

📖

Borst, Otto, In memoriam Otto Feger, in: Jahrbuch für die Geschichte der oberdeutschen Reichsstädte 14 (1968) S. 180–182.

Hecht, Winfried, Rottweil 1802–1970. Von der Reichsstadt zur Großen Kreisstadt, Rottweil 1997.

Klöckler, Jürgen, Abendland-Alpenland-Alemannien. Frankreich und die Neugliederungsdiskussion in Südwestdeutschland 1945–1947, München 1998 (Studien zur Zeitgeschichte; 55).

Ders., Alemannien oder Rheinschwaben? Pläne zur Neugliederung des schwäbisch-alemannischen Raums unmittelbar nach 1945, in: Bosch, Manfred/Gaier, Ulrich (Hrsg.), Schwabenspiegel. Literatur vom Neckar bis zum Bodensee 1800–1950, Biberach 2006, S. 457–464.

Ders., Grenz(t)räume in Alemannien. Aspekte der Neugliederungsfrage unmittelbar nach 1945, in: Grenzüberschreitungen. Der alemannische Raum – Einheit trotz der Grenzen?, hrsg. von Wolfgang Homburger, Wolfgang Kramer, R. Johanna Regnath und Jörg Stadelbauer, Ostfildern 2012, S. 51–59 (Veröffentlichungen des Alemannischen Instituts; 80)

Ders., Schwäbisch-Alemannische Demokratie oder alpine Union? Der Bodensee im Zentrum einer möglichen Neugliederung nach 1945, in: Derschka, Harald/Ders. (Hrsg.): Der Bodensee. Natur und Geschichte aus 150 Perspektiven. Jubiläumsband des internationalen Vereins für Geschichte des Bodensees und seiner Umgebung 1868–2018, Ostfildern 2018, S. 276f.

Ders., Vom Lech bis an den Rhein. Träume von einem schwäbisch-alemannischen Staat nach 1945, in: Hoser, Paul/Baumann, Reinhard (Hrsg.): Kriegsende und Neubeginn. Die Besatzungszeit im schwäbisch-alemannischen Raum Konstanz 2003, S. 81–95 (Forum Suevicum; 5).

Linsenmann, Andreas, Schwäbisch-alemannische Hauptstadt. Vor 70 Jahren: Rottweil wird als Regierungssitz vorgeschlagen, in: NRWZ, 9. Januar 2016, S. 7.

Maurer, Helmut, Otto Feger, in: Der Archivar 22 (1969) Sp. 121–124.

Ders., Otto Feger, in: Badische Biographien NF Bd. 1, hrsg. von der Kommission für Geschichtliche Landeskunde in Baden-Württemberg, Stuttgart 1982, S. 110–112.

3 PARTNERSCHAFTEN UND PATENSCHAFTEN

1913: Rottweil und Brugg – eine Städtepartnerschaft im Wandel der Zeit

Von Harald Sommer

Anfänge einer Partnerschaft

Die Verbindung zwischen Rottweil und Brugg (Schweiz) gilt als die älteste Städtepartnerschaft in Deutschland und als die zweitälteste in Europa; eine Städtepartnerschaft, die nicht nur auf dem Papier steht, sondern in beiden Städten gelebt wird. Die Kommunen mit Ihren Stadtoberhäuptern, Vereine, Chöre, die Feuerwehr, Jahrgänge und viele Bürgerinnen und Bürger pflegen herzliche und freundschaftliche Bande zur Partnerstadt, wodurch diese Partnerschaft zu einer wahren Städtefreundschaft wurde.

Es war halt schö gsi…! Dieser Ausruf einer Brugger Bürgerin nach dem Besuch des Männergesangvereins „Frohsinn Brugg", in Rottweil, zieht sich wie ein roter Faden durch die über hundertjährige Städtefreundschaft.

Um dies verstehen zu können, müssen wir in der Geschichte etwas zurückgehen.

Vermutlich 72/73 n. Chr. marschierte die XI. römische Legion, die in Vindonissa (Windisch bei Brugg) stationiert war, an den Neckar und gründete dort Arae Flaviae, das heutige Rottweil.

Rottweil pflegte schon immer gute Beziehungen zur Schweiz und war auch aus der Not heraus bestrebt, die Beziehungen zur Eidgenossenschaft zu vertiefen. Am 18. Juni 1463 wurde die Reichstadt Rottweil von den damals 8 Orten der Schweizer Eidgenossenschaft, nämlich Zürich, Bern, Luzern, Schwyz, Uri, Unterwalden, Zug und Glarus als zugewandter Ort auf 15 Jahre anerkannt. Das Bündnis wurde 1477 und 1490 jeweils verlängert, und nach dem Tode Kaiser Maximilians, im Jahre 1519, war der Weg frei, mit den jetzt 13 eidgenössischen Orten einen Ewigen Bund abzuschließen, der formal bis in den Dreißigjährigen Krieg bestand.

Am 19. August 1912 ging bei einer Sitzung des Männergesangvereins Brugg von Seiten Prof. Dr. Ernst Laurs, die Anregung ein, im kommenden Jahr nach Rottweil zu reisen, um daselbst zur Erinnerung an die vor 450 Jahren erfolgte Aufnahme der Stadt in den Bund der Eidgenossen ein Konzert zu veranstalten. Dieser Vorschlag wurde am 26. September 1912 auch beschlossen.

Am Samstag, den 28. Juni 1913 kamen ca. 60 Brugger Sänger und passive Mitglieder um 14.47 Uhr am Rott-

Abb. 73:
Sänger von Rottweil und Brugg vor der Hochbrücke 1913
© Archiv der Chorgemeinschaft Rottweil

3 PARTNERSCHAFTEN UND PATENSCHAFTEN

weiler Bahnhof an und wurden von den Klängen der Stadtkapelle, Mitgliedern des Männergesangvereins Rottweil, dem Stadtschultheißen Edwin Glükher, dem Bürgerausschussobmann Rechtsanwalt Ritter und zahlreichem Publikum begrüßt.

Unter Vorantritt der Stadtkapelle marschierten die Sänger hinter der Vereinsfahne vom Bahnhof zur Stadt hinauf, um – freudig überrascht über die reiche festliche Beflaggung der Hochbrücke und aller Häuser – ihren Einzug in die Stadt zu halten.

Am Abend um 20.30 Uhr begann ein Wohltätigkeitskonzert zugunsten der hiesigen Krankenpflege. Nach ein paar schönen Stücken ergriff Stadtschultheiß Glükher das Wort:

„Meine Damen und Herrn! Gestatten Sie, Namens der Stadtverwaltung, unseren lieben Gästen aus dem Schweizerland Willkomm zu bieten und sie zu versichern daß wir außerordentlich dankbar sind für ihren gütigen Besuch und die hohen Genüsse, welche zu bieten sie im Begriffe stehen und es als eine ganz besondere Ehre betrachten, daß sie die Erinnerung an die denkwürdigen Beziehungen, welche vor 450 Jahren zwischen der schweizerischen Eidgenossenschaft und unserer Stadt geknüpft wurden, in so liebenswürdiger Weise wieder auffrischen und die Beziehungen so freundlich wieder erneuern. Gerne gedenken wir der zahlreichen und wertvollen Dienste, welche die Eidgenossenschaft im Laufe der Jahrhunderte unserer Stadt geleistet hat, wie durch ihr Eintreten so manches Unheil abgewendet und der Schutz ersetzt wurde, den das alte deutsche Reich in seiner Zersetzung nicht gewähren konnte, wir namentlich durch ihre Vermittlung im Jahre 1579 schwere Konflikte zwischen dem Magistrat und der Bürgerschaft beigelegt wurden in dem bekannten Schweizer-Laudum, das ein ganzes Jahrhundert lang der Stadt inneren Frieden brachte und noch im Jahr 1782 als Grundlage einer Verfassungsreform bezeichnet wurde. Wir gedenken aber auch heute, daß unsere Beziehungen mit Brugg noch 14 Jahrhunderte älter sind, als die mit der Schweiz im Allgemeinen. Es muß etwa ums Jahr 63 n. Chr., also vor 1850 Jahren gewesen sein, als die Römer entschiedene Schritte taten, um das Dekumatenland zu sichern und dies mit Erbauung einer Heerstraße von Vindonissa, dem heutigen Windisch bei Brugg nach Arae Flaviae, dem heutigen Hochmauern bei Rottweil, einleiteten. Jahrhunderte lang hat diese Straße den lebhaften Verkehr vermittelt, der die Niederlassungen im Neckartal und Vindonissa mit dem Mutterland pflegen mußten.
Tiefer Schmerz und herbes Weh durchzuckte unsere Vorfahren, als sie im Jahre 1802 die alte Reichstadt den württembergischen Kommissären übergeben mußten. Aber heute nach 11 Jahrzehnten wird auch der eingefleischteste Rottweiler die alte Reichstadtherrlichkeit nicht mehr zurück wünschen.
Das Alte stürzt, es ändert sich die Zeit, und neues Leben blüht aus den Ruinen!
Wir sind stolz auf die gedeihliche Entwicklung unserer Stadt, wir befinden uns wohl im Schoße des Schwabenvolkes, wir fühlen uns wohlgeborgen unter den mächtigen Fittichen des deutschen Aars. Und die Eidgenossenschaft, welche so mächtige wirtschaftliche Entwicklung genommen hat, die sich so großer politischer Achtung erfreut im Rate der Völker, kann ihres Außenpostens

wohl entraten, der vermöge seiner räumlichen Entfernung und seiner Zwitterstellung als Glied des Deutschen Reichs und der Eidgenossenschaft so manche Mühe und Gefahr und Unstimmigkeit gebracht hat. Mit ganz besonderer Genugtuung können wir feststellen, daß die Beziehungen, welche unsere Stadt, unser engeres und weiteres Vaterland mit dem biederen Schweizervolk unterhält, vortreffliche und – ich erinnere an die warme Aufnahme unseres Kaisers – herzliche sind. In ausgiebiger Weise wetteifern beide Völker in einträchtiger Erfüllung der gemeinsamen Kulturaufgaben der Nationen.

Lassen wir meine Damen und Herrn die Gefühle, welche uns heute beseelen in dem Ruf ausklingen: Gott schütze, Gott segne, Gott erhalte einig und glücklich die herrliche Schweiz, das schöne Schwabenland, das große Deutsche Reich."[73]

Diesen Worten folgte lebhafter Applaus!

Danach ergriff Prof. Dr. Laur für Brugg das Wort:

„Verehrter Herr Stadtschultheiss, verehrte Damen und Herren, liebwerte Sänger! Im Namen des Männerchores Frohsinn erlaube ich mir, die herzlichen Worte, die der verehrte Herr Stadtschultheiss von Rottweil soeben an uns gerichtet hat, zu verdanken. Sie dürfen versichert sein, daß der warme Gruß der Behörde und der Bevölkerung Ihrer Stadt bei uns den lebhaftesten Wiederklang gefunden hat. Laßt hören aus alten Zeiten, das ist der Ton auf den die heutige Tagung gestimmt. Von alten Zeiten sprachen die Türme von Rottweil, die uns schon von ferne her grüßten, von alten Zeiten redet das traute Stadtbild, das heute so prächtig mit Bannern ihres und unseres Landes geschmückt ist. Von alten Zeiten erzählen die alten Bauten, der schwarze Turm und das ehrwürdige Rathaus. Von alten Zeiten singen aber auch unsere Lieder und klingt es in unseren Herzen. Rottweil du ehemalige Bundesstadt, dir gilt heute das Schweizersängerwort: „Eidgenossen, Gott zum Gruß".

Als vor 450 Jahren Rottweil den ersten Bund mit der Eidgenossenschaft abschloß, da stund unser Volk in einer Periode raschen Aufblühens. Die Schlacht von St. Jakob an der Birs hatte den Waffenruhm der Eidgenossen in Aller Lande getragen und die Großen der Erde bemühten sich um die Freundschaft unseres Landes. Aber nicht den Großen, sondern der freien Reichstadt am Neckar, die schon seit Jahren mit den Eidgenossen in Freundschaft verbunden war, reichten sie die Hand und mit ihr schlossen

Abb. 74:
Professor Ernst Laur (1871 – 1964)
© Titus Meier

---
73 Zit. nach Schwarzwälder Volksfreund vom 30. Juni 1913.

sie einen Bund. Die Burgunderkriege woben neuen Glanz in die eidgenössischen Banner, und es schien, als ob unser Volk dazu bestimmt sei, in die Reihen der Großmächte einzutreten. Voll hoher Hoffnungen zogen die Eidgenossen zu den Mailänderkriegen nach dem Süden und fröhlich flatterte die Fahne von Rottweil in ihrem Heere. So waren denn ihre Vorfahren auch dabei, als in der heldenhaften Niederlage von Marignano die Großmachtspläne endgültig begraben worden sind. Wir sollen diesen Ausgang nicht bedauern, sondern wir sind heute froh, daß unser Volk rechtzeitig auf die hohe Aufgabe beschränkt worden ist, an deren Lösung es noch heute arbeiten darf. Ja Freunde, wir sind heute auf Eroberungen ausgezogen. Wir wollen Freundschaft, Verständnis und Zuneigung für unser Volk werben. Wo wäre dies eher zu finden als hier in Rottweil, das in seinen historischen Erinnerungen mit uns verbunden bleibt. Wir bringen euch die herzlichsten Gefühle entgegen, wie sie aus einer großen, gemeinsamen Vergangenheit erwachsen, wie sie hervorgehen aus einer vielverwobenen Kulturgemeinschaft und wie sie ganz besonders im deutschen Liede erklingen, das seine Zauberkraft auch heute wieder auf uns alle ausübt. Möge der heutige Tag ein fruchtbringender und gesegneter werden. Mein Hoch gilt der Freundschaft zwischen der Stadt Rottweil und Brugg, der Freundschaft aber auch zwischen dem großen Deutschen Reich und der schweizerischen Alpenrepublik."[74]

Der weitere Abend ging mit Reden, Musik und schönen Liedern ziemlich spät zu Ende. Am nächsten Tag marschierten die Brugger Sänger nach einer kleinen Stadtführung und einem Frühschoppen mit großem Geleit wieder an den Bahnhof, wo sie um 11.46 Uhr ihre Weiterreise nach Stuttgart fortsetzten.

Am 28. Juni 1914 traten ca. 90 Personen den Gegenbesuch nach Brugg an und wurden um 13.07 Uhr am Bahnhof Brugg von einer Musikkapelle und einer großen Menschenmasse begeistert empfangen und in die reich beflaggte Stadt geleitet. Nach dem Mittagessen wurden das Kloster Königsfelden und das Amphitheater in Windisch (früher Vindonissa) besichtigt, wo Ausgrabungen den Standort der XI. römischen Legion beweisen. Um 20.00 Uhr begann zugunsten des Bezirksspitals und des Kinderspitals Brugg in der reformierten Kirche in Brugg ein Wohltätigkeitskonzert, welches von den Konzertbesuchern begeistert aufgenommen wurde. Nach Konzertende gab es im Roten Haus einen gemütlichen Sängerabend, der nach gehaltenen Reden, Musik, Gesang und Tanz bis in den frühen Morgen dauerte. Es war halt wieder schö gsi…

Um 6.48 Uhr marschierten die Rottweiler Sänger mit Gesang und in Begleitung ihrer Brugger Kameraden und der Behördenspitze zum Bahnhof, von wo sie weiter nach Luzern fuhren.

Eine Freundschaft festigt sich 1923 – 1948

Deutschland litt massiv unter den Folgen des Ersten Weltkriegs: Lebensmittel mussten weiterhin rationiert werden, während die Kosten für die übrigen Konsumgüter massiv anstiegen. 1923 erreichte die Hyperinflation ihren Höhepunkt.

Auf der Generalversammlung des „Frohsinn Brugg" im Januar 1923 erinnert H. Hösli an die freundschaftlichen Bande mit Rottweil und an die schlimmen Zeiten. Der Ertrag einer sofort durchgeführten Kollekte wird dem Männergesangverein Rottweil zur Verteilung überwiesen. Am 15. Februar wird eine 2. Sammlung veranstaltet, die dem Männergesangverein für eigene Zwecke überwiesen wird. Ende 1923 unterbreitet Laur dem „Frohsinn Brugg" ein Programm für eine umfangreiche Hilfsaktion zugunsten der Stadt Rottweil.

---

74 Zit. nach Denkschrift 50-jähriges Jubiläum 1931 Männerchor Frohsinn Brugg, v. Dr. Hans Riniker.

Am 20. Dezember werden folgende Beschlüsse gefasst:
1. Es soll in Rottweil eine Volksküche eingerichtet und den Bedürftigen beigestanden werden.
2. Die Organisation der Küche wird dem Zentralkomitee für die deutsche Not in Bern in Verbindung mit dem Gemeinderat Rottweil übertragen.
3. Zur Deckung der Kosten organisiert der „Frohsinn Brugg" womöglich in Verbindung mit anderen Vereinigungen in der Stadt Brugg eine öffentliche Sammlung.

Am 3. Januar 1924 steht fest, dass die Hilfsaktion für Rottweil gelingen wird, haben doch die meisten Vereine ihre Mithilfe angesagt und am 31. Januar sind stolze 10.000,– Schweizer Franken beisammen, mit denen die sogenannte „Brugger Volksküche" ca. 6 Monate lang finanziert werden soll.

Im Januar 1924 traf in Rottweil eine umfangreiche Sendung mit Hafer- und Weizenmehl, Reis, Grütze, Gries, Teigwaren, Bohnen, Haferflocken und Fleischkonserven ein; bereitgestellt vom Verein „Frohsinn Brugg", um damit das Fortbestehen der Rottweiler städtischen Speiseanstalt zu ermöglichen, die daraufhin mit gutem Recht in „Brugger Volksküche" umbenannt wurde.

Der Spendeneingang war so beträchtlich, dass davon auch die Ferienversorgung für 90 unterernährte und tuberkuloseverdächtige Kinder ermöglicht wurde.

In einer ganz ähnlichen Situation fanden die Städte Brugg und Rottweil nach dem Zweiten Weltkrieg zueinander.

Aus schwerer Sorge sah sich Rottweils Bürgermeister Arnulf Gutknecht im Winter 1946 veranlasst, in Brugg für die notleidende Bevölkerung Rottweils, wo man mit einer Monatsration von 125 Gramm Fett und 200 Gramm Brot pro Tag auskommen sollte, um Hilfe zu bitten. Im Jahre 1963 sagte Dr. Hans Riniker aus Brugg zu einer Reporterin des „Schwarzwälder Bote": *„Wir haben uns damals gefreut, dass sich ihr Bürgermeister ein Herz gefasst hat und an uns geschrieben hat. Wir haben gerne geholfen."*[75]

Am 26. Januar 1947 ging der erste Hilfstransport mit einer reichlichen Schuhspende, zahlreichen Lebensmitteln und sonstigen Sachgütern, die man in Deutschland nur dem Namen nach kannte, nach Rottweil. Am 16. März war unter der Leitung von Dr. Hans Riniker ein zweiter Transport unterwegs mit 6,2 Tonnen Lebensmitteln, Wäsche, Schuhen und weiteren Bedarfsartikeln, die sehnsüchtig erwartet wurden.

1500 Anträge auf Hilfeleistung gingen bei der Stadtverwaltung ein, und die Rottweiler Heimatdichterin Marie Stengle dichtete voller Dankbarkeit *„S' Christkindle hot im Schweizerland an warme Herze klopfet"*.

Zu Weihnachten 1947 bedankte sich Rottweil, nach größeren Schwierigkeiten an der Grenze, mit 500 Christbäumen bei den Bruggern für deren hochherzige Hilfsbereitschaft.

Weitere Aktionen und Transporte der Brugger folgten, organisiert durch die Schulpflegerin Gerdrud Comte. Einen besonderen Höhepunkt im Rahmen dieser Anstrengungen stellte die Einrichtung einer Kinderspeisung in Rottweil dar. Nach Abschluss der seit Juni 1948 laufenden Vorbereitungen konnte so zunächst zwei Wochen lang 1200 unterernährten Kindern aus drei Kesseln zu je dreihundert Litern eine zusätzliche Mahlzeit gegeben werden. Die Brugger sorgten dafür, dass dies nicht ein einmaliges Ereignis blieb, dass die „Schulspeisung" vielmehr zu einer fast selbstverständlichen Einrichtung im damaligen Rottweiler Schulleben wurde.

Vor Weihnachten 1948 reiste Bürgermeister Gutknecht nach Brugg, wo er 1000 Christbäume als Dank-Geschenk überbrachte und auf der Habsburg bei einer Weihnachtsfeier eine Rede hielt, die alle Brugger Zuhörer besonders tief berührt hat.

Nach 1948 verlagerten sich die Beziehungen der Städte zueinander mehr auf sportliche Kontakte.

Seit 1954 gibt es in Rottweil die „Brugger Straße" und auch in Brugg wurde 1977 eine Straße in „Rottweiler Straße" umbenannt. Im Jahre 1963 feierten beide Städte 500 Jahre Rottweil als zugewandte Stadt zur Eidgenossenschaft und 50 Jahre Städtefreundschaft.

---

75 Zitat Dr. Hans Riniker, Schwarzwälder Bote 28. Juni 1963.

3 PARTNERSCHAFTEN UND PATENSCHAFTEN

Vom Schweizerfest (1969) bis heute

Im Jahre 1969 fand in Rottweil das sogenannte „Schweizerfest" statt: seit 500 Jahren waren Rottweil und die Eidgenossenschaft enge Partner. Es gab zahlreiche Aktivitäten mit Schweizer Beteiligung, wie zum Beispiel das Fußballspiel zwischen dem VfB Stuttgart und den Young Boys Bern und der Einritt einer Dragoner-Abteilung des Zentralschweizerischen Kavallerievereins in das Fußballstadion. Weitere Begegnungen mit Schweizer Beteiligung fanden mit dem Turnverein, Chören, Tischtennisverein, Kunstradfahrverein, Schützenverein, weiteren Fußballvereinen und Judokämpfern statt. Außerdem waren Alphornbläser, Fahnenschwinger und Kuhglockenscheller aus der Schweiz anwesend. Eine Ausstellung von Dr. Winfried Hecht präsentierte eine vorzüglich gelungene Schau historischer Zeugnisse, welche die Verbundenheit Rottweils und der Schweiz auswiesen und seit ihrer Eröffnung stark besucht wurde.

1988 war der 75. Jahrestag der Städtefreundschaft. Zu diesem Anlass wurden Steine des Schwarzen Tores in Rottweil und des Schwarzen Turms in Brugg ausgebaut und in das jeweils andere Objekt eingebaut. In Rottweil am Schwarzen Tor nahm dies im Beisein von Oberbürgermeister Dr. Michael Arnold und Stadtammann Hans Peter Howald, der allseits geschätzte Schweiz-Kenner und Begründer der Feuerwehrfreundschaft zwischen Brugg und Rottweil, Karl Nagel, vor. Die Feierlichkeiten fanden in Brugg am Freitag, den 9. September und in Rottweil am 10. September statt.

Im Jahre 2003 pflanzten die Mitglieder der „Rottweiler Freunde von Brugg" eine Freundschaftslinde auf dem nördlichen Kirchplatz hinter der Reformierten Kirche in Brugg.

Die 100-jährige Städtefreundschaft und 550 Jahre zugewandter Ort zur Eidgenossenschaft im Jahre 2013 standen unter dem Motto: „Wir leben Schweiz."

Zum Fest versammelten sich damals die Rottweiler mit ihren Freunden an einer riesigen Festtafel auf dem Straßenkreuz der ältesten Stadt Baden-Württembergs, die sich so mitten im Schwäbischen zumindest kulinarisch auch als überdimensionales Schweizerkreuz verstehen ließ. Am Bruderschafts-Gebäude bei Heilig-Kreuz wurde aus gleichem Anlass eine Gedächtnistafel der beiden Städte aus Messing mit ihren Stadtwappen enthüllt. Die vielen Aktivitäten um die Städtefreundschaft waren der französischsprachigen Tageszeitung „Le Temps", die in Lausanne in der französischen Schweiz erscheint, einen ganzseitigen Artikel wert.

Im gleichen Jahr hielt Bürgermeister Werner Guhl, als einer der wenigen nicht schweizerischen Redner, in Brugg am Rutenzug, der seit dem 16. Jahrhundert erwähnt wird, bei der Morgenfeier eine historische Rede. Diese wurde von Bruggern so kommentiert: *„Das isch vill besser gsi als letscht Joohr. Er hät d'Chind und die Grosse eifach so guet chöne näh."*[76] Morgenfeier-Profis waren begeistert über den diesjährigen Redner, Bürgermeister Werner Guhl aus Rottweil, der Brugger Partnerstadt. Leider verstarb Werner Guhl 2015, im Alter von nur 58 Jahren, an plötzlichem Herztod. Er sah die Freundschaft zwischen Rottweil und Brugg immer als Aufgabe und ermahnte die Menschen, diese Freundschaft zu pflegen und permanent zu erneuern.

Abb. 75:
Oberbürgermeister Dr. Arnold und Stadtammann Hans-Peter Howald beim Einsetzen des Brugger Steines in das Schwarze Tor in Rottweil
© Harald Sommer

---

76 Zit. nach Aargauer Zeitung 5.7.2013.

Abb. 76:
Rede von Bürgermeister Werner Guhl am Jugendfest Brugg 2013
© https://www.jugendfest-brugg.ch/id-2013

Der Höhepunkt des Jahres 2019 waren die Feierlichkeiten zu „500 Jahre Ewiger Bund mit der Schweizer Eidgenossenschaft", in Verbindung mit dem Rottweiler Stadtfest.

Quellen
Aargauer Zeitung 5.7.2013
Schwarzwälder Bote vom 28. Juni 1963
Schwarzwälder Volksfreund vom 30. Juni 1913
Archiv der Chorgemeinschaft Rottweil (früher Männergesangverein)
Privatarchiv Karl Nagel (Eigentümer: Harald Sommer)
Aargauischer Hausfreund (Brugger Lokalzeitung)

Hauenstein, Willi, 100 Jahre Frohsinn Brugg 1881–1981, Brugg 1981.
Festschrift 50 Jahre Frohsinn Brugg 1931, Brugg 1931.
Kunz, Mathias/Hecht, Winfried/Ebert, Hartwig, 500 Jahre Ewiger Bund zwischen der Schweizer Eidgenossenschaft und Rottweil 1519–2019. Festschrift zum Jubiläum, Rottweil 2019 (Veröffentlichungen des Stadtarchivs Rottweil; 26).

Von Michael Rauschert

Rottweil und seine Patenschiffe

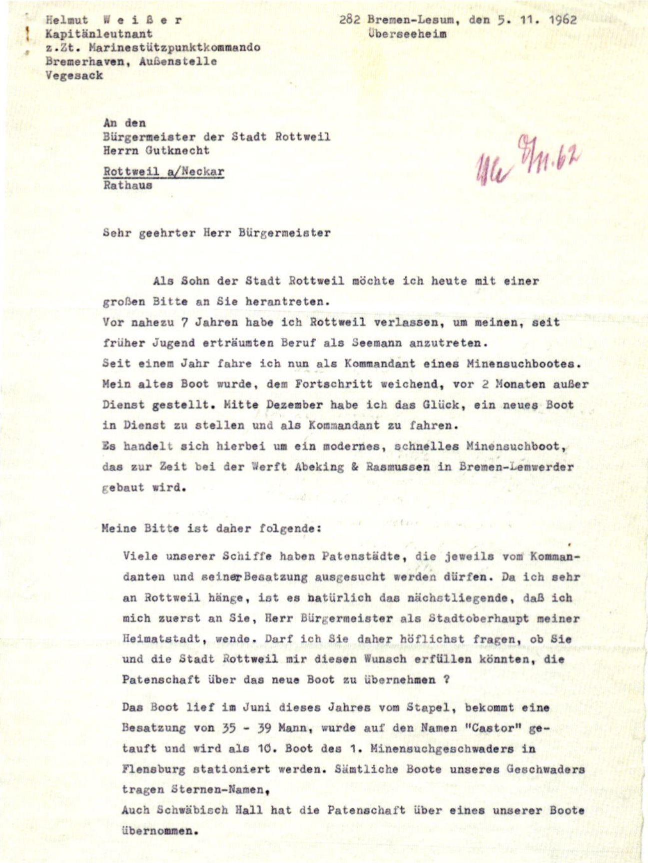

Schnelles Minensuchboot Castor M 1051 (1962 – 1990)

Anfang November 1962 richtete der gebürtige Rottweiler Helmut Weißer, Kapitänleutnant und erster Kommandant der „SM Castor" (SM=Schnelles Minensuchboot), eine Bitte an seine Heimatstadt Rottweil zur Übernahme einer Patenschaft für sein neues Schiff.

Dieser Bitte wurde im Gemeinderat einstimmig entsprochen.

Abb. 77 – 78:
Schreiben von H. Weißer
an BM Gutknecht
© Stadtarchiv Rottweil Bestand
S 50/1
Abb. 79:
Auszug aus dem GR-Protokoll
vom 13.11.1952
© Stadtarchiv Rottweil Bestand
C1-RPR/1962

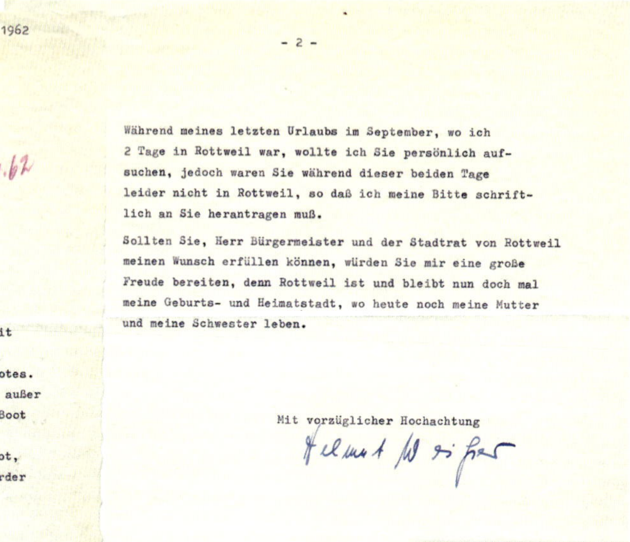

Ob in Tarnfleck oder dunkelblau – man sieht sie am Weihnachtsmarkt, wie sie eifrig mit Punsch gefüllte Becher aus ihrem Hüttchen herausreichen. Und das für einen guten Zweck. Bereits seit dem zweiten Rottweiler Weihnachtsmarkt nimmt die Besatzung des Minentauchereinsatzbootes „Rottweil" mit ihrem beliebten Marinepunsch teil, dessen Erlös verschiedenen Rottweiler Vereinen und sozialen Einrichtungen zugutekommt.

Rottweil und seine Patenschiffe

Die „Castor" lief am 12. Juli 1962 vom Stapel und wurde am 11. Dezember 1962 in Dienst gestellt. Mit der Indienststellung übernahm die Stadt Rottweil die Patenschaft für das Boot.

In den Folgejahren entwickelte sich ein reger gegenseitiger Besuchsverkehr zwischen der Besatzung und den Rottweilern. Jubiläen gehörten zu den Besuchen der offizielleren Art. Dagegen waren Einladungen zur Fasnet und im Sommer zu Fußballspielen zwischen der Besatzung und einer Stadtauswahl privater Art. Neben den Besuchen kam es auch zum Austausch kleinerer Geschenke wie Bilder und Bücher über Rottweil und die Fasnet, Reisewecker für die Besatzung einerseits und kleinerer Gebrauchsgegenständen des Bootes, bspw. ein Rettungsring mit dem Schriftzug „Castor", eine Schiffsglocke oder eine Positionslampe andererseits.

Zudem fertigten zwei Matrosen ein über ein Meter langes Modell des Schiffes an und übergaben es der Stadt. Die „Castor" erhielt regelmäßig zu Weihnachten zwei Schwarzwaldtannen zugeschickt, die Besatzung schickte Geld- oder Sachspenden für bedürftige Rottweiler Bürger oder für soziale Einrichtungen. Auch wurden Postkarten von Auslandsfahrten geschickt, von denen Kurzberichte, verfasst von Mitgliedern der Besatzung, in der Tagespresse abgedruckt wurden. Ein Piratenschiff-Spielgerüst konnte mit einer Spende der „Castor" in der Nähe der Kehlwaldhütte errichtet werden.

Trotz der bereits intensiven Kontakte seit 1962 – auch das 20-jährige Jubiläum wurde im September 1982 gefeiert – kam es erst weit nach dem Gemeinderatsbeschluss zur offiziellen Patenschaft, da der Antrag zur Übernahme einer Patenschaft und dessen Genehmigung erst im August 1965 im Bundesministerium für Verteidigung bearbeitet und genehmigt wurde. Was unter Bürgermeister Arnulf Gutknecht (1946–1965) begann, wurde durch seinen Nachfolger Dr. Ulrich Regelmann (1965–1985) mit einem die Patenschaft besiegelnden Besuch auf der „Castor" abgeschlossen.

Am 15. August 1990 wurde die „Castor" außer Dienst gestellt, entmilitarisiert und in Privatbesitz verkauft.

Minenjagdboot Rottweil M 1061 (seit 1993)

Schon im Juli 1989 erhielt die Stadt Rottweil das Angebot des Inspekteurs der Bundesmarine zur Übernahme einer weiteren Patenschaft eines der neu eingesetzten Minenjagdboote. Als Ausdruck des Dankes und der Anerkennung sowie als sichtbares Zeichen einer langjährigen freundschaftlichen Verbindung zwischen den Einwohnern der Stadt Rottweil und den Besatzungen des Patenbootes beabsichtigte der Inspekteur der Marine, dem neuen Boot den Namen der Stadt „Rottweil" zu geben. Dies galt auch analog für die Patenschaften anderer Städte für die Boote dieser neuen Klasse.

Oberbürgermeister Dr. Michael Arnold (1985–2001) begrüßte dieses Angebot und wies darauf hin, wie wichtig es sei, dem Verteidigungsauftrag der Bundeswehr

Abb. 80, li:
Rettungsring
© Städtische Museen Rottweil
Inv.nr. 14-7596

Abb. 81, re:
Die „Castor"
© Ralf Graner

Abb. 82:
Die „Rottweil M 1061"
© Stadtarchiv Rottweil Bestand J Fotoarchiv

durch eine derartige Patenschaft verbunden zu sein. Das Stadtoberhaupt befürwortete eine Patenschaft, da die Besatzung des Schiffes einen Dienst für die Allgemeinheit leiste. Weiter habe man die politische Verpflichtung, den Frieden zu wahren und müsse das Ansehen der Wehrpflichtigen stärken. Daher sei eine Patenschaft sichtbar zu zeigen.

Der Stapellauf und die Schiffstaufe, durchgeführt von der Ehefrau des damaligen ersten Beigeordneten (Bürgermeister) Wolfgang Nessler, erfolgten am 12. März 1992. Mit der Indienststellung am 7. Juli 1993 begann die Patenschaft offiziell. Regelmäßige Besuche von Rottweiler Bürgern sowie Schulbesuche und Praktika auf der „Rottweil" sind ebenso wie die Teilnahme der Besatzungsmitglieder an der Fasnet und am Stadtfest fester Bestandteil der Patenschaft.

Die „Rottweil" wurde 2007/2008 zum Minentauchereinsatzboot umgerüstet und kann bis zu sechszehn Minentaucher mitsamt deren Ausrüstung aufnehmen.

„Die ‚Rottweil' trägt den Namen unserer Stadt in die Welt – ihre Mannschaft ist bei uns stets ein gern gesehener Gast", so Oberbürgermeister Ralf Broß anlässlich des Kommandowechsels 2014.

Quellen

Stadtarchiv Rottweil Bestand C1-RPR 1962 (Ratsprotokoll von 1962)

Stadtarchiv Rottweil Bestand S 50/1 (Sammlung Kriegsschiffe „Castor" und „Rottweil")

Stadtarchiv Rottweil Bestand J Fotoarchiv

Rauschert, Michael, Rottweil und sein Patenschiff Castor 1962–1990, in: RHBll. 6 (2015) S. 3–4.

Ders., Seit 1993: Minenjagdboot Rottweil, in: RHBll. 6 (2016) S. 3–4.

Das „Schweizerfest" von 1969

Von Andreas Linsenmann

Abb. 83:
„Schweizerfest" in der Innenstadt
© Stadtarchiv Rottweil Bestand J Fotoarchiv

Zwei Sennbauern in Tracht, die mannsdicke Froschmaul-Schellen an bunt bestickten Fransenbändern ertönen lassen, flankiert von Alphornbläsern mit der Schweizerfahne und umringt von Schaulustigen allen Alters, im Hintergrund die flaggengeschmückte Hochbrücktorstraße, im Vordergrund ein Fotograf und ein auf der Pirsch nach einer interessanten Perspektive vor den Sennen sogar am Boden liegender Kameramann – an dieser im Stadtarchiv verwahrten dokumentarischen Fotografie vom 12. Oktober 1969 wird beispielhaft ablesbar, wie Rottweil 1969 das 450-jährige Bestehen des „Ewigen Bundes" mit der Schweizerischen Eidgenossenschaft beging: farbenprächtig mit großem Aufwand und ausgeprägtem Sinn für Symbolik.

Die Zahl 450 ist eigentlich kein Anlass, der Gedenken zwingend nahelegt. Dass Rottweil 1969 dennoch vom

10. bis 13. Oktober, also vier Tage lang, den Bund mit den Eidgenossen hochleben ließ, hat wohl vor allem zwei Gründe: Zum einen gab es das Geschichtsbewusstsein und den politischen Willen, die Verbindung, die sich gut zwei Jahrzehnte zuvor mit Hilfslieferungen für die nach dem Krieg notleidenden Rottweiler erneut bewährt hatte, zu würdigen. Namentlich der seit 1965 amtierende Bürgermeister Dr. Ulrich Regelmann erkannte die historische Chance und war entschlossen, sie zu nutzen. Für ihn war das „Schweizerfest" eine Herzenssache, zumal seine Mutter gebürtige Schweizerin war.

Zum anderen gab es eine günstige Personenkonstellation, die es ermöglichte, den Anlass zu einem spektakulären Ereignis zu machen, das damals überregional Aufmerksamkeit auf sich zog. Vor allem der damals blutjunge Dr. Winfried Hecht übernahm, mit Rückendeckung von der Stadtspitze und viel Unterstützung aus der Bürgerschaft, eine maßgebliche Rolle. Zum 1. Januar 1968 hatte er, gerade einmal 27-jährig, die Leitung des Stadtarchivs übernommen und bis Oktober 1968 setzte er alles daran, aus dem Jubiläum ein Bravourstück zu machen.

Hecht organisierte nicht nur binnen weniger Monate eine Festschrift mit namhaften Beiträgen sowie eine historische Ausstellung im Alten Kaufhaus. Er initiierte auch eine rege Beteiligung vieler Rottweiler Vereine, die ihrerseits ihre Verbindungen in die Schweiz aktivierten. So kam bei dem „Schweizerfest" unter anderem ein facettenreiches Sportprogramm zustande. Es ermöglichte gerade der jüngeren Generation Begegnungen – mit einem Stadtlauf zum Stadion, Freundschaftsturnieren und Vorführungen in den Sparten Fußball, Tanz, Tennis, Tischtennis, Judo, Kunstturnen und Kunstrad. Viel beklatschte Höhepunkte waren in diesem Strang der Festivitäten ein Boxvergleichskampf zwischen dem Boxsportverein Rottweil und dem Boxclub Schaffhausen sowie eine Partie zwischen Kickern des VfB Stuttgart und den Berner Young Boys.

Winfried Hecht verstand es zudem, historische Zeichen effektvoll in Szene zu setzen. So kam er auf die Idee, nicht nur von den 13 Orten der alten Eidgenossenschaft, mit denen sich Rottweil 1519 verschworen hatte, sondern von allen Schweizer Städten, bei denen sich Verbindungen zu Rottweil nachweisen ließen, Fahnen zu erbitten. Dazu unternahm er im Auftrag der Stadt sogar eine Rundreise in der Schweiz. Die Resonanz war beeindruckend: An die 80 Fahnen kamen zusammen. Sie bezeugten die historische Verflechtung mit den „Neckarschweizern" und illustrierten zugleich die Vielgestaltigkeit der Eidgenossenschaft.

Auch die Schweizer Seite ließ großen Ehrgeiz erkennen, das Jubiläum würdig zu begehen. Als besondere Geste verstanden es die Zeitgenossen, dass sich ein Trupp von 15 eidgenössischen Dragonern aufmachte, um beim Fest als eine Art Ehrengarde zu fungieren. Die Abordnung der wenig später aufgelösten „letzten Kavallerie zwischen Ural und Rocky Mountains", wie ein Schweizer Journal schrieb, sollte daran erinnern, dass der „Ewige Bund" ursprünglich wechselseitige militärische Beistandspflichten einschloss.

Auch die Schweizer Seite ließ großen Ehrgeiz erkennen, das Jubiläum würdig zu begehen.

Dass die Kavalleristen in voller Uniform und mit dem Sturmgewehr am Sattel nach Deutschland aufbrachen, beschäftigte im Vorfeld sogar die NATO. In deren Brüsseler Hauptquartier musste für den ungewöhnlichen Besuch erst Überzeugungsarbeit geleistet werden. Letztlich entwickelten sich die Dragoner zu einem Glanzpunkt des Festes. Schon bei ihrem Grenzübertritt bei Bargen wurden sie von drei Fernsehteams erwartet. In Rottweil stieg die mediale Aufmerksamkeit noch: Die Reiter waren ein heiß begehrtes Motiv der zahlreichen Pressefotografen sowie der Kameraleute, die unter anderem das ZDF entsandt hatte.

Eröffnet wurde das Festwochenende am Freitag, den 10. Oktober 1969 mit einer Geschichts-Tagung, einem Festvortrag des Züricher Professors Karl Siegfried Bader sowie dem erwähnten Boxkampf. Zudem brachte das eben gegründete Zimmertheater als Hommage an die Eidgenossen an diesem wie an den folgenden Abenden den Schwank „Die große Wut des Philipp Hotz" des Schweizer Schriftstellers Max Frisch auf die Bühne.

Der Samstag begann mit einem Festakt, bei dem Gottfried Boesch, Inhaber des Lehrstuhls für Schweizer Geschichte an der Universität Freiburg im Üchtland, als Festredner das Auditorium für die historische Tragweite des Staatsvertrags von 1519 sensibilisierte. Die eidgenössischen Kantone und zahlreiche Städte waren meist durch ihre Oberhäupter sowie der Bundesrat, also die Schweizer Regierung, durch den Botschafter in Bonn, Dr. Hans Lacher, vertreten. Angesichts dieser protokollarischen Ehrenbezeugung hatten Schweizer Zeitungen auf deutscher Seite Bundeskanzler Kurt Georg Kiesinger oder zumindest Ministerpräsident Hans Filbinger erwartet. Dass man sich als ranghöchstem Repräsentanten auf deutscher Seite mit dem aus Oberndorf stammenden baden-württembergischen Finanzminister Robert Gleichauf begnügen musste, stieß unangenehm auf – von einem „Lückenbüßer" war die Rede. Die Schweizer Presse mutmaßte, Bund und Land beargwöhnten die Rottweiler Bande zu den Eidgenossen womöglich als Separatismus.

Den Festlichkeiten tat dies indes keinen Abbruch. Mit einem Freundschaftsschießen mit den Schützengesellschaften aus Brugg und Schaffhausen wurde an alte Traditionen angeknüpft, der Nachmittag war gespickt mit sportlichen Begegnungen, abends spielte in der Stadionhalle das Unterhaltungsorchester des Südwestfunks Freiburg unter Willi Stech auf.

In den Festsonntag wurden Gastgeber und Gäste um 7.30 Uhr vom Evangelischen Posaunenchor eingestimmt. Es folgten konfessionell getrennte Gottesdienste im Heilig-Kreuz-Münster sowie der Predigerkirche. Anschließend wurden tausende Schaulustige Zeugen des Höhepunkts der Feiern von 1969: Auf einem Podium am Marktbrunnen verlas Wilu Kirsner als Rottweiler Herold eine an modernes Deutsch angenäherte und gestraffte Fassung des Bundesvertrags von 1519.

Wie ernst die Schweizer diese Zeremonie nahmen, lässt sich daran ablesen, dass Kirsner von den Kantonsweibeln flankiert wurde, den farbenprächtig gewandeten Amtsdienern der Schweizer Gliedstaaten. Danach sorgten die jodelnden, Alphorn blasenden und Fahnen schwingenden Sennen, die die hier reproduzierte Aufnahme zeigt, für ein wohl auch akustisch eindrucksvolles Gepränge.

Am Nachmittag gab es Fußballspiele und Musik, gefolgt von einem Unterhaltungsabend mit dem Deißlinger Humoristen Hans Hengstler oder alternativ der Partie VfB Stuttgart gegen Young Boys Bern, bei der die Schwaben souverän obsiegten, was das den Tag beschließende Feuerwerk für die Gastgeber wohl noch passender machte. Selbst am Montag lockte nochmals ein dichtes Programm – mit einem Schlagersängerwettbewerb, dem Start von 1000 Luftballons, Sport, Attraktionen für Kinder sowie abends einem im Bestreben um jugendliche Lockerheit unter dem Titel „Hot & Sweet – Pop & Beat" annoncierten Festival mit Bands aus Rottweil und Zürich.

Die Bilanz des „Schweizerfestes", bei dem in der Tradition wertschätzender Staatsgeschenke auch bemerkenswerte Präsente ausgetauscht wurden, war durchweg positiv. Die Stadt hatte sich als guter Gastgeber erwiesen und die Rottweiler hatten gezeigt, dass sie zu feiern verstanden. Nicht zuletzt hatte der Blick zurück auf den Eid vor 450 Jahren die Verbundenheit zwischen Rottweil und der Schweiz gestärkt und ihr neue Impulse verliehen. Kurz wurde sogar diskutiert, das Schweizer Konsulat in Baden-Württemberg nach Rottweil zu verlegen, mit Sitz etwa in der Villa Duttenhofer.

Bürgermeister Dr. Ulrich Regelmann hatte beim Festakt offenbar nicht übertrieben, als er ausweislich des im Stadtarchiv verwahrten Redemanuskripts erklärte, das Ereignis von 1519 sei keine bloße Historie, sondern wirke weiter und gehöre nach wie vor „zum Leben unserer Stadt". Er leitete daraus indes auch einen Auftrag ab: Rottweil könne eine „Brücke zur Schweiz" und ein Ansatzpunkt „für eine engere Zusammenarbeit der Völker Europas" sein. Jede Institution und jeder Bürger sei aufgefordert, auf ein gutes Miteinander sowie den Abbau falscher Vorstellungen zwischen den Ländern hinzuwirken. Dann, so Regelmann, habe „der Ewige Bund wirklich Ewigkeitswert bewiesen."

Hecht, Winfried, Eine Freundschaft durch die Jahrhunderte. Die Schweizer Eidgenossenschaft und Rottweil, Rottweil ⁴2013.

Ders., Rottweil 1802–1970. Von der Reichsstadt zur Großen Kreisstadt, Rottweil 1997.

Kunz, Mathias/Hecht, Winfried/Ebert, Hartwig, 500 Jahre Ewiger Bund zwischen der Schweizer Eidgenossenschaft und Rottweil 1519–2019. Festschrift zum Jubiläum, Rottweil 2019 (Veröffentlichungen des Stadtarchivs Rottweil; 26).

Linsenmann, Andreas, Staatsmänner, Sport und die NATO: Das „Schweizerfest" 1969, in: NRWZ, 27. Juli 2019, S. 8–9.

Von Ludwig Kohler

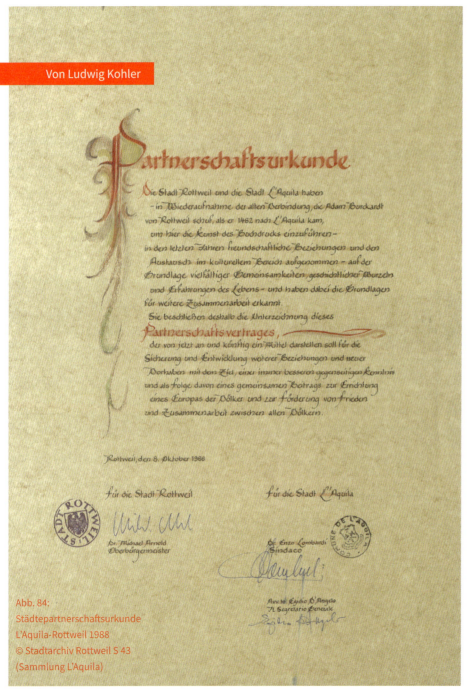

Abb. 84:
Städtepartnerschaftsurkunde
L'Aquila-Rottweil 1988
© Stadtarchiv Rottweil S 43
(Sammlung L'Aquila)

2009: Die Erde bebt in L'Aquila

Als die Partnerschaftsvereinbarung im Herbst 1988 im Rahmen der italienischen Kulturtage in Rottweil unterzeichnet wurde, war das eine große festliche Veranstaltung; eingebettet in einem üppigen Reigen an kulturellen Veranstaltungen. Es wurde auch eine Partnerschaftskonferenz mit Mitgliedern aus beiden Gemeinderäten abgehalten, und auf kirchlicher Seite wurde ein feierliches Pontifikalamt gefeiert. Während des offiziellen Festakts sprachen der spätere Senator und damalige Bürgermeister Dr. Enzo Lombardi und Oberbürgermeister Dr. Michael Arnold, die Festansprache hielt der Vizepräsident des italienischen Parlaments. Ein Jahr später fand dann die dazugehörige Ratifizierungsveranstaltung in Italien statt.

Vorausgegangen war eine längere Zeit des Sich-Gegenseitigen-Findens, wobei dieser Prozess ganz anders ablief als bei den übrigen Rottweiler Partnerstädten. Während bei Hyères und Imst (hier eher indirekt) kriegerische Ereignisse als Triebfeder fungierten und im Hintergrund standen, spielten bei der Entstehung der Städtepartnerschaft mit L'Aquila andere Faktoren die entscheidende Rolle.

1982 begingen die L' Aquilani nämlich den 510. Jahrestag des ersten Buchdrucks in ihrer Stadt. Dazu machten sie sich auf die Suche nach den Wurzeln eines gewissen Adam von Rottweil. Dieser Adam Burkhard, 1450 in Rottweil geboren, hatte die damals junge Kunst des Buchdrucks in Augsburg und Straßburg erlernt. Danach hatte es ihn nach Italien gezogen, wo eine ganze Reihe deutscher Buchdrucker tätig war. In Italien machte er sich einen bedeutenden Namen unter anderem, weil er ein deutsch-italienisches Glossar herausbrachte. In Rottweil war die Städtepartnerschaft mit L'Aquila die vierte und vorläufig letzte, die geschlossen wurde; in L' Aquila die älteste von insgesamt 13 Städtepartnerschaften.

Allerdings hatte die neu gewonnene Partnerschaft von Anfang an einige Hypotheken zu tragen: zum einen der Größenunterschied zwischen der Provinzhauptstadt der italienischen Region Abruzzen und der Großen Kreisstadt in Baden-Württemberg. L' Aquila mit Sitz einer Regionalregierung und eines Regionalparlamentes ist deutlich gewichtiger als die Kreisstadt im deutschen Südwesten. Zum Zweiten bestand eine Sprachbarriere: Italienisch gehörte und gehört in Deutschland nicht zum Standardfächerkanon der Gymnasien und wird häufig nur als Zusatz gewählt. Nicht viel besser ist es um die Deutschkenntnisse italienischer Schüler bestellt. Für die Deutschlehrkräfte gab es häufig nicht genügend Schüler, um einen vollen Lehrauftrag an einer Schule zu generieren. Und zu guter Letzt ist es die große Entfernung zwischen den beiden Städten, wobei gerade die letzten 100 km von der Küste bis ins Bergland des Gran Sasso manchen abschrecken.

In der Folgezeit waren es also überwiegend gegenseitige Besuche zu den festlichen Großereignissen in der jeweils anderen Stadt, der Fasnet in Rottweil und der Perdonanza in Italien. Die Perdonanza ist ein kirchliches Fest der Vergebung, das 2020 zum 726. Mal begangen wurde. Es geht auf den Erlass des aus L'Aquila stammenden Papstes Coelestin V. († 1296) zurück.

Umso höher ist es zu werten, dass in den Anfangsjahren viele Vereine und Vereinigungen den Weg in die Partnerstadt nicht scheuten. Vertreter musikalischer Vereinigungen waren genauso vertreten wie die Junghandwerker und die Bürgerwehr. Einen kräftigen Schub bekamen die Aktivitäten im Jahr 2000 durch die Gründung der deutsch-italienischen Kulturgesellschaft mit dem Untertitel *Amici dell' Aquila* durch Dr. Heribert Dom und Ludwig Kohler. Neben vielen wichtigen kulturellen Ereignissen war vor allem das Erlernen der italienischen Sprache ein besonderes Anliegen des Vereins. So gab es von 2000 bis 2009 jedes Jahr im August eine Sprachkursreise in die Abruzzenstadt.

Zu diesem Zeitpunkt ahnte noch niemand, dass die wahre Bewährungsprobe der Freundschaft erst noch bevorstand. Am 6. April 2009 schlug das Schicksal unbarmherzig zu. In der Nacht von Sonntag auf Montag um 4:33 Uhr bebte die Erde in L'Aquila für 27 Sekunden. Diese Zeit reichte aus, um die Stadt zu zerstören. Sie wurde zwar nicht in Schutt und Asche gelegt aber ins Mark getroffen. Am Morgen des 6. Aprils flimmerten die ersten Meldungen im Frühstücksfernsehen über die Bildschirme mit noch ungenauen Zahlen aber der genauen Lokalisierung in L'Aquila. Wenig später traf beim Vorsitzenden der *Amici* von unserer Freundin Uschi Aichholzer die SMS ein, die nur aus den Worten *„L'Aquila ist kaputt"* bestand.

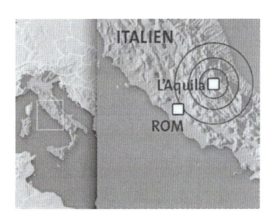

Abb. 85:
Presseschau Terremoto 2009
© Waltraud Geiger

Während das politische Rottweil zunächst noch das Wahlergebnis der Oberbürgermeisterwahl vom 5. April 2009 analysierte[77] setzten sich die *Amici* umgehend ans Telefon und versuchten, diejenigen Freunde zu erreichen, deren Handynummern sie hatten. Solange die Handy-Akkus noch Ladung hatten, bekamen sie Dramatisches zu hören: Tränen, Stammeln, Fassungslosigkeit und die Bitte, Hunde und Zelte zu schicken.

Im Lauf des frühen Vormittags berief der damalige Rottweiler Bürgermeister Werner Guhl all jene in der Verwaltung zusammen, die gefragt gewesen wären, wenn es in Rottweil eine solche Katastrophe gegeben

---

77 Ralf Broß hatte sich gegen den bisherigen Amtsinhaber Thomas Engeser klar durchgesetzt.

3 PARTNERSCHAFTEN UND PATENSCHAFTEN

Abb. 86:
Ruine des Hotels Duca degli Abruzzi, bis 2009 bevorzugtes Hotel der Rottweiler Gäste
© Ludwig Kohler

hätte. Seine Fragen an alle: Was können wir tun, wie können wir helfen? Die erste Maßnahme war die Einrichtung eines Spendenkontos, das noch am selbigen Vormittag mit Zustimmung der Fraktionssprecher und einem Grundstock von 20.000 € startete. Am Ende sammelten sich auf diesem Konto insgesamt mehr als 400.000 € aus vielen kleinen und großen Beiträgen.

Gleichzeitig wurden die Stadt und der Freundeskreis von einer Medienlawine überrollt, die man sich nur schwer vorstellen kann. Nachdem es aus Italien keine deutschsprachigen Kommentare gab, versuchten die Rundfunk- und Fernsehanstalten, Stimmen aus der Partnerstadt zu bekommen.

Auf einer ersten Sitzung mit Vertretern des Deutschen Roten Kreuzes, des Technischen Hilfswerks, der Freiwilligen Feuerwehr und den Verantwortlichen der Stadtverwaltung wurde die Hilfsbereitschaft gefestigt, wenn L'Aquila um Hilfe ersuchen würde. Zu diesem Zeitpunkt hatte allerdings der italienische Ministerpräsident Berlusconi Hilfe aus dem Ausland schon rundweg abgelehnt. Was wir nicht wussten, war die Tatsache, dass die gesamte Katastrophenhilfe in Italien in Rom konzentriert wurde und die lokalen Autoritäten und damit unsere potentiellen Ansprechpartner gar nicht damit befasst waren. Außerdem wurde uns erst später klar, dass auch das Rathaus, die Regionalverwaltung und alle Ämter von der Zerstörung betroffen waren.

Vom Rathaus in L'Aquila standen nur noch die Außenmauern, alle Etagen waren eingestürzt und lagen im Keller. So war es ein besonderer Glücksfall, dass Antonio Lattanzi, ein städtischer Amtsleiter, dessen private Handynummer wir hatten, sich ans Fax setzte und in alleiniger Entscheidung beschloss, die angebotene Hilfe aus Rottweil anzunehmen. Dies war das Startzeichen für die Zusammenstellung einer ersten Hilfe, bestehend aus Zelten, Kleidern, Medikamenten und technischem Gerät. Der Konvoi machte sich am Gründonnerstag, dem 9. April 2009, auf den Weg nach L'Aquila. Dabei waren noch viele Hindernisse zu überwinden, was sich von selbst versteht. So musste in Wien mühsam eine Feiertagsfahrerlaubnis für einen LKW des THW auf den österreichischen Autobahnen eingeholt werden.

Der Hilfskonvoi, der kurz vor den Ostertagen in Italien eintraf, war ein außerordentlich starkes Zeichen des mitfühlenden Helfens, obwohl er natürlich nur einen Tropfen auf dem heißen Stein darstellte. Die Teilnehmer brachten Trost, Zuversicht und Hilfe. Sie erlebten vor Ort dramatische Szenen, die sie mit in die Heimat nahmen. So sahen sie auch den Ort der zentralen Trauerfeier, auf dem die mehr als dreihundert Särge der Toten der Stadt aufgebahrt standen. Das Hotel Duca degli Abruzzi war bis 2009 das beliebte Domizil der Rottweiler Abordnungen. Dort, wo man früher gewohnt hatte, waren nur noch Trümmer übrig.

In Rottweil und Umgebung gab es in den folgenden Monaten eine unüberschaubar große Zahl an ganz unterschiedlichen Zeichen der Solidarität und Hilfsangebote: Benefizkonzerte, Lesungen, ein Schulsporttag, die Spende der Kaffeekasse einer Firma sowie Schüler, die auf dem Markt musizierend Spenden einsammelten, sind nur einige wenige der vielen Zeichen des Mitfühlens und Helfens. Die stolze Summe von mehr als 400.000 € Spenden auf dem Hilfekonto wurde von vielen Schultern erwirtschaftet und war ein Zeichen der breiten Resonanz unter dem Titel *Rottweil hilft*.

2009: Die Erde bebt in L'Aquila

Noch während in Rottweil die Spendenaktionen liefen, war der Vorsitzende der *Amici dell' Aquila* in den folgenden Wochen mehrfach in Italien unterwegs, um nach einer passenden Verwendung für die Rottweiler Spenden zu suchen. Die Empfehlung für den Rottweiler Gemeinderat entstand schließlich während einer Sitzung in der deutschen Botschaft in Rom. Schon früh hatte sich der deutsche Botschafter Steiner auf Onna, einen Stadtteil von L'Aquila, konzentriert. In der Ebene des Aternotales gelegen hatte Onna bei vergleichsweise geringer Bevölkerung eine unverhältnismäßig hohe Zahl an Opfern zu beklagen. Durch den massiven Einsatz des Botschafters wurde Onna zu einem Zentrum des medialen Interesses. Papst Benedikt XVI., Ministerpräsident Silvio Berlusconi, Bundeskanzlerin Angela Merkel sowie die Minister Peter Ramsauer und Hans Tiefensee waren nur einige der prominenten Persönlichkeiten, die sich dort die Klinke in die Hand gaben. Botschafter Steiner fragte auch bei Bürgermeister Guhl nach, ob Rottweil sich an der Hilfe für Onna beteiligen könnte. Bereits am Ostersonntag kam es zu einem entscheidenden Treffen zwischen Ludwig Kohler und Marcia Marciello von einer Bürgervereinigung aus Onna. Damals bat die Vertreterin der Onnesi um Mithilfe und Unterstützung für den Wiederaufbau ihrer Häuser am alten Platz. Durch die über den Tag hinaus andauernde Bande der Städtepartnerschaft waren wir in der Lage, länger und nachhaltiger zu wirken. Während eines Treffens in der Residenz des deutschen Botschafters, wurde den Onnesi viel versprochen: von großen Summen war die Rede. Gleichzeitig wurde aber auch deutlich, dass die Kompetenzen vor Ort noch strittig waren und vor allen Dingen dass die örtliche Bevölkerung sich nicht mitgenommen fühlte. Das hatte ein Vertreter der Onnesi dem Botschafter recht deutlich gesagt. Für die Bürger war es wichtig, einen Ort zu haben, an dem sie ihren Neuaufbau beraten und mitgestalten konnten, eine *Casa Onna* sozusagen. Mit Hilfe aus Rottweil ist diese Stätte dann Wirklichkeit geworden und kann nun seit mehr als 10 Jahren als zentraler Punkt des Wiederaufbaus in Onna wirken. Auf Betreiben der Rottweiler Vertreter wurde bereits im Sommer 2009 die ehemalige Grundschule in Onna vollends abgerissen und der Platz als Standort für die *Casa Onna* bestimmt. Bereits ein Jahr nach dem Erdbeben gab es die Grundsteinlegung und so ist die *Casa Onna* das erste dauerhaft neu errichtete Gebäude in einer ehemals roten Zone in L'Aquila. An die Einweihung der *Casa Onna* schließt sich nahtlos

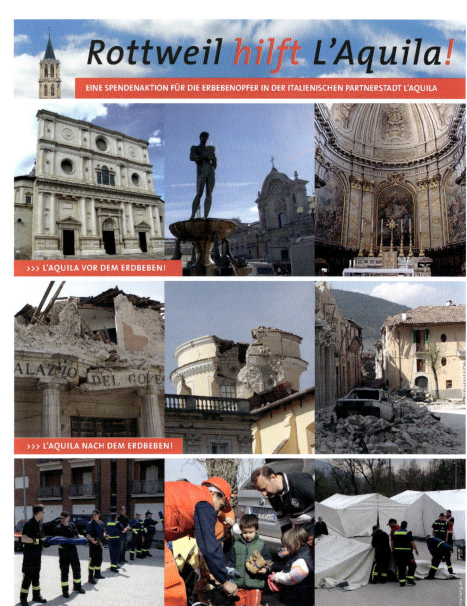

Abb. 87: Broschüre zu den Hilfsaktionen in Rottweil
© Stadtarchiv Rottweil
S 43 (Sammlung L'Aquila)

3 PARTNERSCHAFTEN UND PATENSCHAFTEN

Abb. 88:
Heiner Maute - Bildungsakademie (li), Raimund Kegel - Handwerkskammer Konstanz (2.v. re) und Johannes Binder (re)
© Ludwig Kohler 2014

die nächste Hilfsaktion aus Rottweil an. Die am Bau maßgeblich beteiligte Architektin Wittfrieda Mitterer hatte die Sorge, dass ihr Masterplan zum Wiederaufbau Onnas trotz guten Willens irgendwo in einer Schublade verschwinden könnte. Sie bat Oberbürgermeister Ralf Broß und Ludwig Kohler am Rande der Feier, durch regelmäßig wiederkehrende Präsenz vor Ort dafür Sorge zu tragen, dass dies nicht geschehe. Man muss rückblickend feststellen, dass ihre Sorge nicht unbegründet war, denn der Masterplan zum Wiederaufbau wurde relativ wenig zu Rate gezogen.

Nach mehreren erfolglosen Versuchen gelang es dann, über das Programm „Erasmus GRUNDTVIG" ein Projekt ins Leben zu rufen, das sich *Stadtbotschafter – Versöhnungsarbeit über Trümmern* nennt. Im Prinzip war es ein Projekt mit freiwilligen Senioren („Senior volunteers"), die für eine Zeit in der jeweilig anderen Stadt ehrenamtlich und ohne Bezahlung arbeiteten. Von Bernhard Pahlmann stammte die Idee für die Bezeichnung „Stadtbotschafter"; von Ludwig Kohler die Einbindung in die Erwachsenenbildung und damit die Bezuschussung aus Fördermitteln der EU. Barbara Bihler, Heide Friederichs, Waltraud Geiger, Hildegard Keller, Bernhard Pahlmann und Ludwig Kohler sind die freiwilligen Senioren, die im Rahmen dieses Projektes

Abb. 89:
10 Jahre nach dem Beben in der Casa Onna in L'Aquila. Marco Schaffert, Ludwig Kohler, Sindaco Pier Luigi Biondi, Oberbürgermeister Ralf Broß, Consigliere Giancarlo Della Pelle, Maria Silvia Reversi (Amici di Rottweil)
© Ludwig Kohler 2019

in L'Aquila tätig wurden. Daniela Nerini und Bruno Marconi waren aus Italien zu Gast in Rottweil.

Auch nach dem Ende der Förderung läuft das Projekt weiter: Es hat sich verselbstständigt. Noch heute sind unter dem Signet „Stadtbotschafter" jährlich Aktionen und Aufenthalte möglich.

Aus dem Aufenthalt von Ludwig Kohler entstand ein weiteres Großprojekt im Rahmen der Städtepartnerschaft. Während es in ganz Italien und nicht nur in L'Aquila eine extrem hohe Jugendarbeitslosigkeit gibt und gab, suchten Firmen in Deutschland händeringend nach Auszubildenden. Hier müsste es doch möglich sein, die Städtepartnerschaft zu nutzen, um einen Ausgleich zu schaffen. Dem Gedanken kam damals das Projekt „Mobipro-EU" der Bundesagentur für Arbeit entgegen. Im Rahmen dieses Projektes war es möglich, Jugendliche aus den europäischen Ländern nach Deutschland zu holen, um ihnen hier die Möglichkeit einer Berufsausbildung zu bieten. Zwar war das Programm sehr stark auf spanische Jugendliche zugeschnitten, aber auch Jugendliche aus L'Aquila kamen zum Zug. Zum Erfolg trug bei, dass die Freunde aus Rottweil und L'Aquila um das Programm herum noch weitere Stützmaßnahmen platzierten. So bekamen die Jugendlichen zunächst in Italien einen Deutschkurs angeboten. Dieser wurde mit freiwilligen Helferinnen in L'Aquila realisiert. Uschi Aichholzer, Beate Braig, Ornella Colagrande, Daniella de Bernardinis, Daniela Nerini, Salvina Puzzo und die Universitätsprofessorin Barbara Hans-Bianchi waren die Helferinnen vor Ort.

Im Februar 2014 kamen 16 italienische Jugendliche nach Rottweil zur Vorbereitung auf ein Praktikum. In der Berufsakademie fand zusammen mit der IHK Villingen-Schwenningen und der Kreishandwerkerschaft eine Berufsberatung statt, die den Weg für das anschließende Praktikum ebnete.

Nach zwei Wochen waren noch 11 Jugendliche übrig, deren Aufenthalte zwar nicht alle in eine berufliche Bildung mündeten, die aber immerhin einen Teil ihres Lebens in Rottweil zubrachten. Die Rottweiler Freunde stellten sich bereitwillig als Mentoren zur Verfügung.

Nach 2009 waren zunächst Besuche in unserer Partnerstadt nur für kleinere Delegationen möglich. Jeweils zum Jahrestag des Bebens nahmen Vertreter des

Abb. 90:
Konzert der Windphonics unter der Leitung von Johannes Nikol in Santo Stefano di Sessanio.
(L'Aquila) 2014
© Ludwig Kohler

Vereins Amici dell'Aquila am Fackelzug zum Gedenken an die Opfer teil. Trotz der Einschränkungen gab es aber auch in den letzten Jahren große und festliche Ereignisse mit Rottweiler Beteiligung in L'Aquila. So war ein Objektchor unter der Leitung von Armin Gauss in L'Aquila beim Chor 99 Canelle zu Gast. Ein Quartett der Stadtkapelle begleitete Oberbürgermeister Ralf Broß und Kulturamtsleiter Marco Schaffert zum 10-jährigen Gedenken in Italien.

Nachhaltig in Erinnerung ist auch eine einwöchige Konzerttournee der Windphonics im Jahr 2014. Tief beeindruckt musizierten die Jugendlichen auch in der Casa Onna. Außerdem fand ein Auftritt in Santo Stefano di Sessanio statt. Das kleine Dorf in den Bergen hat ebenfalls schwere Schäden davongetragen.

Zwei Ausstellungen in Rottweil hielten auch hier die Erinnerung wach. Einmal wurde mit zweisprachigen Schrifttafeln an Adam von Rottweil erinnert. Unter Leitung des Kulturamtes entstand 2019 zudem eine Ausstellung zum zehnten Jahrestag des Bebens.

Quellen
Stadtarchiv Rottweil Bestand S 43 (Sammlung Partnerstadt L'Aquila)

Pupillo, Sara, L'Aquila. Guida alla città e al territorio, Mailand 2019.
Valeri, Elpidio, L' Aquila: guida storico-artistica alla città e al territorio, Pescara 2007.

Von Gabriele Ulbrich

2014: Servus Imst! 50 Jahre Freundschaft

Abb. 91, li:
BM Stefan Weirather, GR Christof Stillebacher, OB Ralf Broß (v.l.n.r.)
© Robert Hak

Abb. 92, re:
Stefan Weirather, Ralf Broß
© Stadtarchiv Rottweil

Die Feierlichkeiten zum 50-jährigen Jubiläum der Städtepartnerschaft zwischen Rottweil und Imst – einer Kleinstadt mit knapp 11000 Einwohnern in den Tiroler Bergen – wurden am 20. September 2014 in Rottweil begangen. Mitglieder des Imster Stadtrates waren zusammen mit ihrem Bürgermeister Stefan Weirather angereist, um mit ihren Rottweiler Kollegen, der Stadtverwaltung sowie vielen Gästen bei einem Festakt im Sonnensaal des Kapuziners die vergangenen 50 Jahre Revue passieren zu lassen. Das Blechbläserquartett der Stadtkapelle Rottweil umrahmte die verschiedenen Grußworte und den historischen Abriss der Partnerschaft durch Stadtarchivar Gerald Mager.

Nach einem gemeinsamen Mittagessen, mit Musik durch das Klaiber-Mehl-Trio unterlegt, konnten sich die Gäste bei einem Rundgang durch die Stadt einen Eindruck der Rottweiler Stadtentwicklung machen. Ein gemeinsames Abendessen rundete den Tag ab.

Bereits im Juli davor stand das Stadtfest in Imst ganz im Zeichen des Partnerschaftsjubiläums.

Bei einem kleinen Festakt vor dem Imster Rathaus bekräftigten beide Stadtoberhäupter ihren Willen zur Weiterführung der gelebten Freundschaft, die sich sowohl in offiziellen als auch in vielerlei privaten Beziehungen zeigt. Nach dem offiziellen Teil geleitete die Stadtkapelle Imst die Gäste zum neu gestalteten Sparkassenplatz, wo bereits viele Imster auf den Fassanstich warteten. In lockerer Atmosphäre wurde bis spät in die Nacht gefeiert.

Doch wie fing alles an?

Vor nunmehr 50 Jahren wurde die Freundschaft zwischen Imst und Rottweil offiziell besiegelt. Der Beginn der Freundschaft reicht jedoch einige Jahre weiter

2014: Servus Imst! 50 Jahre Freundschaft

zurück. Beim 50-jährigen Jubiläum der Anhalter Hütte in den Tiroler Bergen – Nähe Hahntennjoch und Heiterwand – wurde der Grundstein gelegt.

Wie das meist bei Städtefreundschaften dieser Art der Fall ist, hat auch die Freundschaft zwischen Imst und Rottweil ihre Wurzeln im Engagement von Bürgern und Vereinsmitgliedern. In unserem Fall sind dies die guten Kontakte zwischen den Alpenvereinssektionen Imst und dem Oberen Neckar mit Sitz in Rottweil, die zu einer soliden und dauerhaften Freundschaft zwischen den beiden Städten führten.

Der Bau der Anhalter Hütte geht in die Pionierzeit des Alpinismus zurück. Die Sektion Anhalt-Dessau – gegründet im Jahr 1895 – war eine der ältesten Abteilungen im damaligen Deutsch-Österreichischen Alpenverein.

Die Schutzhütte wurde im Sommer 1912 nach zweijähriger Bauzeit eingeweiht. Die Gemeinde Imst, auf deren Gemarkung die Hütte liegt, hatte das Grundstück dafür unentgeltlich zur Verfügung gestellt. Der Bau war eine logistische Meisterleistung der Sektion Anhalt-Dessau. Noch heute gibt es zur Anhalter Hütte weder eine Versorgungsstraße noch eine Materialseilbahn. In der heutigen Zeit wird alles, was im Laufe des Sommers dort oben gebraucht wird, am Anfang der Saison per Hubschrauber angeliefert und im Herbst werden die Reste wieder abtransportiert. Auf dieses moderne Transportmittel konnte jedoch zu damaliger Zeit nicht zurückgegriffen werden. Mulis, Pferde und menschliche Muskelkraft wurden dafür eingesetzt.

Nach Kriegsende 1945 hörte der Alpenverein mit seinen Sektionen auf Anordnung der Alliierten auf zu existieren. Sämtlicher Hüttenbesitz wurde beschlagnahmt und unter treuhänderische Verwaltung gestellt. Nach Aufhebung des Vereinsverbots wurden die Schutzhütten in den österreichischen Alpen über den Staat an den jetzt österreichischen Alpenverein übergeben, welcher die Hütten verwaltete.

1954 gab der Österreichische Alpenverein die Rechte und Pflichten am entsprechenden Hüttenbestand an die jeweiligen, inzwischen wiedergegründeten Eigentümersektionen zurück. Die ehemals mittel- und ostdeutschen Sektionen existierten jedoch nicht mehr, da der Alpenverein in der DDR keine Wiederzulassung

erhielt. So kam es, dass die gewissermaßen herrenlose Anhalter Hütte 1955 vom Deutschen Alpenverein an seine Sektion Oberer Neckar mit Sitz in Rottweil übergeben wurde. Die Sektion Oberer Neckar des DAV war erst im Jahr davor, am 4. April 1954, in der Liederhalle Rottweil gegründet worden. Treibende Kraft war Bruno Limberger gewesen, der auch für die kommenden Jahre den Vorsitz übernommen hatte.

Zunächst war die Hütte nur gepachtet; 1972 ging sie in den Besitz der Sektion Oberer Neckar über, nachdem die Sektion Anhalt-Dessau keine Ansprüche mehr gestellt und die Sektion Oberer Neckar somit größere Investitionen in die Erhaltung und Verbesserung getätigt hatte. Bruno Limberger, langjähriges Mitglied im Rottweiler Gemeinderat, kann auch als Initiator der Städtefreundschaft zwischen Rottweil und Imst bezeichnet werden. Schon im Jahr 1955 nahm er Kontakt mit der Stadt Imst auf, um zu berichten, dass die Sektion Oberer Neckar nun die Patenschaft über die Anhalter Hütte übernommen habe.

Abb. 93:
ehem. BM Gerhard Reheis, BM Stefan Weirather, GR Christof Stillebacher, OB Ralf Broß, GR Norbert Praxmarer (v.l.n.r.)
© Stadtarchiv Rottweil

3 PARTNERSCHAFTEN UND PATENSCHAFTEN

Abb. 94a und 94b:
„Imster Schemenmasken"
© Städtische Museen Rottweil

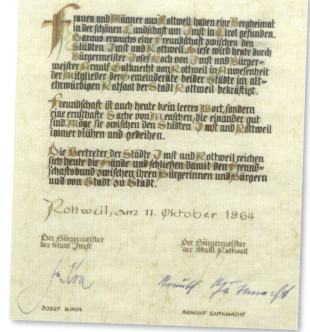

Abb. 95:
Goldenes Buch der Stadt Rottweil
© Stadt Rottweil

Bis zum Beginn der eigentlichen Städtefreundschaft ging allerdings noch einige Zeit ins Land.

Ein wichtiges Datum war die Feier des 50-jährigen Bestehens der Anhalter Hütte, das vom 24. bis zum 27. August 1962 gebührend gefeiert wurde. Die Rottweiler Bergsteiger hatten die Gestaltung des Jubiläums übernommen und ein unterhaltsames Programm auf die Beine gestellt. Eine 15 köpfige Abordnung der Musikkapelle Tarrenz bildete den musikalischen Rahmen.

Beim Hüttenabend am Samstag konnte Bruno Limberger als Sektionsvorstand über 70 Gäste begrüßen, die sich alle prächtig amüsierten.

Im Beisein von Bürgermeister Josef Koch aus Imst und seines Rottweiler Amtskollegen Arnulf Gutknecht fand am Sonntag der Festakt im Freien vor der Hütte statt. Neben den Stadtoberhäuptern und den Vertretern des Deutschen und Österreichischen Alpenvereins konnte Bruno Limberger auch vier Angehörige der ehemaligen Anhalter Sektion begrüßen.

Eine wichtige Gemeinsamkeit beider Städte war von Anfang an das Fastnachtsbrauchtum. So wie Rottweil die Hochburg der Schwäbisch-Alemannischen Fasnet ist, pflegt Imst mit seinem Schemenlauf einen der ältesten und schönsten Fastnachtsbräuche im Alpenraum. Der damalige Imster Bürgermeister Josef Koch überreichte seinem Rottweiler Kollegen Arnulf Gutknecht anlässlich des Jubiläums eine Imster Schemenmaske als Gastgeschenk.

Dieses Geschenk nahm Gutknecht zum Anlass, die Imster Freunde spontan zur nächsten Fasnet nach Rottweil einzuladen. In der Folgezeit festigte sich die Freundschaft durch gegenseitige Besuche vor allem zur Fasnetszeit.

Beim Schemenlauf 1964 machte der Imster Bürgermeister Josef Koch der Rottweiler Delegation den Vorschlag, die guten, aber lockeren Beziehungen auf eine offizielle Grundlage zu stellen. Bürgermeister Gutknecht berichtete davon Ende März im Rottweiler Gemeinderat, der sofort Begeisterung und Zustimmung signalisierte und einen entsprechenden Beschluss fasste. Stadtrat Kürten schlug spontan vor, im neu erschlossenen Wohngebiet in der Nähe des Charlottenwäldles eine Straße nach der befreundeten Stadt zu benennen.

Im Oktober 1964 kam eine Imster Delegation auf Einladung der Stadtverwaltung nach Rottweil, um den Bund zu besiegeln. Am 11. Oktober unterzeichneten die beiden Stadtoberhäupter laut Ratsprotokoll in feierlicher und erhebender Form – einen Freundschaftsbund in Gestalt einer Pergamenturkunde, welche den Städtebund nun auch offiziell besiegelte. Stadtrat Bruno Limberger, der Vater der Städtefreundschaft, erfuhr dabei eine besondere Ehre: er erhielt von Bürgermeister

Koch in Anerkennung seiner besonderen Verdienste das goldene Imster Abzeichen.

Im Herbst 1965 erfolgte der Gegenbesuch der Rottweiler Gemeinderäte in der Alpenstadt.

Ein weiteres Highlight in den gemeinsamen Beziehungen war wohl die Einweihung der neuen Heiterwandhütte im Frühjahr des Jahres 1973. Die Heiterwandhütte war durch eine Staublawine zerstört und von der Sektion Oberer Neckar wieder aufgebaut worden. Trotz Kälte und Regen wagten die Bergfreunde, angeführt von Landrat Manfred Autenrieth und Oberbürgermeister Dr. Regelmann, den Aufstieg. Diese Hütte, eine Schutzhütte ohne Bewirtschaftung, wird wie die Anhalter Hütte bis heute vom Rottweiler Alpenverein und Imster Bergfreunden gemeinsam betreut.

Im Laufe der nächsten Jahre entwickelten sich zwischen verschiedenen Vereinen beider Städte freundschaftliche Beziehungen.

Einer der ersten, der Kontakt aufnahm, war sicher der Schneelaufverein, der bis heute Skiausfahrten nach Imst für Kinder und Jugendliche in den Weihnachtsferien durchführt. Die 1. Ausfahrt fand bereits im Januar 1971 für Kinder zwischen 8 und 14 Jahren unter Leitung von Richard und Söferle Käfer statt. Neben dem täglichen Skikurs durch Skilehrer der Imster Skischule wurde mit Fackelwanderungen, Nachtskilauf, Schlittschuhlaufen, Eisstockschießen und Spieleabenden für unterhaltsame Stunden gesorgt. Ab dem Jahr 2000 werden auch Ausfahrten für Jugendliche zwischen 14 und 17 Jahren angeboten.

Seit Sommer 1973 hält der Vogelzuchtverein Kanaria 1910 e.V. zur Imster Voglerzunft engen Kontakt, der damals auf Initiative von Vizebürgermeister Josef Pfeiffer entstanden ist. Bis heute vergeht kein Jahr, ohne dass gegenseitige Besuche bei den Ausstellungen und oft auch während des Jahres stattfinden. Hier haben sich echte private Freundschaften entwickelt.

Beim Stadtjubiläum „75 Jahre Stadt Imst" im Jahre 1974 fand der 2. Internationale Wandertag statt, zu dem auch Einladungen an den Albverein und die Naturfreunde Rottweil gingen.

Abb. 97a – 97c: 25-jähriges Städtepartnerschaftsjubiläum
© Schwarzwälder Bote 1989

Weitere Besuche wurden zwischen Briefmarkenverein und Musik- und Gesangvereinen getätigt. Zwischen dem FV 08 Rottweil und den Imster Fußballern wurden über mehrere Jahre mit der aktiven Mannschaft

Abb. 96:
Schneelaufverein Rottweil
© Gabriele Ulbrich

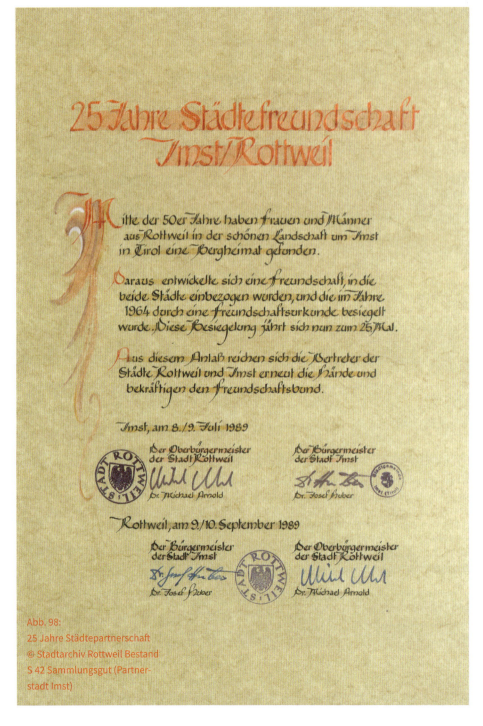

Abb. 98:
25 Jahre Städtepartnerschaft
© Stadtarchiv Rottweil Bestand
S 42 Sammlungsgut (Partnerstadt Imst)

Fußballturniere wechselweise in Imst und Rottweil ausgetragen. Auch in späteren Jahren besuchten sich die inzwischen zur AH gehörenden Spieler noch gegenseitig.

Im Jahr 1989 jährte sich die Partnerschaft zum 25. Mal. Mit einer Bergmesse inmitten einer herrlichen Bergkulisse wurden die Feierlichkeiten vor der Anhalter Hütte eröffnet. Nach einem gemütlichen Bergvesper schlug das Wetter allerdings um und die 30-köpfige Delegation unter Leitung von Oberbürgermeister Dr. Arnold und ihre Imster Begleiter mussten sich bei Blitz, Hagel und Regen an den Abstieg machen. Total durchnässt ging's mit dem Bus vom Hahntennjoch zurück ins Hotel.

Andertags wurde vor dem Imster Rathaus ein Gedenkstein – sozusagen ein Meilenstein der Freundschaft – enthüllt, der die genaue Distanz zwischen den beiden Städten – nämlich 290,5 km – angibt. OB Arnold hatte diese bei einer früheren Fahrt nach Imst mit dem Tacho seines Dienstwagens ausgemessen.

Der Gegenbesuch erfolgte beim Rottweiler Stadtfest mit Imster Stadtmusik und dem Gemeinderat Imst.

2001 firmierte das Rottweiler Stadtfest unter dem Motto: „Servus Imst". Imster Vogelhändler, Junglaberer sowie einige Gemeinderäte brachten sich in Rottweil ein und betreuten einen Stand mit Informationsbroschüren und kleinen kulinarischen Leckerbissen.

Auch bei den Heimattagen 2003 nahmen die Imster am Festzug sowohl mit ihrer Stadtmusik als auch mit mehreren Vogelhändlern teil. Diese überreichten Oberbürgermeister Thomas J. Engeser einen kleinen selbstgefertigten Vogelkäfig. Die Vogelhändler gehören in Imst bis heute zu den wichtigsten Zünften. Vogelhalter sind in früheren Jahren mit ihren selbst gezüchteten Kanarienvögeln bis nach Russland gewandert, um diese dort zu verkaufen.

Nach verschiedenen Besuchen der Imster bei der Rottweiler Fasnet reiste auch eine kleine Delegation aus Rottweil in die Partnerstadt zur Buabafasnacht.

Ebenfalls im Jahre 2012 initiierte Frau Dr. Helene Keller, eine Imster Künstlerin, eine Ausstellung mit Rottweiler Künstlern: Plastische Kunst „ 9 x Rottweil in Imst" – 9 Rottweiler Künstler stellen aus.

2014: Servus Imst! 50 Jahre Freundschaft

Im Sommer 2012 feierte der Alpenverein das 100-jährige Bestehen der Anhalter Hütte. Eine erhebende Bergmesse und ein unterhaltsamer Hüttenabend begeisterten die vielen Gäste, die sich von nah und fern eingefunden hatten. Führungen rund um die Hütte informierten die Gäste über die vielen Neuerungen, wie z. B. die Trinkwasserversorgung und die Photovoltaikanlage, die der Alpenverein in den letzten Jahren aufgebaut hatte.

In den Jahren des Bestehens der Partnerschaft regierten in Imst insgesamt 8 verschiedene Bürgermeister – von Josef Koch über Heribert Gottstein, Adolf Walch, Dr. Josef Huber, Manfred Krismer, Gerhard Reheis, Gebhard Mantl bis zu Stefan Weirather.

In Rottweil waren dies Arnulf Gutknecht (1946 – 1965), Dr. Ulrich Regelmann (1965 – 1985), Dr. Michael Arnold (1985 – 2001), Thomas J. Engeser (2001 – 2009) und seit 2009 Ralf Broß.

All diese Stadtoberhäupter haben sich in den vergangenen Jahren um den Erhalt der Freundschaft erfolgreich bemüht, was das vergangene Stadtfest in Rottweil eindrucksvoll bestätigt hat. Die Imster Stadtmusik, der Imster Liederkranz und der Kochclub Imst mit einem großen Stand mit Wein und Tiroler Gröstl trugen zum Gelingen des Festes maßgeblich bei.

Quellen

Stadtarchiv Rottweil Bestand C1 RPR Ratsprotokolle

Stadtarchiv Rottweil Bestand J Fotoarchiv

Stadtarchiv Rottweil Bestand S 42 Sammlungsgut (Partnerstadt Imst)

Stadtarchiv Rottweil Bestand Zb 8/1989 (Schwarzwälder Bote 1989)

Vortrag Gerald Mager zum 50jährigen Jubiläum

Archiv des Schneelaufvereins Rottweil e.V.

Posch, Mathias, Die Imster Vogelhändler, Innsbruck 2000.

Raffetseder, Werner, Imster Schemenlaufen, Innsbruck 2012.

Verein zur Förderung des Imster Schemenlaufens (Hrsg.), Fasnacht in Imst, Imst 2008.

Abb. 99:
Imster Vogelhändler
© Foto aus Privatbesitz

Von Margot Groß

2020: 50 Jahre Freundschaft: Hyères et Rottweil

Die Aussöhnung mit einem früheren Kriegsgegner war ein zentrales Motiv bei der Gründung zahlreicher Städtepartnerschaften. Bei fast zwei Dritteln aller Gründungen bis 1975 war die Aussöhnung eines der drei wichtigsten Gründungsmotive.[78] So begann auch die Freundschaft zwischen Hyères und Rottweil bereits kurz nach Ende des Zweiten Weltkriegs.

Die Verbrüderung der Kriegsheimkehrerverbände

Vor dem Hintergrund der jahrhundertealten Feindschaft und des Grauens des Zweiten Weltkriegs war die Freundschaft zwischen den Kriegsheimkehrerverbänden eine außerordentliche Versöhnungsleistung. Der „Verband der Heimkehrer, Kriegsgefangenen und Vermisstenangehörigen Deutschlands e.V." (VdH), eine Interessenvertretung von Kriegsgefangenen aus dem Zweiten Weltkrieg, trat für Frieden und Freiheit ein. In Rottweil wurde im September 1950 ein Ortsverband des VdH gegründet.[79]

Adolf Fehrenbach, Vorsitzender der Ortsgruppe Rottweil, drückte die Freude über den seit 1945 währenden Frieden in seiner Rede zur Gründungsfeier der Städtepartnerschaft in Hyères im November 1970 folgendermaßen aus:

„… Mit einigen Kameraden habe ich schon im Jahre 1966 mit dem Präsidenten der Section Hyères Mr. Barelli persönliche Verbindung aufgenommen. … Erlauben Sie mir als Zeichen des Dankes und als Festgeschenk der Stadt Hyères eine Wappenscheibe zu überreichen – gefertigt aus französischem Glas in der Kunstwerkstatt Derix in Rottweil. Diese Wappenscheibe stellt unser Verbandsabzeichen dar mit dem Stacheldraht als Zeichen der Unfreiheit… Unter diesem Stacheldraht haben wir alle gelitten und wollen deshalb alles tun, daß gleiches Schicksal unsern Kindern und Nachkommen in Zukunft erspart bleibt. .. Lassen Sie die Wappenscheibe im Licht und der Sonne der Côte d'Azur durchleuchten als Zeichen dafür, daß diese heute geschlossene und besiegelte Städtepartnerschaft aus der Freundschaft der ehemaligen Kriegsgefangenen erwachsen ist. ….".

Keiner der Männer im VdH, Ortsverband Rottweil, hatte durch Kriegsbedingungen Bezug zur Stadt Hyères im Gegensatz zum ehemaligen Rottweiler Stadtrat Martin Tschirdewahn. Dieser verbrachte einen Teil seiner Kriegsgefangenschaft im Kriegsgefangenlager Palyvestre in Hyères. Die Straße „Chemin du Palyvestre" bei der „Avenue de L'Aéroport" erinnert noch an diesen Ort.

In Frankreich wurden nach 1945 über 100 Kriegsgefangenenlager eingerichtet, in denen ein Teil ehemaliger Wehrmachtssoldaten unterkam. Andere wurden zur Arbeit in Bergwerken, zur Minenräumung und häufig in der Landwirtschaft eingesetzt.[80]

---

78 Vgl. Bertelsmann-Stiftung/Deutsch-Französisches Institut Ludwigsburg (Hrsg.), Städtepartnerschaften – den europäischen Bürgersinn stärken. Eine empirische Studie, Gütersloh 2018, S. 21.
79 Rede von Adolf Fehrenbach, September 1975 aus Privatarchiv. Privatarchiv Fehrenbach.
80 Vgl. die grundlegende Studie von Fabien Théofilakis, Les prisonniers de guerre allemands. France 1944 – 1949. Une captivité de guerre en temps de paix, Paris 2014.

Abb. 100:
Andreas Deufel, Kurt Noack und
Adolf Fehrenbach (v.l.n.r.)
© Foto Bestand des VdH

Der Ortsverband Rottweil des VdH wurde im Mai 1967 aufgrund der privaten Kontakte zum Kongress der ehemaligen Kriegsgefangenen in Draguignan eingeladen und vom Ortsverband Hyères und Vertretern der Stadtverwaltung herzlich empfangen. Drei Mitglieder des VdH waren bei dem genannten Kongress die einzigen ausländischen Gäste.[81] Die Delegation wohnte in der Ferienanlage der „prisonniers de guerre hyèrois". Für viele Rottweiler ist die Ferienanlage im Stadtteil „La Capte" auf der Halbinsel Giens unter dem Namen „P.G. sur Mer" bekannt.

Die beiden Verbände organisierten vom 6. bis 8. Juli 1968 ein Treffen in Rottweil unter dem Titel „Begegnung und Partnerschaft". Im Programm wurde neben Fahnenweihe, Gottesdienst, Gedenkfeier mit Kranzniederlegungen, Einpflanzen des „Baumes der Freundschaft" im Landratsamt am 7. Juli in einer Feierstunde auch die Partnerschaftsurkunde von den Vorständen der beiden Verbände unterzeichnet. Hierin versprachen sie sich die gegenseitige Freundschaft, um damit einen Beitrag zu einem in Freiheit und Frieden geeinten Europa zu leisten. Der „Baum der Freundschaft", eine österreichi-

---

81 Schwarzwälder Bote vom 12. Mai 1971.

3 PARTNERSCHAFTEN UND PATENSCHAFTEN

sche Schwarzkiefer, ist in den vergangenen 52 Jahren zu einem stattlichen Baum herangewachsen. Er steht auf dem Stadtfriedhof im Feld der Rottweiler Kriegsgefallenen. An seinem Fuß erinnert eine Gedenktafel an die Partnerschaft der Verbände.

Unter der Schirmherrschaft des Bürgermeisters Jacques Pillement und des Oberbürgermeisters Dr. Ulrich Regelmann wurde der Heimkehrerverband Rottweil erneut von der „Association des Combattants Prisonniers de Guerre Section D'Hyères" vom 6. bis 9. Juni 1969 nach Hyères eingeladen.[82] Sie wurden von vielen Politikern und militärischen Vertretern begrüßt. Nach gemeinsamen Paraden wurden die Freundschaftsurkunden unterzeichnet und auch in Hyères wurde ein Freundschaftsbaum gepflanzt. Die Schwarzwälder Tanne fand ihren Platz im Jardin Olbius Riquier.

Die Bürgermeister beider Städte drückten ihre Freude über die gewonnene Freundschaft zwischen den Städten ebenso aus sowie die Hoffnung, dass die Freundschaft zwischen den Heimkehrerverbänden sich auf die Ebene der beiden Städte ausdehnen werde: „*Es lebe Rottweil! Es lebe Hyères!*"[83]

Bei der Feierstunde zur zehnjährigen Freundschaft 1978 im Aufbaugymnasium hielt die ehemalige Bundestagsabgeordnete Hedwig Meermann die Festrede und Finanzminister Robert Gleichauf würdigte die verdienstvolle Tätigkeit der ehemaligen Kriegsgefangenen über die Grenzen hinweg. Bei den zahlreichen Ehrungen erhielten u.a. Dr. Regelmann und der Bürgermeister von Hyères, Dr. Jean-Jacques Perron, die Europa-Medaille in Bronze.

Bernard Barelli, Präsident der Section Hyèroise, erhielt am 29. April 1971 das deutsche Verdienstabzeichen für Partnerschaftsarbeit vom Präsidium des VdH verliehen. Zwanzig Jahre später, im April 1991, trug sich Bernard Barelli während eines privaten Besuches in das Goldene Buch der Stadt Rottweil ein. In seinem Ruhestand verwaltete er noch viele Jahre die gemeinsame Ferienanlage „P.G. sur Mer".

Im November 1998 löste sich der Ortsverband Rottweil der Kriegsheimkehrer auf und die wenigen noch lebenden Mitglieder schlossen sich der Ortsgruppe Schwenningen an. Die Fahne des Verbandes wurde in die Obhut des Stadtmuseums Rottweil übergeben. Das ideelle Erbe übergaben die Mitglieder bereits im März 1994 dem neu gegründeten Verein „Rottweiler Freundeskreis Hyères e.V.".

Ein Andenken an den VdH befindet sich in der Bollershofskapelle in Rottweil-Hausen. Die dortige „Madonna von Stalingrad" ist eine Stiftung des Verbandes zum Gedenken der Opfer von „Krieg+Gefangenschaft+Flucht+Vertreibung". Geschnitzt wurde sie von der Rottweiler Künstlerin Germana Klaiber-Kasper.

In der Ferienanlage „P.G. sur Mer" verbrachten unzählige Rottweiler Familien ihre Ferien, bis die Appartements nach dem Tod der ehemaligen Kriegsgefangenen auf dem freien Markt verkauft wurden.

Die Hochzeit zwischen den Städten Hyères und Rottweil

Laut der oben zitierten Studie gibt es seit 1945 2.200 deutsch-französische kommunale Partnerschaften. Diese sind im Schnitt 789 km voneinander entfernt und doch lebendig und stabil.[84] Diese statistischen Angaben bilden auch die Städtepartnerschaft Hyères und Rottweil gut ab. Durch die vielzähligen Freundschaften der Kriegsheimkehrerverbände waren die Tore für die offiziellen Gremien in beiden Städten weit geöffnet.

Die Proklamation der Partnerschaft Rottweils mit der Palmenstadt Hyères wurde für den 21. November 1970 im Théâtre Municipal in Hyères vorbereitet.

Die ganze Stadt Hyères war beflaggt mit dem neuen Allianzwappen, das die beiden Stadtwappen vereint. Dieses Symbol der Partnerschaft war überall anzutreffen als Fahne, Plakat, Vignette an Schaufenstern und Windschutzscheiben und als Abzeichen an den Jacken. Seither wird dieses Wappen bei Veranstaltungen und Treffen beider Städte eingesetzt.

---

82 Nice Matin vom 2. September 1970. Die Rottweiler Delegation umfasste 200 Personen.
83 Schwarzwälder Bote vom 9. Juni 1969.
84 Vgl. Bertelsmann-Stiftung, Städtepartnerschaften, S. 8–11.

2020: 50 Jahre Freundschaft: Hyères et Rottweil

Auf die „Bibel der internationalen Verständigung" schworen Jacques Pillement und sein Rottweiler Kollege stellvertretend für Franzosen und Deutsche. Dieses gemeinsame Ja-Wort erweckte den Eindruck einer standesamtlichen Trauung und so wurden die Festtage in Hyères auch verschiedentlich als „Flitterwochen" bezeichnet. Dass Liebe auch durch den Magen geht, verstanden die Gastgeber hervorragend zu nutzen, denn sie tischten die ganze Pracht französischer Gastronomie auf.[85] Näher kommen konnten sich die Partner anschließend beim Jumelage-Tanz und der Feier mit Geschenkübergaben, Folkloredarbietungen und gemeinsamen Paraden. Aufgrund der emotionalen Reden flossen bei manchen Anwesenden die Tränen.[86] Da in Hyères für März 1971 Bürgermeisterwahlen anstanden, war bei dieser Feier noch nicht sicher, ob Jacques Pillement an der Spitze der Hyèrer Delegation zum zweiten Festakt in Rottweil stehen würde.[87]

Der Festakt am 14. Mai 1971 in Rottweil wurde dann als große „Hochzeitsfeier" begangen. Zur Feier reisten hundert Gäste aus Hyères an. Sie wurden ab der Grenze bei Mülhausen von einem Konvoi des Rottweiler Automobilclubs (AMC) abgeholt[88] und mit mehreren Kästen Bier willkommen geheißen.[89] Chef der französischen Abordnung war der neu gewählte Bürgermeister Mario Benard. Doch auch mit dem vorherigen Bürgermeister Jacques Pillement gab es ein Wiedersehen, da er als Privatperson anreiste.[90]

Am Samstag wurde im Aufbaugymnasium der bereits in Hyères unterzeichnete Freundschaftsvertrag in seiner deutschen Fassung durch Mario Benard und Dr. Regelmann besiegelt. Neben den unterzeichnenden Bürgermeistern waren Oberhäupter aus der Umgebung, Hedwig Meermann, Bürgermeister a.D. Arnulf Gutknecht, und viele mehr anwesend. Bundeskanzler a.D. Dr. Kurt Georg Kiesinger hielt den Festvortrag.[91]

Die „Hochzeitsfeier", wie der bunte Abend mit Tanz in der Stadionhalle genannt wurde, wurde von 1.200 Gästen besucht. Rottweiler Vereine boten einen eindrucksvollen Querschnitt durch das sportliche und kulturelle Geschehen in der Stadt. Bürgermeister Benard bedankte sich bei allen Darbietenden. Er wisse nicht, wen er mehr beglückwünschen solle. „Sie sind einfach klasse", schloss Benard.[92]

Am Sonntag zelebrierte Münsterpfarrer Dr. Karl Ochs den Festgottesdienst im Heilig-Kreuz-Münster und anschließend spielte der Musikverein Bühlingen zum Frühschoppen auf. Darüber hinaus hörten die mindestens 700 Gäste in der Stadionhalle Darbietungen von Gesangsvereinen. Am Nachmittag war für die Jugend ein Fest im Park der Villa Duttenhofer organisiert worden, das mit Musik und Spielen zeitweise bis zu 700 Besucher anlockte.[93]

Abb. 101:
Dr. Ulrich Regelmann, Dr. Kurt Georg Kiesinger, Mario Benard (v.l.n.r.)
© Foto aus Privatbesitz

---

85   Schwarzwälder Volksfreund vom 25.11.1970.
86   Ebd.
87   Schwarzwälder Bote vom 25.11.1970.
88   Schwarzwälder Bote vom 14. Mai 1971.
89   Schwäbische Zeitung vom 15. Mai 1971.
90   Schwarzwälder Bote vom 12. Mai 1971.
91   Schwäbische Zeitung vom 17. Mai 1971.
92   Ebd.
93   Schwarzwälder Bote und Schwäbische Zeitung vom 17. Mai 1971.

3 PARTNERSCHAFTEN UND PATENSCHAFTEN

Zum Ausklang wurde in die Bühlinger Turnhalle eingeladen. Hier bekamen die französischen Freunde einen Hauch von Fasnet vermittelt. Dr. Winfried Hecht gelang es, die Gäste für die ihnen fremde Fasnet anhand von Masken zu begeistern, welche die Narrenzunft Bühlingen mitten im Mai lebendig werden ließ.[94]

Die Partnerschaftsfeiern in den beiden Städten hätten ohne die vielen sich für die Sache einsetzenden Menschen nicht so unvergesslich und beeindruckend ablaufen können. Maßgeblich am Gelingen beteiligt war der seit 1968 in Rottweil tätige Leiter des Stadtarchivs Dr. Winfried Hecht. Kein offizieller Akt der Jumelage-Feierlichkeiten – in Hyères wie in Rottweil – ging ohne ihn über die Buhne. Alle staunten darüber, wie er die physischen Anstrengungen der Übersetzungen in astreinem Französisch bewältigte.[95]

50 Jahre „Eheleben"

Doch was nützt die schönste Hochzeitsfeier, wenn nachfolgend die Partnerschaft nicht lebendig und stetig gepflegt wird?[96] Diese Städtepartnerschaft besteht im Jahr 2020 seit einem halben Jahrhundert und beweist, dass die städtepartnerschaftlichen Austauscherfahrungen auf verschiedenen Ebenen funktioniert haben.

Die Partnerschaft lebt trotz der großen Entfernung durch die persönlichen Kontakte, Freundschaften, den fachlichen Austausch und durch vieles mehr. Die im Vorfeld von Planungen oft angeführten möglichen Sprachenprobleme waren nie Thema bei den gegenseitigen Besuchen, die herzlich, gastfreundlich, interessiert und freundschaftlich verlaufen sind.

Auch wenn Hyères mehr als doppelt so viele Einwohner wie Rottweil hat, gibt es viele Bezugspunkte und auch verschiedenartige Attraktionen. Beide Städte haben ein reiches geschichtliches Erbe. Sie können römische Ausgrabungen vorweisen und die bestehenden mittelalterlichen Innenstädte wurden jeweils im 12. Jahrhundert erbaut. Ebenso ist die Geschichte der Salzgewinnung in beiden Städten ein wichtiges Thema. Aber auch die Moderne verbindet mit Architektur und Kunst.

Natürlich ist für Rottweiler Gäste das Mittelmeer die größte Attraktion und die Stadt Hyères kann mit 30 Kilometern Küstengebiet werben. In dem milden Klima lösen Palmen, Mimosen und Bougainvilleen bei den deutschen Gästen stets Bewunderung aus. Auch die vorgelagerten Inseln mit Unterwasser-Nationalpark sind unvergleichlich schön.

Doch Rottweil ist für die Gäste aus Hyères nicht weniger anziehend, wenn sie sich in den für sie „kalten Norden" trauen. Neben dem Stadtbild sind es der Schwarzwald, der Bodensee und die nächste Umgebung, für die sich die französischen Gäste begeistern. Und auf beiden Seiten sind die kulturellen Unterschiede in Festen, Sport und Essen auch heute noch spürbar und damit attraktiv.

Nach der freundschaftlichen Verbindung der beiden Städte lag es nahe, dass in der öffentlichen Sitzung des Gemeinderates am 1. Dezember 1971 beschlossen wurde, die neue Straße südlich des Krummen Weges „Hyères-Straße" zu nennen. Sie liegt in dem Wohngebiet mit den Straßennamen der übrigen Partnerstädte.

Schon im April 1972 nahmen die Briefmarkenfreunde das Thema Städtepartnerschaft Rottweil-Hyères auf und organisierten in Hyères und ein Jahr später in Rottweil jeweils eine „Jumelage-Exposition". Schöne Sonderstempel sind bleibende Erinnerungen für die Sammler.

Im Oktober 1976 startete eine 34-köpfige offizielle Delegation von Rottweil mit OB Dr. Regelmann, Gemeinderäten, Partnern sowie Reiseleiter Sepp Mayer, um sich mit Verwaltung und Kommunalvertretern in Hyères zu treffen. Neben einer gemeinsamen Gemeinderatssitzung wurde auch die „Avenue de Rottweil" feierlich eingeweiht.[97] Diese Straße führt von Hyères in Richtung Nizza durch das Schulgebiet von Hyères.[98] Außer dem geselligen und kulturellen Programm wurden zahlreiche Ideen entwickelt für eine partnerschaftliche Zusammenarbeit auf vielen Ebenen.

---

94 Schwarzwälder Bote vom 18. Mai 1971 und Schwäbische Zeitung vom 17. und 18. Mai 1971.
95 Schwarzwälder Bote vom 18. Mai 1971.
96 Schwäbische Zeitung vom 18. Mai 1971.
97 Nice Matin vom 25. Oktober 1976.
98 Schwäbische Zeitung vom 21. Oktober 1976.

Mit großen Delegationen wurden jeweils die runden Geburtstage der Städtepartnerschaft in beiden Städten gefeiert. Auch die jeweiligen traditionellen Feste wie Corso Fleuri in Hyères oder Fasnet und Stadtfest in Rottweil boten Gelegenheiten für freundschaftliche Besuche.

Unterstützung durch den „Rottweiler Freundeskreis Hyères e.V."

In Hyères werden die Städtepartnerschaften vom „Comité de Jumelage" organisiert und betreut. Das Comité untersteht der Stadtverwaltung mit einem eigenen Etat, ist jedoch vereinsmäßig organisiert. Die Präsidenten und Vorstände werden im zweijährigen Turnus gewählt. In Rottweil liegt die Zuständigkeit für die Städtepartnerschaften beim Kulturamt und seit dem Bestehen einzelner Partnerschaftsvereine gibt es eine gute Zusammenarbeit und gegenseitige Unterstützung. Für die Freunde, Kenner und Interessierten an der Stadt Hyères hatte es bis 1994 keine Vereinigung gegeben, die sich zusätzlich zu den bestehenden Vereinskontakten und offiziellen Begegnungen um die bürgerschaftlichen Beziehungen mit Hyères kümmerte. Im Januar 1994 hob eine 34-köpfige Interessengruppe um Uta und Fritz Gabler einen Freundeskreis aus der Taufe. Der „Rottweiler Freundeskreis Hyères e.V" gab sich die Aufgabe, die Partnerschaft und Freundschaft zwischen den beiden Städten zu fördern und zu vertiefen.

Durch die Mithilfe und Organisation des neuen Vereins hatte das „Comité de Jumelage" schon im Dezember 1994 erstmals die Möglichkeit, an einem Stand auf dem Rottweiler Weihnachtsmarkt provenzalische Produkte anzubieten. Die private Unterbringung und Betreuung von Präsidentin Denise Schütz und den weiteren Mitgliedern des „Comité de Jumelage" durch den Freundeskreis ermöglichte den Aufenthalt in Rottweil.

Seither haben die Mitglieder des „Comité de Jumelage" regelmäßig die Möglichkeit genutzt, sich in Rottweil zu präsentieren und sich mit vielen Rottweilern auszutauschen. Allerdings wird immer wieder betont, dass „eine Reise nach Rottweil im Dezember für Hyèroisen gleichbedeutend mit einer Reise zum Nordpol sei".

Das 25-jährige Jubiläum der Städtepartnerschaft Rottweil-Hyères am 9. September 1995 wurde in das Stadtfest in Rottweil integriert. Diese Begegnung innerhalb der Partnerschaft stand unter dem Motto, ein „Fest für den Frieden" zu sein.[99] Ein besonderes Gastgeschenk hatte sich Oberbürgermeister Dr. Michael Arnold hierzu einfallen lassen. Er lud für August 1996 drei Schülerinnen (beste Deutschschülerinnen ihrer Schulen) für eine Woche nach Rottweil ein.[100]

Für die Gegenfeier fuhr Ende März 1996 eine 100-köpfige Delegation aus Rottweil unter der Leitung von Dr. Arnold in die Partnerstadt. Bürgermeister Leopold Ritondale lud zum Festakt im Rahmen des „Corso Fleuri" ein. Einmalig war, dass Schüler aus Rottweil und Hyères gemeinsam einen Wagen für diesen Blumenkorso schmückten.[101]

Die erste Bürgerfahrt des „Rottweiler Freundeskreis Hyères" startete mit 26 Reisenden im November 1996.[102] Danach gab es zahlreiche Austausche für Studenten, Schüler, Musikkapellen und Turnvereine.[103]

Abb. 102:
Corso Fleuri 1994, Wagen "le petit train"
© Foto aus Privatbesitz

---

99 Schwarzwälder Bote vom 8. September 1995.
100 Schwäbische Zeitung vom 29. August 1996.
101 Schwäbische Zeitung vom 5. April 2003.
102 Schwarzwälder Bote vom 9. November 1996.
103 Schwäbische Zeitung und Schwarzwälder Bote vom 4. August 1999.

3 PARTNERSCHAFTEN UND PATENSCHAFTEN

In Rottweil legendär waren die Jugendlager des Stadtjugendrings in Hyères. Noch heute bekommen damalige Teilnehmer glänzende Augen, wenn sie von den Aufenthalten berichten. Bereits seit 1970 wurden Jugendlager in Hyères vom Stadtjugendring angeboten.

Seit Mai 1970 sind die meist jährlichen im Wechsel stattfindenden Besuche der Chorgemeinschaft Rottweil mit dem Chor „Brise Marine Hyères" zu einer guten und dauerhaften Einrichtung geworden. Dabei erfreuen Gemeinschafts- und Platzkonzerte die jeweiligen Gastgeber. Diese Tage um Christi Himmelfahrt sind eine feste Säule im partnerschaftlichen Zusammenleben.

Über die Schüleraustausche der Rottweiler Gymnasien mit den Partnerschulen in Hyères durften unzählige junge Menschen das unterschiedliche gesellschaftliche und kulturelle Leben intensiv in Schulen und Familien kennenlernen. Derartige Erfahrungen in einer fremden Umgebung mit beginnenden Sprachkenntnissen prägen wohl jeden. Die Wichtigkeit dieser Schülerbegegnungen wird auch von den beiden Stadtverwaltungen geschätzt und so erhalten die Reisegruppen meist einen Empfang mit Stadtrundgang und kleine Geschenke als Anerkennung für die Bereitschaft, Neues kennenzulernen.

Mit sehr großem Aufwand wurde für Ostern 2020 eine Jugendwerkstatt in Rottweil für 40 Jugendliche organisiert mit dem Thema „Unsere Städte 2030". Dieses Treffen musste aufgrund der Corona-Pandemie abgesagt werden. Zur Erinnerung an das Vorhaben wurden beim Hochturm von der Stadtverwaltung sieben Partnerschaftsbäume gepflanzt.

Im Oktober 2010 wurden 40 Jahre Partnerschaft in Hyères gefeiert. Zum Zeichen tiefer Verbundenheit verlieh Bürgermeister Jaques Politi die Bürgermedaille der Stadt an Oberbürgermeister Ralf Broß, die Präsidentin des Freundeskreises Hyères Uta Gabler und Kulturamtsleiterin Simone Maiwald. Seit dieser Feier wacht ein Hörl-Hund im Rathaus von Hyères. Die Gegenfeier zum 40-jährigen Jubiläum wurde mit der Delegation aus Hyères am Stadtfestwochenende 2011 gefeiert. Ein stimmungsvoller Abend im Sonnensaal des Kapuziners war der Auftakt für die Begegnungen.[104]

Uta Gabler und Karl-Josef Hörrmann erhielten im Januar 2011 die Bürgermedaille der Stadt Rottweil u.a. für ihren ehrenamtlichen Einsatz für die Städtepartnerschaft.[105]

Die Liste der gegenseitigen Besuche und gemeinsamen Feiern ließe sich lange fortsetzen und ergänzen. Auch die vielen familiären Kontakte durch Urlaubsaufenthalte in Hyères sind Puzzleteile in dem Gesamtbild der Städtepartnerschaft Rottweil-Hyères. Die Vermittlung von Kontakten über die beidseitigen Partnerschaftsvereine und deren Betreuung jeweils vor Ort erlaubten vielen Gruppen, wie Feuerwehrfamilien und Sportlern, herzliche Begegnungen. Hyères wurde von Rottweilern nicht nur per Flugzeug, Bus, Bahn, und Privat-PKW angesteuert, sondern inzwischen auch per Fahrrad.

Goldene Hochzeit und Aussichten

Der wiedergewählte Bürgermeister Jean-Pierre Giran hatte mit dem „Comité de Jumelage" das 50-jährige Partnerschaftsjubiläum für September 2020 in Hyères geplant. Doch nach dem Besuch zur Fasnet im März 2020 wurden die „Grenzen" aufgrund der Corona-Pandemie geschlossen. Beide Partner hoffen nun, dass das Fest bald nachgeholt werden kann.

Quellen

Stadtarchiv Rottweil Zb 7 (Schwäbische Zeitung)
Stadtarchiv Rottweil Zb 8 (Schwarzwälder Bote)
Stadtarchiv Rottweil Zb 9 (Stadtanzeiger Rottweil)
Stadtarchiv Rottweil Zb 19 (NRWZ)
Nice Matin

Bertelsmann-Stiftung/Deutsch-Französisches Institut Ludwigsburg (Hrsg.), Städtepartnerschaften – den europäischen Bürgersinn stärken. Eine empirische Studie, Gütersloh 2018.
Théofilakis, Fabien, Les prisonniers de guerre allemands. France 1944 – 1949. Une captivité de guerre en temps de paix, Paris 2014.

---

104 Stadtanzeiger und NRWZ vom 14. September 2011.
105 Schwarzwälder Bote vom 17. Januar 2011.

4 FEHDEN UND KRIEGE

1449: Die Hohenberger Fehde und ihre Folgen für Rottweil

Von Niklas Konzen

Transkription

1. Wir, nauchbenempte Jos von Hornstain, Hanns von Hohmessingen,
2. Walther von Rosenveld und Osterbrunn von Wurmlingen, Hanns,
3. Peter und Walther von Schertzingen, Dietrich Nagell von
4. Dúrnstain, Hanns Aicheller von Ysni, Haintz Schnider und Ha[nns]
5. Kúngung, Konrat Staehelli und Joes Gaerwer von Stokach,
6. Konnszli Neff der alt, Jos Sifrid von Memmingen und Auberli
7. [Kel]ler von Herrenberg, laussend úch, burgérmaister, rautt,
8. gemainde zu Rotwil und alle die, die mit úch in ver-
9. aynung gewandt und verbunden sinde, wissen: Alz der
10. hochgepornne herre, hern Ulrich, grave zu Wirttemberg et cetera,
11. unser gnaediger herre, mit úch und úwern bundgenossen in
12. vintschafft und úwer vinde ist, des helfer wir vorgenante
13. sinde, daz wir von wegen des genanten unsers gnedigen herren
14. úwer und der, die mit úch in veraynung gewandt und
15. verbunden sinde, ouch der úwer und der iren und die úch
16. und inen zu versprechend staund, vinde sin woellen, und

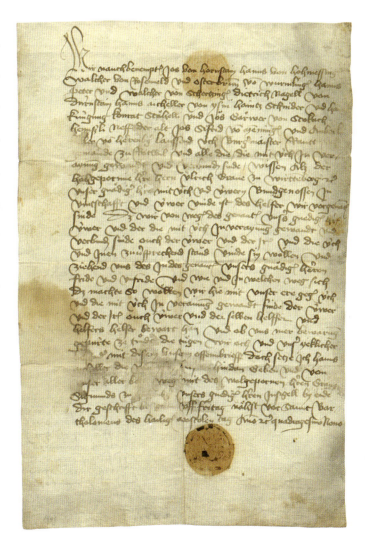

Abb. 103:
Fehdebrief des Jos von Hornstein an die Reichsstadt Rottweil und Verbündete, 22. August 1449
© HStAS B203 Bü 7r.

17. ziehend uns des in des genanten unsers gnaedigen herren
18. fride und unfride, und wie und in welchen weg sich
19. daz machte, so woellen wir hie mit unser ere gegen úch
20. und die mit úch in verainung gewandt sinde, der úwer
21. und der iren, ouch úwer und der selben helffer und
22. helfers helfer, bewart han; und ob uns mer bewarung
23. gepúrte ze tuondt, die tuegen wir och und unser yeklicher
24. [besu]nder mit disem unserm offenn brieff. Doch setze ich, Hanns
25. Aicheller, die von Ysni herinne hindan. Geben und von
26. unser aller bett wegen mit des wolgepornen herren, grave
27. Sigmunds zu Hohenberg, unsers gnedigen herren, insigell by ende
28. dir geschrifft besigelt uff fritag naehst vor Sannt Bar-
29. tholomeus des hailigen apostolen tag, anno et cetera quadragesimo nono.

Kommentar

Am 22. August 1449 kündigte der Adlige Jos von Hornstein-Schatzberg mit 15 weiteren Personen in einem Fehdebrief der Reichsstadt Rottweil sowie all ihren Verbündeten und Abhängigen seine Feindschaft an. Daraus entstand eine Fehde, die letztlich zur Zerstörung der Burg Hohenberg, dem Stammsitz des gleichnamigen Grafengeschlechts, durch die Reichsstadt Rottweil führte. Anhand dieser Urkunde lässt sich damit sowohl das Procedere einer spätmittelalterlichen Fehde veranschaulichen als auch das komplexe politische Beziehungsgefüge zwischen schwäbischen Reichsstädten, Adel und Fürsten beleuchten, in das Rottweil im 15. Jahrhundert eingebunden war.

Als Fehde bezeichnete man im Spätmittelalter sowohl kriegerische Großkonflikte zwischen mächtigen Fürsten als auch „private" Kleinkriege, die von kleineren, oft bandenmäßig organisierten Personengruppen unter meist adliger Leitung geführt wurden. Die typische spätmittelalterliche Adelsfehde war eine gewalttätige Auseinandersetzung, die nicht in offenen Feldschlachten geführt wurde, sondern als Serie von Raubüberfällen, Plünderungen, Brandstiftungen und Entführungen mit räuberischer Erpressung, gelegentlich aber auch durch Belagerung und Zerstörung der befestigten Stützpunkte von Fehdeführenden. Entscheidend für das Selbstverständnis der Fehdeführenden war die Bindung der Fehde an das spätmittelalterliche Landfriedensrecht, das die Fehde als gewaltsame Selbsthilfe in einem Rechtsstreit in bestimmten Fällen und unter Einhaltung von bestimmten Regeln für rechtmäßig erklärte. Diese Regeln wurden im Lauf des Spätmittelalters mehrfach bestätigt, etwa in der Goldenen Bulle Karls IV. 1356 oder in der Reformation Friedrichs III. 1441: Wer eine rechtliche Forderung gegen eine andere Partei hatte, durfte, wenn die Gegenpartei sich weigerte, den Streit vor einem Gericht oder Schiedsgericht zu klären, oder sich einem bereits gefällten Urteil nicht unterwerfen wollte, den Rechtsverweigerer so lange gewaltsam schädigen, bis er seine Haltung änderte und dem Beschwerdeführer sein Recht gewährte. Der Beschwerdeführer in einer Fehde wurde üblicherweise als „(Haupt-)Sächer" bezeichnet. Ein Hauptsächer konnte auch „Hauptmann", also strategischer Leiter und Verhandlungsführer sein, er konnte diese Funktion aber auch anderen Beteiligten übertragen oder mit ihnen zusammen ausüben. Dem Hauptsächer schlossen sich in der Regel freiwillige Helfer und Helfershelfer an, außerdem besoldete „Diener" oder von einem Fehdebeteiligten abhängige „Knechte". Eine Fehde mussten Fehdeführende, gleich welchen Status, ihren Gegnern drei Tage im Voraus durch einen Fehdebrief, auch Feindsbrief oder Absage genannt, ankündigen. Wer gegen diese Regel verstieß, sollte nach dem Wortlaut der Goldenen Bulle als ehren- und rechtlos gelten und als Verräter von jedem Richter mit gesetzlichen Strafen belegt werden. Damit drohte dem unrechtmäßig Fehdeführenden die Kriminalisierung als Straßenräuber und im schlimmsten Fall die Hinrichtung. Diese Sanktionsdrohung hat allerdings in der Praxis nicht verhindert, dass viele (gerade adlige) Fehdeführende das Instrument der Fehde als eine Art Lizenz zum Rauben instrumentalisierten und sich über viele Fehderegeln systematisch hinwegsetzten, ein Sachverhalt, der in der Vorstellung des „Raubritters" seinen Niederschlag gefunden hat.

Im vorliegenden Beispiel bezeichnen sich Jos von Hornstein-Schatzberg und die übrigen genannten Personen als Fehdehelfer des Grafen Ulrich V. von Württemberg-Stuttgart, der bereits am 5. August 1449 – eigentlich wegen einer Auseinandersetzung mit der Reichsstadt Esslingen – dem gesamten schwäbischen Städtebund[106] und damit auch Rottweil, die Fehde angesagt hatte. Auch sie richteten ihre Absage nicht nur an Rottweil, sondern auch an dessen Verbündete, Angehörige und Abhängige, was alle Städte des schwäbischen Städtebundes miteinschloss. Lediglich der im Brief genannte *Hanns Aicheller* aus Isny nahm seine Heimatstadt, die ebenfalls dem Städtebund angehörte, für sich von der Feindschaft aus. Der konkrete Fehdegrund wird darüber hinaus nicht näher ausgeführt, was jedoch bei Helferbriefen nicht weiter ungewöhnlich ist. Die Passage *„so woellen wir hiemit unser ere gegen úch (...) bewart han"* weist auf die aus Sicht der Absagenden entscheidende Funktion des Fehdebriefs, nämlich die der „Ehrbewahrung" hin: Der Brief soll also die genannten Personen davor bewahren, von den schwäbischen Reichsstädten als ehr- und rechtlose Straßenräuber behandelt zu werden. Der Name des Sieglers, Graf Sigmund von Hohenberg, damals ein hochrangiger württembergischer Rat, deutet darauf hin, dass die Absagenden mit Wissen des Württembergers handelten. Dass es gerade Graf Sigmund war, der den Brief besiegelte, ist aber auch insofern bemerkenswert, als Jos von Hornstein damals auf Burg Hohenberg saß, dem Stammsitz von Sigmunds Familie, die 1486 mit ihm in männlicher Linie ausstarb.

Die Grafen von Hohenberg, verwandt mit den Hohenzollern, waren als Herrschaftsträger im 15. Jahrhundert schon lange auf dem absteigenden Ast. Vermutlich aufgrund wirtschaftlicher Probleme hatte Graf Rudolf III. von Hohenberg im Jahr 1381 seinen gesamten Besitz an Herzog Leopold III. von Österreich verkauft, darunter auch seinen Stammsitz, Burg Hohenberg. Die Habsburger ihrerseits verpfändeten große Teile der hohenbergischen Territorien. Ein bedeutender Anteil davon, u.a. die Städte und Burgen Rottenburg, Ehingen, Horb und Schömberg, gelangte so 1410 in den Besitz eines Konsortiums von 19 schwäbischen Reichsstädten. Ein anderer Teil, darunter Burg Hohenberg, gelangte über die Grafen von Lupfen im Jahr 1434 in die Hand des Hans IV. von Hornstein zu Schatzberg. Hans war der Vater des oben erwähnten Jos, Burg Schatzberg ist heute eine Ruine bei Langenenslingen. Die Herzöge von Österreich blieben jedoch weiterhin die Pfandherren von Burg Hohenberg. Auf der westlichen Alb überschnitten sich im 15. Jahrhundert die politischen Interessenssphären der benachbarten Fürsten von Württemberg und Österreich, die im Spätmittelalter um die Vorherrschaft in Schwaben rivalisierten. Viele mindermächtige Adlige in dieser Nachbarschaft versuchten um diese Zeit, durch eine Schaukelpolitik zwischen beiden Mächten einerseits ihren Einfluss zu steigern, andererseits ihre Eigenständigkeit nach Möglichkeit zu erhalten. So auch die Hornsteiner auf Burg Schatzberg: Hans IV. stand in den 1420er und 1430er Jahren zeitweise in württembergischen Diensten, unter anderem als Hofmeister der Gräfin Henriette von Württemberg; andererseits hatte er österreichische Pfandherrschaften inne und kämpfte in mehreren regionalen Fehden auf habsburgischer Seite.

Diese Strategie scheint jedoch für ihn und besonders seine Söhne ab Ende der 1430er Jahre immer weniger funktioniert zu haben. Darauf weisen ihre im Zeitraum von 1438 bis 1442 erfolgenden Güterverkäufe an Hans Truchsess von Bichishausen hin, der Hans inzwischen als württembergischen Hofmeister beerbt hatte, besonders aber eine Fehde im Jahr 1442, in der die Burg Schatzberg durch Württemberg erobert und zerstört wurde. Nach dieser Fehde nahm Jos von Hornstein-Schatzberg – Hans IV. war vermutlich zu dieser Zeit nicht mehr am Leben – seinen Sitz auf

---

[106] 1376 gegründet; im 15. Jahrhundert immer wieder erneuert.

Burg Hohenberg, die jetzt bis auf die Ruine Schatzberg seine einzige Herrschaftsgrundlage darstellte. Diese Grundlage wurde nun von mehreren Seiten gefährdet: Einerseits mahnte die Reichsstadt Rottweil ab 1447 die Zahlung einer Schuld von 200 Gulden durch Jos, seine Ehefrau Anna, geborene von Rechberg, und einen weiteren Hornsteiner an und brachte sie, als diese nicht erfolgte, vor dem 10. November 1449 schließlich in die Acht des Hofgerichts Rottweil. Dies war für die Hornsteiner eine bedrohliche Entwicklung, weil die Acht des Hofgerichts gerade in den 1440er Jahren häufig instrumentalisiert worden war, um verschuldete Adlige unter Drohung einer Zwangspfändung zum Verkauf ihrer Güter zu zwingen, insbesondere durch Württemberg. Andererseits forderte Herzog Albrecht VI. von Österreich am 28. Januar 1448 die Rücklösung der Burg Hohenberg von den Hornsteinern ein, die sie ja nur als Pfand innehatten. Jos von Hornstein-Schatzberg verweigerte daraufhin die Auslösung und gab zu seiner Rechtfertigung an, der Herzog habe ihm zuvor garantiert, dass er lebenslang im Besitz der Burg bleiben dürfe, und dieses Versprechen gebrochen, als ihm sein Rat Erkinger von Heimenhofen Geld für die Übertragung der Pfandschaft geboten hatte. In dieser Situation wandte er sich im Lauf des Jahres sowohl an die Reichsstadt Rottweil, in deren Bürgerrecht er stand, als auch an Graf Ulrich von Württemberg um Hilfe, allerdings vergeblich. Ab dem 12. September 1448 schickten Herzog Albrecht VI. als Hauptsächer und weitere 127 Personen als Helfer und Helfershelfer über 70 Fehdebriefe an Jos von Hornstein, der am 17. September antwortete. In den folgenden Wochen kam es zu wechselseitigen Angriffen auf Dörfer der Gegenpartei, bereits am 12. Oktober einigte man sich jedoch darauf, den Konflikt vor Herzog Sigmund von Österreich-Tirol als Schiedsrichter friedlich beizulegen, und stellte die Kampfhandlungen ein.

Während Jos von Hornstein einen Ausweg aus seiner schwierigen Lage suchte, spitzten sich eine Reihe von regionalen Konflikten an mehreren Schauplätzen vor allem in Süddeutschland durch die Bildung zweier gegnerischer Bündnisse zu einem Großkonflikt von reichspolitischer Bedeutung zu. Im Lauf der 1440er waren aufgrund von individuellen, unterschiedlichen Ursachen Streitigkeiten zwischen Markgraf Albrecht von Brandenburg-Ansbach und der Reichsstadt Nürnberg, Erzbischof Dietrich von Mainz und der Reichsstadt Hall, Markgraf Jakob von Baden und der Reichsstadt Rothenburg sowie Graf Ulrich von Württemberg-Stuttgart und der Reichsstadt Esslingen entstanden. Als sich Ende der 1440er Jahre jeweils die Fürstenpartei jedes dieser Konflikte mit den anderen Fürsten verbündete und die Städte ihrerseits in einem schwäbisch-fränkischen Städtebund zusammenrückten, formierten sich zwei große feindliche Lager entlang von Standesgrenzen. Die Fehdeansage des Markgrafen von Brandenburg am 2. Juli 1449 wurde zum Startschuss eines überregionalen Großkonflikts dieser feindlichen Bündnisse, der die Probleme des Hornsteiners mit Herzog Albrecht völlig obsolet machte: Der Zweite Städtekrieg, auch Erster Markgrafenkrieg (1449–1450) genannt, hatte begonnen, und in seinem Verlauf fanden sich Jos von Hornstein, die Reichsstadt Rottweil, Württemberg sowie Österreich auf unterschiedlichen Seiten wieder. Am 5. August 1449 hatte Graf Ulrich von Württemberg mit seinem Fehdebrief an Esslingen einen schwäbischen Kriegsschauplatz eröffnet. Württembergs Feindschaft erfasste auch Rottweil, das als Mitglied des schwäbischen Städtebunds mit Esslingen verbündet war. Was Herzog Albrecht VI. von Österreich betrifft, so hatte er seine eigenen Probleme mit den schwäbischen Reichsstädten, bedingt durch die eingangs erwähnte Verpfändung bedeutender Teile der Herrschaft Hohenberg: Denn auch von ihnen hatte der Habsburger eine Rücklösung des verpfändeten Anteils der Herrschaft Hohenberg gefordert, war damit jedoch auf Widerstand der Reichsstadt Ulm und der anderen 18 Pfandnehmerstädte gestoßen (zu denen Rottweil übrigens nicht gehörte), unter anderem aufgrund unterschiedlicher Auffassungen über Berechnung und Höhe der zurückzuzahlenden Summe. Zu Beginn des Zweiten Städtekriegs hielt er sich jedoch mit einer Parteinahme noch zurück. In dieser Situation entschied sich Jos von Hornstein-Schatzberg, ganz auf die württembergische Karte zu setzen: Er schickte am 22. August den hier vorgestellten Fehdebrief an Rottweil als Mitglied des schwäbischen Städtebunds und erklärte sich darin zum Parteigänger Graf Ulrichs von Württemberg-Stuttgart, wohl in der Hoffnung, im Gegenzug gegenüber den österreichischen Pfandlösungsforderungen wie auch gegenüber Rottweiler Schuldforderungen künftig auf württembergische Protektion setzen zu können.

Der Absage folgten alsbald von Burg Hohenberg ausgehende Plünderungszüge in das Rottweiler Umland. Daraufhin stellte Rottweil schließlich nach knapp einem Monat eine Streitmacht auf, die in der Nacht vom 20. auf den 21. September 1449 vor die Burg Hohenberg zog. Über die folgenden Ereignisse existiert im Stadtarchiv Straßburg die Abschrift eines Berichts, den Rottweil am 23. September an Ulm schickte. Demnach erreichten die Rottweiler die Burg nach abendlichem Aufbruch gegen Mitternacht und begannen unmittelbar mit dem Versuch, die Mauern zu stürmen. Die Stürmung habe etwa 16 Stunden gedauert, *„mit schiessen, mit werffen und mit allen noten so herticlich und swer, das wir das nit ze schriben wissen."*[107] Auf der Burg habe sich eine Besatzung von 21 kampffähigen Männern (*„einundzweintzig vehtberer man"*) befunden. Diese hätten etwa 40 Stein-, Tarras- und Handbüchsen bei sich gehabt, also teils festmontierte, teils tragbare Feuerwaffen unterschiedlichen Kalibers, daneben viele Armbrüste und große Mengen an Pfeilmunition (*„bi viertzig krotz-, tarraß- und hanntbuehssen und vil ambrost und vil geschuetz von pfiln"*), mit denen sie ohne Pause (*„on alle ruow und underlibung"*) auf die Belagerer geschossen hätten. Die Angreifer hätten dieses Bombardement jedoch recht glimpflich überstanden (*„und doch von Gotz gnaden uns so merklich nit beschediget hand, als dann muegelich zu tuond gewesen were"*), die Burg letztlich erfolgreich gestürmt und dabei 18 der 21 Verteidiger getötet, wobei nur einer entkommen sei (*„und haben achtzehn in dem sloss vom leben zum Tod bracht, also daz uns nit denn ain man enpfallen und hinkomen ist"*). Jos von Hornstein sei nicht auf der Burg gefunden worden, sondern allein seine Ehefrau Anna von Rechberg mit ihren Jungfrauen. Nach der Eroberung habe man die Burg geplündert und große Mengen Hausrat, Vorräte, die erwähnten Büchsen, Armbrüste und weitere Kriegsausrüstung (*„und was zuo der were gehoert hat"*) mit sich geführt, anschließend am folgenden 22. September die Burg niedergebrannt. Was die Verluste der Angreifer betrifft, erwähnt dieser Bericht drei Gefallene; in einem späteren Protokoll vom 9. Mai 1457 wird die Zahl von 40 Verwundeten und *„fünf oder sechs"* Toten genannt.

Der in militärischer Hinsicht erfolgreiche Kriegszug sollte jedoch für Rottweil noch schwere diplomatische und juristische Verwicklungen nach sich ziehen. Herzog Albrecht VI. war nicht gewillt, die Fehdeansage des Jos von Hornstein als Rechtfertigung für die Zerstörung einer zwar verpfändeten, letztlich aber doch österreichischen Burg zu akzeptieren. Außerdem hatten die Rottweiler in einem anderen Zusammenhang zwei Kriegsknechte aus dem habsburgischen Villingen erschossen. Dieser Vorfall trug sich vermutlich in zeitlicher Nähe zum Schlossbruch von Hohenberg zu: Nach Darstellung Rottweils seien Rottweiler Truppen, nachdem sie eine Nachschublieferung des Abtes von Tennenbach für den Markgrafen von Baden angegriffen und geplündert hatten, auf dem Heimweg an Villingen vorbeigekommen. Die Stadt Villingen habe ihnen daraufhin eine Streitmacht hinterhergeschickt. Dieser seien zwei Villinger Armbrustschützen vorausgeeilt und hätten die Rottweiler herausgefordert. Die Rottweiler hätten versucht zu deeskalieren: Die beiden Knechte sollten ihren Herren ausrichten, die Rottweiler hätten ihnen nichts geraubt; wäre ihnen doch etwas genommen worden, seien sie bereit, es wieder herauszugeben. Als die beiden Villinger dennoch nicht abließen, sondern sie mit gespannten Armbrüsten bedrohten, hätten die Rottweiler die beiden Villinger erschossen und seien weitergezogen.

Da die Reichsstadt Rottweil habsburgische Lehen innehatte, die teils ebenfalls aus der hohenbergischen Erbmasse stammten, lud Herzog Albrecht sie vor sein

---

107 Stadtarchiv Straßburg AA 248, fol. 16r (ebenso die folgenden Zitate aus diesem Bericht).

Lehengericht und erklärte, als Rottweil der Vorladung nicht Folge leistete, diese Lehen für verwirkt. Am 23. April 1450 richtete er einen Fehdebrief an Rottweil und damit auch an den schwäbischen Städtebund, in dem er den ausdrücklich den Schlossbruch von Hohenberg als Fehdegrund angab. Damit war auch Herzog Albrecht mit all seinen Verbündeten auf Seiten der Fürsten in den Städtekrieg eingetreten. Zu diesem Zeitpunkt hatten allerdings schon Friedensverhandlungen zwischen den beiden verfeindeten Bündnissen begonnen, die am 22. Juni 1450 mit der Bamberger Richtung zur Beendigung des Krieges führten. Nachdem König Friedrich III. mehrere am Krieg unbeteiligte Fürsten mit der Vermittlung in den einzelnen Teilkonflikten beauftragt hatte, folgten langwierige Schlichtungsverfahren zwischen den einzelnen Bündnisangehörigen. Zu diesen Verfahren gehörten auch die Forderungen Herzog Albrechts VI., unter anderem gegen die 19 Reichsstädte im Besitz der hohenbergischen Pfandschaft wie auch gegen Rottweil wegen des Schlossbruchs von Hohenberg und der Tötung der beiden Villinger Kriegsknechte. In beiden Verfahren vermittelte der pfälzische Kurfürst Friedrich I. Während die reichsstädtischen Inhaber der Pfandschaft Hohenberg zwar das Pfand an Österreich zurückgeben mussten, aber immerhin durch den Schiedsspruch des Kurfürsten 1453 eine hohe Entschädigung zugesprochen bekamen, sah sich Rottweil am 26. März 1451 mit einem verheerenden Urteil konfrontiert, das den österreichischen Vorstellungen weitgehend entgegenkam: Rottweil sollte Burg Hohenberg wieder aufbauen, dem Herzog Albrecht VI. eine Entschädigung von 40.000 Gulden zahlen und weitere 200 Gulden zur Unterstützung der Hinterbliebenen der beiden Villinger Kriegsknechte sowie zur Abhaltung von Messen für ihr Seelenheil. Durch Nachverhandlungen mit Herzog Albrecht konnte die Reichsstadt jedoch 1453 eine erhebliche Abschwächung erreichen; der Habsburger ließ die Forderung nach einem Wiederaufbau der Burg fallen, reduzierte seine Entschädigungsforderung auf realistischere 8000 Gulden und setzte Rottweil wieder in seine habsburgischen Lehen ein.

Rottweil vertrat nun gegenüber den anderen Reichsstädten die Auffassung, dass sowohl die Kosten des Feldzugs gegen Burg Hohenberg als auch die daraus entstandenen österreichischen Entschädigungsforderungen wie andere Kriegskosten von der Gesamtheit des Städtebunds nicht von Rottweil allein getragen werden müssten. Denn Rottweil war ja zunächst nur aufgrund seines Bündnisses mit Esslingen und den übrigen Reichsstädten von Hornstein, der als württembergischer Fehdehelfer handelte, angegriffen worden, und hatte Burg Hohenberg im Zuge eines vom Kriegsrat des schwäbischen Städtebunds abgesegneten Feldzugs im Kontext des großen Städtekriegs angegriffen.

Ein ähnlich gelagerter Fall bestand übrigens bei Schaffhausen, ebenfalls zur Zeit des Städtekriegs Mitglied des schwäbischen Städtebundes, das sich wegen der fast gleichzeitig zur Eroberung von Burg Hohenberg erfolgten Zerstörung der Burgen Balm und Rheinau (23. September 1449) österreichischen Entschädigungsforderungen ausgesetzt sah. Die anderen Städte akzeptierten eine Mithaftung jedoch in keinem von beiden Fällen. Es folgten jahrzehntelange schiedsgerichtliche Verhandlungen unter den ehemaligen Bündnispartnern, deren für Rottweil und Schaffhausen frustrierender Verlauf dazu beitrug, dass beide Städte sich vom schwäbischen Städtebund abwandten und sich letztlich 1454 (Schaffhausen) bzw. 1463 (Rottweil, als zugewandter Ort) der Eidgenossenschaft anschlossen. Dieser Schritt erwies sich als erhebliche Stärkung der Verhandlungsposition beider Städte, die jetzt gegenüber den anderen Städten die Eidgenossen als Unterstützer hinter sich wussten. Auf deren Betreiben ließen sich die anderen Städte 1455 auf schiedsgerichtliche Verhandlungen unter dem Vorsitz der freien Stadt Straßburg ein, was übrigens auch die Existenz archivischer Unterlagen zum Schlossbruch von Hohenberg als Teil der Verhandlungsakten im Stadtarchiv Straßburg erklärt. Zu einem endgültigen Ergebnis scheint aber erst ein durch die Schweizer Eidgenossenschaft vermittelter Rechtstag im Jahr 1465 geführt zu haben, auf dem elf der ehemaligen Mitglieder des schwäbischen Städtebundes sich zur Zahlung von 1650 Gulden an Rottweil bereit erklärten; eine separate Einigung erreichte Rottweil noch 1472 mit Rothenburg.

Parallel zu den Verhandlungen mit Österreich wurde Rottweil inzwischen mit einer Entschädigungsforderung von sicherlich recht unerwarteter Seite konfrontiert, die allerdings die bemerkenswerte Ausstattung von Burg Hohenberg mit Feuerwaffen im Nachhinein erklärte. Ein Adliger aus der Rottweiler Nachbarschaft, Hans von Rechberg, erklärte gegenüber der Reichsstadt, er habe auf Hohenberg, der Burg seines Freundes Jos von Hornstein, Ausrüstungsgegenstände gelagert, die im Zuge der Plünderung und Zerstörung der Burg mit nach Rottweil geführt worden waren. Konkret genannt werden neben Schießpulver und Münzen 13 Hand- und Hakenbüchsen, 4½ Zentner Schießpulver und 100 Pfeile. Für diesen Verlust forderte er von Rottweil eine Entschädigung. Vielleicht im gleichen Zusammenhang richtete Rechbergs Ehefrau Elisabeth, geborene Gräfin von Werdenberg-Sargans, bereits am 26. September 1449 Entschädigungsforderungen an Rottweil, weil Rottweiler Söldner ihr mehrere Ochsen weggetrieben hätten. – Über Rechbergs Forderung kam es spätestens ab 1457 zu einem schiedsgerichtlichen Verfahren vor Herzogin Mechthild, der Ehefrau des Herzogs Albrecht VI. von Österreich, die 1454 die Verwaltung des ehemals von den Reichsstädten verwalteten Teil der alten Herrschaft Hohenberg mit der Hauptstadt Rottenburg am Neckar übernommen hatte. Tatsächlich konnte Rechberg sich in dieser Frage durchsetzen und quittierte der Reichsstadt am 25. Juli 1459 über den Erhalt der geforderten Entschädigung.

Rechberg war zu diesem Zeitpunkt in Rottweil längst ein alter Bekannter: Seit Ende der 1430er Jahre war er beinahe permanent an Fehden vor allem im südwestdeutschen Raum beteiligt gewesen, von denen sich viele gegen die schwäbischen Reichsstädte gerichtet hatten. Dabei war er eine zentrale Figur innerhalb eines Netzwerks von Adligen, die sich in ihren Fehden gegenseitig unterstützten. Ähnlich wie die Hornsteiner bewegte er sich im Dunstkreis der württembergischen wie der österreichischen Adelsklientel. Dabei versuchte er, Allianzen gegen Reichsstädte und Eidgenossenschaft zu schmieden, Konflikte süddeutscher Fürsten mit ihnen zu schüren und sich in den daraus folgenden Auseinandersetzungen den Fürsten unentbehrlich zu machen, indem er sein Fehdenetzwerk in ihre Dienste stellte. So war er maßgeblich an den Raubzügen im Hegau beteiligt gewesen, die Schaffhausen 1449 zum Feldzug gegen die Burgen Rheinau und Balm provoziert hatte, war Parteigänger mehrerer Fürsten im Zweiten Städtekrieg gewesen und führte 1451–1457 noch eine Fehde gegen die schwäbischen Reichsstädte, in deren Verlauf die Städte unter maßgeblicher Mitwirkung Rottweils Mitte Juli 1452 seine Burg Ramstein im Schwarzwald zerstörten. Zugleich schreckte er nicht davor zurück, gegen den Willen seiner fürstlichen Diensherrn eigenmächtig zu handeln, was ihn immer wieder auch mit ihnen in Konflikt brachte. Herzog Albrecht VI. hatte ihn wegen eines solchen Konflikts während des Ausbruchs des Zweiten Städtekriegs, etwa vom 1. Juni bis mindestens 25. Juli, in Freiburg im Breisgau inhaftiert. Seine behauptete freundschaftliche Beziehung zu Jos von Hornstein lässt sich sowohl über dessen Verschwägerung mit der Familie Rechberg nachvollziehen als auch über Hornsteins Beteiligung an Fehden, in denen Rechberg eine Führungsrolle innehatte; darüber hinaus trat er in den 1440ern mehrfach in finanziellen Angelegenheiten als Bürge Rechbergs auf. Allerdings hatte Rechberg, wie er in einem Brief an Herzog Albrecht VI. zwei Monate vor dem Hohenberger Schlossbruch erwähnt, selbst mit diesem in Verhandlungen gestanden, Burg Hohenberg als österreichisches Pfand von Jos von Hornstein zu übernehmen, angeblich mit positivem Ergebnis. Inwieweit Hornstein von dieser Absicht wusste und damit einverstanden war, geht aus dem Brief leider nicht hervor. Wenn Rechberg erwartete, die Pfandschaft übernehmen zu können, erklärt das aber, warum er Ausrüstung auf der Burg gelagert hatte; zugleich deutet es eher auf ein Einverständnis Hornsteins hin. Seine Forderung gegen Rottweil hatte er jedenfalls damit begründet, Hohenberg sei bereits vor Beginn des Zweiten Städtekrieges in seine Hände gelangt und er habe die Ausrüstung dort für sich selbst gelagert, nicht, um Hornstein zu unterstützen. Dass Hornstein völlig ohne sein Wissen und Einverständnis gehandelt haben soll, ist jedenfalls angesichts der Beziehung der Rechbergs zu Hornstein, seiner eigenen Teilnahme am Städtekrieg auf Seiten des Markgrafen von Brandenburg und seiner langen Bilanz städtefeindlicher Fehdehandlungen ziemlich unglaubwürdig.

Bilanz

Aus Perspektive der Rottweiler Stadtgeschichte zeigt die Episode der Hohenberger Fehde exemplarisch die Multipolarität der zersplitterten Herrschaftsverhältnisse im Rottweiler Umland mit ihren komplexen Beziehungsgeflechten zwischen Adel, Fürsten und Städten, in denen selbst defensiv begründete Maßnahmen wie der Schlossbruch von Hohenberg schwerste Risiken für die äußere Sicherheit der Stadtrepublik mit sich brachten. Sie verdeutlicht außerdem die Probleme in den Bündnisbeziehungen der Städte untereinander, die gerade bei ungünstig verlaufenden kriegerischen Auseinandersetzungen immer wieder von den großen Distanzen der Bündnismitglieder sowie einem damit zusammenhängenden Mangel an Bündnissolidarität untergraben wurden: Für niederschwäbische Reichsstädte wie etwa Gmünd lag es nicht im unmittelbaren Eigeninteresse, Schaffhausen für die Eroberung einer Burg im Hegau oder Rottweil für einen Feldzug auf der westlichen Alb Hilfe zu leisten. Sobald eine Stadt einmal das Gefühl gewonnen hatte, in der Bekämpfung ihrer eigenen Bedrohungen nicht unterstützt worden zu sein, sank ihre Bereitschaft, den Hilfsgesuchen der anderen zu folgen, in erheblichem Maße. Der dezentrale Charakter des Städtekriegs wie auch der vorherigen und folgenden städtefeindlichen Fehden, die von zentralen adligen Führungsfiguren wie Hans von Rechberg betrieben wurden, wirkte sich durch die weite Streuung seiner Schauplätze zermürbend auf den schwäbischen Städtebund aus, zu dessen 14 Gründungsmitgliedern die Reichsstadt Rottweil im Jahr 1376 gehört hatte. Streitigkeiten, wie sie unter den Bündnismitgliedern nach dem Zweiten Städtekrieg entstanden, führten den schwäbischen Städtebund längerfristig in Bedeutungslosigkeit und Auflösung und versperrten somit einen Entwicklungspfad zu einer republikanisch verfassten Gebietskörperschaft, wie sie allmählich südlich des Rheins aus den eidgenössischen Städten und Landgemeinden entstand. Die Hohenberger Fehde mit ihren Folgen markiert folglich auch einen entscheidenden Wendepunkt in der Rottweiler Bündnispolitik, der Rottweil dazu veranlasste, sich nach über 70 Jahren vom schwäbischen Städtebund abzuwenden und Sicherheit sowie außenpolitisches Gewicht im Bündnis mit der Eidgenossenschaft zu suchen.

Quellen

Archives de la Ville et de l'Eurométropole de Strasbourg (Stadtarchiv Straßburg) AA 248 fol. 16v–18r. (Bericht Rottweils an Ulm über die Zerstörung von Hohenberg vom 23. September 1449 (Kopie))

Archives de la Ville et de l'Eurométropole de Strasbourg (Stadtarchiv Straßburg) AA 248 fol. 31–39, bes. fol. 32. (Protokoll über die schiedsgerichtlichen Verhandlungen zwischen Rottweil und Vertretern des schwäbischen Städtebundes vor dem Rat der Stadt Straßburg (9. Mai 1457), mit Bericht Rottweils über die Konfrontation mit zwei Villinger Kriegsknechten)

Landesarchiv Baden-Württemberg Abt. Hauptstaatsarchiv Stuttgart B 203 Bü 7 (Fehdebrief des Jos von Hornstein an die Reichsstadt Rottweil und Verbündete, 22. August 1449)

Eichmann, Johannes, Der Städtekrieg von 1449–1450; besonders die Fehde Herzog Albrechts von Oesterreichs mit den schwäbischen Reichsstädten, welche die Herrschaft Hohenberg in Pfand hatten. Berlin 1882.

Fritz, Thomas, Ulrich der Vielgeliebte (1411–1480). Ein Württemberger im Herbst des Mittelalters. Leinfelden-Echterdingen 1999 (Schriften zur südwestdeutschen Landeskunde; 25).

Hornstein-Grüningen, Edward von, Die von Hornstein und von Hertenstein. Erlebnisse aus 700 Jahren, Konstanz 1911.

Kanter, Erhard W., Hans von Rechberg von Hohenrechberg. Ein Zeit- und Lebensbild, Zürich 1903.

Konzen, Niklas, Aller Welt Feind. Fehdenetzwerke um Hans von Rechberg († 1464) im Kontext der südwestdeutschen Territorienbildung, Stuttgart 2014 (Veröffentlichungen der Kommission für Geschichtliche Landeskunde in Baden-Württemberg, Reihe B, Forschungen; 194).

Ders., Legitimation des Angreifers, Fahndungshilfe des Verteidigers: Fehdebriefe in südwestdeutschen Adelsfehden des 15. Jahrhunderts, in: Briefe aus dem Spätmittelalter. Herrschaftliche Korrespondenz im deutschen Südwesten, hrsg. von Nicole Bickoff, Mark Mersiowsky und Peter Rückert, Stuttgart 2015, S. 105–126.

Schmid, Ludwig, Geschichte der Grafen von Zollern-Hohenberg und ihrer Grafschaft nach meist ungedruckten Quellen. Ein Beitrag zur schwäbischen und deutschen Reichs-Geschichte. Stuttgart 1862.

Uhl, Stefan/Weber, Edwin Ernst (Hrsg.), Hornstein: Beiträge zur Geschichte von Burg, Familie und Herrschaft, Sigmaringen 1997.

1643: Die Zerstörung Rottweils im Dreißigjährigen Krieg

Von Carsten Kohlmann

„Im naechsten Teutschen Krieg / hat diese Statt auch nit wenig außgestanden: Welche An[no] 1643 mitten im Julio / der Frantzosische Weymar Armee Gen[eral] Feldmarschall / Graf von Guebrian mit sein[n] Schaden belagert / un[d] wie man damaln berichtet / bey 900. von seine Volck / hinderlassen hat. Er ist aber hernach wid[er] darfur kom(m)en / un[d] solche Statt / den 9.19. Nov[ember] mit Accord endlich erobert: Wiewol er daruber sein Leben lassen mussen: in de[m] er davor / durch einen Schuß / den rechten Arm verlohren / unnd in solcher eroberten Statt / darauff den 14.24. dieses Monats gestorben; folgends von dannen nach Pariß / un[d] endlich auf sein Gut in klein Britan(n)ein / wie man geschrieben / gefurt worden ist. Es haben aber die Kays[erlichen] und Chur-Bayrischen / nach dem bald darauff bey Tuttlingen erhaltenem Sieg / Rotweil den 17.27. besagten Novemb[er] wider belagert / die beyde Vorstatt alsobalden / und hernach auch die Statt / den 3. Decemb[er] N[euen] Cale[nders] eingenommen / und Hertzog Friederichen von Würtemberg / sampt den vornembsten Frantzosischen Officirern / biß auff die Feldweibel / abziehen lassen."

Eine der bekanntesten Ansichten der Reichsstadt Rottweil (siehe nächste Seite), die aufgrund ihrer zeitlosen Meisterschaft bis heute immer wieder veröffentlicht wird, ist ein 1643 das erste Mal veröffentlichter Kupferstich des Frankfurters Matthäus Merian des Älteren (1593–1650). Der Kupferstich erschien in der „Topographia Sueviæ", dem zweten Band einer 16 Bände umfassenden „Topographia Germaniæ", einer in ihrer Art mit insgesamt über 2000 Kupferstichen einmaligen Beschreibung der Städte, Burgen und Klöster des Heiligen Römischen Reiches Deutscher Nation.

Im „schlimmsten Jahr der Rottweiler Geschichte" (Franz Betz) zeigte der Kupferstich der Bürgerschaft hier wie andernorts eine Ansicht „voriger Glückselig- und Herrligkeit" (Matthäus Merian), die in der Katastrophe des Dreißigjährigen Krieges untergegangen war. In die Beschreibung der Stadt wurde bei einer zweiten Auflage 1656 aus der ebenfalls von Matthäus Merian veröffentlichten Kriegsgeschichte „Theatrum Europæum" auch eine Darstellung ihrer dreimaligen Belagerung und zweimaligen Eroberung im Jahr 1643 aufgenommen, die eine schwer zerstörte Stadt hinterließ.

Der Kupferstich zeigte Rottweil „noch einmal im Glanz spätmittelalterlicher Schönheit" (Winfried Hecht). Die Bürgerschaft sah dagegen ihre Heimatstadt in einer Bittschrift an Kaiser Ferdinand III. (1637–1657) im Frühjahr 1644 als „ein mehrteils zerstörtes Jerusalem". Das Erlebte wurde – wie oft in dieser Zeit – mit einem biblischen Motiv gedeutet: In der Trauer Christi über die (zukünftige) Zerstörung Jerusalems fand man sich in der eigenen Trauer über die erlebte Zerstörung Rottweils wieder: *„Denn es wird eine Zeit über dich kommen, da werden deine Feinde um dich einen Wall aufwerfen, dich belagern und von allen Seiten bedrängen und werden dich dem Erdboden gleichmachen samt deinen Kindern in dir und keinen Stein auf dem andern lassen in dir, weil du die Zeit nicht erkannt hast, in der du heimgesucht worden bist"* (Lukas 19, 43-44). Ganz irdisch brachte es

4 FEHDEN UND KRIEGE

Rottweil a. N. im Jahre 1663. Nach Merian.

Abb. 104:
Merianstich Rottweil 1643
© Ralf Graner

etwa zur gleichen Zeit ein Schreiben der Reichsstadt Rottweil an den kurbayerischen Feldmarschall Franz von Mercy (1597 – 1645) so auf den Punkt: *„Die gesamte Bürgerschaft ist mit allem, was zu ihr gehört, dem Untergang geweiht"* (*„tota civitas cum omnibus pertinentiis ruinae tradita"*).

Der Dreißigjährige Krieg löst allein durch seine Dauer bis heute ein Gefühl der Betroffenheit aus. Der

1643: Die Zerstörung Rottweils im Dreißigjährigen Krieg

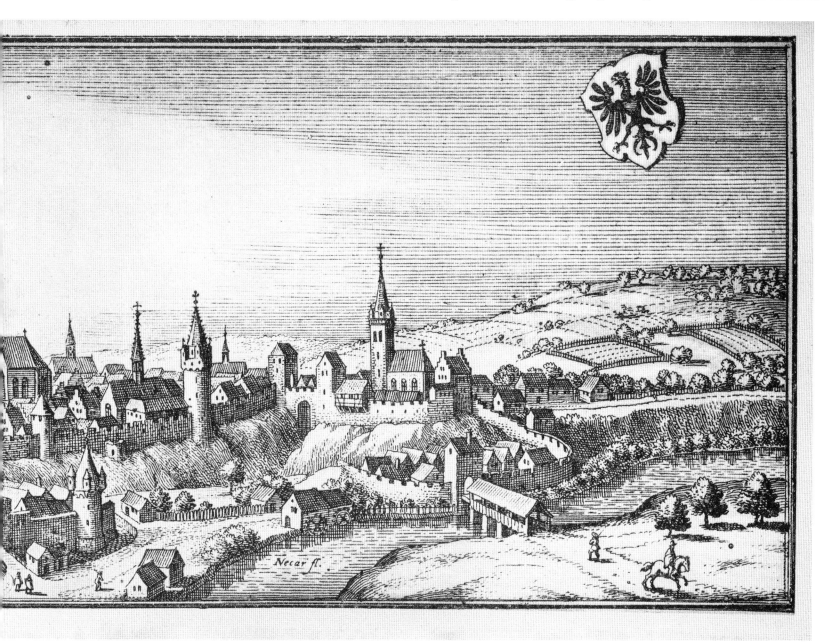

Erste Weltkrieg (1914–1918) und der Zweite Weltkrieg (1939–1945) erscheinen dagegen kurz. Dabei haben wir als Zeitgenossen unseren „Krieg gegen den Terror" im Mittleren Osten in seiner bald ähnlich langen Dauer aufgrund seiner geographischen Ferne trotz aller modernen Medien nur selten im Blick (mittlerweile 20 Jahre). Indes wurde der Dreißigjährige Krieg im Heiligen Römischen Reich Deutscher Nation regional sehr unterschiedlich erlebt. Der Böhmisch-Pfälzische Krieg (1618–1623) ereignete sich vor allem im Osten, der Dänisch-Niedersächsische Krieg (1623–1629) vor allem im Norden des Reichsgebietes.

Erst mit dem Schwedischen Krieg (1630–1635), dem Eingreifen von König Gustav II. Adolf von Schweden (1611–1632) zugunsten der protestantischen Reichsstände, und mit dem Schwedisch-Französischen Krieg (1635–1648) wurde auch der deutsche Südwesten zum Kriegsschauplatz, dann aber in einem Ausmaß, das zu bis dahin unvorstellbaren Bevölkerungsverlusten und Kriegszerstörungen führte. Bis zu seinem Ende blieb der Dreißigjährige Krieg zwar (auch) ein Religionskrieg, über den sich aber jenseits der Glaubensfrage auch der habsburgisch-französische Gegensatz legte, ausgetragen auf deutschen Schlachtfeldern.

Von 1618 bis 1630 blieb es in und um Rottweil wie allgemein im deutschen Südwesten noch weitgehend ruhig. Bei Kriegsbeginn war das Selbstverständnis der Reichsstadt klar römisch-katholisch und kaiserlich – mit der außenpolitischen Besonderheit, als „zugewandter Ort" mit der Eidgenossenschaft in der Schweiz verbunden zu sein. Der 1609 gegründeten Liga der römisch-katholischen Reichsstände schloss sich das stets vorsichtig zwischen dem Reich und der Schweiz bewegende Rottweil 1619 erst ein Jahrzehnt nach ihrer Gründung an. Das Kriegsgeschehen wurde in der Erwartung, früher oder später ebenfalls davon betroffen zu sein, aufmerksam und besorgt beobachtet. Man bereitete sich – so gut man konnte – auf den Verteidigungsfall vor (Generalmusterung, weiterer Ausbau der Stadtbefestigung, Bau eines neuen Zeughauses, Beschaffung von Waffen, Pulver und Munition). Erste Einquartierungen und Kontributionen gaben einen Eindruck, welche Probleme das Kriegsgeschehen abseits der Schlachtfelder mit sich brachte. Während des ganzen Dreißigjährigen Krieges suchten Menschen aller Art hinter den Mauern der Reichsstadt Schutz.

Obwohl sich die Rottweiler als „zugewandter Ort" alle Mühe gaben, als Eidgenossen zu erscheinen, in dem sie unter der Schweizer Fahne marschierten, den Schweizer Trommelschlag anwandten und an ihrem Rathaus das Schweizer Wappen anbrachten, standen sie doch allein da, als es immer ernster wurde. Eine eidgenössische Garnison in Rottweil war der um ihre Neutralität besorgten Schweiz letztlich zu riskant. Die Enttäuschung war in Rottweil verständlicherweise groß. Die eidgenössischen Symbole wurden wieder aufgegeben.

Mit dem Siegeszug der Schweden im Reich rückte der Krieg 1632 dem Südwesten und damit auch Rottweil immer näher. Die römisch-katholische Reichsstadt wurde mehrfach aufgefordert, sich dem protestantischen Herzogtum Württemberg zu unterwerfen und eine württembergische Garnison aufzunehmen, ansonsten wurde ihr eine Besetzung durch die Schweden angedroht. Für die schwedisch-württembergische Kriegführung war Rottweil wichtig, um von dort aus auch die vorderösterreichische Stadt Villingen erobern zu können, die von einer kaiserlichen Garnison verteidigt wurde. Rottweil verhielt sich jedoch wie Villingen weiterhin kaisertreu und stellte zahlreiche Bedingungen, insbesondere die Erhaltung von Religion und Privilegien.

Ein Überfall von Untertanen der Reichsstadt in Seedorf auf eine durchziehende württembergische Einheit, der eigentlich freies Geleit zugesichert worden war, hatte den württembergischen Angriff auf Rottweil zur Folge. Vom 24. Dezember 1632 bis zum 5. Januar 1633 wurde Rottweil belagert und musste sich nach etwa zweiwöchigem Widerstand ergeben. Das ganze Elend des Krieges mit Mord und Totschlag, Hunger und Krankheiten sowie Plünderungen und Vergewaltigungen brach nun erstmals in vollem Umfang über die Reichsstadt und ihre Landschaft herein.

Was sie damals erlebten, hatte für die römisch-katholischen Rottweiler in ihrem zeitgenössischen Glaubensdenken auch stets eine religiöse Dimension. Der Krieg wurde allerdings überkonfessionell in biblischer Tradition als „Strafe Gottes" für die von den Menschen begangenen Sünden gedeutet und musste mit immer ernsterer und größerer Buße beantwortet werden. Am Ende des Jahres 1633 gelobte die Reichsstadt zwölf Wallfahrten auf den Dreifaltigkeitsberg bei Spaichingen in der Hoffnung, dass Gott *„seinen gefassten Zorn sinckhen, die verlohrene gnaden uns wider scheinen, den lieben friden ertheilen und in den alten ruewigen stand unser allgemeines liebes vaterland kommen lassen."*

1643: Die Zerstörung Rottweils im Dreißigjährigen Krieg

Nach dem kaiserlichen Sieg in der Schlacht bei Nördlingen am 5./6. September 1634 gab die schwedisch-württembergische Garnison Rottweil gleich auf und wurde durch eine kaiserliche Garnison ersetzt. In der Realität machte die Einquartierung von Feind oder Freund aber oft keinen großen Unterschied, sodass die Reichsstadt im Jahr 1635 in einem Schreiben auch über die „*trangsahl*" Klage führte, „*so unß auch von vnnseren glaubenß genossen gleichsamb schier stündtlich beschieht.*" Am 30. März/1. April 1638 wehrte die Reichsstadt mit ihrer Besatzung den Angriff eines schwedischen Heeres unter dem Kommando von Generalmajor Georg Christoph von Taupadel (um 1600 – 1647) mit Erfolg ab. Ende der 1630er-/Anfang der 1640er-Jahre war offenbar eine gewisse Erholung von den Kriegsnöten möglich, bevor 1643 die größte Katastrophe des Dreißigjährigen Krieges über Rottweil hereinbrach.

Im Sommer 1643 zog ein unter dem Kommando des Feldmarschalls Jean Baptiste Budes von Guébriant (1602 – 1643) stehendes, großes schwedisch-französisches Heer, das schon länger im Südwesten des Reiches operierte, nach Rottweil. Kardinal Jules Mazarin (1602 – 1667),

> „*Von dem feind groß seind wir umgeben, / Ach thue erretten unser leben. / Im thal der Zäher ligen wir, / Auß ängsten schreyen wir zu dir / Mit gantz erschrocknem hertz und sin / Hilff uns o Himmelkönigin.*" Not lehrt beten, heißt es nicht umsonst in einem altbekannten Sprichwort ...

der nach dem Tod von König Ludwig XIII. (1610 – 1643) die französische Kriegspolitik vollständig beherrschte, hatte die Reichsstadt zur „porte d'entrée en Souabe"[108] erklärt, die zur Eroberung des südwestlichen Reichsgebietes eingenommen werden müsse.

Die im Frieden so gute strategische Lage von Rottweil wendete sich im Krieg nun schicksalhaft in ihr Gegenteil. Ihre erste Belagerung vom 23. bis 26. Juli 1643 brach die schwedisch-französische Streitmacht aber erfolglos ab und marschierte über den Rhein ins Elsass, um sich dort auf einen zweiten Anlauf vorbereiten zu können. In großer Dankbarkeit über den Erfolg ihrer Standhaftigkeit am 26. Juli 1643, dem „Annatag", gelobte die Reichsstadt eine jährliche Prozession zur Sankt-Anna-Kirche beim Spital. Die Marienfrömmigkeit, zu der auch die Verehrung der heiligen Anna als Mutter von Maria gehört, erlebte in der Kriegsnot eine Blütezeit und sollte bald auch zu einem aufwühlenden „Wunder" führen.

Am 5. November 1643 kehrte der französische Feldmarschall mit drei Heerhaufen, d.h. etwa 20.000 Soldaten zurück. Die Reichsstadt wurde ringsherum eingeschlossen und durch Schanzen und Minen mit ihrer Belagerung begonnen. Die Bürgerschaft unter der energischen Führung von Schultheiß Matthäus Renner zeigte sich entschlossen, ihre Heimatstadt bis zuletzt zu verteidigen. In der Nacht vom 9./10. November 1643 versammelten sich 300 Bürger und Soldaten in der Dominikanerkirche zu einem zehnstündigen Gebet, um vor dem Gnadenbild mit der Muttergottes im Karfreitagsgewand auf dem Rosenkranzaltar den schmerzhaften, freudenreichen und glorreichen Rosenkranz, die Allerheiligen-Litanei und die Bußpsalmen zu beten. In einer Zeit größter Angst – und damit auch intensivsten Betens, Glaubens und Hoffens – kam es im Angesicht eines apokalyptischen Untergangsszenarios zu einem außergewöhnlichen Erlebnis. Die Gefühle der Menschen sprechen aus diesem Mariengebet: „*Von dem feind groß seind wir umgeben, / Ach thue erretten unser leben. / Im thal der Zäher ligen wir, / Auß ängsten schreyen wir zu dir / Mit gantz erschrocknem hertz und sin / Hilff uns o Himmelkönigin.*" Not lehrt beten, heißt es nicht umsonst in einem altbekannten Sprichwort ...

In 43 Aussagen und einigen zusätzlichen Berichten bezeugten am 9./10. November 1643 in der Dominikanerkirche anwesende – darunter auch protestantische (!) – Personen eine mehrfache, mitleidvolle Augenbewegung und leichnamartige Farbveränderung des Gnadenbildes wahrgenommen zu haben. Von diesem Erlebnis waren die Menschen zutiefst bewegt und erregt. Wie eine genaue Analyse der überlieferten Aussagen und Berichte durch Andreas Holzem zeigt, war die

---

108 Einfallstor nach Schwaben.

4 FEHDEN UND KRIEGE

Abb. 105:
Feldmarschall Jean Baptiste
Budes von Guébriant (1602 – 1643)
© Kreisarchiv Rottweil

Reaktion aber nicht (triumphale) Freude und Hoffnung, sondern (verzweifeltes) Weinen und Geschrei – ein Anzeichen für den psychischen Ausnahmezustand, in dem sich die belagerten Menschen damals befanden: „Eine weinende Maria erbleicht und blickt in bezeichnendem Wechsel auf ihr todgeweihtes Kind und die zertrümmerte Stadt" (Andreas Holzem). Den Augen der Muttergottes war ohnehin eine besondere Symbolik eigen. Nach der Schlacht bei Nördlingen schickte der zu den Siegern gehörende Kardinalinfant Ferdinand von Spanien (1600/1601 – 1640) unter 50 erbeuteten Standarten auch eine Marienfahne nach Spanien, bei der Protestanten die Augen ausgestochen hatten. Ähnliche Erlebnisse einiger Menschen mit dem Gnadenbild am 25. November 1643 entfalteten nicht die Kraft wie am 9./10. November 1643.

Am 17. November 1643 erkannten die Verteidiger den französischen Feldmarschall bei einer Inspektion der Artilleriestellungen und konnten ihn durch eine Falkonettkugel am rechten Arm schwer verletzen. Die Belagerer verstärkten aber kontinuierlich den Beschuss und konnten schließlich nach einem Hinweis vom Hohentwiel am 18. November 1643 bei einer Schwachstelle der Befestigungsanlagen zwischen dem „Gerbhaus" und dem „Runden Turm" eine Bresche schlagen. Gegen den Willen der Reichsstadt unterzeichnete deren Kommandant Jobst Hettlach (Hettlage, Hettlag) noch am gleichen Tag den als „Akkord" bezeichneten Vertrag zur Übergabe und rückte am nächsten Tag ab. Zum neuen Kommandanten der eroberten Reichsstadt wurde Herzog Friedrich von Württemberg-Neuenstadt (1615 – 1682) ernannt.

Dem Befehlshaber des schwedisch-französischen Heeres war zwischenzeitlich der Arm amputiert worden. Die Operation konnte sein Leben aber nicht mehr retten. Am 21. November 1643 ließ er sich aus Rottenmünster in die Dominikanerkirche bringen. Auf dem Sterbelager wurde er dort noch in die Rosenkranzbruderschaft aufgenommen und erlag am 25. November 1643 seiner Verwundung. Seine Eingeweide wurden in der Dominikanerkirche wohl zur Erinnerung an den großen Sieg, den er im Tod mit der Eroberung von Rottweil errungen hatte, beigesetzt. Die Erinnerung daran lebt in Rottweil als markantes Sprichwort bis heute fort: „Da Marschall Guébriant / Hot s'Herz und d'Kuttla z'Rottweil gla!" Der Leichnam selbst wurde von seinen Kampfgefährten General Reinhold von Rosen (1595/1604 – 1667) und seinem Leibregiment mitgenommen und später feierlich in der Kirche Notre-Dame in Paris beigesetzt. Das Glück der Sieger war aber nur von kurzer Dauer. Am 24./25. November 1643 wurden sie im Donautal bei Tuttlingen, wo die Masse des schwedisch-französischen Heeres sein Winterquartier beziehen wollte, von einem kaiserlich-kurbayerischen Heer zerschlagen.

Für die bereits schwer geprüfte Reichsstadt Rottweil bedeutete diese Wendung vom 26. November bis 3. Dezember 1643 eine erneute Belagerung – dieses Mal von der eigenen, kaiserlichen Kriegspartei, die bei der Beschießung und Eroberung aber keine Rücksicht nahm. Ihr Einzug am 4. Dezember 1643 wurde aber doch als Stunde des Sieges erlebt und mit Freudenschüssen, einem Dankgottesdienst und einem Festmahl begangen. Bis weit über das Ende des Dreißigjährigen Krieges im Jahr 1648 hinaus musste die Reichsstadt unter schwierigen Rahmenbedingungen wechselnde Garnisonen versorgen und wurde erst im Jahr 1650 besatzungsfrei.

Die Bilanz des Dreißigjährigen Krieges – insbesondere des Schicksalsjahres 1643 – war katastrophal: Ein großer Teil der Reichsstadt war zerstört, die Vorstädte durch die Belagerungen niedergebrannt, viele Gebäude schwer zerstört und nicht mehr bewohnbar, die Dörfer und Güter in der Landschaft größtenteils vernichtet und verwüstet. Der Bevölkerungsverlust war einschneidend: Um 1500 werden etwa 5.000 Bewohner geschätzt, 1675 etwa 1.600 Bewohner. In den Dörfern der Landschaft war für die Regeneration der Bevölkerung ein halbes Jahrhundert vonnöten. *„Von den Folgen dieses Krieges konnte sich Rottweil, wenigstens so lange es Reichsstadt war, nicht mehr erholen."*, hat Nikolaus Geiselhart festgestellt.

Die Erinnerung an die Katastrophe des Dreißigjährigen Krieges blieb in Deutschland bis zum Beginn des 20. Jahrhunderts im allgemeinen Geschichtsbewusstsein sehr lebendig, auch in der ehemaligen Reichsstadt Rottweil, wo in der ehemaligen Dominikanerkirche die eindrucksvolle Darstellung einer wundersamen „Augenwende" (siehe nächste Seite) eines Gnadenbildes in der Nacht vom 9./10. November 1643 auf dem zentralen Deckengemälde von Joseph Wannenmacher (1722 – 1780) aus dem Jahr 1750 bis heute von der Nachwelt betrachtet werden kann.

Die 100-Jahr-Feier der „Augenwende" war 1743 ein Großereignis. Es waren vor allem die 1652 in Rottweil angesiedelten Jesuiten, die aus der zunächst voller apokalyptischem Entsetzen erlebten „Augenwende" nach bayrisch-habsburgischen Vorbildern in der

4 FEHDEN UND KRIEGE

römisch-katholischen Erinnerungskultur der Reichsstadt ein konfessionspolitisches Siegessymbol mit einer alles überstrahlenden „Schlachtenhelferin und Stadtretterin" machten. Auch im Ersten Weltkrieg und vor allem im Zweiten Weltkrieg wurde die Erinnerung an die „Augenwende" im Angesicht neuer Kriegsleiden von vielen Katholiken in Rottweil nochmals sehr bewusst erlebt.

1993 erinnerte das Stadtarchiv Rottweil zum 350. Jahrestag an das Schicksalsjahr. Der Geschichts- und Altertumsverein Rottweil e.V. verankerte diese Erinnerung im öffentlichen Raum damals auch mit einem Mahnmal zum Frieden am Eingang der Parkanlage „Himmelreich", von wo aus vor damals 350 Jahren die Belagerung und Beschießung erfolgte. Mittlerweile hat jedoch im allgemeinen Geschichtsbewusstsein die Erinnerung an die beiden Weltkriege des 20. Jahrhunderts – und vor allem an den Zweiten Weltkrieg mit NS-Diktatur und Holocaust – die Erinnerung an den Dreißigjährigen Krieg fast vollständig überlagert.

Quellen

TOPOGRAPHIA SUEVIÆ das ist Beschreib: und Aigentliche Abcontrafeitung der furnembste[n] Stätt und Plätz in Ober und Nider Schwaben Hertzogthum Württemberg Marggraffschafft Baden und andern zu dem Hochlöbl[ich] Schwabischen Craiße gehörigen Landtschafften und Orte. An Tag gegeben undt Verlegt durch Matthæum Merian Franckfurt am Mayn M.DC.XLIII [1643/1656], S. 146.

📖

350 Jahre Unsere Liebe Frau von der Augenwende Rottweil, o.O. und o.J. [Rottweil 1993].

Brinzinger, Adolf, Des französischen Marschalls Jean Baptiste Budes Grafen v. Guébriant Sieg und Tod zu Rottweil a.N. im Jahr 1643, in: Württembergische Vierteljahrshefte für Landesgeschichte NR 3 (1902), S. 215 – 240.

Geiselhart, Nikolaus, Zur Geschichte der Reichsstadt Rottweil im 30jährigen Kriege. Programm-Abhandlung des Königl[lichen] Gymnasiums in Rottweil. Schuljahr 1898 – 99, Rottweil 1899.

Hecht, Winfried, Offiziere vom oberen Neckar im Dreißigjährigen Krieg, in: RHbll. 3 (1997), S. 1 – 2.

Ders., Rottweil 1643 – 1802. Die späte Reichsstadtzeit, Rottweil 1999.

Ders., Rottweil 1529 – 1643. Von der konfessionellen Spaltung zur Katastrophe im 30jährigen Krieg, Rottweil 2002.

Ders., Zur Geschichte des Gedenkens in der Stadt Rottweil an den 1643 dort gefallenen Marschall Jean Baptiste Bude de Guébriant, in: Erinnern und Vergessen. Geschichten von Gedenkorten in der Region Schwarzwald-Baar-Heuberg 2015, S. 65 – 72.

Ders., Unsere Liebe Frau von der Augenwende in Rottweil, Rottweil ²2018.

Ders., Kriegsschauplatz Rottweil, Rottweil ²2018.

Holzem, Andreas, Religiöse Semantik und Kirchenkrise im „konfessionellen Bürgerkrieg. Die Reichsstadt Rottweil im Dreißigjährigen Krieg, in: Carl, Horst/Kortüm, Hans-Henning/Langewiesche, Dieter/Lenger, Friedrich (Hrsg.), Kriegsniederlagen. Erfahrungen und Erinnerungen, Berlin 2004, S. 233 – 256.

Holzem, Andreas, ... zum Seufzen und Wainen also bewegt worden. Maria im Krieg – Das Beispiel Rottweil 1618 – 1648, in: Brendle, Franz/Schindling, Anton (Hrsg.): Religionskriege im Alten Reich und in Alteuropa, Münster 2006, S. 191 – 216.

Mack, Eugen, Das Mirakel von Rottweil. Eine Skizze aus der schwersten Zeit der Reichsstadt, Rottweil 1935.

Müller, Ernst, Der Tod des Marschalls Guébriant (gestorben am 24. November 1643 im Predigerkloster zu Rottweil), in: Schwäbische Heimat 20 (1969), S. 115 – 127.

Steinhauser, August, Die Tragödie von Rottweil 1643, Schramberg 1946.

Weber, Edwin Ernst, Der Dreißigjährige Krieg und die Bevölkerungsentwicklung des Rottweiler Territoriums, in: RHbll. 4 (1998), S. 3 – 4.

Abb. 106:
Deckengemälde zur Erinerung an die „Augenwende" 1643 in der Dominikanerkirche von Joseph Wannenmacher (1722–1780) aus dem Jahr 1750
© Rottweil life

Von Gerald Paul Mager

Fliegerangriffe auf die Rottweiler Pulverfabrik im Ersten Weltkrieg (1914 – 1918)

Die Bilder von den gegen Ende des Zweiten Weltkriegs durch alliierte Luftangriffe zerstörten deutschen Städten sind tief im öffentlichen Bewusstsein verankert. Dass aber bereits auch im Ersten Weltkrieg Bomben auf zivile Ziele weit abseits der eigentlichen Kampfgebiete fielen, ist weniger geläufig. Doch in den Jahren von 1914 bis 1918 hat der moderne Krieg auch „*das Fliegen gelernt*"[109]. Optimierte Technik und damit erhöhte Leistungsfähigkeit weiteten den Aktionsradius der Flugzeuge im Laufe des Krieges ständig aus. Der erste Fliegerangriff auf württembergisches Gebiet galt dabei der Rottweiler Pulverfabrik.

Rottweil in Reichweite

Nachdem das Rottweiler Bataillon am 8. August 1914 vom Bahnhof aus an die Westfront aufgebrochen war, kam man an der Heimatfront mit dem eigentlichen Krieg zunächst nicht unmittelbar in Berührung; auch wenn bei entsprechender Wetterlage der Kanonendonner von der Front im Elsass noch in Rottweil zu hören war. Die eindrücklichste, indirekte Begegnung mit dem Krieg waren für die Zivilbevölkerung sicher die Verwundetentransporte, die schon kurz nach Kriegsbeginn von der Westfront im Rottweiler Bahnhof eintrafen, um auf die örtlichen Lazarette verteilt zu werden. Feindliches Militär hat südwestdeutschen Boden nicht betreten.

Die Nähe zur Frontlinie im Elsass und das Vorhandensein von kriegswichtiger Industrie brachten es aber mit sich, dass auch das Hinterland am oberen Neckar die Waffengewalt des Krieges bald zu spüren bekam. Erstmals zu Kampfzwecken eingesetzte Luftfahrzeuge machten es möglich, die Grenzen des Schlachtfelds auszudehnen und den bewaffneten Kampf auch in den zivilen Alltag weit hinter die Front zu tragen. Dabei standen in der Regel aber nicht Wohngebiete im Fokus der Luftangriffe, sondern vor allem Einrichtungen der kriegsdienlichen Infrastruktur wie Bahnhöfe oder Industrieanlagen.

Schon im ersten Kriegsjahr 1914 setzte man die neuartigen Flugzeuge auch zu militärischen Zwecken ein. An der Front waren die zunächst der Aufklärung dienenden Flugmaschinen bald schon ein alltäglicher Anblick, wie der Rottweiler Kriegsteilnehmer Eugen Speh zu berichten weiß. Von deutscher Seite wurden anfangs hauptsächlich Zeppeline eingesetzt, die dann auch die ersten Luftangriffe des Weltkriegs gegen Lüttich (6. August 1914), Antwerpen, London und andere südenglische Städte flogen.

Schon bald wurden aber auch Flugzeuge zu Luftschlägen verwendet. Der erste alliierte Luftangriff im September 1914 galt Zeppelin-Hangars in Düsseldorf. Fliegerangriffe auf Ludwigshafen und Kaiserslautern folgten. Das gesamte Oberrhein-Gebiet lag im Operationsbereich der französischen Flieger. Am 4. Dezember 1914 fielen die ersten Bomben auf Freiburg. Besonders leidvolle Erfahrungen musste Karlsruhe machen. Hier sollte es die meisten zivilen Todesopfer durch Luftangriffe geben.

Pulverfabrik im Fokus

Aber nicht nur die städtischen Zentren am Oberrhein waren bedroht. Die französischen und englischen Flugzeuge waren auch in der Lage, Ziele jenseits des Schwarzwalds anzugreifen. Wie eine Vorankündigung konnte man in Rottweil schon bei Beginn des Krieges die Lichtkegel der Flugabwehr-Scheinwerfer im Rheintal am Nachthimmel bestaunen, was in der Stadt früh die Angst vor Fliegerangriffen aufkommen ließ.

---

109 Süddeutsche Zeitung (www.SZ.de) vom 3. Januar 2018. (Artikel Kurt Kister, Wie der Krieg das Fliegen lernte).

Rottweil lag nur ca. 180 km Luftlinie von der Front im Elsass entfernt und somit ohne weiteres in Reichweite der französischen (und englischen) Flugzeuge. Und mit ihrer Pulverfabrik befand sich die Stadt bald im Fokus der feindlichen Luftstreitkräfte.

Tatsächlich tauchten schon Anfang August 1914 feindliche Flugzeuge am Himmel über Rottweil auf. Denn die Alliierten führten im ersten Kriegsjahr 1914 zunächst Aufklärungsflüge über wichtige Industrieanlagen in Südwestdeutschland durch, denen sie ab März 1915 gezielte Attacken folgen ließen. So kam es hier im Verlauf des Krieges zwischen 1915 und 1918 zu einer ganzen Reihe von Luftangriffen – es sollen insgesamt elf gewesen sein – die alle der Pulverfabrik galten.

Denn mit dieser Fabrik befand sich ganz in der Nähe des Stadtkerns ein kriegswichtiger Industriebetrieb auf Rottweiler Gemarkung. Die Rottweiler Pulverproduktion, deren Tradition bis ins Spätmittelalter zurückreichte, hatte schon nach der Übernahme der Pulvermühlen durch den Rottweiler Apothekersohn Max von Duttenhofer um die Mitte des 19. Jahrhunderts einen beachtlichen Aufschwung genommen und mit Erfindung des raucharmen Pulvers noch vor der Jahrhundertwende gar „Weltgeltung" erlangt.

Die besondere Bedeutung der Pulverfabrik im Ersten Weltkrieg zeigte sich schon in den Tagen der Mobilmachung. Denn für das Oberamt Rottweil wurde wegen seiner Kriegsindustrie bereits am 3. August 1914 der „verschärfte Kriegszustand" erklärt. Selbstverständlich gedieh das Geschäft mit dem Pulver in dieser Zeit prächtig. Die Produktion konnte von gut einer Million Kilogramm Militärpulver 1913 auf über 8 Millionen Kilogramm bis 1917 gesteigert werden. Die Rottweiler Fabrik produzierte hauptsächlich Infanteriepulver, und die Vereinigten Köln-Rottweiler Pulverfabriken, wie der Konzern durch Fusion jetzt hieß, deckten den deutschen Bedarf dafür zeitweilig fast vollständig ab. Mit dem Produktionsvolumen stieg auch die Zahl der Beschäftigten. Arbeiteten 1913 765 Personen in der Rottweiler Fabrik, war die Zahl der Arbeiter und Angestellten bis 1917 auf 2226 angewachsen, die meisten davon Frauen. Dies bedeutete den absoluten Höchststand der Beschäftigtenzahlen in der Geschichte des Rottweiler Werks.

Während des Ersten Weltkriegs entstand folglich auch eine ganze Anzahl neuer Produktions- und Funktionsgebäude, wie etwa 1916/17 das von Paul Bonatz konzipierte Kraftwerk. Ein erheblicher Teil des denkmalgeschützten heutigen Gebäudebestandes im Gewerbepark Neckartal geht auf diese Zeit zurück.

Wiederholte Luftangriffe

Von Kriegsbeginn an befand sich die Rottweiler Pulverfabrik im Visier der alliierten Flieger. Zunächst waren es nur einzelne feindliche Flugzeuge, die einen solch riskanten „Langstreckenflug" wagten. Anfangs starteten die Maschinen gewöhnlich in Belfort an der Burgundischen Pforte, bis im Sommer 1916 einige Kilometer nordwestlich der Stadt am Südwestrand der Vogesen in Luxeuil ein großer alliierter Bomberflugplatz eingerichtet wurde.

Zuerst attackierte ein französischer Doppeldecker am frühen Nachmittag des 3. März 1915 die Pulverfabrik aus der Luft. Er hatte seinen Weg über die Stadt genommen, um das Fabrikareal dann in einer Höhe von etwa 1000 m zu umkreisen, bevor er seine vier Bomben auf die Produktionsanlagen abwarf. Ein Pulvermagazin mit 10.000 kg Pulver wurde getroffen und explodierte.

Auch dieser Pilot war zu dem „kühnen Flug", der ihm den Orden der Ehrenlegion einbrachte, hinter der Front in Belfort gestartet. Die Meldung der französischen Nachrichtenagentur „Agence Havas", es sei dem Flieger gelungen, die Rottweiler Pulverfabrik „vollständig einzuäschern", war allerdings mehr als übertrieben. Tatsächlich waren die Schäden so gering, dass die Pulverproduktion nicht einmal unterbrochen werden musste. Menschen kamen glücklicherweise nicht zu Schaden. Dieser Fliegerangriff am 3. März 1915 war übrigens nicht nur der erste seiner Art auf Rottweiler Markung, sondern auf württembergischem Staatsgebiet überhaupt.

Noch im selben Jahr 1915 kam es zu zwei weiteren Luftangriffen auf die Rottweiler Pulverfabrik, und bereits der folgende forderte sechs Wochen später, am 16. April 1915, erste Menschenleben. Über diesen Fliegerangriff sind wir aus unterschiedlichen Quellen am besten unterrichtet; u. a. gibt ein Bericht der Pulverfabrik Auskunft darüber.

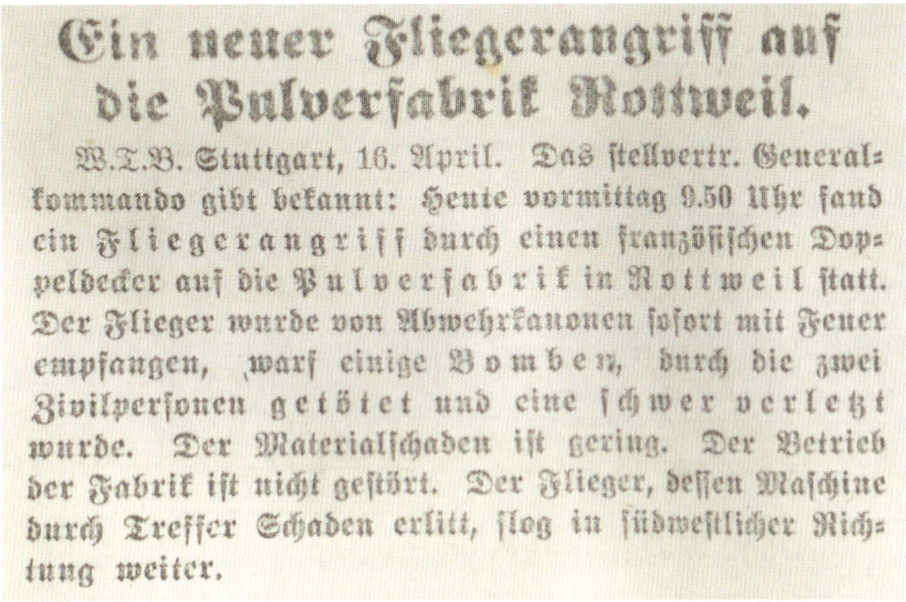

Ein neuer Fliegerangriff auf die Pulverfabrik Rottweil.

W.T.B. Stuttgart, 16. April. Das stellvertr. Generalkommando gibt bekannt: Heute vormittag 9.50 Uhr fand ein Fliegerangriff durch einen französischen Doppeldecker auf die Pulverfabrik in Rottweil statt. Der Flieger wurde von Abwehrkanonen sofort mit Feuer empfangen, warf einige Bomben, durch die zwei Zivilpersonen getötet und eine schwer verletzt wurde. Der Materialschaden ist gering. Der Betrieb der Fabrik ist nicht gestört. Der Flieger, dessen Maschine durch Treffer Schaden erlitt, flog in südwestlicher Richtung weiter.

Rottweil.

Todes-Anzeige.

Gott dem Allmächtigen hat es gefallen, heute mittag 12 Uhr meinen innigst geliebten Gatten, unsern teuren, guten Vater, Bruder, Schwager und Onkel

Karl Müller

Bauunternehmer,

als Opfer des Fliegerangriffs auf die hiesige Pulverfabrik, nach 2tägigem schmerzenreichem Krankenlager, wohlvorbereitet, versehen mit den hl. Sterbsakramenten, im Alter von 45 Jahren zu sich abzuberufen.

Rottweil, den 18. April 1915.

In tiefster Trauer:

die Gattin: Petrine Müller, geb. Harteker;
die Kinder: Maria Müller,
Josefine Müller,
Ida Müller,
Alfons Müller,
Toni Müller,
Karl Müller,
der Bruder: Vinzenz Müller, Stadtbauführer;
die Schwester: Maria Bucher, geb. Müller.

Beerdigung: Dienstag mittag 4 Uhr vom Trauerhaus aus.
Man bittet dies statt besonderer Anzeige entgegen nehmen zu wollen.

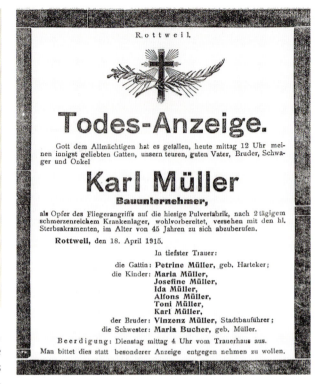

Abb. 107:
© Schwarzwälder Volksfreund
vom 17.4.1915

Abb. 108:
© Schwarzwälder Volksfreund
vom 17.4.1915

Vermutlich startete auch dieser Flieger in Belfort, mit der Absicht, den Schwarzwald in direkter Linie zwischen Freiburg und Rottweil zu überfliegen. Bereits in der Breisgau-Metropole wurde das Flugzeug beschossen. Von dort erhielt die Pulverfabrik auch telefonisch eine Warnmeldung; etwas später wurde der Flieger auf halber Strecke über Furtwangen und dann dem nahen Eschachtal gesichtet. Kurz vor 10 Uhr erschien der französische Doppeldecker am Himmel über Rottweil, um geradewegs die Pulverfabrik anzusteuern.

Obgleich die Artillerie des Abwehrkommandos das Feuer eröffnete, gelang es dem Flieger, in einer Höhe von etwa 1800 Metern eine Schleife über der Fabrik zu fliegen und dabei sechs Bomben auf das Betriebsgelände abzuwerfen; eine davon schlug bei der Arbeiterkantine ein.

Ein Schweizer Pulverarbeiter schilderte dieses Ereignis mit drastischen Worten in einem Brief an seine Angehörigen in der Schweiz. Es war Freitagvormittag, etwa 400 Arbeiter(innen) saßen gerade in der Kantine beim Vesper, als die Notsirene den Fliegerangriff ankündigte. Im Saal brach Panik aus: *„Alles wurde zu Boden geworfen, die Fenster aufgerissen, und das Büffet der Kantine wandelte sich in einen großen Trümmerhaufen um".* Fluchtartig verließen die Menschen den Raum, um im nahen Waldgelände Schutz zu suchen. Kaum hatten die Arbeiter(innen) das Gebäude verlassen, schlug eine der Bomben direkt bei diesem ein und verletzte drei Personen tödlich. *„Drei Mann lagen in ihrem Blute, die Knochen lagen zersplittert am Boden, und das Blut lag da wie Jauche."*[110]

Bei den Opfern handelte es sich aber nicht um Fabrikangehörige, sondern um Bauarbeiter, die gerade dabei waren, einen bombensicheren Unterstand zu errichten.

Größere Sachschäden konnte der Angriff nicht verursachen; ein Bombensplitter hatte lediglich die Drahtseilbahn der Fabrik außer Betrieb gesetzt. Zum Leidwesen der Werksleitung musste die Produktion trotzdem unterbrochen werden, und zwar „nur", weil,

110 Arbeiterzeitung - Sozialdemokratisches Tagblatt (XIX Jg.) vom 23. April 1915.

wie sie klagt, fast die gesamte Belegschaft das Fabrikareal bei Beginn des Angriffs fluchtartig verlassen hatte.

Ein weiterer Fliegerangriff im Spätsommer 1915 blieb ohne Wirkung. Erst ein Angriff am 25. September 1915 konnte wieder nennenswerte Schäden anrichten. Ein Bericht der Pulverfabrik-Leitung an Stadtverwaltung und Oberamt gibt detailliert Auskunft darüber.

Der Flieger konnte sein Ziel orten, obwohl das Fabrikareal „bis zu den Spitzen der Schornsteine" im Herbstnebel verschwunden war. Er warf vier Phosphor-Brandbomben ab, von denen eine die doppelte Eisenbetondecke eines Produktionsgebäudes teilweise durchschlug. Eine weitere Bombe traf den Drahtseil-Bahnhof des Werks und steckte dort eine Anzahl Pulversäcke in Brand. Der Verlust ließ sich aber auf kaum 2000 kg Pulver begrenzen. Nach etwa einer halben Stunde konnte die Arbeit wieder aufgenommen werden. Die Schäden an den Gebäuden waren bis zum Abend behoben.

Menschen kamen nicht zu Schaden. Denn das „Abwehrkommando" in Rottweil hatte bereits von Schramberg telefonisch eine Fliegermeldung erhalten. Die Pulverfabrik wurde darauf in Alarmbereitschaft versetzt; das Fabrikpersonal hatte durch diese Warnung einige Minuten Zeit gehabt, die rettende Deckung der Unterstände aufzusuchen.

Aber der 1916 eingerichtete überregionale Flugmeldedienst funktionierte nur tagsüber. Ein Nacht-Angriff am 8. August 1916 auf die Pulverfabrik forderte zwei Todesopfer und fünf zum Teil schwer Verletzte. Ein Pulvermagazin mit 10.000 kg Pulver wurde getroffen und explodierte. Der Flieger war vollkommen überraschend aufgetaucht. Da die bisher praktizierten Schutzmaßnahmen gegen nächtliche Fliegerangriffe wirkungslos waren, wurden die Nachtschichten der Fabrik fast vollständig eingestellt.

Schon nach dem ersten Fliegerangriff am 3. März 1915 hatte man sich die Frage gestellt, wie die feindlichen Flugzeuge die versteckt im Neckartal liegende Pulverfabrik überhaupt lokalisieren konnten. Schnell kamen Gerüchte auf, die Lage der Fabrik sei von feindlichen Spionen verraten worden; auch eine Rottweiler Französischlehrerin geriet unter Spionageverdacht.

In Wirklichkeit orientierten sich die Flieger einfach mittels Landkarten am Gelände und an der

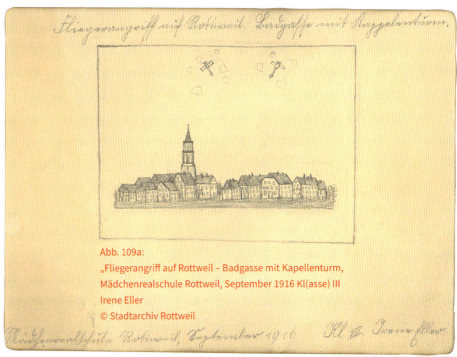

Abb. 109a:
„Fliegerangriff auf Rottweil – Badgasse mit Kapellenturm, Mädchenrealschule Rottweil, September 1916 Kl(asse) III Irene Eller
© Stadtarchiv Rottweil

109b:
Flakstellung mit Türmen der Pulverfabrik sichtbar
© Stadtarchiv Rottweil.

Topographie. Immerhin waren den Luftangriffen systematische Aufklärungsflüge der Alliierten vorausgegangen, nach denen die Position der potentiellen Ziele in den entsprechenden Karten verzeichnet werden konnte. Sogar nachts, bei Vollmond und entsprechender Wetterlage, war eine solch einfache Orientierung möglich. Beim nächtlichen Angriff im August 1916 konnte sich der Flieger „in der mondscheinhellen Nacht" auf dem letzten Streckenabschnitt offenbar am Nebel-Band des Neckartals orientieren. Der Flussnebel verriet die Fabrik also eher, als dass er sie schützte.

Aber nicht nur der Nacht-Angriff stellte Flugwacht und Flugabwehr vor neue Herausforderungen. Auch Luftangriffe mit mehreren Flugzeugen galt es bald abzuwehren, wie bei einem erneuten Fliegerangriff auf Industrieanlagen am obersten Neckar am 12. Oktober 1916. Insgesamt 20 französische und englische Flugzeuge warfen 30 Bomben über den kriegswichtigen Rottweiler und Oberndorfer Industriebetrieben ab. Die Flugabwehr am Boden war offenbar überfordert. Aber neuerdings wurde die Flugabwehr aus der Luft – Flugzeug gegen Flugzeug – erfolgreich praktiziert. Erstmals ist in der Region davon die Rede, dass ein Teil der alliierten Bomber von deutschen Jagdflugzeugen abgeschossen wurde. Das makabre Schauspiel am Himmel konnte auch vom Rottweiler Stadtkern aus beobachtet werden.

Luftschutz und Fliegerabwehr

Einzelne Flugzeuge dagegen konnte die Rottweiler Flugabwehr, das „Abwehrkommando", inzwischen offenbar gut abwehren. Etwa bei einem (versuchten) Luftangriff Anfang September 1916, als die Flugabwehr-Geschütze den Anflug des feindlichen Fliegers auf die Pulverfabrik verhinderten. Auch weitere Luftangriffs-Versuche blieben dank Flugabwehr wirkungslos.

Dabei hatte ein organisierter Schutz vor Luftangriffen bei Beginn des Ersten Weltkriegs nicht existiert, denn man hatte einfach nicht damit gerechnet, dass Luftfahrzeuge eine militärische Bedrohung darstellen könnten. Insbesondere überregional koordinierte Luftschutzmaßnahmen gab es damals nicht. Und so suchte man zunächst nach lokalen Lösungen, nachdem die Gefahr aus der Luft real geworden war.

Im örtlichen Zusammenhang war vor allem der passive Schutz bedeutsam. Und die Stadt Rottweil gehörte offenbar zu den Pionieren des zivilen Luftschutzes, denn schon am 8. Dezember 1914 wurde hier eine erste schriftliche Anordnung zum Selbstschutz-Verhalten der Bevölkerung bei Gefahr aus der Luft herausgegeben. Fast wie zur Reichsstadtzeit wurde die Rottweiler Bevölkerung zunächst durch ein Wachkommando auf dem Hochturm vor drohender Luft-Gefahr gewarnt. Allerdings verfügte die Wache auf dem mittelalterlichen Turm jetzt auch über eine Funkverbindung. Wurden feindliche Flieger erspäht oder über Funk gemeldet, so ließ man zur Warnung der Bürgerschaft dort eine Kanone abfeuern. Zusätzlich wurden die Rottweiler Kirchenglocken geläutet. Optisch warnten drei rote Flaggen vom Hochturm, der bald auch mit einer Sirene ausgestattet war. Da ein überregional koordiniertes Warnsystem aber zunächst fehlte, kam es häufig auch zu Fehlalarmen.

Zum passiven Schutz wurden Vorschriften zur Verdunklung der Stadt und ihrer Häuser erlassen, die auch dazu dienten, den feindlichen Fliegern keine Orientierung beim Anflug auf die Pulverfabrik zu bieten. Doch auch in der Stadt selbst fühlte man sich nicht sicher. Im Erdgeschoss des Rathauses und im Keller der Wirtschaft „Zum Engel" am Friedrichsplatz wurden Luftschutzräume eingerichtet, und auch das Gewölbe des stadtseitigen Brückenkopfs der Hochbrücke wurde als Luftschutzkeller genutzt. Die Schüler flüchteten bei Fliegeralarm in den Keller der jeweiligen Schule. Kulturgut wurde in Sicherheit gebracht, die Sammlung Dursch in den unteren Etagen des Pulverturms.

Im städtischen Spital, in dem sich auch ein Lazarett befand, war man Tag und Nacht auf Luftangriffe gefasst. Bei Fliegeralarm mussten die Kranken und Verwundeten umgehend in den Keller gebracht werden, nachts bei völliger Dunkelheit. Denn auch das Spitalgebäude musste jeden verräterischen Lichtschein vermeiden.

Die Einwohner der Stadt waren hauptsächlich der Gefahr ausgesetzt, dass die feindlichen Bomber ihr eigentliches Ziel, die Pulverfabrik, verfehlten und die Sprengladungen an nicht dafür vorgesehener Stelle niedergingen. In Karlsruhe etwa wurde bei einem Luftangriff im Sommer 1916 unbeabsichtigt ein voll besetztes Zirkuszelt getroffen. Derartige Szenarien hatte man sicher auch hier vor Augen.

In Rottweil gab es jedoch kaum nennenswerte Schäden im zivilen Bereich. Bomben schlugen zwar auch auf dem Nikolausfeld und beim Seehof ein, jedoch ohne größere Wirkung. Aber die Angst ging um und rief entsprechende Reaktionen hervor. Beim Luftangriff am 15. September 1915, einem Samstag, war der Wochenmarkt binnen Minuten wie leergefegt. Bei einem anderen Angriff 1916 wurde die Vorführung eines Seiltänzers auf dem Marktplatz abrupt unterbrochen. Einzelne Bürger schossen anfangs sogar (erfolglos) mit „Schützen-Büchsen" nach den feindlichen Flugzeugen, was aber bald verboten wurde.

Auch die Pulverfabrik hatte in eigener Zuständigkeit mit der Einrichtung von Alarmanlagen und der Erstellung von Schutzbauten Maßnahmen ergriffen, noch bevor Anfang Oktober 1915 von den Reichsbehörden die offizielle „Richtlinie für den Eigenschutz von Fabrikanlagen" herausgegeben wurde. Ebenso wurden die Fabrikbauten ertüchtigt. Nach dem Fliegerangriff vom 16. April 1915 erhielten die Produktionsgebäude zusätzliche Betondecken, die Fenster wurden vermauert und Schutzwände errichtet. An mehreren Stellen auf dem Fabrikgelände wurden kleinere Unterstände erstellt. Bei der Kantine errichtete man einen großen Unterstand aus Eisenbeton für 1000 Personen. Diesen Schutzbauten war es nach Einschätzung der Werksleitung zu verdanken, dass die Mehrzahl der Fliegerangriffe für die Menschen glimpflich ausging. Ein wöchentlicher Probealarm sollte für einen reibungslosen Ablauf im Ernstfall sorgen. Dafür wurden die vier Sirenen und eine „Dampfpfeife" in Gang gesetzt. In einiger Entfernung wurden „Scheinbauten" errichtet und beleuchtet, um die feindlichen Flieger zu irritieren.

Aktive Fliegerabwehr

Rottweil war Sitz eines Bezirkskommandos und beherbergte auch eine Kriegs-Garnison mit einer wechselnden Stärke von 500–1000 Mann, deren Kern die Ersatz-Kompagnie des Rottweiler Landsturm-Infanterie-Bataillons bildete. Die Mannschaften waren im Saalbau der „Sonne" und in der städtischen Turnhalle einquartiert.

Aus dieser Garnison war auch eine Fliegerabwehrtruppe rekrutiert, die aber zunächst lediglich über zwei Maschinengewehre verfügte. Diese standen schon im Frühjahr 1915, beim ersten Luftangriff (am 3. März 1915), über dem Bernburg-Eisenbahntunnel, um die Pulverfabrik zu schützen. Unter dem Eindruck dieses ersten Luftangriffs wurde die Flugabwehr durch weitere Maschinengewehre, zwei Feldhaubitzen und zwei Ballonabwehr-Kanonen verstärkt, die man von der Front, angeblich vom „Kriegsschauplatz" Verdun, abgezogen hatte. Schon daran lässt sich erkennen, welche Bedeutung der Rottweiler Pulverfabrik beigemessen wurde.

Dennoch konnte beim zweiten Fliegerangriff am 16. April 1915 auch die verbesserte Flugabwehr die Todesopfer und Sachschäden nicht verhindern, obgleich aus allen Rohren geschossen wurde. Es wurde mitgezählt: Die Artillerie feuerte 138 Granaten gegen den Flieger, die Maschinengewehre verschossen 3738 Patronen in dessen Richtung. Das Flugzeug konnte indes nur beschädigt, aber nicht unschädlich gemacht werden. Auch die zwei werkseigenen Maschinengewehre der Pulverfabrik konnten da nichts ausrichten. Nach Abwurf seiner explosiven Ladung entschwand der Flieger gen Westen. Auch beim Angriff am 25. September 1915 blieben die Geschütze und Maschinengewehre der Luftabwehr einigermaßen wirkungslos. Der feindliche Flieger konnte auch da seine Mission erfüllen, obwohl er *„mit 4 Kanonen und 6 Maschinengewehren lebhaft beschossen wurde."*[111]

Nach wiederholten Luftangriffen stationierte man auch auf der Bruderschaftshöhe, später am Krummen Weg, eine Batterie mit Ballonabwehr-Kanonen, die bald

---

111 Stadtarchiv Rottweil: Bericht der Rottweiler Pulverfabrik über den Fliegerangriff vom 25.09.1915 (ohne Signatur).

4 FEHDEN UND KRIEGE

durch Flugabwehrkanonen ersetzt wurden. Diese waren eine technische Weiterentwicklung und konnten auch schneller bewegliche Ziele treffen. Auch leistungsfähige Scheinwerfer standen jetzt zur Verfügung. Dagegen hatten sich „Drachenstationen", miteinander verbundene Ballone, die man auch um Rottweil gegen feindliche Flieger aufsteigen ließ, als wirkungslos erwiesen.

Am Ende war die Pulverfabrik und mit ihr die Stadt Rottweil von einem weiten Kranz von Flugabwehr-Stellungen umgeben. Auch auf der Stettener Höhe, am Stallberg und bei Villingendorf waren, ebenso wie auf dem Schießplatz der Pulverfabrik bei Dietingen, Fliegerabwehrgeschütze positioniert.

Die Idee, feindliche Bomber durch eigene Flieger in der Luft zu bekämpfen, hatte sich 1914 noch nicht entscheidend durchgesetzt. Zum Teil wurde anfangs mit Handfeuerwaffen aus offenen Cockpits geschossen, bis der holländische Konstrukteur A. Fokker bis Mitte 1915 eine Technik zur Synchronisation von Maschinengewehrfeuer und Propellerrotation entwickelt hatte. Die Abwehr feindlicher Flieger war nun auch durch den Luftkampf möglich, wie beim Fliegerangriff auf Rottweil und Oberndorf am 12. Oktober 1916.

Zusätzlichen Erfolg bei der Fliegerabwehr schien ein effektives Warnsystem zu versprechen. Mit großer Intensität arbeitete man daher auf Reichsebene an der Verbesserung des Warn-Meldewesens. In diesem Zusammenhang wurde im Frühjahr 1917 auch in Rottweil ein „Flugwachtkommando" installiert, mit einer „Flughauptwache" im Haus Schramberger Straße 45 (Anwesen „Kohlen-Müller"), ausgestattet mit einer Telefonzentrale und direktem Draht zu mehreren Flugwachen in einer Linie entlang des Schwarzwalds, die den Anflug feindlicher Flieger im Ernstfall meldeten. Die zum „Flugwachtkommando" gehörige Mannschaft hatte übrigens gegenüber in der „Räuberhöhle" Quartier genommen. Der Hochturm als Warn-Zentrale hatte damit ausgedient.

Abb. 110:
Flakstellung in Rottweil
© Stadtarchiv Rottweil Bestand J Fotoarchiv.

Luftangriffe nehmen ab

Vielleicht hatte neben der verbesserten Fliegerabwehr auch das jetzt effizientere Warnsystem eine abschreckende Wirkung auf die alliierten Luftstreitkräfte. Außerdem war der Effekt der für die Piloten riskanten Angriffsflüge hier relativ gering. Jedenfalls nahm die Zahl der Fliegerangriffe auf die Rottweiler Pulverfabrik zusehends ab. In den Jahren 1917 und 1918 wurden nur noch vier Angriffe gegen die Fabrik geflogen; zwei davon im Hochsommer 1918. Der letzte am 22. Juli 1918, als zehn Maschinen ein Dutzend Bomben auf die Pulverfabrik abwarfen und damit hauptsächlich großen Schrecken verursachten.

Der generelle Trend war dagegen umgekehrt. Technischer Fortschritt und zunehmende Leistungsfähigkeit der militärischen Luftfahrt führten zu einer im Lauf des Krieges steigenden Zahl von Fliegerangriffen, die reichsweit von 37 Angriffen 1915 auf 657 im letzten Kriegsjahr 1918 angestiegen war.

Rottweil hatte im Bereich des oberen Neckars „dank" seiner Pulverfabrik mit Abstand die meisten Fliegerangriffe zu erdulden. Das nahe Oberndorf mit seiner Waffenindustrie etwa wurde deutlich seltener aus der Luft attackiert. Auf die Industriestadt Schwenningen sind kaum Fliegerangriffe registriert. Dennoch hielten sich die Schäden für die Pulverfabrik insgesamt in Grenzen; zivile Schäden in der Stadt Rottweil selbst wurden kaum verursacht.

Während der gesamten Kriegszeit gab es 746 Tote und etwa 1850 Verletzte durch Fliegerangriffe auf zivile Ziele im Deutschen Reich. Rottweil bzw. die Pulverfabrik hatte fünf Todesopfer und eine Anzahl Verletzter durch Fliegerangriffe zu beklagen. Diese Zahlen scheinen gering, gemessen an den gigantischen Opferzahlen des gesamten Krieges. Für den Einzelfall spielt das jedoch keine Rolle.

Quellen

Stadtarchiv Rottweil C1-RPR 1914–1918 (Ratsprotokolle)
Stadtarchiv Rottweil Spitalchronik 1854–1961 bzw. 1914–1918
Stadtarchiv Rottweil Bestand S „Rottweil im Ersten Weltkrieg" 1914–1918
Stadtarchiv Rottweil (Bericht der Pulverfabrik über den Fliegerangriff vom 25.9.1915)
Stadtarchiv Rottweil Zb 5b (Schwarzwälder Volksfreund 1914–1918)
Württembergischer Staatsanzeiger 1915
Arbeiterzeitung – Sozialdemokratisches Tagblatt. Offizielles Publikationsorgan der Sozialdemokratischen Partei der Schweiz 1915
Süddeutsche Zeitung vom 3.1.2018
Kreisarchiv Rottweil A II RO, Az. 9442-2 (Berichte der Rottweiler Pulverfabrik vom 19.04.1915, 23.04.1915, 25.09.1915 und 09.08.1916 über Fliegerangriffe)

Cabanes, Bruno/Duménil, Anne (Hrsg.), Der Erste Weltkrieg. Eine europäische Katastrophe, Darmstadt 2013.
Hecht, Winfried, Rottweil 1802–1970. Von der Reichsstadt zur Großen Kreisstadt, Rottweil 1997.
Ketterer, Harald, Der Luftkrieg in den Jahren 1914–1918 in der Region Schwarzwald-Baar-Heuberg, in: Schriften des Vereins für Geschichte und Naturgeschichte der Baar 58 (2015) S. 127–133.
Klinge, Godeke, Schutz und Hilfe. Die Geschichte der Entwicklung des Schutzes der Bevölkerung in Deutschland bei Katastrophen und kriegerischen Auseinandersetzungen von 1871–1914 (eBook-Edition 2016).
Kuhn, Daniel, Als der Krieg vor der Haustür stand. Der Erste Weltkrieg in Baden und Württemberg, Tübingen 2014.
Mommsen, Wolfgang J., Der Erste Weltkrieg. Anfang vom Ende des bürgerlichen Zeitalters, Bonn/Frankfurt a.M. 2004 (Schriftenreihe der Bundeszentrale für politische Bildung; 439).
Ritter, Eugen, Rottweil im Weltkrieg, Rottweil 1934.
Schmid, Otto, 50 Jahre Köln-Rottweil. Aus der Geschichte der [Pulver-] Fabrik Rottweil, Rottweil 1940.

5 RECHT UND RECHTSPRECHUNG

Von Mathias Kunz

1299: Eine Residenz des Rechts: Das Kaiserliche Hofgericht zu Rottweil

Der Bundesgerichtshof (BGH) und das Bundesverfassungsgericht (BVerfG) zählen zu den beiden bekanntesten Organen der Rechtsprechung in der Bundesrepublik Deutschland: Sitz der beiden Institutionen ist Karlsruhe, das als Residenz des Rechts gilt. Daneben gibt es freilich noch andere Bundesgerichte wie den Bundesfinanzhof (München), das Bundessozialgericht (Kassel), das Bundesarbeitsgericht (Erfurt) und das Bundesverwaltungsgericht (Leipzig).

Schon im Alten Reich, das auch als Heiliges Römisches Reich Deutscher Nation bekannt ist und bis zum Jahr 1806 bestand, gab es mehrere oberste Gerichte auf Reichsebene: Das Reichskammergericht (RKG) mit Sitz in Speyer und Wetzlar, den Reichshofrat (RHR) mit Sitz in Wien und das Kaiserliche Hofgericht mit Sitz in Rottweil. Das Reichskammergericht war das Ergebnis einer lange andauernden Periode der Reichsreform. Die Reichsstände hatten gegenüber dem Kaiser die Einrichtung eines Gerichts durchsetzen können, das nicht mehr der alleinigen Kontrolle des Kaisers unterworfen war. Daneben existierte der Reichshofrat, der vor allem in Fragen des Lehnrechts und der kaiserlichen Reservatrechte zuständig war und unter kaiserlicher Kontrolle stand.

Anders als in der heutigen Bundesrepublik waren Zuständigkeits- und Aufgabenbereiche sowie Sprengel des Reichskammergerichts, des Reichshofrats und des Kaiserlichen Hofgerichts Rottweil weniger deutlich voneinander abgegrenzt, zumal die Reichsgrenzen weniger fest umrissen waren wie die heutige Bundesgrenze und das ausdifferenzierte Rechtssystem moderner Prägung im Mittelalter und in der Frühen Neuzeit noch nicht in dieser Form existierte.

Wo liegen die Anfänge des Kaiserlichen Hofgerichts zu Rottweil?
Hier ist zwischen voraussichtlicher Legende und anzunehmender Wahrheit zu unterscheiden.

Abb. 111:
König Konrad III. in Rottweil
© Württembergische Landesbibliothek Stuttgart
HB VI 110

Die Legende geht von einer Gründung zur Zeit Konrads III. (1138–1152), des ersten Stauferkönigs, aus, der als Dank für die ihm von den Rottweilern gewährte Unterstützung im Machtkampf gegen seinen Widersacher König Lothar von Supplinburg (1125–1137) die Errichtung eines Hofgerichts bei Rottweil verfügt habe. In einer Handschrift, die die Ordnung des Kaiserlichen Hofgerichts zu Rottweil (um 1430) enthält, ist Konrad III. in Rottweil bildlich dargestellt.

Das Kaiserliche Hofgericht wird allerdings erstmals 1299 in den Quellen erwähnt, und die älteste erhaltene Urkunde stammt aus dem Jahr 1317.

Es ist daher davon auszugehen, dass das Gericht nach dem Ende des Interregnums (1254–1273), einer Periode, in der es nach dem Zusammenbruch der Stauferherrschaft oft mehrere Könige parallel oder gar keine Könige gab, errichtet wurde. Wahrscheinlich haben König Rudolf von Habsburg (1273–1291) und seine unmittelbaren Nachfolger Adolf von Nassau (1292–1298) und Albrecht I. von Habsburg (1298–1308) hier entscheidende Impulse gegeben, um die königliche Macht wieder zu festigen. Schließlich übte der mittelalterliche König die zentrale Funktion als oberster Richter im Reich aus.

Es handelte sich beim Kaiserlichen Hofgericht zu Rottweil um die Weiterentwicklung eines schon im Frühmittelalter bestehenden Herrschaftsgerichts für das vom Rottweiler Königshof verwaltete Gebiet, das vermutlich zu Beginn oder Mitte des 13. Jahrhunderts zu einem königlichen Landgericht im Herzogtum Schwaben wurde, in dem die Staufer auf umfangreiches Hausgut zurückblicken konnten. Bei Reisen des Königs durch Schwaben wurde von diesem Gericht dann Recht gesprochen. Ähnliche Entwicklungen im Reich gab es auch bei anderen Gerichten, so etwa in Nürnberg, wo das kaiserliche Landgericht aus einem Herrschaftsgericht des dortigen Reichsgutbezirks hervorgegangen war.

Gerichtssprengel und Handlungsspielräume

Wie oben bereits erwähnt lässt sich das Territorium, für welches das Kaiserliche Hofgericht zu Rottweil zuständig war, nicht mit dem klar definierten Sprengel der heutigen Bundesgerichte eins zu eins vergleichen.

In einer im Jahre 1496 von Maximilian I. (1493–1519) ausgestellten Urkunde bestätigt der König die Rechte, die Aufgaben, Zuständigkeit und den Gerichtssprengel des Hofgerichts.

„…einen Circel[112] wohin, und wie weit dasselb Hoff-Gericht zu richten haben soll…nemlich von Rothweil bis an die Fürst[113] und Angebirg[114] innerhalb Ober-Elsaß[115], und dißhalben dem Gebirg[116] dem Rhein allhie bis gen Cölln[117], und nicht fürab, und hie desseit halben dem Rhein wieder herauff gen Franckfurth, und als weit Franckenland gehet, bis an der Thüringer Wald, und in Francken und Schweinfelden[118] bis an das Beyerland[119], und hie dißhalben Beyern, enther bis gen Augspurg an den Lech, und nicht über Lech…biß gen Chur…bis gen Appenzell… gen Luzern und gen Bern, und gen Freyburg im Uchtland[120]…bis gen Welschen Neuenburg[121]… bis Bundtrut[122] gen Mümpelgart[123]…und an das Gebürg[124], Elsaß und alle End…"

---

112 Sprengel.
113 Elsässisch-lothringisches Grenzgebiet (Linie Saargemünd-Saaralben-Pfalzburg).
114 Südvogesen.
115 Südelsass mit Schlettstadt, Mülhausen und Colmar.
116 Nordvogesen/Pfälzer Wald/Hunsrück/Eifel.
117 Köln.
118 Schwanfeld, zum Bistum Würzburg gehörend und zwischen Würzburg und Schweinfurt gelegen.
119 Bayern.
120 Freiburg im Üchtland (heute: Fribourg in der französischsprachigen Schweiz).
121 französischsprachiger Teil von Neuenburg (Neuchâtel) in der heutigen Schweiz.
122 Pruntrut; zum Hochstift Basel gehörend und zwischen Mömpelgard und Neuenburg gelegen.
123 Mömpelgard (heute: Montbéliard in Frankreich).
124 Vogesen.

5 RECHT UND RECHTSPRECHUNG

Das Personal des Hofgerichts

Hofrichter (erbliches Lehen)
 1360–1687: Grafen von Sulz
 1687–1802: Fürsten von Schwarzenberg

Statthalter
 Vertreter des Hofrichters, z.B. Herren von Zimmern

Assessoren (Beisitzer)
 Juristen; Funktion: Urteilsverkündung
  gleichzeitig Ratsmitglieder

Fiskal (etwa: Staatsanwaltschaft; Schutz des Gerichts
 als Institution und des Personals, Durchsetzung
 der prozessualen Zwangsmaßnahmen)

Kommissar (Beweisaufnahme)

Prokuratoren (Vertreter der Prozessparteien)

Hofgerichtskanzlei
 Hofgerichtsschreiber, i.d.R. auch Stadtsyndikus
 Notare (innerer Dienst; Registratur und Archiv)
 Pedell (Aufsichtführender beim Prozess,
  dann nachgeordneter Verwaltungsbeamter)
 Boten (Zustellung von Gerichtsschreiben)

Der in dieser Urkunde umrissene Sprengel würde sich heute auf Teilgebiete der Bundesländer Baden-Württemberg, Bayern, Rheinland-Pfalz, Nordrhein-Westfalen, Hessen und Thüringen erstrecken und zusätzlich auf das Elsass.

Dabei ist jedoch zu bedenken, dass sich Grenzen in der damaligen Zeit viel häufiger änderten als heutzutage. So ist der Sprengel eher als theoretischer und potentieller geographischer Raum zu verstehen, für den das Kaiserliche Hofgericht zu Rottweil zuständig war. Hinzu kommt ein weiterer entscheidender Faktor, der die weite Ausdehnung des Sprengels relativiert: Vielen Reichsstände gelang es nach und nach, sich von der Pflicht, vor dem Kaiserlichen Hofgericht zu Rottweil zu erscheinen, freigestellt zu werden. Diese sogenannte Exemtion galt z.B. seit 1356 für alle Kurfürsten. Darüber hinaus war auch die Anrufung des Hofgerichts als Berufungsinstanz nicht möglich, wenn eine Prozesspartei in einem erstinstanzlichen Gerichtsverfahren mit dem Urteil nicht einverstanden war. Die Beantwortung der entscheidenden Frage nach dem Handlungsspielraum des Hofgerichts, das Mittel und Wege suchte, um die angeordneten Maßnahmen und Urteile tatsächlich vollstrecken zu können, steht in direktem Zusammenhang mit der Machtstellung des römisch-deutschen Kaisers einerseits und der weltlichen und geistlichen Würdenträger sowie der Städte andererseits.

Die Möglichkeiten des Hofgerichts schwankten somit in Abhängigkeit von der Stärke bzw. Schwäche der genannten Akteure.

Dies gilt in besonderem Maße für die Verhängung prozessualer Zwangsmaßnahmen wie der Acht, der Aber- oder Oberacht sowie der Anleite. Blieb eine zum Prozess geladene Prozesspartei unentschuldigt fern, diente die Acht dazu, diese Prozesspartei an ihre Pflichten zu erinnern. Innerhalb eines Zeitraumes von einem Jahr, sechs Wochen und drei Tagen bestand die Möglichkeit, die durch Fernbleiben verursachte Pflichtverletzung zu heilen. Verstrich diese Frist, so wurde die Aber- oder Oberacht verhängt. Das Gericht hatte nun die Möglichkeit, Maßnahmen gegen die entsprechende Prozesspartei einzuleiten. Schließlich konnte das Gericht mittels der sog. Anleite den Zugriff eines Klägers auf den Besitz des Beklagten gestatten, wobei sich dieses komplizierte Verfahren über Monate oder gar Jahre hinziehen konnte. In Ermangelung zuständiger Strafverfolgungsbehörden wie in der heutigen Zeit gestaltete sich die Anleite in der Praxis als schwierig oder gar nicht praktikabel.

Für welche Rechtsstreitigkeiten war das Hofgericht zuständig?

Anders als in der heutigen Bundesrepublik war der Zuständigkeitsbereich für die obersten Reichsgerichte nicht eindeutig geregelt und nicht allgemein akzeptiert.

In der Anfangszeit waren Hofgericht und Pürschgericht organisatorisch eng miteinander verbunden. Dies bedeutet, dass hier sowohl zivilrechtliche als auch strafrechtliche Prozesse anhängig waren. König Sigismund (1411 – 1437) trennte Hof- und Pürschgericht im Jahre 1418 und verlegte Ersteres an die Rottweiler Königstraße, an der sich heute eine Nachbildung der Gerichtsstätte samt Hofrichterstuhl[125] befindet (Königstraße/Ecke Lorenz-Bock-Straße).

Der Schwerpunkt des Hofgerichts lag auf der Urteilsfindung in erb-, familien-, sachen- und schuldrechtlichen Streitfällen, die heute in den Bereich des Bürgerlichen Gesetzbuches (BGB) fallen würden. Darüber hinaus erfüllte das Hofgericht die Funktion einer Beurkundungsstelle. Die Beglaubigung von Verträgen oder anderen Urkunden, die sog. Vidimierung stellte eine zentrale Aufgabe dar.

Die Zuständigkeit für Beglaubigungen wurde bereits Anfang des 16. Jahrhunderts in Frage gestellt, als die Reichsnotariatsordnung im Jahre 1512 in Kraft trat. Damit übten die Notare in direkter Konkurrenz zum Kaiserlichen Hofgericht zu Rottweil dieselben Aufgaben aus. Das Notariatswesen schmälerte damit zusehends die Bedeutung des Hofgerichts.

Wie lief ein Prozess vor dem Hofgericht ab?

Zunächst bedurfte es einer Hofgerichtsordnung als Rechtsgrundlage. Beginnend bei der legendären Einrichtung des Hofgerichts durch König Konrad III. wurde die Hofgerichtsordnung von verschiedenen Kaisern und Königen immer wieder bestätigt, ergänzt oder erneuert. Die zweite wichtige Voraussetzung war die vorherige Veröffentlichung der Sitzungstermine in speziellen Hofgerichtskalendern, die teilweise erhalten sind.

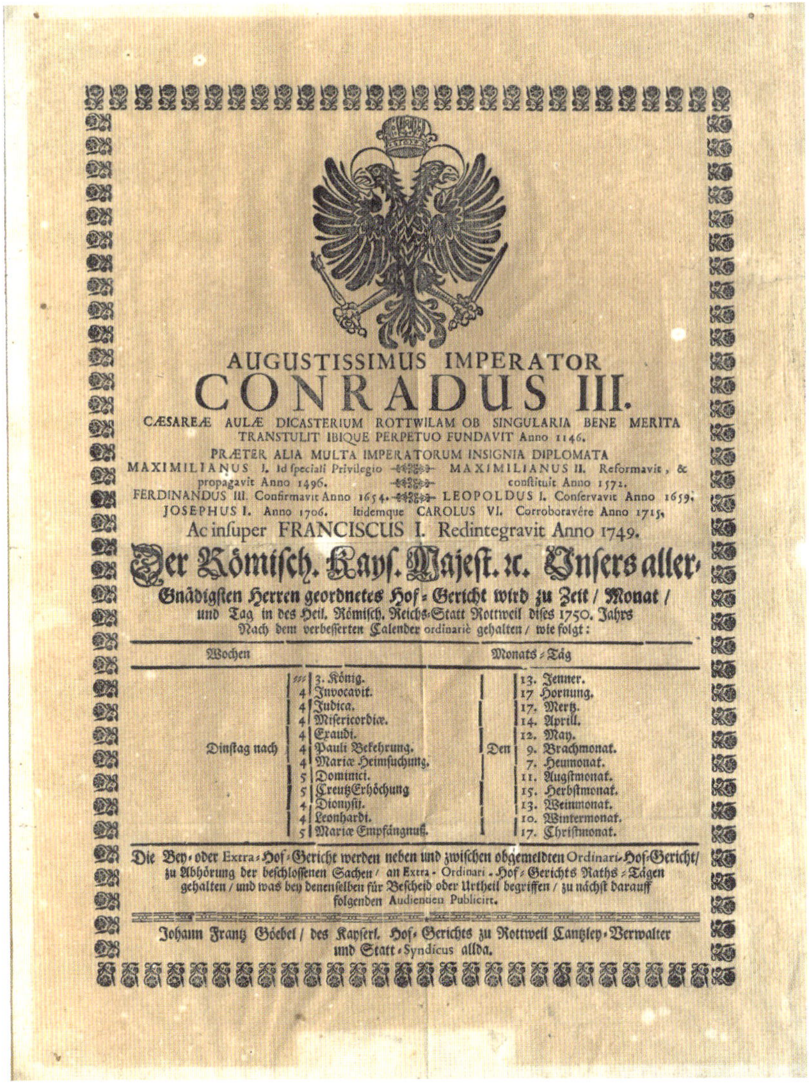

Im Jahre 1750 fanden bspw. zwölf Sitzungen jeweils an Dienstagen nach bedeutenden Kirchenfesten wie Invocavit[126], Judica[127], Exaudi[128] oder Mariae Empfängnuß[129] statt.

Abb. 112:
Hofgerichtskalender von 1750
© Stadtarchiv Rottweil Bestand A7

---

125 Das Original des Stuhls befindet sich im Stadtmuseum Rottweil.
126 6. Sonntag vor Ostern.
127 5. Sonntag vor Ostern.
128 3. Juni.
129 8. Dezember.

Der Hofrichter, der als Zeichen seiner Amtsbefugnisse und Autorität einen roten Mantel trug und einen Richterstab besaß, eröffnete die unter freiem Himmel neben der Gerichtslinde stattfindenden Verhandlungen und leitete sie, flankiert von Assessoren, die rechts und links neben ihm auf Bänken saßen. Die beiden durch Prokuratoren vertretenen Prozessparteien brachten ihre jeweiligen Argumente und Anträge vor. Im Laufe der Woche beratschlagte sich der Hofrichter gemeinsam mit den Assessoren in der Sache. Diese Beratungsphase fand vermutlich in der Hofgerichtsstube im heutigen Alten Rathaus in Rottweil statt.

Die Verkündung der Urteile erfolgte in der Regel an einem Freitag. Dazu zog das Gericht wieder feierlich aus der Reichsstadt hinaus zur Gerichtsstätte.

Das gesamte Prozedere beinhaltet eindeutig Elemente der alt-germanischen Rechtsprechung: Die Versammlung unter freiem Himmel erinnert z.B. an das germanische Thing, den Versammlungsort, an dem sich Freie zu Beratungen getroffen hatten und an dem Recht gesprochen worden war.[130]

Welche Bedeutung hatte das Hofgericht für die Geschichte Rottweils?

Zweifelsohne hängt die Bedeutung der Reichsstadt Rottweil auch mit der Existenz des Kaiserlichen Hofgerichts zusammen. Bei der Verwaltung und beim Personal gab es klare Überschneidungen. Die Verwaltung der Gerichtsakten und der Akten sowie Amtsbücher städtischer Provenienz erfolgte gemeinsam in der Stadtkanzlei gegenüber dem Alten Rathaus. Der Stadtschreiber übte das Amt des Hofgerichtsschreibers in der Regel in Personalunion aus.

Somit war Rottweil im Spätmittelalter und in der Frühen Neuzeit eine Residenz des Rechts im Alten Reich. Das Hofgericht stellte auch einen Wirtschaftsfaktor dar, weil dadurch die Umsätze von Gewerbetreibenden anstiegen und die Reichsstadt Einnahmen zu verbuchen hatte.

Rottweil selbst war übrigens seit dem 15. Jahrhundert ebenfalls exemt und musste nicht vor dem Kaiserlichen Hofgericht als Beklagte erscheinen. Wenn man für das 14. und 15. Jahrhundert eine Blütezeit des Hofgerichts annehmen kann, so sank seine Bedeutung im Laufe des 17. und 18. Jahrhunderts herab. Die letzte Sitzung fand im Jahre 1784 statt. Dies bedeutete jedoch nicht automatisch auch den Niedergang der Reichsstadt. Erst die gewaltigen Veränderungen, die im Zuge der Französischen Revolution (1789 – 1799) und der endgültigen Auflösung des Alten Reiches (1801 – 1806) auch die weitere Geschichte Rottweils entscheidend bestimmten, stellten einen markanten Einschnitt für die Stadtgeschichte dar.

Quellen

Hauptstaatsarchiv Stuttgart Bestand C1 (Hofgericht Rottweil)
Stadtarchiv Rottweil Bestand A7 (Kaiserliches Hofgericht Rottweil)
Württembergische Landesbibliothek Stuttgart HB VI 110 (Hofgerichtsordnung um 1430/1435)
Lünig, Johann Christian, Das Teutsche Reichs-Archiv…Pars specialis Continuatio 1, Leipzig 1713.

Deutsch, Andreas, Das Rottweiler Hofgericht im Spiegel seiner bildlichen Darstellungen, in: Signa Ivris. Beiträge zur Rechtsikonographie, Rechtsarchäologie und rechtlichen Volkskunde 16 (2018) S.173 – 224.
Grube, Georg, Die Verfassung des Rottweiler Hofgerichts, Stuttgart 1969 (Veröffentlichungen der Kommission für Geschichtliche Landeskunde in Baden-Württemberg Reihe B; 55).
Hecht, Winfried, „Des hailigen richs oberstes gericht". Das Kaiserliche Hofgericht zu Rottweil, in: Beiträge zur Landeskunde. Beilage zum Staatsanzeiger 1 (1983) S.9 – 15.
Hecht, Winfried, Das Kaiserliche Hofgericht, Rottweil 2016.
Irtenkauf, Wolfgang, Die Rottweiler Hofgerichtsordnung (um 1430) in Abbildungen aus der Handschrift HB VI 110 der Württembergischen Landesbibliothek Stuttgart, Göppingen 1981 (Litterae. Göppinger Beiträge zur Textgeschichte; 74).
Kohler, Josef, Das Verfahren des Hofgerichts Rottweil, Berlin 1904 (Urkundliche Beiträge zur Geschichte des bürgerlichen Rechtsganges; 1).
Laufs, Adolf, Das Hofgericht zu Rottweil. Ein Beitrag zu seiner Geschichte unter der Herrschaft der Alten Hofgerichtsordnung. Anhang Text der alten Hofgerichtsordnung, in: Beiträge zur Rechtsgeschichte. Gedächtnisschrift für Hermann Conrad, hrsg. von Gerd Kleinheyer,

---

130 In bestimmten Ländern erinnert der heutige Name des Parlaments noch an diesen Ursprung, z.B. Folketing (Dänemark) oder Storting (Norwegen).

Paderborn 1979, S. 409–424 (Rechts- und staatswissenschaftliche Veröffentlichungen der Görres-Gesellschaft N.F.; 34).

Laufs, Adolf, Die Reichsstadt Rottweil und das Kaiserliche Hofgericht, in: Residenzen des Rechts. 29. Arbeitstagung in Speyer 1990, hrsg. von Bernhard Kirchgässner, Sigmaringen 1993, S.19–36 (Stadt in der Geschichte; 19).

Mack, Eugen, Kurzer Unterricht über die äußere und innere Verfassung der Reichsstadt Rottweil von Johann Baptist von Hofer weiland des Kaiserlichen Hofgerichts zu Rottweil Assessor und Schuldirektor, Rottenburg am Neckar 1925.

Scheyhing, Robert, Das kaiserliche Landgericht auf dem Hofe zu Rottweil, in: ZWLG 20 (1961) S. 83–95.

Schillinger, Ulrike, Die Neuordnung des Prozesses am Hofgericht Rottweil 1572. Entstehungsgeschichte und Inhalt der Neuen Hofgerichtsordnung, Köln 2014 (Quellen und Forschungen zur höchsten Gerichtsbarkeit im Alten Reich; 67).

Speidel, Max, Das Hofgericht zu Rottweil. Ein Beitrag zu seiner Geschichte unter der Herrschaft der alten Hofgerichtsordnung. Keyser Conrads deß Dritten Ordnung und sonderbare Gesatze des Keyserlichen Hoffgerichts zu Rotweil, Rottweil 1914 (Jahresgabe des Geschichts- und Altertumsvereins Rottweil; 26).

Steinhauser, August, Das Rottweiler Hofgericht im Bilde. Zur Erinnerung an die am 17. April 1940 gefällte letzte Hofgerichtslinde, Rottweil 1940 (Jahresgabe des Geschichts- und Altertumsvereins Rottweil; 47).

Thudichum, Friedrich von, Geschichte der Reichsstadt Rottweil und des Kaiserlichen Hofgerichts daselbst, Tübingen 1911.

Württembergische Landesbibliothek Stuttgart (Hrsg.), Die Rottweiler Hofgerichtsordnung um 1430. Porträt einer Handschrift, Stuttgart 1981.

Wurst, Wilfried A., Das Kaiserliche Hofgericht zu Rottweil, Rottweil 1977 (Geschichte der Stadt Rottweil; 8).

Von Carsten Kohlmann   **1434: Bulla aurea rotuvillensis: Rechte und Pflichten einer Reichsstadt**

Abb. 113:
„Goldene Bulle" Kaiser Sigismunds zur Bestätigung der Privilegien und Rechte der Reichsstadt Rottweil
© Stadtarchiv Rottweil B1/
Sigismund Nr. 1 vom 2. März 1434

Transkription

01 Wir Sigmund von Gotes genaden romischer keÿser tzu allen czeiten merer des reÿchs und tzů Hungern tzu Beheim Dalmatien
02 Croatien etc. kunig etc. Bekennen und tůn kunt offenbar mit disem brieff allen die in sehen oder horen lesen. Das wir durch solicher getruer und nutzlicher dinste und eren willen die uns und dem reiche der schult-
03 heis burgermeister rate und die burgere gemeynlichen der statt zu Rotwil unser und des reichs lieben getruwen offt nutzlich und unverdrossenlich getan haben und noch tůn sollen und mogen in kinfftigen tzeiten dor-
04 umb haben wir sii mit wolbedachtem můte rate unserer und des reichs fursten und lieben getruwen gefreÿget und begnadet freÿen und begnaden sii mit krafft diß briefs. Also das sii niemand furbas mere
05 ewiclich wer er seÿ und in redlichen eren und wirden er auch seÿ die egenanten burgere mitteinander oder deheinen besunder er seÿ man oder wÿp und ir hindersessen und in tzu versprechen steen furtriben vordern an-
06 sprechen beclagen bekuem(m)ern urteilen oder echten solle oder moge fur unser keÿserlich hoffgericht oder an andern landtgerichten oder gerichten wo die ligen gelegen und wie die genant sein sonder wer den egenanten bur-
07 gern allen ir einem oder mere er seÿ man oder wip oder iren hindersessen tzů sprechen tzů clagen oder vordrung hat oder gewun(n)et der sol das tun vor dem schultheisen und den richtern daselbst tzů Rotwÿl und recht
08 da von in nehmen und sich des lassen benugen und nÿtt anderswo es were dann das dem cleger oder clegerin kuntlich und offenlich recht versagt wurde von den egenanten schultheisen und richtern tzů Rotwil.
09 Ouch wollen wir von besundern gnaden das dieselben burgere offen echter mogen husen und hofen und ouch all gemeinschafft mit in haben also wer das ymand derselben ehter einen oder tzwen vil oder wenig
10 in irer statt tzů Rotwil anfallet dem sol man ein unvertzogen recht tůn nach derselben statt recht und ge- wonheit und als offt sii in die egenanten statt koment und wider daruß das sii nÿmand anspricht
11 mit den rechten das sol den vorgenanten burgern gemeinlich noch in sonders keinen schaden brengen von der gemeinschafft wegen. Ouch haben wie dieselben burger und statt tzů Rotwil furbaß begnadet
12 und gefreÿet also das sii unser hofgericht das unser vorfarn romische keÿser und kůnige tzů in gen Rotwil gelegt haben vor vil jaren und langen tzeiten das dasselb unser hofgericht mit seiner tzůgehorunge by in
13 tzů Rotwil allweg beliben sol. Und ouch das sii dasselb unser hofgericht in solichen eren und wirden halden sollen mit urteiln tzůsprechen mit rittern und richtern und mit allen puncten und artickeln als
14 das von alter herkomen ist. Ouch meinen und wollen wir ob das wer das ÿmand wer der were die egenanten burgere gemeinlich oder ir dhein besonder oder ir hindersessen und die in tzuversprechen
15 sten uf dhein ander gericht usserthalb ir statt Rotwil bide bekumberte oder echte das dann dieselb ladunge vordrung urteil und ouch die echte gentzlich tod und absin solle und in allen noch irer deheinen besonder
16 kein schade sin solle in dehein weg. Ouch wellen wir von besundern gnaden das die vorgenanten burgere in irer statt Rotwil setzen und ensetzen mugen alles das sii erkennen und getruwend das
17 ir statt tzů irer notdurfft nutzlich und gut seyen on meniclichs widerrede. Und confirmiren und bestetigen in ouch damitt ir czolle und ir ungelt als siii die vil tzite inne herbracht und gehabt haben. Das
18 sii dabii nit fůrbaß mere ewiclich beliben sollen on allermeniclichs irrung und widerrede. Ouch wollen wir als die vorgenanten von Rotwil ydes jares einen jarmarckt haben off des heiligen crůtz tage
19 als es erhebet ward. Das sii dortzů noch einen jarmarckt ÿedes jares haben sollen uff sant Georien tag. Und dortzů so bestetigen wir in alle die brieve und hantvesten recht freÿheite gnade und gut
20 gewonheite so die egenanten von Rotwil von unsern vorfarn romischen keÿsern und kunigen seliger gedechtnůß untz her innen und herbracht haben. Das sii und ir nachkomen dabey ewiclich beleiben

5 RECHT UND RECHTSPRECHUNG

21 so(e)llen on allermeniclichs irrung ungeverlich. Wir wollen und setzen ouch beÿ unsern keÿserlichen gebotte das nÿmand wer der seÿe geistlich oder weltlich der wider diese unser gnade frÿheit und

22 bestetigung ymer tů oder schaff getun wellen. Wenn wer dawider also tut der oder die sollen in unser und ouch des reichs ungnade und dortzů emer rechten pene finfftzig marck lotiges goldes

23 verfallen sein als offt der darwider tůt halb in unser und des reichs cam(m)er. Und das ander halb tail der vorgenanten statt on underlaß verallen sollen. Mit urkund diß brieffs versigelt

24 mit unserer keÿserlichen maiestat guldinen bullen. Geben tzů Basel nach Crists geburt viertzehenhundert jar und dernach in dem vierundrissigsten jare am nechsten Dinstage

25 nach dem Sunnentag Oculi mei in der vasten unserr reiche des hungrischen etc. im sybenundviertzigsten des romischen des beheimischen im viertzeh-

26 enden und des keysertumbs im ersten jare.

Kanzleivermerk unten rechts:
Ad mandatum domini imperatoris[131]
Caspar Sligk miles cancellarius[132]

Welche Bilder werden wachgerufen, wenn man im 21. Jahrhundert seine Zeitgenossen auf das Mittelalter anspricht? Im historischen Gedächtnis sind vor allem die „Burgen" und die „Ritter" haften geblieben, haben sich doch viele bauliche Zeugnisse aus dem Mittelalter bis zur Gegenwart erhalten, wenn auch oft nur als Ruinen, die aber ihre beherrschenden, wahrzeichenartigen Positionen in der Landschaft bis heute behalten haben.

Von ähnlich langer Dauer sind die „Kreuzzüge" und die „Pest" in der allgemeinen Erinnerung an das Mittelalter. Geprägt wird das heutige Bild dieser Epoche auch von zahlreichen „Mittelalter-Märkten", die ein großes Publikum aus allen Generationen anziehen und eine anschauliche Vorstellung vom damaligen Leben und Treiben vermitteln. Meistens werden sie vor der Kulisse als „mittelalterlich" angesehener Städte veranstaltet, die mit ihren alten Kirchen, Häusern, Mauern und Türmen ebenfalls in den Kreis dieser Bilder ins historische Gedächtnis gehören.

Ein Bild von ähnlich stark nachwirkender Kraft ist der Anfang der Schriftlichkeit in dieser Epoche. Von Hand geschriebene Bücher mit kostbar gemalten Bildern und von Hand geschriebene Urkunden aus Pergament mit repräsentativen Siegeln besitzen als Zeugen dieser Epoche ebenfalls einen hohen Bekanntheitsgrad. Das Urkundenwesen ist als Rechtsmittel außerdem bis zur Gegenwart vorhanden. Wichtige Rechtsgeschäfte werden auch heute noch in recht ähnlicher Form wie im Mittelalter beurkundet – und zu Geburtstagen oder anderen Jubiläen im ganz persönlichen Lebensbereich werden bis heute Urkunden überreicht, die mittelalterlichen Vorbildern nachempfunden sind. Eine ähnliche „Erfolgsgeschichte" haben die im Mittelalter entstandenen Wappen, heute oft in „Logos" verwandelt wie zum Beispiel das Wappen der Stadt Rottweil.

Eine der wertvollsten und zentralsten Urkunden, die das Stadtarchiv Rottweil in seinen Beständen verwahrt, ist eine Bestätigung der Freiheiten und Privilegien der ehemaligen Reichsstadt durch Kaiser Sig(is)mund vom 2. März 1434. Sie wird als „bulla aurea rotuvillensis" bezeichnet, als „Goldene Bulle von Rottweil", benannt nach dem wertvollen Goldsiegel des ausstellenden Kaisers, das die hochrangige Bedeutung des Rechtsvorganges in dieser Urkunde kennzeichnet. Die Bestätigung der Freiheiten und Privilegien der Reichsstadt hat sich in ihrer Geschichte nach der Wahl eines neuen Kaisers

---

131 Bearbeitungsvermerk: Die Urkunde wurde auf Befehl des Kaisers zur Absendung ausgefertigt.
132 Ritter und Kanzler (Leiter der kaiserlichen Kanzlei).

und Königs im Heiligen Römischen Reich Deutscher Nation regelmäßig wiederholt. Die erste derartige Urkunde ist im „Rottweiler Urkundenbuch" aus dem Jahr 1299 belegt.

Die „Goldene Bulle" von Kaiser Sig(is)mund blieb der Stadt Rottweil als „Zimelie" (Kleinod) bis heute erhalten. „Die Prachturkunde mit dem goldenen Majestätssiegel wurde in der Reichsstadt stets besonders in Ehren gehalten und als maßgebliche Zusammenfassung der Rechte und Privilegien der Stadt verstanden." (Winfried Hecht). Mit Kaiser Sig(is)mund war die aufstrebende Reichsstadt persönlich eng verbunden: Er hat sie 1418 und 1431 zweimal besucht und war mit ihr daher aus eigenem Erleben vertraut. Eine auffällig große Zahl von Urkunden aus seiner Regierungszeit bezeugt, dass er Rottweil offenbar besonders wohl gesonnen war – und der Reichsstadt sogar das Privileg bewilligt haben soll, wie Augsburg und Konstanz mit „Pauken und Trompeten" aufzutreten.

Während das Heilige Römische Reich Deutscher Nation den meisten Zeitgenossen im 21. Jahrhundert nicht mehr viel sagt, obwohl es fast ein Jahrtausend europäische und deutsche Geschichte prägt, sind die ehemaligen Reichsstädte als Besonderheit dieser Epoche bis heute allgemein bekannt geblieben. Ihre herausgehobene „reichsunmittelbare" Position hat der „Reichspublizist" Karl Friedrich von Moser-Filseck (1723 – 1798) prägnant beschrieben:

„Eine Reichs-Statt ist eine Statt, welche keinen Reichs-Stand zum Landesherren hat, sondern unmittelbar unter dem Keyser und Reich stehet, lediglich durch ihren Magistrat regiret wird, auch auf Reichstägen Sitz und Stimme hat."

Im Lauf der Zeit haben sich über 100 Städte kürzere oder längere Zeit als Reichsstädte bezeichnet, verloren diesen Status aber auch teilweise wieder. Im 16./17. Jahrhundert nahm ihre Zahl auf 51 ab, von denen 45 am Ende des Heiligen Römischen Reiches Deutscher Nation 1803ff. von größeren Territorien mediatisiert wurden. Für die örtliche Identität ist der „Reichsstadtstolz" bis heute sehr bedeutsam, auch in Rottweil, dessen Kernstadt bis heute größtenteils das Gesicht dieser Epoche zeigt.

Die Gründung von Städten und Märkten war im 12./13. Jahrhundert ein zentrales Mittel zum Aufbau politischer, militärischer und wirtschaftlicher Macht. Bis zum Ende des Mittelalters waren im Heiligen Römischen Reich Deutscher Nation etwa 3.000 Städte entstanden. In Südwestdeutschland gründeten insbesondere die Herzöge von Staufen zahlreiche Städte, die im Lauf des 13. Jahrhunderts zu Reichsstädten aufstiegen. Der bereits 1095 unter dem Begriff städtische Siedlung („oppidum") charakterisierte Ort Rottweil, die damalige „Mittelstadt", war als Sitz eines Königshofes bereits früh von zentralörtlicher Bedeutung. Offenbar berührte sich hier auch die Herrschaftsbildung der Zähringer (Mittelstadt) und der Staufer (Altstadt).

Die Gründung der (neuen) Königsstadt durch die Herzöge von Staufen, bei denen seit dem Besitz der Kaiser- und Königsmacht im Jahr 1138 Hausgut und Reichsgut kaum zu unterscheiden waren, ist im Zeitraum vom Ende des 12. bis zum Beginn des 13. Jahrhunderts erfolgt, anscheinend ohne formalen Gründungsakt, der jedenfalls urkundlich nicht überliefert ist. In einer Königsstadt war zunächst der König als Inhaber der Reichsvogtei der oberste Richter, der sich vor Ort durch einen „Schultheißen" vertreten ließ. In den jungen Stadtgründungen zeigte die wirtschaftlich aufstrebende Bürgerschaft bald ein starkes Bedürfnis nach politischer Selbständigkeit. Sie führte zum einen Ratsverfassungen ein und bemühte sich andererseits, nach und nach die königlichen Rechte übernehmen zu können. In Rottweil werden Schultheiß, Bürgermeister und Rat seit 1290 in der urkundlichen Überlieferung erwähnt.

Die zeitweilige Überlassung der Reichsvogtei („Birse") durch Herzog Konrad IV. („Konradin") von Schwaben (1252 – 1268) an Herzog Ludwig von Teck († 1283) hätte im späten 13. Jahrhundert beinahe zur vollständigen Eingliederung der Stadt Rottweil in dessen Territorium geführt, die dann eine „landsässige" Stadt wie Dornhan, Oberndorf, Rosenfeld oder Schiltach geworden wäre. Der Rückerwerb der Reichsvogtei durch König Rudolf von Habsburg (1273 – 1291) für das Reich in der Mitte der 1270er-Jahre gilt deshalb zu Recht als „wichtigste

5 RECHT UND RECHTSPRECHUNG

Urkunde der Rottweiler Geschichte" (Eugen Mack), da sie der Bürgerschaft wieder die Möglichkeit eröffnete, die Entwicklung zur Reichsstadt fortsetzen zu können, die sich mit der Erteilung von königlichen Privilegien und dem Erwerb von königlichen Rechten bis zum Beginn des 15. Jahrhunderts erstrecken sollte. Die Bürgerschaft ging dabei insbesondere gegen die Verpfändung von Rechten vor, die für ihr Streben nach Selbständigkeit immer wieder eine Gefahr war.

Der bedeutungsvolle Auftakt der Entwicklung von der Königsstadt zur Reichsstadt war im Jahr 1299 ein Privileg von König Albrecht, der seinen Schultheißen (Richter) und die Bürgerschaft von auswärtigen Gerichten befreite und der Stadt mit der eigenen Rechtsprechung eines der wichtigsten Hoheitsrechte verlieh. 1438 erwirkte die Stadt ein Privileg gegen weitere Verpfändungen. 1355 konnte sie die Zoll- und Münzrechte und wohl auch die damit verbundene Münzstätte von den Grafen von Hohenberg erwerben. 1401 gelang es ihr endlich, das Schultheißenamt und die mit ihm vermutlich verbundene Hochgerichtsbarkeit über Leben und Tod („Blutbann") zu erhalten. 1415 kam das jahrzehntelange Streben nach immer größerer Selbständigkeit mit der Übernahme des „Pürschgerichtes" zu einem Abschluss.

Die „Goldene Bulle" von Kaiser Sigismund vom 2. März 1434 stellt vor diesem Hintergrund eine Bestätigung der Erfolgsgeschichte der Reichsstadt Rottweil dar:

- Befreiung der Bürger vom Kaiserlichen Hofgericht in Rottweil, anderen Landgerichten sowie allen anderen Gerichten aller Art
- Zuständigkeit des Schultheißen und der Richter in Rottweil für alle Rechtssachen
- Recht zur Aufnahme und zur Beschützung von mit der Acht belegten Personen
- Bestätigung von Rottweil als Sitz des Kaiserlichen Hofgerichts
- Ungültigkeit der Vorladungen vor andere Gerichte, auch von Urteilen und Ächtungen
- Bestätigung zur Regelung der eigenen Rechtsangelegenheiten, insbesondere der Erhebung von Zoll und Umgeld

Abb. 114: Wappenscheibe von 1544 © Städtische Museen Rottweil

- Bestätigung des Jahrmarktes an Heilig Kreuz (14. September) und eines zusätzlichen Jahrmarktes an Sankt Georg (23. April)
- Wiederholung der Bestätigung aller zuvor erteilten Privilegien und Rechte

Das äußere Symbol der Reichsstadt war ihr Stadtwappen mit dem Reichsadler. Ein Siegelstock („Typar") mit einem Adlersymbol ist bereits aus der Mitte des 13. Jahrhunderts überliefert. In der Reichsstadtzeit wurden immer wieder Darstellungen des Stadtwappens geschaffen. Die römisch-katholische Reichsstadt verzierte den Reichsadler – ein Bezug auf das Patrozinium der Pfarrkirche Heilig Kreuz – zusätzlich mit dem Passionskreuz.

Weitere Rechte, die eine Reichsstadt wahrnehmen konnte, waren das Befestigungs-, Bündnis- und Fehderecht. Von allen diesen Rechten machte Rottweil ausgiebig Gebrauch. Die Reichsstadt legte eine umfangreiche Stadtbefestigung mit zahlreichen Toren und Türmen an, schloss zahlreiche Bündnisse, insbesondere 1463 als „zugewandter Ort" ein seit 1519 als „Ewiger Bund" berühmtes Bündnis mit der Eidgenossenschaft und führte im Spätmittelalter über zwanzig Fehden mit Nachbarterritorien.

Außerdem hatten Reichsstädte das Recht zum Aufbau eines eigenen Territoriums. Auch hier agierte Rottweil mit großem Erfolg und hatte schließlich eines der größten Landgebiete einer südwestdeutschen Reichsstadt. Einmal lief Rottweil Gefahr, der Bestätigung seiner Privilegien und Rechte verlustig zu gehen, als Kaiser Karl V. (1519–1556) auf dem Reichstag des Jahres 1522 in Nürnberg ihre routinemäßige Erneuerung verweigerte, nachdem sich die Reichsstadt an der Seite der Eidgenossen am 27. April 1522 an der Schlacht von Bicocca gegen das Reichsoberhaupt beteiligt hatte.

Neben Privilegien und Rechten der Reichsstadt bestanden auch Pflichten gegenüber Kaiser und Reich. In einem auf Gegenseitigkeit beruhenden Schutz- und Treueverständnis waren die Reichsstädte zunächst allgemein zu Rat und Hilfe und zu Herberge verpflichtet. Ganz konkret war dagegen ihre Pflicht zur Bezahlung von Reichssteuern und zum Einsatz im Reichsheer. Das erste Reichssteuerverzeichnis ist aus dem Jahr 1241 erhalten, in dem Rottweil mit 100 Mark veranschlagt war, einem der höchsten Beiträge, was als Beleg für die gute wirtschaftliche Entwicklung der jungen Königsstadt gewertet wird.

Die Höhe von Steuerleistung und Heeresfolge wurde seit dem frühen 15. Jahrhundert auf den Reichstagen in der sogenannten „Reichsmatrikel" festgelegt. Für ihren Beitrag zu den Reichsfinanzen forderten die Reichsstädte bereits seit dem 13. Jahrhundert die Reichsstandschaft zur Beteiligung an der Reichspolitik auf dem Reichstag ein. Seit 1495 wurden sie regelmäßig zu den Reichstagen eingeladen, besaßen aber zunächst nur ein Beratungsrecht („votum consulatitvum"). Der Reichstag gliederte sich seitdem in die Kurfürstenbank, die Fürstenbank und die Städtebank, diese nochmals unterteilt in eine rheinische und in eine schwäbische Städtebank. Die kleinen Reichsstädte ließen sich auf dem Reichstag durch größere Reichsstädte vertreten. Zwischen den Reichstagen stimmten sie ihre Politik auf Städtetagen ab und fanden dabei zu bemerkenswerter Geschlossenheit. Der Weg zu einer angemessenen Reichsstandschaft war aber weit, mit einem Entscheidungsrecht („votum decisivum") erst 1582 erreicht und 1648 bestätigt. Indes besaßen die Reichsstädte wie die Reichsprälaten nur zwei Kuriatstimmen und blieben somit ohne vollständige Gleichberechtigung.

Die Reichsstadt Rottweil war auf den Reichstagen immer wieder durch eigene Gesandte vertreten – 1603 auf dem Reichstag von Regensburg zum Beispiel durch den Hofgerichtsassessor Johann Fink, den Syndikus Dr. Johann Baptist Sachs und den Schreiber Melchior Rötlin – und besaß zu dieser Zeit mit dem gebürtigen Rottweiler Hans Ulrich Rebmann einen Geschäftsträger in der Reichshofkanzlei in Prag.

Quellen

Lünig, Reichsarchiv 14, 372.

Neue Mitteilungen des archäologischen Vereins Rottweil 1870, S. 32–35.

Günter, Heinrich: Urkundenbuch der Stadt Rottweil. Erster Band, Stuttgart 1896, S. 412 Nr. 977 (Württembergische Geschichtsquellen ; 3).

Regesta Imperii XI. Die Urkunden Kaiser Sigmunds (1410–1437). Verzeichnet von Wilhelm Altmann. II. Band (1424–1437). Nachträge und Register zu Bd. I und II, Innsbruck 1897–1900, S. 278 (Nr. 10144). – RI XI,2 n. 10114, in: Regesta Imperii Online, URI: http://www.regesta-imperii.de/id/1434-03-02_3_0_11_2_0_4313_10114 (Abgerufen am 01.11.2020).

5 RECHT UND RECHTSPRECHUNG

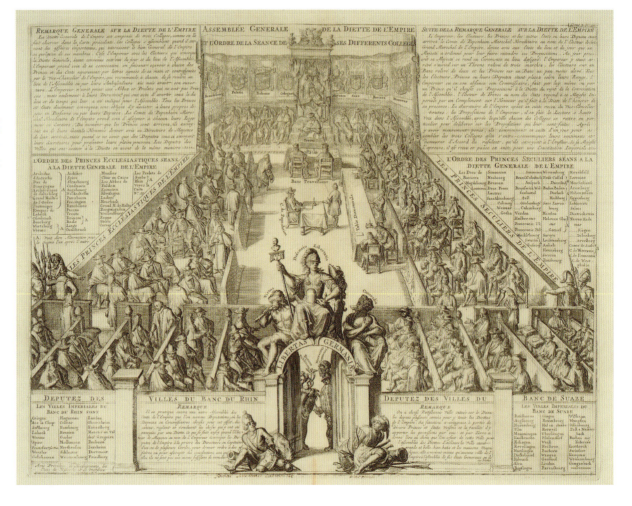

Abb. 115:
Der Reichstag auf einem Kupferstich von Henri Chatelain (1684–1743) aus dem „Assemblée generale de la diette de l'empire et l'ordre de la seance de ses differents colleges" (Amsterdam, 1705–1739). Auf der rechten Seite ist die „Schwäbische Städtebank" zu sehen. In der Aufzählung der Mitglieder wird auch Rottweil genannt
© Carsten Kohlmann

📖

Bühner, Peter, Die Freien und Reichsstädte des Heiligen Römischen Reiches. Kleines Repertorium, Petersberg 2019 (Schriftenreihe der Friedrich-Christian-Lesser-Stiftung ; 38), S. 136–139.

Eitel, Peter, Reichsstädte. In: HRG IV. Protonotarius Apostolicus – Strafprozessordnung, Berlin 1990, Sp. 754–760.

Hecht, Winfried, Rottweil. In: Handbuch der baden-württembergischen Geschichte. Zweiter Band. Die Territorien im Alten Reich. Im Auftrag der Kommission für geschichtliche Landeskunde in Baden-Württemberg, hrsg. von Meinrad Schaab und Hansmartin Schwarzmaier, Stuttgart 1995, S. 704–710.

Ders., Rottweil 1643–1802. Die späte Reichsstadtzeit, Rottweil 1999.

Ders., Rottweil 1529–1643. Von der konfessionellen Spaltung zur Katastrophe im 30jährigen Krieg, Rottweil 2002.

Ders., Rottweil ca. 1340–1529. Im Herbst des Mittelalters, Rottweil 2005.

Ders., Rottweil 771–ca. 1340. Von „rotuvilla" zur Reichsstadt, Rottweil 2007.

Harter Hans, Die Grundlagen Rottweils im Hochmittelalter: Forschungs- und Lösungsansätze, in: ZWLG 80 (2021), S. 405–423.

Ruckgaber, Heinrich, Geschichte der Frei- und Reichsstadt Rottweil, Rottweil am Neckar 1835.

Sayn-Wittgenstein, Franz zu, Reichsstädte. Patrizisches Leben von Bern bis Lübeck, München 1965.

Ein dunkles Kapitel – Hexenprozesse in Rottweil

Von Cornelia Votteler

Theophrastus Bombastus von Hohenheim, genannt Paracelsus, erwähnt 1525 während seines Aufenthaltes in Rottweil eine Hexe, „die gefenglich ist eingezogen gewesen" und 1528 wird von „*Ursula Margaretha Wolfflins von Augspurg Dochter und Margaretha Wolfflins von Ausgpurg muotter selber Urgicht*" berichtet – Hinweise auf den sich langsam manifestierenden Hexenglauben in Rottweil.

Um 1540 wurde in Basel das „*Hexen/Büchlein, das ist ware entdeckung und erklärung oder Declaration fürnämlicher artikel der Zauberey…*" gedruckt. Verfasser war der Rottweiler Magister Johannes Spreter, ein bedeutender Vertreter der neuen Lehre in der Rottweiler und Konstanzer Reformationsgeschichte. 1546 werden vier Frauen zum Feuer verurteilt und hingerichtet, obwohl im erneuerten Rottweiler Stadtrecht des gleichen Jahres noch folgender Passus erscheint: „*Item welche frow die andern schultet […] ein beßwichtin, kindverderberin, kezerin, unholden, unnd was daran hannget… die soll zu rechter bues geben 10 ß h.*"[133]

Bereits während des 15. Jahrhunderts galten die Schweiz sowie die Gegenden am Bodensee und Oberrhein als Zentren bzw. Vorreiter der Entstehung des „Hexenwahns". Rottweil hatte als zugewandter Ort vielfältige Verbindungen zur Eidgenossenschaft im militärischen und wirtschaftlichen Bereich, auch auf juristischem und vor allem intellektuellem Gebiet bestand reger Austausch. So konnte sich der Hexenglaube verbreiten. Wann genau sich der Hexenwahn in Rottweil verfestigt hat, lässt sich nicht mehr nachvollziehen. Das Delikt der Hexerei wird zum ersten Mal in der Urgicht[134] der Catharina Höhnmeyer(in) erwähnt, die am 26. Juli 1561 hingerichtet wird. Von 1560 bis 1580 dürften es fast 30 Hinrichtungen gewesen sein. Ab den 1570er Jahren setzte die Verfolgung in der Reichsstadt verstärkt ein, wobei 1572 elf und 1581 bereits vierzehn Hinrichtungen zu verzeichnen sind. Zwischen 1579 und 1598 starben mindestens 113 Delinquenten auf dem Scheiterhaufen. Im 17. Jahrhundert lassen sich einzelne zeitliche Schwerpunkte bei der Verfolgung feststellen: 1602 wurden zehn, 1604 acht, 1609 sieben, 1616 elf, 1624 acht der Hexerei angeklagte Personen hingerichtet. Den absoluten Höhepunkt der Rottweiler Hexenprozesse stellt das Jahr 1629 mit 20 Hinrichtungen dar. Nach 1631 nehmen die Prozesse rapide ab; dies kann sicher darin begründet sein, dass die Bevölkerung durch Kriegseinwirkungen, Missernten und damit einhergehende Hungersnot und ständige Seuchenläufe drastisch zurückgegangen war.[135]

Zuständig für die Strafprozesse war der Magistrat. Die Prozesse waren Inquisitionsprozesse, einen Ankläger gab es in der Regel nicht, der Rat war untersuchendes und urteilendes Gremium. Verfahren wurden aufgrund von Denunziation und sich häufender Verdachtsmomente eröffnet. Inhaftiert waren die Verdächtigen im Hochturm oder im Roten Turm beim Neutor. Vor der Urteilsfindung wurde der Fall von den Deputierten zur Malefiz[136], den Herren Fünf, untersucht. Dazu wurden die Beschuldigten nach einem festgelegten Fragenkatalog zunächst gütlich befragt, manchmal im Beisein von Geistlichen, die durch Zureden ein Geständnis erwirken sollten. Die Folter mit Daumenschrauben und

---
133 Stadtarchiv Rottweil Bestand C Amtsbücher C 11/1546.
134 Protokolliertes Geständnis nach der Folter.
135 Vgl. Zeck, Mario, „Im Rauch gehn Himmel geschüggt." Hexenverfolgungen in der Reichsstadt Rottweil, Stuttgart 2000, S. 45. Reproduktion der Statistik mit freundlicher Genehmigung von Herrn Dr. Zeck.
136 Das Verhör in Strafsachen durchführende Gremium.

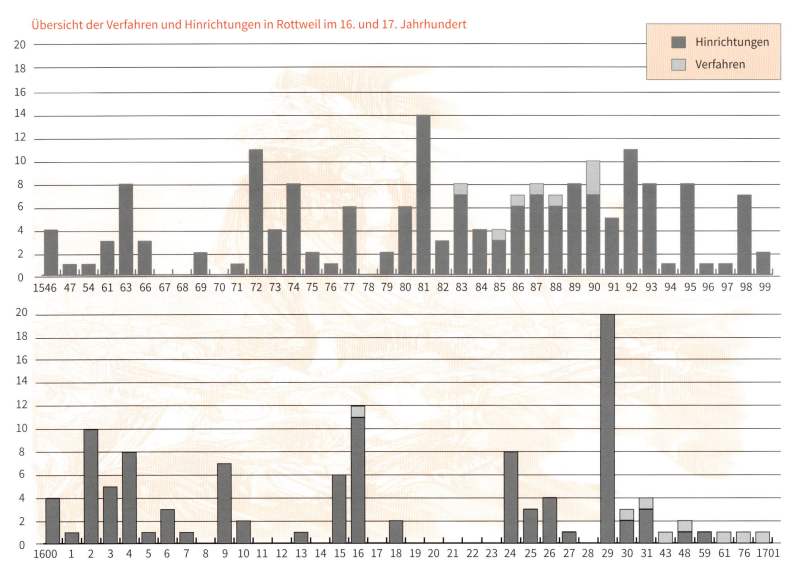

Übersicht der Verfahren und Hinrichtungen in Rottweil im 16. und 17. Jahrhundert

Aufziehen wurde angewandt, wenn die Verdächtigen nicht geständig waren.

Die Ergebnisse der Untersuchung wurden dem Rat vorgelegt, der daraufhin das Urteil fällte. Ziel war neben dem Geständnis der Besagten auch das Aufspüren eventueller weiterer Hexen. In einigen Fällen wurde bei auswärtigen Juristenfakultäten in Freiburg oder Tübingen oder bei örtlichen Rechtsgelehrten juristischer Rat eingeholt. Die Angeklagten hatten kein Anrecht auf einen Verteidiger, es gab keine Revision oder ein anderes Rechtsmittel gegen Entscheidungen des Rates in Strafsachen. Die einzige Möglichkeit, ein bereits gefälltes Urteil abzuändern, war die Hinwendung an den Rat als alleinige Gnadeninstanz – ohne Nachprüfung der Urteile. Gnade wurde nur selten gewährt; wenn, dann meist in Form eines Landesverweises.

Alle klassischen Bestandteile des Hexendeliktes finden sich auch in den Rottweiler Prozessakten: der Teufelspakt, die Teufelsbuhlschaft, der Hexenflug, der Hexentanz, der Schadenszauber, die Tierverwandlungen. Der Teufel erscheint in Gestalt eines Mannes, zuweilen mit Bocks-, Ochsen- oder Kuhfüßen. Meist ist er schwarz, grün, blau oder gelb gekleidet, hat einen Federbusch am Hut und nennt sich *Gräßle, Hämmerle, Hölderlin, schwarzer Caspar, Kreutle oder Kurzwädlin.* In der Gestalt eines Geißbocks nennt er sich *Gräßle Elzebock.* Er besucht die Frauen zu Hause, lauert ihnen im Feld oder am Brunnen auf. Er verleitet sie zu Schadenszauber oder verlangt von ihnen, Tiere oder Menschen „anzublasen", damit sie krank werden oder verenden. Der Geschlechtsverkehr mit den Betroffenen wird als „weder kalt noch warm" geschildert. Die „Hexen" reiten auf gesalbten Stöcken, Besen, Gabeln oder auch auf Hunden und Katzen unter dem Ruf des bösen Feindes „Wohl aus und an, stoß nienen an" zum Tanz auf den Bollershof, dem Höllenstein oder zum benachbarten Heuberg. Ob die Aussagen durch gezielte Fragestellungen erfolgten oder aus den im Volksglauben verankerten Hexenvorstellungen gemacht wurden, lässt sich nur schwer beurteilen. Mitunter kam es zu unglaublichen Fehlern bei den Verhören, die selbst den Protokollanten auffielen. 1595 sagt Anna Kosin von Epfendorf aus, sie habe „*dem Jocken eine Kuh verdorben*"[137], das Protokoll vermerkt daneben: „*Ist nichts, hat keine Kuh gehabt*". Ferner habe sie „*dem Ramsteiner eine schwarze Kuh mit einem Rüthlein geschlagen, und verdorben*". Das Protokoll vermerkt: „*ist ein Falbe Kuh gewesen, nit abgangen.*"

Tief saß die Angst vor den Unholdinnen in der Bevölkerung und der Obrigkeit. 1587 schickte man 200 Bewaffnete zur Festnahme von zwei besagten Frauen in Seedorf aus, was immerhin 90 Gulden an Kosten verursachte.

Der Großteil der Verurteilten stammte aus der Unterschicht oder lebte nur kurz in der Stadt. Fast stereotyp gaben viele an, der „*bös Gaist*" sei gekommen, als sie ganz „*kimmerlich gewest*" waren. Sehr oft wurden die Frauen von ihren Männern betrogen, geschlagen oder sie wurden auf Grund einer körperlichen Beeinträchtigung von ihrer Umgebung beschimpft oder ausgegrenzt.

Die im September 1626 enthauptete und verbrannte Maria Reißer(in) war auf die Almosen der Stadt angewiesen. Den aus solch ärmlichen Verhältnissen stammenden Frauen gibt der „Böse" Geld, wenn sie Gott, Maria und alle Heiligen verleugnen. Doch dieses Geld verwandelt sich rasch in „*tönerne Scherben*". Oft sind jedoch mehrere Anläufe nötig, bis sich die Frauen auf den Verführer einlassen.

Doch nicht alle Beschuldigten kamen aus ärmlichen Verhältnissen. Um das Vermögen der 1583 als Hexe besagten Cordula Müller(in) entbrannte nach ihrer Hinrichtung ein langwährender Streit zwischen den Erben. Selbst vor angesehenen Familien wie den Rötlin oder den Herder machte der Wahn nicht halt. Ebenfalls der Hexerei angeklagt wurde Ursula Denger(in), die aus Stühlingen stammende Witwe des Obervogts Virgil Weyler. Auf ihrer Urgicht sind die beiden Zeilen unter ihrem Namen durchgestrichen, als hätten den Protokollanten bei der Niederschrift Skrupel geplagt: „*weillandt Vergily Weyllers gewesenen Obervogts hinnderlaßenn wittib itzo zue Rottweil.*"[138]

In der ersten Passage des folgenden Protokolls heißt es:

„Bekkenndt und sagt, das ungevahr ihrs behaltens sechs oder siben jahr seye, allß sy mitt ihrn Haußwürdt selig uff ain zeytt … in unfriden gelebt, sich auch ahn beganngner und übertrettner Holdtschafft[139] *Halber ettwas Häfftig bekhimbert, seye der böß gaist sich Hämmerle genandt, in grienner Klaidung mit gaysfüßen in ir Hauß der unndern stuben fragendt erschinnen, warumben sy also thrauerrig und kömmerhäfftig was ihrn anlige, ihme geantwortet, weill sye die Buhlschaft ettwas überwennden, darüber sich will und hafftig bekimmere, dahero komme sy in solches un-*

---

137 Stadtarchiv Rottweil A2/L5 (Criminalia).
138 Ebd.
139 Liebschaft.

5 RECHT UND RECHTSPRECHUNG

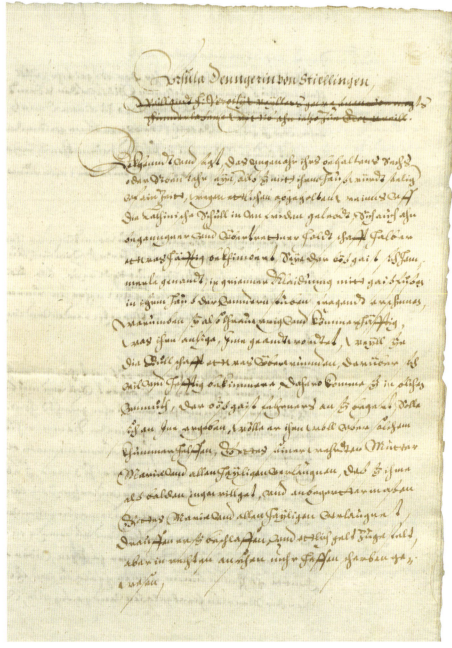

Abb. 116:
Auszug aus dem Verhörprotokoll
© Stadtarchiv Rottweil A2/L5 Fasz. 11 Nr. 4

muth der bös gaist an sy begert, solle sich an ine ergeben, wölle er ihrn woll uber solchen khummer helffen, Gottes seiner werdten Mutter Maria und allen Hayligen verleugnen, daß sy ihme alß balden ingewillget, und anbegerter maßen Gottes, Maria und allen Hayligen verleugnet drauffen er sy beschlaffen und ettlich gelt zugestelt aber in rechten ansehen nuhr Haffen scherben gewesen."

Sie gesteht weiter, bei einem Tanz in der Altstadt gewesen zu sein, *„alda ettlich weibs personen gefunden danntzet und gesprungen, essen und trinkhen uß erhalb salz und brodt*[140] *gnug gehabt…"*. Auf Geheiß des „bös gaist" habe sie sich in eine Katze verwandelt, sei an der Mauer hinauf in die Kammer von Erndlins Frau geklettert und habe über alle Schüsseln im Namen des bösen Geistes geblasen, dass diese *„serbe*[141] *und sterbe"* und sich dann wieder die Mauer hinabgelassen. Die Frau sei auch bald darauf verstorben. Einige Zeit danach sei ihr der böse Geist mit einem Wolf oder Hund erschienen und habe ihr befohlen, sich auf diesen zu setzen, um mit drei oder vier Weibspersonen ungestüm um die *„Metzig"* zu fahren. Im vorigen Jahr seien sie auf einer Gabel zum Bösinger Berg geflogen, wo ebenfalls gegessen und getrunken wurde und sich *„ettlich weibspersonen"* gefunden haben. Als der böse Geist nochmals mit ihr zum Bösinger Berg reiten wollte, habe sie ihm dies abgeschlagen. Darauf habe er sich in einen Hasen verwandelt und sei verschwunden. Aus der Niederschrift wird sichtbar, dass sich solche *„Besuche"* über Jahre hinziehen können.

Das Protokoll endet:
„Urgicht Ursula Denngerin von Stiellinng weylanndt Herrn Vergilii Weyllers gewesenen Obervogt zue Rottweill verlasenen wittib. *Praesentatum in consilio den 4 Septembris Anno 1602…Execution khünfftigen sambstags beschehen. Gott seye der Armen Seel gnedig."*[142]
1593 findet sich im Ratsprotokoll der Stadt folgender Eintrag: *„Donnerstag nach Quasimodo*[143] *anno 93. Herrn*

---

140 Salz und Brot wurden bannende Wirkung nachgesagt.
141 krank werden, siechen.
142 Stadtarchiv Rottweil A2/L5 (Criminalia).
143 29. April 1593.

Obervogt Vergilius Weyler und sein Hausfraw wegen getribner wucherischen Conträcten und Wechßlungen um 25 lb[144] gestrafft worden".[145] Könnte dies einer der Gründe gewesen sein, dass Ursula Denger(in) nach dem Tod ihres Mannes besagt und als Hexe angeklagt wurde?

Als 1701 der letzte Prozess gegen das „Pumpel-Annele" aus Hausen mit Ausweisung aus Stadt und Landschaft endete, hatten in Rottweil 287 Verfahren stattgefunden, von denen sich 53 gegen Männer richteten und 266 mit dem Todesurteil endeten. Nicht alle Delinquenten wurden mit dem Feuer gerichtet. Im Zusammenhang mit Kindsmord wurden Frauen im Neckar ertränkt. Eintragungen in den Stadtrechnungsbüchern belegen, dass auch Kinder in die Prozesse verwickelt waren. War bei den Frauen Hexerei das alleinige Delikt, wobei vereinzelt Unzucht und Ehebruch als strafverschärfende Tatbestände dazukamen, wurde bei den Männern meist der Vorwurf der Zauberei und Magie gepaart mit Delikten wie Unzucht, Bestialität, Diebstahl, Mord usw. Nicht selten erweiterten sich dann die Vorwürfe zum Delikt der Hexerei.

Die Verurteilten stammten zum größten Teil aus den Dörfern des Rottweiler Territoriums und aus anderen Herrschaftsgebieten, nur 61 Delinquenten kamen aus Rottweil und der Altstadt.

Quellen
Stadtarchiv Rottweil A2/L5 Fasz. 11 Nr. 4 (II. Reichsstadt-Archiv)
Stadtarchiv Rottweil C1/RPR 1593 (Ratsprotokoll von 1593)
Stadtarchiv Rottweil C11/1546 (Rechtsbuch von 1546)

Hecht, Winfried, Hexenverfolgungen in Rottweil und der Hexenprozess gegen das Pumpel-Annele im Jahre 1701, in: Rhbll. 36 (1975) Nr. 2.
Ders., Rottweil 1529 bis 1643. Von der konfessionellen Spaltung zur Katastrophe im 30jährigen Krieg, Rottweil 2002.
Langen, Carl von, Beiträge zur Geschichte der Stadt Rottweil am Neckar, Rottweil 1821.
Ruckgaber, Heinrich, Hexenprozesse zu Rottweil am Neckar, in: Die Alterthümer in der Umgebung von Rottweil am Neckar und Beiträge zur Geschichte dieser Stadt. Vierter Jahresbericht des archäologischen Vereins zu Rottweil. Aus den Württembergischen Jahrbüchern 1838, hrsg. von Friedrich von Alberti, Stuttgart 1838.
Votteler, Cornelia, Zu den Rottweiler Hexenprozessen, in: Rhbll. 77 (2016) Nr. 2.
Zeck, Mario, Reichsstadt Rottweil, in: Hexen und Hexenverfolgung im deutschen Südwesten. Aufsatzband, hrsg. von Sönke Lorenz, Ostfildern 1994, S. 381–387. (Volkskundliche Veröffentlichungen des Badischen Landesmuseums Karlsruhe; 2/2).
Ders., „Im Rauch gehn Himmel geschüggt." Hexenverfolgungen in der Reichsstadt Rottweil, Stuttgart 2000.

Abb. 117:
Auszug aus Verhörprotokoll
© Stadtarchiv Rottweil A2/L5 Fasz. 11 Nr. 4

---

144 Wegen Wucherei mit einer Geldstrafe von 25 Pfund belegt (lb Abkürzung für libra = Pfund).
145 Stadtarchiv Rottweil C1/RPR 1593.

Von Tobias Hermann

Der steinige Weg zum neuen Gefängnis

Abb. 118:
Das Rottweiler Gefängnis am Rande der historischen Innenstadt wurde noch zur Zeit des Königreichs Württemberg gebaut
© Stadt Rottweil

Die Vorgeschichte

Rottweil blickt auf eine außergewöhnlich lange Geschichte als Justizstandort zurück. Das Kaiserliche Hofgericht tagte hier vom Mittelalter bis 1784 über ein halbes Jahrtausend lang. In seiner Blütezeit erstreckte sich sein Sprengel von den Vogesen bis zum Thüringer Wald, von Alpenkamm bis nach Köln. Im 19. Jahrhundert wurde diese Tradition unter württembergischer Hoheit fortgesetzt: 1861 ließ der König die Justizvollzugsanstalt, in den Jahren 1908 bis 1910 das Land- und Amtsgerichtsgebäude im repräsentativen Jugendstil errichten. Bis heute ist diese Tradition als Gerichtsstandort Teil der Identität der Stadt, die einen nicht unwesentlichen Teil ihres bürgerlichen Selbstbewusstseins aus der Vergangenheit als ehemalige Reichsstadt schöpft.

In den 1970er Jahren begann man, sich in Rottweil Gedanken über einen neuen Standort für das mittlerweile in die Jahre gekommene Gefängnis zu machen. Nachdem zunächst das Berner Feld in Erwägung gezogen, aber aus Naturschutzgründen bald wieder verworfen worden war, schlug Oberbürgermeister Dr. Ulrich Regelmann (1965–1985) eine Ansiedlung am „Stallberg" südlich der ehemaligen Saline Wilhelmshall vor. Laut den Ratsprotokollen wollte die Stadt vom Land Baden-Württemberg das Salinengelände erwerben, um darauf Gewerbe anzusiedeln. Zur Bedingung hatte das Land jedoch die Ausweisung einer Ersatzfläche für einen möglichen Neubau der Justizvollzugsanstalt gestellt. Zudem betonte Oberbürgermeister Regelmann, dass es im Hinblick auf eine künftige Justizreform notwendig sei, eine neue Vollzugsanstalt zu errichten. „*Da wir an einer Haltung der Gerichte interessiert sind, müssen wir auch an der Haltung eines Gefängnisses interessiert sein.*"[146] Dieses Argument zieht sich wie ein roter Faden durch die Standortdebatte der folgenden 40 Jahre – der Rottweiler Gemeinderat sprach sich dann auch einstimmig bei drei Enthaltungen für das Gelände am „Stallberg" aus, das mit zunächst fünf Hektar in den Flächennutzungsplan aufgenommen wurde. Zum damaligen Zeitpunkt ging man von einer Größe von 100 bis 200 Haftplätzen und einer maximalen Höhe von drei Geschossen aus. Mit einer Realisierung rechnete auf absehbare Zeit übrigens niemand – in der Planung des Landes sei der Neubau einer Vollzugsanstalt „*in den nächsten zehn Jahren nicht enthalten*", zitiert das Protokoll den Oberbürgermeister. Damit behielt er Recht – genau ge-

---

146 Stadtarchiv Rottweil C1/1976, S. 247ff. Ratsprotokoll vom 17. Oktober 1976.

nommen rückte der Neubau der Justizvollzugsanstalt sogar erst gut ein Vierteljahrhundert später wieder in greifbare Nähe.

Ein neues Jahrtausend, ein neuer Anlauf

Alt, klein und unwirtschaftlich: So charakterisierte das sogenannte „Haftplatzentwicklungsprogramm 2015" viele der Anstalten in Baden-Württemberg. Auch die Justizvollzugsanstalt Rottweil mit ihren Außenstellen Villingen-Schwenningen, Hechingen und Oberndorf wurde darin als Problemfall dargestellt. Die Lösung: Durch den Neubau und die Erweiterung bestehender Haftanstalten sollten größere Einheiten entstehen, die wirtschaftlicher betrieben werden konnten. In der Folge sollten dann kleinere Anstalten wie etwa das Rottweiler Gefängnis in der Innenstadt geschlossen werden. So drohte sich in Rottweil eine Entwicklung zu wiederholen, die sich mit der Privatisierung von Post und Bahn oder der Verlagerung des staatlichen Schulamtes von Rottweil nach Donaueschingen seit geraumer Zeit abzeichnete: Der fortschreitende Verlust staatlicher Einrichtungen und damit von wichtigen Arbeitsplätzen in einer Stadt, die traditionell stark durch den öffentlichen Sektor geprägt ist. Vor diesem Hintergrund brachte Rottweils damaliger Oberbürgermeister Thomas J. Engeser (2001–2009) die Flächen am „Stallberg" wieder ins Spiel. 2004 verdoppelte die Stadt Rottweil im Rahmen der Fortschreibung des Flächennutzungsplanes das Sondergebiet „Stallberg" von fünf auf rund zehn Hektar. Im Wettbewerb um die wenigen geplanten Neubauten machte zunächst Offenburg mit einer neuen Anstalt das Rennen. Aber immerhin konnte es Engeser als Erfolg verbuchen, dass der Standort „Stallberg" als zweites und vorerst letztes Neubauvorhaben im Haftplatzentwicklungsprogramm verankert wurde.

Umso größer war im Rottweiler Rathaus die Enttäuschung, als das Land 2008 dem „Stallberg" eine Absage erteilte. Das Land stützte das „Aus" auf ein geologisches Gutachten. Probebohrungen hätten „überdurchschnittliche Risiken" durch Gips im Untergrund ergeben. Die Stadt Rottweil schlug dem Land daraufhin eine Alternative vor: Das Gebiet „Im Esch", nördlich von Rottweil, zwischen der B 14 und der Ruine Neckarburg gelegen.

Das Gefängnis im Strudel des Wahlkampfes

Mit der Absage an den Standort „Stallberg" rückte das Thema Gefängnis schlagartig in den Fokus des beginnenden OB-Wahlkampfes in Rottweil. Zudem stand kurz nach der OB-Wahl auch die Gemeinderatswahl 2009 an. „80 Prozent sind gegen Knast" titelte der „Schwarzwälder Bote" in seiner Lokalausgabe und berief sich auf eine Telefonumfrage unter seinen Lesern.[147] Mit Hinweis auf Ängste in der Bürgerschaft forderte das Blatt eine breite Debatte über das Bauvorhaben und stellte die Notwendigkeit der Neubaupläne in Rottweil sogar gänzlich in Frage. Gegenwind gab es auch aus der Bevölkerung: Rund 100 Bürger drängten sich in den Sitzungssaal des neuen Rathauses, als im März kurz vor der Oberbürgermeisterwahl die Standortsuche nochmals Thema im Gemeinderat war. Wohl auch unter dem Eindruck einer im Rottweiler Gemeinderat noch nie dagewesenen Situation beschlossen Oberbürgermeister und Gemeinderat, dass der Standort „Esch" für eine Justizvollzugsanstalt nicht geeignet sei. Die Bohrergebnisse der laufenden Standortuntersuchung durch das Land lagen bis dahin übrigens noch gar nicht vor.

Oberbürgermeister Engeser half seine Abkehr vom „Esch" wenig: Er verlor im April 2009 im ersten Wahlgang gegen seinen Herausforderer Ralf Broß. Dieser setzte nach Amtsantritt den zweiten Beschluss des Gemeinderats vom März 2009 um, wonach die Stadtverwaltung Rottweil nach weiteren Standorten auf Rottweiler Gemarkung Ausschau halten sollte. Der Suchlauf gestaltete sich allerdings schwierig, denn freie Flächen – etwa in einem Industriegebiet wie in Offenburg – standen in Rottweil nicht zur Verfügung. Am Ende identifizierte die Stadtverwaltung zwei mögliche Standorte bei den Ortschaften Neukirch und Zepfenhan. Am aussichtsreichsten erschien dabei das „Bitzwäldle", ein Gewann, das sich bereits im Besitz des Landes befand und über die B 27 nach Schömberg erschlossen werden konnte.

---

147 Schwarzwälder Bote, „80 Prozent sind gegen Knast", 21. Oktober 2008.

5 RECHT UND RECHTSPRECHUNG

Abb. 119:
Demonstration gegen eine neue JVA in der Nähe der Ortschaften Neukirch und Zepfenhan 2010 im Innenhof des Neuen Rathauses
© Stadt Rottweil

Unmittelbar nach Bekanntgabe der Pläne machte sich in den beiden Ortschaften Empörung breit, die Leserbrief-Spalten in den Zeitungen füllten sich.

Die Angst vor Kriminalität oder der befürchtete Wertverlust der eigenen Immobilie wurden ebenso thematisiert wie der Eingriff in die Natur und der Verlust eines Naherholungsgebiets. Rasch gründete sich eine Bürgerinitiative. Bei einem ersten Demonstrationszug vom Schwarzen Tor in den Innenhof des Neuen Rathauses skandierten rund 800 Menschen „Wir sind die Bürger" und „Wir wollen kein Großgefängnis" – voller Wut und Entsetzen darüber, von „den Rottweilern" vor vermeintlich vollendete Tatsachen gestellt worden zu sein. Die Beteuerung von Oberbürgermeister Ralf Broß, erst am Anfang eines Meinungsbildungsprozesses zu stehen, fruchtete ebenso wenig wie der Versuch, durch eine gemeinsame Sitzung des Gemeinderats mit den Ortschaftsräten oder gar durch die Einberufung eines Vermittlungsausschusses die Wogen zu glätten. Entsprechend verhärtet waren die Fronten bei einer Bürgerversammlung in der Rottweiler Stadthalle im Juli 2010, bei der die Vertreter der Stadtverwaltung und des Landes Baden-Württemberg den Bürgern Rede und Antwort standen. Vor der Stadthalle enthüllte die Bürgerinitiative ein Transparent mit der Aufschrift „25.000 Bäume müssen sterben" – in der Halle wurden Schilder mit Sprüchen wie „Womit stillt Ihr Eure Gier, wir wollen kein Gefängnis hier" hochgehalten. Stadt und Land versuchten mit dem Hinweis auf 250 krisensichere Arbeitsplätze und der Aussicht auf einen modernen und sicheren Strafvollzug dagegenzuhalten. Bis 24 Uhr dauerte die Versammlung mit Frage- und Antwortrunde, ohne dass sich freilich eine Annäherung der Lager abgezeichnet hätte. Der Beobachter des „Schwarzwälder Bote" brachte das Dilemma auf den Punkt „So mancher Lebenstraum zerplatzt" – wer sich bewusst für ein Leben im beschaulichen Idyll entschieden hat und dieses durch den Neubau eines „Monstrums aus Beton" in der Nachbarschaft bedroht sieht, den stimmt auch die Aussicht auf einen Breitbandanschluss oder zusätzliche Arbeitsplätze nicht um.[148]

Der Schwarze Donnerstag und seine Folgen

Wenige Wochen später kam es in Stuttgart zu einem Wendepunkt in der jüngeren Landesgeschichte, der auch entscheidende Auswirkungen auf die JVA-Standortdebatte in Rottweil gehabt haben dürfte: Bei Protesten gegen den Tiefbahnhof Stuttgart 21 ging die Polizei mit einer solchen Härte gegen die Demonstranten vor, dass der 30. September 2010 als „Schwarzer Donnerstag" in Erinnerung blieb. Insbesondere Bündnis90/Die Grünen und ihr Spitzenkandidat Winfried Kretschmann thematisierten den Umgang der Landesregierung mit Bürgerprotesten und versprachen eine „Politik des Gehörtwerdens." Den Rottweiler Teilorten Neukirch und Zepfenhan stellte Kretschmann bei einem Wahlkampftermin einen erneuten Standortsuchlauf in Aussicht, sollte seine Partei Teil der Landesregierung werden. Dann trat ein, was in Baden-Württemberg lange Zeit niemand für möglich gehalten hatte: Bei der Landtagswahl im März 2011 erreichten Grüne und SPD eine Mehrheit, wobei die Grünen sogar knapp vor der SPD lagen. Kretschmann wurde Ministerpräsident. Für Rottweil

---

148 Schwarzwälder Bote: „So mancher Lebenstraum zerplatzt", 7. Juli 2010.

bedeutete dies: Erneuter Start der JVA-Standortsuche, diesmal allerdings unter anderen Vorzeichen. Das Land Baden-Württemberg bekundete unter grün-roter Führung zwar prinzipiell sein Interesse, in Rottweil ein neues Gefängnis bauen zu wollen. Den Suchraum dehnte man aber über die Rottweiler Gemarkung auf ein Dreieck zwischen Rottweil, Tuttlingen und Donaueschingen aus.

„Der Suchlauf fängt bei Null an", betonte der neue Justizminister Rainer Stickelberger bei einer Pressekonferenz im Dezember 2011 im Alten Rathaus, nachdem er zuvor Gespräche mit Befürwortern und Gegnern des Gefängnisneubaus geführt hatte. Gegen den Widerstand der Ortschaftsräte in Neukirch und Zepfenhan beschloss der Rottweiler Gemeinderat im Februar 2012, den Standort „Bitzwäldle" erneut ins Rennen zu schicken. Als Alternative bot man dem Land zudem einen alten Bekannten an: den Standort „Stallberg" – in der Hoffnung, die neue Landesregierung möge die Bedenken der Ministerialbürokratie gegen den Gips im Untergrund zur Seite schieben. Von privater Seite wurde zudem das „Esch" und ein Gelände auf dem Hochwald angeboten – Rottweil war ab diesen Zeitpunkt gleich mit vier Standortalternativen vertreten. Allerdings: Mit Villingen-Schwenningen, Meßstetten und Tuningen traten in der Nachbarschaft Konkurrenten auf den Plan, die über aussichtsreiche Flächen verfügten.

Mit der Überprüfung der Standortvorschläge ließ sich das Land Zeit, erstellte eine umfangreiche Wertungsmatrix und verkündete gut zwei Jahre nach Start des neuen Suchlaufs das Ergebnis: Die Wahl fiel auf ein ehemaliges Fabrikgelände auf der Gemarkung der 3000-Einwohner-Gemeinde Tuningen im Schwarzwald-Baar-Kreis: Gut bebaubarer Untergrund, verkehrsgünstig direkt an der A 81 gelegen, noch dazu ein Konversionsgelände, für das eine Nachnutzung gesucht wurde. Spätestens zu diesem Zeitpunkt war auch Berufsoptimisten in Rottweil klar: Man war aus dem Rennen. Doch dann wiederholte sich, was bereits in Neukirch und Zepfenhan geschehen war: Es formierte sich Widerstand in der Bevölkerung. Letztlich stimmten bei einem Bürgerentscheid rund 57 Prozent der Tuninger gegen das geplante Landesgefängnis, obwohl sich Minister Stickelberger vor Ort persönlich für das Vorhaben eingesetzt und den Dialog mit den Bürgern gesucht hatte.

Eine verwandelte Stadt und eine neue Chance

Mittlerweile war in Rottweil viel passiert: Nach der Gemeinderatswahl 2014 saßen zwar führende Köpfe der Bürgerinitiative gegen das Gefängnis als Vertreter der Grünen mit am Ratstisch. Die Menschen in der Stadt beschäftigten sich aber schon längst nicht mehr mit der Justizvollzugsanstalt, sondern waren wie elektrisiert vom Neubau des 246 Meter hohen Testturms für den Aufzugshersteller thyssenkrupp Elevator. In insgesamt drei Bürgerversammlungen hatten Stadtverwaltung und Unternehmen für das Projekt geworben und mit einer futuristischen Architektur bei vielen Menschen Begeisterung ausgelöst. Als die Landesregierung 2015 – also gut ein Jahr vor der nächsten Landtagswahl – einen letzten Anlauf in Sachen JVA-Standortsuche unternahm, wuchs der Rohbau des Testturms gerade in Windeseile in die Höhe und lockte tausende Baustellenbesucher an.[149]

Bei der Standortsuche konzentrierte sich die Landesregierung letztendlich auf zwei Flächen: Zur Auswahl standen das „Esch" bei Rottweil sowie das Gelände der ehemaligen Zollernalb-Kaserne bei Meßstetten.[150] Die Entscheidung sollte im engen Dialog mit den Gemeinden und den Bürgern erfolgen. Dabei machte die Landesregierung deutlich, dass die Akzeptanz in der Bevölkerung ein entscheidendes Auswahlkriterium sein würde. Die Stadt Rottweil startete daraufhin eine breit angelegte Bürgerbeteiligung. Die städtische Pressestelle rief eine Informations- und Diskussionsplattform unter der Internetadresse www.jvarottweil.de ins Leben. Gegner wie Befürworter konnten hier ihre Argumente austauschen. Sämtliche Artikel der lokalen Presse und Postings in den sozialen Medien zum Thema wurden

---

149 Vgl. den Beitrag „Highest Hopes: Der Turmbau zu Rottweil" von Tobias Hermann in diesem Buch.
150 Eine Fläche bei Villigen-Schwenningen schied bereits im Januar 2015 wegen ungünstiger Bodenverhältnisse aus, der Rottweiler Standort „Hochwald" wurde wegen seiner Nähe zur Wohnbebauung, der Standort „Bitzwäldle" wegen seiner vergleichsweise hohen ökologischen Wertigkeit verworfen. Siehe Pressemitteilung des Landes Baden-Württemberg vom 13. April 2015.

5 RECHT UND RECHTSPRECHUNG

Abb. 120:
Rottweiler Stadträte setzen sich persönlich für den JVA-Neubau ein
© Stadt Rottweil

Abb. 121:
Staatsrätin Gisela Erler bei der Bürgerversammlung im Mai 2015
© Ralf Graner

eingebunden.[151] Beispiellos waren zudem zwei öffentliche Veranstaltungen mit Oberbürgermeister Ralf Broß und Bürgermeister Werner Guhl, die den Bürgern der Nachbargemeinden Dietingen und Villingendorf in ihrem jeweiligen Ort Rede und Antwort standen.

Die Stadt lud zu einem Runden Tisch unter externer Moderation ein, zudem wurde eine weitere Bürgerversammlung anberaumt. „Wir haben durch den Testturm viel gelernt. Wieso nicht eine JVA bauen, die genauso interessant und inspirierend für den öffentlichen Sektor ist, wie der Testturm für das Wirtschaftsleben unserer Stadt?" warb OB Ralf Broß für den Neubau. Justizminister Rainer Stickelberger und die Staatsrätin für Bürgerbeteiligung und Zivilgesellschaft, Gisela Erler, stellten sich in der anschließenden Diskussionsrunde den Fragen der Bürgerschaft. Insbesondere Erler sammelte Pluspunkte. Als ein Landesbeamter die in Rottweil ungeliebte Architektur der Justizvollzugsanstalt Offenburg auch als Vorlage für die Anstalt am „Esch" empfahl, fuhr sie ihm mit den Worten „Einspruch Euer Ehren", in die Parade. Noch sei nichts entschieden, man werde sich nicht im Vorfeld auf eine bestimmte Architektur festlegen. Aktiv wie nie zuvor warben auch die Befürworter unter den Mitgliedern des Gemeinderats für den Standort, etwa mit einem eigenen Stand auf dem Wochenmarkt, mit eigens gefertigten „JVA-Buttons" oder mit Transparenten in der Stadt. Und die gemeinsame Anstrengung aller Befürworter trug Früchte: Noch vor der Sommerpause entschied sich die Landesregierung für Rottweil. Die gute Nachricht erreichte allerdings eine Stadt in tiefer Trauer. Bürgermeister Werner Guhl war kurz zuvor völlig überraschend verstorben. Bis zuletzt hatte er mit großem persönlichem Einsatz für den Standort im „Esch" gekämpft.

---

151 Stadt Rottweil (Hrsg.): Bewerbung für den JVA-Standort Rottweil. Mit einer Dokumentation der städtischen Bürgerbeteiligung, Rottweil, 2015, S. 165.

Rottweils Bürger sagen „Ja"

Mit der Entscheidung der Landesregierung war das Thema aber noch lange nicht durch. Mittlerweile hatte die Bürgerinitiative „Neckarburg ohne Gefängnis" Unterschriften für einen Bürgerentscheid gesammelt und mit rund 2000 Unterstützern knapp das damals gültige Quorum von zehn Prozent der Wahlberechtigten erfüllt.[152] So stand am 20. September 2015 der erste Bürgerentscheid in der Geschichte der Stadt Rottweil an. Zur Vorbereitung bildeten Stadt und Land eine Begleitgruppe, in der sowohl Gegner als auch Befürworter mitwirkten und von der Initiative „Allianz für Beteiligung" moderiert wurde. Außerdem verteilte die Stadt eine Informationsbroschüre an alle Haushalte, in der Pro und Contra dargestellt wurden und zu der sowohl Befürworter wie Gegner Artikel beisteuerten. Das Angebot eines offenen Dialogs dürfte wesentlich zu einer Versachlichung der Debatte beigetragen haben.[153] Bemerkenswert ist auch, dass mit dem Bürgerforum Perspektiven Rottweil eine weitere Initiative auf den Plan trat, die sich für den Bau der neuen Anstalt aussprach. Letztlich stimmten 58,4 Prozent der Wählerinnen und Wähler für das neue Landesgefängnis am „Esch" – 41,6 Prozent dagegen. Die Wahlbeteiligung lag bei 48,5 Prozent, für Bürgerentscheide ein durchaus respektabler Wert. Mit dem Ergebnis hatten außerhalb Rottweils vermutlich die wenigsten Beobachter gerechnet – zu sehr hallten die Proteste gegen das „Bitzwäldle" noch nach.

Maßgeblich zum Erfolg der Befürworter dürfte die Ankündigung eines Architektenwettbewerbs beigetragen haben, den Justizminister Stickelberger im Vorfeld des Bürgerentscheids versprochen hatte: „Moderner, zukunftsorientierter Strafvollzug heißt auch, die Bedürfnisse der Anwohnerinnen und Anwohner ebenso im Blick zu behalten wie die Belange des Naturschutzes und der Landschaftspflege."[154] OB Broß hatte sich bei Stickelberger und Staatsrätin Erler erfolgreich für einen

Abb. 122:
OB Ralf Broß bei der Verkündung des Endergebnisses: 58,4 Prozent der Wähler stimmten mit „Ja"
© Ralf Graner

solchen Wettbewerb stark gemacht, versprach man sich seitens der Stadtverwaltung dadurch doch eine zusätzliche architektonische Qualität und damit eine erhöhte Chance, beim Bürgerentscheid eine Mehrheit für das Neubauvorhaben zu bekommen. Auch nach dem Bürgerentscheid wurden die Menschen weiter einbezogen: Die Begleitgruppe wurde als Beteiligungsgruppe fortgesetzt und bereits im Dezember 2015 fand ein Bürgerworkshop statt, in dem die Teilnehmer ihre Ideen und Anregungen für den Architektenwettbewerb einbringen konnten. Rund 80 Prozent der Anregungen und Wünsche aus der Bürgerschaft sind am Ende in den Auslobungstext eingeflossen.[155] Die Quintessenz aus Bürgerentscheid und

---

152 Bereits im Dezember 2010 hatte Oberbürgermeister Broß erstmals einen Bürgerentscheid ins Spiel gebracht, der im Gemeinderat allerdings auf Ablehnung gestoßen war.
153 Vgl. Broß, Ralf, Die Bürgerbeteiligung zum Neubau der JVA Rottweil, in: Politik mit Bürgern – Politik für Bürger. Praxis und Perspektiven einer neuen Beteiligungskultur, hrsg. von Manuela Glaab, Wiesbaden 2016, S. 289 – 302, hier S. 298.
154 Stadt Rottweil (Hrsg.): Informationsbroschüre zum Bürgerentscheid zum JVA-Standort „Esch" am 20.09.2015, Rottweil 2015, S. 6.
155 So die Bilanz des Moderationsbüro „südlicht", das den Beteiligungsprozess begleitet hatte, in einer gemeinsamen Pressemitteilung mit der Stadt Rottweil und dem Land Baden-Württemberg vom 3. März 2016.

Abb. 123:
Blick von der Aussichtsplattform des Testturms auf die geplante JVA Rottweil im „Esch"
© Obermeyer Gebäudeplanung

Beteiligungsprozess fand sogar Eingang in den Koalitionsvertrag der neuen grün-schwarzen Landesregierung ab 2016: „Beim Neubau der Justizvollzugsanstalt Rottweil wird der Bürgerbeteiligungsprozess fortgesetzt. Moderne JVA-Architektur muss sich bestmöglich in die Landschaft einfügen und sich an den Zielen eines modernen Strafvollzugs orientieren."[156]

2018 stimmte ein Preisgericht, bestehend aus Vertretern von Land, Stadtverwaltung, Gemeinderat und beratenden Mitgliedern der Beteiligungsgruppe einstimmig für den Vorschlag des Architekturbüros Obermeyer Planen + Beraten mit el:ch Landschaftsarchitekten aus München. Das Preisgericht würdigte insbesondere die überzeugende städtebaulich-landschaftliche Einbindung: So wird der Neubau den topografischen Begebenheiten angepasst, erhält begrünte Dachflächen und eine Fassade, die sich an den Felsformationen des Neckartals orientiert. 2020 fixierten Stadt und Land die Eckpunkte der Planung in einem Bebauungsplan und einem begleitenden städtebaulichen Vertrag. 2021 starteten erste Baumaßnahmen zur Erschließung, mit der Fertigstellung und Inbetriebnahme der Anstalt wird frühestens 2026 gerechnet. Es werden dann 50 Jahre nach dem ersten Gemeinderatsbeschluss vergangen sein. Was lange währt, wird endlich gut. Hoffentlich.

Epilog. Vom Preis der Akzeptanz

Die Bürgerbeteiligung und der Bürgerentscheid haben den Konflikt um den neuen Gefängnisstandort deutlich entschärft. Der Verein „Mehr Demokratie" würdigte die Arbeit der Begleitgruppe und den sachorientierten Diskurs der Rottweiler Bürgerschaft im Vorfeld des Bürgerentscheids mit der Verleihung der „Demokratierose 2015". Was für eine Wende nach jahrelanger, streckenweise hochemotional geführter Debatte! Einen derartigen Konflikt zu befrieden ist freilich mühsam und bisweilen kostspielig. Aber gesellschaftliche Akzeptanz hat eben nicht nur ihren Preis, sondern auch ihren Wert. Als der Landesrechnungshof 2018 in einem Sonderbericht Mehrkosten durch die Bürgerbeteiligung kritisierte und der Landesregierung doch allen Ernstes einen erneuten Standortsuchlauf nahelegte, konterte das Finanzministerium mit einer bemerkenswerten Äußerung:

„Die Bürgerwünsche sind wichtig für die Standortfindung gewesen. Das Land steht ausdrücklich dazu, dass Vorschläge und Ideen aus Bürgerbeteiligungsverfahren umgesetzt werden, soweit es sinnvoll und finanzierbar ist. Ferner wird angeregt, dass der Rechnungshof Messkriterien entwickelt, die gesellschaftliche Widerstände besser erfassen können. Eine reine Betrachtung der Baukosten ist nicht mehr zeitgemäß."[157]

Quellen
Stadtarchiv Rottweil C1/1976 (Ratsprotokoll von 1976)
Stadtarchiv Rottweil Zb 8/2008 und 2010 (Schwarzwälder Bote)

Broß, Ralf, Die Bürgerbeteiligung zum Neubau der JVA Rottweil, in: Politik mit Bürgern – Politik für Bürger. Praxis und Perspektiven einer neuen Beteiligungskultur, hrsg. von Manuela Glaab, Wiesbaden 2016, S. 289–302.

---

156 Baden-Württemberg gestalten: Verlässlich. Nachhaltig. Innovativ. Koalitionsvertrag von Bündnis90/ DIE GRÜNEN und CDU Baden-Württemberg, S. 77.
157 Rechnungshof Baden-Württemberg (2018): Sonderbericht geplanter Neubau der Justizvollzugsanstalt Rottweil, S. 37 (Anlage 2: Antwortschreiben des Ministeriums für Finanzen Baden-Württemberg).

6 DEMOKRATIE UND DIKTATUR

Nazis im Himmelreich. Die Napola in Rottweil

Von Rudolf Strasser

Einleitung

„Das Ziel der Nationalpolitischen Erziehungsanstalten war, deutsche Jungen zu erziehen rechtwinklich an Leib und Seele."[158]

Der Verfasser dieser Aussage von 1949 hat zwischenzeitlich wohl verdrängt, wie viele rechte Winkel ein NS-Hakenkreuz hat!

Zwar erfolge die Auswahl und die Aufnahme der Jungen in die Napola ohne Einfluss der NSDAP und ohne Berücksichtigung ihres sozialen, politischen und religiösen Herkommens, doch bekräftigt Brunk Charakter, Körper und Geist, ein Dreigestirn, das noch näher beleuchtet wird, als entscheidend für die Auswahl. Zwar werden Rassegesichtspunkte und Ariernachweis jetzt nicht mehr angeführt, stattdessen ist von der Verantwortung vor Gott und dem Gewissen die Rede. Aber immer noch werden für die Erziehung dreimal die Bedeutung der Gemeinschaft und einmal der Dienst am Volk betont.

Kurzbeschreibung der Napo Rottweil

Im Kreis der Nationalpolitischen Erziehungsanstalten (NAPEA oder NAPOLA) ist die 1936 gegründete Napo Rottweil – wie die Rottweiler sie abkürzen – mit 128 Schülern im Jahr 1937/38 die kleinste, die Napola Naumburg mit 400 Schülern die größte Anstalt. Bereits 1933 werden vom späteren Reichserziehungsminister Bernhard Rust die ersten drei Napolas, die in der Tradition der ehemaligen vormilitärischen preußischen Kadettenanstalten stehen, aus der Taufe gehoben. In Württemberg gründet Kultusminister Mergenthaler in bewusster Konkurrenz zu den konfessionellen Seminaren für den Theologennachwuchs 1934 die Napola Backnang und 1936 die Napo Rottweil, begünstigt durch die jeweils freiwerdende Gebäudenutzung der eben aufgelösten

Abb. 124:
Gebäude der späteren Napo Rottweil vor 1936
© Stadtarchiv Rottweil

---

158 Staatsarchiv Sigmaringen Wü 13 T2 2139/004, S.82f. Eidesstattliche Erklärung von Hermann Brunk vom 23.3.1949.

Lehrerseminare Backnang (evangelisch) und Rottweil (katholisch), hier in der Kaiserstraße am Rand des Himmelreichwäldles. Beide Anstalten entsprechen dem Typ der achtklassigen Internatsschule (Oberschule) mit dem Abschluss der Hochschulreife, wobei beide sich zunächst mit den Klassen sieben bis zwölf auf eine sechsjährige Schulzeit ohne die Eingangsklassen fünf und sechs beschränken. Beide sind als Einrichtungen des Landes Württemberg staatliche Schulen, auch wenn sie schrittweise dem Reichsministerium für Wissenschaft, Erziehung und Volksbildung (REM) untergeordnet werden.

Der Zugang zu den Anstalten steht – vorbehaltlich zwingender Auswahlkriterien (s.u.) – allen gesellschaftlichen Schichten offen. Die Bewerber müssen eine einwöchige Aufnahmeprüfung und eine halbjährige Probezeit erfolgreich bestehen. Beim Schulgeld gilt ein Normalsatz von 1200 RM pro Jahr, der aber nach sozialverträglichen Aspekten gestaffelt von 300 bis 1200 RM die Zugänglichkeit erleichtern soll. Rottweiler Napo-Schüler zahlen im Schnitt 510 RM pro Jahr.

Innere Struktur, Unterricht und Internatsleben sind hierarchisch-militärisch organisiert: Die Klassen- und Stufeneinteilung erfolgt in „Zügen" bzw. „Hundertschaften", die Schüler sind „Jungmannen", die Lehrer „Erzieher", der Klassenlehrer ist „Zugführer". Als „Zugführer vom Dienst" übt jeder Lehrer im Wechsel eine Woche einen besonderen Ordnungsdienst aus und wird dabei von zwei Schülern als „Unterführer vom Dienst" unterstützt. Dem heutigen Klassensprecher entspricht der „Jungmannzugführer", dem Schulsprecher der „Jungmannhundertschaftsführer", wobei diese nicht von den Jungmannen gewählt, sondern vom Anstaltsleiter auf drei Monate bestimmt werden und auch als Stellvertreter des Zugführers bzw. des Hundertschaftsführers Kontroll- und damit Befehlsfunktionen ausüben. Anstaltsleiter wird 1936 mit erst 33 Jahren Dr. Max Hoffmann, der zuvor in der NAPEA Backnang unterrichtet hatte.

Über ein Alleinstellungsmerkmal verfügt die Napo Rotteil ab 1940 mit der Einrichtung eines Fliegerzugs ab dem sechsten Zug (= 10. Klasse), in dem eine Woche pro Monat in die Theorie und Praxis des Segelfliegens in den regionalen Segelflugzentren Klippeneck und Hohenkarpfen in Zusammenarbeit mit dem dortigen Personal eingeführt wird. So soll gezielt für die Luftwaffe Offiziersnachwuchs herangebildet werden.

Als bemerkenswert für die Napo Rottweil wird unter der Überschrift „NAPEA Rottweil wird Vollanstalt" in der örtlichen „NS-Volkszeitung"[159] die vorbildliche Ausstattung der Schule im naturwissenschaftlichen Bereich hervorgehoben. Die jeweils modern ausgestatteten Biologie- und Chemiesäle sind der Stolz der Anstalt.

Die üblichen außerunterrichtlichen Veranstaltungen (Wander- und Skiausfahrten, Auslandsfahrten, lokale und überregionale Sport- und Felddienstwettkämpfe) werden an der Napo Rottweil ergänzt durch Ernteeinsätze im Warthegau 1942, durch verantwortliche Mitorganisation der Kinderlandverschickung aus bombengefährdeten Gebieten und auch durch einen sechswöchigen Einsatz im Bergwerk Blumberg beim Dopperrerzabbau.

Straff paramilitärisch strukturiert ist auch der Tagesablauf im Internatsbetrieb der Napo Rottweil: Auf den Weckdienst durch ein Trompetensignal folgen Frühsport und Morgenappell; anschließend der geschlossene Marsch zum Speisesaal. Nach Frühstück und Morgenlesung beginnt um 7.15 Uhr der Unterricht, der morgens sechs Stunden umfasst. Vor dem Mittagessen findet erneut ein Appell statt, z.B. mit Uniform- und Fingernägelkontrolle. Der Nachmittag wird geprägt durch Arbeitszeit (Hausaufgaben, Putz- und Ordnungsdienste), Werkunterricht, Sport- und Geländeübungen und Vorbereitungen zu Chor- und Theateraufführungen. Nach dem Abendappell um 18.00 Uhr folgt auf das Abendessen eine Freizeit, die meist gemeinsam gestaltet wird. Um 22.00 Uhr wird wieder durch ein Trompetensignal der Zapfenstreich geblasen, wodurch die Nachtruhe allerdings – oft unterbrochen durch Alarme, „Maskenbälle" mit anschließenden Kontrollschikanen – keineswegs gesichert ist.

---

159 Stadtarchiv Rottweil Zb 6a/1938: NS-Volkszeitung vom 1. April 1938.

Das Dreigestirn Charakter–Körper–Geist

In einem am Beispiel der Napo Rottweil hier kurz geschilderten geschlossenen System einer „rechtwinklich" geprägten „Gemeinschaftserziehung" – um das Eingangszitat wieder aufzugreifen – gilt es, wie Kultusminister Mergenthaler 1934 formuliert, *„durch eine dem Wesen des neuen Staates entsprechende charakterliche, körperliche und geistige Schulung einen Führernachwuchs für verantwortliche Mitarbeit in Staat, Wirtschaft und Heer heranzubilden."*[160] Die „rechtwinkliche" Aussage entstammt einer eidesstattlichen Erklärung vom 23. März 1949 im Spruchkammerverfahren gegen August Heißmeyer, SS-Obergruppenführer und im REM zuständig für die Napolas. Verfasser dieser Erklärung ist Hermann Brunk, stellvertretender Inspekteur der Napolas. Diese werden als Ausleseschulen bezeichnet – für die kurze Dauer ihrer Existenz und für ihre noch aufzuzeigende Wirksamkeit erscheint der Begriff Eliteschule zu anspruchsvoll.

Genauso unbesehen wird in dieser Erklärung das überkommene und in diesem Zusammenhang häufig angeführte Dreigestirn *Charakter–Körper–Geist* als Auslesekriterium beibehalten, das unter dem Titel „Schülerauslese an höheren Schulen" als Erlass des REM vom 27. März 1935[161] Anforderungen und Ausschlussmerkmale verbindlich festlegt auf Basis einer körperlichen, charakterlichen, geistigen und völkischen Auslese (Ariernachweis als conditio sine qua non).

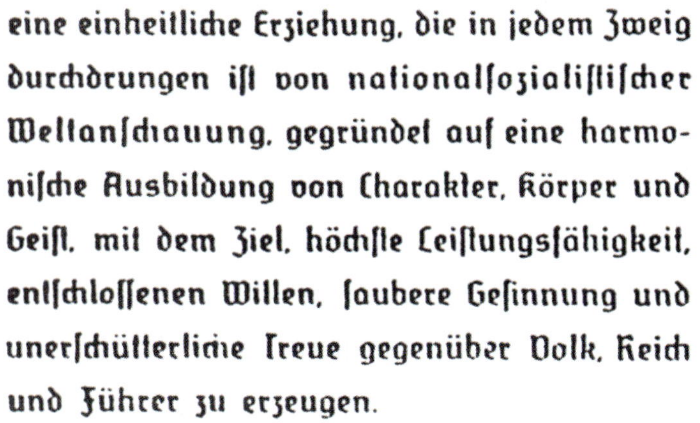

> eine einheitliche Erziehung, die in jedem Zweig durchdrungen ist von nationalsozialistischer Weltanschauung, gegründet auf eine harmonische Ausbildung von Charakter, Körper und Geist, mit dem Ziel, höchste Leistungsfähigkeit, entschlossenen Willen, saubere Gesinnung und unerschütterliche Treue gegenüber Volk, Reich und Führer zu erzeugen.

Die Gewichtung innerhalb des Dreigestirns liegt auf der vollen Bewertung körperlicher und charakterlicher Fähigkeiten, wobei hervorragende Führereigenschaften besonders wohlwollend und bei Mängeln z.B. im geistigen Bereich auch kompensatorisch zu bewerten sind. Gute geistige Leistungen können dagegen charakterliche Mängel nicht kompensieren.

Auf der örtlichen Ebene der Napo Rottweil verspricht so auch ein aufwendig gestalteter Schulprospekt[162] von 1938 die Leistung der Schule:

Innerhalb des Dreigestirns wird nun in der schulischen Ausbildung in den Höheren Schulen, wozu die Napolas neben dem (humanistischen) Gymnasium und den Oberrealschulen zählen, der geistigen Kompetenz die geringste Wertschätzung zugewiesen. Die grundsätzliche Vorgabe dazu ist bereits in Hitlers „Mein Kampf" vorgesehen: *„Zusammenfassend: Der völkische Staat wird also den allgemeinen wissenschaftlichen Unterricht auf eine gekürzte, das Wesentliche umschließende Form zu bringen haben…Die hierdurch erreichte Kürzung des Lehrplans und der Stundenzahl kommt der Ausbildung des Körpers, des Charakters, der Willens- und Entschlusskraft zugute."*[163]

Die Umgestaltung des Schulunterrichts, welche die Nationalsozialisten ab 1933 durchführen, ist weniger struktureller als inhaltlicher und ideologischer Art. So wird z.B. dem verkürzten Geschichtsunterricht im

Abb. 125:
Schulprospekt Napola © Conradt, Marieluise, 8 Jahrzehnte am Rande des Himmelreichs. Vom Königlich Württembergischen Lehrerseminar zum Staatlichen Aufbaugymnasium des Landes Baden-Württemberg, Rottweil 1993, S. 33f.

---

160 Staatsanzeiger für Württemberg, 3. März 1934.
161 Vgl. Fricke-Finkelburg, Renate, Nationalsozialismus und Schule. Amtliche Erlasse und Richtlinien 1933 – 1945, Opladen 1989, S.93ff.
162 Zit. bei Conradt, Marieluise, 8 Jahrzehnte am Rande des Himmelreichs. Vom Königlich Württembergischen Lehrerseminar zum Staatlichen Aufbaugymnasium des Landes Baden-Württemberg, Rottweil 1993, S. 33f.
163 Hitler, Adolf, Mein Kampf. Eine kritische Edition. Band I und II. Hrsg. von Christian Hartmann u.a., München-Berlin 2016, Band II, S.1072ff.

Lehrplan für die Höheren Schulen das Ziel zugewiesen, „das deutsche Volk in seiner Wesensart und Größe in seinem schicksalhaften Ringen um innere und äußere Selbstbehauptung“ zu zeigen. Und wenn Hitler fordert, *„die gesamte Bildungs- und Erziehungsarbeit des völkischen Staates muss ihre Krönung darin finden, daß sie den Rassesinn und das Rassegefühl instinkt- und verstandesmäßig in Herz und Gehirn der ihr anvertrauten Jugend hineinbrennt.“*[164], so spiegelt sich dies wider in der Verordnung des REM vom 15. Januar 1935, die reichsweit die Einführung von „Rassekunde“ und „Vererbungslehre“ an den Schulen verbindlich festlegt.

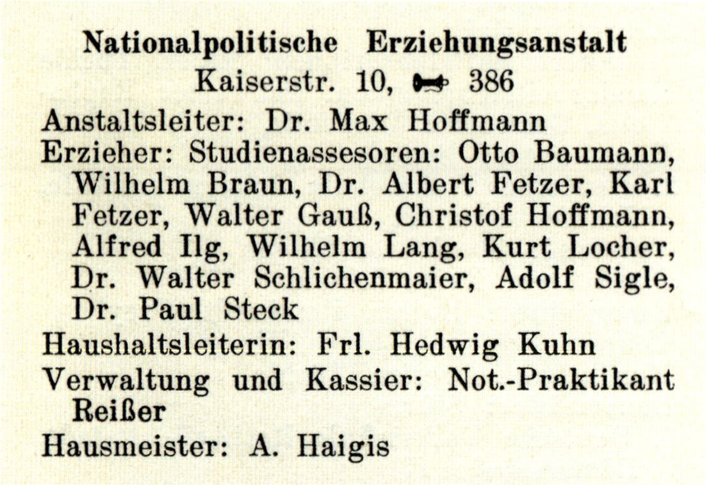

Nationalpolitische Erziehungsanstalt
Kaiserstr. 10, ☎ 386
Anstaltsleiter: Dr. Max Hoffmann
Erzieher: Studienassesoren: Otto Baumann, Wilhelm Braun, Dr. Albert Fetzer, Karl Fetzer, Walter Gauß, Christof Hoffmann, Alfred Ilg, Wilhelm Lang, Kurt Locher, Dr. Walter Schlichenmaier, Adolf Sigle, Dr. Paul Steck
Haushaltsleiterin: Frl. Hedwig Kuhn
Verwaltung und Kassier: Not.-Praktikant Reißer
Hausmeister: A. Haigis

Abb. 126:
Adressbuch von 1936
© Stadtarchiv Rottweil

Auch die 1938 erfolgte Reduzierung der Schulzeit an Höheren Schulen auf acht Jahre bis zum Abitur geht auf Kosten der umfassenderen geistigen Bildung. Zudem verengen die zeitaufwändigen Anforderungen des Internatsbetriebs an der Napo Rottweil, der verstärkte Sportunterricht, die zeitraubenden paramilitärischen Geländespiele und die jährlichen Sondereinsätze in der Landwirtschaft und im Bergbau erheblich den insbesondere für den Oberstufenunterricht zur Verfügung stehenden Zeitrahmen.

Wie auch an der Dietrich-Eckart-Oberschule, die 1938 am anderen Ende des „Himmelreichs“ einen Neubau bezieht, kommt es an der Napo Rottweil kriegsbedingt zu einer weiteren Reduzierung der Schulzeit auf sieben Jahre, damit ein Jahrgang ein Jahr früher an die Front geschickt werden kann. Beim Gästetag am 18. Juni 1942 entlässt Gauleiter Murr den 7. Zug (= 11. Klasse) zur Wehrmacht.

Im NS-Erziehungsideal sind körperliche und charakterliche Schulung vorrangig – und sie bedingen sich gegenseitig. So werden auch bei der Aufnahmeprüfung und in der Probezeit vermeintliche Tugenden wie Mut, Einsatz- und Opferbereitschaft, Entschlussfähigkeit, Kameradschaft u.a. besonders gewichtet. Im Schul- und Internatsbetrieb – verstärkt durch die Uniformpflicht – werden Disziplin, Gehorsam, Ordnung, Sauberkeit u. a. Sekundärtugenden hochgehalten. Sportunterricht – hier besonders auch Kampfsportarten wie Boxen, Fechten, Schießen – und paramilitärische Geländeübungen (wie Gepäck- und Orientierungsmärsche mit Karte und Kompass, Manöver mit Kampfübungen, Schießen) sind bewusster Teil der Gemeinschaftserziehung, sollen Verantwortungsbewusstsein und Führungsfähigkeit schulen und dienen gezielt der Wehrfähigkeit. Zwar ist an der Napo Rottweil die Wiederholung eines Schuljahrs nicht möglich, aber mangelnde geistige Kompetenz kann, salopp gesagt, durch Muskeln und Mut ohne weiteres kompensiert werden.

Zur Schülerschaft

„In diese Schulen holen wir die talentierten Kinder herein, die Kinder unserer breiten Massen, Arbeitersöhne, Bauernsöhne, deren Eltern niemals bezahlen könnten, daß ihre Kinder ein höheres Studium mitmachen können. […] Sie

164 Ebd., Band II, S.1064 Anm. 125; S.1070 Anm. 133 sowie S. 1086f. Anm. 156: So berichtet auch der Napola-Rottweil-Schüler Wagner von der großen Bedeutung Darwins und der Mendelschen Gesetze im Biologieunterricht und ihrer inhaltlichen Verbindung zum Geschichtsunterricht und zur Rassenkunde.

*werden einmal die höchsten Stellen einnehmen. [...]"*¹⁶⁵ Die sozialen Chancen, die eine solche breite Rekrutierung bietet, sind sicherlich mit ein Grund dafür, dass fast alle Aussagen ehemaliger Jungmannen eine recht hohe Zustimmung zu ihrer Schulzeit signalisieren. Bezeichnend ist eine Äußerung eines Altschülers im Rottweiler Napola-Organ „Im Gleichschritt" gegenüber Dr. Hoffmann: *„Lange bevor ich meine Braut kannte, war es mir klar, daß ich später meine Hochzeit in meiner alten Napola feiern wollte.[...] Eines steht fest: meine Buben werden auch wieder Jungmannen werden."*¹⁶⁶ Er kündigt somit noch vor der Zeugung möglicher Söhne mit Überzeugung die Selbstrekrutierung der Anstalt an.

Auch der umfangreiche und durchaus reflektierte autobiographische Bericht Reinhard Wagners kommentiert die Einberufung zur Wehrmacht nach der Napola-Phase bekenntnishaft: *„Sie waren entschlossen, sich zu bewähren, und wenn es sein sollte, zu sterben. ‚Deutschland muss leben, auch wenn wir sterben müssen', das glaubten sie damals wie Tausende anderer Napolaschüler, Adolf-Hitler-Schüler und Hitlerjungen."*¹⁶⁷ Die Attraktivität und die Sogwirkung der Napola in der Rottweiler Schullandschaft werden auch durch Äußerungen des Hitlerjungen Gröper belegt.

Als prominenter Zeitzeuge äußert sich Theo Sommer, Journalist und ZEIT-Herausgeber, in einem Interview zu seinem 90. Geburtstag im Juni 2020: „Ich war noch keine fünfzehn und besuchte die ‚Adolf-Hitler-Schule' in Sonthofen." Auf die Frage „Was lernte man in Sonthofen fürs Leben? Härte? Gehorsam? Durchsetzungsvermögen?", antwortet Sommer: *„Härte gegen sich selbst, durchaus [...]. Gehorsam ja, aber nicht blinder Gehorsam. Im Übrigen: Selbstvertrauen und Selbstbewusstsein..."*¹⁶⁸

Deutlich seltener sind in Literatur und Internet negative Wertungen von NAPOLA-Erlebnissen. Der spätere Literaturkritiker Hellmuth Karasek berichtet über schlechte Erfahrungen bei den sogenannten Mutproben während der Aufnahmeprüfung über den „grauenhaften" Tagesablauf, über die Leiden der Bettnässer, über „völlig hirnlosen Drill" im Frühsport, über Schikanen in der Nacht („Maskenbälle") und bei Spind- und Ordnungskontrollen und über sonstige entehrende Strafen – aber auch über seine grenzenlose Erleichterung, endlich nicht mehr in die NAPOLA zurückkehren zu müssen: *„Was aus mir geworden wäre, wenn Hitler den Krieg gewonnen hätte, ist Gott sei Dank eine hypothetische Frage geblieben."*¹⁶⁹

Doch auch das Scheitern von Bewerbern und Schülern – auch von Söhnen einiger NSDAP-Kreisleiter – an der Napo Rottweil ist keine Ausnahme. Wegen mangelnder Begabung und nicht geeignetem Charakter wird z.B. Wilfried Murr, Sohn des Gauleiters und Reichsstatthalters in Württemberg Wilhelm Murr, aus der Napo Rottweil nach Hause geschickt.¹⁷⁰

Zur Lehrerschaft

Die Rottweiler Anstalt hatte nach Meinung vieler Schüler ausgezeichnete Erzieher und ein Rottweiler Napola-Lehrer schrieb:

*„Der Dienst, den ich antrat, war ungeheuer vielseitig und zeitraubend; aber nie habe ich ein so einheitlich opferbereites Kollegium (von vorwiegend jungen Lehrern) erlebt wie in den ersten Jahren in der NAPEA."*¹⁷¹

Da die Napo Rottweil zunächst der württembergischen Schulverwaltung untersteht und erst 1941 endgültig der Inspektion der NAPEA beim REM in Berlin unterstellt wird, erfolgt die Lehrerzuweisung ausschließlich über

---

165 Hitler vor Borsig-Rüstungsarbeitern 1940. Zit. nach Stadtarchiv Rottweil M4/414 „Gleichschritt", Rundbrief der NAPEA Rottweil, Heft 3, Februar 1941.
166 Zit. nach Moser, Arnulf, Die Napola Reichenau, Konstanz 2014, S.207.
167 Zit. nach Wagner, Reinhard, Mehr sein als scheinen. Vier Jahre Jungmann in der NAPEA Rottweil, Rottweil 1992, S.207.
168 Interview in der Süddeutschen Zeitung vom 11./12. Juni 2020.
169 Interview in der Berliner Zeitung vom 9.1.2005.
170 Wilfried Murr beging 1944 Selbstmord, um einem Kriegsgerichtsverfahren wegen Vergewaltigung zu entgehen.
171 Zit. nach Moser, Napola Reichenau, S.55.

die Kultusverwaltung des Landes bzw. dann des Reiches, also weder über die NSDAP oder deren Gliederungen noch über individuelle Bewerbung. Voraussetzung einer Anstellung an der Anstalt sind ein universitäres Lehramtsstudium, der Abschluss mit zwei Staatsexamina und beste Qualifikationen (v.a. in den Naturwissenschaften). Die jungen Studienassessoren werden nicht befragt sondern zugewiesen, häufig ohne größere Begeisterung, da neben der vollen Lehrverpflichtung die obligatorischen Internatstätigkeiten nicht nur die zeitliche Inanspruchnahme erhöhen. Die Erzieher und der Anstaltsleiter leben auf dem Anstaltsgelände. Sie sind nach mehrjähriger Tätigkeit dann auch für die Übernahme von Schulleiterpositionen im ganzen Land prädestiniert. Mitgliedschaften in NS-Organisationen oder ausdrückliches Bekenntnis zur NS-Ideologie sind anfangs keine Vorgabe, aber mit der „Verreichlichung" 1941 wächst der Druck seitens der Inspektion zum SS-Beitritt.

Während für die Lehrer nach 1945 die sogenannte Entnazifizierung recht glimpflich verläuft, haben dagegen ehemalige Schüler der Napo Rottweil zunächst Schwierigkeiten, an Höheren Schulen aufgenommen zu werden, genauso wie Schüler der Dietrich-Eckart-Oberschule Rottweil, die im Abschlusszeugnis nur einen Reifevermerk ohne Reifeprüfung vorweisen, nicht an den Universitäten zugelassen werden.

Zum Führungspersonal

Nach der bedingungslosen Kapitulation Deutschlands 1945 versuchen die Alliierten unter dem Schlagwort „Entnazifizierung" eine politische Säuberung durchzuziehen, der sich auch das Napola-Führungspersonal unterziehen muss.[172]

Dr. Max Hoffmann (geb. 1903), als OStD Leiter der Napo Rottweil von 1936–1945 und in Personalunion der NAPOLA Reichenau von 1941 bis 1945, weist eine breit gefächerte NS-Mitgliedschaft auf: Seit 1931 in der NSDAP, seit 1933 in der NSV und im NSLB, seit 1933/34 als Scharführer bei der SA, seit 1939 bei der allgemeinen SS und seit 1940 bei der Waffen-SS.

Im Spruchkammerverfahren vom 9. November 1948 werden eben diese vielfältigen Mitgliedschaften als aktivistische Einstellung bewertet. Als erheblich belastend wird seine Tätigkeit in den Napolas gewichtet, insbesondere die ideologische Erziehung der jungen Menschen und damit die wesentliche Förderung der nationalsozialistischen Gewaltherrschaft, so dass er als „Aktivist" und „Belasteter" eingestuft wird.

Doch da er eine freiwillige Teilnahme zur demokratischen Umerziehung nachweisen kann, also demokratische Ideen erkennen lasse, Toleranz gegenüber Andersdenkenden und auch gegenüber christlichen Religionen habe einst walten lassen und sich in der Bewährungszeit (9.11.1948 bis 31.12.1948!) gut geführt habe, wird er nur als „Minderbelasteter" eingestuft.

Diese Bewertungen sowie Sühnemaßnahmen wie die Degradierung zum Studienrat und die Versetzung aus dem Kreis Rottweil werden im Berufungsverfahren vom 1. Februar 1949 aufrechterhalten. In einem letzten Verfahren vom 14. September 1950 wird er dann nur noch als „Mitläufer" eingestuft. Rückstufung und „Vertreibung aus dem Himmelreich" (Versetzung) bleiben aber in Kraft. Allerdings gelingt ihm als 90-Jährigem eine Rückkehr ins „Himmelreich" über die Hintertür, als er zum Festakt anlässlich der Auflösung des Aufbaugymnasiums 1993 von der damaligen Schulleiterin Marieluise Conradt mit Zustimmung des Lehrerkollegiums eingeladen wird – und dann auch noch erscheint.[173]

Insgesamt sehr viel schillernder erscheint auf der Reichsebene der Führungsetage SS-Obergruppenführer August Heißmeyer (1897–1979), der als Inspekteur der Napolas im REM hauptverantwortlich für deren Ausrichtung ist. 1944 ordnet Heißmeyer an, die Napolas im Rahmen des Volkssturms zu bewaffnen und für

---

172 Es gab fünf Kategorien: 1. Kriegsverbrecher, d.h. Hauptschuldige; 2. Belastete (z.B. Aktivisten); 3. Minderbelastete; 4. Mitläufer und 5. Entlastete.

173 Der Verfasser vermutet, dass über diesen Vorgang das Foto Hoffmanns, das erstmals bei Conradt, 8 Jahrzehnte, S. 32 erscheint, dorthin gelangt ist. Laut Telefongespräch vom 22.06.2020 hat Frau Conradt aber kaum mehr Erinnerungen an das Zustandekommen der Schulchronik, noch sind Unterlagen dazu verfügbar. Sie erinnert sich lediglich an die Aussage des AMG-Schulleiters Manfred Waldraff, dass man ihr nur, weil sie ein so unpolitischer Mensch sei, diesen „Streich" verzeihen könne.

Kampfeinsätze bereit zu halten, was bei Kampfeinsätzen der Rottweiler Jungmannen 1945 in Balgheim und im Bregenzer Wald noch Bedeutung erlangen wird. Zudem fördert er den Eintritt ehemaliger Jungmannen in die SS.

Andererseits gibt Heißmeyer im obligatorischen Fragebogen vom 28. Januar 1949 zum Spruchkammerverfahren zu seiner Laufbahn an, dass er dem REM ab 1940 als Inspekteur der Napola im Rang eines Ministerialdirektors zugeordnet gewesen sei.

Wird er in einem ersten Spruchkammerverfahren vom 22. Februar 1949 in Tübingen noch als „Belasteter" mit relativ milden Sühnemaßnahmen (ohne Haft und ohne Geldbuße) belegt, so stuft ihn das Staatskommissariat für Politische Säuberung des Landes Württemberg-Hohenzollern am 4. Mai 1950 als Hauptschuldigen ein, belegt ihn mit verschärften Sühnemaßnahmen (Ausschluss von öffentlichen Ämtern, vom Wahlrecht, von politischer Partizipation, Pensionsverlust) und empfindlicheren Strafen (Internierung für drei Jahre, Vermögenseinzug ab 1500 DM, Berufsverbot). Es findet sich in seiner Akte aber auch – allerdings ohne Datum, Namensnennung und Unterschrift – eine Verfügung des Staatspräsidenten des Landes Württemberg-Hohenzollern, die aufgrund eines Gnadengesuchs Heißmeyers die Vollstreckung der Internierungshaft von drei Jahren gegen eine wöchentliche Meldung beim Bürgermeister von Bebenhausen aussetzt.[174]

Eine dürftige Bilanz

Die Auflösung der Napo Rottweil geht mit dem Einmarsch der Franzosen am 20. April 1945, der Besetzung der Gebäude und einem mehrjährigen Untertauchen von Dr. Hoffmann sang- und klanglos vor sich, allerdings mit zwei fragwürdigen abenteuerlichen Ereignissen: So gelingt es, die Rottweiler „Napobuben" im Alter zwischen 15 und 17 Jahren, die zur Abwehr des französischen Vormarsches im Raum Spaichingen eingesetzt werden und die durch mutwillige Kampfhandlungen die Zerstörung Balgheims riskieren, zu entwaffnen und nach Hause zu schicken.

In den ersten Maitagen kommt es im Bregenzer Wald bei einer Almhütte oberhalb von Schoppenau zur be-

Abb. 127:
Dr. Hoffmann im Kampfanzug
© Schulchronik Conradt

waffneten Auseinandersetzung zwischen französischen Truppen und ca. 30 Napo-Schülern aus Rottweil mit ihrem Betreuer, bei der es auf beiden Seiten Tote und Verwundete gibt. Angeblich sollen die Rottweiler Jungmannen die Waffen in der Hütte einfach vorgefunden haben. Näher liegt die Vermutung, dass die Bewaffnung auf die oben genannte Anordnung Heißmeyers zurückgeht. In beiden Fällen werden die Napo-Schüler wegen ihrer Geländeuniform mit der SS verwechselt.

So wenig die Wertung der beiden fragwürdigen Kampfeinsätze einer kritischen Betrachtung Stand hält, genauso gilt dies auch für eine Valuierung der großen Zielsetzung der Napolas insgesamt: Die Nachwuchsschulung und -rekrutierung für Führungspositionen in Politik, Wirtschaft und Militär. Napolas und Adolf-Hitler-Schulen werden aus Prestigegründen zwar gerne als Elite- oder Ausleseschulen deklariert, doch bringen diese Anstalten zahlenmäßig weder in nennenswertem Ausmaß Führungsnachwuchs hervor, noch sind sie

---

174 Staatsarchiv Sigmaringen Wü 13 T2 2139/004.

in ihren Leistungen besser als andere Oberschulen. Dies gilt allein schon unter dem Gesichtspunkt der Laufzeit dieser Schulen: Im Zeitraum von 1933 bis 1945 mit entsprechend wenigen Abschlussjahrgängen lässt sich eine bereits bestehende Führungsstruktur nicht beeinflussen.

Auch die Wirksamkeit der ideologischen Beeinflussung durch die schulische Erziehung ist zu relativieren: Überwiegend wird in Schüleräußerungen der weltanschaulichen Prägung durch die Anstalten wenig Bedeutung zugesprochen. Zum einen hängt auch die weltanschauliche Indoktrinierung von der Überzeugungskraft des einzelnen Erziehers ab, zum anderen bleiben in den Anstalten auch aus der Wandervogelbewegung kommende pädagogische Momente weiterhin bestimmend oder in Kompromissen erhalten.

Nimmt man z.B. die Mitgliedschaft in der HJ als Gradmesser ideologischer Beeinflussung, so ist festzuhalten, dass in den Napolas diese ja Aufnahmekriterium ist, also bei 100% liegt, die Jungenschulen aber immerhin einen HJ-Anteil von 95% erreichen, dieser Faktor also kein Alleinstellungsmerkmal der Napolas ist.

Die Zahl der Jungenschulen im Reich übersteigt die der NAPEA um das Fünfundsiebzigfache, die Schülerzahlen der Jungenschulen die der NAPEA um das Einhundertachtfache und der Anteil der Abiturienten, aus denen sich der Führungsnachwuchs vor allem rekrutieren soll, an den Jungenschulen beträgt gegenüber den NAPEA etwa das Fünfundsiebzigfache. Auch quantitativ sind so die NAPEA von marginaler Bedeutung.

Die Schülerzahlen der Napo Rottweil nehmen seit 1938/39 mit 148 Schülern kontinuierlich bis auf 100 Schüler im Jahr 1942 ab, sodass für 1943 eine Einführung der Eingangsklassen fünf und sechs geplant wird. Die ab 1941 vorgesehene jährliche Aufstockung der Napolas um zehn neue Anstalten geht in den Jahren 1942 auf vier und 1943 und 1944 auf jeweils nur eine neue zurück. Eine Ausweitung der Nachwuchsproduktion kann also in nennenswertem Ausmaß nicht festgestellt werden. Vom vollmundigen Anspruch, für Volk und

Die Höheren Schulen nach dem Stand vom 25. Mai 1940[175]

Deutsches Reich	Schulen	Klassen	Schülerzahl	HJ/BDM-Mitgliedschaft	Reife-Zeugnis 1939/40	Hauptamtl. Lehrer	Frauenanteil
NAPEAs	23	185	4 933	4 933	623	577	20
Jungenschulen öff. priv.	1 780 63	19 770	538 206 9 312	509 758	45 128	35 123	2 120
Mädchenschulen öff. priv.	619 57	7 509	201 677 7 588	193 793	16 552	12 248	8 287
davon							
Jungen Württemberg	145	1 058	30 284	30 050	1 960	1 615	55
Jungen Baden	70	774	20 634	19 843	1 760	1 517	115
Mädchen Württemberg	26	299	8 111	8 024	549	438	296
Mädchen Baden	12	205	5 805	5 623	630	329	163

175 Statistik zusammengestellt vom Verfasser auf Grundlage des Statistischen Jahrbuches für das Deutsche Reich Band 1941/42.

Reich den Führungsnachwuchs heranzubilden, bleibt gemessen an Quantität und Qualität wenig übrig.

Schluss

Ödön von Horvath lässt 1937 einen Direktor seinen idealistischen Junglehrer mit den Worten zurechtweisen: *„Wir müssen von der Jugend alles fernhalten, was nur in irgendeiner Weise ihre zukünftigen militärischen Fähigkeiten beeinträchtigen könnte – das heißt: wir müssen sie moralisch zum Krieg erziehen. Punkt!"*[176] Da aber die Napolas, ihre Struktur und ihre Erziehungsziele als Unterrichtsstoff in den letzten Jahren immer stärker in den Blickpunkt der Lehrerausbildung gerückt werden, ist zu hoffen, dass auch über diesen „Stoff" die Erkenntnis Kants vermittelt wird, der schwerwiegendste Verstoß gegen die menschliche Würde bestehe darin, dass (junge) Menschen als Mittel zum Zweck missbraucht werden.[177]

Quellen

Staatsarchiv Sigmaringen Wü 13 T 2 Nr. 2139/004 (Akte August Heißmeier)

Staatsarchiv Sigmaringen Wü 13 T 2 Nr. 2650/233 (Akte Dr. Max Hoffmann)

Staatsarchiv Sigmaringen Wü 13 T 3 Nr. 2624 (Abwicklung der NAPEA Rottweil)

Stadtarchiv Rottweil M4/414 („Gleichschritt." Rundbrief der NAPEA Rottweil)

Stadtarchiv Rottweil Zb 6a (NS-Volkszeitung)

Stadtarchiv Rottweil Zb 45 (Staatsanzeiger für Württemberg)

Süddeutsche Zeitung vom 11./12. Juni 2020

Statistisches Jahrbuches für das Deutsche Reich Band 1941/42. XIX. Unterricht und Bildung

https://www.schule-bw.de (Fachportal des Landesbildungsservers Baden-Württemberg. Die Napola Reichenau 1941–1945. Methodenvorschlag/Lernerkundigung. Arbeitskreis für Landeskunde und Landesgeschichte RP Freiburg)

Baas, Alexandra, Ideologische Schulung und paramilitärische Erziehung in Nationalpolitischen Erziehungsanstalten, Seminararbeit, München 2002.

Blessing, Karl, Meine Heimatstadt Rottweil im Jahr 1945, Weingarten 1966.

Bronner, Marina, Die ‚Napola' Rottweil. Eine fachwissenschaftliche Untersuchung mit Überlegungen zur Umsetzung im Schulunterricht, Weingarten 2009.

Conradt, Marieluise, 8 Jahrzehnte am Rande des Himmelreichs. Vom Königlich Württembergischen Lehrerseminar zum Staatlichen Aufbaugymnasium des Landes Baden-Württemberg, Rottweil 1993.

Dreher-Balgheim, August, Balgheim und die Napobuben, in: RHBll. 21 (1954) Nr. 4.

Fricke-Finkelnburg, Renate (Hrsg.), Nationalsozialismus und Schule. Amtliche Erlasse und Richtlinien 1933–1945, Opladen 1989.

Gröper, Reinhard, Erhoffter Jubel über den Endsieg. Tagebuch eines Hitlerjungen 1942–1945, Sigmaringen 1996.

Hartmann, Christian et al. (Hrsg.), Adolf Hitler, Mein Kampf. Eine kritische Edition, 2 Bände, München 2016.

Horvath, Ödön von, Jugend ohne Gott, Frankfurt a. M. 1983.

Moser, Arnulf, Die Napola in Rottweil. Ein Zwischenbericht, in: RHBll. 60 (1999) Nr. 4.

Moser, Arnulf, Die Napola Reichenau, Konstanz 2014.

Sauer, Paul, Wilhelm Murr: Hitlers Stadthalter in Württemberg, Tübingen 1968.

Strasser, Rudolf, Leibniz ist mehr als ein Keks. Zur Geschichte des Leibniz-Gymnasiums Rottweil, Rottweil 2016.

Wagner, Reinhard, Mehr sein als scheinen. Vier Jahre Jungmann in der NAPEA Rottweil, Rottweil 1992.

Ziesemann, Kathrin, Die Didaktik der Nationalpolitischen Erziehungsanstalten (Napola), München 2001.

---

176 Ödön von Horvath, Jugend ohne Gott, Frankfurt a. M. 1983, S. 19f.
177 Vgl. die Studien von Bronner, Marina, Die `Napola´ Rottweil. Eine fachwissenschaftliche Untersuchung mit Überlegungen zur Umsetzung im Schulunterricht, Weingarten 2009 und Baas, Alexandra, Ideologische Schulung und paramilitärische Erziehung in Nationalpolitischen Erziehungsanstalten, München 2002.

Von Augusta Hönle

Einweihung der Dietrich-Eckart-Oberschule im Jahr 1938. Zur Bedeutung des Gymnasiums in der Geschichte Rottweils

Es ist höchst ungewöhnlich, dass die Einweihung eines Gymnasiums zu den Schlaglichtern einer Stadtgeschichte zählt. Tatsächlich war dieses Ereignis des 23. Juli 1938 für die Schulstadt Rottweil ein Schlaglicht, „von Hunderten jahrelang herbeigesehnt", wie die Tagespresse – es war die Nationalsozialistische Volkszeitung – in einer Sonderbeilage schrieb; die ganze Bevölkerung nahm Anteil an dem großen Fest und war selbstverständlich „der Aufforderung zur Beflaggung bereitwillig nachgekommen." Natürlich wurde der schöne Neubau im Himmelreich „als Geschenk des Führers und als Erfolg der NS-Politik" gefeiert, die Einweihung wurde zum „Weiheakt" stilisiert, die Reden zu „Weihereden". In Wahrheit hatte der Neubau des Gymnasiums die Stadtpolitik dreißig Jahre lang beschäftigt. Den für das Frühjahr 1915 geplanten Baubeginn hatte der Erste Weltkrieg verhindert, in dem Jahrzehnt nach dem Krieg aber ließ die prekäre Situation, bedingt durch Inflation, Arbeitslosigkeit und Weltwirtschaftskrise, ein so aufwendiges Projekt nicht zu. Dabei war ein neues Gymnasium für Rottweil lebenswichtig: für Schüler, Eltern, Lehrer, überhaupt für das Prestige der Stadt, die seit dem 13. Jahrhundert eine Schulstadt war. Rottweil verfügt nicht über eine Gründungsurkunde. Dass der mittelalterliche Stadtkern unter den staufischen Kaisern Ende des 12. Jahrhunderts angelegt wurde, ist heute wissenschaftlich gesichert, ebenso die Gründung von Kirchen und Klöstern im späten 13. Jahrhundert. Bedeutsam für die „Schulstadt" Rottweil ist die Gründung des Dominikanerklosters. Im Jahr 1267 wurde der Grundstein der Dominikanerkirche in Anwesenheit des Bischofs von Regensburg, des späteren heiligen Albertus Magnus, gelegt. Im Kloster gab es selbstverständlich eine Schule, vorwiegend zur Ausbildung künftiger Ordensleute.

Schon Ende des 13. Jahrhunderts entstand, vermutlich mit Hilfe der Dominikaner, eine städtische Schule. Bereits 1275 ist ein „Schuler" und wenige Jahre später ein „rector puerorum", ein Schulleiter, urkundlich erwähnt. Die städtische Lateinschule spielte in den folgenden Jahrhunderten eine wichtige Rolle für die Reichsstadt, die als Sitz des kaiserlichen Hofgerichts gebildete Bürger benötigte und auch eine Vorbereitung für das Studium an einer „Hohen Schule"(Universität) bieten wollte. Im frühen 16. Jahrhundert wirkten an der Rottweiler Lateinschule international berühmte Gelehrte. Erwähnt seien Michael Röttlin, genannt Rubellus, der von Rottweil nach Bern berufen wurde; Melchior Roth, genannt Vollmar, der sich später in Paris als Gräzist einen Namen machte; der aus Glarus stammende Musiker und Dichter Heinrich Loriti, Glareanus genannt; und der Reformator von Bern, Berthold Haller, gebürtig aus Aldingen. Seit 1583 verfügte die Schule über einen ansehnlichen städtischen Bau, das heutige Stadtarchiv. Die städtische Lateinschule stand in voller Blüte, als 1618 der Dreißigjährige Krieg ausbrach. Die Zahl der Schüler ging auf 18 zurück, gerade noch zwei Lehrer konnten 1630 unterrichten. Und doch markiert dieses Jahr einen Eckstein in der Rottweiler Schulgeschichte, denn der Rat beschloss, die Schule den ortsansässigen Dominikanern zu übergeben, die sie mit sechs weiteren Lehrern zu einem Gymnasium ausgestalten sollten oder wollten.[178]

---

178 Von welcher Seite die Initiative ausging, ist nicht ganz geklärt.

Am 29. August 1630 fand die feierliche Eröffnung des Rottweiler Gymnasiums mit acht Lehrern statt. Die Freude über diesen glücklichen Neubeginn war kurz, denn das ganze Elend des Krieges brach in den folgenden Jahren über Rottweil herein.

So wurde vom Rat beschlossen, das „*Gymnasium... einzustellen.*" Nur der Lateinunterricht sollte „*so gut möglich*" weitergeführt werden.[179] Dieser Ratsbeschluss kam am 11. März 1638 zustande.

Es ist bewundernswert, dass sich der Rat von Rottweil kurz nach dem Westfälischen Frieden 1648 trotz aller Zerstörung und Not um die Wiederbelebung des Gymnasiums bemühte. Mit Hilfe von Dr. Franziskus Brock, Stadtpfarrer von Heiligkreuz, der in Rom am Collegium Romanum studiert hatte, gelang es, den angesehensten Schulorden der Zeit, die Jesuiten, 1652 in die Stadt zu holen.[180] Allerdings zeigte es sich rasch, dass die verarmte Stadt nicht in der Lage war, ein Jesuitenkolleg auszustatten; sie musste die Jesuiten Ende des Jahres 1671 zum großen Bedauern der gesamten Bürgerschaft abreisen lassen. Es gelang wider Erwarten rasch, für die verwaiste Jesuitenschule Benediktiner aus Zwiefalten zu gewinnen. Mit großer Hoffnung seitens des Ordens und der Stadt fand am 5. Oktober 1673 der feierliche Eröffnungsgottesdienst in der Kapellenkirche statt. Doch das Schicksal des ersten Jesuitengymnasiums wiederholte sich auch bei den Benediktinern: Die Stadt erklärte, sie sei nicht in der Lage, die eingegangenen finanziellen Verpflichtungen einzuhalten. Dabei spielten außer Geldmangel vielleicht auch städtische Intrigen gegen den Orden mit. Der Rat erkannte schließlich nach zähen Verhandlungen seine rückständigen Zahlungen an und verabschiedete die Benediktiner im Oktober 1691 mit einem Festmahl.

Im Jahr darauf begann die große Zeit des Rottweiler Jesuitengymnasiums.

Seit 1722 nannte sich das Gymnasium mit einer voll ausgebauten Oberstufe „Lyzeum der Gesellschaft Jesu."

> *Dabei war ein neues Gymnasium für Rottweil lebenswichtig: für Schüler, Eltern, Lehrer, überhaupt für das Prestige der Stadt, die seit dem 13. Jahrhundert eine Schulstadt war.*

Die Schule war seit ihrer Gründung als Gymnasium bis ins Jahr 1776 eine Ordensschule, ab 1776 „Reichsstädtisches Gymnasium und Lyceum", durch die Mediatisierung im September 1802 württembergisch. Wesentlich war und blieb in allen Phasen ihrer Geschichte die ökonomische Frage. Durch die Mediatisierung war das Gymnasium – in der Sprache des 19. Jahrhunderts – „Gemeingut des Vaterlandes und Eigengut" der Stadt Rottweil. Dieses „Doppelgesicht"(August Steinhauser) blieb der Schule auch nach der Eröffnung des Konvikts im Jahr 1824. Mit dieser Einrichtung kam zwar der Staat einer Verpflichtung den neu erworbenen katholischen Landesteilen gegenüber nach, aber der Sitz des Konvikts in Rottweil lag im Interesse der Stadt und ihres Gymnasiums, was man in Stuttgart sehr wohl wusste und ausnützte. Der Umbau des Jesuitenkollegs zum Konvikt mit entsprechender Einrichtung kostete Geld; wer war zuständig? Die Verhandlungen zwischen Stadt und Staat verliefen im 19. Jahrhundert ebenso wie hundert Jahre später langsam und zäh. Die Ausstattung der Schule und damit auch jeder Umbau oder Neubau blieb zum großen Teil Sache der Stadt, die Kosten für die Lehrkräfte übernahm nach Jahrzehnten schließlich der Staat.

Das Jesuitengymnasium, heute das „Alte Gymnasium" genannt, war 1722 bezogen worden. Mit der dazugehörigen Jesuitenkirche, meist Kapellenkirche genannt, und dem Jesuitenkolleg, seit 1824 Konvikt, bestand für 216 Jahre ein „Schulzentrum" (Winfried Hecht) im Herzen der Stadt.

Ein Raumproblem gab es nach Einrichtung des Konvikts nicht, denn bedingt durch die politischen Verhältnisse – Freiheitskriege, Hungersnot, Vormärz, gescheiterte Revolution und Auswanderungswelle – sank die Schülerzahl auf den Tiefpunkt von 69 Schülern im Jahr 1856. Die Situation änderte sich in der zweiten Hälfte des Jahrhunderts; die Schülerzahl stieg beständig, sie erreichte ihren Höhepunkt im Jahr 1907

---

179 Stadtarchiv Rottweil Bestand C1 RPR/1638. Ratsbeschluss vom 11.3.1638.
180 Zum Wirken der Jesuiten in Rottweil vgl. den Beitrag von Manfred Waldraff und Mathias Kunz in diesem Buch.

6 DEMOKRATIE UND DIKTATUR

mit 475 Schülern. Mit dem Ansteigen der Schülerzahl wuchs der Raumbedarf. Bereits zu Beginn der Amtszeit von Rektor Dr. Eble (1888–1905) wurde über Raumnot geklagt. Abhilfe ergab sich zunächst durch die Umgestaltung des Festsaals in zwei Klassenzimmer; Schulfeste mussten deswegen in ein Gasthaus verlegt werden. Außerdem wurde die wertvolle Bibliothek in Schränke verstaut, die im Gang, im ohnehin sehr kleinen Lehrerzimmer und auf dem Dachboden standen, ein auf Dauer unhaltbarer Zustand.

Tatsächlich erreichte Dr. Eble, dass in kürzester Zeit ein Neubau für die Unterstufe das Gymnasiums errichtet wurde: er stellte den Antrag im November 1898, schon ein Jahr später konnte der Neubau bezogen werden (es ist die heutige Volkshochschule).

Das Grundproblem allerdings war dadurch nicht gelöst, denn immer wieder waren die für die Gesundheit der Schüler unzuträglichen Verhältnisse im fast 200-jährigen Altbau bemängelt worden. Rektor Kley, der Nachfolger von Dr. Eble, ließ 1907 eine gründliche gesundheitliche und bautechnische Untersuchung durchführen.

Ergebnis: sechs Klassenzimmer wurden als für den Unterricht unzureichend eingestuft, einen Neubau zu planen war somit dringend nötig. Nach sechs Jahren war der Bauplatz im Gewann „Himmelreich" beschlossene Sache. Warum es 1915 nicht, wie vorgesehen, zum Baubeginn kam, ist bekannt. Kleys Nachfolger, August Steinhauser, Schulleiter von 1926–1934, drängte vom ersten Tag seiner Amtszeit auf Baubeginn: durch erneute medizinische Gutachten, durch Anträge beim Stadtrat, durch Briefe an Kultus- und Finanzministerium. Der springende Punkt waren natürlich die Baukosten von 850 000 RM. Wer sollte/konnte zahlen, die Stadt oder der Staat? Im August 1933 endlich kam es zu einem Vergleich. Der Staat übernahm 240 000 RM, ein Teil der Schulgelder flossen statt in die Stadtkasse in einen Baufonds.

Rottweils Bürgermeister Abrell (1924–1943) sorgte für ein Darlehen zur Arbeitsbeschaffung aus Mitteln des Reiches. Die Genehmigung des Darlehens war termingebunden, sodass noch im Herbst 1933 ein Architektenwettbewerb ausgeschrieben wurde. Am 6. Juni 1936 wurde der erste Spatenstich gefeiert, am 2. Juni folgte die Grundsteinlegung, das Richtfest am 24. April 1937, die Weihe am 23. Juli 1938. Eingeweiht wurde aber nicht ein neues Gymnasium sondern die DIETRICH-ECKART-OBERSCHULE FÜR JUNGEN.[181] Diesen Namen behielt die Schule bis ins Jahr 1945.

Der vor 1933 entworfene Neubau bewährt sich noch immer. Entworfen hatte ihn der Stuttgarter Architekt Gerhard Graubner und sein Mitarbeiter Richard Kesseler. Graubner war Schüler von Paul Bonatz, dem

Abb. 128:
Wanderhalle im Innenbereich
© Stadtarchiv Rottweil Bestand J Fotoarchiv

---

181 Im Folgenden DEO abgekürzt.

Einweihung der Dietrich-Eckart-Oberschule im Jahr 1938

Abb. 129:
Appell
© Stadtarchiv Rottweil Bestand J
Fotoarchiv

Rottweil qualitätsvolle Bauten wie die Johanniterschule und das Kraftwerk verdankt. Graubners Bauten sind geprägt vom „Neuen Bauen."[182]

Die DEO ist ein typischer Graubner-Schulbau: hinter der Ostfassade mit großen Fenstern liegen die hellen freundlichen Klassenzimmer, ein Saalbau mit Fest- bzw. Vortragssaal, Turnhalle und ebenerdiger Wohnung für den Hausverwalter schließt sich im rechten Winkel an. Vor dem Saalbau liegt eine Wandelhalle, auch dies ein für Graubners Schulbauten typisches Element. Die Wandelhalle der DEO allerdings wurde in den Rang einer „Gefallenen-Ehrenhalle" erhoben: Fünfzehn Pfeiler öffnen sie zum Schulhof, auf je sieben Pfeilern sind die Namen der im Ersten Weltkrieg gefallenen Schüler und Lehrer eigemeißelt.

Auf dem Mittelpfeiler erinnerte – heute noch bruchstückhaft erkennbar – die erste Strophe des Horst-Wessel-Liedes an die frühen „Heroen" der NSDAP, die beim „Marsch zur Feldherrnhalle" (Jargon des Dritten Reichs) am 9. November 1923 ums Leben gekommen waren. Zu Ihnen gehörte für Hitler auch sein Freund Dietrich Eckart, da er dessen plötzlichen Tod am 26. Dezember 1923 auf die Verhaftung nach dem gescheiterten Putsch zurückführte.

Mit welchem Pathos die Weihe der Schule vollzogen wurde, ist in der Sonderbeilage der NS-Volkszeitung[183] geschildert, ganz in der Sprache der Zeit und mit ausführlichen Zitaten aus den programmatischen Reden der Akteure: Nach der feierlichen Flaggenhissung im Vorhof des Ostflügels, die von „kernigen Führer- und Dichterworten umrahmt war", begann die Feier der Weihe der Gefallenen-Ehrenhalle.

Auf den Gesang „Heilig Vaterland" folgte die Weiherede des Direktors Lutz: *„Zweihundertfünfunddreißig*

Abb. 130:
NS-Volkszeitung vom 23.7.1938
© Stadtarchiv Rottweil
Zb 6a/1938

---
182 Das bekannteste Beispiel dieser Architektur ist der 1927 entstandene Stuttgarter Weißenhof.
183 Stadtarchiv Rottweil Zb 6a/1938: NS-Volkszeitung vom 23.7.1938.

6 DEMOKRATIE UND DIKTATUR

Abb. 131:
Festsaal der Dietrich-Eckart-Oberschule
© Stadtarchiv Rottweil Bestand J Fotoarchiv

Schüler und fünfzehn Lehrer nahmen am ersten Weltkrieg teil, neununddreißig Schüler und zwei Lehrer sind gefallen. Ihr Ehrenplatz, die Gefallenen-Ehrenhalle, sollte der schönste Platz der neuen Schule sein… Die Männer aber, die als Aktivisten Adolf Hitlers in der Nachkriegszeit ihr Leben für die Erneuerung Deutschlands in die Schanze schlugen haben das Erbe der Toten des Krieges treu bewahrt. Aus ihrem Blut ging die Saat auf, deren Reife uns das Dritte Reich gebracht hat. Daher wird jedes Gefallenengedenken in der Ehrung der gefallenen Kämpfer der Bewegung seine Vollendung finden; daher ist auch die Mittelsäule in der Ehrenhalle der neuen Oberschule ihnen geweiht…die Worte Alfred Rosenbergs, die am Eingang der Ehrenhalle stehen, sollen uns Leitstern sein: Heilige Orte sind alle die, an denen deutsche Helden starben, heilig sind jene Orte, wo Denksteine und Denkmäler an sie erinnern…"[184]

Nach der Rede der Weiheakt: *„Ein Sprecher kündet die Namen der Gefallenen, während verhalten die Weise vom guten Kameraden aufklingt und die Gedenkstätte mit Lorbeer geschmückt wird".*[185]

Die Worte Rosenbergs sind heute vollständig ausgeschlagen, der Haken, an dem der Lorbeerkranz befestigt wurde, steckt noch in der Mauer. Die Fortsetzung der Einweihungsfeier fand im schönen neuen Festsaal statt nach dem bei derartigen Veranstaltungen üblichen Ritual: Schlüsselübergabe, Reden, die Dank und Anerkennung zum Ausdruck brachten, Musikeinlagen.

Dem Regierungsdirektor Dr. Drück blieb die Grundsatzrede über „Wesen und Aufgabe der Erziehung des nationalsozialistischen Menschen" vorbehalten: *„Selbstverständlich ist, dass die weltanschauliche Grundhaltung im ganzen Leben der Schule lebendig ist und jeden Unterricht durchdringt…dass zur Leistung in der Schule die Leistung in der HJ kommen muss, wie beim Erwachsenen zur Leistung im Beruf die Leistung in der Bewegung. Dazu ist notwendig, dass die Schule …den Klang der Sturmglo-*

---
184 Ebd.
185 Ebd.

cken „Deutschland erwache" nie überhört. Dazu dient der Schule ihr Name, der ihr hiermit verliehen wird: DIETRICH-ECKART-OBERSCHULE. Die Schule soll wirken und wach halten im Sinne Dietrich Eckarts, des Rufers und Kämpfers, der für seine Idee gestorben ist".[186]

Wer war nun dieser Freund Hitlers Dietrich Eckart? Vermutlich kannte man seinen Namen in Rottweil im Jahr 1938 nicht besser als heute. Im letzten Abschnitt von „Mein Kampf" spricht Hitler von den „achtzehn Helden", die am 9. November 1923 fielen. Der abschließende Satz: „Und unter sie will ich auch jenen Mann rechnen, der als der Besten einer sein Leben dem Erwachen seines, unseres Volkes gewidmet hat im Dichten und im Denken und am Ende in der Tat: DIETRICH ECKART"[187]. Diesem Mann fühlte sich Hitler, der Dank sonst nicht kannte, sein Leben lang verpflichtet. Aber warum? In jeder der zahlreichen Hitlerbiographien, die seit 1945 erschienen sind, wird Eckart erwähnt. Er wird Lehrer, Mentor, Förderer und väterlicher Freund Hitlers genannt, von einem Journalisten sogar „der Mann, der Hitler erfand."[188]

Eckart, 1868 in Neumarkt in der Oberpfalz geboren, lebte als Literat und Theaterdichter bis 1913 in Berlin; mit seinen eigenen Werken war er trotz Protektion des Intendanten der königlichen Schauspielhäuser, des Grafen von Hülsen-Häseler, mäßig erfolgreich. Eine Theatersensation wurde Eckarts Neubearbeitung des „Peer Gynt". In Eckarts ideologisch-germanischer Fassung soll das Stück allein in Berlin über 600mal aufgeführt worden sein. Nach seiner Heirat 1913 zog Eckart nach München. Dort oder in seinem Haus in Berchtesgaden (wo sein Grab bis auf den heutigen Tag sorgfältig gepflegt wird) erlebte er den Ersten Weltkrieg, die Niederlage 1918 und die Revolution von 1918/1919. Eckart war, wie er selber sagte, „von Geburt an glühender Antisemit."

Er war geprägt von dem Intellektuellenantisemitismus, der seit der Reichsgründung beständig zugenommen hatte. Man erinnere sich an den Hofprediger Stöcker, an den Historiker Heinrich von Treitschke, an die Gründung der Antisemitenpartei im Jahr 1889! Bis zum Kriegsende entlädt sich Eckarts Antisemitismus in seinen literarischen Arbeiten – Komödien, Tragödien, Gedichten – häufig durch „unsystematische und launenhafte Äußerungen"[189]. Seit der Niederlage von 1918 sprühten Eckarts Reden, Aufsätze und Gedichte gezielt von Judenhass. Denn aus Eckarts Sicht war der Krieg ein Religionskrieg gewesen, die Schuld an der Niederlage hatten die Juden. Eckart trat als Redner in der 1919 gegründeten Deutschen Arbeiterpartei auf – seit 1921 hieß sie NSDAP-, Publikationsorgane für seine antisemitische Propaganda waren seine eigene Wochenzeitschrift „Auf gut Deutsch", später der von ihm für die NSDAP aufgekaufte „Völkische Beobachter". Eckart verfügte dank Erbe, Heirat und Tantiemen für seine literarischen Werke aus dem neutralen Ausland (Schweiz, Holland, Schweden, Dänemark laut Polizeibericht), die wertvolles Geld brachten, über ein beträchtliches Vermögen, das er uneigennützig für die Partei einsetzte. Er erhoffte sich von seinem Kampf „mit Gottes Hilfe" einen endgültigen Sieg der Arier über die Juden, ein „Drittes Reich"; diesen Begriff führte Eckart in das politische Vokabular seiner Zeit ein. Dafür mussten die Massen gewonnen, ja aufgerüttelt werden. Eckart war Meister im Prägen politisch wirkungsvoller Parolen und Texte. Beispiele dafür sind das Sturmlied der SA mit seinem Millionen mal zitierten Refrain „Deutschland erwache!" oder der Ruf „Sieg Heil", mit dem jede offizielle Veranstaltung im Dritten Reich lautstark beendet wurde, auch der zwölf Jahre lang angeordnete „Deutsche Gruß" „Heil Hitler" war Eckarts Idee. Eckart suchte für die angestrebte Erweckung der Massen den Richtigen, einen jüngeren Mann.

„Ein Kerl muss an die Spitze, der ein Maschinengewehr hören kann…Ein eitler Affe, der den Roten eine saftige Antwort geben kann und nicht vor jedem geschwungenen Stuhlbein davonläuft, ist mir lieber

---

186 Ebd.
187 Vgl. Hartmann, Christian (Hrsg.) et al., Mein Kampf. Eine kritische Edition Hitler, Band II, S. 1739, München 2016.
188 Vgl. Kellerhoff, Sven Felix, Wer noch immer das Grab des Hitler-Erfinders pflegt, in: „Die Welt" vom 8.11.2016.
189 Zit. nach Besic, Marc, Der Führer und sein Dichter, München 2018, S.132.

als ein Dutzend gelehrter Professoren…Ein Junggeselle muss es sein, dann kriegen wir die Weiber."[190]

Eckart begegnete Hitler im Herbst 1919 in München und war sich bald sicher, in ihm den Gesuchten gefunden zu haben. „Das ist der Mann, der einmal Deutschland befreien wird", mit diesem Satz soll er Hitler in die Münchner Gesellschaft eingeführt haben, in die Familien Bechstein, Bruckmann, Hanfstaengl u.a. Auch die für Hitler so wichtige Bekanntschaft mit der Familie Richard Wagners hatte Dietrich Eckart vermittelt. All diese äußere Förderung Hitlers durch Eckart ist längst bekannt und publiziert. Dass Hitler auch ideologisch von Eckart geprägt, oder besser, bestätigt wurde, zeigte erst eine Untersuchung der letzten Jahre.[191]

Hitler war in seinen Jugendjahren in Wien zum fanatischen Antisemiten geworden. Wie er das Kriegsende 1918 erlebte, beschreibt er in „Mein Kampf" und seine Reaktion auf die von den Juden verschuldete Niederlage. „Ich aber beschloß, Politiker zu werden."[192] Ohne Dietrich Eckart hätte er dieses Ziel schwerlich erreicht. Der erkannte rasch Hitlers rhetorische und demagogische Fähigkeiten und setzte schon 1921 in der Partei die Anrede „Führer" durch. Hitlers Selbstbewusstsein steigerte sich durch den Einfluss von Eckart zu der Überzeugung, dass er „durch die Vorsehung" zur Rettung Deutschlands, zum Sieg der arischen Rasse über die Juden, berufen sei, eine Überzeugung, an der er, wie bekannt, bis zu seinem Lebensende festhielt. Um das Andenken an Dietrich Eckart bemühte sich Hitler bis in die frühen Kriegsjahre: Neumarkt erhielt den Ehrennamen „Dietrich-Eckart-Stadt" und selbstverständlich eine Gedenkstätte, die der Führer 1934 persönlich einweihte. Goebbels setzte einen Dietrich-Eckart-Preis für Literatur aus (dessen Empfänger nach 1945 munter weiter publizierten), Sportstätten wurden nach Dietrich Eckart benannt; noch 1942 wurde in Bischofswiesen bei Berchtesgaden eine Dietrich-Eckart-Klinik eingeweiht.

Mehrere Schulen wurden nach Eckart benannt, darunter das Rottweiler Gymnasium. Von wem der Name für die Rottweiler Schule vorgegeben wurde, wissen wir nicht, vermutlich von der Gauleitung in Stuttgart oder von noch höherer Stelle. Im Jahr 1953 mussten alle weiterführenden Schulen einen Individualnamen bekommen. Der damalige Schulleiter Franz Betz schlug ALBERTUS MAGNUS als Schulpatron vor. Der Name verweist auf die Verbindung des heutigen Gymnasiums zur Geschichte der Stadt und zur Gründung des Gymnasiums durch die Dominikaner im Jahr 1630. Der Name sollte auch Programm sein, denn Albertus Magnus wurde von der Kirche als „Doctor universalis" verehrt, da er nicht nur die gesamte abendländische Philosophie beherrschte, sondern wie Aristoteles auch Naturforscher war. Damit wurde er wegweisend für das humanistische Gymnasium des 20. und des 21. Jahrhunderts.

Quellen

Stadtarchiv Rottweil Bestand C1 RPR/1638 (Ratsprotokolle)
Stadtarchiv Rottweil Zb 5a (Schwärzwälder Volksfreund 1923 – 1933)
Stadtarchiv Rottweil Zb 6a (NS-Volkszeitung 1933 – 1940)
Hartmann, Christian (Hrsg.) et al., Mein Kampf. Eine kritische Edition Hitler, 2 Bände, München 2016.

Besic, Marc, Der Führer und sein Dichter. Eine mythentheoretische Auseinandersetzung mit dem Werk Dietrich Eckarts und seiner Bedeutung für das Weltbild Adolf Hitlers, München 2018.
Ehlen, Thomas, Zweimal Graubner, Jahrbuch des Albertus-Magnus-Gymnasiums, Rottweil 2019.
Fest, Joachim C., Hitler. Eine Biographie, Berlin 1976.
Guggenberger, Eduard, Hitlers Visionäre. Die okkulten Wegbereiter des Dritten Reiches, Wien 2001.
Hecht, Winfried, Rottweil 1802 – 1970, Rottweil 1997.
Ders., Rottweil, ca. 1340 – 1529, Rottweil 2005.
Ders., Rottweil 771 – ca. 1340, Rottweil 2007.
Kellerhoff, Sven Felix, Wer noch immer das Grab des Hitler-Erfinders pflegt, in: „Die Welt" vom 8.11.2016.
Steinhauser, August, Dreihundert Jahre Gymnasium Rottweil, Rottweil 1930.
Venè, Gian Franco, La Vita di Hitler. Il dittatore che sfidò il mondo, Mailand 1986.

---

190 Zit. nach Guggenberger, Eduard, Hitlers Visionäre. Die okkulten Wegbereiter des Dritten Reiches, Wien 2001, S. 54.
191 Vgl. Besic, Op. cit.
192 Vgl. Hartmann, Christian (Hrsg.) et al., Mein Kampf. Eine kritische Edition Hitler, Band I, S. 557, München 2016.

1940: Ein Licht gegen die Dunkelheit der Euthanasie

von Eva Müller

Im Jahr 1939 wurde die „Aktion T4" geplant. Benannt nach der damaligen Zentraldienststelle in der Tiergartenstraße 4 in Berlin war das Ziel die „Vernichtung lebensunwerten Lebens". Dieses unmenschliche Vorgehen ist allgemein bekannt unter dem Begriff *Euthanasie*.

Heil- und Pflegeanstalten erhielten Ende 1939 ein Schreiben der Regierung mit der Aufforderung, Listen über das Krankheitsbild, die Aufenthaltsdauer und den Grad der Arbeitsfähigkeit ihrer Patienten nach Berlin zu senden. Anhand solcher Listen wurde dort innerhalb weniger Minuten über Leben und Tod entschieden!

Auch das Rottenmünster in Rottweil wurde aufgefordert, derartige Informationen nach Berlin zu senden. Die Belegschaft ging zu diesem Zeitpunkt noch davon aus, dass es sich um die Vorbereitung „planwirtschaftlicher Maßnahmen" handelte. Insbesondere, da eine Zusammenlegung mit der Heilanstalt von Illenau beschlossen war.

Da das Rottenmünster im Gegensatz zu anderen Kliniken nur ein Musterformular erhalten hatte, fertigte das Personal unter Leitung des ärztlichen Direktors Dr. Josef Wrede allgemeine, detailarme Listen an, in welchen 297 Patienten aufgeführt waren. Diese sendete das Rottenmünster, noch im Unklaren über die Folgen, an die Berliner „Reichsarbeitsgemeinschaft Heil- und Pflegeanstalten".

Bereits am 30.1.1940 erhielt das Rottenmünster ein Schreiben mit dem Abtransport-Befehl für 46 Patienten. Weder ein Grund noch die neue Pflegeanstalt wurden benannt. Unter den aufgelisteten Patienten waren auch 15 Pfleglinge, welche als Arbeitskräfte für die Heil- und Pflegeanstalt von unschätzbarem Wert waren. Darum setzte sich Dr. Wrede noch am selben Tag mit einem Schreiben an das württembergische Innenministerium in Stuttgart für den Verbleib dieser Patienten ein. Auch

Abb. 132:
© Stadtarchiv Rottweil

fuhr er nach Stuttgart, um sich persönlich mit dem Obermedizinalrat Dr. Mauthe und mit Dr. Stähle zu treffen. Diese versicherten ihm, sich für den Verbleib der 15 tüchtigen Patienten einzusetzen.

Trotzdem wurden nur wenige Tage später, am 3.2.1940, nach kurzfristiger Meldung und namentlicher Nennung 45 Patienten durch die vorher unbekannte „Gemeinnützige Transport GmbH" verlegt. Darunter auch die 15 tüchtigen Arbeitskräfte. Nur einer der im Januar genannten Patienten wurde nicht verlegt, da dieser zu dem Zeitpunkt eine fieberhafte Erkrankung hatte und ein Sonderantrag zum Verbleib genehmigt worden war.

Da die Ordensschwestern vom Mutterhaus der Barmherzigen Schwestern von Untermarchtal noch immer

6 DEMOKRATIE UND DIKTATUR

Abb. 133:
Denkmal für die Opfer der Euthanasie im Rottenmünster
© Eva Müller

Dem Personal im Rottenmünster erschienen diese Meldungen äußerst merkwürdig, da als Todesursache körperliche Erkrankungen genannt wurden, welche im Rottenmünster nicht festgestellt worden waren.

Als immer mehr Todesmeldungen eintrafen, gab es für den ärztlichen Direktor schnell einen schockierenden Verdacht:

Wurden ihre Patienten etwa Opfer planmäßiger Ermordung im Sinne der Euthanasie?

Dieser Begriff war Dr. Wrede nicht unbekannt. Schon seit Jahren kursierten in psychiatrischen Fachkreisen Gedanken um derartige Vorgehensweisen.

Unverzüglich ergriff der Leiter des Rottenmünsters Maßnahmen. Zunächst sprach er erneut mit Dr. Stähle in Stuttgart. Sein Verdacht wurde zur Gewissheit – die Verlegung war aus Gründen der Euthanasie erfolgt.

Daraufhin bildete sich im Geheimen eine kleine Widerstandsgruppe um Dr. Wrede. Gemeinsam mit seinem Oberarzt Dr. Karl Eha und den Ordensschwestern Ursatia und Wilgefortis begann er einen Plan auszutüfteln, um seine Patienten zu schützen.

Zunächst wandte sich Dr. Wrede an kirchliche Stellen, in der Hoffnung deren Protest hervorzurufen. Auch durch weitere Gespräche mit dem württembergischen Innenministerium versuchte er, neue Informationen zu erlangen, jedoch ohne Erfolg.

In dem Gespräch wurde, wie später berichtet wird, nur mit den Maßnahmen der Reichsverteidigung argumentiert oder auf seine Fragen mit Ausflüchten reagiert.

Umgehend wurden neue, deutlich ausführlichere Listen nach Berlin gesendet, mit der Bemerkung, dass die erste Version zu ungenau geführt worden sei. Diese Listen wurden nachweislich zu mehr als 75% frisiert und stellten die Erkrankungen deutlich schwächer und die Arbeitsfähigkeit deutlich besser dar. Da Dr. Wrede eine Kontrolle der Krankenblätter durch Mitarbeiter des Reichsinnenministeriums befürchtete, schrieben im Sommer 1940 die Widerständler im Geheimen die Krankenakten neu. Es wurden zunächst etwa 30 Diagnosen gefälscht, beschönigt oder ungefährlich gemacht. Die Krankenblätter wurden entsprechend der Angaben in den neuen Listen aktualisiert und in weit mehr als 100 Fällen ein günstigeres Krankenbild erstellt, in welchem

von einer „planwirtschaftlichen" Verlegung ausgingen, bereiteten sie fürsorglich die Abreise ihrer Schützlinge vor. Sie zogen ihnen ihre beste Kleidungsgarnitur an und ließen vorher sogar noch Schuhe vom Schuhmacher holen, da die Pfleglinge vielleicht verlegt werden sollten, um zu arbeiten.

Einige Tage später erhielt das Rottenmünster von Angehörigen ihrer verlegten Schützlinge die ersten Todesmeldungen – ausgestellt von der bisher unbekannten Heilanstalt Grafeneck. In den Benachrichtigungen wurde beschrieben, dass die Patienten trotz „aufopfernder Pflege" verstorben seien.

Erbkrankheiten nur noch leichte Erkrankungen wurden und Belastendes nicht mehr gefunden werden konnte.

Aber dies war erst der Anfang. Es sollten noch weitere Täuschungsversuche und Strategien zum Schutze der Patienten erfolgen.

Im Juni 1940 sollten 150 Frauen nach Weissenau und 75 Frauen nach Schussenried abtransportiert werden. Die Transporte fanden aus heute nicht mehr nachvollziehbaren Gründen allerdings nicht statt.

Als weitere Maßnahme verzichtete das Rottenmünster auf alle finanziellen Mittel, welche sie vom Staat für sogenannte „Staatspfleglinge" bekommen hätte, da diese Ihnen besonders gefährdet zu sein schienen. Dadurch entstand eine große finanzielle Belastung für die Heil- und Pflegeanstalt. In den Akten wurden in Etappen, um unentdeckt zu bleiben, 88 Patienten zu sogenannten „Privatpfleglingen" der Anstalt; teilweise finanziell unterstützt durch deren Angehörige und Verwandte. In weiteren Schritten wurden 62 Patienten aus den Krankenlisten entfernt und zu Pensionären erklärt, damit diese möglichst unentdeckt blieben und notfalls schnell entlassen werden konnten. Auch wurden ca. 90 Entlassungen von teils schwer kranken Patienten veranlasst, welche bei Angehörigen, in Klöstern, anderen Schwesternstationen oder der eigenen Ökonomie versteckt wurden. Zuvor hatte das Rottenmünster trotz eines Verbotes der Regierung die Angehörigen kontaktiert und gewarnt. Über die Patienten, welche entlassen werden könnten, entschied Dr. Wrede gemeinsam mit den zuständigen Schwestern, da er auf deren Meinung vertraute.

Als Reaktion auf Ungereimtheiten wurden im Sommer 1940 behördliche Kommissionen zur Kontrolle in die Anstalten geschickt. Es wurden die zum Glück vorher gefälschten Krankenakten der Patienten, welche auf ihren Listen verzeichnet waren, überprüft. Diesen Kontrolleuren wurden Handarbeiten der betroffenen Schützlinge oder deren *angebliche Handarbeiten* als Beweis der Arbeitsfähigkeit vorgelegt. Die Mitarbeiter des Rottenmünsters versuchten, die Überprüfung so schwer wie möglich zu machen, während zeitgleich andere Mitarbeiter einige der Patienten versteckten.

Für die Mitarbeiter und die Widerstandszelle bargen diese Handlungen eine sehr große Gefahr, da sie jeder Zeit hätten auffliegen können. Besonders da es auch der SS und SA angehörende Pfleger im Personal und sogar begeisterte Hitleranhängerinnen unter den Schwestern gab. Darum wuchs in der Zelle nach und nach die Angst vor Bespitzelung und Denunziation.

Als im Sommer 1940 die Verfügung des Innenministeriums erging, dass kein Patient ohne die Genehmigung des Ministeriums entlassen werden darf, wurden die Schutzmaßnahmen erheblich erschwert.

Am Abend des 15. Septembers kam dann der Befehl eines zweiten Abtransportes von 90 Patienten bereits am nächsten Tag. Der Zelle gelang es, nur 19 Patienten zu retten. Unter den 71 abgeholten Patienten waren einige Geisteskranke, welche aufgrund der Krankheitsschwere nicht versteckt werden konnten. Dies war ein harter Schlag für die Widerständler.

Der nächste Schlag ließ nicht auf sich warten. Drei Tage später sollten 85 Patienten nach Winnental verlegt werden. Dr. Wrede wurde zugesichert, dass es sich dabei um eine gewöhnliche Verlegung handele. Tatsächlich blieben wohl eine „ganze Anzahl" der verlegten Personen auch nach dem Ende der Euthanasie-Aktion in Winnental, wie Dr. Wrede später berichtete. Er hat erst nach dem Krieg erfahren, dass sie die restlichen Patienten, die nicht in Winnental verblieben sind, nur 10 Tage nach der Verlegung nach Grafeneck zur Vergasung abtransportiert hatten.

Am 25. September sollte der dritte Abtransport innerhalb eines Monats stattfinden. Bei diesem hätten 91 Patienten verlegt werden sollen, doch nur knapp die Hälfte, nämlich 46 Patienten, sind mit den typischen grauen Bussen nach Grafeneck gefahren. Dies gelang, weil ein Angehöriger des Innenministeriums in Stuttgart Dr. Wrede rechtzeitig gewarnt hatte und sich die Zelle somit vorbereiten konnte. Die Mitarbeiter des Rottenmünsters kontaktierten sofort die Angehörigen von den betroffenen Patienten und baten diese, die Patienten bei sich aufzunehmen und zu verstecken. Dazu war allerdings nur ein Teil der Angehörigen bereit. Weitere Betroffene fanden bei den Schwestern in Untermarchtal oder auf dem Gut des Rottenmünsters Unterschlupf. So konnten 45 Patienten in Sicherheit gebracht werden.

Dem Leiter des Transportes wurde versichert, dass die geänderte Anzahl mit dem Innenministerium

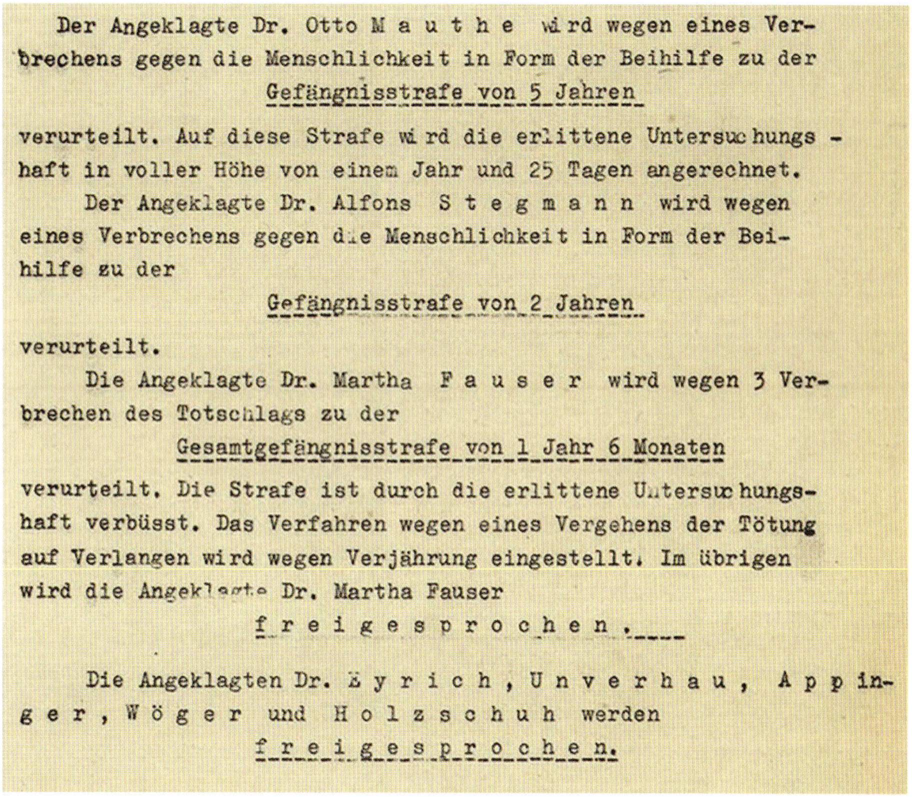

6 DEMOKRATIE UND DIKTATUR

> Der Angeklagte Dr. Otto M a u t h e wird wegen eines Verbrechens gegen die Menschlichkeit in Form der Beihilfe zu der
>
> <u>Gefängnisstrafe von 5 Jahren</u>
>
> verurteilt. Auf diese Strafe wird die erlittene Untersuchungshaft in voller Höhe von einem Jahr und 25 Tagen angerechnet.
>
> Der Angeklagte Dr. Alfons S t e g m a n n wird wegen eines Verbrechens gegen die Menschlichkeit in Form der Beihilfe zu der
>
> <u>Gefängnisstrafe von 2 Jahren</u>
>
> verurteilt.
>
> Die Angeklagte Dr. Martha F a u s e r wird wegen 3 Verbrechen des Totschlags zu der
>
> <u>Gesamtgefängnisstrafe von 1 Jahr 6 Monaten</u>
>
> verurteilt. Die Strafe ist durch die erlittene Untersuchungshaft verbüsst. Das Verfahren wegen eines Vergehens der Tötung auf Verlangen wird wegen Verjährung eingestellt. Im übrigen wird die Angeklagte Dr. Martha Fauser
>
> <u>f r e i g e s p r o c h e n .</u>
>
> Die Angeklagten Dr. E y r i c h , U n v e r h a u , A p p i n g e r , W ö g e r und H o l z s c h u h werden
>
> <u>f r e i g e s p r o c h e n .</u>

Abb. 134:
Auszug aus der Urteilschrift des Grafeneck Prozesses von 1949
© Staatsarchiv Sigmaringen Wü 29/3 T1 Nr. 1752/03/02

abgesprochen sei und durch dieses autorisiert wurde. Auch hier handelte es sich bei den 46 mitgenommenen Patienten um Personen, welche aufgrund ihrer Krankheit nicht vor der Verlegung bewahrt werden konnten.

Dies sollte der letzte Transport mit Patienten aus dem Rottenmünster gewesen sein. Innerhalb von 12 Tagen wurden 202 Patienten aus dem Rottenmünster abgeholt und größtenteils nach Grafeneck gebracht.

Die Zelle um den ärztlichen Direktor befürchtete weiterhin das Schlimmste und führte ihre Schutzmaßnahmen weiter. Sie fälschten weiterhin die Krankenakten ihrer Pfleglinge, um dadurch die Entlassungserlaubnis des Innenministeriums zu erhalten. In den gefälschten Krankenakten wurden die Patienten als bereits genesen oder sehr leicht erkrankt dargestellt. Bis Juli 1941 wurden 262 Patienten zu Pensionären erklärt oder entlassen.

Da die Bevölkerung aufgrund der Euthanasie wachsenden Druck auf das Innenministerium und die Regierung ausübte, wurde im Dezember 1940 Grafeneck endgültig geschlossen. Damit war die Euthanasie im Süden vorläufig beendet. Teile der Belegschaft der Anstalt Grafeneck gingen nach Hessen. Dort war die Euthanasie noch in vollem Gange.

In den Jahren 1947 bis 1948 gab es Vorbereitungen für einen Gerichtsprozess gegen Mitarbeiter und Gehilfen der Anstalt Grafeneck. Diese wurden wegen „Beihilfe zum Mord und Verbrechen gegen die Menschlichkeit", an geschätzt 10654 ermordeten „geisteskranken" Männern, Frauen und Kindern, angeklagt.

Für diesen Prozess sagten auch Dr. Wrede, sein Oberarzt Dr. Eha sowie die beiden Ordensschwestern Wilgefortis und Ursatia aus. Das dabei höchste Urteil von fünf Jahren Gefängnis bekam Dr. Otto Mauthe für Beihilfe zu Verbrechen gegen die Menschlichkeit. Dies erscheint nach heutiger Ansicht wie eine Frechheit.

Wer die weiteren Mitglieder und Unterstützer der Widerstandszelle waren, ist heute leider kaum noch nachzuvollziehen.

Quellen

Stadtarchiv Rottweil Bestand J Fotoarchiv

Landesarchiv Baden-Württemberg Abt. 6 Staatsarchiv Sigmaringen:

Wü 29/3 T 1 Nr. 1752/03/02 (Auszug aus der Grafeneck Prozess Akte: Urteil in der Strafsache Dr. Otto Mauthe u.a. wegen Euthanasie – Quelle 508 – 560, Blatt 1)

Wü 29/3 T1 Nr. 1752/03/02 Seite 2f. (Urteilsschrift aus dem Grafeneck-Prozess)

Wü 29/3 T1 Nr.1756/01/07 (Grafeneck-Prozess Zeugenaussage von Dr. Wrede 1946 – 1948)

Stiefele, Werner, Josef Wrede-Sand im Getriebe der Euthanasie, in: Der Widerstand im deutschen Südwesten 1933 – 1945, hrsg. von Michael Bosch und Wolfgang Niess, Stuttgart 1984, S. 261 – 271.

Vinzenz von Paul Hospital Rottweil-Rottenmünster (Hrsg.), 1898 – 1998. 100 Jahre im Dienst für Menschen. Festschrift, Rottweil 1998.

1940: Dr. med. Josef Wrede: „Weiß" gegen „Braun"

Von Eva Müller

Es gibt Namen, die gleichbedeutend für den deutschen Widerstand gegen den Nationalsozialismus stehen. Die mutigen Taten und tragischen Schicksale von Claus Schenk Graf von Stauffenberg oder den Geschwistern Sophie und Hans Scholl von der Bewegung „Die Weiße Rose" sind allgemein bekannt.

Es gab aber viele weitere Menschen, die ebenfalls versuchten, auf ihre Art und im Rahmen ihrer Möglichkeiten Widerstand zu leisten. Ein solcher Widerständler lebte auch in Rottweil: der Arzt Dr. Josef Wrede.

Der 1898 in Münster (Westfalen) geborene Facharzt für Psychiatrie und Neurologie lebte mit seiner Frau Antonia Wrede ab 1936 in Rottweil. Dort übernahm er die ärztliche Leitung der Heil- und Pflegeanstalt Rottenmünster. Zuvor hatte er als Oberarzt in der Heilanstalt Warstein (Westfalen) gearbeitet. Als jedoch ein nationalsozialistischer Arzt den Posten des Direktors der Anstalt übernahm, war es für Wrede unmöglich, dort weiter zu arbeiten. Er war einer der wenigen, die sich für den verfolgten und später abgesetzten Dr. Hegemann eingesetzt hatten.

Dr. Wrede beschloss – trotz persönlicher Nachteile in Bezug auf Pensionsberechtigungen und anderer Absicherungen – sich bei der „katholisch-caritativen Anstalt" in Rottweil für die Stelle des ärztlichen Direktors zu bewerben. Allerdings hatte die Stelle im Rottenmünster einen weiteren bitteren Beigeschmack, da er *„mit der neuen Position etwas sehr Ungewisses und eine vom Staate damals schon bedrängte Organisation übernahm."*[193]

Der Anhänger der Zentrumspartei musste vorher noch einen für ihn schweren Schritt gehen:

„Die Uebernahme des Postens eines Direktors der Heilanstalt Rottenmünster war aber ohne die formelle Zugehörigkeit zur NSDAP damals schon völlig ausgeschlossen, weil das Innenministerium Stuttgart trotz des privaten Charakters des Hauses nur einen sogenannten "Parteigenossen" in diesem Amte zuliess und die Kongregation der barmherzigen Schwestern von Untermarchtal einen Chefarzt ohne die Bestätigung des Innenministeriums nicht einsetzen konnte."[194]

Abb. 135:
Kennkarte von Dr. Wrede, ausgestellt 1945
© Stadtarchiv Rottweil E 30/1F

---

193 Staatsarchiv Sigmaringen Wü 13 T2 Nr.1738/031.
194 Ebd.

6 DEMOKRATIE UND DIKTATUR

Abb. 136:
Die Heil und Pflegeanstalt
Rottenmünster um 1960
© Stadtarchiv Rottweil

Die endgültige Aufnahme in die Partei erfolgte erst 1938 und, wie Dr. Wrede beschreibt, wurde er von den Parteigenossen „*stets mit Reserve und Misstrauen betrachtet.*"[195]

Ab etwa 1937 war Dr. Wrede Beisitzer und Sachverständiger beim Erbgesundheitsgericht in Rottweil. Dort versuchte er, soweit es möglich war, die Sterilisierung der betroffenen Menschen zu verhindern. Wie aus einem unveröffentlichten Manuskript von ihm ersichtlich ist, war Dr. Wrede zutiefst empört über das 1933 beschlossene Gesetz der Sterilisierung von Menschen mit Erberkrankungen. „*Das war der erste große Einbruch in ein menschliches Naturrecht.*"[196]

Im Jahr 1940 musste der ärztliche Direktor erkennen, dass die Patientenverlegungen aus dem Rottenmünster einzig aus dem Grund der „*Vernichtung lebensunwerten Lebens*" geschahen. Daraufhin startete er ein intelligentes Täuschungsverfahren, um die planmäßige Ermordung im Sinne der Euthanasie durch die NS-Regierung zu verhindern.

Dr. Wrede fälschte Unterlagen über die ihm anvertrauten Patienten. Er schrieb mit seinen Unterstützern die Krankenblätter der gefährdeten Schützlinge neu, damit sie aus dem Raster der Tötungsmaschinerie fielen.

Um seine Patienten nicht „aktenkundig" werden zu lassen, verzichtete die Pflegeanstalt auf jegliche finanzielle Unterstützung des Staates und übernahm die Kosten der Staatspfleglinge selber, bzw. erklärte sie in den Unterlagen zu Privatpfleglingen oder Pensionären.

Dr. Wrede wandte sich schriftlich und auch direkt bei persönlichen Treffen an kirchliche Stellen in der Hoffnung, deren Protest zu wecken. Unter anderem an H.H. Direktor Jörger und Präsident H.H. Prälat Kreutz, die von seiner Zivilcourage beeindruckt waren und ebenfalls aktiv werden wollten.

Als weiteren Schritt erstellte Dr. Wrede offizielle Entlassungspapiere für seine Patienten, während er sie heimlich in einem zur Tarnung errichteten Nervensanatorium, sowie in der Ökonomie, anderen

---

195 Ebd.
196 Ebd.

Standorten der barmherzigen Schwestern von Untermarchtal oder bei Verwandten und Angehörigen der Kranken versteckte.

Durch den rastlosen und mutigen Einsatz konnten einige Patienten des Rottenmünsters gerettet werden. Wie viele Menschenleben letztendlich bewahrt wurden, ist heute leider kaum noch nachzuvollziehen. Doch das Risiko, in welches sich der ärztliche Direktor und seine Unterstützer begaben, kann man sich auch heute noch vorstellen. Sie brachten ihr Leben in Gefahr, um das Leben ihrer Schützlinge zu retten.

Nach seinem Kampf gegen das Euthanasieprogramm unterstützte Dr. Wrede nachweislich auch ein anderes Projekt des zivilen Widerstandes.

Am 20. Juli 1944 gab es einen Anschlag auf Adolf Hitler, auch bekannt als „Unternehmen Walküre"[197], mit dem Ziel, diesen zu töten und den nationalsozialistischen Terror zu beenden. An der Planung des Anschlages waren Militärangehörige, Politiker und Adlige beteiligt.

Der Politiker Joseph Ersing[198] war Teil dieser Gruppe und informierte Dr. Wrede über das geplante Vorgehen, wie aus seinem Schreiben hervorgeht:

„Zu den Menschen, die ich über diese Vorgänge und Absichten informierte, gehörte auch der Herr Direktor Dr. Wrede. Obwohl es sehr gefährlich war, über diese mit grösster Heimlichkeit geführten Vorgänge zu sprechen, habe ich es getan, weil ich aus Gesprächen, die ich mit Herrn Dr. Wrede führte, den Eindruck gewann, er hat genau wie ich denselben Wunsch den Nationalsozialismus so rasch wie möglich zu beseitigen."[199]

Auf Ersings Anfrage unterstützte Wrede den Widerstand, indem er *„für diesen Zweck 1000 M[ar]k zur Verfügung stellte."*[200]

Als der Anschlag jedoch scheiterte, da Hitler durch die von Stauffenberg angebrachte Sprengladung nur leicht verletzt worden war, wurde eine größere Zahl von Herren verhaftet, die mit Dr. Goerdeler, dem damaligen Oberbürgermeister von Leipzig, in Verbindung standen. Joseph Ersing fühlte sich nicht mehr sicher und versteckte sich deshalb im Rottenmünster. *„Wo ich von Herrn Dr. Wrede aufgenommen wurde. Trotz dieser Vorsichtsmaßnahme erfuhr die Gestapo meinen Aufenthalt und ich wurde am 5. Oktober 1944 in Rottenmünster festgenommen."*[201]

Nach Kriegsende wurden im Grafeneck-Prozess (1947–1949) die Verantwortlichen für die Euthanasie-Morde an den Rottweiler Patienten zur Rechenschaft gezogen. Dabei wurde auch Dr. Wrede als Zeuge angehört. Dr. Wrede leitete die Heil- und Pflegeanstalt Rottenmünster noch bis 1965. Für sein mutiges Verhalten in der Zeit des NS-Regimes erhielt er 1975 die Martinus-Medaille der Diözese Rottenburg, überreicht durch Bischof Dr. Georg Moser. Bis zu seinem Tod im November 1978 wohnte er im Rottenmünster.

Quellen

Diözesanarchiv Rottenburg G 1.1, F 2.4 k (Über die Tötung Geisteskranker durch Organe des NS-Staates in den Jahren 1940–1942 von Dr. Josef Wrede 1945)

Landesarchiv Baden-Württemberg Abt. 6 Staatsarchiv Sigmaringen Wü 13 T2 Nr.1738/031 (Entnazifizierungsakte und Unterlagen zu Dr. Josef Wrede 1947/48)

Stadtarchiv Rottweil Bestand E 30/1F (Kennkarte/carte d'identité von Dr. Josef Wrede)

Stadtarchiv Rottweil Bestand J Foto-Archiv (Luftfotografie der Heil- und Pflegeanstalt Rottenmünster um 1960)

---

197 Ursprünglich war dies ein 1941 von der deutschen Wehrmacht entwickelter Plan zur Unterdrückung von Aufständen im nationalsozialistischen Reich.
198 Joseph Ersing (1882–1956), Zentrumspolitiker und Gegner des NS-Regimes. Nach dem Krieg Mitgliedschaft in der CDU im Land Württemberg-Baden.
199 Staatsarchiv Sigmaringen Wü 13 T2 Nr. 1738/031.
200 Ebd.
201 Ebd.

Von Andreas Linsenmann

Als die Franzosen kamen: Kriegsende 1945

Abb. 137:
Das Alte Rathaus
© Stadtarchiv Rottweil Bestand J Fotoarchiv

Drei Flaggen flattern am Alten Rathaus: Das US-amerikanische „Sternenbanner", die französische Trikolore und daneben, wie Aufnahmen aus einer anderen Perspektive zeigen, der britische „Union Jack". An diesem Bilddokument wird der fundamentale Umbruch des Frühjahrs 1945 ablesbar: Alliierte Truppen hatten Deutschland besetzt, am 7. Mai kapitulierte die Wehrmacht in Reims, tags darauf in Berlin und am 5. Juni 1945 übernahmen die Oberbefehlshaber der vier Hauptsiegermächte die oberste Regierungsgewalt in Deutschland. Rottweil lag in der französischen Besatzungszone – wie dies auf der Fotografie auch das Schild mit der Aufschrift „Gouvernement Militaire" verdeutlicht.

Vorangegangen waren dramatische Wochen: Ende März 1945 hatten amerikanische und französische Armeeeinheiten zwischen Mannheim und Karlsruhe den Rhein erreicht. Damit begann die teils mit schweren Kämpfen verbundene alliierte Besetzung Südwestdeutschlands. Am 2. April nahmen die Franzosen Bruchsal ein, am 4. Karlsruhe, am 9. Pforzheim. Elf Tage später endete das „Dritte Reich" auch in Rottweil.

Dass dies gerade auf „Führers Geburtstag", ein stets als Ausweis glücklicher Fügung gefeiertes Datum im nationalsozialistischen Fest-Kalender fiel, entbehrt nicht einer gewissen Ironie. Ein sonniger Frühlingstag sei er gewesen, dieser 20. April 1945, an dem von Norden und Westen gepanzerte Einheiten der 1. Französischen Armee in die Stadt einfuhren, erinnerte sich in einem Zeitungsbeitrag ein Augenzeuge.

Auf starke Gegenwehr stießen die einrückenden Truppen nicht. Angesichts der erbitterten Schlacht um Crailsheim und der Härte, mit der die Franzosen kurz zuvor in Freudenstadt gegen Widerstände vorgegangen waren, wollte kaum jemand mehr sein Leben in einem offensichtlich sinnlosen Kampf aufs Spiel setzen. Zudem dürfte den Verteidigern kaum entgangen sein, dass am Morgen des 20. April der Ortskern des benachbarten Zimmern ob Rottweil in Flammen aufgegangen war.

So blieb Rottweil, das seit Herbst 1944 immer wieder Ziel von Fliegerangriffen auch mit Todesopfern gewesen war, eine verheerende Beschießung erspart. Bei den unter anderem am Kriegsdamm errichteten Panzersperren war der „Volkssturm" spät, aber noch rechtzeitig abgerückt. Nach dem Willen des Regimes hätten sich alte und teils noch halbwüchsige junge Männer ab dem Jahrgang 1928 dem Feind mit völlig unzulänglicher Bewaffnung entgegenstellen sollen. Dennoch kam es zu Kampfhandlungen mit Todesopfern und Verwundeten. So blutig wie etwa bei Balgheim, wo fanatisierte Hitler-Jungen versuchten, vorrückende französische Panzer aufzuhalten, war die Bilanz im Raum Rottweil indes nicht.

Am Tag nach dem Einmarsch verdeutlichte neben den Flaggen der Westalliierten am Alten Rathaus eine lange Reihe von Panzern in der Hochbrücktorstraße, wer nun das Sagen hatte. Im Rottenmünster wurde ein französisches Lazarett eingerichtet, in der Kriegsdammschule und der rasch restlos überfüllten Predigerkirche wurden immer neue Scharen ausgehungerter, erschöpfter deutscher Kriegsgefangener untergebracht, die dort, wie sie in einer Inschrift in der Orgel der Nachwelt übermittelten, „bittere Stunden" erlebten. Für zahllose Zwangsarbeiter aus Osteuropa brachte die Besetzung hingegen die Freiheit. Tragischerweise kamen mehr als 100 Russen ums Leben, als sie dies mit dem Genuss von Methylalkohol feiern wollten.

Über einem anderen Kapitel lag lange ein tabuisierendes Schweigen: Im Zusammenhang mit der Besetzung kam es zu Plünderungen, Übergriffen und Gewalt – insbesondere gegen Frauen. Wie die Konstanzer Historikerin Miriam Gebhardt in einer 2015 erschienenen Studie[202] gezeigt hat, wurden Vergewaltigungen von Angehörigen aller Besatzungsmächte verübt. Das Ausmaß war unterschiedlich, aber dass nur Soldaten der Roten Armee vergewaltigt hätten, ist eine durch die Lagerbildung des Kalten Kriegs verzerrte Sichtweise.

Zum Gesamtbild gehört freilich, dass Vergewaltigungen Verstöße gegen die militärische Disziplin darstellten und Offiziere dem trotz der teils chaotischen Zustände vielfach entgegentraten – zum Beispiel in Oberndorf am Neckar, wo es zur standrechtlichen Erschießung von Soldaten kam. Den betroffenen Frauen half dies indes kaum. Wie sich in diesem Fall und bei anderen Kriegen weltweit gezeigt hat, tragen sie die Erfahrungen von Angst, Schmerz und Demütigung als lebenslanges psychisches Gepäck mit sich.

Insgesamt ist der Schatten, den dieser Krieg auch auf die nachfolgenden Jahrzehnte geworfen hat, immens. Zwar stürzte die westdeutsche Gesellschaft, anders als nach dem Ersten Weltkrieg, nicht erneut in wirtschaftliche und politische Krisen ab, sondern kam in den Genuss eines breiten Wohlstands und einer gefestigten Demokratie. Viele mentale Wunden konnten in diesem Kontext mehr oder weniger heilen. Aber die Erfahrungen von Mangel, Verlust und Trauer haben sich tief eingegraben. Bemerkenswerterweise macht sich seit einigen Jahren gerade eine Generation, die den Krieg „nur" im Kindesalter erlebt hat, dieses über Generationen hinweg nachwirkende psychohistorische Erbe verstärkt bewusst.

Schon länger belegt ist ein anderes Phänomen: Dass sich viele Deutsche aufgrund der leidvollen Er-

---

202 Gebhardt, Miriam, Als die Soldaten kamen. Die Vergewaltigung deutscher Frauen am Ende des Zweiten Weltkriegs, München 2015.

6 DEMOKRATIE UND DIKTATUR

Abb. 138:
Bürgermeister Dr. Mederle
© Stadtarchiv Rottweil Bestand J Fotoarchiv

fahrungen mit Bombennächten, dem Einmarsch oder entbehrungsreichen Besatzungsjahren vor allem als Opfer dieses Krieges wahrnehmen. Diesem entlastenden Mechanismus einseitiger Bewertung hat der 2015 verstorbene Bundespräsident Richard von Weizsäcker in seiner Rede zum 40. Jahrestag des Kriegsendes 1985 mit unübertroffener Klarheit entgegengehalten, dass „nicht im Ende des Krieges die Ursache für Flucht, Vertreibung und Unfreiheit" zu suchen sei. Sie liege vielmehr „in seinem Anfang und im Beginn jener Gewaltherrschaft, die zum Krieg führte." „Wir dürfen", brachte es Weizsäcker, selbst Weltkriegs-Veteran, auf den Punkt, „den 8. Mai 1945 nicht vom 30. Januar 1933 trennen."

Den Zusammenhang zwischen dem von Deutschland entfachten Eroberungs- und rassischen Vernichtungskrieg und der von breiten Teilen der Bevölkerung mitgetragenen nationalsozialistischen Ideologie hatte auch die Besatzungsmacht im Blick, als sie kurz nach dem Einmarsch erste Entnazifizierungsmaßnahmen einleitete. 146 Personen, die, wie die Franzosen dachten, den „nazistischen Bestandteil des Kreises" darstellten, wurden gefangengenommen und in der Mädchenrealschule an der Königstraße interniert. Ab November 1945 tagten Untersuchungsausschüsse für die Entnazifizierung von Verwaltung, Handel und Industrie. Bis Januar hatten sie 2787 Fälle geprüft und schlugen unter anderem 197 Rückstufungen, 99 Entlassungen und 33 Amtsenthebungen vor.

Im öffentlichen Leben gab es einige Wochen nach dem Einmarsch Anzeichen einer gewissen Normalisierung. So genehmigte die Besatzungsmacht die Fronleichnamsprozession am 8. Juni 1945. Im Jahr zuvor war sie von den dem Katholizismus ablehnend gegenüberstehenden NS-Dienststellen wegen angeblicher Gefahren durch Luftangriffe untersagt worden.

Bereits für den 2. Juni 1945 vermerken französische Quellen ersten Schulunterricht in Rottweil, am selben Tag wurden auch die Kindergärten wieder geöffnet. Durch die Ernennung von Dr. Franz Mederle zum neuen Bürgermeister (1945–1946) der Stadt Rottweil und von Hans Ableitner zum neuen Landrat stellte die Besatzungsmacht auch die Weichen für die weitere politische Entwicklung in Rottweil.

Quellen

Stadtarchiv Rottweil Oa 115 (Journal officiel du Commandement en Chef Français en Allemagne; ordonnances, arrêtés et réglements, décisions règlementaires décisions, circulaires, avis, communications, informations, annonces légales)

Archiv- und Kulturamt des Landkreises Rottweil (Hrsg.), Chronique du cercle de Rottweil depuis le 27 avril 1945 jusqu'au 30 septembre 1949. Chronik des Kreises Rottweil vom 27. April 1945 bis zum 30. September 1949, Rottweil 2000.

Gebhardt, Miriam, Als die Soldaten kamen. Die Vergewaltigung deutscher Frauen am Ende des Zweiten Weltkriegs, München 2015.

Hecht, Winfried, Rottweil 1802–1970. Von der Reichsstadt zur Großen Kreisstadt, Rottweil 1997.

Linsenmann, Andreas, Als die Franzosen kamen. Das Kriegsende in Rottweil vor 70 Jahren, in: NRWZ vom 28.03.2015, S. 10.

1946: Eine Frau der ersten Stunde – politisch und sozial engagiert
Dr. Gertrud Metzger, geb. Schünemann

Von Cornelia Votteler

Seit dem 20. April 1945 hatte in Rottweil das französische Militär das Sagen. Doch schon zum 1. Januar 1946 wurde es in Württemberg-Hohenzollern wieder möglich, in aller Form Parteien zu gründen. KPD, SPD und CDU wurden am 18. März zugelassen, die DVP erhielt ihre Zulassung von der Besatzungsmacht im Juli 1946. Im September und Oktober fanden erstmals demokratische Wahlen auf Stadt-, Kreis und Landesebene statt.

Die Stadt Rottweil entsandte Rechtsanwalt Lorenz Bock, Bürgermeister Arnulf Gutknecht (1946 – 1965), Karl Gengler und Dr. Franz Mussler für die CDU, Wilhelm Huck und Frau Dr. Gertrud Metzger für die SPD und Dr. Wilhelm Diem für die DVP in die Kreisversammlung. Am 17. November 1946 wurde die beratende Landesversammlung für Württemberg-Hohenzollern indirekt durch die Gemeinderäte der Städte mit mehr als 7000 Einwohnern und die Kreisversammlungen gewählt. Rottweil war in der Landesversammlung in Bebenhausen mit Lorenz Bock, Karl Gengler und Dr. Gertrud Metzger vertreten, die zu Wegbereitern der jungen Demokratie wurden.

Dr. Gertrud Metzger, Dora Schlatter (CDU) und Luitgard Schneider (CDU) waren die einzigen Frauen in dem insgesamt 66 Mitglieder umfassenden Gremium, das eine Landesverfassung für das neu gebildete Land Württemberg-Hohenzollern ausarbeiten sollte.

Gertrud Berta Metzger wurde am 14. März 1908 in Steglitz als Tochter von Rebekka und Max Otto Schünemann, Kaufmann und Vizekonsul in Täbris, geboren. Vom fünften Lebensjahr an wurde sie von einem deutschen Hauslehrer in Täbris (damals Persien) unterrichtet. Als der Erste Weltkrieg ausbrach, kehrte ihre Mutter mit den Kindern nach Deutschland zurück. Hier besuchte Gertrud Metzger verschiedene höhere

Abb.139:
Dr. Gertrud Metzger
© Stadtarchiv Rottweil Bestand J Fotoarchiv

Schulen in Berlin, Walsrode und Celle, wo sie 1926 ihr Abitur ablegte. Ihr Vater war wieder nach Täbris übergesiedelt, um seine durch den Krieg zerstörte Existenz neu aufzubauen. Wegen geschäftlicher Rückschläge und Devisenschwierigkeiten des Vaters konnte sie nicht sofort mit dem Studium beginnen, sondern arbeitete zunächst als Bürohilfe in Hannover. Neben ihrer beruflichen

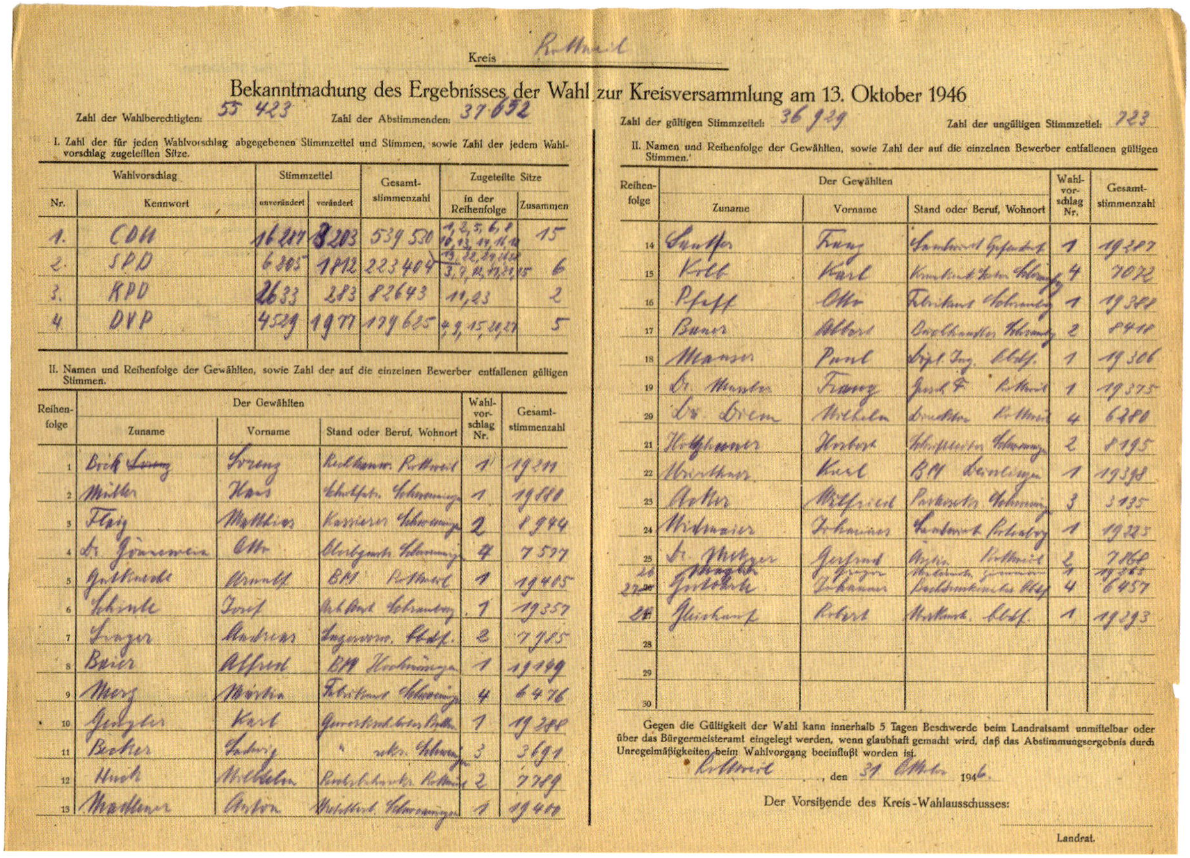

Kreis Rottweil

Bekanntmachung des Ergebnisses der Wahl zur Kreisversammlung am 13. Oktober 1946

Zahl der Wahlberechtigten: 55 423 Zahl der Abstimmenden: 37 652

Zahl der gültigen Stimmzettel: 36 929 Zahl der ungültigen Stimmzettel: 723

I. Zahl der für jeden Wahlvorschlag abgegebenen Stimmzettel und Stimmen, sowie Zahl der jedem Wahlvorschlag zugeteilten Sitze.

Wahlvorschlag		Stimmzettel		Gesamtstimmenzahl	Zugeteilte Sitze	
Nr.	Kennwort	unverändert	verändert		in der Reihenfolge	Zusammen
1.	CDU	16 217	8 203	539 530	1, 2, 5, 6, 8, 10, 13, 14, 16, 18, 19, 22, 24, 26, 28	15
2.	SPD	6 805	1 812	223 404	3, 7, 12, 17, 21, 25	6
3.	KPD	2 633	283	82 643	11, 23	2
4.	DVP	4 529	1 977	179 625	4, 9, 15, 20, 27	5

II. Namen und Reihenfolge der Gewählten, sowie Zahl der auf die einzelnen Bewerber entfallenen gültigen Stimmen.

Reihenfolge	Der Gewählten: Zuname	Vorname	Stand oder Beruf, Wohnort	Wahlvorschlag Nr.	Gesamtstimmenzahl
1	Bock ~~Lorenz~~	Lorenz	Rechtsanw. Rottweil	1	19 211
2	Müller	Hans	[illegible] Schwenningen	1	19 880
3	Flaig	Matthias	Kassierer Schwenningen	2	8 944
4	Dr. Gönnenwein	Otto	Oberbgmstr. Schwenningen	4	7 577
5	Gutknecht	Arnold	BM Rottweil	1	19 405
6	Schinle	Josef	[illegible] Schramberg	1	19 357
7	Binzer	Andreas	[illegible] Obdf.	2	7 985
8	Baier	Alfred	BM [illegible]	1	19 149
9	Merz	Martin	Fabrikant Schwenningen	4	6 476
10	Gengler	Karl	[illegible]	1	19 288
11	Becker	Ludwig	" sekr. Schwenningen	3	3 691
12	Huck	Wilhelm	[illegible] Rottweil	2	7 789
13	Madlener	Anton	[illegible] Schwenningen	1	19 400
14	Sautter	Franz	Landwirt [illegible]	1	19 287
15	Kolb	Karl	[illegible] Schramberg	4	7 072
16	Pfaff	Otto	Fabrikant Schramberg	1	19 388
17	Bauer	Albert	Buchhändler Schramberg	2	8 418
18	Manser	Paul	Dipl. Ing. Obdf.	1	19 306
19	Dr. Mauler	Franz	[illegible] Rottweil	1	19 375
20	Dr. Diem	Wilhelm	Direktor Rottweil	4	6 280
21	Holzhauer	Herbert	Schriftleiter Schwenningen	2	8 195
22	Wirthwein	Karl	BM [illegible]	1	19 398
23	Aulter	Wilfried	Parteisekr. Schwenningen	3	3 135
24	Widmaier	Johannes	Landwirt [illegible]	1	19 325
25	Dr. Metzger	Gertrud	Ärztin Rottweil	2	7 868
~~26~~	~~[illegible]~~	~~[illegible]~~	~~[illegible]~~	~~1~~	~~19 265~~
27 ~~26~~	Gutekunst	Johannes	[illegible] Obdf.	4	6 457
28 ~~27~~	Gleichauf	Robert	[illegible] Obdf.	1	19 293
28					
29					
30					

Gegen die Gültigkeit der Wahl kann innerhalb 5 Tagen Beschwerde beim Landratsamt unmittelbar oder über das Bürgermeisteramt eingelegt werden, wenn glaubhaft gemacht wird, daß das Abstimmungsergebnis durch Unregelmäßigkeiten beim Wahlvorgang beeinflußt worden ist.

Rottweil, den 31. Oktober 1946.

Der Vorsitzende des Kreis-Wahlausschusses:

Landrat.

Abb. 140:
Ergebnisse Wahl
der Kreisversammlung 1946
© Kreisarchiv Rottweil A III Ro
1082,2

Tätigkeit legte sie im Auftrag der Notgemeinschaft der Deutschen Wissenschaft eine Kartothek an.

Erst 1929 konnte sie in Berlin als Werkstudentin ihr Medizinstudium beginnen und bestand 1932 das Vorexamen. An der Universität Berlin erlebte sie noch die Vorlesungen von Prof. Dr. med. Ferdinand Sauerbruch, allerdings forderten ihre Kommilitonen bereits lautstark „Frauen raus!“. Unbeirrt von solchen Forderungen setzte sie ihr Studium 1933 und 1934 in Freiburg und Köln fort. 1935 heiratete sie Dipl.-Ing. Walter Metzger aus Rottweil; aus der Ehe gingen zwei Kinder hervor. Nach einer längeren Pause, auch aus gesundheitlichen Gründen, nahm sie ihre Studien im Sommersemester 1943 in Tübingen wieder auf und wurde 1945 promoviert. Sie arbeitete als Ärztin in der Gynäkologie in Pforzheim und Freudenstadt.

Neben den Aufgaben als Ärztin, Hausfrau und Mutter war sie mit großem Engagement politisch tätig. 1946 wurde sie Mitglied der Internationalen Frauenliga für Frieden und Freiheit und im gleichen Jahr Parteimitglied der SPD.

Zwischenzeitlich hatte die Familie ihren Wohnsitz in Rottweil und als Frau der ersten Stunde wurde sie am 13. Oktober 1946 für die SPD in die Kreisversammlung gewählt. Die im Kreisarchiv Rottweil erhaltenen Protokolle des Kreistages aus den Jahren 1946 bis 1948 zeigen, dass sie ihre Meinung auch gegen die in der Überzahl vertretenen Männer deutlich machte. Immer wieder hat sie sich vor allem für die sozialen Belange der Bürger und für Frauenfragen eingesetzt.

Am 18. Mai 1947 wurde der erste Landtag des Landes Württemberg-Hohenzollern gewählt; Gertrud Metzger

1946: Eine Frau der ersten Stunde – politisch und sozial engagiert Dr. Gertrud Metzger, geb. Schünemann

Kreis Rottweil a. N.

Sitzordnung der Kreisversammlung

		erhaltene Stimmen	Parteizugehörigkeit
1	Müller Hans, Schuhfabrikant, Schwenningen a.N.	19 880	CDU
2	Gutknecht Arnulf, Bürgermeister, Rottweil	19 405	CDU
3	Madlener Anton, Metallarbeiter, Schwenningen	19 400	CDU
4	Würthner Karl, Bürgermeister, Deißlingen	19 398	CDU
5	Pfaff Otto, Fabrikant, Schramberg	19 388	CDU
6	Mußler Dr. Franz, Geschäftsführer d. Ind. u. Handelskammer, Rottweil	19 375	CDU
7	Schinle Josef, Nebenstellenleiter d. Arbeitsamts Schramberg	19 357	CDU
8	Mauser Paul, Dipl. Ingenieur, Oberndorf	19 306	CDU
9	Gleichauf Robert, Werkmeister, Oberndorf	19 293	CDU
10	Gengler Karl, Gewerkschaftsleiter, Rottweil	19 288	CDU
11	Sauter Franz, Land- und Gastwirt, Epfendorf	19 287	CDU
12	Mager Gregor, Malermeister, Zimmern o.R.	19 263	CDU
13	Widmaier Johannes, Landwirt, Rötenberg	19 225	CDU
14	Bock Lorenz, Rechtsanwalt Rottweil	19 211	CDU
15	Baier Alfred, Bürgermeister, Hochmössingen	19 149	CDU
16	Fleig Matthias, Kassierer i.r.u. Gemeinderat Schwenningen	8 944	SPD
17	Bauer Albert, Buchhändler u. Gemeinderat, Schramberg	8 418	SPD
18	Holtzhauer Herbert, Betriebswirt. u. Schriftleiter, Schwenningen	8 195	SPD
19	Singer Andreas, Lagerverwalter u. Gemeinderat, Oberndorf	7 985	SPD
20	Metzger Dr. Gertrud, Ärztin u. Hausfrau, Rottweil	7 868	SPD
21	Huck Wilhelm, Reichsbahnsekretär a.D., Rottweil	7 789	SPD
22	Gönnenwein Dr. Otto, Oberbürgermeister, Schwenningen	7 577	DVP
23	Kolb Karl, Krankenkassenleiter, Schramberg	7 072	DVP
24	Merz Martin, Fabrikant, Schwenningen	6 476	DVP
25	Gütöhrle Johannes, Buchdruckereibesitzer, Oberndorf	6 457	DVP
26	Diem Dr. Wilhelm, Direktor, Rottweil	6 280	DVP
27	Becker Ludwig, Gewerkschaftssekretär, Schwenningen	3 691	KPD
28	Acker Wilfred, Parteisekretär, Schwenningen	3 135	KPD

Abb. 141:
Sitzordnung der Kreisversammlung
© Kreisarchiv Rottweil A III Ro 1082,4

war zunächst nicht unter den Abgeordneten. Sie zog erst am 9. Dezember 1947 als Nachrückerin ein. Von den 60 Mitgliedern waren 58 Männer; die einzigen Frauen waren Gertrud Metzger und Margarete Fischer-Bosch von der DVP. Bis zu seiner Auflösung im Jahr 1952 gehörte Gertrud Metzger dem Landtag an. Sie war tätig im kulturpolitischen Ausschuss, im Geschäftsordnungs- und Petitionsausschuss, im Sonderausschuss für das Schulgesetz und im Finanzausschuss. Klar, aufrecht und deutlich hat sie ihren Standpunkt vertreten, sich für soziale Ausgewogenheit eingesetzt. Die Zeiten waren schwer für Frauen, die sich politisch betätigten, und es waren viele Vorurteile und Widerstände zu überwinden. In Carlo Schmid und Fritz Erler fand sie verständnisvolle Weggefährten und Fürsprecher, gerade bei ihrer Nominierung für den Finanzausschuss. Mit den beiden führenden Sozialdemokraten verband sie eine gute Bekanntschaft. Ein großes Anliegen war Metzger die Gleichberechtigung der Frau – sie machte sich stark für die Frauenbewegung, hielt dazu Vorträge und Referate, sie wollte als Frau für die Frauen da sein.

Groß war auch ihr soziales Engagement. Als engagiertes Mitglied der Arbeiterwohlfahrt Rottweil war sie von 1977 bis 1981 in dessen Vorstand tätig.

1978 besuchte sie das von Albert Schweizer gegründete Urwaldhospital in Lambarene und erzählte nach ihrer Rückkehr von dem großen Elend in Äquatorialafrika. Brillen seien wegen der Armut der Menschen unerschwinglich; zusammen mit dem „Schwarzwälder Bote" startete sie die Aktion „Brillen für Lambarene". Innerhalb kürzester Zeit kamen knapp 600 Brillen zusammen, die in neun Paketen verpackt von Dr. Metzgers Schwiegersohn Achim Kratz, damals Repräsentant der Europäischen Gemeinschaft in Gabun, an Dr. Andreas Steiner, dem Albert Schweitzer-Nachfolger in Lambarene, übergeben wurden. Ein herzliches Dankesschreiben aus Gabun erreichte bald die Initiatorin, die kurze Zeit später eine weitere Aktion startete: Spielzeug für den Kindergarten des Urwaldkrankenhauses. Und wieder konnten viele Pakete den Weg nach Afrika antreten.

Die engagierte Ärztin, die von 1965 bis 1973 am Gesundheitsamt Rottweil tätig war, überzeugte Sozialdemokratin und Feministin, wie sie sich selbst einmal bezeichnete, ist am 26. Januar 1993 verstorben. Sie hatte ihre letzten Lebensmonate bei ihrer in Belgien lebenden Tochter verbracht. Beerdigt wurde sie auf dem Stadtfriedhof Rottweil.

Quellen

Kreisarchiv Rottweil, A III Ro 1082,2 und 4 (Unterlagen Kreisversammlung)
Stadtarchiv Rottweil Zb 4 (Schwarzwälder Volksfreund)
Stadtarchiv Rottweil Zb 5 (Schwarzwälder Bote)
Universitätsbibliothek Tübingen, UM 3212 (mss. Lebenslauf Dr. Gertrud Metzger, beigefügt der Dissertation „Medizinische Photographie mit »Agfa Spektralplatten«.")

Hecht, Winfried, Rottweil 1802 bis 1970. Von der Reichsstadt zur Großen Kreisstadt, Rottweil 1997.
Ders., 100 Jahre SPD Rottweil 1909 bis 2009, Rottweil 2009.
Landtag Baden-Württemberg/Landeszentrale für politische Bildung Baden-Württemberg (Hrsg.)/Hochreuther, Ina, Frauen im Parlament. Südwestdeutsche Parlamentarierinnen von 1919 bis heute, Stuttgart ³2012.
Sander, Susanne, Karrieren und Barrieren. Landtagspolitikerinnen der BRD in der Nachkriegszeit von 1946 bis 1960, Königstein/Taunus 2004.

7 WIRTSCHAFT UND INDUSTRIE

Die Königliche Saline Wilhelmshall 1824–1969. Der erste große Industriebetrieb Rottweils

Von Martina van Spankeren-Gandhi

Im Zuge der Industrialisierung entstehen im Königreich Württemberg Anfang des 19. Jahrhunderts zahlreiche Salinen. Nachdem man im Großherzogtum Baden, im nahen Bad Dürrheim, schon 1822 auf Salz gestoßen ist, beauftragt der württembergische König Wilhelm I. (1816–1864) den Geologen und Bergrat Friedrich August von Alberti, auch in Rottweil nach Salzvorkommen zu suchen, um die wirtschaftliche Lage im ländlichen Raum auf diese Weise zu verbessern.

Friedrich August von Alberti – Geologe, Paläontologe und Altertumsforscher

Friedrich August von Alberti, geboren am 4. September 1795 in Stuttgart, ist schon früh mit Rottweil verbunden. Einen Teil seiner Schullaufbahn absolviert er in Rottweil, wo sein Vater als württembergischer Offizier eine Zeit lang stationiert ist.

Während seiner Tätigkeit als Salinenverwalter in Rottweil (1822–1853) ist er Mitbegründer des 1832 ins Leben gerufenen „Verein zur Aufsuchung der Alterthümer in der Gegend von Rottweil" und an der Ausgrabung des Orpheus-Mosaiks beteiligt. 1836 wird von Alberti zum Bergrat ernannt, entwickelt den geologischen Begriff der Trias und ist heute auch durch seine wissenschaftlichen Veröffentlichungen zur Geologie sowie seine paläontologische Sammlung im staatlichen Museum für Naturkunde in Stuttgart bekannt. Nach seiner Stellung in Rottweil leitet er unter anderem das Salzbergwerk in Friedrichshall, bevor er am 12. September 1878 in Heilbronn stirbt.

Die Siedesalzgewinnung

Im Jahr 1823 ordnet Friedrich August von Alberti eine erste Probebohrung in Schwenningen an und leitet die Saline Wilhelmshall Schwenningen-Rottweil als Salinenverwalter.

Abb. 142:
Friedrich August von Alberti
© Stadtarchiv Rottweil Bestand J Fotoarchiv

Abb. 143:
Luftbild der Saline Wilhelmshall mit den Laborantenhäusern (im linken unteren Viertel) und den zwei Lagerhäusern (rechts oben)
© Stadtarchiv Rottweil Bestand J Fotoarchiv

7 WIRTSCHAFT UND INDUSTRIE

Als man bei der ersten Tiefenbohrung in Rottweil am 14. April 1824 in 114 Metern Tiefe auf Salz stößt, läuten alle Glocken und das „grobe Geschütz" wird abgefeuert. In kürzester Zeit entsteht in Rottweil die erste Industrieanlage, lange vor der Pulverfabrik des Max von Duttenhofer.

Auf der Anhöhe zwischen Neckar und Prim wächst in den folgenden Jahren die Königliche Saline Wilhelmshall mit drei Siedehäusern, bestehend aus jeweils zwei großen Siedepfannen und Darren sowie einer Schmiede und einem Verwaltungsgebäude, Stallungen und Werkstätten. Die sechs Solebehälter sichern den ununterbrochenen Siedeprozess bis zur Schließung 1969. Die Planung für die zum Teil einzigartigen Gebäude liegt weitgehend in den Händen des Salinen- und Kreisbaumeisters Carl Friedrich Stock (1780 – 1844).

Die zahlreichen Bohrhäuser an der Prim dienen der eigentlichen Soleförderung. Durch die Bohrlöcher kann Grundwasser in die Salzschicht eintreten und das Salz lösen. Mittels Pumpen, die durch Wasserräder angetrieben werden, wird die entstandene Sole auf die Saline gepumpt, wo sie in den Becken der Solebehälter bevorratet wird. Von dort aus rinnt die Sole stetig in die Siedehäuser und wird in mehreren Arbeitsschritten zu Salz weiterverarbeitet. So werden in den 145 Betriebsjahren rund 800.000 Tonnen Salz gewonnen und – mit Steuern belegt – vermarktet.

Die Arbeit in den Siedehäusern ist anstrengend und der Arbeitstag dauert zeitweilig zwölf Stunden, aber im Gegensatz zur Landwirtschaft ist das Einkommen gut und sicher. Zahlreiche Anekdoten und die „Salzkrone" zu Ehren des Königs lassen auf eine strenge Disziplin unter den bis zu 80 Arbeitern schließen, zeugen aber auch von Feierlichkeiten nicht nur zum Geburtstag des Königs.

Das in Schwenningen und Rottweil gewonnene Salz wird vor allem in die Schweiz geliefert. Die höchste Tagesproduktion wird im Jahr 1837 mit 9422 Tonnen Salz gemeldet. Schon 1836 trifft die Schweiz in Basel auf eigene Salzlagerstätten und gewinnt in immer größerem Maß eigenes Salz. 1865 muss das Werk in Schwenningen geschlossen werden, weil die Sättigung der Sole geringer ist als in dem Rottweiler Werk und die Siedesalzgewinnung dort unwirtschaftlich wird.

Vergeblicher Bergbauversuch und Niedergang der Saline

Um Kosten zu sparen, bemüht sich Alberti acht Jahre lang um einen bergmännischen Abbau des Salzes unter Tage beim Stallberg. Wegen wiederholter Wassereinbrüche wird dieses Vorhaben jedoch vom königlichen Bergamt in Stuttgart verworfen.

Nachdem die Schweiz nach und nach als Abnehmer von Salz völlig wegbricht, verliert auch die Rottweiler Saline an Bedeutung, kann aber durch die Gewinnung neuer Abnehmer (Industriesalz) zunächst die Stilllegung abwenden. In den Folgejahren scheitern verschiedene Pläne zur Modernisierung, sodass die Saline Wilhelmshall, seit 1924 privatisiert, unrentabel wird und schließlich im März 1969 geschlossen wird.

Der Abriss der Anlage folgt sofort. In dem neuen Industriegebiet „Auf der Saline" werden Firmen angesiedelt und so neue Arbeitsplätze geschaffen. Nur einzelne Gebäude bleiben erhalten. So erwirbt der bekannte Bildhauer Erich Hauser (1930 – 2004) ein

Abb. 144:
Salinenarbeiter auf der Darre
© Förderverein Salinenmuseum Rottweil e. V. Foto: Wurst

Abb. 145:
Das untere Bohrhaus. Teil des Salinenmuseums
© Förderverein Salinenmuseum Rottweil e. V. Foto: Martina van Spankeren-Gandhi

Lagerhaus der ehemaligen Saline und nutzt es als Werkstatt und Atelier. Ein rechteckiger und ein runder Solebehälter werden unter Denkmalschutz gestellt und bleiben vor Ort, zwei „Rundbehälter" können nach Bad Dürrheim verkauft werden und beherbergen das dortige Fastnachtsmuseum „Narrenschopf". Auch die vier Doppelhäuser der kleinen Wohnsiedlung Wilhelmshall, die sogenannten Laborantenhäuser, können vor dem Abriss bewahrt werden.

Andenken

Einige interessierte Bürger sichern nach der Schließung Geräte und andere Objekte der ehemaligen Saline. Der 1975 gegründete Solebadverein macht es sich zur Aufgabe, die Sole, in Tradition der früheren öffentlichen Solbäder, wieder für die Bevölkerung nutzbar zu machen und die Geschichte der Rottweiler Saline museal aufzubereiten. 1981 eröffnen die Vereinsmitglieder das Salinenmuseum im unteren Bohrhaus, das durch den zwei Jahre später in das Primtal versetzten „Rundbehälter" erheblich vergrößert werden kann.

Der Zweck des Solebadvereins erfüllt sich 1986: Das alte Hallenbad muss dringend ersetzt werden. Mit großer finanzieller Unterstützung des Vereins kann die Stadt Rottweil eine neue Bohrung in unmittelbarer Nähe zum unteren Bohrhaus niederbringen und die gewonnene Sole für das Erlebnisbad „Aquasol" und somit für die Bevölkerung nutzen.

Infolgedessen löst sich der Solebadverein auf und noch im selben Jahr wird der Förderverein Salinenmuseum Rottweil e.V. gegründet. Die Mitglieder des Fördervereins bauen das Museum auf ehrenamtlicher Basis weiter aus, kümmern sich um den Erhalt der alten Fördertechnik und erwerben neue Objekte. 2011 wird eine neue Ausstellung konzipiert und mit verschiedensten museumspädagogischen Angeboten die Erinnerung an das weiße Gold in Rottweil wach gehalten.

Fischer, Werner, 100 Jahre Wohnanlage Wilhelmshall, in: RHbll. 73/3 (2012) S.1–2.
Langbein, Wolfram, Das ehemalige Verwaltungsgebäude der Saline Wilhelmshall Rottweil, in: RHbll. 70/6 (2009) S. 3.
Raible, Karl, Die Rottweiler Sole. Ein Geschenk der Natur, Rottweil 1997.
Schulz, Günter, Die Saline Wilhelmshall bei Rottweil 1824–1969, Rottweil 1970 (Veröffentlichungen des Stadtarchivs Rottweil; 1).
Ders., Geschichte der ehemaligen Königlichen Saline Wilhelmshall bei Schwenningen am Neckar 1823–1865, Schwenningen 1967 (Schriftenreihe der Großen Kreisstadt Schwenningen am Neckar; 7).
Spankeren-Gandhi, Martina van, Die Schließung der Saline Wilhelmshall, in: RHbll. 75/2 (2014) S. 2–3.
Dies., Von Solebad und Salinenmuseum, in: RHbll. 80/2 (2019) S. 3.

Von Wolfgang Vater

1868: Die Lokomotive „Wilhelmsglück" fährt in Rottweil ein

Längst war die Hauptachse der königlich württembergischen Eisenbahn von Heilbronn über Bad Cannstatt und Ulm nach Friedrichshafen fertiggestellt, bis auch der obere Neckarraum seine Anbindung an das moderne Verkehrsmittel erhalten sollte. Als zeitverzögernd erwiesen hatten sich die Genehmigung der Durchfahrt durch preußisch-hohenzollerisches Gebiet und durch Durchstiche von Tunnels im Neckartal.

Am 30. August 1865 wurde der Baubeginn in gebührender Weise begangen. Ein feierlicher Festzug bewegte sich durch die Stadt, der Rottweiler „Jubiläumsfahne" folgten die Stadtkapelle, eine Abteilung der Feuerwehr, Mitarbeiter des Eisenbahnbauamtes sowie Handwerker mit ihren Emblemen und einem Modell des Autunnels.

Im November 1865 waren schon über 100 Arbeiter am zukünftigen Bahnhof Rottweil beschäftigt. Wegen des spürbaren Arbeitskräftemangels mussten zudem mehrere hundert Italiener angeworben werden. Dauerhafte Verdienstmöglichkeiten für Mechaniker und Schlosser boten sich bereits 1865, als in der neu errichteten Maschinenwerkstatt 200 zusätzliche Arbeitsplätze geschaffen wurden.

Mit der Weiterführung der Bahnverbindungen Richtung Tuttlingen und Schweiz beziehungsweise nach Villingen eröffnete sich die Chance zur Beherbergung von Übernachtungsgästen. So entschloss sich Ferdinand Rauch 1865, seine Gastwirtschaft „Zur Stadt" (Hauptstraße 22) zu verkaufen, um den Neubau einer „Restauration" am Bahnhof in Angriff zu nehmen.

Ein weiterer festlicher Anlass war der Durchbruch des Autunnels im Mai 1866: Rottweiler Bürger zogen mit Fackeln unter Begleitung der Stadtkapelle durch den Stollen. Getrübt wurde die Festfreude durch drei tödliche Unfälle während der Schachtarbeiten.

Die Eisenbahnverwaltung hielt es für angebracht, die unter schwierigsten Umständen Beschäftigten bei Laune zu halten. So wurde ihnen im Januar 1867 in mehreren Rottweiler Wirtschaften ein „Festschmaus" serviert. In der „Schwarzwälder Bürgerzeitung" war zu lesen: *„Mögen sich diese Männer, welche Maulwürfen gleich die Erde durchwühlend ihr mühevolles Leben zubringen, in Heiterkeit dieses Tages freuen!"*[203] Endlich 1868 war es dann so weit. Am 19. Juli um 12.00 Uhr fuhr dampfschnaubend die nach König Wilhelm I. von Württemberg (1816–1864) benannte Lokomotive „Wilhelmsglück", reichlich mit Fahnen, Bändern und „Waldgrün" geschmückt, im Bahnhof Rottweil ein.

Doch fand die eigentliche Eröffnungsfeier erst am 23. Juli statt. Schon am frühen Morgen wurde der Festtag mit Musik und Kanonensalven begrüßt. Um 10.00 Uhr stellte sich der Festzug am Rathaus auf mit Stadtkapelle, Feuerwehr, Turnverein, Männergesangverein und Konviktoren, dazu die Vertreter der Stadtverwaltung, der Handels- und Gewerbekammer sowie zahlreiche Bürger. Unter Hochrufen, Fahnenschwingen und den Klängen der württembergischen Königshymne wurde um 11.00 Uhr das „Dampfross" begrüßt. Zur Mittagszeit gab es ein Festmahl für geladene Gäste im Hotel Gassner bei dezenter Tafelmusik. Es folgten die obligaten pathetischen Reden im Stil der Zeit, so des Stadtschultheißen Johann Baptist Marx (1852–1887), des Abgeordneten Dr. Carl Friedrich Rheinwald, des Kaufmanns Uhl und des Buchdruckereibesitzers Rothschild. Einen Vorgeschmack dieser Redebeiträge vermittelt ein in der Zeitung veröffentlichtes Festgedicht:

---

203 Zit. nach Schwarzwälder Bürgerzeitung vom 27.1.1867.

1868: Die Lokomotive „Wilhelmsglück" fährt in Rottweil ein

„Sei uns gegrüßt, du Tag der Festeswonne, von Herzen tausendmal willkommen heut!"[204]

Was hingegen der Rottweiler Durchschnittsbürger empfand kam besser zum Ausdruck bei den schwäbischen Reimen eines unbekannten Zeitgenossen:

*Rei' ihr Baura, rei' ins Städtle, uf, ihr Burger, Weiber, Mädle
Älles lauf, was laufa ka, zur Rottweiler Eisebah.
Jörgle, laß dei' Hüetle wackla, Frider, tua dei' Räpple sattla,
Nimm am Arm dei' Annamarei, älles muaß heut' lustig sei.
Heut' no, i' hau's scho vernomma, heut' no kommt dur's Täle gronna
Volle Wäga, schö und groß, voarna draus a' fuirigs Roß.
Unser Städtle tuat ma' ziera und der Bahnhof ausstaffira
mit Bluamakränz und Tannareis, Schö' muaß sei' um älle Preis.
Ka' ma leicht uf Stuagert komma hot ma früah sei' Kärtle g'nomma,
Ka' ma Obeds, des ist fei', wieder in der Hoamed sei'.*

Hatte man in Rottweil schon immer den Eindruck, im toten Winkel des Königreichs Württemberg zu liegen, so schuf die Eisenbahn die Voraussetzung für den Anschluss an die große Welt von damals.

Quellen
Stadtarchiv Rottweil Zb 5 (Schwarzwälder Bürgerzeitung 1865–1869 passim).

📖

Hecht, Winfried, Rottweil 1802–1970. Von der Reichsstadt zur Großen Kreisstadt, Rottweil 1997.
Liebermann, Karl, Der Anschluss Rottweils an die Eisenbahn, in: RHbll. 34 (1973) Nr. 1.

Abb.146:
Das Rottweiler Bahnhofsgebäude
© Guntram Vater

---

204   Zit. nach Schwarzwälder Bürgerzeitung vom 24.7.1868.

Von Michael Rauschert

Max von Duttenhofer (1843 – 1903)

Wenn die Redensart „Er hat nicht gerade das Pulver erfunden!" zuträfe, dann hätte er das Pulver wirklich nicht erfunden.

Nach dem Wunsch des Vaters, der ab 1852 Teilhaber der späteren Pulverfabrik „Flaiz & Duttenhofer" war, sollte Max von Duttenhofer die Apotheke in der oberen Hauptstraße in Rottweil übernehmen. Tatsächlich schloss er nach dem Besuch des Gymnasiums in Rottweil und der Handelsschule in Frankfurt in Ulm eine Lehre zum Apotheker ab.

Da sein Interesse aber eher der Pulvermühle galt, absolvierte er eine chemische Zusatzausbildung am Polytechnikum in Stuttgart. Er heiratete die Tochter des Pulvermüllers Flaiz, der Teilhaber seines Vaters war. Diese Verbindung und das bei seinem Schwiegervater erlernte Wissen über die Pulverherstellung bildeten die Grundlage für das spätere Pulverimperium, in das er bereits 1863 nach dem frühen Tod seines Vaters und nach dem Rückzug seiner Mutter als 20-Jähriger einstieg. Nachdem sich auch der Schwiegervater Flaiz zurückgezogen hatte, übernahm Max von Duttenhofer 1870 das Unternehmen und wandelte dieses 1872 in eine Aktiengesellschaft um.

Der Anschluss Rottweils an die Bahn 1868 sorgte für eine bessere Versorgung der Fabrik und einen deutlich verbesserten Abtransport des Pulvers, was zu einer Verdopplung der Produktion innerhalb weniger Jahre führte. Die Fabrik im Neckartal erhielt 1877 zwei eigene Schienenstränge mit Segmentdrehscheibe, nachdem Max von Duttenhofer die Aufhebung des seit 1845 bestehenden Schienentransportverbotes für Pulver hatte durchsetzen können. Dies zeigt seinen bereits zum damaligen Zeitpunkt bestehenden Einfluss.

Der Balkan als ewiger Krisenherd sowie Kriege wie bspw. der Deutsche Krieg 1866, der Deutsch-Französische Krieg 1870/1871, der Russisch-Türkische Krieg 1877/1878 oder auch die Kolonialkriege waren mit ausschlaggebend für den Aufschwung. Aber auch nichtmilitärische Aufträge, u.a. wurde das Sprengpulver zum Bau der Gotthardbahn in der Schweiz 1874 aus Rottweil bezogen, trugen dazu bei.

Der Bau einer weiteren Pulverfabrik in Geesthacht bei Hamburg 1876/1877 brachte die Öffnung für den Export und Kontakte zur Marine und zum Militär. Das Grundstück „Düneberg", welches nur wenige Kilometer neben Alfred Nobels Grundstück lag, pachtete Max von Duttenhofer von Otto von Bismarck. Mit beiden pflegte er bis zu seinem Tod ein freundschaftliches Verhältnis.

Abb. 147:
Einweihung des Duttenhofer-Denkmals in Rottweil
© Stadtarchiv Rottweil Bestand J Fotoarchiv

Leiter dieser Fabrik im Norden wurde Max von Duttenhofers jüngerer Bruder Carl.

Auf Max von Duttenhofers Initiative hin schlossen sich die Rheinisch-Westfälischen Pulverfabriken, sein bis dahin größter Hauptkonkurrent, und die Fabrik Rottweil-Hamburg zu den Vereinigten Köln-Rottweiler Pulverfabriken zusammen. Diese Fusion, die Kooperation mit dem Geschützhersteller Krupp sowie die Expansion durch den Kauf und die Errichtung von Fabriken an Standorten in mehreren europäischen und außereuropäischen Ländern (z.B. in Russland, Japan und Brasilien) trugen im Weiteren zum großen wirtschaftlichen Erfolg bei. Ab 1888 kamen Geschäftsbeziehungen in Südafrika hinzu. So zeigt bspw. der Geschäftsbericht für 1894 einen Gesamtumsatz von über zehn Millionen Mark, wobei der Reingewinn bei fast vier Millionen Mark lag.

Der Durchbruch für diesen enormen Erfolg war Max von Duttenhofers Entwicklung des RCP (Rottweiler Chemisches Pulver) 1884, das derart raucharm war, dass es als rauchlos bezeichnet werden konnte und daher v.a. für den militärischen Gebrauch sehr interessant war.

Neben der Tätigkeit als Direktor der Pulverfabrik gründete Max von Duttenhofer eine Schaumweinfabrik in Rottweil und errichtete eine Gasfabrik. Des Weiteren betrieb er eine mehrere Hektar große Obstplantage.

Bis zu seinem Tod hatte Max von Duttenhofer 22 Aufsichtsrats- und Vorstandsposten inne. Zudem war er u.a. seit der Gründung des württembergischen Landesfischereiverbandes 1892 zehn Jahre lang dessen Vizepräsident sowie ab 1976 für 25 Jahre der Vorsitzende der Gewerbe- und Handelskammer Rottweil.

In Rottweil war Max von Duttenhofer der Erste, der ein Telefon besaß: die Anschlüsse 1, 2 und 3 waren seine. Auch war er der Erste, der in Rottweil ein Auto fuhr. Er war als Gründungsmitglied und Aufsichtsratsvorsitzender einer der drei Hauptaktionäre und wesentlich an der Daimler-Motoren-Gesellschaft AG seit ihrer Gründung 1890 beteiligt.

Auf Grund der württembergischen Gemeindeordnung besaß Max von Duttenhofer seit 1891 ein Vetorecht in Angelegenheiten des städtischen Haushalts, da er mehr als ein Viertel der in Rottweil erhobenen Gewerbesteuer bezahlte. Dies führte dazu, dass Max von Duttenhofer unter Androhung der Verlagerung seines Geschäftssitzes an seinen Wohnsitz Sulz am Neckar die Stadt Rottweil stellenweise erpresste, um seine Interessen durchzusetzen, was nicht immer den Beifall der Beteiligten fand.

Der Besuch König Wilhelms II. von Württemberg und dessen Frau Charlotte 1899 galt primär dem Großindustriellen Max von Duttenhofer und seiner Pulverfabrik und nicht der Stadt Rottweil. Außerdem war das Königspaar im Hause Duttenhofer zu Gast und nicht im städtischen Rathaus. Dies zeigt ebenfalls den enormen Einfluss Duttenhofers.

Neben zwölf hohen württembergischen, preußischen und ausländischen Orden erhielt Max von Duttenhofer die Ehrentitel „Kommerzienrat" (1881) und „Geheimer Kommerzienrat" (1888), die an angesehene und verdienstvolle Persönlichkeiten der Wirtschaft verliehen wurden. Durch die Verleihung des Ehrenkreuzes der Württembergischen Krone 1896 wurde Max Duttenhofer zu „Max von Duttenhofer" in den persönlichen Adelsstand erhoben.

Die Villa in der Rottweiler Königstraße trägt noch heute seinen Namen; ebenso die Straße zur ehemaligen Pulverfabrik, dem heutigen Gewerbepark Neckartal.

Quellen

Stadtarchiv Rottweil Bestand J Fotoarchiv und S Bestand Sammlungsgut
  (Unterlagen zur Pulverfabrik)

Gehring, Paul, Duttenhofer, Max von, in: NDB 4 (1959) S. 206–207.

Hecht, Winfried, Rottweil 1802–1970. Von der Reichsstadt zur Großen
  Kreisstadt, Rottweil 1997.

King, Stefan/Klos, Hermann (Hrsg.), Industriekultur im Neckartal Rottweil.
  Vom Pulver über Nylon zur gewerblichen Vielfalt, Freiburg 2012.

Kraus, Jörg, Für Geld, Kaiser und Vaterland. Max Duttenhofer, Gründer der
  Rottweiler Pulverfabrik und erster Vorsitzender der Daimler-Motoren-
  Gesellschaft, Heidelberg ²2014.

Rauschert, Michael, Max von Duttenhofer-130 Jahre rauchfreies Pulver,
  in: Orden und Ehrenzeichen 95 (Februar 2015) S. 21–29.

Schmid, Otto, Duttenhofer, Max Pulverfabrikant 1843–1903, in: Schwäbische Lebensbilder I, Stuttgart 1940, S. 114–124.

von Jochen Schicht

1984: Freie Energiestadt Rottweil. Stadtwerke-Direktor Siegfried Rettich macht die Stadt berühmt[205]

Abb. 148:
Urkunde „Freie Energiestadt Rottweil"
© Stadtarchiv Rottweil Bestand E 1000/50

Der 12. Mai 1984 ist ein bedeutsamer Tag in der jüngeren Geschichte Rottweils. Die „Gesellschaft für dezentralisierte Energie" verleiht der schwäbischen Kleinstadt als erster Kommune in Deutschland den Titel „Freie Energiestadt". Die Auszeichnung soll andere Städte motivieren, Energieverbrauch und Nachhaltigkeit in Einklang zu bringen. In jenen Jahren steht Umweltschutz ganz oben auf der gesellschaftlichen Agenda. Großes Thema ist das Waldsterben und die dafür verantwortliche Luftverschmutzung durch Industrie, Verkehr oder Heizsysteme.

Aus der westdeutschen Umwelt- und Anti-Atomkraftbewegung ist zu Beginn des Jahrzehnts die neue Partei DIE GRÜNEN hervorgegangen, welche 1983 erstmals in den Bundestag einzieht. Auch in Rottweil zählen Bürger, die sich im Bund für Umwelt- und Naturschutz (BUND), der Grün-Alternativen Liste (GAL) sowie einer Initiative namens „Freie Energiestadt Rottweil" engagieren, zu den Initiatoren der Ehrung. Passend dazu lesen sich die bei der Verleihung anwesenden auswärtigen Vertreter wie ein Who is Who Baden-Württembergischer Umweltaktivisten: „Bundschuh-Bewegung", „Initiative gegen das Waldsterben" und „Arbeitskreis Bedrohte Schöpfung".

Die Voraussetzungen für den Titel „Freie Energiestadt" liefert jedoch ein Mann, der jenseits jeglichen politischen Engagements das Thema „ressourcenschonende und dezentrale Energieversorgung" zu seinem Lebensinhalt erkoren hat: Siegfried Rettich, Direktor der Rottweiler Stadtwerke. Als Quereinsteiger ist der Technische Bundesbahninspektor seit 1970 im Amt und schafft es innerhalb weniger Jahre, der wohl bekannteste Stadtwerke-Chef Deutschlands zu werden. Der vierfache Familienvater ist seiner Zeit weit voraus und nimmt in seinen Ideen, Visionen und Projekten die

---

205 Walter Kirner aus Zimmern ob Rottweil, der von 1980 bis 2010 bei den Stadtwerken Rottweil und der ENRW Energieversorgung Rottweil GmbH & Co. KG beschäftigt war, zuletzt als Abteilungsleiter Technisches Management, sei hiermit herzlich für ausführliche Informationen zum Thema gedankt.

moderne Energiewende vorweg. Und dies ausgerechnet im beschaulichen Rottweil.

Seinen ersten Coup landet Rettich allerdings weniger in ökologischer als in ökonomischer Hinsicht. 1977 gelingt es ihm, durch den Einsatz eines IBM-7-Computers, die Strombezugskosten vom damaligen Vorlieferanten Energie-Versorgung Schwaben (EVS) um jährlich rund 1,2 Millionen Mark zu reduzieren. Durch die Software können die Stadtwerke bei Großkunden die Stromzufuhr bedarfsgerecht steuern und sogar kurzfristig abschalten. Eine ähnliche Optimierung erreicht er ab den 1980er Jahren beim Bezug von Erdgas.

1978 lässt der Ing.-Betriebswirt als einer der ersten in Deutschland ein Blockheizkraftwerk mit Gasmotoren im damaligen Hallenbad errichten. Bis heute umschreibt der Begriff „Kraft-Wärme-Kopplung" den höchst effizienten Betrieb einer solchen Anlage, welche Ressourcen spart und das Klima schont. Blockheizkraftwerke erzeugen gleichzeitig Strom und Wärme. Die Stromerzeugung funktioniert wie beim Fahrraddynamo. Statt Muskelkraft treibt ein mit Erdgas, Biogas oder anderen Treibstoffen betriebener Motor den Generator an. Darüber hinaus lässt sich die im Kühlwasser und in den Abgasen des Motors enthaltene Wärme für Heizzwecke nutzen.

Nachdem das erste Blockheizkraftwerk zur Beheizung von Hallen- und Freibad sowie der Reduzierung des externen Strombezugs in Betrieb genommen wurde, führte die deutliche Erweiterung der Anlage im Jahr 1982 zur Verlegung eines Nahwärmenetzes durch bereits bebautes Gebiet samt Schulzentrum ins angrenzende Neubaugebiet „Charlottenhöhe". Bei solchen Netzen bringt die von den Blockheizkraftwerken erzeugte Wärme Wasser zum Erhitzen. Das heiße Wasser wird durch gedämmte Rohre verteilt und versorgt ganze Stadtteile mit Heizwärme. Hausbesitzer benötigen keine eigene Heizanlage, lediglich Anschluss und Verbrauchsableseeinrichtungen sind nötig. Das Kleinkraftwerk im Rottweiler Hallenbad spart in jenen Jahren jährlich 2,3 Millionen Liter Heizöl ein. Rund 8000 Kilogramm Schwefeldioxid wären angefallen, hätten sich die rund 600 Bauherren und Gebäudebesitzer nicht für Nahwärme sondern Ölheizungen entschieden. Nun beträgt die jährliche Schwefeldioxidbelastung lediglich 26 Kilogramm.

Parallel dazu schaffen es die Stadtwerke unter Rettichs Führung, 60 Prozent der Rottweiler Haushalte vom Erdgasbezug zu überzeugen und damit fast doppelt so viel wie im Bundesdurchschnitt. Effekt: Die Neckarstädter haben bessere Luft und, als Großabnehmer mit

Abb. 149: Überreichung der Urkunde „Freie Energiestadt Rottweil" an Siegfried Rettich (links) © Stadtarchiv Rottweil Archiv der Schwäbischen Zeitung Bild 225

4,9 Pfennig je Kilowattstunde, einen der niedrigsten Gaspreise in Baden-Württemberg und im Bundesgebiet. Vom umweltschonenden Brennstoff Erdgas überzeugt, lässt Rettich zudem Erdgasnetze in Gemeinden des Rottweiler Umlands verlegen und sein Dienstfahrzeug auf Erdgasantrieb umrüsten.

Daneben forciert der Stadtwerke-Direktor den Bau von Photovoltaikanlagen und lässt die Stromeinspeisung privater Anlagenbesitzer äußerst großzügig vergüten. Rettich und einige andere schlaue Köpfe zielen bereits damals darauf ab, durch eine Energieproduktion vor Ort die Abhängigkeit von den Energieriesen mit ihren umweltschädlichen Großkraftwerken zu reduzieren. Eine „dezentrale" Stromerzeugung soll in Kombination mit möglichst sparsamem Verbrauch dazu beitragen, die Umwelt zu entlasten.

Ab Anfang der 1980er Jahre treibt Rettich in Zusammenarbeit mit dem Landkreis Rottweil ein ehrgeiziges Pilotprojekt voran. Es handelt sich um eine weltweit einzigartige Großvergärungsanlage für Müll, auf der aus organischem Abfall Biogas und verwendbarer Kompost gewonnen werden soll. In der Planung betreibt das Biogas ein Blockheizkraftwerk, welches Strom und Wärme produziert. Letztere könnte wiederum für Nahwärme genutzt werden.

Die Probephase der vom Bundesforschungsministerium geförderten Testanlage in Rottweil stimmt Rettich optimistisch. Rund 10000 Haushalte in der Region verteilen eineinhalb Jahre lang ihren Abfall in drei verschiedene Tonnen: grün für Metall, Papier und Textilien, grau für organische Abfälle wie Speisereste, blau für Chemikalien und Kunststoffe. Lediglich die Inhalte der blauen Tonne kommen auf die Deponie. Der Rest wird verwertet. Aus den organischen Abfällen vermischt mit Klärschlamm entsteht in der Testanlage Biogas. Landkreise, Städte, Unternehmen und Organisationen blicken interessiert nach Rottweil.

Vor dem Hintergrund dieser Projekte beschert der Titel „Freie Energiestadt" Rottweil 1984 ein bundesweites Medienecho, welches sich allenfalls mit der damaligen Berichterstattung über die Fasnet vergleichen lässt. Süddeutscher Rundfunk, Südwestfunk, Hessischer Rundfunk und Magazine wie „Der Spiegel", „Öko-Test" oder „Bild der Wissenschaft" berichten über die beispielhafte Energie- und Umweltpolitik. Infolgedessen avanciert Siegfried Rettich zu einem gefragten Vortragsreisenden im In- und Ausland. Auch besuchen zahlreiche Vertreter von Gemeinden aus allen Bundesländern sowie Journalisten, Techniker und Umweltschützer aus der ganzen Welt den Ing.-Betriebswirt in dessen bescheidenem Büro, das direkt am Neckar liegt. Durchschnittlich drei bis vier Gruppen pro Woche werden zu jener Zeit bei den Stadtwerken vorstellig.

Bis zu seinem altersbedingten Ausscheiden im Jahr 1993 plant und initiiert der „agile Stadtwerke-Direktor" zahlreiche zukunftsweisende Projekte, von denen allerdings längst nicht alle realisiert werden. Zum einen ist die Zeit noch nicht reif, zum anderen sind die Möglichkeiten der Rottweiler Stadtwerke sowohl finanziell als auch personell nicht ausreichend. So stimmt der Kreistag 1987 erstmals gegen den Bau der großen Müllvergärungsanlage (1994 dann endgültig), da die Nachbarlandkreise sich nicht beteiligen möchten. Im Planungsstadium verbleiben außerdem ein großer Windpark mit 27 Anlagen, die Vergrößerung der bestehenden Wasserkraftanlage mittels Umleitung des Neckars durch einen Felsstollen oder die Steuerung von Kundenverbrauchsgeräten und Stromerzeugungsgeräten nach marktwirtschaftlichen Gesichtspunkten, heute bekannt als „Smart Meter".

Ebenfalls nur auf dem Papier existiert eine Anlage, die aus Holzabfällen Biogas erzeugt. Rettich verfügt jedoch über die Begabung, geplante Projekte so nach außen zu kommunizieren, dass der Eindruck entsteht, sie seien bereits verwirklicht. Ein Bericht in der „Stuttgarter Zeitung" führt in diesem Fall dazu, dass Gerhard Weiser, der damalige Landwirtschaftsminister Baden-Württembergs, die Anlage im Zuge einer Wahlkampftour besichtigen will, obwohl sie nie gebaut wurde. Schließlich kommt auch die tatsächlich erfolgte und vom Wirtschaftsministerium in Stuttgart geförderte Anschaffung von 33 überwiegend einsitzigen „Solarfahrzeugen" mit Elektroantrieb deutlich zu früh. Zum einen befindet sich die Technik noch in den Kinderschuhen, zum anderen hält sich das Interesse der Rottweiler, ein Fahrzeug für 200 Mark im Monat zu mieten, in Grenzen.

1984: Freie Energiestadt Rottweil. Stadtwerke-Direktor Siegfried Rettich macht die Stadt berühmt

Am Ende seiner beruflichen Laufbahn veröffentlicht Rettich mit dem Buch „Kommunale Energieversorgungskonzepte: Möglichkeiten und Grenzen" eine Art Resümee seines erfolgreichen Wirkens. Die in Fachkreisen viel beachtete Publikation zeigt auf, wie Kommunen Energie einsparen und umweltfreundlich selbst erzeugen können. Behandelt werden Nahwärme-Konzepte mittels Brennwertkesselanlagen, dezentrale Blockheizkraftwerke oder Sonnenkollektoren sowie Energieerzeugung durch Wind- und Wasserkraftanlagen, Deponiegaskraftwerke und Klärwerke.

Auch im Ruhestand ist der gebürtige Kieler unermüdlich als Berater und gefragter Vortragsreferent im In- und Ausland unterwegs. Anfang 2005 verstirbt Siegfried Rettich unerwartet im Alter von 74 Jahren und in der ehemaligen Reichstadt am Neckar verblasst langsam der Ruhm ihres einstigen Energie-Pioniers. Einzig die grün-alternative Szene im Land erinnert sich noch länger an den Visionär aus Rottweil. So nennt der berühmte „Strom-Rebell" und Gründer der EWS Elektrizitätswerke Schönau, Michael Sladek, Rettich ein „Vorbild und wichtigen Ideengeber". Erst am 6. Mai 2014 und damit fast exakt 30 Jahre nach der Verleihung des Titels „Freie Energiestadt" organisiert der Rottweiler Stadtrat Frank Sucker einen „Grünen Stammtisch" zum Thema, bei dem auch die beiden damaligen Laudatoren Dieter Schäfer und Ulrich Jochimsen – bekannt als „Vater der Energiewende" – anwesend sind.

Immerhin: Rettichs Vermächtnis geht so schnell nicht verloren. Die ENRW Energieversorgung Rottweil GmbH & Co. KG, welche nach der Einbringung weiterer Stromnetze durch die EnBW als regionaler Versorger aus den Stadtwerken hervorgegangen ist, führt die Ideen von der ressourcenschonenden dezentralen Energieversorgung fort. Nach einer Durststrecke bis Anfang der 2000er Jahre sind inzwischen wieder 27 Blockheizkraftwerke im Einsatz. Und mit rund 1700 Photovoltaikanlagen im Netzgebiet der ENRW ist die damalige Vision dezentraler Energieerzeugung in vielen Haushalten inzwischen gelebte Realität. Einziger Wermutstropfen: Rettich investierte jahrzehntelang die Gewinne eher in seine zukunftsweisenden Ideen und weniger in die Versorgungsnetze. Dies musste nachgeholt werden. Trotzdem: Einen Eintrag in dieses Rottweiler Geschichtsbuch hat Siegfried Rettich allemal verdient.

Quellen

Stadtarchiv Rottweil Bestand E 1000/50 (Stadtwerke/ENRW)

Technisch-Wirtschaftliche Kennzahlen zum 31.12.2019 ENRW Energieversorgung Rottweil GmbH & Co. KG

Kirner, Walter, Rottweil unter Strom. Die öffentliche Stromversorgung in Rottweil und Umgebung 1892 – 1970, Rottweil 2016 (Veröffentlichungen des Stadtarchivs Rottweil; 25).

Rettich, Siegfried, Kommunale Energieversorgungskonzepte. Möglichkeiten und Grenzen, Ehningen 1992.

Art. Nachrichtenmagazin „Der Spiegel" vom 11.11.1985. Artikel „Nur ein Tropfen", S. 101 – 104.

Art. Bild der Wissenschaft August 1985. Artikel „Freie Energiestadt Rottweil", S. 50 – 62.

8 ZÜNFTE, VERBÄNDE UND VEREINE

Von Winfried Hecht — **1454: Aufnahme der Rottweiler Büchsenschützen in den Johanniterorden**

Abb. 150:
Urkunde von 1454
© Stadtarchiv Rottweil Bestand B
Urkunden B6

Vor einigen Jahren gelangte aus dem Umkreis der Königlich Privilegierten Schützengilde Rottweil 1408 eine Urkunde ins Stadtarchiv Rottweil, die lange als verloren galt, jedoch dem Inhalt nach in großen Zügen bekannt war. Es ist die Urkunde, mit welcher der Großmeister des Johanniterordens 1454 die Rottweiler Büchsenschützen und ihre Bruderschaft in seine Ordensgemeinschaft aufnahm. Dieses Dokument hat sowohl für die Ordensgeschichte zumindest der deutschen Johanniter ebenso einen gewissen Seltenheitswert wie in sozialer und kirchlicher Hinsicht für die Rottweiler Stadtgeschichte. Dazu kommt seine Bedeutung für die Rottweiler Schützen, deren Gilde als ältester „Verein" in ihrer Heimatstadt bis heute fortlebt. Die Urkunde in ihrem Wortlaut bekannt zu machen und zu erläutern, lag deshalb nahe.

Zusammenfassung des Inhalts

Rhodos, 1454 Dezember 24

Bruder Jacques de Milly, Meister des Ordens vom Spital des Heiligen Johannes zu Jerusalem, und der Konvent desselben Hauses zu Rhodos nehmen bei ihrem Generalkapitel die Gesellschaft der Büchsenschützen der Stadt Rottweil in Deutschland auf Bitte von Bruder Cunrad Schappel, Komtur ihrer Niederlassung in Rottweil, als Mitbrüder in ihren Orden auf. Sie sollen wie andere Mitbrüder in den Genuss aller dem Orden gewährten Vorrechte kommen und alles Nachteilige und Schädliche, von dem sie hören, den Angehörigen des Ordens unverzüglich mitteilen.

Urkundentext

FRATER JACOBUS DE MILLY dei gracia sacrae domus Hospitalis sancti Johannis Jherosolimis Magister humilis Pauperumque Jhesu Christi Custos. Et Nos Conventus Rhodi domus eiusdem Capitulum Generale celebrantes. Honorabilibus viris Dilectis in Christo Bamberderiis et eorum societati Civitatis Rottwill In Almania Salutem In Domino et sempiternam in domino caritatem. Expositum est et supplicatum et dicto nostro generali Capitulo, nomine verstro, a Religioso In Christo nobis carissimo fratre Cunrado Schappel domus sive baiuliae nostrae in Rottweill preceptore, vos zelo devotionis nostre allectos et adductos, quandam fraternitatem in Ecclesia dicte nostre preceptorie In Rottwill decrevisse instituere, fundare et ordinare, perpetuis temporibus duraturam, cum emolumento dicte preceptorie In Rottwill, Si bonorum factorum a principio nostre religionis et fiendorum Imposterum In Ipsam Et Indulgentiarum eiusdem participes essetis. Nos vero qui optamus plures ad gremium nostre prefate religionis concurrere, et ut prefata nostra preceptoria vestra communitate et societate decoretur et beneficio et introitu amplificetur, Vestris supplicationibus duximus Tenore ergo presentium de nostra certa scientia ac auctoritate presentis nostri generalis capituli, vos supranominatos bamberderios et societatem vestram In rottwill, presentes et futuros admittimus atque recipimus In confratres nostros et nostre religionis secundum formam stabilimentorum nostrorum bonorumque morum nostre religionis. Volentes quod deinceps utamini et gaudeatis omnibus illis privilegiis, graciis, franckisiis, Immunitatibus, Indulgentiis, et omnibus bonis factis et fiendis In nostra religione a primeria eius institutionis usque in finem seculi, quibuti ceteri nostri confratres utuntur et gaudent. Et quod dicta fraternitas sive societas huiusmodi sit fundata In prefata nostra preceptoria et Ecclesia ipsius in Rottwill, In hoc tamen, quod si senseritis aliquod, quod tendat ad damnum et nostre religionis sive dicte preceptorie et preceptoris eiusdem, illud confestim notificare teneamini nobis et successoribus nostris, et dicto preceptori presenti et futuris actenus vel per epistulas et capitulo celemis fieri poterit et ita solemniter iurabitis et illa agetis que secundum stabilimenta prefata confratres agere oportet et consuetum est In religione nostra. Mandantes et precipientes universis et singulis dicte domus nostre fratribus quacumque autoritate, dignitate, officioque fungentibus, presentibus et futuris, In virtute sancte obedientie, et presertim fratribus prioratus nostri Almanie, ne contra hanc nostram graciam confraternitati concesse et ceterorum In presentibus facere et seriose studeant et debeant Inviolabiliter observare.
Datum Rhodi. In nostro Conventu, durante dicto nostro capitulo generali, die XXIIII mensis decembris. Anno ab Incarnato Christo Jhesu domino nostro Millesimo quadringentesimo quarto. Et in testimonium omnium premissorum bulla nostra communis plumbea presentibus est appensa.

Reg. fo. CXIII Cancellae Sigillum[206] Elisseus de Lamanna
  JM   Vicecancellarius[207]

---

206 Kanzleisiegel (Bleisiegel des Ausstellers).
207 Vizekanzler.

Kommentar

Das Rottweiler Johanniterhaus wurde nach gut begründeter Überlieferung kurz vor 1250 gegründet. Es war Teil der „Infrastruktur" der deutschen „Zunge" des 1113 vom Papst bestätigten Johanniterordens. Der Orden betreute Pilger unterwegs ins Heilige Land und trug bald auch den Kampf gegen das Vordringen der Muslime im östlichen Mittelmeerraum. An der Spitze der Ordensniederlassung in der südöstlichen Ecke der historischen Rottweiler Innenstadt und ihrer Ordensritter und Geistlichen stand ein Komtur. Für seine Kommende lässt sich seit 1274 eine kleine Kirche nachweisen. Sie war baulicher Mittelpunkt des kirchlichen Lebens des Rottweiler Ordenshauses, an dem sich nicht nur Ordensangehörige, sondern in zunehmendem Maße auch Laien beteiligt haben.

Der Johanniterorden musste sich 1291 vollends aus Palestina zurückziehen und hatte seit 1309 seinen Hauptsitz auf der griechischen Insel Rhodos, wo der Ordensmeister in der gleichnamigen Stadt residierte. Mitte des 15. Jahunderts erhöhten die Osmanen unter ihren Sultanen Murad II. und Mehmed II. den Druck auf die Johanniter und griffen Rhodos selbst an. Die Ordensritter, die schon 1443 den Franzosen Jean Massur als Geschützmeister in ihre Dienste genommen hatten, verstärkten sich angesichts dieser Gefahr an ihrem Haupsitz durch Mitglieder ihrer Ordensgemeinschaft aus ganz Europa. 1454 ließ sich der deutsche Johannitermeister von Hans Stechlin, dem Werk- und Büchsenmeister der Stadt Freiburg im Üchtland, nach Rhodos begleiten. Auch der Rottweiler Komtur Konrad Schappel folgte dem Ruf des damaligen französischen Ordensmeisters Jacques de Milly (1454–1461). So konnte Konrad Schappel in Rhodos auch am Generalkapitel teilnehmen, zu dem sich die Johanniter Ende 1454 im Palast ihres Großmeisters versammelt hatten.

Es ist anzunehmen, dass die prekäre Lage des Johanniterordens auf Rhodos die versammelten Ordensangehörigen besonders beschäftigt hat. Ende Mai 1453 hatte Sultan Mehmed II. Konstantinopel erobert. In dieser Situation äußerte Konrad Schappel die Bitte, die Gesellschaft der Büchsenschützen in seiner Heimatstadt dem Orden anzuschließen. Vielleicht wies er dabei darauf hin, dass die Angehörigen dieser Gemeinschaft waffentechnisch mit ihren Büchsen auf dem neuesten Stand waren und deshalb auch für die Verteidigung von Rhodos von Nutzen werden konnten. Der in Militärfragen durchaus kompetente Ordensmeister und das Generalkapitel stimmten jedenfalls dem Anschluss der Rottweiler Büchsenschützen an ihre Gemeinschaft zu und versprachen ihrerseits, die Büchsenschützen im fernen Rottweil an allen ihrem Orden gewährten Vorrechten teilhaben zu lassen. Das Ganze wurde in der jetzt hier veröffentlichten, in der großmeisterlichen Kanzlei unter Vizekanzler Elisseo de la Manna auf Rhodos ausgefertigten Urkunde mit dem Siegel von Großmeister Jacques de Milly schriftlich festgehalten.

Mit der großmeisterlichen Urkunde kehrte Komtur Konrad Schappel 1455 nach Rottweil zurück. Man kann davon ausgehen, dass die Rottweiler Büchsenschützen davon angetan waren, was der Rottweiler Komtur auf Rhodos für sie erreicht hatte. Da sie dies offensichtlich genau wissen wollten, wurde eine deutsche Übersetzung der Urkunde des Großmeisters hergestellt, die wie die Urkunde selbst für die Zukunft bei ihren Unterlagen blieb.

Wie das Verhältnis zwischen der Bruderschaft der Rottweiler Büchsenschützen und der Johanniterkommende Rottweil im Einzelnen ausgestaltet wurde, haben beide Seiten im Oktober 1455 näher geklärt. Die Zusammengehörigkeit von Ordensrittern und Büchsenschützen wurde danach vor allem im Fall des Interdikts deutlich, wenn die Schützenbrüder mit ihren Familien am Gottesdienst in der Johanniterkirche teilnehmen, ihre Toten kirchlich beerdigen und Seelenmessen für sie lesen lassen konnten. Die Büchsenschützen ihrerseits waren gehalten, beim Tod eines der Ihren dem Komtur dessen bestes Kleid zu übergeben. Am Fest der hl. Agatha jedes Jahr am 5. Februar sollten die Schützenbrüder ferner zum feierlichen Jahrtagsgottesdienst in die Johanniterkirche kommen und an Fronleichnam die kostbare Schüssel mit der Nachbildung des Hauptes von Johannes dem Täufer bei der großen Prozession mittragen. Die Zahl der Mitglieder der Bruderschaft wurde auf 80 beschränkt, bei Neuaufnahmen war der jeweilige Komtur zu unterrichten.

Der Anschluss an den Johanniterorden hat so zumindest das Ansehen der Büchsenschützen im

Vergleich zu anderen Rottweiler Bruderschaften erheblich gesteigert, etwa der Heilig Kreuz-Bruderschaft oder der Bruderschaft der Armbrustschützen bei den Dominikanern. Komtur Georg von Ow, der Nachfolger Konrad Schappels, der 1480 gleichfalls auf Rhodos gegen die Osmanen kämpfte, vertiefte das Verhältnis seines Ordens zu den Rottweiler Büchsenschützen 1477 noch weiter. Es blieb über Generationen unbelastet. Der feierliche Gottesdienst in der Johanniterkirche am Agatha-Tag wurde bis zur Aufhebung der Kommende noch 1807 und 1808 begangen.

Quellen
Stadtarchiv Rottweil Bestand B Urkunden B6

Hecht, Winfried, Die Johanniterkommende Rottweil, Rottweil 1971 (Veröffentlichungen des Stadtarchivs Rottweil; 2).

Ders., Armbrustschützen und Sebastians-Bruderschaft in Rottweil, in: Festschrift und Schiessplan für die Jubiläums-Veranstaltungen vom 23. Sept. bis 2. Okt. 1983, hrsg. von der Königlich-Priviligierten Schützengilde Rottweil, Rottweil 1983.

Ders., Neues zur Geschichte der Rottweiler Johanniter, in: RHBll. Jg. 81/4 (2020) S. 1–2.

Ruckgaber, Heinrich, Geschichte der Frei- und Reichsstadt Rottweil I., Rottweil 1835.

Sarnowsky, Jürgen, Macht und Herrschaft im Johanniterorden des 15. Jahrhunderts. Verfassung und Verwaltung der Johanniter auf Rhodos (1421–1522), Münster 2001.

Von Winfried Hecht

1765: Die Rottweiler Buchbinder-Ordnung:
Zum Verhältnis von Zunft und Handwerk in Rottweil

Abb. 151:
Buchbinderordnung von 1765
© Stadtarchiv Rottweil Bestand
S13 Zünfte

Als optisches Glanzstück befindet sich im Bestand der Rottweiler Zunft-Archivalien im Stadtarchiv Rottweil ein Band mit der Ordnung der Rottweiler Buchbinder von 1765.[208] Er besteht aus einem sorgfältig beschriebenen Papierseitenblock, ist fachmännisch einwandfrei in Leder gebunden und besitzt einen Einband mit Goldschnitt und figuralen Goldprägungen. So lässt sich der Band in ein mit Schmuckpapier ausgestattetes, schützendes Futteral schieben. Damit ist dieser Artikelband der Buchbinder im genannten Bestand unbestritten etwas Besonderes.

ARTICUL
Eines Ehrsammen und Kunst Erfahrnen Handwerckhs deren In deß Heil[igen] Röm[ischen] Freyen Reichs-Statt Rottweyll Bürgerlichen Buochbinder – Meisteren und Futterall – Macheren Franz Joseph Kistler und Joseph Antoni Linsenmann auffgericht, und Von Einem Hochlöbl[ichen], Hoch- und Wohlweysen Magistrat Ratificirt und Besiglet. Rottweyll, Den 2ten Jener[209]/Nov. Anno 1765.

Diesem Text ist zu entnehmen, dass die beiden Rottweiler Buchbindermeister Franz Joseph Kistler und Joseph Anton Linsenmann 1765 als Vertreter eines eigenen Handwerks anerkannt werden wollten. Dafür legten sie „Artikel"-Regeln oder Statuten fest, nach denen in ihrem Handwerk künftig gearbeitet und gelebt werden sollte. So wurde der kirchliche Festtag des Heiligen Coelestin am 19. Mai jeden Jahres als Feiertag festgelegt. In zwölf Punkten gaben sich die beiden Rottweiler Buchbinder weiter eine Ordnung zur Erlangung des Meisterrechts in ihrem Handwerk und eine Aufding-Ordnung für künftige Lehrlinge. Schließlich traf man Festlegungen, wie wandernde Buchbindergesellen zu behandeln seien, die in Rottweil Station machen wollten.

---

208 Stadtarchiv Rottweil Bestand S 13.
209 „Jener" verbessert zu „November".

Auch wenn sich dies alles recht vernünftig liest, war der Rottweiler Magistrat dem Ratsprotokoll zufolge von dem Vorhaben der beiden Buchbinder zunächst nicht gerade angetan. Die Obrigkeit der Reichsstadt wollte es beim bisherigen Zustand belassen, was auch an der abschließenden Datierung der „Artikul" zu erkennen ist, bei der die Monate Januar und November erscheinen. Der Rottweiler Rat ließ sich demnach Zeit, bevor er die Artikel ratifizierte und mit seinem großen Sekretsiegel unterfertigte. Dafür hatte man auf dem Rathaus seine Gründe.

Obwohl Buchbinder in Rottweil seit Beginn des Spätmittelalters nachzuweisen sind und obgleich die Reichsstadt als Sitz des Kaiserlichen Hofgerichts, als Verwaltungsmittelpunkt, als mehrfacher Klosterstandort und bekannte Schulstadt sicher durchgehend einen gewissen Grundbedarf bei der Buchbinderei aufwies, war die Anzahl der Buchbinder in der Stadt immer eher bescheiden. Dies gilt auch für die Zeit der beiden Meister Kistler und Linsenmann vor und nach 1765. Bis zu diesem Zeitpunkt waren die beiden Buchbinder in Rottweils Krämerzunft „inkorporiert", wie dies auch in größeren Städten, z.B. in Basel seit 1434 und seit 1502 in Straßburg gehandhabt wurde. Das bedeutete, dass eine vergleichsweise große Zunft über Anliegen einer kleinen Gruppe innerhalb von ihr in vielen Angelegenheiten bestimmen konnte. Andererseits führte dies dazu, dass diese kleineren Gruppen, die sich im Lauf der Zeit vor allem durch Spezialisierung bildeten, sich selber organisieren und sich möglichst weitgehend dem Einfluss der jeweiligen „Gesamtzunft" entziehen wollten.

Die entsprechende Organisationsform für „Spezialisierte" wie die Kammmacher oder 1698 die Bierbrauer war das Handwerk. Dort entwickelten sich ähnliche Erscheinungsformen wie bei den „Großzünften" mit eigener Herberge, gemeinsamem Kirchstuhl, einem Angebot von Sozialleistungen für Arme und Notleidende, aber auch mit eigenem Barvermögen und Grundbesitz. An der Spitze eines vom Rat der Stadt anerkannten Handwerks stand gewöhnlich ein „Obmann", während andere Funktionen der Gruppierung ähnlich wie in den Zünften von weiteren Meistern wahrgenommen wurden. Hier zeigte sich indes auch eine Schwäche der so entstandenen Handwerksgruppierungen: Wenn sie sich wie bei den Buchbindern aus lediglich zwei Meistern oder wenig mehr zusammensetzten, bestand die Gefahr, dass sich das Leben in der Gruppe nur auf bescheidener Ebene und recht eintönig entwickelte oder gar Dritten zur Last fiel. Von Seiten der Zünfte setzte man bei neu auftretenden Einzelhandwerkern auf der Grundlage des Zunftzwanges eher auf das „Modell" der „Gespielten" und verteilte die Neulinge durch das Los unter die bestehenden Zünfte ohne Berücksichtigung irgendwelcher Sachzusammenhänge bei ihrer Arbeit mit den möglichen Zunftgenossen.

Die Handwerke vermochten es so nicht, an die Seite der traditionellen Zünfte zu treten. Deren Stellung in der Rottweiler Stadtpolitik vor allem mit der Vertretung im Rat, bei den Achtzehnern oder im Assessorat[210] beim Kaiserlichen Hofgericht konnte nicht erschüttert werden, wurde von den Zunftmehrheiten aber offensichtlich meist auch entschieden verteidigt. Was schließlich zu einer Zunft gehörende Handwerke allenfalls erreichen konnten, war ein gewisser Proporz bei der Besetzung der Ämter in der Zunft und vor allem von deren Ratsstellen. So wurde es üblich und festgelegt, dass bei den Schmieden ein Zunftmeister immer ein Schlosser, bei den Webern ein Seiler wurde.

Diesem Trend konnte sich außer den Müllern und Bäckern, den Schuhmachern und Sattlern sowie den Metzgern kaum eine Zunft auf die Dauer entziehen. Manche Zünfte wurden regelrechte „Sammelzünfte" wie etwa die Krämerzunft, in welcher im Lauf der Zeit gleich reihenweise Einzelhandwerke auftauchten, beispielsweise die Bader, Scherer und Wundärzte, die Maler, die Drechsler und Gürtler oder die Buchdrucker und eben auch die Buchbinder. Was unverändert blieb, war die politische Vertretung der traditionellen Zünfte im eigentlich politischen Bereich des Stadtregiments. Freilich gab es im Alltag bei den Handwerken immer wieder auch Situationen, bei denen Vertreter der jeweiligen Zunft eine wichtige Rolle spielten. Beispielsweise musste vielfach ein Vertreter der jeweiligen Gesamt-

---

210 Beisitzer.

zunft zugegen sein, wenn in einem Handwerk der Lehrvertrag für einen Lehrjungen abgeschlossen wurde.

Die sozialen, wirtschaftlichen und politischen Strukturen, wie sie mit dem System der Zünfte in Rottweil um 1300 ausgebildet worden waren, erwiesen sich vor allem im Blick auf die Spezialisierung von handwerklichen Tätigkeiten auf die Dauer als unzureichend oder ergänzungsbedürftig. Ein Blick ins Erneuerte Rottweiler Stadtrecht von 1546 lässt erkennen, wie weit dieser Prozess schon damals fortgeschritten war. Dabei spielten die Handwerke in dieser Entwicklung, die sich bis ins 18. Jahrhundert eher noch verstärkte, eine zunehmend bedeutsame Rolle. In diesem Zusammenhang ist auch die Entstehung des Rottweiler Buchbinderhandwerks und seines Artikelbuches von 1765 zu sehen.

Nach dem Ende der Reichsstadtzeit (1803) ist dann zu beobachten, dass die Zünfte sich vollends in ihre handwerklichen Bestandteile auflösen und an die württembergische Zunftorganisation angleichen. Die verschiedenen früheren Handwerke erscheinen nun unter der Bezeichnung „Zunft". Dies war auch deshalb möglich, weil der organisatorische Rahmen nicht mehr die vergleichsweise kleine Oberamtsstadt Rottweil war, sondern das gleichnamige Oberamt mit einer in jedem Fall höheren Zahl von für die einzelne Zunft in Frage kommenden Handwerkern. Wenigstens Anzeichen für diese Entwicklung hatte es im Blick auf die Landschaft der Reichsstadt Rottweil allerdings schon gegen Ende des 18. Jahrhunderts gegeben, wie Beispiele etwa aus Niedereschach zeigen können.

Die Einführung der Gewerbefreiheit 1862 brachte auch in Rottweil das Ende der württembergischen Zunftherrlichkeit. Ab ca. 1880 lebte sie allerdings wieder auf und besteht bis heute im Bereich des kirchlichen Brauchtums mit den Monatsprozessionen in Heilig Kreuz und den besonderen Feierlichkeiten an Fronleichnam und Christi Himmelfahrt fort.

Quellen
Stadtarchiv Rottweil Bestand C1-RPR 1765 (Ratsprotokolle)
Stadtarchiv Rottweil Bestand S 13 (Zunftwesen)

Hecht, Winfried, Buchbinderei in Rottweil vor 1802, in: RHBll. 62 (2001/5) S. 3–4.
Ders., Die Zunft zwischen historischer Forschung und musealer Repräsentation, in: Beiträge der Tagung im Germanischen Nationalmuseum 30. Mai bis 1. Juni 2013, hrsg. von Anke Keller, Nürnberg 2015, S. 168–175. (Wissenschaftliche Beibände zum Anzeiger des Germanischen Nationalmuseums; 39).
Ders., Rottweil und seine Zünfte, Rottweil ²2017.
Reith, Reinhold (Hrsg.), Das alte Handwerk. Von Bader bis Zinngießer, München 2008.
Württembergisches Landesmuseum (Hrsg.), Zünfte in Württemberg. Regeln und Zeichen altwürttembergischer Zünfte vom 16. bis zum 19. Jahrhundert. Begleitbuch zur Ausstellung im Württembergischen Landesmuseum Stuttgart 7.5.2000 – 17.9.2000, Stuttgart 2000 (Veröffentlichungen des Museums für Volkskultur in Württemberg; 6).

Von „Alterthumsfreunden und Geschichtsforschern". Die Anfänge des Rottweiler Geschichts- und Altertumsvereins e.V.

Von Harald Sellner

Im Februar 1832 rief der „Verein zur Aufsuchung von Alterthümern in hiesiger Gegend" in einem aufwendig gearbeiteten Schriftstück alle „Freunde des Alterthums und der Geschichtsforschung" dazu auf ihm beizutreten.[211] Dieser Verein, der am 4. Dezember 1831 gegründet worden war, hatte es sich zum Ziel gesetzt, „römische und theutsche Alterthümer" in der Region um Rottweil zu finden und zu sammeln und hatte damit ein vornehmlich archäologisches Interesse. Im Lauf der Zeit sollte sich dies jedoch grundlegend wandeln, was sich nicht zuletzt im Jahr 1912 in seiner Umbenennung in „Rottweiler Geschichts- und Altertumsverein" widerspiegelt. Welche Entwicklungen und Wandlungen dieser Verein in seinen ersten 80 Jahren durchlebte und welche Beziehungen er zur Stadt Rottweil pflegte, soll im Folgenden dargelegt werden.[212]

Mit der Wiederentdeckung der 79 n. Chr. untergegangenen Städte Pompeji und Herculaneum im 18. Jahrhundert setzte in ganz Europa eine Begeisterung für die römische Antike ein. Mit dem Deutschen Johann Joachim Winckelmann wurde schließlich auch der Grundstein für eine neue wissenschaftliche Disziplin, nämlich die klassische Archäologie gelegt. Zunehmendes Interesse für die römische Antike lässt sich Ende des 18. Jahrhunderts auch in Rottweil

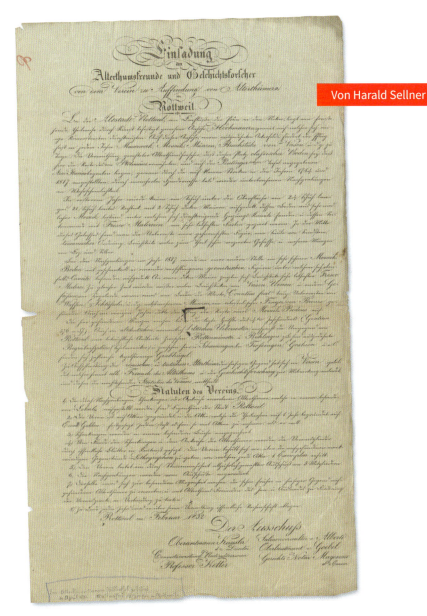

Abb. 152:
Einladung zur Mitgliederversammlung 1832
© Archiv des Geschichts- und Altertumsvereins Rottweil.

---
211 Archiv des Geschichts- und Altertumsvereins; Archivale ohne Signatur. Eine Transkription des im Vereinsarchiv überlieferten Schriftstücks liefert Hans-Martin Maurer, Frühe Geschichtsvereine in Baden-Württemberg, (Geschichte Württembergs. Impulse der Forschung 4), Stuttgart 2019, S. 213f.
212 Zur Vereinsgeschichte sei auf die beiden Festschriften verwiesen. Zur Hundertjahrfeier: Kley, Albert, Vereinsgeschichtliches, in: Festschrift zum 100jährigen Bestehen des Vereins. 1831–1931, Rottweil 1931. Zur Hundertfünfzigjahrfeier vgl. Hecht, Winfried, Aus 150 Jahren Vereinsgeschichte. Die ersten hundert Jahre, in: 150 Jahre Rottweiler Geschichts- und Altertumsverein e.V. Festschrift, Rottweil 1981, S. 7–30.

greifen. Und dies nimmt auch nicht Wunder. Wirft man nämlich einen Blick in die eingangs genannte Einladung, erfährt man, dass auf der Anhöhe von Hochmauren „*der Pflug fast in jedem Jahre Mauerwerk, Mosaik, Münzen, Bruchstüke von Vasen und dergleichen zu Tage [fördert]*".[213] Römische Funde waren in der Altstadt nahezu alltäglich, eine systematische Grabung allerdings noch absolutes Neuland. Die ersten Grabungen in den Jahren 1784 und 1817 gingen auf die Initiative des Hofgerichtsassessors Johann Baptist Hofer zurück, folgten aber noch kaum wissenschaftlichen Kriterien. Schnell wurde klar, dass man für die Auswertung und Aufbewahrung der Funde die Unterstützung interessierter Bürger und der Stadt benötigte.[214] Ende des Jahres 1831 traf eine Gruppe von Gleichgesinnten den Entschluss, einen Verein zu gründen und sich an die Stadt Rottweil und ihren Stiftungsrat zu wenden. Von beiden wurde Unterstützung zugesichert. So würden sie künftig Grabungen auf ihrem Grund und Boden erlauben und einen Raum im Alten Gymnasium zur Aufbewahrung der Funde in Aussicht stellen. Im Gegenzug sollten die Funde in den Besitz der Stadt übergehen.[215] Der Vereinsgründung am 4. Dezember 1831 stand somit nichts mehr im Weg.

In den ersten Wochen und Monaten war der Verein damit beschäftigt, die Statuten des Vereins genauer auszuarbeiten, Mitglieder zu akquirieren und „Alterthümer" zusammenzutragen.[216] Interessanterweise hatte der Verein weit über die Region hinaus die Aufmerksamkeit interessierter Bürger geweckt. Nach Hans-Martin Maurer wohnten nur 40% der Mitglieder in Rottweil, die restlichen 60% kamen aus dem ganzen Land, so dass er diesen Verein „als Landesverein mit Schwerpunkt am oberen Neckar" bezeichnet.[217] Zu den besonderen Förderern des Vereins zählte unter anderem das württembergische Königshaus.

Von 1832 bis 1841 unternahm der Verein zahlreiche Grabungen, die ihren Niederschlag in den Jahresberichten des Vereins fanden. Die sicher bedeutendste Entdeckung des Vereins wurde im Jahr 1834 gemacht. Nicht weit entfernt von Hochmauren stieß man auf das Orpheusmosaik – einen Sensationsfund, der den Verein weithin bekannt machen sollte. Bis in die Mitte der 1840er Jahre war der Verein sehr aktiv und erlebte große Erfolge, doch dann ließ der Eifer nach. Das Vereinsleben kam weitgehend zum Erliegen, es gab weder Ausgrabungen noch Jahresgaben und dies über mehr als zwei Jahrzehnte.[218] Ein Grund hierfür waren sicherlich personelle Veränderungen. Vor allem das Ausschussmitglied Friedrich von Alberti ist hier zu nennen, der die Vereinsaktivitäten von Beginn an mit großem Engagement vorantrieb und, nachdem er Rottweil 1853 verlassen hatte, eine große Lücke im Verein hinterließ.[219]

Erst 1869 erlebte der Verein unter seinem neuen Vorsitzenden Dr. Georg Martin Dursch einen neuen Aufschwung. Sein Nachfolger Oskar Hölder verhalf dem Verein sodann zu einer zweiten Blüte und gab ihm eine neue Prägung. Sah sich der Verein seit 1831 vorwiegend der Archäologie verpflichtet, rückte nun vermehrt die Geschichtswissenschaft in den Vordergrund. Unter Hölder wurde die Erforschung des mittelalterlichen Rottweils großgeschrieben.[220] Mit einer Grabungskampagne im Jahr 1884 knüpfte er zudem an die archäologi-

---

213 Archiv des Geschichts- und Altertumsvereins; Archivale ohne Signatur.
214 Vgl. Maurer, Frühe Geschichtsvereine, S. 181.
215 Dies wurde auch in den Statuten des Vereins so festgesetzt: In Artikel 2 heißt es: „Die durch Nachgrabungen, Schenkungen oder Ankäufe erworbenen Alterthümer werden in dem besonders dazu bestimmten Local aufgestellt und bleiben Eigenthum der Stadt Rottweil." Ebd., S. 212.
216 Gemeinnütziger Anzeiger, Nr. 103, 25. Dezember 1831, Sp. 989–990 und ebd., Nr. 15, 19. Februar 1832, Sp. 209–210.
217 Vgl. Maurer, Frühe Geschichtsvereine, S. 189, dazu auch W. Hecht, 150 Jahre, S. 8 stellt fest, dass vor allem württembergische Beamte und Geistliche aber wenige Rottweiler Bürger dem Verein beitraten.
218 Die Jahresgaben des Vereins waren bis dahin in erster Linie wertvolle Lithographien der gemachten Funde. Beispiele hierfür sind abgedruckt in Maurer, Frühe Geschichtsvereine, S. 193, 198–199.
219 Zur Rolle Albertis vgl. Ebd., S.186, 208.
220 1883 hielt er einen Vortrag zum Thema „Rottweil vor 300 Jahren" und 1893 veröffentlichte er die Pürschgerichtskarte von 1564. Vgl. dazu Hecht, 150 Jahre, S. 10.

sche Tradition des Vereins an.[221] Im selben Jahr zog die „Alterthums"-Sammlung des Vereins vom Alten Gymnasium ins Herdersche Haus, das heutige Stadtmuseum, um.[222] Unter Hölder erhielt der Verein ein weiteres Aufgabenfeld, das bis zum heutigen Tag ein zentraler Pfeiler der Vereinstätigkeit ist: die Denkmalpflege. Anlass hierzu gaben Händler, die ab den 1870er Jahren „Alterthümer" von Rottweiler Bürgern aufkauften und auf dem Kunstmarkt wieder veräußerten.[223] Hölders Fokus auf das mittelalterliche Rottweil sensibilisierte viele Rottweiler Bürger für diese Thematik und schuf, wenngleich nicht für alle Bürger gleichermaßen, ein besonderes Geschichtsbewusstsein. Ein solches darf in dieser Zeit auch der Rottweiler Obrigkeit zugesprochen werden, unterstützte sie den Verein seit 1885/1886 mit einem großzügigen jährlichen Betrag von 400 Mark aus der Stadtkasse – einen Zuschuss, den die Stadt dem Verein für die Verdienste an der Erforschung ihrer Geschichte gewährte.[224] Aber auch der Großindustrielle Max von Duttenhofer schwang sich in dieser Zeit zu einem wichtigen Förderer dieses Vereins und seiner Sammlung auf. Zu Beginn des 20. Jahrhunderts wurde die Erforschung der Rottweiler Geschichte – der Römerzeit als auch des Mittelalters – durch zahlreiche bedeutende Publikationen vorangetrieben.[225] Die Geschichtswissenschaft war somit ein fester Bestandteil des Vereinslebens und erhielt ab 1912 ihren festen Platz im Vereinsnamen und Vereinszweck. Auf Betreiben Eugen Ritters wurde der Verein in diesem Jahr als „Geschichts- und Altertumsverein" in das Vereinsregister eingetragen. Bis zum heutigen Tag ist die „Pflege der Geschichts- und Altertumskunde von Rottweil und Umgebung" die zentrale Aufgabe des Vereins.[226]

Der Verein, der von Beginn an ein sehr enges und gutes Verhältnis zur Stadt unterhielt, regelte dieses ebenfalls im Jahr 1912 neu. Ein Gemeinderatsprotokoll vom 29. März enthält einen Vertragsentwurf zwischen der Stadt und dem Verein, dem am Ende zugestimmt wurde.[227] In diesem Vertrag wurde festgelegt, dass der Verein seine bestehende Sammlung als auch Objekte, die zukünftig in diese aufgenommen werden, der Stadt überlässt.[228] Die Stadt stimmte im Gegenzug zu, diese Sammlung niemals zu veräußern, für einen Aufbewahrungsort zu sorgen und die Verwahrung der Sammlung dem Verein zu überlassen *„solange er dieser Verpflichtung ordnungsgemäß nachkommt."* Der Verein sollte zudem die Sammlung in der Lorenzkapelle in seine Obhut nehmen und von der Stadt *„finanziell in angemessener Weise"* unterstützt werden.[229] Im Pulverturm erhielt der Verein das Recht auf einen Raum, den er gemeinsam mit dem Stadtarchiv für die Bibliothek und das Sekretariat nutzen durfte.[230] Schließlich sollte der Verein künftig bei der Besetzung der Stelle des städtischen Archivars angehört werden.

Dieser Vertrag von 1912 brachte auf einmalige Weise die Anerkennung und Wertschätzung des Vereins seitens der Stadt ein. Der Verein im Gegenzug sah die ihm eingestandenen Rechte als Verpflichtung an.

---

221 Ebd.
222 Ebd.
223 Ebd. Hecht nennt das Beispiel einer gotischen Stube im Herrenkramerschen Haus und die Veräußerung von alten Narrenkleidern.
224 Ebd., S. 11.
225 Es sei auf die im Literaturverzeichnis erwähnten Werke hingewiesen.
226 Vgl. dazu die aktuelle Vereinssatzung: §2: Zweck.
227 Stadtarchiv Rottweil C1-RPR 1912 S. 92. „Diesem Vertragsentwurf erteilen die bürgerl[ichen] Kollegien ihre Zustimmung."
228 Ebd.: „*Der Rottweiler Geschichts- und Altertums-Verein überläßt der Stadtgemeinde Rottweil seine derzeitige Sammlung nach dem Bestande seines gegenwärtig in Bearbeitung stehenden Katalogs sowie alle seine Neuerwerbungen für diese zwecks Herbeiführung der Übereignung ist der Stadtgemeinde alsbald nach Fertigstellung des Katalogs dieser mitzuteilen und von jeder Neuerwerbung sofort Anzeige zu erstatten. Auch verpflichtet sich der Verein, das jeweils notwendige Mobiliar für den Pulverturm nach Maßgabe seiner Mittel anzuschaffen.*"
229 Ebd., S. 93: „*Die Stadtgemeinde Rottweil verpflichtet sich andererseits a) die Sammlung niemals zu veräußern, sowie auch dieselbe dem Verein zur Verwahrung zu überlassen, solange er dieser Verpflichtung ordnungsgemäß nachkommt, und ihm die seither benützten oder andere, gleichwertige Räume zur Verfügung zu stellen. b) Dem Verein zugestanden auch die Obhut über die Sammlung in der Lorenz-Kapelle zu übertragen. c) Den Verein finanziell in angemessener Weise durch einen laufenden baren Beitrag zu unterstützen.*"
230 Ebd.: „*d) ihm den Mittelraum des Pulverturms gemeinsam mit dem Stadtarchiv zur Benützung für die Bibliothek und das Sekretariat zu überlassen, solange beide Ämter vereinigt sind bzw. an der Trennung sich keine Mißstände ergeben.*"

Dies machte sich dadurch bemerkbar, dass der Verein sich finanziell an der Einrichtung des Stadtarchivs im Pulverturm beteiligte und für die Altertumshalle im Herderschen Haus einen Museumsführer herausgab.[231]

Das Jahr 1912 war somit ein wichtiger Einschnitt in der Vereinsgeschichte. Der Verein, der sich zu Beginn vor allem auf dem Feld der Archäologie betätigte, hatte sich inzwischen zunehmend zu einem Geschichtsverein gewandelt, ohne sein Interesse an den Denkmälern („Alterthümern") zu verlieren und dies fand seinen Ausdruck in der Umbenennung des Vereins und der Festlegung seines Vereinszwecks. An letzterem hat sich seither nichts geändert. Bis zum heutigen Tag sieht der Rottweiler Geschichts- und Altertumsverein e.V. seine Aufgaben darin, die Geschichte Rottweils zu erforschen und zu vermitteln und für den Erhalt und die Pflege von Denkmälern einzustehen. Auch das von Beginn an enge Verhältnis der Stadt Rottweil mit dem Verein erhielt 1912 mit dem obgenannten Vertrag klare Regeln, die in abgewandelter Form bis heute Gültigkeit besitzen.

Quellen

Archiv des Geschichts- und Altertumsvereins Rottweil
Stadtarchiv Rottweil C1-RPR 1912 (Ratsprotokoll von 1912)

Hecht, Winfried, Aus 150 Jahren Vereinsgeschichte. Die ersten hundert Jahre, in: 150 Jahre Rottweiler Geschichts- und Altertumsverein e.V. Festschrift, Rottweil 1981, S. 7 – 30.

Kley, Albert, Vereinsgeschichtliches, in: Festschrift zum 100jährigen Bestehen des Vereins. 1831 – 1931, Rottweil 1931.

Maurer, Hans-Martin, Frühe Geschichtsvereine in Baden-Württemberg, Stuttgart 2019 (Geschichte Württembergs. Impulse der Forschung; 4).

---

231   Vgl. den Museumsführer von Sontheimer, Ludwig, Führer durch die Altertumshalle Rottweil, Rottweil 1913.

2006: 150 Jahre Rottweiler Feuerwehr

Von Rainer Müller

Nach den immer wieder vorgekommenen Bränden in der historischen Innenstadt Rottweils – dabei soll auch der verheerende Rottweiler Stadtbrand von 1696 erwähnt werden, bei dem 96 Häuser Opfer der Flammen wurden – erfolgte dann endgültig am 25. März 1856 die Gründung der Freiwilligen Feuerwehr Rottweil durch Beschluss des Rottweiler Gemeinderats.

Anlässlich dieser Gründung wurde für das Jahr 2006 das 150-jährige Jubiläum der Freiwilligen Feuerwehr Rottweil, verbunden mit dem 17. Kreisfeuerwehrtag des Landkreises Rottweil, vorgesehen. Die Feuerwehrführung unter der Leitung des damaligen Stadtbrandmeisters Rainer Müller bildete für das anstehende Jubiläum bereits im Jahr 2004 einen Festausschuß, der die unterschiedlichsten Aufgabenstellungen ausarbeitete. Ziel war es, ein Jubiläumsfest mitten in der Stadt Rottweil mit großer Anteilnahme der Rottweiler Bevölkerung durchzuführen. Es sollte ein Glanzlicht in der Geschichte der Stadt Rottweil über vier Tage hinweg sein, was es dann auch wurde! Dank des hervorragenden Sommerwetters konnte die Feuerwehr Rottweil mit zahlreichen Gästen aus dem In- und Ausland und mit der großen Teilnahme der Rottweiler Bevölkerung vom 23. Juni bis 26. Juni 2006 ihr Jubiläumsfest feiern. Auch das überregionale Medieninteresse war sehr groß, sodass auch mehrere Filmbeiträge im Fernsehen ausgestrahlt wurden. Besonders das landesweit ausgeschriebene Oldtimertreffen für historische Feuerwehrfahrzeuge wurde stark angenommen, sodass die Rottweiler Innenstadt buchstäblich in „Rot" getaucht wurde. Alt und Jung waren von den alten Feuerwehrfahrzeugen, die auf Hochglanz poliert und dicht gedrängt in der oberen Hauptstraße aufgestellt waren, rundum begeistert.

Aber bereits am Freitag, dem 23. Juni 2006, wurde das Jubiläum um 17.00 Uhr auf dem Rottweiler Stadtfriedhof mit Kranzniederlegungen zur Ehrung verstorbener

Abb. 153a und 153b:
Logos der 150-Jahr-Feier
© Feuerwehr Rottweil

Feuerwehrkameraden begonnen. Fahnen und die vollzählig angetretene Rottweiler Feuerwehr mit Oberbürgermeister Thomas Engeser und vielen Ehrengästen gaben ein würdevolles Bild ab. Beim anschließenden Festakt um 18.00 Uhr im Festsaal der Gymnasien war hohe Prominenz aus Politik, Kultur, Behörden und Organisationen vertreten. Reden, Ehrungen, Glückwünsche und ein lockeres Abschlussbuffet im Innenhof des Gymnasiums wurden als gelungen bezeichnet. Am Freitagabend ab 21.00 Uhr konnte noch im großen aufgebauten Festzelt auf dem Parkplatz (Eisplatz beim Kriegsdamm) mit einer Cover-Band gefeiert werden.

Der 24. Juni, ein Samstag, gehörte morgens den aktiven Feuerwehrangehörigen des Landkreises Rottweil, die in Wettkämpfen die Möglichkeiten hatten, Leistungsabzeichen mit Prüfungen in der gesperrten Nägelesgrabenstraße zu erwerben. Aufmerksame Zuschauer in Uniform und viele zivile Zuschauer bestaunten die Leistungsfähigkeiten der Feuerwehren.

Ein absoluter Höhepunkt war dann am Nachmittag um 16.00 Uhr, als die historische Übung in der oberen

8 ZÜNFTE, VERBÄNDE UND VEREINE

Abb. 154:
Löscharbeiten
© Feuerwehr Rottweil

Hauptstraße stattfand. Es wurde der Stadtbrand in Teilen nachgestellt, aus Dächer und Fassaden quoll dichter Rauch. Der Brand wurde unter der Leitung des damaligen Stadtbrandmeisters bekämpft. Mit Pferden bespannte Original-Handdruckspritzen mit alten Uniformen, Eimerketten für die Wasserversorgung von Brunnen und Wasserbecken begeisterten die zahlreich anwesenden Zuschauer.

Zum Teil wurden für die Sicherstellung der Löscheimerketten Zuschauer mit einbezogen, die sichtlich Spaß daran hatten. Besonders bei diesem „Spektakel" war das Fernsehen mit mehreren Aufnahmeteams vor Ort und berichtete später in verschiedenen Sendungen davon. Den Abschluss der historischen Übung in der oberen Hauptstraße machte dann die Jugendfeuerwehr Rottweil mit einem Zeitsprung ins Jahr 2006, in dem die „Feuerwehrknirbse" eine selbtgebastelte Holzhütte anzündeten und auch im Vollbrand löschen durften. Der abendliche Ausklang dieses Samstages fand im Festzelt in Form von Musik für Jung und Alt statt.

Am Sonntag den 25. Juni begann um 9.30 Uhr ein Festgottesdienst im Rottweiler Hl. Kreuz Münster, geschmückt mit 16 Feuerwehrfahnen und Fahnenträgern rund um den Altar. Es war ein ergreifend würdiger Feuerwehr-Festgottesdienst, das Münster war prall gefüllt. In der Zwischenzeit wurden in der oberen Hauptstraße die Feuerwehr-Oldtimerfahrzeuge aufgestellt, die aus ganz Baden-Württemberg und sogar über die Landesgrenzen hinaus zur Ausstellung kamen. Nach dem Festgottesdienst war in kürzester Zeit die obere Hauptstraße mit Zuschauern gefüllt, es gab etwas Besonderes in Rottweil zu sehen.

Abb. 155:
Oldtimertreffen
© Feuerwehr Rottweil

Ab 13.30 Uhr flanierte ein Feuerwehrfestumzug mit 1500 Feuerwehrleuten vom Schwarzen Tor, an der Ehrentribüne am Rathaus vorbei, zum Festzelt. Dort endete dann der Sonntag ab 20.00 Uhr mit einem bunten Abend.

Am Montag, dem 26. Juni, fand um 15.00 Uhr das Kreistreffen der Altersswehren im Festzelt statt, das Programm gestalteten Kinder aus allen Rottweiler Kindergärten. Zauberer traten auf und es wurde altersgerechte Musik gespielt. Ab 18.00 Uhr bildete das sogenannte Handwerkervesper den Abschluss mit bunter Musik.

Fazit: Es war für die Bürger und Umgebung, für Gäste aus Nah und Fern ein gelungenes 150-jähriges Jubiläumsfest der Feuerwehr Rottweil über vier Tage hinweg. Ziel war es von Anfang an, ein schönes Fest für die Bevölkerung zu organisieren, um die Feuerwehr Rottweil im Jahr 2006 vorzustellen aber auch ihre geschichtliche Entwicklung. Der Feuerwehrführung war besonders wichtig, kein finanzielles Wagnis einzugehen und mit einem kleinen finanziellen Überschuss zu enden. Das gelang aber nur, weil die gesamte Feuerwehr Rottweil mit Ihren Teilortswehren vieles in Eigenleistung selbst erledigte und auch fertigte. So wurden z. B. Festabzeichen, Festplakate, Festlogos und vieles mehr selbst gefertigt. Die Festschrift wurde vom damaligen Stadtarchivar Winfried Hecht und dem ehemaligen Stadtbrandmeister Rainer Müller verfasst – ohne störende Werbeanoncen, nur mit einer Spenderliste versehen. Es wurde eine sehr stilvolle Festschrift, bei der nur der Herstellungsdruck bezahlt werden musste. Die Festschrift (Auflage: 3500 Stück) war schon 14 Tage vor dem Jubiläumsfest ausverkauft.

Quellen
Stadtarchiv Rottweil M4/53 (versch. Aufnahmen)
Stadtarchiv Rottweil Bestand S Sammlungsgut (Feuerwehr)

📖
Hecht, Winfried/Müller, Rainer, 150 Jahre Freiwillige Feuerwehr Rottweil, 23–26. Juni 2006, 17. Kreisfeuerwehrtag, Rottweil 2006.

Abb. 156: Veranstaltungsprogramm an den Festtagen 2006 © Feuerwehr Rottweil

9 RELIGION UND GLAUBE

Von Harald Sellner

1224: Die Gründung des Zisterzienserinnenklosters Rottenmünster

Die im Stadtarchiv Rottweil aufbewahrte Urkunde Papst Honorius' III. vom 9. Mai 1224 ist die älteste im Original erhaltene Urkunde des Klosters Rottenmünster.[232]

In ihr fällt zum ersten Mal der Name *rubeum monasterium* (rotes Kloster), was in der Folge zu Rottenmünster wurde.[233] Für die Geschichte des Klosters weit wichtiger war allerdings der rechtliche Inhalt dieser Urkunde. Papst Honorius III. erklärte darin die vollständige Inkorporation des Klosters in den Zisterzienserorden, verlieh der Gemeinschaft wichtige Privilegien, wie zum Beispiel die Exemtion von der Diözesangewalt des Bischofs von Konstanz und unterstellte sie dem päpstlichen Schutz. Für die Gründungsgeschichte von Rottenmünster ist diese Urkunde von höchster Bedeutung, da sie die institutionelle Einbindung dieser Frauengemeinschaft in den Zisterzienserorden verbrieft, obwohl derselbe Orden im Jahr 1220 hatte verlauten lassen, dass künftig keine neuen Frauengemeinschaften mehr in den Orden aufgenommen werden sollten.[234] Die Tatsache, dass sich bei der Gründung des Klosters Rottenmünster der Papst einschaltete, lässt zwei Dinge erahnen. Zum einen, dass es gewisse Hindernisse und Widerstände gab und zum anderen, dass wohl weitere Akteure beteiligt sein mussten, die großes Interesse an der Gründung einer neuen religiösen Gemeinschaft hatten. Im Folgenden soll daher die Gründung des Zisterzienserinnenklosters Rottenmünster näher beleuchtet und in einen größeren Kontext gestellt werden.

Zu Beginn des Gründungsprozesses von Rottenmünster steht die Frauenklause von Hochmauren, ein Ort, an dem Frauen bereits seit langem ein religiöses Leben führten. Für Frauen des frühen und hohen Mittelalters, die eine *vita religiosa* führen wollten, war das Leben als Klausnerinnen oft die einzige Möglichkeit, da ein klösterliches Leben nach strengen Regeln, bis auf wenige Ausnahmen, den Männern vorbehalten war.[235] Die religiöse Begeisterung, die um das Jahr 1100 in ganz Europa auszumachen ist, ergriff in hohem Maße auch die Frauen. In der ersten Hälfte des 13. Jahrhunderts war diese „religiöse Frauenbewegung" so stark, dass sich viele Orden den Frauen öffneten und ihnen ein strengeres Leben nach dem Vorbild der Männer ermöglichten.[236]

Auch in Hochmauren ist zu Beginn des 13. Jahrhunderts der religiöse Eifer deutlich zu spüren. Die Klause wurde in dieser Zeit von einer gewissen Williburg geleitet. Sie war nach dem Tod ihres Mannes, eines Ritters von Wildenwerk, als Witwe nach Hochmauren

---

232 Württembergisches Urkundenbuch, Bd. 3, Nr. 676, S. 152 – 154. (künftig zit. als WUB).
233 Eine kleine Auswahl zur Geschichte von Rottenmünster findet sich im Literaturverzeichnis.
234 Statuta capitulorum generalium ordinis Cisterciensis ab anno 1116 ad annum 1786, Bd. 1, hrsg. von Joseph-Marie Canivez, Löwen 1933, Nr. 4, S. 517.
235 Ein Überblick liefert der Sammelband Fromme Frauen – unbequeme Frauen? Weibliches Religiosentum im Mittelalter, hrsg. von Edeltraud Klueting, Hildesheim 2006.
236 Zur religiösen Frauenbewegung Johannes Thiele, Die religiöse Frauenbewegung des Mittelalters, in: Mein Herz schmilzt wie Eis am Feuer. Die religiöse Frauenbewegung in Porträts, hrsg. von dems., Stuttgart 1988, S. 9 – 34.

gekommen.²³⁷ 1217 scheint die Gemeinschaft das Interesse König Friedrichs II., der zu diesem Zeitpunkt auf dem Rottweiler Königshof weilte, geweckt zu haben. Auf die Bitte des Ritters Berthold von Egisheim übertrug der König der Gemeinschaft von Hochmauren Besitz in Dürbheim. In der Zeugenliste der Urkunde tritt zudem Eberhard von Rohrdorf auf, der als Abt des Zisterzienserklosters von Salem in der Folge eine herausragende Rolle bei der Gründung von Rottenmünster einnehmen sollte.²³⁸ Diese Schenkung ließ in der Forschung die Vermutung aufkommen, dass die Klausnerinnen von Hochmauren bereits 1217 den Wunsch hegten, ein Kloster zu gründen und darin von Friedrich II. und Eberhard von Rohrdorf unterstützt wurden. Die nächste überlieferte Urkunde von 1221 liefert uns weitere wichtige Details. Zum einen ist in ihr die Rede von den „Schwestern in Rottweil", was darauf hindeutet, dass sich die Gemeinschaft von Hochmauren zwischenzeitlich gespalten hatte.²³⁹ Über die Gründe der Spaltung lässt sich nur mutmaßen. Sehr wahrscheinlich muss es zu einem inneren Konflikt über Fragen der Disziplin und der religiösen Strenge gekommen sein, an dessen Ende Williburg mit gleichgesinnten Schwestern Hochmauren verließ, um sich zwischenzeitlich in Rottweil niederzulassen.²⁴⁰ Zum anderen ist die Rede von einem Grundstück am Holbainesbach (=Holdersbach), das die besagten „Schwestern aus Rottweil" den Kanonikern von Sankt Stephan in Konstanz für den Betrag von 200 Mark Silber abkauften. Dieser hohe Betrag lässt den Schluss zu, dass die Schwestern um Williburg durchaus reicheren Familien entstammten.²⁴¹ Das Grundstück am Holdersbach übertrugen die Schwestern im selben Zug dem Abt und den Mönchen von Salem, unter der Bedingung, dass „sie daraus künftig machten, was die Schwestern zu gegebener Zeit wünschten".²⁴² Was damit gemeint ist,

Abb. 157: Papsturkunde vom 9. Mai 1224 © Ralf Graner Stadtarchiv Rottweil B4/50 (oberer linker Teil wurde herausgeschnitten)

237 Franz Betz, Reichsstift Rottenmünster und Rottweiler Barock, Rottweil 1966, S. 9.
238 WUB, Bd. 3, Nr. 601, S. 64–65.
239 „quod sorores de Rottwila, datis ducentis marcis argenti, predium quod dicitur Holbainesbahe", WUB, Bd. 3, Nr. 647, S. 123.
240 Vgl. Betz, Reichsstift, S. 11f.
241 Zur sozialen Herkunft der Schwestern vgl. Maren Kuhn-Rehfus, Die soziale Zusammensetzung der oberschwäbischen Frauenzisterzen, in: Zeitschrift für Württembergische Landesgeschichte 41 (1982), S. 7–31.
242 „ut abbas et fratres de Salem de eodem predio facerent quidquit sorores ipse in posterum tempore oportuno essent petiture." WUB, Bd. 3, Nr. 647, S. 123.

präzisiert eine Urkunde aus dem folgenden Jahr. Darin halten die Schwestern fest, dass die Vogteirechte über das Gut am Holdersbach letztlich über den Bischof von Konstanz dauerhaft an den Abt von Salem übertragen werden sollten, da „sie [die Schwestern] dort die Absicht hatten, ein Kloster zu bauen."[243]

Williburg und ihre Schwestern schufen zielgerichtet die Voraussetzungen für die Gründung und den Bau eines Klosters, das sich den Idealen von Cîteaux verpflichten sollte. Doch der enge Kontakt zum Abt von Salem alleine reichte hierfür nicht. Für eine Inkorporation des neuen Klosters in den Zisterzienserorden bedurfte es mächtiger Fürsprecher, da die Zisterzienser seit 1220 verkündeten, keine weiteren Frauengemeinschaften in den Orden aufzunehmen. Aus diesem Grund scheint Eberhard von Rohrdorf erwirkt zu haben, dass Papst Honorius III. das Generalkapitel der Zisterzienser um die Aufnahme der jungen Gemeinschaft um Williburg in den Orden bat.[244] Honorius erklärte weiter, dass die Schwestern den Abt von Salem zu ihrem Vater erwählt hatten, dass sein Kloster die Verhältnisse des neuen Klosters entsprechend den Ordensstatuten ordnen und über deren Einhaltung wachen sollte. Das Bittschreiben des Papstes mag schließlich auch der Startschuss für den Bau des neuen Klosters gewesen sein, denn in der bereits erwähnten Papsturkunde von 1224 ist die Rede vom „roten Kloster", was darauf hindeutet, dass der Bau des Klosters bereits weit vorangeschritten war. Spätestens mit dieser Urkunde war Rottenmünster eine vollständig in den Zisterzienserorden inkorporierte Abtei.[245]

Im Gegensatz zu den traditionellen benediktinischen Klöstern suchten die Zisterzienser bewusst die Abgeschiedenheit, um das Ideal der Weltflucht besser realisieren zu können. In ihrem Alltag verzichteten sie auf jeglichen Prunk und Schmuck und auf alles, was überflüssig war.

Williburg und ihre Schwestern hatten somit ihr Ziel, ein strenges und gottgefälliges Leben zu führen, erreicht. Sie gehörten nun einem Orden an, der vor allem im 12. Jahrhundert durch seine besonders strenge Auslegung der Benediktsregel großen Erfolg hatte. Im Gegensatz zu den traditionellen benediktinischen Klöstern suchten die Zisterzienser bewusst die Abgeschiedenheit, um das Ideal der Weltflucht besser realisieren zu können. In ihrem Alltag verzichteten sie auf jeglichen Prunk und Schmuck und auf alles, was überflüssig war. Auch von Abgaben sahen sie anfangs ab und wollten ihr bescheidenes Leben allein mit ihrer Hände Arbeit bestreiten. Das Leben der Zisterzienser galt weithin als der Inbegriff eines strengen religiösen Lebens.[246] Die ersten Klöster, die sich dieser Lebensweise verschrieben hatten, waren zudem darauf bedacht, diese Strenge dauerhaft aufrecht zu erhalten. Doch dies war alles andere als selbstverständlich. Die meisten Klöster entfernten sich innerhalb weniger Jahre oder Jahrzehnte von ihren anfänglichen Idealen und mussten meist durch einen Impuls von außen zu diesen zurückgeführt werden. Anders die Zisterzienser: Sie schufen unter den gleichgesinnten Klöstern Strukturen, die des gegenseitigen Austauschs und der Kontrolle dienten und letztlich unter dem Begriff Orden zusammengefasst werden können. Zu nennen sind hier vor allem die regelmäßigen Visitationen und das Generalkapitel. Letzteres tagte jährlich im Mutterkloster von Cîteaux und versammelte die Äbte aller Tochterklöster und derer Filiationen, um über aktuelle Fragen zu beraten und Beschlüsse zu fassen.[247]

---

243 „eo quod causam piam, hoc est monasterii constructionem, ibidem facere intenderent." WUB, Bd. 3, Nr. 651, S. 127.
244 WUB, Bd. 4, Nr. N 97, S. 396. Zur Rolle Eberhards vgl. Maren Kuhn-Rehfus, Die Entstehung der oberschwäbischen Zisterzienserinnenabteien und die Rolle Eberhards von Salem, in: Zeitschrift für Württembergische Landesgeschichte 49 (1990), S. 127.
245 Dazu Winfried Hecht, Rottweil 771 – ca. 1340. Von „rotuvilla" zur Reichsstadt, Rottweil 2007, S. 46.
246 Zu den Idealen der Zisterzienser zusammenfassend Jens Rüffer, Die Zisterzienser und ihre Klöster. Leben und Bauen für Gott, Darmstadt 2008, S. 12 – 15.
247 Jörg Oberste, Visitationen und Generalkapitel; neuere Forschungen zum cisterciensischen Modell der Ordensverfassung, in: Aktuelle Wege der Cistercienserforschung. Forschungsberichte der Arbeitstagung des Europainstituts für cistercienserische Geschichte, Spiritualität, Kunst und Liturgie an der päpstlichen phil.-theol. Hochschule Benedikt XVI. Heiligenkreuz vom 28./29. November 2007,

Die kleine Gemeinschaft um Williburg hatte sich schon früh für die Strenge der Zisterzienser begeistert. Und eben diese wurde von den Schwestern als mögliche Garantie für ihr persönliches Seelenheil angesehen. Hierzu hätte es aber sicher gereicht, die zisterziensische Lebensweise zu imitieren, wie es viele Frauengemeinschaften in jener Zeit taten.[248] Doch Williburg und ihre Schwestern wollten ihre Gemeinschaft in den Zisterzienserorden inkorporiert wissen. Ob dies daran lag, dass sie für ihr geplantes Kloster eine Lebensweise suchten, die durch die Ordensstruktur eine gewisse Dauerhaftigkeit versprach, oder ob es schlicht und ergreifend darum ging, ihr Kloster mit einem großen Namen in Verbindung zu bringen, der für eine gewisse Qualität stand, lässt sich nicht klar sagen. Fest steht jedenfalls, dass die Inkorporation in den Orden alles andere als selbstverständlich war.

Im Jahr 1220 ließ das Generalkapitel in Cîteaux verlauten, dass der Orden künftig keine weiteren Frauengemeinschaften aufnehmen werde. Dieses Verbot wurde in den folgenden Jahren, nämlich 1227, 1228 und 1251, immer wieder von Neuem ausgesprochen, was aber letztlich zeigt, dass es nicht durchgesetzt werden konnte.[249] In der Forschung hat dieses Aufnahmeverbot von Frauengemeinschaften zu zahlreichen Debatten geführt und die kontroverse Frage aufgeworfen, ob die Zisterzienser latent frauenfeindlich eingestellt waren und deshalb keine weiteren Gemeinschaften aufnehmen wollten.[250]

Fest steht jedenfalls, dass Zisterzienserinnenklöster im 13. Jahrhundert einen regelrechten Boom erlebten. Während man in Deutschland für das 12. Jahrhundert 15 Zisterzienserinnenklöster zählt, steigt ihre Zahl bis 1250 auf 220 an und übertrifft schon bald die der männlichen Gemeinschaften.[251] Ein Zeitgenosse, Jakob von Vitry (†1240), unterstreicht dies, wenn er erzählt: „die Lebensweise des Zisterzienserordens [wurde] vermehrt wie die Sterne des Himmels und wuchs ins Unermessliche […]."[252] Diese Erfolgsgeschichte scheint für den Orden aber eher zu einem Problem geworden zu sein. Blickt man nämlich in die Statuten des Generalkapitels, fällt auf, dass immer wieder darauf hingewiesen wurde, dass nur Frauengemeinschaften aufgenommen werden sollten, die eine strenge Klausur einhielten und über so viel Besitz verfügten, dass sie ihren Lebensunterhalt selbst bestreiten konnten.[253] Mit diesen Kriterien wollte der Orden offenbar die Zahl der Antragsteller reduzieren.[254] Als die Zahl aber nicht sank, wurde das Generalkapitel deutlicher. 1227 legt es fest, dass der Orden für Frauenklöster, die zisterziensisch leben wollten, weder Aufgaben der Seelsorge noch der Verwaltung übernehmen werde.[255] Diese Frauenklöster waren nämlich auf Hilfe von außen angewiesen und diese Hilfe hatten für gewöhnlich die Männerklöster des Ordens zu leisten. So wurden für letztere Visitationen, Beichte, Aufgaben in der Verwaltung und der Rechtsprechung in Frauengemeinschaften zu einer hohen Belastung. Bedenkt man zudem, dass in den männlichen Gemeinschaften der Zisterzienser gerade vor dem Hintergrund der aufkommenden Bettelorden die Zahl der Klostereintritte rückläufig war, wird die Not vieler Männerklöster deutlich: Sie konnten keine Brü-

---

Heiligenkreuz 2008, S. 133–147, Gert Melville, Warum waren die Zisterzienser so erfolgreich? Eine Analyse der Anfänge, in: Die Zisterzienser. Das Europa der Klöster: Begleitband zur Ausstellung, hg. vom Landesmuseum Bonn u.a., Darmstadt 2017, S. 20–37, Ders., Das Cisterciensertum: Wagnis und Modell im 12. und 13. Jahrhundert, in: Altzelle. Zisterzienserabtei in Mitteldeutschland und Hauskloster der Wettiner, hg. von Martina Schattkowsky u.a., Leipzig 2002, S. 21–36.

248 Immo Eberl, Die Zisterzienser. Geschichte eines europäischen Ordens, Ostfildern 2007, S. 153.
249 Ebd., S. 152.
250 Zusammenfassend Franz-Josef Felten, Waren die Zisterzienser frauenfeindlich? Die Zisterzienser und die religiöse Frauenbewegung im 12. und 13. Jahrhundert. Versuch einer Bestandsaufnahem der Forschung seit 1980, in: Norm und Realität. Kontinuität und Wandel der Zisterzienser im Mittelalter, hrsg. von Dems., (Vita regularis, Abhandlungen 42), Berlin 2009, S. 179–223.
251 Vgl. Eberl, Zisterzienser, S. 148.
252 Jakob von Vitry, Okzidentale Geschichte 15, übers. von Christina Franke, in: Mittelalter. Interdisziplinäre Forschung und Rezeptionsgeschichte, 22. Juli 2017, http://mittelalter.hypotheses.org/10841.
253 Vgl. Canivez, Statuta, Bd. 1, Nr. 7, S. 36.
254 Vgl. Eberl, Zisterzienser, S. 150.
255 Vgl. Canivez, Statuta, Bd. 1, Nr. 16, 17, S. 68–69.

der in Frauengemeinschaften abkommandieren, ohne damit langfristig dem eigenen Kloster zu schaden.[256]

Die Gründung von Rottenmünster muss vor diesem Hintergrund gesehen werden. Williburg war fest entschlossen, ihre Frauengemeinschaft in den Zisterzienserorden zu inkorporieren und wandte sich daher wohl schon früh an Eberhard von Rohrdorf, der später die Funktion des Vaterabts von Rottenmünster übernahm und diesem Projekt sehr wohlwollend gegenüberstand. Es ist anzunehmen, dass er den Schwestern bei der Suche eines geeigneten Ortes für den Bau eines Klosters half.[257] Der Erwerb des Guts am Holdersbach spricht dafür, dass die junge Gemeinschaft finanziell gut gestellt war und sich künftig selbst versorgen konnte. Damit war die erste Bedingung des Generalkapitels erfüllt. Aber auch die Forderung nach der Einrichtung einer strengen Klausur scheint bei der Gründung von Rottenmünster ein zentraler Punkt gewesen zu sein. Die Tatsache, dass bereits in der päpstlichen Urkunde von 1224 die Rede vom „roten Kloster" ist, macht deutlich, dass die Schwestern recht schnell ein festes Kloster errichten ließen, das wohl eine strenge Einhaltung der Klausur erlaubte.[258]

Der besondere Wille, die neue Gemeinschaft in den Zisterzienserorden zu integrieren, wurde in der Forschung lange Zeit auch von einem politischen Standpunkt aus gesehen. Der Staufer Friedrich II. gilt als großer Förderer von Rottenmünster. Für ihn war die Gründung eines Klosters vor den Toren des Königshofs sicherlich eine politische Erwägung. Maren Kuhn-Rehfus weist darauf hin, dass die Reichsvogtei Rottweil von den Herzögen von Zähringen als Erblehen gehalten wurde. Nach ihrem Aussterben im Jahr 1218 ging dieses Lehen an die Herzöge von Teck über und drohte allmählich dem Einflussbereich des Reichs zu entgleiten. Um dieser Entwicklung entgegenzuwirken, wurde Rottweil zur Königsstadt erhoben. Die zeitliche Nähe dieser Ereignisse zur Gründung Rottenmünsters legen den Schluss nahe, dass dieses Kloster einen wichtigen Platz in der königlichen Politik einnahm. So hätte die neue Abtei eine drohende Entfremdung Rottweils von der königlichen Macht abwenden sollen.[259] In diesem Zusammenhang ist vor allem die sogenannte staufische Zisterzienservogtei zu nennen, die Friedrich über zahlreiche Abteien im Südwesten ausübte.[260] Da die Zisterzienser versuchten, jeglichen weltlichen Einfluss von ihren Klöstern fernzuhalten, lehnten sie es ab, dass ein Herr Vogteirechte über das Kloster erhielt. Stattdessen sprach sich der Orden für eine *defensio*, eine Schutzherrschaft ohne herrschaftliche Rechte und Abgaben aus. Im Südwesten des Reichs übte diesen Schutz der staufische König aus und konnte damit seine Herrschaft verstärken. Für Rottenmünster ist der Schutz des Kaisers und des Reichs, der später den Weg zur Reichsunmittelbarkeit wies, in einer königlichen Urkunde von 1237 verbrieft. Darin gab Friedrich II. der nahe gelegenen Stadt Rottweil den Auftrag, diesen Schutz in seinem Namen auszuüben.[261] Mit dem Schutz über Rottenmünster konnte der Kaiser seinen Einfluss nicht nur über dieses Kloster, sondern auch über das nahegelegene Rottweil festigen.

Die Gründung der Zisterzienserinnenabtei von Rottenmünster muss aus zwei Blickwinkeln gesehen werden. Zum einen scheint die Initiative von Williburg und ihren Gefährtinnen, ein eigenes Kloster zu errichten, das Teil des Zisterzienserordens werden sollte, den machtpolitischen Erwägungen Friedrichs II. und Eberhards von Rohrdorf entgegen gekommen zu sein.

> *Mit dem Schutz über Rottenmünster konnte der Kaiser seinen Einfluss nicht nur über dieses Kloster, sondern auch über das nahegelegene Rottweil festigen.*

---

256 Vgl. Eberl, Zisterzienser, S. 152.
257 Vgl. Kuhn-Rehfus, Oberschwäbische Zisterzienserinnenabteien, S. 128.
258 Vgl. Canivez, Statuta, Bd. 1, Nr. 7, S. 36: In den Statuten von 1225 ist die Rede davon, dass die Gebäude der Klöster so sein mussten, dass sie eine strenge Klausur erlaubten.
259 Vgl. Kuhn-Rehfus, Oberschwäbische Zisterzienserinnenabteien, S. 137.
260 Ebd.
261 WUB, Bd. 3, Nr. 897, S. 400–401.

Nichtsdestotrotz darf auch diesen Akteuren eine starke religiöse Motivation nicht abgesprochen werden. Mit dem Anschluss dieser Frauengemeinschaft an einen Orden, der für seine Strenge und Disziplin weithin bekannt war, entstand in unmittelbarer Nähe zu Rottweil ein heiliger Ort, ein spirituelles Zentrum, das weit in die Gegend ausstrahlte.

Quellen

Stadtarchiv Rottweil B6/ (Papsturkunde Honorius' III.)

https://www.wubonline.de (Württembergisches Urkundenbuch, Bd. 3, Nr. 676, S. 152 – 154)

Statuta capitulorum generalium ordinis Cisterciensis ab anno 1116 ad annum 1786, Bd. 1, hrsg. von Joseph-Marie Canivez, Löwen 1933, Nr. 4, S. 517.

Jakob von Vitry, Okzidentale Geschichte 15, übers. von Christina Franke, in: Mittelalter. Interdisziplinäre Forschung und Rezeptionsgeschichte, 22. Juli 2017, http://mittelalter.hypotheses.org/10841.

Betz, Franz, Reichsstift Rottenmünster und Rottweiler Barock, Rottweil 1966.

Brinzinger, Adolf, Das ehemalige Reichsstift Rottenmünster bei Rottweil. Gründung, Entwicklung, Aufhebung, Rottweil 1906.

Eberl, Immo, Die Zisterzienser. Geschichte eines europäischen Ordens, Ostfildern 2007.

Felten, Franz-Josef, Waren die Zisterzienser frauenfeindlich? Die Zisterzienser und die religiöse Frauenbewegung im 12. und 13. Jahrhundert. Versuch einer Bestandsaufnahem der Forschung seit 1980, in: Norm und Realität. Kontinuität und Wandel der Zisterzienser im Mittelalter, hrsg. von Franz J. Felten und Werner Rösener, Berlin/Münster 2009, S. 179 – 223 (Vita regularis Abhandlungen; 42).

Hecht, Winfried, Rottweil 771 – ca. 1340. Von „rotuvilla" zur Reichsstadt, Rottweil 2007.

Ders., Kleine Geschichte der Reichsabtei Rottenmünster, Rottweil 2018.

Klueting, Elisabeth (Hrsg.), Fromme Frauen – unbequeme Frauen? Weibliches Religiosentum im Mittelalter, Hildesheim 2006.

Melville, Gert, Warum waren die Zisterzienser so erfolgreich? Eine Analyse der Anfänge, in: Die Zisterzienser. Das Europa der Klöster: Begleitband zur Ausstellung, hrsg. vom Landesmuseum Bonn u.a., Darmstadt 2017, S. 20 – 37.

Ders., Das Cisterciensertum: Wagnis und Modell im 12. und 13. Jahrhundert, in: Altzelle. Zisterzienserabtei in Mitteldeutschland und Hauskloster der Wettiner, hrsg. von Martina Schattkowsky u.a., Leipzig 2002, S. 21 – 36.

Oberste, Jörg, Visitationen und Generalkapitel. Neuere Forschungen zum cisterciensischen Modell der Ordensverfassung, in: Aktuelle Wege der Cistercienserforschung. Forschungsberichte der Arbeitstagung des Europainstituts für cisterciensische Geschichte, Spiritualität, Kunst und Liturgie an der päpstlichen phil.-theol. Hochschule Benedikt XVI. Heiligenkreuz vom 28./29. November 2007, Heiligenkreuz 2008, S. 133 – 147.

Thiele, Johannes, Die religiöse Frauenbewegung des Mittelalters, in: Mein Herz schmilzt wie Eis am Feuer. Die religiöse Frauenbewegung in Porträts, hrsg. von dems., Stuttgart 1988, S. 9 – 34.

Reichenmiller, Margareta, Reichsstift im Schatten Rottweils, in: Schwäbische Heimat 20 (1969) S. 128 – 135.

Rüffer, Jens, Die Zisterzienser und ihre Klöster. Leben und Bauen für Gott, Darmstadt 2008.

Tüchle, Hermann, Das Kloster der Zisterzienserinnen, in: Festschrift Rottenmünster 1224 – 1898 – 1975, hrsg. von der Genossenschaft der Barmherzigen Schwestern e.V. Untermarchtal, Schwenningen 1975.

Woll, Gunda, Zisterzienserinnenkloster Rottenmünster, in: Klöster und Ordensgemeinschaften im Landkreis Tuttlingen, hrsg. von Hans Joachim Schuster, Tuttlingen 2003, S. 76 – 82.

Von Ludwig Ohngemach

1275: Das Heilig-Geist-Spital zu Rottweil steht unter päpstlichem Schutz

Zusammenfassung des Inhalts

Papst Gregor X. nimmt das Spital, den Meister und die gegenwärtigen und zukünftigen Brüder des Armenspitals in Rottweil, die dort nach der Regel des Hl. Augustinus leben, in seinen besonderen Schutz. Er bestätigt den gesamten Besitz des Spitals, seine Höfe in Zimmern, Hausen und Irslingen, die Hube (Hufe) in Göllsdorf, die Wiese in Denkingen, die Höfe in Flözlingen, Stetten und Brunliessbere [?] sowie die Huben in Mahlstetten und Dietingen und den Wald bei Briel sowie die Wiesen in Wellendingen und Zepfenhan mit allem, was dazugehört.

Er gestattet Kleriker und Laien als Konversen, als Laienbrüder, aufzunehmen, die nach der Ablegung der Profess, der Ordensgelübde, das Haus nicht mehr ohne Zustimmung des Meisters verlassen dürfen. Weiterhin erlaubt er die Feier des Gottesdienstes auch in Zeiten eines allgemeinen Interdiktes, allerdings bei verschlossenen Türen und ohne Glockengeläut.

Für Öl-, Altar- und Klerikerweihen verweist er das Spital an den zuständigen Diözesanbischof. Dessen Zustimmung ist auch für die Errichtung einer Kapelle innerhalb der Spitalpfarrei notwendig.

Der Papst nimmt das Spital vor ungerechtfertigten Forderungen von Geistlichen und Laien in Schutz und gewährt ein Begräbnisrecht vorbehaltlich der Rechte anderer Kirchen. Er ermächtigt das Spital, seine an Laien abgegebenen Zehnten und Güter zurückzukaufen und einzulösen.

Der Meister an der Spitze der Brüder soll durch diese selbst bestimmt werden. Weiterhin untersagt der Papst innerhalb der Klausur des Spitals Raub, Diebstahl, Brandstiftung, Blutvergießen, Gefangennahme und Tötung.

Abschließend bestätigt er alle bisher von Päpsten, weltlichen Fürsten und anderen Gläubigen gewährten Freiheiten.

Bedeutung und historischer Hintergrund

Die Pergamenturkunde, die Papst Gregor X. (1271–1276) am 13. April 1275 in Lyon ausstellte, ist das früheste im Original erhaltene Dokument, in dem das Rottweiler Armenspital genannt wird. Eine weitere Urkunde, die bereits im Januar desselben Jahres ausgestellt worden war und in der Papst Gregor den Abt von Alpirsbach beauftragt hatte, Zins- und Gültpflichtige des Spitals, die ihre Abgaben nicht lieferten, zu ermahnen, ist lediglich als spätere Abschrift überliefert. Zudem handelt es sich hierbei um einen Text, der mit nahezu gleichem Wortlaut auch für andere Spitäler, etwa das Hl.-Geist-Spital in Ulm, verwendet wurde und der daher keine Rückschlüsse auf die Rottweiler Gegebenheiten zulässt.

Ohnehin legt eine ganze Reihe von Umständen die Vermutung nahe, dass das Rottweiler Spital wohl deutlich früher entstanden ist. Zunächst kann auf den bereits vorhandenen respektablen Grundbesitz an insgesamt dreizehn Orten verwiesen werden, den der Papst in der vorliegenden Urkunde bestätigt. Hinzu kommt die bevorzugte Lage der Spitalgebäude an der unteren Hauptstraße. Auch die Anfänge der Spitalkapelle mit ihrem Nikolaus-Patrozinium könnten auf eine Stiftung in der Stauferzeit und damit in zeitlicher Nähe zur Gründung des hochmittelalterlichen Rottweil um 1190 deuten.

Andererseits ist über einen Gründer oder eine Gründerfamilie nichts Sicheres bekannt. Die in späterer Zeit belegte enge Verbundenheit mit der einflussreichen Familie von Balingen oder Balgingen, deren Mitglieder seit dem 16. Jahrhundert immer wieder mit der Entstehung des Spitals in Verbindung gebracht werden, könnte darauf zurückzuführen sein. Auf jeden Fall muss das Spital über hochgestellte Gönner verfügt haben, mit deren Hilfe es immer wieder, auch später, gelang, sich am päpstlichen Hof hilfreiche Privilegien oder sonstige Unterstützung zu verschaffen.

Der hier vorgestellten Papsturkunde von 1275 können bereits wesentliche Merkmale des Rottweiler Armenspitals entnommen werden, das über viele Jahrhunderte für die gesamte Stadt und ihre Bewohner eine bedeutende Rolle spielte.

Demnach galt es im 13. Jahrhundert als geistliche oder kirchliche Einrichtung, die der Förderung des Seelenheiles der Gläubigen diente, was sich auch in seinem Selbstverständnis als „Gotteshaus Spital" ausdrückt, eine Bezeichnung, die sich in den Quellen bis ins 19. Jahrhundert findet. Das Spital bot Wohlhabenden durch die Entgegennahme von Stiftungen und den damit verbundenen ewig gültigen Verpflichtungen, wie der Feier von Jahrtagen, Gedächtnismessen und der Gewährung vielfältiger Hilfen für Bedürftige, die Möglichkeit, etwas für ihr eigenes Seelenheil zu tun. Die hierdurch unterstützten armen und hilfsbedürftigen Nächsten setzten sich dann im täglichen Gebet in der Spitalkapelle für ihre Wohltäter ein.

Die Spitalbewohner, die erwähnten Brüder, die im Spital Arme und Hilfesuchende pflegten, aber wohl auch die Armen selbst, richteten ihr Leben nach der Regel des hl. Augustinus aus. In der vorliegenden Urkunde wurde ihnen, vergleichbar mit einem Kloster, die Aufnahme von weiteren Klerikern und Laien als Konversen (Laienbrüder) gestattet. Nach Ablegung ihrer Profess (Ordensgelübde) durften sie das Haus ohne Erlaubnis des Meisters nicht mehr verlassen. Dieser wurde von ihnen selbst gewählt und hatte Leitungsfunktion.

Das Recht in den Zeiten eines allgemeinen Interdiktes in der Spitalkapelle Gottesdienst feiern zu dürfen, bezeugt den Sonderstatus, den das Armenspital in der Stadt genoss. Um 1330 bis 1348 könnte dieses Privileg tatsächlich zur Wirkung gekommen sein, als Rottweil gegen das avignonesische Papsttum und für Kaiser Ludwig den Bayern Partei ergriffen hatte und daher von Benedikt XII. (1334–1342) mit dem Kirchenbann belegt worden war. Hinsichtlich der Zustimmung zur Öl-, Altar- und Klerikerweihe sowie zur Errichtung einer Kapelle innerhalb der Spitalpfarrei wurde das Spital auf den zuständigen Ortsbischof in Konstanz verwiesen. Zudem wurde ihm das Recht zugestanden, vorbehaltlich der Rechte anderer Kirchen, einen eigenen Friedhof einzurichten, was einmal mehr seine Sonderrolle betont, auch wenn diese Möglichkeit offenbar nicht realisiert wurde.

Als geistliche Einrichtungen waren die Spitäler der Einflussnahme weltlicher Machthaber und ihrer Vertreter entzogen. Vielmehr unterstanden sie der kirchlichen Hierarchie mit dem Papst an der Spitze, der letztlich für ihre Rechte und Privilegien zuständig

Abb. 158:
Papsturkunde vom 13. April 1275
© HStAS B 203 PU 91

war, die dieser dem Rottweiler Spital in der vorliegenden Urkunde bestätigt und diesem zudem seinen besonderen Schutz zusichert. Unter der Aufsicht des Diözesanbischofs in Konstanz erfuhr das Spital auch in den folgenden Jahren und Jahrzehnten immer wieder Förderung durch hohe Kirchenfürsten, die es mehrfach mit Ablassprivilegien für die Besucher seiner Kapelle und Wohltäter ausstatteten.

Zwar galt der Besitz des Spitals nicht als Kirchengut im strengen Sinn, doch blieben immerhin die sogenannten Gründungsgüter von der Besteuerung durch die Stadt ausgenommen. Dagegen mussten spätere Erwerbungen besteuert werden, auch waren Kriegssteuern und andere außerordentliche Anlagen abzuführen. Auf jeden Fall gelang es dem Rottweiler Armenspital, innerhalb weniger Jahrzehnte an zahlreichen Orten der Umgebung einen bedeutenden Bestand an Grund- und Zinsrechten zu erwerben, wie der beigefügten Aufstellung zu entnehmen ist. Genannt werden Höfe in Zimmern, Hausen und Irslingen, eine Hube in Göllsdorf sowie eine Wiese in Denkingen. Weiterhin sind aufgeführt Höfe in Flözlingen, Stetten und Brunliessbere, dessen Lage nicht bekannt ist, sowie Huben in Mahlstetten und Dietingen, ein Wald bei Briel und Wiesen in Wellendingen und Zepfenhan. Da die Gruppierung der Besitztitel nicht nach geographischen Gesichtspunkten erfolgt ist, könnte hierbei ihre Herkunft eine Rolle gespielt haben.

Kommunalisierung – die Stadt gibt nun den Ton an

Die wachsende Bedeutung, verbunden mit zunehmendem Besitz sorgte dafür, dass die geistlichen Stiftungen und damit auch die Spitäler immer mehr in den Blick der führenden Familien in den Städten kamen. Diesen gelang es im Verlauf der zweiten Hälfte des 13. Jahrhunderts, sich von den Stadtgründern und späteren Stadtherren zu emanzipieren. Sie waren dann auch immer weniger

Als geistliche Einrichtungen waren die Spitäler der Einflussnahme weltlicher Machthaber und ihrer Vertreter entzogen. Vielmehr unterstanden sie der kirchlichen Hierarchie mit dem Papst an der Spitze, der letztlich für ihre Rechte und Privilegien zuständig war, die dieser dem Rottweiler Spital in der vorliegenden Urkunde bestätigt und diesem zudem seinen besonderen Schutz zusichert.

bereit, kirchliche Einrichtungen mit ihren Besitzungen, die ihrem Einfluss entzogen waren und nur der Aufsicht des Diözesanbischofs unterstellt waren, zu akzeptieren.

Mithilfe der sogenannten Pflegschaftsverfassung gelang es ihnen auch, auf die Verwaltung der Spitäler immer mehr Einfluss zu gewinnen. Für das Rottweiler Spital traten 1290 Vögte und Pfleger als Empfänger von Lehen auf. Seit 1314 sind wachsende Eingriffsrechte der Stadtspitze und abnehmender Einfluss der ehemals tonangebenden Bruderschaft festzustellen. Ihr Spitalmeister verlor nach 1304 an Bedeutung und wurde zu einem städtischen Beamten, der lediglich für den inneren Betrieb zuständig war. 1317 wird ein gewisser Abschluss dieser Entwicklung erkennbar, wenn der städtische Magistrat von „unserem Armenspital" spricht. An der Spitze standen nun zumeist jeweils zwei Pfleger, die der Rat aus seiner Mitte bestimmte und die ihm rechenschaftspflichtig waren. Wegen der Bedeutung des Spitals für die Stadt waren diese Pflegerstellen auch für die Mitglieder der führenden Familien, die zum Patriziat zählten, attraktiv. Seit 1503 war es üblich, dass jeweils ein Assessor des Kaiserlichen Hofgerichts, der auch Mitglied der Herrenstube war, als Oberpfleger und ein Zunftmeister von der neuen Bank als Kontrolleur an der Spitze des Spitals standen. Die Laienbruderschaft bestand noch eine Zeit lang weiter, wird aber nach 1414 nicht mehr erwähnt.

Das Spital sowie andere Stiftungen erhielten offenbar auch weiterhin umfangreiche Zuwendungen und Stiftungen aus den Reihen des Stadtpatriziats, der Adelsfamilien im Einzugsbereich der Stadt, aber auch aus der breiten Bürgerschaft und konnten ihren Besitz weiter ausbauen. Dies führte dazu, dass der Rat 1375 versuchte, den weiteren Besitzzuwachs bei den Pia Corpora, den milden Stiftungen, insgesamt zu bremsen.

Veränderte und neue Aufgaben

Der Verlust der Autonomie als kirchliche Einrichtung und die wachsenden Einwirkungsmöglichkeiten der weltlichen Stadtherrschaft änderten zwar nichts daran, dass das Spital weiterhin eine eigenständige Rechtspersönlichkeit und Träger eigener Rechte und Pflichten blieb. Da aber die Pfleger nun auch im Sinne der Stadt und ihrer Interessen wirkten, veränderte sich sein Aufgaben- und Tätigkeitsfeld.

Während früher alle Hilfsbedürftigen, auch Bettler, Pilger, Menschen auf der Wanderschaft, ungeachtet ihrer Person und Herkunft auf die Unterstützung der Spitäler durch Aufnahme oder materielle Hilfen hoffen konnten und Ziel einer religiös motivierten Mildtätigkeit waren, wurden die Amen im 15. Jahrhundert zunehmend gesellschaftlich ausgegrenzt und wachsender Reglementierung unterworfen, die sich z. B. in Bettelordnungen niederschlug. Seit der Kommunalisierung im 14. Jahrhundert ging die Zuteilung der Hilfen von kirchlichen auf staatliche Stellen über. Nun entschieden die Pfleger und oft auch der städtische Rat immer mehr nach objektiven Kriterien über die Aufnahme ins Spital oder Art, Umfang und Dauer eventueller materieller Hilfen. Damit verbunden war eine wachsende Konzentration dieser Leistungen auf die Stadtbevölkerung.

Zudem wurde seit dem 13. Jahrhundert das Pfründenwesen immer wichtiger, das den Kauf von Leistungsansprüchen oder den Einkauf ins Spital ermöglichte. Mit Konrad von Balgingen wird 1314 ein erster Pfründner im Rottweiler Spital greifbar. Dies eröffnete dem Spital auch neue Einnahmemöglichkeiten. Als notwendige Voraussetzung mussten statt der früher üblichen Gemeinschaftsunterkünfte nun Einzelunterkünfte geschaffen werden, was in Rottweil den Umbau der Spitalgebäude 1577/78 erforderlich machte.

Daneben kamen neue Tätigkeitsfelder hinzu, die nicht immer dem ursprünglichen Stiftungszweck entsprachen.

So wurde das Spital durch den städtischen Rat immer wieder zu den unterschiedlichsten Finanzbeiträgen herangezogen. Beispielhaft bereits am Ende des 14. Jahrhunderts war der Versuch der Reichsstadt, mit Hilfe des Armenspitals den Kirchensatz von St. Pelagius und damit von Hl. Kreuz zu erwerben. Später kamen im kirchlichen Bereich Beiträge finanzieller oder materieller Art zur Besoldung von Geistlichen und Organisten, aber auch städtischer Beamter hinzu. Bald gab es kaum mehr einen Bereich des städtischen Lebens, an dem das Spital nicht beteiligt gewesen wäre, sodass die Spitalkasse gelegentlich als zweite Stadtkasse erscheint.

Weiterhin nahm die Stadt die unterschiedlichsten Dienstleistungen in Anspruch. Zu nennen sind hier die spitaleigenen Handwerker oder die Möglichkeiten, welche die Eigenwirtschaft des Spitals bot. Diese reichten vom Zugriff auf die Stallungen, die Pferde und Fuhrwerke bis hin zur Unterbringung Gefangener im Kuntz- und Klaralöchlein im Spital und der Verpflegung der Delinquenten in den anderen städtischen Gefängnissen.

Die dem Spital gehörigen Liegenschaften, Zins- und Zehntrechte sowie andere Besitztitel wurden zunehmend als städtischer Besitz verstanden und dementsprechend von den Pflegern oft vorrangig zum Vorteil der Stadt verwaltet. Der Spitalbesitz, darunter das Spitaldorf Feckenhausen, war wie auch die der Hl. Kreuz-Bruderschaft gehörigen Dörfer konstitutiver Teil des Reichsstadt Rottweilischen Territoriums und in die städtische Politik eingebunden.

Die Gewährung eines Tischtitels auf das Spital, der für den Fall einer Berufsunfähigkeit eines Geistlichen vorgesehen und Voraussetzung für die höheren Weihen war, ermöglichte der Stadt, die von ihr zu besetzenden Pfarrerstellen Landeskindern zuzuteilen.

Das Spital, Schwergewicht im städtischen Wirtschaftsleben

Die überragende Wirtschaftskraft des Spitals konnte zur Steuerung des reichsstädtischen Wirtschaftsraumes eingesetzt werden. Seine bedeutenden Einnahmen an Getreide und anderen Naturalien sicherten einerseits die Versorgung der städtischen Bevölkerung und konnten andererseits über die Steuerung von Angebot und Nachfrage zur Beeinflussung des Preisniveaus genutzt werden.

Für die städtische Handwerkerschaft und das Baugewerbe, wie für die Künstler der Umgebung erwies sich das Spital aufgrund seiner Finanzkraft als potenter Auftraggeber.

Darüber hinaus spielte es eine wichtige Rolle am städtischen Finanzmarkt. Durch die Aufnahme oder die Gewährung von Krediten beziehungsweise den Verkauf oder die Ablösung von Zinsen durch das Spital konnte der Magistrat das Kreditwesen in der Stadt und in der zugehörigen Landschaft kontrollieren.

Insgesamt erwies sich das Spital als ein wichtiges Instrument zum Vermögenstransfer vom Land in die Stadt.

Dennoch dürfte das Urteil von Carl Theodor Griesinger aus dem Jahr 1841, wohl übertrieben und auf die möglicherweise pietistisch beeinflusste Perspektive des Autors zurückzuführen sein, wenn er sagt, dass die Einwohner Rottweils „ …lieber ein beschauliches als thätiges Leben führ[t]en und dem Müßiggange und den Wirthshäusern mehr ergeben [seien] … als vielleicht in irgend einer andern Stadt Württembergs" und dies auf den Reichtum des Spitals zurückführt, auf dessen Hilfe in der Not sich der Rottweiler verlassen konnte.

Quellen

HStAS B 203 PU 91 (Abdruck in: WUB Nr.2491 und RUB U 36 1275 Apr.13)
Stadtarchiv Rottweil Spitalarchiv A5 L41 Fasz. 1 Nr. 1

Isenmann, Eberhard, Die deutsche Stadt im Mittelalter 1150 – 1550, Köln ²2014.

Ohngemach, Ludwig, Stadt und Spital. Das Rottweiler Hl.-Geist-Spital bis 1802, Rottweil 1994.

Ders., Spitäler in Oberdeutschland, Vorderösterreich und der Schweiz in der Frühen Neuzeit, in: Europäisches Spitalwesen. Institutionelle Fürsorge in Mittelalter und Früher Neuzeit, hrsg. von Martin Scheutz, Andrea Sommerlechner, Herwig Weigl und Alfred Stefan Weiß, München/Wien 2008, S. 255 – 294.

Reicke, Siegfried, Das deutsche Spital und sein Recht im Mittelalter. Kirchenrechtliche Abhandlungen Hefte 111 – 112, 113 – 114, hrsg. von Ulrich Stutz und Johannes Heckel, Stuttgart 1932, ND Amsterdam 1961.

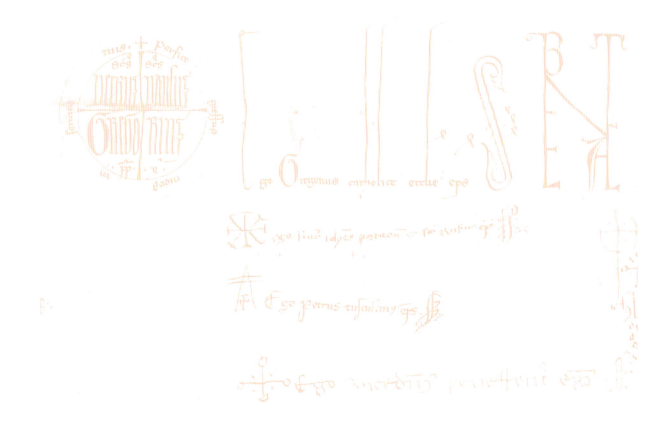

Zwei Schreiben des Provinzials der deutschen Dominikaner von 1520 bzw. 1525 an Bürgermeister und Rat der Stadt Rottweil

Von Winfried Hecht

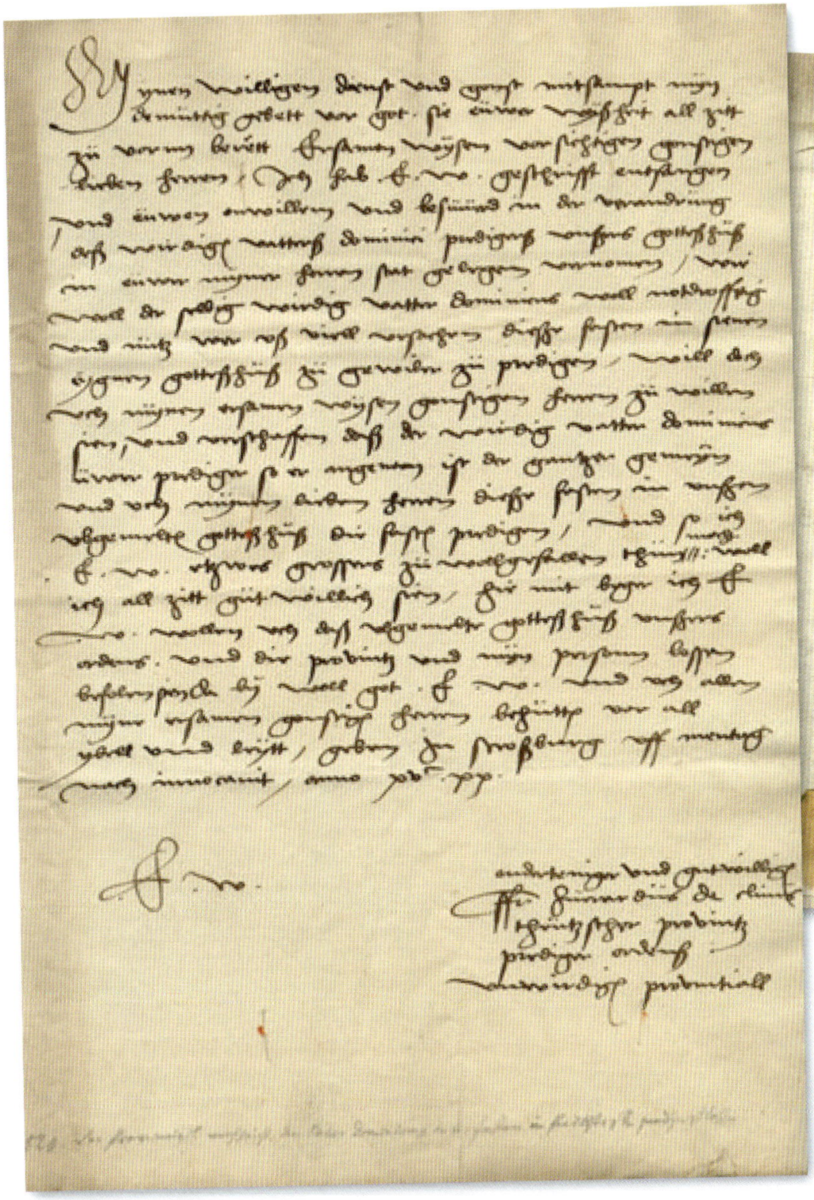

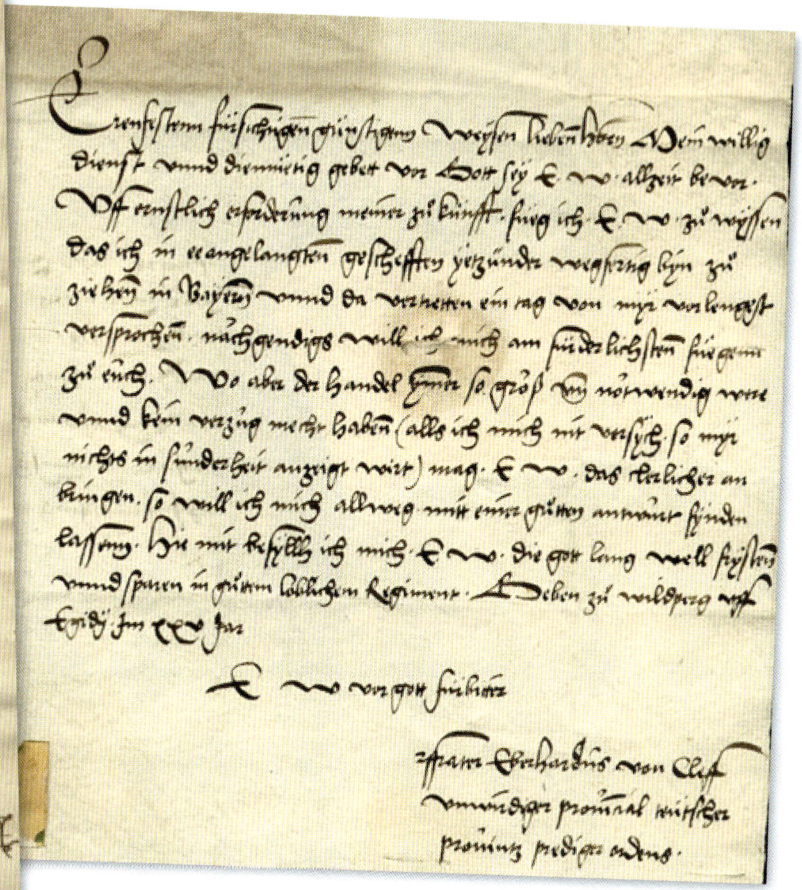

Abb. 159:
Brief vom 6. März 1520
© HStAS Stuttgart B 203 Bü 5

Abb. 160:
Brief vom 1. September 1525
© HStAS Stuttgart B 203 Bü 5

9 RELIGION UND GLAUBE

Schreiben vom 6. März 1520

Zusammenfassung des Inhalts

Straßburg, 1520 (uff mentag nach invocavit) März 6

Pater Eberhard von Kleve, Provinzial des Predigerordens, teilt Bürgermeister und Rat der Stadt Rottweil mit, dass Pater Dominikus zwar in seinem eigenen Kloster Gebweiler im Elsass auf die Fastenzeit predigen sollte, dass er aber nun die Fastenpredigten im Kloster der Prediger zu Rottweil halten könne. Der Provinzial versichert die Adressaten seines guten Willens und empfiehlt das Kloster seines Ordens in Rottweil, seine Ordensprovinz und seine eigene Person den Herren in Rottweil.

Text

Mynen Willigen dienst und gonst mitsampt mym demúttig gebett vor got. Sie eüwer Wyßheit all zitt zü weren bevelt. Ersamen Wysen vorsichtigen gonstigen lieben Herren. Ich hab Ewer Würden geschrifft entfangen und eüwen onwillen und besüünders in der verandrüng des wirdigen Vatterß Dominici predigers unßers gotteßhüß in eúwer myner Herren stat gelegen vernomen, Wie woll der selbig wirdig Vatter Dominicus woll notdrofftig und nütz wer uß viell ursachen dieße fasten in seinem eygnen gotteßhúß zú Gewiler zue predigen, will doch uch mynen ersamen wysen gonstigen Herren zu willen sein, und verschaffen, daß der wirdig Vatter Dominicus uewer prediger so er angenem ist der gantzen gemeyn und uch mynen lieben Herren dieße fasten in unserm ubgemelten gotteßhuß die fasten predigen, und so ich Ewer Würden etzwas grosses zue wolgefallen thuen mecht, woll ich all zitt guetwillich sein, hie mit beger ich Ewer Würden wollen uch des ubgemelts gotteßhuß unsers ordens und der provintz und myn personen lassen befolen sein da by woll got. Ewer Würden und uch allen myner ersamen gonstigen Herren behütten vor all ybell und leytt. Geben zu Stroßburg uff mentag nach invocavit, anno XV C XX

Ewer Würden
onderteniger und gutwilliger Pater Heuvardius de clivis theützscher provintz prediger ordens unwirdiger provintiall

Den Ersamen Wysen und vorsichtigen Herren

Herren bürgermeister und rott der stat rotwyel sienen gonstigen lieben Herren all zitt.

Schreiben vom 1. September 1525

Zusammenfassung des Inhalts

Wildberg, 1525 (uff Egidii) September 1

Pater Eberhard von Kleve, Provinzial des Predigerordens, teilt Bürgermeister und Rat der Stadt Rottweil mit, dass er in ernstlichen, älteren Angelegenheiten dabei sei, nach Bayern zu reisen. Danach will er sich umgehend nach Rottweil begeben. Wenn die Angelegenheit keinen Verzug leide (womit er nicht rechne und was ihm insbesondere nicht angezeigt wurde), möge man ihm das klar mitteilen, und er werde jedenfalls gut antworten. Er empfiehlt sich den Adressaten, die Gott in gutem Regiment erhalten soll.

Text

Erenfesten fürsichtigen weysen lieben Herren Mein willig dienst unnd diemüetig gebett vor Gott. Sey Ewer Würden allzeit bevor.

Uff ernstlich erforderung meiner zuokunfft fueg ich Ewer Würden zuo wyssen das ich in ee angelangten geschefften yetzundt wegfertig byn zuo ziehen in Bayern unnd da verhetten ein tag von myr vorlengest versprochen. Nachgedings will ich mich am fürderlichsten füegen zu euch. Wo aber der handel ymmer so groß unnd notwendig were und kein verzug mehr haben (alls ich mich nitt versych, so myr nichts in sunderheit anzeigt wirt) mag Ewer Würden das clerlicher anbringen, so will ich mich allweg mitt einer guotten antwurt fynden lassen. Hie mit befüllh ich mich Ewer Würden die gott lang well frysten unnd sparen in guottem loblichen Regiment. Geben zuo Wirdperg uff Egidii im XXV Jar

Ewer Würden vor gott fürbitter
Frater Eberhardus von Clevis unwürdiger provincial teutscher provintz prediger ordens

Kommentar zu den beiden Quellen

Es war in der Reichsstadt Rottweil schon im 15. Jahrhundert üblich, dass zur Fastenzeit in der Kirche des Predigerklosters ein angesehener, meist auswärtiger Prediger aus dem Dominikanerorden gepredigt hat. Offenbar wandten sich Rottweils Bürgermeister und Rat Anfang 1520 an Eberhard von Kleve, den Provinzial der Ordensprovinz Teutonia des Dominikanerordens, um als Prediger für die Fastenpredigten des genannten Jahres den ihnen offenbar schon bekannten Pater Dominikus aus dem Kloster Gebweiler im Elsass zu gewinnen. Das gelang ihnen umso leichter, weil der Provinzial Rottweil und sein Predigerkloster bereits kannte. Seit 1515 im Amt, hatte er bei den Rottweiler Dominikanern doch bereits 1518 die Klosterreform der Observanten durchgeführt.

Das hier wiedergegebene Schreiben von 1520 ist eines der ersten erhaltenen Stücke aus dem Briefwechsel zwischen Eberhard von Kleve und der Rottweiler Obrigkeit. Offenbar blieben Bürgermeister und Rat der Stadt Rottweil mit dem Provinzial auch weiter in Verbindung. So baten die Rottweiler in der aufgewühlten Stimmung im August 1525 den Ordensmann ein weiteres Mal brieflich um Unterstützung.

Eberhard von Kleve teilte daraufhin aus Wildberg, wo er vielleicht unterwegs zum Konvent der Pforzheimer Dominikaner weilte, mit, er sei in dringender Angelegenheit unterwegs nach Bayern, wolle aber danach nach Rottweil kommen. Wenn die Situation in Rottweil keinen Aufschub leide, solle man ihm dies mitteilen, er werde dann antworten. Eberhard von Kleve blieb weiter in Kontakt mit Bürgermeister, Rat und dem „altgläubigen" Teil der Bürgerschaft und wurde so zu einer entscheidenden Stütze der Katholiken in der Reichsstadt Rottweil bei ihrer Auseinandersetzung mit den Reformierten in der Stadt. Dies war gemeint, wenn er 1525 schrieb, er schalte sich gerne ein, *„wo aber der handel ymmer so groß were"*.

Quellen
HStAS B 203 Bü 5 (Bestand Reichsstadt Rottweil Urkunden)

Hecht, Winfried, Das Dominikanerkloster Rottweil (1266 – 1802), Rottweil 1991.
Ders., Rottweil ca.1340 – 1529. Im Herbst des Mittelalters, Rottweil 2005.

Von Bernhard Rüth

1529/1530: Katholisch oder protestantisch – die unterbundene Reformation

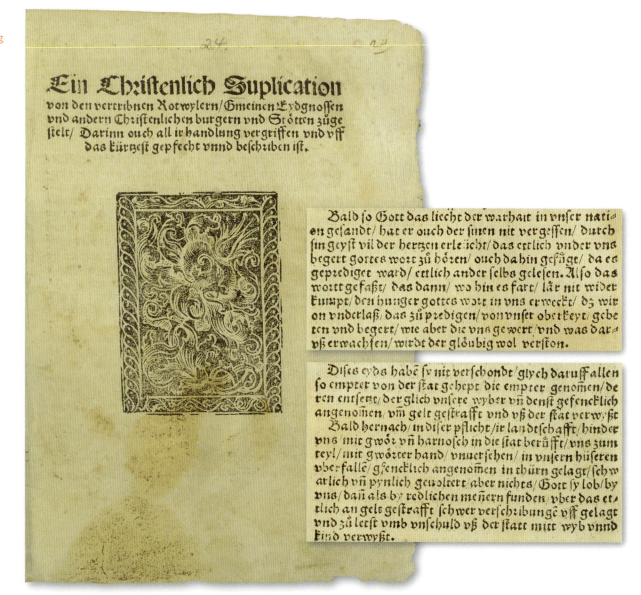

Abb. 161: Titelblatt
© Universitätsbibliothek Freiburg i. Br., Historische Sammlungen, G 2916, pb-24

Abb. 162:
© Universitätsbibliothek Freiburg i. Br., Historische Sammlungen, G 2916, pb-24 fol. 2r

Abb. 163:
© Universitätsbibliothek Freiburg i. Br., Historische Sammlungen, G 2916, pb-24 fol. 4v

Ein Christenlich Suplication[262] *von den vertribnen Rotwylern/ Gmeinen Eydgnossen vnd andern Christenlichen burgern vnd Stoetten zuoge stelt/ Darinn ouch al ir handlung vergriffen*[263] *vnd vff das kürtzest gepfecht*[264] *vnnd beschriben ist.*

Aus der Bittschrift der vertriebenen Rottweiler (1530)

Transkription
Bald so Gott das liecht der warhait in vnser nation gesandt/ hat er ouch der sinen nit vergessen/ durch sin geyst vil der hertzen erleücht/ das ettlich vnder vns begert gottes wort zuͦ hoͤren/ ouch dahin gefuͤgt[265]/ da es geprediget ward/ ettlich ander selbs gelesen. Also das wortt gefaßt/ das dann/ wo hin es fart/ laͤr nit wider kumpt/den hunger gottes wort in vns erweckt/ dz[266] wir on vnderlaß das zuͦ predigen/ von vnser oberkeyt/ gebeten vnd begert/ wie aber die vns gewert/ vnd was daruß erwachsen/ wirdt der gloͤubig wol verston …

Dises eyds haben sy nit verschondt/ glych daruff allen so empter von der stat gehept/ die empter genommen/ deren entsetzt/ der glich vnsere wyber vnd denst[267] gefencklich angenommen/ vmb gelt gestrafft vnd vß der stat verwyßt. Bald hernach/ in diser pflicht/ ir landtschafft/ hinder vns mit gwoͤr[268] vnd harnosch in die stat beruͤfft/ vns zum teyl/ mit gwoͤrter hand[269]/ vnuersehen/ in vnsern hüseren vberfallen/ gfencklich angenommen/ in thürn[270] gelagt/ schwarlich vnd pynlich geuoltert/ aber nichts/ Gott sy lob/ by vns/ dann als by redlichen mennern funden/ vber das ettlich an gelt gestrafft/ schwer verschribungen vff gelagt vnd zuo letst vmb vnschuld vß der statt mitt wyb vnnd kind verwyßt.

262 Bittschrift.
263 zusammengefasst.
264 untersucht.
265 sich begeben.
266 dass.
267 Dienstboten.
268 Waffen.
269 mit bewaffneter Hand.
270 Türme.

Historischer Hintergrund

Die Auseinandersetzung um die Reformation der Kirche in den 1520er Jahren war wohl der schwerste Konflikt in der Bürgerschaft, den die Reichsstadt Rottweil in ihrer fast 500-jährigen Geschichte durchzustehen hatte. Der reformatorische Konflikt nahm in der entscheidenden Phase des Jahres 1529 bürgerkriegsähnliche Formen an; er mündete in einen Gewaltakt, der in der Geschichte des Reformationszeitalters seinesgleichen sucht: Die aktiven Anhänger der Reformation – rund 400 an der Zahl – wurden aus der Stadt vertrieben und enteignet.

Von den dramatischen Geschehnissen berichten Streitschriften der beiden Religionsparteien: die Bitt- und Klageschriften der neugläubigen Bürger und die Verteidigungsschriften des altgläubigen Rates aus den Jahren 1529 und 1530. In der „*Christenlich Suplication*", die im Jahr 1530 bei Jörg Spitzenberg in Konstanz im Druck erschienen ist, legten die im Anhang namentlich aufgeführten Anhänger der Reformation, die aus Rottweil vertrieben worden waren, gegenüber der schweizerischen Eidgenossenschaft und anderen Gemeinwesen ihre Sicht der Dinge dar – verbunden mit der inständigen Bitte um politische Unterstützung. Die wortreiche Supplikation argumentiert in evangelischem Sinn mit dem Wort Gottes; es ist anzunehmen, dass ein neugläubiger Theologe – vielleicht der aus Rottweil stammende Konstanzer Pfarrer Johann(es) Spreter – den Rottweiler Exulanten bei der Abfassung zur Hand gegangen ist.

Abb. 164:
© WLB Stuttgart,
W.G.qt.652, f. [A Ir]

Bürgermeister und Rat der Stadt Rottweil weisen in ihrer Verteidigungsschrift mit dem Titel *Wolgegründte ableynung der onwarhafftten erdichte[n] suplicatio[n]* die Darstellung der „aufrührerischen" Bittsteller mit Nachdruck zurück.

Für die theologische Untermauerung der Darlegungen hatte man sich vermutlich bei Georg Neudorffer (Neudorfer), dem Prior des Dominikanerkonvents und Vorkämpfer der katholischen Religionspartei, kompetente Unterstützung geholt. Der Magistrat ließ die Verteidigungsschrift im unter habsburgischer Verwaltung stehenden Tübingen bei Ulrich Morhart d. Ä. drucken, der Offizin der Wahl für altgläubige Auftraggeber. Für die Titeleinfassung wurde – wie schon bei den vorangegangenen Streitschriften Georg Neudorffers – ein Holzschnitt verwendet, der auf den Maler und Grafiker Hans Baldung Grien zurückgeht: spielende Putten mit Narrenkappen und -schellen („Faschingsknaben"). Da die Streitschriften der Religionsparteien die Sachverhalte in tendenziöser Färbung wiedergeben, bedarf es bei der Darstellung der Vorgänge in den 1520er Jahren kritischer Überprüfung.

Spätestens um die Mitte der 1520er Jahre dürfte Rottweil mit der reichsweiten Reformationsbewegung in Berührung gekommen sein. Auf die Intervention des Konstanzer Pfarrers Johann Spreter, der die Stadt in einer theologischen Abhandlung zur Durchführung der Reformation aufforderte, reagierte der Magistrat mit einem drastischen Mittel: Er ließ das Sendschreiben öffentlich verbrennen.

In der Gemeinde formierte sich um den Pfarrer Konrad Stücklin eine evangelische Bewegung, die zeitweilig die Mehrheit der Bürgerschaft umfasste; ihre Vertreter forderten, dass ihnen *„das luter und rein wort gottes des allmächtigen verkündt und geprediget"* werden möge. Im reformatorischen Konflikt zerfiel die Bürgerschaft in feindliche Lager; die altgläubige Partei, die ihren Rückhalt in der städtischen Elite fand, sollte mit Unterstützung eines Aufgebots aus der Landschaft letztlich die Oberhand behalten. Vermittlungs- und Verständigungsversuche blieben erfolglos.

Der autoritäre Rat, der das Haus Habsburg hinter sich wusste, unterdrückte als „Musterknabe der kaiserlichen Religionspolitik" (Martin Brecht) die evangelische Bewegung, deren Anhänger als Aufrührer kriminalisiert wurden; durch Vertreibung entledigte man sich im Sommer 1529 des harten Kerns der Reformationsanhänger.

1529/1530: Katholisch oder protestantisch – die unterbundene Reformation

In der Reichsstadt Rottweil ist die Reformation eigentlich nicht gescheitert; sie wurde vielmehr durch repressive Maßnahmen der städtischen Obrigkeit unterbunden. Rottweil verblieb – im Gegensatz zur großen Mehrheit der Frei- und Reichsstädte – auf Seiten der katholischen Stände und Städte. Im Rückblick betrachtet, erscheint die Vertreibung der reformatorisch gesinnten Bürger und Einwohner aus der Stadt als unrühmliches Kapitel in der Rottweiler Geschichte.

Quellen

Ein Christenlich Suplication von den vertribnen Rotwylern/ Gmeinen Eydgnossen vnd andern Christenlichen burgern vnd Stoetten zuogestelt/ Darinn ouch al ir handlung vergriffen vnd vff das kürtzest gepfecht vnnd beschriben ist. Konstanz: Jörg Spitzenberg 1530.
UB Freiburg i. br. Historische Sammlungen G2916.

Wolgegründte ableynung der onwarhafftten erdichte[n] suplicatio[n]/ Vo[n] den auffruerigen vertribnen Rotweyllischen suplicante[n]/ An gemeine Aydgnossen. Vn[d] ander stende. Wider des hailigen Reichsstat Rotweil Außgange[n]. Tübingen: Ulrich Morhart 1529.
Württembergische Landesbibliothek Stuttgart, W.G.qt. 652 [VD 16 ZV 13402].

Quellenedition

Edition (nach handschriftlicher Vorlage): Bittschrift der vertriebenen Rottweiler an die Eidgenossen, 1529 [1530!], hrsg. von G[eorg] Rettig, in: Archiv des Historischen Vereins des Kantons Bern 11 (1835) S. 410 – 422.

Brecht, Martin, Die gescheiterte Reformation in Rottweil, in: Blätter für württembergische Kirchengeschichte 75 (1975) S. 5 – 22 (auch in: Martin Brecht, Ausgewählte Aufsätze, Bd. 1, Stuttgart 1995, S. 517 – 534).

Enderle, Wilfried, Rottweil und die katholischen Reichsstädte im Südwesten, in: Die Territorien des Reichs im Zeitalter der Reformation und Konfessionalisierung. Land und Konfession 1500 – 1650, 5, hrsg. von Anton Schindling und Walter Ziegler, Münster 1993 (Katholisches Leben und Kirchenreform im Zeitalter der Glaubensspaltung; 53) S. 214/215 – 230.

Hecht, Winfried, Rottweil ca. 1340 – 1529. Im Herbst des Mittelalters, Rottweil 2005.

Hecht, Winfried, Rottweil 1529 – 1643. Von der konfessionellen Spaltung zur Katastrophe im 30jährigen Krieg, Rottweil 2002.

Köhler, Joachim, Gescheiterte Reformationen: Andreas Althamer in Schwäbisch Gmünd, Konrad Stücklin in Rottweil und Theobald Billican in Weil der Stadt, in: hrsg. von Siegfried Hermle, Reformationsgeschichte Württembergs in Porträts, Holzgerlingen 1999, S. 396/397 – 415.

Rüth, Bernhard, Reformation und Konfessionalisierung in oberdeutschen Reichsstädten. Der Fall Rottweil im Vergleich, in: Blätter für württembergische Kirchengeschichte 92 (1992) S. 7 – 33.

Rüth, Bernhard, Christenlich instruction. Reformationsschriften in der katholischen Reichsstadt Rottweil, in: hrsg. von Ulrich Gaier/Monika Küble/Wolfgang Schürle, Schwabenspiegel. Literatur vom Neckar bis zum Bodensee 1000 – 1800, Ulm 2003, Bd. 2, S. 661 – 669.

Vater, Wolfgang, Die Beziehungen Rottweils zur Schweizerischen Eidgenossenschaft im 16. Jahrhundert, in: 450 Jahre Ewiger Bund. Festschrift zum 450. Jahrestag des Abschlusses des Ewigen Bundes zwischen den XIII Orten der Schweizerischen Eidgenossenschaft und dem zugewandten Ort Rottweil, hrsg. vom Stadtarchiv Rottweil, Rottweil 1969, S. 26 – 63.

Von Manfred Waldraff(†)/
Mathias Kunz

Die Societas Iesu in der Schulstadt Rottweil[271]

Verschiedene christliche Orden ließen sich im Laufe der Jahrhunderte in der Reichsstadt Rottweil bzw. in der näheren Umgebung nieder. Zu diesen zählten Johanniter, Benediktiner, Dominikaner, Dominikanerinnen, Kapuziner, Zisterzienserinnen und Jesuiten.

Letztere prägten die Geschichte der Reichsstadt im 17. und 18. Jahrhundert entscheidend mit.

Wer waren die Jesuiten?

Der Jesuitenorden oder *Societas Iesu* (kurz: S.I.) wurde 1534 von Ignatius von Loyola in Paris gegründet. Der Ordensgründer unterstellte die junge Gemeinschaft unmittelbar dem Papst und erhielt von diesem die offizielle Bestätigung der Ordensgemeinschaft. Ignatius plante mit Priestern einen völlig neuen Ordenstyp: vollständige Mobilität für den Dienst an der Kirche und straffe hierarchische Organisationsstruktur einer global einsatzfähigen Truppe unter dem Motto: *Omnia ad maiorem Dei gloriam* (alles zum größeren Ruhme Gottes): Es ging um die Erneuerung der Kirche und um die Gegenreformation, sprich um die Zurückdrängung der Protestanten und Reformierten.

So verwundert es nicht, dass dieser neue Orden von herkömmlichen Strukturen und Spielregeln des Ordenslebens absah. Demnach verzichteten die Jesuiten z.B. auf die *stabilitas loci* (lebenslange Bindung an ein Kloster). Sie lehnten ferner die Bindung ab, welche das Chorgebet mit seinem festen, einengenden Tagesrhythmus mit sich brachte. Armut im spirituellen Sinn trat an Stelle der eher äußerlichen Armutsformen anderer Orden. Die Jesuiten verzichteten auf regulierte Bußübungen. Der neue Orden kannte keinen Ordenshabit als Unterscheidung vom Weltklerus. Die Jesuiten ließen sich auch nicht durch die Übernahme von kirchlichen Ämtern binden und vollzogen grundsätzlich keine liturgischen Leistungen, die aus Benefizien erwuchsen, wie z.B. Jahrtage. Dazu passte nahtlos das Streben nach hoher wissenschaftlicher Qualifikation. Und über allem stand der strikte Gehorsam den Oberen und vor allem dem Papst gegenüber.

Der Orden folgte christlichen Grundsätzen: Förderung des Glaubens und der Frömmigkeit, Nächstenliebe, Seelsorge, Almosen für die Bedürftigen und Engagement im Bereich Bildung und Wissenschaft. Auch das Wirken in Schulen stellte eine neue Möglichkeit dar, im konkreten Tun den Willen Gottes zu ergründen und zu verwirklichen.

Ziel der jesuitischen Pädagogik war die Verbindung von Vernunft und Glauben, von Humanität und Christlichkeit, von kultureller Bildung und ethischer Verantwortlichkeit. Die Jesuitenschulen mit kostenlosem Unterricht wurden zu einem bedeutenden Missionsfeld. In der für die Rottweiler Schule 1563 formulierten Schulordnung spiegelten sich die jesuitischen Bildungsideale wider. Getreu der spirituellen Wurzel jesuitischer Pädagogik war alles Streben letztlich auf das Heil der Seelen ausgerichtet.

1773 hob Papst Clemens XIV. den Jesuitenorden auf. Die Verkündigung dieser päpstlichen Verfügung durch den Vertreter des Bischofs von Konstanz erfolgte in Rottweil allerdings erst 1776. Dies bedeutete das Ende der Jesuitenschule und des Kollegs, wenngleich einige Patres als Weltpriester auch weiterhin ihren Dienst an der Schule versahen.

Erst 1814 wurde der Orden wieder zugelassen. In dieser jüngeren Epoche der Ordensgeschichte gibt es

---

271 Vorliegender Beitrag wurde vom Hrsg. für diese Publikation gekürzt. Mit freundlicher Genehmigung und Unterstützung durch Frau Ute Waldraff, Frau Dr. Augusta Hönle und Herrn Dr. Thomas Ehlen.

ebenfalls einen lebhaften Bezug zu Rottweil: Mit dem gebürtigen Rottweiler Franz Xaver Wernz (1842–1914) stellte die Stadt einen Ordensgeneral (1906–1914), der über sehr großen Einfluss auf die Kirche im Allgemeinen und auf die Kurie im Besonderen verfügte.

Eine Gedenktafel an seinem Geburtshaus in der oberen Hauptstraße 14 in Rottweil erinnert an ihn.

Abb. 165:
Gedenktafel
© Stadtarchiv Rottweil Bestand J Fotoarchiv Foto: Martina van Spankeren Gandhi

Abb. 166:
Franz Xaver Wernz
© Stadtarchiv Rottweil Bestand J Fotoarchiv

Gottesdienst und Marienfrömmigkeit

Zur schulischen Arbeit und dem erzieherischen Engagement der Patres gesellte sich natürlich das religiöse Moment. Höchstes Ziel der jesuitischen Arbeit war und blieb schließlich die *docta pietas* (gelehrte Frömmigkeit). Auf sie war alles Bemühen in der Schule, im Gottesdienst und bei der Seelsorge hin ausgerichtet.

Im Leben des Ordensgründers Ignatius von Loyola spielte die Mutter Gottes eine sehr bedeutende Rolle, sodass die Marienfrömmigkeit auch zum zentralen Bestandteil der jesuitischen Lehre wurde. Hier gab es Schnittmengen mit den Rottweilern, denkt man zum Beispiel an die Kapelle unter dem Turm. Hier befindet sich das Bild der Jungfrau Maria, die ihren toten Sohn auf dem Schoß trägt.

Zur systematischen Vertiefung der Marienverehrung und damit zur Verknüpfung von schulischer Unterweisung und Förderung der Frömmigkeit gehörte bei den Jesuiten natürlich auch die Begründung von sog. Marianischen Kongregationen. Diese Einrichtungen sind als eine damals moderne Sonderform der althergebrachten Bruderschaften (vgl. Hl.-Kreuz-Bruderschaft) zu bezeichnen. Unter den Akademikern bildete sich eine solche Gruppierung schon gleich zu Anfang, suchte und fand 1655 Anschluss, Anerkennung und Namensgebung bei der römischen Dachorganisation der „Virgo Annunciata" (Mariae Verkündigung, 25. März). Diese Mutterkongregation war schon 1563 durch den Jesuitenpater Johannes Leunis in Rom gegründet worden und gab ihren Namen vielen anderen Tochtersodalitäten weiter.

Es formierten sich in Rottweil schließlich zwei Marianische Kongregationen:

Die genannte aller Studierenden und Studierten, die auch Lehrer und Klerus umfasste, mit dem Namen „Annunciata" und eine Kongregation der Bürger mit dem bezeichnenden Namen „Mater dolorosa" (leidende Mutter).

Die Heiligenverehrung

Auf diesem Gebiet haben die Patres eine geradezu ausgeklügelte Systematik und Strategie walten lassen. Mit Ausnahme des Hochaltars, der schon immer der Seligen Jungfrau geweiht war und dies auch in jesuitischer Zeit blieb, hört man von den früher in der Rottweiler Kapellenkirche verehrten Heiligen und ihren Altären (Hl. Leonhard, Hl. Katharina, Hl. Wendelin, Hl. Magdalena, Hl. Mauritius, Hl. Johannes der Täufer, Hl. Antonius) unter jesuitischer Regie nichts mehr.

An ihre Stelle traten in erster Linie Ordensväter wie Ignatius von Loyola. Anlässlich des Umbaus der

9 RELIGION UND GLAUBE

Abb. 167 a und 167b:
Kapellenkirche Rottweil
© Stadtarchiv Rottweil Bestand J
Fotoarchiv Fotos: Martina van Spankeren-Gandhi

Rottweiler Kapellenkirche (1727 bis 1733) erhielt der Patron einen prunkvollen Seitenaltar, den wir heute noch sehen können.

Die Jesuiten hatten aber nicht nur die großen Ordenspatrone einbezogen. Sie waren sich bewusst, dass der Wettstreit um die Seelen der Gläubigen nur über das Erreichen der Jugend gewonnen werden konnte. Dazu hatten die Jesuiten zwei Persönlichkeiten anzubieten, welche ob ihrer Jugendlichkeit, ihres tugendsamen Lebenswandels und frühen Todes fast wie Stars geradezu geschaffen waren, der Jugend als Ideale und Patrone zu dienen.

Da ist zunächst der Hl. Aloysius von Gonzaga zu nennen, der sich durch seine besondere Liebe zur Reinheit und durch Gebets- und Bußeifer auszeichnete. Der zweite ist Stanislaus Kostka. Er starb als Novize des Ordens mit jugendlichen 18 Jahren und wurde zum Patron der studentischen Jugend erhoben. Diese jungen Zeugen des Ordens erhielten eigene Altäre in der Rottweiler Kapellenkirche. Die beeindruckenden Tafelbilder sind erhalten geblieben und schmücken bis heute links und rechts den Chor der Kirche.

Der Kampf gegen die Rottweiler Fasnet

Für die Rottweiler Fasnet brachten die Jesuiten überhaupt kein Verständnis auf. Deutlich abweichend von den toleranteren Benediktinern, Dominikanern und Kapuzinern bekämpften sie die Umtriebe der Narrenzunft mit verbissenem Ernst. Vor allem 1653 und 1654 versuchten die Jesuiten, das bunte und ausgelassene Treiben an den drei dem Aschermittwoch vorhergehenden Tagen einzudämmen. Immerhin gelang es den Jesuiten, dass der Magistrat Tanzveranstaltungen während der Gottesdienste in der Rottweiler Kapellenkirche untersagte.

Einen einsamen und geradezu grotesken Höhepunkt erreichte der Kampf gegen die Rottweiler Fasnet beim zweiten Aufenthalt der Jesuiten in dieser Stadt im Jahre 1749. Die Fasnet wurde einfach vorverlegt auf die Woche vor dem Heiligen Triduum, dauerte vier Tage und verlief einigermaßen friedlich. Das 40-Stunden-Gebet wurde unter großem Zulauf aus der Stadt und vom Lande fromm und geheiligt gefeiert; es gab auch keine Tänze in den Wirtschaften und am Fasnetsmontag keinen Narrensprung, sondern eine Prozession von

Hl. Kreuz zur Kapellenkirche und dort auf Wunsch des Rats eine Predigt.

Eine permanente Missionierung: Katechese/Christenlehre

Die Jesuiten gaben sich keineswegs damit zufrieden, die Menschen nur in den Missionen, den gekonnt gestalteten Gottesdiensten, den wirkungsvollen Predigten, den streng regulierten Kongregationen oder über die gezielte Steuerung der Heiligenverehrung in den Bann ihrer Glaubensverkündigung zu ziehen. Sie strebten vielmehr mit großer Energie danach, Jung und Alt mit der Methode der direkten Glaubensunterweisung in ihren Einflussbereich zu bringen. Die Katechese wurde von der Kirche immer als eine ihrer wichtigsten Aufgaben betrachtet. Auch die Jesuiten in Rottweil haben entsprechend gewirkt.

Die Jesuiten in Rottweil von 1652 – 1671 und 1692 – 1776

Wie kam es im Lauf der Geschichte zu der engen Verbindung von Schule, Jesuiten und Reichsstadt, von Jesuiten-Engagement und reichstädtischem Interesse?

1651 wandte sich Franziskus Brock, Pfarrverweser zu Heilig-Kreuz in Rottweil, mit dem Vorschlag, die Jesuiten nach Rottweil zu holen, an die Zunftoberen und an den Rat der Stadt:

Förderung und Weiterentwicklung des Gottesdienstes, Kampf für den wahren Glauben gegen die Protestanten sowie Bildung und Erziehung der Jugend stellten die Beweggründe für Brocks Ansinnen dar. Das Rottweiler Schulsystem sollte nach dem verheerenden Dreißigjährigen Krieg (1618 – 1648) durch die Jesuiten wieder aufgebaut werden.

Ab 1652 entstand in der Folge das erste Jesuitengymnasium in Rottweil. Bald begann der Unterricht im Gebäude des heutigen Stadtarchivs Rottweil.[272] Die Schüler wurden in sechs Gymnasialklassen aufgeteilt: drei Klassen Grammatik, eine Klasse Humanität, zwei Klassen Rhetorik mit insgesamt zwei Lehrern. Schon am Ende des ersten Schuljahrs gab es einen öffentlichen Auftritt der Gymnasiasten mit Preisverleihung für besondere Leistungen, wobei die Preise aus der Stadtkasse bezahlt wurden.

1654 zählte das Gymnasium bereits 90 Schüler, sodass schon 1655 ein weiteres Schulhaus notwendig wurde, welches man in kurzer Distanz zum bisherigen Schulgebäude im Zimmerschen Haus am Rindermarkt fand.[273]

Der Schörzinger Pfarrer Michael Rebholz unterstützte die Jesuiten in Rottweil finanziell, während die mangelnde finanzielle Ausstattung seitens der Stadt zur Folge hatte, dass das Gymnasium nur bis 1672 fortbestand und von 1673 bis 1691 durch Zwiefalter Benediktiner fortgeführt wurde, die allerdings genauso mit innerstädtischen Intrigen und Geldmangel zu kämpfen hatten und ihrerseits scheiterten.

Von 1692 bis 1773 existierte in Rottweil das zweite Jesuitengymnasium, 1694 begann der Unterricht im Fach Logik, für den eigentlich die Stadt aufkommen sollte. Dieser Unterricht gehörte in die Oberstufe und war in der Gründungstiftung nicht vorgesehen. Die Zahlungen der Stadt blieben aber 16 Jahre lang aus und wurden schlussendlich mit Materialien für den späteren Bau des Kollegs abgegolten.

1704 verknüpfte der Magistrat seinen Wunsch nach einem weiteren Ausbau des Unterrichtsangebots in der Oberstufe mit seiner Zustimmung zur gütlichen Lösung des Grundstücksstreits, welcher den Jesuiten durch die zwiespältige Politik der Stadt mit der angrenzenden Johanniterkommende entstanden war. Die Stadt drang auf den Unterricht in Moraltheologie, auf Erweiterung des Philosophie-Angebots und auf Vermehrung der Lehrer. 1709 insistierte die Stadt abermals auf einem weiteren Philosophielehrer, ohne das nötige Geld dafür bereitzustellen oder den Jesuiten in der Streitsache beizuspringen. Darauf reagierte der Provinzial in scharfem Ton mit Gegenforderungen.

1721 wurde folgende Regelung vereinbart: Die Jesuiten stellen für das Lehramt sieben Patres, drei für die sechs unteren Klassen des Gymnasiums, zwei für die Philosophie (Logik, Physik, Metaphysik) und zwei für

---

272 Heutige Adresse: Engelgasse 13 in Rottweil.
273 Heutige Adresse: Friedrichsplatz 9 in Rottweil.

Moral und Kirchenrecht, wobei die Stadt die Stelle des Lehrers für Kirchenrecht zu finanzieren hatte. Dieses System griff aber erst im Herbst 1722 mit dem Einzug in das für die Oberstufe neu gebaute Lyzeum, das sog. *Alte Gymnasium,* welches von der Stadt ab 1717 gebaut worden war.

Die Einweihung des Lyzeums wurde feierlich begangen, angesehene Rottweiler Bürger wurden in das Refektorium eingeladen und speisten dort unter Musikbegleitung. Die Inschrift über dem Nordportal spielte auf die bei den Römern gebräuchliche Inschrift „SPQR" (*senatus populusque Romanus* = Senat und römisches Volk) an und kann entsprechend als *Senatus populusque Rotuvillensis* = Rat und Rottweiler Bürgerschaft gelesen werden, eine Mischung aus reichsstädtischem Bürgerstolz und übertriebener Selbstdarstellung.

Zusätzlich zum Bau des *Alten Gymnasiums* erfolgte auch der Bau des Jesuitenkollegs, des Hauses also, in welchem sich bis heute das Bischöfliche Konvikt[274] befindet; ferner der Umbau und die grundlegende Renovierung der Rottweiler Kapellenkirche.

Seit 1722 trug das *Alte Gymnasium* den offiziellen Namen *Lyceum der Gesellschaft Jesu.* Unterrichtsfächer waren vor allem griechische Sprache und Literatur, lateinische Sprache und Literatur, Rhetorik, Philosophie und Theologie, Moral und Kirchenrecht.

Der sogenannte Johannserort in Rottweil wurde somit zu einem Bildungszentrum in der Reichsstadt.

Welche Bedeutung hatten die Jesuiten für Rottweil?

Nachdem 1824 aus dem Jesuitenkolleg das bis heute fortbestehende Bischöfliche Konvikt hervorgegangen war, wurde 1930 eine Festschrift zum dreihundertjährigen Bestehen des Rottweiler Gymnasiums herausgegeben

In der Festschrift zum 150-jährigen Jubiläum des Konvikts liefert uns ein Zitat aus dem Grußwort des ehemaligen Oberbürgermeisters Dr. Ulrich Regelmann (1965–1985) einen Eindruck von der Wertigkeit des Bischöflichen Konvikts für das Schulwesen in Rottweil:

„Für unser Altes Gymnasium war die Niederlassung des Konvikts unbestreitbar ein Gewinn, da es auf diese Weise einen festen Stamm ausgewählter begabter Schüler zugewiesen erhielt, was sich auf das Niveau der Schule positiv auswirkte. Darüber hinaus wurde das gesamte Bildungswesen der Stadt durch die Aktivität des Konvikts befruchtet. Rottweil hat also seinen Ruf als Schulstadt nicht zuletzt auch dem Konvikt zu verdanken. Durch die Mobilisierung von Begabungsreserven aus schulisch weniger entwickelten Gegenden wurde Rottweil zu einem zentralen Ort der Bildung."[275]

Abb. 168:
Nordportal des Alten Gymnasiums mit der Inschrift. „Lyceum S.P.Q.R. 1727"
© Stadtarchiv Rottweil

274 Heutige Adresse: Johannsergasse 1 in Rottweil.
275 Zit. nach Bischöfliches Konvikt Rottweil (Hrsg.), 150 Jahre Konvikt Rottweil 1975, Rottweil 1975, S. 6.

Aber das Konvikt wäre schwerlich in Rottweil angesiedelt worden, wenn nicht die illustre Bildungseinrichtung der Jesuiten und der Benediktiner vorausgegangen wäre. Damit ist eine Symbiose von Stadt und Schulwesen angesprochen, deren Wurzeln weit in die Geschichte Rottweils und des hiesigen Bildungswesens zurückreichen.

Das von den Jesuiten gestiftete und betreute Schulwesen hat seine Bedeutung nicht ohne die lebhafte Anteilnahme der Bürgerschaft und des Magistrats erhalten. Wenngleich die Bereitstellung aller nötigen Mittel beim Start, die Errichtung der Baulichkeiten und die laufenden Kosten dieses Zentrums den Magistrat immer wieder manch seltsame Haken schlagen ließen, Rottweils Bürgern, den Zünften und der Mehrheit des Rates war dieses Bildungszentrum zu allen Zeiten ein Anliegen von außerordentlicher Bedeutung. Man kann dies an einer Episode sehen, welche vom 28. Februar 1776 überliefert ist. An diesem schicksalhaften Tag verkündete Dekan Uhl von Hl. Kreuz mit fast dreijähriger Verspätung den Inhalt der päpstlichen Bulle, in welcher dem Orden der Jesuiten weltweit und damit auch ihrem offiziellen Wirken in Rottweil ein Ende gesetzt worden war. Die Stimmung war in höchstem Maße gedrückt. Als Leopold Winckler, der Rektor des Jesuitenkollegs, dem Dekan als dem bischöflichen Kommissär die Schlüssel der Kapellenkirche und des Tabernakels, den Abgeordneten des städtischen Rats aber die Schlüssel des Kollegs, des heutigen Konvikts, übergeben musste, wollte der Dekan eine wohl vorbereitete prachtvolle lateinische Rede halten. Aber einer seiner Kanoniker und die anwesenden Räte unterbrachen ihn angesichts der auf dem ganzen Vorgang lastenden Stimmung mit dem Hinweis, er solle keine Zeit vergeuden, man brauche derartige Zeremonien (in dieser Situation) nicht. Die Stadt verspürte die Vorteile der jesuitischen Präsenz, auch wenn es in Sachen Finanzen, Ausstattung des Jesuitenkollegs, Grundstückserwerb und –verwaltung immer wieder zu Spannungen zwischen Stadt und Jesuiten kam. Nach und nach entwickelten sich die Jesuiten aber zu einem festen Bestandteil des städtischen Lebens und setzten im Bereich Bildung, Wissenschaft und Lehre deutliche Akzente in Rottweil. Die Gottesdienste wurden von Seiten der Rottweiler Bürgerschaft regelmäßig besucht.

Die ehemalige Reichsstadt Rottweil verdankt somit den Jesuiten außerordentlich viel, was das Schulwesen und ihre Rolle als Schulstadt angeht.

Quellen

Hauptstaatsarchiv Stuttgart B 203 Bü 29 (Ephemerides collegii Rottwilani 1675 continentes menses Januarium, Februarium, Martium et Aprilem; Ephemerides menses Septembrem, Octobrem, Novembrem et Decembrem continentes 1675)

Ignatius von Loyola, Bericht des Pilgers. Übersetzt und kommentiert von Peter Knauer, Würzburg 2002.

Bischöfliches Konvikt Rottweil (Hrsg.), 150 Jahre Konvikt Rottweil 1975, Rottweil 1975.

Friedrich, Markus, Die Jesuiten. Aufstieg, Niedergang, Neubeginn, München 2018.

Funiok, Rüdiger/Schöndorf, Harald (Hrsg.), Ignatius von Loyola und die Pädagogik der Jesuiten, Donauwörth 2000.

Greiner, Hans, Geschichte der Schule in Rottweil a. N., Stuttgart 1915.

Hartmann, Peter Claus, Die Jesuiten, München 2001.

Hecht, Winfried, Ders., Rottweil 1643 – 1802. Die späte Reichsstadtzeit, Rottweil 1999.

Ders., (Hrsg.), Rottweils Jesuiten und ihre Jesuiten-Galerie, Lindenberg im Allgäu 2010 (Jahresgaben des GAV Rottweil; 110)

Maron, Gottfried, Ignatius von Loyola. Mystik, Theologie, Kirche, Göttingen 2001.

Schmid, Dankwart, Die Chronik der Ex-Jesuiten von Rottweil 1773 – 1785, Rottweil 1987 (Veröffentlichungen des Stadtarchivs Rottweil; 11).

Ders., Die Hauschronik der Jesuiten von Rottweil 1652 – 1673. Rottweil 1989 (Veröffentlichungen des Stadtarchivs Rottweil; 12).

Ders., Die Anfänge der Rottweiler Jesuitenresidenz, Rottweil 1997 (Veröffentlichungen des Stadtarchivs Rottweil; 21).

Steinhauser, August, Das Gymnasium in Rottweil a. N. 1630 – 1930, Rottweil 1930.

10 KULTUR UND KUNST

Von Arved Sassnick

Die Rottweiler Gasthäuser

Gasthäuser waren seit alters her Begegnungsstätten, in denen sich die Bevölkerung treffen, Neuigkeiten austauschen und den Feierabend kurzweilig verbringen konnte. Dies lässt sich für das antike Rom ebenso belegen wie für spätere Zeiten.[276] Der Übergang von nebenbei gewährter Gastlichkeit hin zur Professionalisierung von Beherbergung sowie gewerbsmäßigem Ausschank von Getränken und Verkauf von Speisen in unseren Breiten dürfte im 13./14. Jahrhundert gelegen haben.[277] Nicht zu allen Zeiten und überall war der Besuch von Wirtshäusern allerdings eine reine Freude. So mancher Besucher, z.B. einer Kneipe in den Küstenstädten Englands, wachte am folgenden Tag ernüchtert auf einem Segelschiff als Besatzungsmitglied wieder auf, nachdem ihn ein Presskommando an Bord geschleppt hatte.[278] Im Landesinneren gab es dafür andere Probleme, aber insbesondere „der Alkoholausschank gehörte zu den zentralen Regelungsproblemen der vormodernen Gesellschaft."[279]

Rottweil dürfte da keine Ausnahme gemacht haben. Das Bedürfnis nach Gasthäusern lässt sich in dieser Stadt anhand der Adressbücher nachweisen, die ab 1899 vorliegen und eine relativ konstante Zahl an Wirtschaften aufzeigen.[280] Neueröffnungen und Schließungen von Wirtshäusern haben sich im Lauf der Zeit ausgeglichen. Auch die Gebietsreform der Jahre 1968 bis 1975 mit der Angliederung von Hausen, Feckenhausen, Göllsdorf, Neukirch, Zepfenhan und Neufra änderte an der Zahl der Wirtshäuser kaum etwas. Bemerkenswert ist, dass die kontinuierlich steigende Bevölkerungszahl sich nicht unbedingt in einer ebenso steigenden Zahl von Wirtshäusern niederschlägt. Eine merkliche Steigerung der Zahl der Wirtshäuser auf 68 lässt sich ab 1979 feststellen. Eine Erklärung dafür ist nicht erkennbar. Viele dieser Wirtshäuser existieren bis heute, mit gelegentlicher Namensänderung wie im Fall der *Hochbrücke*, neue sind hinzugekommen und haben die Lücke gefüllt, die aufgegebene Gaststätten hinterlassen haben.[281]

---

276 Vgl. Kleberg, Tönnes, In den Wirtshäusern und Weinstuben des antiken Rom, Darmstadt ²1966 und Scheutz, Martin, Gaststätten als multifunktionale Orte im 18. Jahrhundert, in: Jahrbuch der österreichischen Gesellschaft zur Erforschung des 18. Jahrhunderts, Bd.18/19, Göttingen 2004, S. 169–204.
277 Vgl. Scheutz, Gaststätten, S. 170.
278 Vgl. British Navy impressment.pbs.org.: Zwangsrekrutierung von Seeleuten für die englische Marine durch Presskommandos war in England seit 1563 legal.
279 Vgl. Scheutz, Gaststätten, S. 171.
280 Vgl. Adressbücher der Stadt Rottweil 1899 bis 2016 (unregelmäßig erschienen).
281 Vgl. Lambrecht, Karl, Es war einmal. Seit 1945 abgegangene Wirtshäuser, Cafés und Vesperstuben. Rottweil 2011.

Zahl der Wirtshäuser zwischen 1899 und 2016[282]

Jahr[282]	Einwohner[283]	Wirtshäuser
1899	7.975	53
1902	–	50
1909	9.013	58
1911	9.644	58
1921	–	57
1925	10.556	54
1931	11.278	56
1936	12.835	43
1950	15.140	62
1953	–	54
1957	–	39
1962	17.876	47
1970	20.728	55
1976	23.354	42
1979	23.673	68
1984/85	23.292	64
1988	23.332	68
1991	24.002	74
1995	24.656	80
1999	25.346	90
2002	25.678	86
2006	–	81
2010	25.659	73
2016	24.550	70

Beruf der Wirte zwischen 1859 und 1970

Die Vermutung, wonach die Wirte sich aus gastroaffinen Berufen rekrutieren, findet in den archivierten Unterlagen durchaus Bestätigung. Auch wenn die verfügbaren Dokumente keinen lückenlosen Überblick geben und die nachstehende Aufzählung eine Auswahl darstellt, ergibt sich dennoch, dass die Mehrzahl der Wirte aus Berufen stammen, die mit Essen und Trinken wenigstens entfernt zu tun haben.

Die meisten Wirte in Rottweiler Gasthäusern hatten wohl den Beruf des Metzgers gelernt. In 15 Fällen wird zu unterschiedlichen Zeiten dieser Beruf genannt. So z.B. *Lindenhof* 1951–1953, *Kanne* 1947, *Gambrinushalle* 1902–1903, *Waldhorn* 1921–1930, *Schützen* 1899–1900, *Schützen* 1930–1952, *Traube* 1899–1905, *Hochbrücke* ex. *Spanische Weinhalle* 1932–1945. An zweiter Stelle rangierte der Koch mit fünf Nennungen: *Hochbrücke* 1963–1964, *Flasche* 1933–1935, *Flasche* 1963–1964. An dritter Stelle folgt dann in drei Fällen die Nennung Küchenchef: *Alte Post* 1929–1955; *Alte Post* 1955–58 und *Alte Post* 1958–59. Ebenso häufig mit drei Nennungen ist der Küfer vertreten: *Hochbrücke* 1911, *Waldhorn* 1905–1916 und *Waldhorn* 1918. Auch zwei Nennungen finden sich für Bierbrauer: *Schützen* 1890 und *Alte Post* 1859. Es fällt allerdings auf, dass ab 1900 solche Nennungen fehlen. Womöglich hat das Sterben kleinerer Brauereien hier eine Rolle gespielt. Eine Nennung für Gastwirt findet sich beim Gasthaus *Alte Post* 1954–1970.

Folgende Quereinsteiger in das Gaststättengewerbe finden sich in den Akten:

- ein Stanzer, ein Beruf aus der Metallverarbeitung: *Neue Bierhalle* 1949
- ein Speditionsakteur: *Neue Bierhalle* 1964–1966
- eine Industriekauffrau: *Lindenhof* 1959–1960
- ein Fabrikarbeiter: *Flasche* 1946–1951
- ein Schlosser: *Gambrinushalle* 1909–1910
- ein Landwirt: *Eckhof* 1956
- zwei Viehpfleger: *Eckhof* 1950 und 1959
- ein Radiotechniker: *Neue Bierhalle* 1939–1941
- ein Schneidermeister: *Seehalde* 1928

---

282 Vgl. Adressbücher der Stadt Rottweil 1899 bis 2016 (unregelmäßig erschienen).
283 Für die Jahre 1902, 1921, 1953, 1957 und 2006 konnten keine genauen Einwohnerzahlen ermittelt werden.

10 KULTUR UND KUNST

Durchschnittliche Verweildauer der Wirte

Einerseits hat es extrem kurze Verweildauern in einigen Fällen gegeben, z.B. einen dreimaligen Wirtswechsel beim *Waldhorn* zwischen 1927 und 1930 (Anton Eberhardt, Karl Winzenried und Anton Muschler). Eugen Tröndle war nur von 1933 bis 1934 Wirt der *Flasche* ähnlich wie Eva-Maria Wiznerowitz, die von 1959 bis 1960 Wirtin des *Lindenhof* war. Andererseits gab es auch langjährige Wirte wie Moritz Schmidt vom *Schützen*, der von 1930 bis 1952 tätig war oder Georg Hopfenzitz, der in der *Alten Post* zwischen 1929 und 1955 wirtete. Im Mittel lässt sich ein Wirtswechsel alle drei bis vier Jahre bei den Gasthäusern feststellen.

Referenzen und Leumundszeugnisse

Die Wirte mussten auch schon im 19. Jahrhundert bei der Antragstellung auf Erteilung einer Konzession ein Leumundszeugnis der Herkunftsgemeinde vorlegen. In der Regel waren die Leumundszeugnisse positiv, d.h. es wurde der Vermerk „Keine Eintragungen" eingestempelt oder angekreuzt. Zumeist musste auch die Ehefrau des beantragenden Wirts ein Leumundszeugnis beilegen. In wenigen einzelnen Fällen allerdings waren Vorstrafen erwähnt, die sich auf eher kleinere Vergehen wie Betrug in minder schwerem Fall bezogen.

Aus heutiger Sicht nicht mehr verständlich allerdings war die Begründung für eine Konzessionsverweigerung, die Vincenzo Martelli am 1.6.1966 von den Behörden erhalten hatte. Er wollte Wirt des Gasthauses *Albblick* werden, aber die Zulassungsbehörde verweigerte ihm die Konzession mit der Begründung, ein Betrieb der Gastwirtschaft unter italienischer Führung würde diese zu einem Ausländertreff machen.[284] Dies kontrastierte doch sehr mit der früheren weltoffenen Rottweiler Zulassungspraxis in der Weimarer Zeit, als zwei Spanier, Martino Vivez und Enrique Silla, 1928 die Konzession für die *Hochbrücke* erhalten und diese über vier Jahre betrieben hatten.[285]

Gasthäuser und Politik vor und nach 1945

Übel konnte es werden, als nach der nationalsozialistischen Machtergreifung die Erteilung von Konzessionen auch vom politischen Leumund des Antragstellers abhängig gemacht wurde. Anfragen dazu gingen regelmäßig an den Gaststättenverband sowie an die örtliche Gestapo. Ein solcher Fall trat am 25.10 1938 ein, als der Wirt des *Schützen*, Moritz Schmidt, in den Verdacht mangelnder Treue zum Führer des nationalsozialistischen Deutschland geriet. Ein von Frau X. mitgehörtes Gespräch beim Einkauf im Metzgerladen, in dem Moritz Schmidt mit seiner Frau über eventuelle Kriegsvorbereitungen gegen die Tschechoslowakei nach der Münchner Konferenz vom September 1938 sprach, landete umgehend beim Kreisobmann der Deutschen Arbeitsfront (DAF), Herrn X., anschließend beim Landratsamt. Es wurden unter anderem beim Blockleiter Erkundigungen eingezogen, die für Schmidt ungünstig ausfielen. Schmidt erschien als Anhänger der nicht mehr existierenden Zentrumspartei. In seinem Gasthaus würde noch der Geist dieser katholischen Partei wehen, was sich aus den abfälligen Äußerungen des Wirtes über Führer und NSDAP gegenüber seinen Gästen ableiten lasse. Die dann abgegebene Empfehlung des Kreisgeschäftsführers der DAF war die Schließung des *Schützen* am 30.1.1939 für vier Wochen, quasi als Warnschuss. Moritz Schmidt hatte einen Antrag gestellt, vier Zimmer zur Fremdbeherbergung zugelassen zu bekommen. Der im Landratsamt mit dem Fall beauftragte Regierungsassessor lehnte Schmidts Antrag ab, erteilte ein zeitweiliges Betriebsverbot und begründete dies mit der im Oktober 1938 aktenkundig gewordenen fehlenden Zuverlässigkeit, die *„von einem Gastwirt im nationalsozialistischen Deutschland verlangt werden müsse."*[286]

Andere Wirte hatten dagegen nach 1945 mitunter Probleme, weil sie im Verdacht standen, noch den nationalsozialistischen Zeiten nachzutrauern. In einem dokumentierten Fall vom 8.2.1946 konnte sich der Wirt der *Räuberhöhle* von einem solchen Verdacht befreien,

---

284 Stadtarchiv Rottweil Bestand E460/20 „Albblick" Q 46.
285 Stadtarchiv Rottweil Bestand E460/20 „Spanische Weinhalle" Q 271 – 273 sowie Q 303.
286 Stadtarchiv Rottweil E460/20 „Schützen" Q37.

weil ein angesehener Rottweiler Bürger ihm bestätigte, dass die frühere Sozialdemokratische Partei ihr Stammlokal in der Gastwirtschaft gehabt habe, sich jetzt auch wieder dort treffe und der Wirt kein Nationalsozialist gewesen sei.[287]

Die andere Seite in der Rottweiler Gastronomie

Wer in ein Rottweiler Wirtshaus geht, hat doch zumeist gute Erinnerungen an den Gaststättenbesuch. Man bekommt Speisen und Getränke freundlich serviert und trifft nette Leute. Die Auswahl an Gaststätten ist reichhaltig: Wer Abwechslung von der deutschen Kost möchte, der kann griechische, italienische, indische oder chinesische Küche ausprobieren. Und wer zu anständig-bürgerlichen Zeiten wieder heimwärts geht, dem bleiben gute Erinnerungen. Soweit zur hellen Seite der Rottweiler Gastronomie – und diese überwiegt. Es gab aber schon Ereignisse bei gewissen Lokalen, die eine andere Seite enthüllen.

Der Fall des *Bahnhof-Hotel* 1920/1933

Das *Bahnhof-Hotel* war 1920 schon einmal wegen einer Diebstahlserie an Gästen in der Presse gelandet. Eine Verurteilung der Beteiligten wegen Diebstahls mit Hehlerei folgte dann am 15. Dezember 1920. 13 Jahre später, am 23. Mai 1933, erstattete ein Zimmermädchen des *Bahnhof-Hotel*, die sich mit ihrer Arbeitgeberin offenkundig nicht mehr gut verstand, Anzeige gegen ihre Chefin wegen Kuppelei.

Das Zimmermädchen hatte detailliert Buch darüber geführt, dass neun auswärtige Herren aus dem Bereich des Oberamtes Rottweil mit Schwerpunkt Richtung Tuttlingen regelmäßig mit zwei Damen, die aus Schwenningen angereist waren, nette Stunden im *Bahnhof-Hotel* verbracht hätten. Namen und Übernachtungstermine waren sorgfältig vermerkt. Aus den polizeilichen Vernehmungsprotokollen ist ersichtlich, dass die namentlich genannten Herren die süßen Stunden nicht abstritten, wohl aber die Eigentümerin des Hotels vehement den Vorwurf der Kuppelei von sich wies. Letzten Endes ließ sich der Vorwurf der Kuppelei wohl nicht halten.[288]

Der Fall des *King George*, 12. Juli 1968 in der Hochmaiengasse

Das Lokal hatte schon vor dem 12. Juli 1968 immer wieder in der Kritik etlicher Anwohner gestanden, weil

Abb. 169:
Gaststättenakte
© Stadtarchiv Rottweil E 460/20

---

287 Stadtarchiv Rottweil E460/20 „Räuberhöhle" Q190.
288 Stadtarchiv Rottweil E460/20 „Bahnhof-Hotel" Q6 bis Q22 sowie Q65.

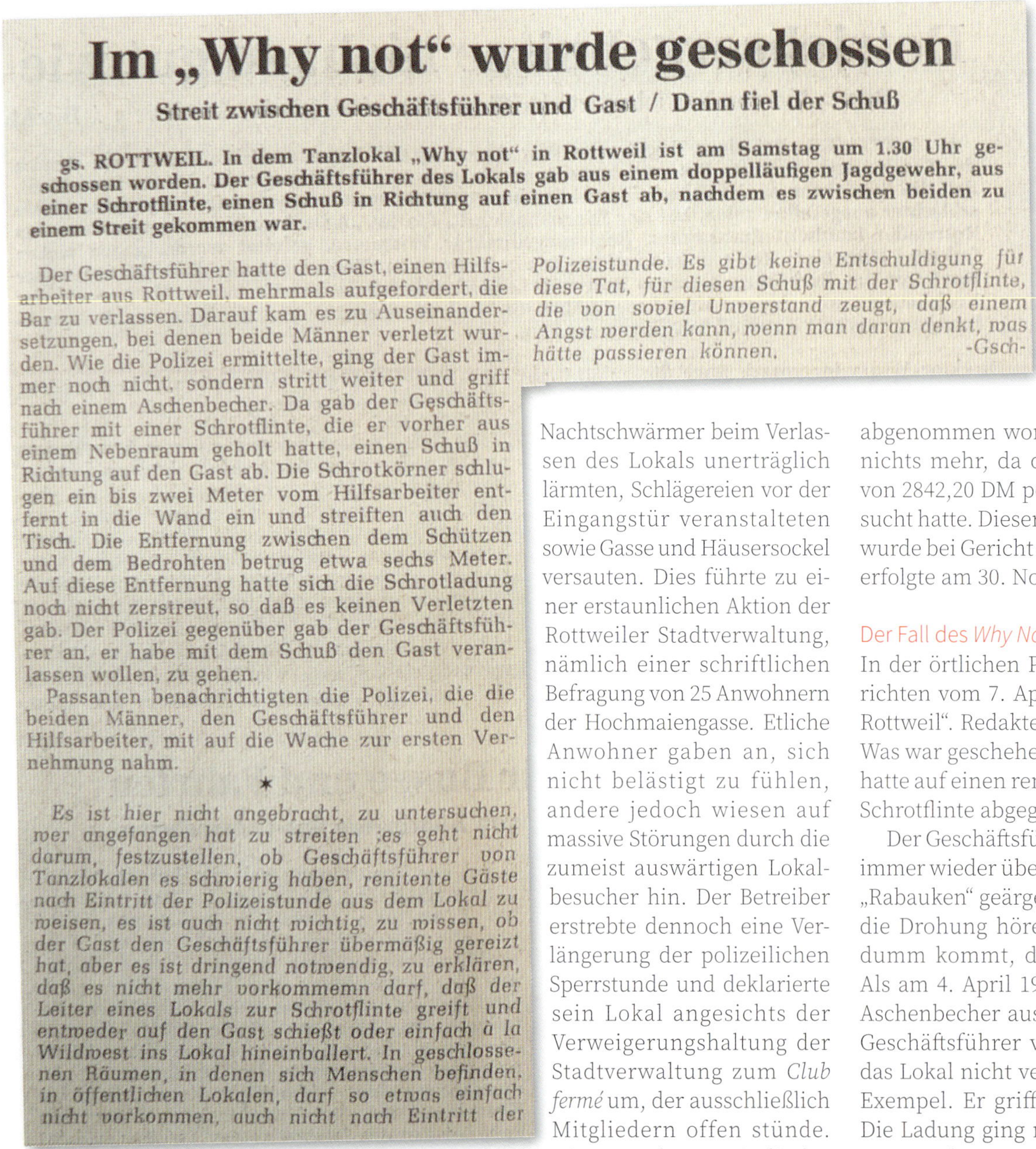

Im „Why not" wurde geschossen

Streit zwischen Geschäftsführer und Gast / Dann fiel der Schuß

gs. ROTTWEIL. In dem Tanzlokal „Why not" in Rottweil ist am Samstag um 1.30 Uhr geschossen worden. Der Geschäftsführer des Lokals gab aus einem doppelläufigen Jagdgewehr, aus einer Schrotflinte, einen Schuß in Richtung auf einen Gast ab, nachdem es zwischen beiden zu einem Streit gekommen war.

Der Geschäftsführer hatte den Gast, einen Hilfsarbeiter aus Rottweil, mehrmals aufgefordert, die Bar zu verlassen. Darauf kam es zu Auseinandersetzungen, bei denen beide Männer verletzt wurden. Wie die Polizei ermittelte, ging der Gast immer noch nicht, sondern stritt weiter und griff nach einem Aschenbecher. Da gab der Geschäftsführer mit einer Schrotflinte, die er vorher aus einem Nebenraum geholt hatte, einen Schuß in Richtung auf den Gast ab. Die Schrotkörner schlugen ein bis zwei Meter vom Hilfsarbeiter entfernt in die Wand ein und streiften auch den Tisch. Die Entfernung zwischen dem Schützen und dem Bedrohten betrug etwa sechs Meter. Auf diese Entfernung hatte sich die Schrotladung noch nicht zerstreut, so daß es keinen Verletzten gab. Der Polizei gegenüber gab der Geschäftsführer an, er habe mit dem Schuß den Gast veranlassen wollen, zu gehen.

Passanten benachrichtigten die Polizei, die die beiden Männer, den Geschäftsführer und den Hilfsarbeiter, mit auf die Wache zur ersten Vernehmung nahm.

*

Es ist hier nicht angebracht, zu untersuchen, wer angefangen hat zu streiten; es geht nicht darum, festzustellen, ob Geschäftsführer von Tanzlokalen es schwierig haben, renitente Gäste nach Eintritt der Polizeistunde aus dem Lokal zu weisen, es ist auch nicht wichtig, zu wissen, ob der Gast den Geschäftsführer übermäßig gereizt hat, aber es ist dringend notwendig, zu erklären, daß es nicht mehr vorkommen darf, daß der Leiter eines Lokals zur Schrotflinte greift und entweder auf den Gast schießt oder einfach à la Wildwest ins Lokal hineinballert. In geschlossenen Räumen, in denen sich Menschen befinden, in öffentlichen Lokalen, darf so etwas einfach nicht vorkommen, auch nicht nach Eintritt der Polizeistunde. Es gibt keine Entschuldigung für diese Tat, für diesen Schuß mit der Schrotflinte, die von soviel Unverstand zeugt, daß einem Angst werden kann, wenn man daran denkt, was hätte passieren können. -Gsch-

Abb. 170:
Zeitungsartikel über das „Why not"
© „Schwarzwälder Bote"
vom 5. April 1971

Nachtschwärmer beim Verlassen des Lokals unerträglich lärmten, Schlägereien vor der Eingangstür veranstalteten sowie Gasse und Häusersockel versauten. Dies führte zu einer erstaunlichen Aktion der Rottweiler Stadtverwaltung, nämlich einer schriftlichen Befragung von 25 Anwohnern der Hochmaiengasse. Etliche Anwohner gaben an, sich nicht belästigt zu fühlen, andere jedoch wiesen auf massive Störungen durch die zumeist auswärtigen Lokalbesucher hin. Der Betreiber erstrebte dennoch eine Verlängerung der polizeilichen Sperrstunde und deklarierte sein Lokal angesichts der Verweigerungshaltung der Stadtverwaltung zum *Club fermé* um, der ausschließlich Mitgliedern offen stünde. Die Gründungsmitglieder des Clubs waren allesamt Familienmitglieder, als Geschäftsführer fungierte ein 18-jähriger junger Mann zusammen mit einer Geschäftsführerin. Nachdem die Kriminalpolizei herausgefunden hatte, dass jede beliebige Nachteule diesen *Club fermé* aufsuchen konnte, wenn er nur seinen Namen in eine Liste am Eingang eintrug, die dann wohl am nächsten Tag vernichtet wurde, war diese Tarnung aufgeflogen. Die Krönung der Geschehnisse in diesem Lokal wurde sichtbar, als am 12. Juli 1968 gerichtskundig wurde, dass einem dementen Gast rund 6000 DM in wenigen Wochen abgenommen worden waren. Abzustreiten gab es da nichts mehr, da der Lokalbetreiber eine Restschuld von 2842,20 DM per Zahlungsbefehl einzutreiben versucht hatte. Dieser Vorgang war damit amtlich, der Fall wurde bei Gericht anhängig, und die Geschäftsaufgabe erfolgte am 30. November 1969.[289]

Der Fall des *Why Not*, 4. April 1971 in der Waldtorstraße

In der örtlichen Presse und in den Stuttgarter Nachrichten vom 7. April 1971 war zu lesen: "Wildwest in Rottweil". Redakteur H. Dicke formulierte: „Es langt". Was war geschehen? Der Geschäftsführer des *Why Not* hatte auf einen renitenten Gast einen Schuss aus einer Schrotflinte abgegeben.

Der Geschäftsführer hatte sich in den Wochen zuvor immer wieder über das Auftreten von „Gammlern" und „Rabauken" geärgert. Schließlich konnten Gäste sogar die Drohung hören: „Wenn mir hier einer im Lokal dumm kommt, dann schieß ich ihm in die Füße!" Als am 4. April 1971 ein Gast mutwillig einen vollen Aschenbecher ausschüttete, eine Schlägerei mit dem Geschäftsführer vom Zaun brach und auch danach das Lokal nicht verlassen wollte, statuierte dieser ein Exempel. Er griff zu einer Schrotflinte und schoss. Die Ladung ging nur einen Meter über den Kopf des angetrunkenen Gastes in die Wand. Wie die Presse berichtete, fühlte sich der Geschäftsführer im Recht. Er hatte zuvor bei der Polizei um Unterstützung gebeten,

289 Stadtarchiv Rottweil E460/20 „King George" Q1 bis Q229.

um sein Lokal von Krachbrüdern zu säubern und zur Antwort bekommen: *"Sorgen Sie selbst für Ruhe. Sie sind in Ihrem Lokal der erste Polizist."*[290] Da die Polizei wegen Personalmangels ohnehin nach eigenem Bekunden eine Stunde benötigt hätte, ehe sie hätte eingreifen können, wäre sein Lokal schon kurz und klein geschlagen gewesen, meinte der Geschäftsführer. Wenige Tage später folgte die Krönung des ganzen Vorgangs: Der 22-Jährige, dem wegen seines rabiaten Auftritts zuvor der Zugang in das Lokal untersagt worden war, tauchte dort wieder auf und schlitzte dem Geschäftsführer mit einem Messer den rechten Arm auf. Vorläufiges Ergebnis war die Androhung der Schließung des Tanzlokals durch das Amt für öffentliche Ordnung, das Verbot der Weiterbeschäftigung des Geschäftsführers und die Ablehnung der Verlängerung der Polizeistunde.[291]

Letztlich sind die oben erwähnten polizeibekannten Fälle gering an der Zahl, verstreut über sieben bis acht Jahrzehnte und waren kein Anlass für die Rottweiler Bürger, die schätzenswerten Seiten ihrer Gastronomie zu genießen. Diese Gastronomie ist internationaler geworden, hat sich dem Geschmack ihrer Besucher angepasst und bietet für viele etwas. Man muss es nur ausprobieren.

Quellen

Stadtarchiv Rottweil E 460/20 (Amt für öffentliche Ordnung-Gaststättenwesen)

Stadtarchiv Rottweil Zb 8 (Schwarzwälder Bote)

Rottweiler Adressbücher 1899 – 2016

http://www.pbs.org/opb/historydetectives/feature/british-navy-impressment (British Navy impressment)

Kleberg, Tönnes, In den Wirtshäusern und Weinstuben des antiken Rom, Darmstadt ²1966.

Lambrecht, Karl, Rottweiler Wirtshäuser: es war einmal. Seit 1945 in Rottweil abgegangene Wirtshäuser, Cafés und Vesperstuben, Rottweil 2011.

Scheutz, Martin, Gaststätten als multifunktionale Orte im 18. Jahrhundert, in: Jahrbuch der österreichischen Gesellschaft zur Erforschung des 18. Jahrhunderts, Bd. 18 – 19/2003 – 2004, S. 169 – 204.

> Da gab der Geschäftsführer mit einer Schrotflinte, die er vorher aus einem Nebenraum geholt hatte, einen Schuß in Richtung auf den Gast ab. Die Schrotkörner schlugen ein bis zwei Meter vom Hilfsarbeiter entfernt in die Wand ein und streiften auch den Tisch.

---

290 Stadtarchiv Rottweil E460/20 „Why Not" Q12.
291 Stadtarchiv Rottweil E460/20 „Why Not" Q1 bis Q13.

Von Anja Rudolf

Der Künstler Romuald Hengstler und das Sichtbarmachen des Zeitverlaufs.
„Kunst gibt nicht das Sichtbare wieder, sondern macht sichtbar."[292]

„Zuletzt soll er fast nur noch gezeichnet haben." Dies berichtete der Kunsthistoriker Robert Kudielka über den Künstler Romuald Hengstler, dessen Schaffen er über viele Jahrzehnte hinweg verfolgte.

Romuald Hengstler machte Zeit- und Gestaltungsabläufe sichtbar – durch scheinbar unendliche Verdichtungen. Er setzte nahezu identische Zeichen über Tage und Monate hinweg – unter und vielfach übereinander.

Sein künstlerisches Lebensthema war das Abbild der von uns wahrgenommenen Zeit, das Vergehen unseres Lebens. Er saß stundenlang im Atelier, tief gebeugt über eine Tischtennisplatte, auf der ein Blatt Papier lag, auf das er mit der Tuschfeder Zeichen aufbrachte. Linien in scheinbar endlosen Wiederholungen.

Romuald Hengstler kam aus Deißlingen. Er war damit ein heimischer Künstler. Doch ganz sicher kein Heimatkünstler im Sinne der vielfach konnotierten Bedeutung. Er arbeitete auf der Höhe des künstlerischen Ausdrucks und Denkens seiner Zeit. Seine Arbeiten, die dem (vor-)schnellen Betrachter den Eindruck eines „unendlichen Weitermachens" vermitteln könnten, belegen bei genauer Betrachtung die Fähigkeit des Künstlers, den richtigen Zeitpunkt zu kennen: den Moment des Aufhörens.

Romuald Hengstler besaß Geduld, ein untrügliches Gespür für das richtige Maß und die Fähigkeit, sich mit aller Kraft und allen Sinnen einer Sache zu widmen, sich in ihren Dienst zu stellen, bis diese ihn nicht mehr brauchte. Dann war das Bild für ihn geschaffen – es war fertig. Vielleicht könnte man formulieren: vollendet.

Doch wie kommt ein Junge aus Deißlingen zur Kunst und das noch in den schweren Jahren des Umbruchs und Zusammenbruchs in Deutschland?

Begonnen hatte alles mit Talent und Durchsetzungswillen. Nach einer Lehre als grafischer Zeichner erkämpfte er sich die Möglichkeit eines Studiums an der Stuttgarter Akademie der Künste. Ganz im Sinne der Zeit war sein Ziel, Gebrauchsgrafiker zu werden – waren doch die Zeiten schwer, die Existenz unsicher und die Idee, eine Familie zu gründen, selbstverständlich.

Doch der österreichische Professor Karl Rössing, der seit 1947 die Neuorientierung der Stuttgarter Akademie mitbegleitete, überzeugte den jungen Hengstler in seine Malerei-Klasse zu wechseln.[293] Rössing war glaubhaft, denn sein Leben spiegelte eindrücklich die Widersprüche der vergangenen 30 Jahre deutscher Geschichte.

In den 1920er Jahren hatte er an der Essener Folkwangschule gelehrt, war 1932 Stipendiat der Villa Massimo in Rom gewesen und 1939 zum Professor auf Lebenszeit an der Staatlichen Hochschule für Kunsterziehung Berlin berufen worden. Trotzdem wurden einige seiner Arbeiten in den 1930er Jahren beschlagnahmt und er war mit den bekennenden Kommunisten

---

292 Zitat von Paul Klee, in: Susanne Kudielka, Erlebte, Erfahrene, Vergangene Zeit, Romuald Hengstler, Zeit und Zeichen, S. 49.
293 Stadtarchiv Rottweil Zb 8/1990: Schwarzwälder Bote vom 31.3.1990. Wie der Maler Emil Kiess, Fürstenberg, und der Architekt Karl Heinichen, VS-Schwenningen, wird auch Hengstler in Stuttgart die von Willi Baumeister initiierten Ausstellungen französischer und amerikanischer Künstler, wie bspw. Paul Soulage und Mark Tobey, gesehen haben. Hengstler, Kiess, Heinichen lasen in dieser Zeit, wie die Künstler Felix Schlenker und Erich Hauser, die kunsthistorischen Publikationen des Publizisten und Malers Klaus-Jürgen Fischer [siehe Nachlass Karl Heinichen, Anm. der Autorin], der 1960 eine Sondernummer seiner Zeitschrift „Vernissage" unter den Titel „Tobey or not Tobey" stellte.

Günther Strupp (Künstler) und Dr. Wilhelm Fraenger (Kunsthistoriker) befreundet. Ein Großteil seiner Werke waren Landschaftsbilder. Doch immer wieder publizierte er auch zeitkritische grafische Blätter.

In Stuttgart vertrat er den Bereich „Freie Graphik und Illustration" und wurde 1953 zum Rektor berufen. Wie seine Akademie-Kollegen stand er jedoch immer im Schatten des in diesen Jahren zu Ruhm kommenden Künstlers Willi Baumeister. Für die jungen Studenten schuf dieses Spannungsfeld eine großartig breitgefächerte Ausbildungsstätte, die ihnen Einblicke in neue oder wiederentdeckte Techniken ermöglichte. So waren Rössing wie Baumeister hochspezialisiert im Bereich der Druckgrafik. Darüber hinaus erlangte der Student Hengstler, wie sein Künstlerkollege und Zeitgenosse Emil Kiess, in Stuttgart Kenntnisse auf dem Gebiet der Blei- und Betonverglasung.

Die erste Auftragsarbeit, die er dazu realisierte, waren die Bleiglasfenster der Rottweiler Kreiskrankenhaus-Kapelle.

Später erhielt er wiederholt ähnliche Aufträge. So schuf Hengster die Bleiglasfenster der Kirche in Zimmern ob Rottweil, der Krankenhauskapelle in VS-Villingen sowie der Spitalkapelle in Rottweil. 1957 konnte er seine Arbeiten erstmals in einer Einzelausstellung präsentieren und wurde als Preisträger des „Kunstpreis der Jugend, Baden-Baden" – eine begehrte Auszeichnung – nominiert. Fünf Jahre später, 1962, wurde sein künstlerisch innovatives Streben mit dem „Kunstpreis der Jugend, Stuttgart" neuerlich mit einer Nominierung belohnt.

Doch nicht nur sein eigenes künstlerisches Vorankommen lag Romuald Hengstler am Herzen. Darüber hinaus engagierte er sich zeitlebens für aktuelle Kunst und künstlerische Zeitgenossen, u.a. als Förderer des „Forum Kunst" Rottweil, dessen Mitbegründer er 1970 war.[294] Auch die Ausstellung „Vielfalt" im Rahmen der Rottweiler Landeskunstwochen 1984 ging auf seine Initiative zurück. Jahrelang war er darüber hinaus Mitglied der Kunstkommission bei der Oberfinanzdirektion und beratend tätig für „Kunst am Bau"-Aufträge.

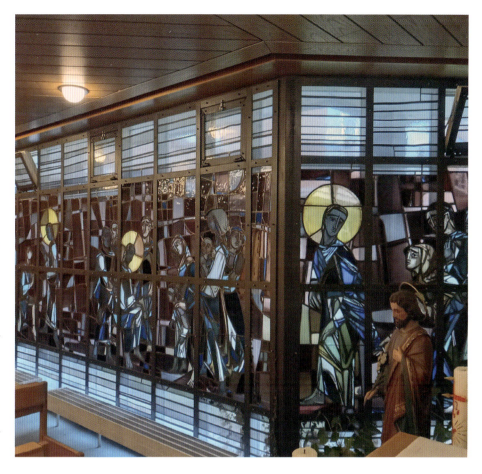

Dem Künstler Romuald Hengstler lagen nicht nur die Kunst und der künstlerische Ausdruck am Herzen. Er hatte auch ein Gespür für Menschen. Viele seiner ehemaligen Schüler erzählen noch heute voller Staunen, fast Bewunderung, von diesem Lehrer und Menschen, der so ganz anders war als die anderen. Diesem Lehrer gelang es in den 1960er Jahren, eine Generation, die an ihren Eltern und Deutschland zweifelte und sich Fragen nach Schuld und Sühne und dem Leben in einer neuen Zeit stellte, „aus ihrer ostentativen Reserve"[295] zu locken. Vielleicht konnte er ihr Denken aufgrund seiner eige-

Abb. 171:
Helios-Klinik Kapelle
© Stadtarchiv Rottweil
Foto: Martina van Spankeren-Gandhi

---

294 Zusammen mit OB Dr. Regelmann, Erich Hauser, Egon Rieble und Felix Schlenker.
295 Zit. nach Kudielka, Robert, Romuald Hengstler – Zeitfolgen, Ausstellungsreihe „KunstRaum DonauNeckar", Volksbank Donau-Neckar eG, Verlag Stadt Villingen-Schwenningen, 2011, S. 3.

Abb. 172:
Romuald Hengstler mit Schülern
© Stadtarchiv Rottweil Bestand J Foto-Archiv

tern, färben; Farben spachteln, sprühen, abklatschen; farbige Pappen zerschneiden und neu zusammenkleben; und viele andere, nicht eben kunstvolle Sachen dieser Art."[297] Entscheidend waren bei allen Aufgaben eine festgelegte Zeitspanne und die Forderung, am Ende auch wirklich ein fertiges Ergebnis abzugeben. Damit waren zwei grundsätzliche Rahmenbedingungen menschlichen Handelns abgebildet. Das Handeln als solches und das klare Erfassen einer Zeitspanne. Welch hohen Bildungsanspruch er damit vermittelte, dass er seinen Schülern somit gar keinen Ausweg ließ, ihnen vermittelte, dass weder Nicht-Handeln noch das Entschuldigen durch ein vermeintliches Nicht-Können Ausflucht bot, merkten seine Schüler dabei oftmals gar nicht. Zugleich konnte das wohl „[…] nur ein Künstler wagen, der in einem eminenten Sinne selbst ein Lernender war.[298]

So prägte Romuald Hengstler eine ganze Schülergeneration. Von September 1960 bis April 1963 unterrichtete er als Lehrer am Albertus-Magnus-Gymnasium Rottweil zu einem Zeitpunkt, als er sich eine eigene künstlerische Ausdrucksform erarbeitete, der er bis zu seinem Lebensende treu blieb.

In diesen Jahren realisierte er Betonglasfenster für die Kirche in Gosheim. Bald war die Auftragslage im Bereich Kirchenfenster so gut, dass er nicht unterrichtete, sondern seine eigene künstlerische Handschrift weiter spezifizierte. Parallel gelang ihm, sich von Vorbildern gestischen Malduktus[299] wie K.O. Götz zu lösen. Er entwickelte einen eigenen, skripturalen Malgestus, bei dem die vergehende, wie die empfundene Zeit zum tragenden, inhaltlichen Moment wurde. Es entstanden skripturale Zeitverläufe auf Leinwand, Papier, Karton, Hartfaser oder Holz. Für jeden Tag verwendete er eine eigene Farbe, einen neuen Farbton, den er mit dem Verwendungsdatum auf der Rückseite des Kunstwerkes

nen Lebensgeschichte einfach begreifen. „Was genau er damals sagte, habe ich vergessen. Ich weiß nur noch mit Bestimmtheit, dass sich danach die Zeit veränderte."[296] Mancher Schüler berichtete, dass mit ihm die ewig langweiligen Stunden der „Kunsterziehung" wie im Fluge vergingen. Nicht länger wurden sie gequält mit ewig „gleicher Kunst". Nun sollten sie selbst denken: kritisch, selbstbestimmt, kreativ, lösungsorientiert. Dabei schien ihnen das alles einfach nur spielerisch, unaufgeregt. So, als wolle er gar nichts von ihnen, zwinge sie nicht zu Disziplin und gar Lernerfolg, behaupte nicht, es – einfach alles besser zu wissen. „Wir machten Dinge, die scheinbar klaftertief unter den Lernzielen einer gymnasialen Oberstufe lagen: Papier knüllen, knit-

---

296 Ebd., S. 5.
297 Ebd., S. 5.
298 Ebd., S. 7.
299 Ebd., S. 7. „Ziemlich genau im Jahr 1960 wurde „Schreiben" in einer noch nie dagewesenen Weise zur Losung der Stunde unter jungen Malern, die sich für den schlaff und routiniert gewordenen Gestus des Abstrakten Expressionismus nicht mehr begeistern mochten, aber zugleich nicht bereit waren, die Errungenschaften der malerischen Spontanität gänzlich preiszugeben.[…] Kontrollierter Duktus statt expressiver Gestikulation war angesagt.", Robert Kudielka, Zug um Zug, Schicht um Schicht, in: Romuald Hengstler, Zeichen und Zahl, S. 7.

dokumentierte. Nur diesen verwendete er für seine Schriftzeichnungen an diesem Tag und bei diesem Werk. Durch die einander überlagernden Schichten schuf er ein Gefühl dafür, dass die gefühlte Zeit, unabhängig vom vermeintlich klaren, kontinuierlichen Zeitablauf, eben doch anders verläuft. Er selbst formulierte: „Meine Bilder entstehen in der Auseinandersetzung mit dem vorausgegangenen Bildzustand. Jede Farbe wird mit Datum auf der Rückseite fortlaufend notiert."[300] Doch wann konnte ein solches Werk je fertig sein? „Wenn es ihn ‚nicht mehr braucht'."[301]

Das künstlerische Arbeiten stand bei ihm immer im Vordergrund. Im Sommer 1964 zeigte die „kleine galerie" Schwenningen a.N. Arbeiten Hengstlers bei einer Gruppenausstellung,[302] nachdem dort im April Piero Dorazio hochaktuelle Arbeiten ausgestellt hatte[303], die Hengstler wie nahezu alle Künstler der Region nachhaltig beeindruckten.

Doch wie vielen anderen gelang es Romuald Hengstler nicht, mit seiner Kunst genug Geld zu verdienen, um eine Familie ernähren zu können. So begann er 1967 erneut zu unterrichten, anfangs mit einem Teillehrauftrag von 16 bis 22 Wochenstunden. Doch selbst dann fand er noch Zeit für eigene Arbeiten und Ausstellungen wie bspw. für „Einlassungen", eine Werkschau im Forum Kunst Rottweil im Jahr 1973.[304] 1976 erhielt er einen vollen Lehrauftrag am Droste-Hülshoff-Gymnasium Rottweil. In seiner Tätigkeit bis 1993 war er über Jahre hinweg der einzige Kunsterzieher an dieser Schule[305] und unterrichtete daher alle Klassenstufen „*mit großem Erfolg. [...] Es erstaunt immer wieder, welch gute Arbeiten, Einzel- und Gruppenarbeiten, entstehen, auf die er und seine Schüler stolz sein können.*"[306]

Er spornte seine Schüler immer wieder an, sich an großen Aktionen wie „Kunst in der Stadt Rottweil", „Bücher für Rottweil" oder „Fahnen für Rottweil" zu beteiligen und das mit großem Erfolg. Das Droste-Hülshoff-Gymnasium Rottweil steuerte bei der letztgenannten Aktion über 100 überaus originelle Fahnen bei, die solch große Beachtung fanden, dass sie sogar bei der Bundesgartenschau in Stuttgart gezeigt wurden. Auch für die Aktion „Künstler verändern das Schwarze Tor" schufen seine Schüler über 100 Arbeiten.

Wiederholt forderte er seine Schüler auf, sich für ihr eigenes Umfeld einzusetzen. Ganz im Geiste der Künstler des 19. und frühen 20. Jahrhunderts versuchte er ihnen zu vermitteln, dass die Gestaltung ihres Umfelds Ausdruck ihres eigenen Denkens sei. So begeisterte er sie dafür, Pläne für einen Anbau an ihre Schule zu erdenken und einen neuen Pausenbereich zu gestalten. Diese Ideensammlung banden sie im Anschluss von Hand zu zehn Büchern. Hengstler

Abb. 173:
Der Nachwuchs bei der Arbeit
© Stadtarchiv Rottweil Bestand J Foto-Archiv

---

300 Vgl. Hengstler, Romuald, Zeichen und Zahl, S.2. Dort zitiert ohne Nachweis.
301 Zit. nach Kudielka, KunstRaum DonauNeckar, S. 11.
302 Siehe Nachlass Karl Heinichen, Besitz von Jane Heinichen. Dort auch eine Arbeit von 1964, die bei der Ausstellung gezeigt worden ist.
303 Vgl. Rudolf, Anja, Sensation und Skandal, Verlag Stadt Villingen-Schwenningen, 2007, S. 29.
304 Vgl. Hengstler, Zeichen und Zahl, S. 2.
305 Später kam Gert Hartmann hinzu (Hinweis von Reinhard Sigle).
306 Stadtarchiv Rottweil G5/50,1 (Personalakte Hengstler): Zeugnis von 1982.

10 KULTUR UND KUNST

Abb. 174:
Der Künstler in Aktion
© Stadtarchiv Rottweil Bestand J Fotoarchiv

selbst entwarf einen Holzzug für die Unterführung am Bahnhof Rottweil.[307]

Unterrichten nahm er als bedeutende, herausfordernde, fordernde und lehrreiche Aufgabe war. So erbat er im März 1983 eine Freistellung vom Schuldienst, um als Gastdozent einen achttägigen Lehrauftrag an der Fachhochschule für Gestaltung Würzburg wahrnehmen zu können. Gerne wäre er an eine Akademie gewechselt. 1982 bewarb er sich auf eine Professur am Lehrstuhl Freie Grafik und Malerei an der Akademie der Bildenden Künste Nürnberg, für die er ein Zwischenzeugnis vom Rektor des Droste-Hülshoff-Gymnasiums[308] erhielt. Wiederholt bat er darum monatsweise, auch ohne Bezüge, beurlaubt zu werden, bspw. in der zweiten Hälfte 1981, um im Auftrag der Stadt Lüdenscheid eine eigene Arbeit „Kunst im öffentlichen Raum" realisieren zu können.[309] Doch das Oberschulamt Freiburg ließ das nicht zu. Im Sommer 1992 wollte Romuald Hengstler in den Ruhestand gehen, um seine Kraft wieder ganz dem eigenen künstlerischen Schaffen zu widmen. Doch wieder erteilte das Oberschulamt keine entsprechende Genehmigung.[310]

Nur wenige Zeitgenossen wie der Schwenninger Architekt Karl Heinichen, der selbst in Stuttgart studiert und zusammen mit dem Künstler Felix Schlenker die „kleine galerie" in Schwenningen gegründet hatte oder die Galerie Walter Storms in München,[311] erkannten Hengstlers großes Potential.

Im Auftrag von Karl Heinichen schuf Hengstler ein Sgraffito für die Fassade des „Sängerheims" in Schwenningen und realisierte es gemeinsam mit Vereinsmitgliedern. Sie arbeiten im „Tagwerk". Eine Formulierung, die über nahezu dem gesamten künstlerischen Werk Hengstlers stehen könnte. Der Architekt Heinichen vermittelte dem Deißlinger auch einen Auftrag für Glasfenster der Villinger St. Bruder-Klaus-Kirche (1964), mit deren Umbau er beauftragt war, sowie eine

---

307 Dessen Rekonstruktion könnte eine Idee für die 2028 in Rottweil stattfindende LGS sein.
308 Die jeweiligen Rektoren betonten in mehreren Schreiben die Fähigkeiten und den Einsatz von Hengstler und schlugen ihn 1969, 1971, 1976 und noch einmal 1981 auch für eine höhere Besoldungsgruppe vor.
309 Nach Beteiligung an einem Wettbewerb, Malerei direkt auf Sichtbetonwände, zusammen mit den Malern Horst Lerche, Kuno Gonschoir und dem Schweizer Hans Hermann, den er gewonnen hat. Hinweis von Reinhard Sigle, Deißlingen.
310 Stadtarchiv Rottweil G5/50,1 (Personalakte Hengstler).
311 Hinweis von Reinhard Sigle, Deißlingen.

Beteiligung an der Neugestaltung des Franziskusheims Schwenningen.

Zeitlebens war und blieb Hengstler lern- und experimentierfreudig. Im Jahr 1966 erschuf er zusammen mit Robert Kudielka eine mehrkanalige Tonbandmontage „Gefälle" für eine Ausstellung im SABA-Tonstudio Villingen, die sich heute im Besitz der Berliner Nationalgalerie befindet. Bei genauem Hinhören erkennt man, dass sie identisch angelegt und gedacht ist – wie seine malerischen Arbeiten.

Hengstlers Kunst, das Darstellen von Zeitverlauf, Messen, Zählen stellt ihn in eine Linie mit Konzeptkünstlern wie On Kawara (geb. 1933) mit seinen „Datumsbildern", Roman Opalka (geb. 1931) mit seinem Lebenswerk „1965/1 – unendlich" und/oder Hanne Darboven mit der Serie „Schreibzeit". Dabei ging es Hengstler nicht um dargestelltes Zählen, sondern um ein Darstellen, ein Zeichnen, das Lösungsfinden in einem malerisch-künstlerischen Prozess.

Romuald Hengstlers Arbeiten werden vielfach in Museen und Galerien gezeigt und fanden Eingang in öffentliche und private Kunstsammlungen.

Sie offenbaren noch heute dem Betrachter das, was Romuald Hengstler seinen Schülern ins Bewusstsein rufen wollte: dass jeder als Person durch unterschiedliche, einander bereichernde, bisweilen überdeckende Schichten erlebter und erfahrener Ereignisse und Erkenntnisse zu einer individuellen, einmaligen Persönlichkeit wird.

Quellen

Stadtarchiv Rottweil G5/50,1 (Personalakte Romuald Hengstler)
Stadtarchiv Rottweil Zb 8 (Schwarzwälder Bote)

Hengstler, Romuald, Die letzten Zeichnungen, Forum Kunst, Rottweil 2005.
Ders., Zeichen und Zahl, Kunst Raum, Rottweil 2012.
Kudielka, Robert, Romuald Hengstler – Zeitfolgen, Ausstellungsreihe „KunstRaum DonauNeckar", Volksbank Donau-Neckar eG, Villingen-Schwenningen 2011.

Von Claudia Knubben — **Erich Hauser: Ein Kraftmensch verankert die Gegenwartskunst in Rottweil**

1969: In Rottweil stellte die Saline Wilhelmshall ihren Betrieb ein. Nach fast 150 Jahren war der Salzabbau nicht mehr rentabel, die Gebäude wurden geräumt, darunter ein Fachwerkschuppen, der zur Lagerung von Torf gedient hatte. In São Paulo ging die X. Biennale über die Bühne. Kunstschaffende aus 55 Ländern waren am Start, für Deutschland schickte der „Comissário" Herbert Peé fünf Maler und Bildhauer ins Rennen: Josef Albers, Horst Antes, Almir Mavignier (gebürtiger Brasilianer), Günther Haese und Erich Hauser. Letzterer zeigte acht Wandarbeiten, Reliefs und Säulen, alle brandneu. Das Unerwartete geschah: Die international besetzte Jury zeichnete ihn mit dem „Prémio Itamaraty", dem Großen Preis der Biennale, aus – ein unglaublicher, ein triumphaler Erfolg, der Hauser schlagartig in die erste Garde der internationalen zeitgenössischen Bildhauer katapultierte.

Der Rottweiler Oberbürgermeister Dr. Ulrich Regelmann reagierte schnell. Jahrzehnte bevor „Konversion" in Mode kam und landauf landab Industriebrachen in Orte für Kunst und Kultur verwandelt wurden, bot er Erich Hauser, der mit den Arbeitsbedingungen in seiner Dunninger Schmiede nicht mehr zufrieden war, den Torfschuppen und das umliegende, recht weitläufige Gelände an. Hauser griff zu, zog mit seiner Frau Gretl und den Kindern Andrea und Markus nach Rottweil auf die Saline, machte das Fachwerkgebäude zur Werkstatt und ließ den renommierten Architekten Roland Ostertag ein standesgemäßes Wohnhaus entwerfen. Schließlich war er kein aufstrebender Künstler mehr, sondern einer, der mit gerade 39 Jahren bereits auf dem Gipfel balancierte. In die Wiege gelegt worden war ihm das nicht.

1930: Erich Hauser kam in Rietheim-Weilheim zur Welt. Kurz darauf erkrankte seine Mutter schwer, der kleine Junge kam zu Verwandten, die einen Bauernhof auf der Schwäbischen Alb hatten, und wuchs dort auf. Einige Jahre später infizierte er sich mit Polio – die Folgen sollten ihn bis ans Lebensende begleiten. Die Kinderlähmung führte zu Gehbehinderungen. Die Familie reagierte, gelinde ausgedrückt, nicht besonders sensibel, und die Zeiten waren brutal. Schließlich hatte Adolf Hitler 1935 auf dem Reichsparteitag in Nürnberg das so seltsame wie infame Ideal einer Jugend propagiert, die „flink wie Windhunde, zäh wie Leder und hart wie Kruppstahl" sein sollte. 1995 erzählte Erich Hauser: „Bei der Hitlerjugend in dem Kaff da oben wollten sie natürlich keinen Krüppel haben."[312] Den Namen des Kaffs verschwieg er.

Exerzieren, Geländemärsche und Gehirnwäsche blieben dem Jungen also erspart, und auch die Arbeit in der Landwirtschaft war nur eingeschränkt möglich. Erich war viel auf sich alleine gestellt. Die Zeit vertrieb er sich zum Beispiel mit einer archaischen Form der Bildhauerei: Er modellierte einfache Dinge wie Ziegelsteine oder Backsteinkäse – „das, was ich halt kannte"[313] – aus Erde und Lehm und türmte sie übereinander. Verständnis dafür war nicht zu erwarten, eher eine Tracht Prügel.

1946 bis 1959: Im Alter von 16 Jahren kehrte Erich Hauser nach Rietheim zurück und begann in Tuttlingen eine Lehre als Stahlgraveur. Gleichzeitig bekam er bei Pater Ansgar Dreher im Kloster Beuron Unterricht in

---

312 Persönliches Gespräch zwischen der Autorin und Erich Hauser.
313 Ebd.

Zeichnen und Modellieren. 1949 ging er nach Stuttgart, arbeitete in einer Gravieranstalt und nahm an Abendkursen in der Freien Kunstschule teil. 1952 zog Hauser nach Schramberg, mietete eine kleine Werkstatt und nagelte ein Stück gelber Presspappe an den Eingang. Darauf schrieb er – zu diesem Zeitpunkt eher ein frommer Wunsch – „Erich Hauser – Bildhauer". Der Anfang war gemacht. Oder angekündigt. Wie er den Anspruch in Wirklichkeit umsetzte, das beschreibt Gerhard Breinlinger, Publizist und Maler, ein langjähriger Freund Hausers, so: „Dabei scheut er sich nicht, auch Gegenstände des täglichen Gebrauchs in das Repertoire seiner bildhauerischen Arbeit einzubeziehen. Schmuckschatullen und Zigarettenetuis entstehen so, geschmiedete Gartentore und ganze Wohnraumgestaltungen mit opulenten Mosaiken. Und Hauser wird auch noch Kunsterzieher, zunächst im Rahmen von Kursen des Volksbildungswerks Schramberg, dann als Leiter seiner ‚Privatkunstschule Erich Hauser'. Innerhalb von zwei bis drei Jahren hat er sich abseits der Metropolen des Kunstgeschehens einen Mikrokosmos erobert, der ihm ein leidliches Auskommen sichert und ihn auch über die Fünftälerstadt hinaus als einen eigenwillig Besessenen bekannt macht."[314]

Bereits zu dieser Zeit kümmert sich Erich Hauser nicht nur um die eigene Karriere. Er ist im Vorstand der Künstlergruppe Mittlerer Schwarzwald, er organisiert Gruppenausstellungen. 1955 heiratet er die Pianistin Gretl Kawaletz. Sie gibt Klavierunterricht, aber leben können die beiden nicht von der Kunst. Hauser ist Pragmatiker, er jammert nicht, er packt an. Als Handlungsreisender in Sachen Heimtextilien verkauft er den Hausfrauen in der Region Bettwäsche und Tischtücher an der Haustür. Das Geschäft geht ganz gut, also überträgt er das Prinzip des Direktmarketing auch auf die Kunst, fährt mit seinem VW Käfer in die größeren Städte und bietet Menschen, die er für kunstaffin hält, seine Arbeiten an.

1952 zog Hauser nach Schramberg, mietete eine kleine Werkstatt und nagelte ein Stück gelber Presspappe an den Eingang. Darauf schrieb er – zu diesem Zeitpunkt eher ein frommer Wunsch – „Erich Hauser – Bildhauer". Der Anfang war gemacht.

1959: Familie Hauser zieht mit der zweijährigen Tochter Andrea von Schramberg weg. Wenige Kilometer weiter, in Dunningen, hatte man eine komplett eingerichtete Werkstatt gefunden. Hier begann eine ganz neue Phase der Kunstproduktion, von menschlichen Figuren und Kirchentüren wollte der Bildhauer nichts mehr wissen. Und die Heimatregion wurde ihm zu eng. Ein Jahr zuvor hatte der gerade einmal 22-Jährige Hans-Jürgen Müller in Stuttgart eine Galerie eröffnet, die schnell zum Kulminationspunkt der zeitgenössischen Kunst in Südwestdeutschland werden sollte. Hier stellte Hauser immer wieder aus, hier traf er auf Kollegen wie Thomas Lenk, Georg Karl Pfahler, Lothar Quinte, Markus Prachensky. Sein Erfolg zog immer weitere Kreise. Er zeigte Arbeiten in Wien, er gewann 1963 den Kunstpreis „Junger Westen" in Recklinghausen, zwei Jahre darauf den Kunstpreis für Plastik der Stadt Wolfsburg, 1966 den Burdapreis für Plastik. Die Skulpturen, die in der Dunninger Schmiede entstanden, sind gekennzeichnet durch kompakte Volumina, Bearbeitungsspuren auf der Oberfläche, aufgerissene Kanten.

1968: Hauser nahm nach 1964 zum zweiten Mal an der documenta in Kassel teil. Als dieses Gipfeltreffen der internationalen Kunst zu Ende war, blieb eine großformatige Plastik des Amerikaners Tony Smith einfach stehen. Vielleicht war der Rücktransport in die USA zu teuer. Nach zwei Jahren platzte den Verantwortlichen der Stadt Kassel der Kragen. Die Arbeit sollte verschrottet werden. Erich Hauser bekam das mit und ließ sie kurzerhand auf eigene Kosten nach Rottweil verfrachten. Er hatte mittlerweile mit seiner Familie den Umzug nach Rottweil über die Bühne gebracht, wälzte revolutionäre Pläne, wollte er doch die in seinen Augen verschlafene und selbstzufriedene ehemalige Reichsstadt aufmischen. Der Anfang war bereits gemacht: Uhrenfabrikant Peter hatte einen neuen Brunnen vor dem städtischen Spital gestiftet.

---

314 Zit. nach Breinlinger, Gerhard, „Aufbruch", in: Erich Hauser zum Gedenken, Rottweil 2005, S. 29.

Der Auftrag ging an Thomas Lenk, der den Brunnen mit einer seiner typischen Schichtplastiken gestaltete.

1970: Im Frühjahr passierte dann alles gleichzeitig. Am 1. April wurde der Lenk-Brunnen installiert, am 24. April im Bürgersaal des alten Kaufhauses das „Forum Kunst Rottweil" gegründet, das sich ausschließlich der Präsentation und Vermittlung zeitgenössischer Kunst verschrieb. Bereits am 30. Mai fand die erste Ausstellung des „Forum Kunst" mit Ansgar Nierhoff und Rupprecht Geiger statt. Kurz davor, am 11. Mai, hatte der Aufbau der Plastik von Tony Smith begonnen, und zwar vor dem Droste-Hülshoff-Gymnasium an der Königstraße. Heute ist an diesem Ort die Post zu finden, denn das alte Schulgebäude fiel der Abrissbirne zum Opfer.

Weitere Arbeiten an der Königstraße folgten schnell: Zwei steuerte Hauser bei, eine rot lackierte und eine weiß lackierte Plastik wiederum Lenk, der in diesem Jahr (zusammen mit Heinz Mack, Georg Karl Pfahler und Günther Uecker) Deutschland bei der Biennale von Venedig vertrat. Die Anzeigen in den Kunstmagazinen „Art International" und „Das Kunstwerk", die für die Rottweiler Aktivitäten werben sollten, begannen deshalb eher unbescheiden mit dem schönen Satz: „Der Weg zur Biennale führt über Rottweil."[315]

Die Resonanz in der Rottweiler Bürgerschaft war zwiespältig. In der örtlichen Berichterstattung, vor allem im „Schwarzwälder Bote", gab es enthusiastische Zustimmung zu allem, was Erich Hauser mit Unterstützung seiner Künstlerkollegen Franz Bucher, Romuald Hengstler und Felix Schlenker, besonders aber mit dem Segen des Stadtoberhauptes Dr. Regelmann auf die Beine stellte. Doch natürlich kamen auch aus vielen Ecken abwertende Kommentare. Die „Schwäbische Zeitung" fand immer etwas zu mäkeln, und die Rottweiler Jungsozialisten konstatierten in einem Flugblatt, das sie bereits bei der ersten Eröffnung im „Forum Kunst" verteilten: *„Es ist schon etwas überheblich, der Bevölkerung das andrehen zu wollen, was eine kleine Clique nach vagen Kriterien ‚progressive Kunst' nennt. (…) Nur wenn die Kunst zum Volke geht und bereit ist, von ihm zu lernen, ist die Kunst berechtigt, das Volk zu lehren!"*[316]

Thomas Lenks Schichtplastik an der Königstraße verunzierte denn auch bald der krakelige Schriftzug: „Kunst fürs Volk". Als Hauser in einem Zeitungsinterview schwärmte, er könne sich gut vorstellen, seine Plastiken auch einmal in der freien Landschaft aufzustellen, kam moralisch entrüsteter Einspruch aus der Naturschutz-Ecke: „Hauser und seine Bewunderer können aber nicht erwarten, dass so viel Modernsein kritiklos von jedermann akzeptiert wird. (…) Man möge uns verschonen mit preisgekrönten Blechplastiken und anderen Gebilden in der freien Landschaft, die nichts anderes bezwecken, als die Harmonie der Landschaft zu stören."[317]

Auch hier bewahrheitete sich wieder das biblische Wort vom Propheten, der nirgends weniger gilt als in seinem Vaterland. Aus der Region blickte man dagegen eher neidisch nach Rottweil. So wünschten sich etwa die Stadtoberen von Schwenningen und Villingen Gastausstellungen des Forums (und ebenso Gastspiele des Zimmertheaters „Arche") in ihren Städten. Und die überregionale Presse verfolgte aufmerksam, was da plötzlich zwischen Stuttgart und Zürich aufblühte. Die Kulturredaktion des „Spiegel" widmete Erich Hauser eine ganze Seite, beschrieb seine „nach deutschem Maßstab steile Künstlerkarriere" und resümierte: „Denn nicht nur „kunstsinnige Bauherren von Karlsruhe bis Bonn, von Wuppertal bis Villingen (…) schätzen den Metallbildner und haben ihn bislang rund 30mal beschäftigt, auch unter Fachleuten ist er unumstritten."[318] Günther Wirth, einer der Doyens der Kunstkritik seit den 1970er bis in die 2000er Jahre, schrieb in der „Stuttgarter Zeitung": *„In die Provinz dringt mehr und mehr Avantgardistisches ein. Rottweil erweist sich in dieser Hinsicht als einer der durchlässigsten Orte in unserem Land.*

---

315 Zit. nach Maier, Heinrich, „Rottweil wird bald seine ‚Mini-Documenta' haben." In Schwarzwälder Bote, Lokalausgabe Rottweil, 12. Mai 1970.
316 Zit. nach den Akten des „Forum Kunst Rottweil", Jahrgang 1970.
317 Leserbrief im „Schwarzwälder Bote", Lokalausgabe Rottweil, 30.6.1970.
318 Zit. nach „Der Spiegel" Nr. 29/1970, S. 121.

(...) Die Metropolen können sich ein Beispiel nehmen, wie hier die zeitgenössische Kunst unter die Leute kommt."[319]

Mitten in diesem ganzen realen und medialen Trubel wurde Erich Hauser Anfang Juli 1970 in die Akademie der Künste in Berlin berufen. Diese ehrwürdige, bereits 1696 gegründete Institution, besteht aus den Sektionen Bildende Kunst, Baukunst, Musik, Literatur, darstellende Kunst sowie Film- und Medienkunst und nimmt maximal 500 Mitglieder auf. Erich Hauser war seinerzeit einer der Jüngsten. Bei den Frühjahrs- und Herbsttagungen traf er auf Schauspieler, Philosophen, Autoren. All diese Begegnungen, so sollte er später sagen, hätten ihn künstlerisch weitergebracht, in dem sie seinen Horizont weiteten und sein Denken schärften.

1974: Als der Lyriker Ernst Jandl im September 1974 nach Rottweil anreiste, traf er auf Erich Hauser. Erstaunt mussten beide feststellen, dass sie sich seit Jahren in der Akademie gegenüber gesessen hatten, aber ihren Gesichtern keine Namen zuordnen konnten. Im Gepäck hatte Jandl, in seinen frühen Dichter-Jahren als „Verbalkasper" geschmäht, eine Auftragsarbeit: ein Gedicht mit dem Titel „183 Fahnen für Rottweil". 1974 war nämlich das Jahr, in dem das erste Rottweiler Stadtfest stattfand, und zwar im Kontext mit der Aktion „Künstler machen Fahnen für Rottweil". Ersonnen hatte das Robert Kudielka, durch- und umgesetzt Erich Hauser. Es wurde ein grandioses Spektakel. 183 Fahnen, von Künstlern gestaltet, hingen von den Dachgauben oder vor den Fassaden der Innenstadt und kündeten von – nichts außer der Freiheit der Kunst. Zum Auftakt deklamierte Ernst Jandl von einem Podium vor dem Rathaus seinen Text: „hier / ruft / Rottweil: / AN ALLE WELT / FREUNDE, NEHMT TEIL. / eine fahne aus himmel / eine fahne aus wald / eine fahne aus wasser / eine fahne aus asphalt..." Überall waren Musiker und Gaukler und Tänzer und Essensdüfte und Künstler, die sich am Biertisch mit den Rottweilern verbrüderten. Für alle, die dieses erste Stadtfest miterleben durften, wird es unvergesslich bleiben. Und für die Akzeptanz der Gegenwartskunst bedeutete es auch einen Fortschritt.

1970 bis 1990: Erich Hauser rackerte unermüdlich. Die Kunstmeile Königstraße wuchs Stück für Stück, das Ausstellungsprogramm „Forum Kunst" war enorm: allein im ersten Jahr – das ja eigentlich nur ein halbes Jahr umfasste – wurden sechs Ausstellungen mit zehn beteiligten Künstlern und eine zusätzliche Mitgliederausstellung auf die Beine gestellt. In den folgenden Jahren kam man auf acht bis zehn Ausstellungen pro Jahr. Das bedeutet Anfragen, Verhandlungen, Transporte, Auf- und Abbau, Rücktransporte, Organisation der Vernissagen, und das mit wenig Budget und wenig Manpower. Und ehrenamtlich. Hauser investierte viel in das „Forum Kunst": seine Ideen – die er auf einer Loseblatt-Sammlung in einer Klarsichthülle verwahrte[320] – seine Kontakte zu Künstlern, Galeristen und Museumsleuten, beim Hängen bzw. Installieren jeder Ausstellung seine eigene Arbeitskraft und die seines Werkstatt-Teams. Er beherbergte und bekochte zahllose Künstler in seinem Haus und richtete auch die Nachfeiern der Vernissagen aus, bei denen es bisweilen hoch hergegangen sein soll. Legendär ist die Episode mit Kippenberger, der für das Foto auf dem Ausstellungsplakat einen Filzanzug trug (subtile Anspielung auf Beuys) und sich auf eine Säulenplastik fläzte (nicht besonders subtile Provokation Hausers). Das war 1982, Hauser hatte sich nach zehn Jahren aus der Verantwortung für das „Forum Kunst" zurückgezogen. Dennoch landeten nach der Eröffnung viele Gäste auf der Saline. Der Hausherr und Kippenberger fingen an zu diskutieren. Ersterer wurde irgendwann wütend und forderte den Kontrahenten auf, ihm ins Freie zu folgen. Der Rest der Gesellschaft fiel in Schockstarre, sodass niemand mitbekam, was draußen passierte. Jedenfalls kamen

„In die Provinz dringt mehr und mehr Avantgardistisches ein. Rottweil erweist sich in dieser Hinsicht als einer der durchlässigsten Orte in unserem Land. (...) Die Metropolen können sich ein Beispiel nehmen, wie hier die zeitgenössische Kunst unter die Leute kommt."

---
319 Zit. nach den Akten des „Forum Kunst Rottweil", Jahrgang 1970.
320 Vgl. Knubben Jürgen, Sammelsurium Eins, Rottweil 2006, S. 22.

Hauser und Kippenberger nach einer Weile wieder ins Haus, Arm in Arm, jeder zufrieden grinsend.[321]

Es war ein enormes Pensum, das der Bildhauer bewältigte. Denn das Engagement für die Stadt – erinnert sei noch an das „Kofferfest" 1980 – und seine kulturpolitischen Aktivitäten waren das eine, seine eigene Arbeit das andere. Zwar hatte er mit Gerhard Link einen zuverlässigen und loyalen Werkstattleiter, doch Zeichnen, Modelle bauen, Ausstellungen vorbereiten, Wettbewerbe für „Kunst am Bau", Kontaktpflege und Kundenakquise – all das musste der Chef natürlich selber stemmen. Und Erich Hauser war dabei sehr erfolgreich. Von Bayreuth bis Berlin, München bis Münster, Heilbronn bis Hamburg, ob in Fußgängerzonen, Parks, ob im Flughafen oder in der Nationalgalerie: Kreuz und quer durch die alte Bundesrepublik ziehen sich die Städte, in denen um die 150 (!) repräsentative, raumgreifende Arbeiten zu finden sind und unübersehbare Akzente setzen. Auch in Tel Aviv und Tokio, in Australien, Indonesien und den USA hat er seine Spuren hinterlassen.

Doch gleichgültig, wie viel er unterwegs war und wie viel Anerkennung ihm anderswo zuteil wurde – verortet hat Erich Hauser sich in der Region und den Traditionen, die hier gepflegt werden. Da steht natürlich die Fasnet an erster Stelle. In Dunningen hat er das Erscheinungsbild der Narrenfiguren „Holzäpfel" entscheidend weiterentwickelt. Und er schnitzte auch herausragende Holzlarven für die Rottweiler, Oberndorfer und Schramberger Fasnet. Und mit dem berühmten „Hauser-Schantle", einer Porträtlarve – eigentlich sind die ja verpönt – hat er sich selbst ein Denkmal geschaffen, das immer wieder im Narrensprung mitläuft.

Der Künstler gönnte sich auch andere Auszeiten vom mitunter aufreibenden Kunstbetrieb. Robert Kudielka erinnert an die „lange Reihe der kleinen Obsessionen (...) und die achtungsgebietende Professionalität, mit der er das alles betrieb: Fliegenfischen, Schnapsbrennen, Brotbacken, Weineinlagern; Hühnerzucht und Pfauenhaltung; Kochen, Pflanzen, Bäumeschneiden; Landschaftspark und Kräutergarten; Boule und Billard; Homöopathie und Geopathologie."[322]

Wie gesagt: ein enormes Arbeitspensum. Und praktiziertes Multitasking zu einer Zeit, als das Wort noch gar nicht erfunden war...

Erich Hauser war kein schlichter Charakter. Er schlug über die Stränge und unterzog sich radikalen Fastenkuren. Er war belesen und wortgewandt, gastfreundlich und großzügig. Aber er konnte ebenso kleinkariert sein, ungerecht und maßlos, wenn er in Wut geriet. Hauser war ein Kraftmensch, ein Vulkan, der jederzeit – auch aus nichtigen Anlässen – ausbrechen konnte. Sein Freund Kudielka attestierte ihm gar einen „kriegerischen Zug im Temperament", den er als „Kehrseite seines unbändigen, schamlosen Hangs zur Schönheit" interpretierte.[323]

Im Alter wurde er milder und in jedem Fall hat er eine gewaltige Lebensleistung erbracht. Sein Areal auf der Saline zeugt davon: Werkstätten, Wohnhäuser, ein weitläufiger Park, in dem Skulpturen aus all seinen Schaffensphasen zu finden sind: von den massiven Raumkörpern mit schrundigen Oberflächen und sichtbaren Schweißnähten über die gerundeten, hochglanzpolierten, raumgreifenden Säulenplastiken hin zu den mächtigen, aufgefalteten und aggressiv zugespitzten Arbeiten. Auch seine letzte Großplastik ist auf dem Gelände geblieben: der „Bogen" von 2003. Er entstand im Herbst 2003, man könnte ihn auch als Tor interpretieren, als Durchgang wohin auch immer.

1995: Erich Hauser wird zum Ehrenbürger der Stadt ernannt. Sein Sohn Markus stirbt, seine Frau Gretl ist unheilbar krank. Auch der Künstler leidet zunehmend unter den Spätfolgen seiner frühkindlichen Polio-Infek-

---

321 Mündlicher Hinweis von Axel Zwach, Friesenheim.
322 Vgl. Kudielka, Robert, Abschied von Erich Hauser, in: Erich Hauser zum Gedenken, Rottweil 2005, S. 9.
323 Ebd., S. 8.

tion. Er will dafür Sorge tragen, dass sein Lebenswerk erhalten bleibt.

1996: Alle bürokratischen Hindernisse sind aus dem Weg geräumt, das Regierungspräsidium hat die Gründung der „Kunststiftung Erich Hauser" genehmigt. Vorstandsvorsitzender wird Dr. Ulrich Regelmann, Lothar Späth übernimmt den Vorsitz des Stiftungsrates, seit langem füllt jetzt Wilhelm Freiherr von Haller diese Position aus. Nach dem Tod Regelmanns folgte ihm der ehemalige Landrat Manfred Autenrieth, er gab das Amt an Wilhelm Rieber weiter. Die Stiftung kümmert sich um den Erhalt des Ensembles auf der Saline und erhält es dadurch lebendig, dass immer wieder junge Künstler und Künstlerinnen mit einem Werkstattpreis ausgezeichnet werden, vor Ort arbeiten und sich mit dem Werk des großen Bildhauers auseinandersetzen. Regelmäßig finden Konzerte, Führungen und Tage der offenen Tür statt. So wird die Erinnerung an einen Menschen wachgehalten, der mit ungeheurer Energie die Kunst des 20. Jahrhunderts in Rottweil verankert und das Gesicht der Stadt verändert hat. Erich Hausers Plastiken, die originären Zeugnisse seiner Schaffenskraft, werden ohnehin überdauern. Dank des Materials Edelstahl vielleicht nicht für die Ewigkeit, aber für sehr lange Zeit.

2004: In der Nacht zum 28. März stirbt Erich Hauser. Völlig unerwartet, wie es von ihm nicht anders zu erwarten war.

Quellen

Archiv „Forum Kunst Rottweil" (Akten)

„Der Spiegel" Nr. 29/1970

Stadtarchiv Rottweil Zb 8/1970 (Schwarzwälder Bote)

Breinlinger, Gerhard/Kunststiftung Erich Hauser (Hrsg.), Erich Hauser 1930 – 2004 zum Gedenken, Rottweil 2005.

Institut für moderne Kunst Nürnberg (Hrsg.), Werkverzeichnis 1960 – 1980 Band 1 – 3, Zirndorf 1980.

Knubben, Claudia/Knubben, Jürgen (Hrsg.), Erich Hauser – Bildhauer, Ostfildern 1995.

Knubben, Jürgen (Hrsg.), Erich Hauser – Vom Modell zur Plastik, Rottweil 2004.

Ders., Sammelsurium Eins. Forum Kunst Rottweil 1970 – 1980. Mitglieder des Kunstvereins sammeln, Freiburg i. Br. 2007.

Ders., IM DIALOG – Erich Hauser zum Achtzigsten, Freiburg 2010.

Ders./Rieber, Wilhelm (Hrsg.), Erich Hauser – Kunst im öffentlichen Raum, Rottweil 2020.

Kunststiftung Erich Hauser (Hrsg.), Erich Hauser zum 90. Geburtstag, Rottweil 2020.

Späth, Lothar (Hrsg.), Werkverzeichnis Band 1 – 3, Radolfzell/Schramberg 2000.

Abb. 175: Foto des Künstlers © Kunststiftung Erich Hauser

Von Sabina Kratt

1997: Rottweiler Schüler hinterlassen ihre „Schreibspuren"

Abb. 176:
Logo des Wettbewerbs
© Schreibspuren

„Schreibspuren" – Hinterlässt nicht jede Notiz, jeder handgeschriebene Brief, jede Geschichte ... – ob mit Bleistift, Kugelschreiber oder Füller geschrieben – eine „Schreibspur"?

Was aber sind die „Schreibspuren" in Rottweil? Eine genaue Betrachtung des Logos mit dem Textzusatz zeigt, dass es sich um einen Literaturwettbewerb der drei Rottweiler Gymnasien und der Realschule Rottweil handelt.

Die „Schreibspuren" sind eine einzigartige Institution in der Schullandschaft des Landes, da der Schreibspuren-Wettbewerb Schulen und Schularten übergreifend ist und von außerordentlicher Nachhaltigkeit zeugt.

Alles hat einen Anfang

Ein Blick ins Schuljahr 1996/1997 zeigt, dass zwei damalige hochmotivierte Referendare – Uta Krone und Dr. Wolfgang Spreckelsen – die „Eltern" des immer noch lebendigen Wettbewerbs sind. Was für ein Engagement und welche Begeisterung haben diese beiden jungen Lehrer gehabt, dass sie zusätzlich zu all ihren Verpflichtungen als Referendare die Liebe für Literatur, das Schreiben und die Freude am Schreiben an ihre Schüler weitergaben. Und diese Begeisterung hat sich auf ihre Lehrerkollegen und die Schulleitungen übertragen und bis in die heutige Zeit wird der Schreibspuren-Wettbewerb mit Erfolg fortgeführt.

Bildung, Buch und Literatur

An dieser Stelle sei ein Blick in die Schul- und Literaturgeschichte von Rottweil erlaubt. Rottweil als älteste Stadt Baden-Württembergs gilt auch heute noch als Schulstadt und kann auf eine lange, traditionsreiche Schulgeschichte zurückblicken. Bereits Ende des 13. Jahrhunderts ist hier eine Lateinschule bekannt, und wenige Jahrzehnte später finden sich Hinweise auf eine deutsche Schule. Die heutigen Gymnasien sind in der Nachfolge des von Jesuiten nach dem Dreißigjährigen Krieg (1618–1648) gegründeten Kollegs zu sehen. Schon damals haben die Schüler zum Abschluss des Schuljahres – wie heute die Preisverleihung der „Schreibspuren" – prächtige barocke Schultheaterstücke aufgeführt. Diese waren in Latein oder Deutsch verfasst und wurden einem großen Publikum präsentiert. Die noch im Stadtarchiv Rottweil und vielen Bibliotheken vorhandenen Periochen (Programmhefte) erinnern an diese großartige Schultheatertradition.

Eine Vielzahl dieser Hefte wurde in der hiesigen Druckerei hergestellt. Was wären Bücher ohne Drucker und Druckereien? Die Erfindung des Buchdrucks mit beweglichen Lettern durch Johannes Gutenberg (um 1400–1468) hat die Verbreitung der Literatur einen entscheidenden Schritt vorangebracht. Und der Rottweiler Adam von Rottweil war bereits in den Jahren 1476 bis 1481 Buchdrucker in Venedig und danach bis 1486 in

L'Aquila tätig. Rottweiler Drucker wie Feyrer haben immer für die Verbreitung der Literatur in der Region gesorgt. Bis ins 18. Jahrhundert war der Verleger auch gleichzeitig Buchhändler und hat die Leserschaft mit gedruckten Werken versorgt. Allerdings waren das Lesen und der Besitz von Büchern meist nur in höheren Gesellschaftsschichten verbreitet. Dies änderte sich im Laufe des 18. Jahrhunderts, als auch das Bürgertum den Zugang zu Literatur fand. Friedrich Perthes (1772 – 1843) hat in seinem Standardwerk „Der deutsche Buchhandel als Bedingung des Daseins einer deutschen Literatur" die Grundlagen für den Sortimentsbuchhandel als Verbreitungsort von Büchern beschrieben. Er selbst gründete 1796 die erste Sortimentsbuchhandlung ohne Verlag bzw. Druckerei.

Nur zwei Jahre später hat Bartholomäus Herder (1774 – 1839) zusammen mit seinem Bruder Andreas in Rottweil eine Buchhandlung gegründet. Mit ihren Wurzeln geht die heutige Buchhandlung Klein auch auf die damalige Buchhandelsgründung zurück. Bartholomäus Herder hat 1801 Rottweil verlassen und nach Stationen in Sigmaringen und Meersburg sich 1808 in Freiburg angesiedelt. Der heute noch existierende Herder Verlag ist von Bartholomäus Herder gegründet worden.

Die Buchhandlungen und die den Buchhandlungen angeschlossenen Leihbüchereien und Lesezirkel haben dem literatur- und kulturinteressierten Publikum ein reiches Sortiment bieten können.

Literarische Aktivitäten der letzten 40 Jahre

Unter diesen Voraussetzungen wundert es nicht, dass sich hier seit 1985 alle zwei Jahre im Wechsel mit der Schweizer Stadt Brugg deutsche und schweizerische Schriftsteller zum „Deutsch-Schweizer Autorentreffen", welches der damalige Stadtarchivar Dr. Winfried Hecht initiiert hat, im September treffen.

Seit 2001 wird auch jährlich die Stelle des Stadtschreibers besetzt, welcher mit einer Schreibwerkstatt Schüler für das Schreiben begeistert und sie zum Verfassen literarischer Texte anleitet. Zahlreiche Teilnehmer des Wettbewerbs haben auch von den Schreibwerkstätten mit den Stadtschreibern Inspirationen erhalten, um ihre Beiträge für die „Schreibspuren" zu verfassen. Eine großartige Kooperation!

Große namhafte Autoren hat Rottweil bis ins 20. Jahrhundert nicht hervorgebracht, weder Goethe noch Schiller oder Hölderlin waren hier, aber dennoch gab es für Bildung und Literatur immer viel Raum.

In diesem Kontext können die „Schreibspuren" nicht isoliert betrachtet werden. All diese Traditionen haben den Weg zu dem seit fast 25 Jahren bestehenden Wettbewerb geebnet.

Aber nochmals zu den Anfängen des Wettbewerbs

Im Winter 1997 haben sich die beiden Referendare Uta Krone und Dr. Wolfgang Spreckelsen mit ihrem Mentor Michael Lamberty zusammengesetzt und die Idee in die Tat umgesetzt. Den noch heute als Logo der „Schreibspuren" verwendeten Vogel hat Uta Krone entwickelt. Von einer Idee zu einer Dauereinrichtung zu kommen, ist manchmal ein schwieriger Weg. Aber in diesem Fall ein absolut gelungener. Schüler zum freiwilligen, kreativen Schreiben anzuleiten und zu begeistern, ist eine hervorragende Sache. Wolfgang Spreckelsen schreibt in seinem Beitrag zum zehnjährigen Jubiläum der „Schreibspuren":[324]

„Von der ersten bis zur letzten Klasse, über alle Fächer hinweg, besteht die Notwendigkeit des Umgangs mit der Schriftlichkeit, oft weit über die Bedürfnisse der meisten Betroffenen hinaus. So erscheint es zunächst nicht sinnvoll und nicht erfolgversprechend, wenn jemand versucht, und dies auch noch auf freiwilliger Basis, Schüler zum zusätzlichen Schreiben zu verleiten. Dass aber das Schreiben, allerdings das persönlich-individuelle und das kreativ-gestaltende Schreiben, gefördert werden müsse, stand tatsächlich als Grundidee am Anfang der Schreibspuren..."

Und diese Grundidee leitet den Wettbewerb bis heute.

Das Schuljahr beginnt und mit ihm – Jahr für Jahr – die „Schreibspuren", die von vielen Schülern schon

---

324 Vgl. 10 Jahre Schreibspuren – Aufgezeichnet Ausgezeichnet – 1997 – 2007, hrsg. von der Jury des Literaturwettbewerbs „Schreibspuren", Rottweil 2007, S. 26.

10 KULTUR UND KUNST

sehnsüchtig erwartet werden. Im Laufe der ersten Wochen trifft sich die Jury, um den Startschuss zu geben und die Details der Planung festzulegen. Die Lehrer motivieren und animieren jetzt die Schüler, sich mit Beiträgen zu beteiligen. In der Regel ist der Abgabeschluss Ende Januar, sodass die jungen Autoren ihrer Fantasie freien Lauf lassen und fleißig schreiben können. Nach dem Abgabetermin beginnt die heiße Phase für die Jurymitglieder. Jetzt heißt es lesen, lesen, lesen – und dann bewerten. Keine ganz leichte Aufgabe. Die Ergebnisse werden gesammelt und in einer weiteren Jurysitzung die Sieger festgelegt. Bis zur Preisverleihung im Frühsommer darf nichts verraten werden, und die Jurymitglieder bereiten die Herausgabe des neuen Büchleins vor, organisieren die Preisverleihungsfeier mit Lesungen und musikalischer Umrahmung. Dann ist es soweit. Wie bei allen Preisverleihungen steigt die Spannung, bis die jeweiligen Sieger auf die Bühne geholt werden. Da die Texte der Jungautoren seit einigen Jahren durch Schauspielerinnen und Schauspieler vorgetragen werden, ist dies eine ganz besondere Auszeichnung.

Ein Blick in die Anfangsjahre der „Schreibspuren" zeigt auch hier eine Veränderung. Anfangs, wie am 15. Juli 1997, fanden die Preisverleihungen im schulischen Umfeld im Rahmen von Schulfesten statt. Die Texte wurden von Lehrern vorgetragen – heute von Schauspielern und im Zimmertheater oder im Festsaal. Und wie schon in der Barockzeit kommen die Schulleiter, Sponsoren, Vertreter der Stadt Rottweil und viele Eltern und Geschwister, um gespannt den Texten zu lauschen und sich von den Platzierungen überraschen zu lassen. Im Anschluss an die Veranstaltung haben die Gäste Gelegenheit, die druckfrischen Schreibspurenhefte zu erwerben.

Siegertexte im Schreibspurenheft

Jahr für Jahr beteiligen sich viele Schüler am jeweiligen Wettbewerb, 1997 wurden 100 Texte und 1998 schon 150 Beiträge eingereicht. Bereits im ersten Wettbewerbsjahr wurden die Siegertexte in einem Heft publiziert. Anfangs nur in der Kategorie Prosa. Bereits im folgenden Jahr 1998 waren auch einige Gedichte unter den prämierten Texten. Die ersten Schreibspurenhefte sind noch aus analoger Zeit, ohne EDV und Layoutprogramm zusammengebastelt. Verschiedene Schrifttypen, mal als Klammerheftung, mal als Spiralbindung, kopiert und nicht gedruckt, und Fotos sind kaum erkennbar. Aus heutiger Sicht undenkbar, dass die jungen Autoren mit Fotos bei ihren Texten abgebildet werden. Die Texte eines Jahrgangs – damals 2004 ganz innovativ – sind nie als Büchlein erschienen, sondern als CD – man wollte auch bei den „Schreibspuren" mit der Zeit gehen. Aber Literatur muss in gedruckter Form verfügbar sein. Dann kann sie jederzeit in die Hand genommen und gelesen werden, und dies gilt für die Schreibspurenhefte bis heute. Durch ein Versehen wurde in einem Wettbewerbsjahr das falsche Jahr verwendet. Ganz menschlich

Abb. 177:
Einzelne Hefte
© Sabina Kratt

1997: Rottweiler Schüler hinterlassen ihre „Schreibspuren"

Brave Schüler schreiben Bücher selber

Preisträger des Literaturwettbewerbes der Gymnasien prämiert / »Schreibspuren« waren Erfolg

Rottweil (sr). In betont festlich ernster Atmosphäre wurden am Dienstag abend die Preisträger des Literaturwettbewerbes der Gymnasien »Schreibspuren« bekanntgegeben. Die Jury hatte die über 130 eingereichten »literarischen Kunstwerke« gesichtet und die besten Stücke herausgegriffen. Auch Kostproben einiger jener »Leckerbissen« wurden verlesen.

Es ist bekannt, daß die Muse der Literatur eng mit der Göttin der Musik verwandt ist. Und so gab es vor der Preisverleihung zum gymnasialen Literaturwettbewerb erst einmal eine Reihe herrlicher Klänge zu vernehmen. Mit bravourösem Gesang aus dem »Heiteren Herbarium« eröffnete die Mädchenkantorei den festlichen Abend, auf den nicht nur die Teilnehmer an den »Schreibspuren« monatelang gewartet hatten.

Über 130 Schülerinnen und Schüler der drei Rottweiler Gymnasien, Droste-Hülshoff-, Albertus-Magnus- und Leibniz-Gymnasium hatten an dem Wettbewerb teilgenommen. Viel Anklang hatte der Aufruf der Deutschlehrer zum Schreiben gefunden, die Jury wertete dies als großen Erfolg. Wolfgang Spreckelsen, Initiator des Wettbewerbes und Mitglied der Jury, hat sogar vor, die »Schreibspuren« als Startschuß für weitere zu nutzen, die Jury und auch die Schulen stehen hinter ihm. »Erlaube mir, dir eine Geschichte zu erzählen.« Spreckelsen leitete die Prämierung der jungen Autoren mit einem Märchen aus Tausendundeinernacht ein. Es handelt von der geradezu magischen Wirkung des Schreibens. »Das Schreiben ist sehr wichtig, und es wird auch immer wesentlich zur Kultur beitragen.« Und so sei es besonders erfreulich gewesen, quantitativ und auch qualitativ solch einen immensen Erfolg verzeichnen zu können. Dann ging es an die Preisverleihung.

27 Schüler erhielten Buchpreise, die sowohl von Verlagen, als auch von Schulen gesponsort worden waren.

In der Kategorie »Oberstufe« wurde kein erster Preis verliehen. Statt dessen erhielten Anne Stein mit ihrer Erzählung »Ellen« und Eicke Schambureck mit »Eine kleine Kasperlgeschichte« beide den zweiten Preis. Der dritte Preis ging an Angela Mayer mit »Geheimprojekt Dolly«.

Monika Müller gewann mit ihrem Roman »Suche Mann in meiner Größe« in der Mittelstufenkategorieden ersten Preis und Mark Schmelzer mit »Stahl« den zweiten. Den dritten Preis erhielt Claudia Klett für ihre Kurzgeschichte »Abendessen zu zweit«.

Den ersten Preis in der Unterstufe erhielt Alexandra Krämer für ihre Erzählung »Schiffsjunge George«, und mit »Zeichen der Macht« gewann Simon Lamberty den zweiten Preis. Den dritten Preis vergab die Jury zweimal: An Johanna Kammerer mit »Ein Walsfest« und an Christiane Haupt für ihre skurile Kurzgeschichte »Die unheimliche Reise in die Zeitung«.

In der Kategorie der Sachtexte erhielt Panagiotis Konstantis mit »Jenseits des Lustversuchs« den ersten Preis, der zweite wurde Verena Koch für ihre Reportage »The Backstreet Boys in Concert« zugesprochen, den dritten erhielten Matthias Opfermann und Pablo Scherer für ihr Gemeinschaftswerk »Der Untergang der Titanik«.

Ein großer Moment: Die Preisträgerinnen und Preisträger des Literaturwettbewerbs »Schreibspuren« stellen sich zum Gruppenbild. Der Aufruf der Deutschlehrer zum Schreiben hatte viel Anklang gefunden. Foto: sr

Abb. 178:
© „Schwarzwälder Bote" vom 17. Juli 1997 von der ersten Preisverleihung. Am selben Tag erschien auch in „Schwäbische Zeitung" ein Bericht über die Preisverleihung.

10 KULTUR UND KUNST

Abb. 179:
Preisträger 2019
© Sabina Kratt

Magnus-Gymnasium, Droste-Hülshoff-Gymnasium und Leibniz- Gymnasium) durchgeführt. Im Wettbewerbsjahr 2002/2003 kam die Realschule Rottweil auf Initiative einer Schülerin dazu.

Seit Beginn wird der Wettbewerb von den Buchhandlungen Klein und Kolb mit einer Vielzahl von Buchpreisen und Gutscheinen unterstützt. Auch die Stadt Rottweil, die Schulen, die Kreissparkasse und die Volksbank fördern die „Schreibspuren". Ohne dieses Engagement könnten die Siegerbeiträge nicht mit Gutscheinen über 50, 40 und 30 Euro belohnt werden. Darüber hinaus wird eine Vielzahl an Buchpreisen an zahlreiche weitere Schülerinnen und Schüler ausgegeben, die sehr gute Texte verfasst haben.

So wie der Wettbewerb gewachsen ist, wuchs auch die Jury. Anfangs mit fünf bis sechs Lehrern, dann erweitert durch die Realschule und seit 2005 mit den beiden Buchhandlungen bzw. mit einer Journalistin. Neben den beiden schon mehrfach genannten, sind als langjährige Jurymitglieder Gabi Mohm, Margit Gärtner, Irmgard Kolb, Michael Lamberty, Georg Fröhlich, Dr. Jürgen Lutz (†) und Andreas Thomsen zu nennen.

und nicht hochprofessionell, das hat den Wettbewerb stets ausgezeichnet.

Zum zehnjährigen Jubiläum der „Schreibspuren" 2007 wurde das Buch „10 Jahre Schreibspuren – aufgezeichnet – ausgezeichnet" mit einer Auswahl von Texten herausgegeben.

Die „Schreibspuren" mit den Bewertungskriterien und -kategorien wurden immer wieder an aktuelle Bedürfnisse angepasst. Anfangs waren es nur Prosatexte getrennt nach den Klassenstufen 5–7, 8–10 und 11–13. Dann kam 1998 die Lyrik dazu, allerdings nur mit drei Plätzen über alle Stufen hinweg. Im darauffolgenden Jahr gab es Platzierungen in den jeweilgen Klassenstufen in den Kategorien Lyrik und Prosa. Dies hat sich bis heute so gehalten. Im Jahr 2006 wurde die Einteilung in den Klassenstufen verändert, da die Jury eine zu große Diskrepanz bei den Beiträgen der Klassenstufen 5–7 festgestellt hatte. Seitdem gibt es vier Gruppen und zwar die Klassen 5–6, 7–8, 9–10 und die Ober- bzw. Kursstufe.

In den ersten Jahren bis 2001 wurden die „Schreibspuren" von den drei Rottweiler Gymnasien (Albertus-

Beim Durchblättern und Lesen in den verschiedenen Heften bzw. Büchlein mit den Siegertexten fällt auf, dass es eine große Zahl von Schülern gibt, die Jahr für Jahr eifrig von der fünften Klasse bis zum Schulende sich am jeweiligen „Schreibspuren"-Wettbewerb beteiligt haben. Sie haben wirklich Schreibspuren hinterlassen.

Es bleibt zu hoffen, dass trotz aller Digitalisierung die Schüler auch in den nächsten Jahren, Zeit und Muße haben werden, Texte zu verfassen und Schreibspuren zu hinterlassen, sodass dem Wettbewerb noch viele Jahre vergönnt sein werden.

📖

10 Jahre Schreibspuren – Aufgezeichnet Ausgezeichnet – 1997–2007, hrsg. von der Jury des Literaturwettbewerbs „Schreibspuren", Rottweil 2007.

Die Texte der Preisträger von 1997–2020. Schreibspuren. Literaturwettbewerb der Rottweiler Gymnasien und der Realschule Rottweil, Rottweil 1997–2020.

1998: Von der Pulverfabrik zum angesagten Veranstaltungsort: Das Kraftwerk wird eröffnet

Von Thomas Wenger und Mike Wutta

Das Kraftwerk Rottweil – Zeitlos. Authentisch. Monumental.

Eine Backsteinfassade mit imposanter Freitreppe im Stil barocker Schlossarchitektur, darüber die beiden 75 Meter hohen Schornsteine und im Inneren zwölf unterschiedlich große Räume plus Outdoorbereich mit insgesamt über 3500m² Nutzfläche, allesamt in beeindruckender Industrieoptik. Das ist die Eventlocation Kraftwerk Rottweil. Wer hier Veranstaltungen feiert, bekommt das Beste aus beiden Welten: Geschichte und Zukunft, Tradition und Innovation, morbiden Charme gepaart mit postmodernem Design.

Die Entstehung dieses beeindruckenden Gebäudes, welches durch Max von Duttenhofer beauftragt und von Architekt Professor Dr. Paul Bonatz, der unter anderem den Stuttgarter Hauptbahnhof als auch die Staatsoper in Ankara entworfen hat, realisiert wurde, ist auf die Rottweiler Pulverproduktion seit dem 16. Jahrhundert zurückzuführen.

Eine besondere Rolle spielt dabei das Neckartal, das die Region wirtschaftlich durch seine jahrhundertelange und facettenreiche Produktionsgeschichte stark geprägt hat – angefangen von der Mühlenwirtschaft über die Schwarzpulvermanufaktur, später die Fa-

Abb. 180:
Die Pulverfabrik im Neckartal
© Stadtarchiv Rottweil

Abb. 181 und 182:
Pulverfabrik um 1915 und
Max Wilhelm von Duttenhofer
© trend factory

günstig für eine weiträumige Verteilung der einzelnen Produktionsanlagen und Pulvermagazine sowie für die Abschottung der gefährlichen Arbeit, fernab der Öffentlichkeit.

1727 richtete die Stadt in Eigenregie eine Pulvermühle, die Obere Pulvermühle, ein, welche im Jahr 1817 von einem Pulverfabrikanten und einem Kaufmann gemeinsam erworben wurde. Sie führten diese unter dem Firmennamen „Burkard & Flaiz" weiter. Im Jahr 1840 baute Flaiz' Sohn gemeinsam mit Teilhaber Sebastian Linsenmann eine zweite Pulverfabrikation, die Untere Mühle, und führte diese eigenständig unter dem Namen „Flaiz & Linsenmann".

Nach dem Tod Linsenmanns im Jahr 1853 trat Apotheker Wilhelm Heinrich Duttenhofer für ihn in die Firma ein und schickte sich an, die Rottweiler Duttenhofer-Dynastie zu begründen. Bereits 1856 war die Firma „Flaiz & Duttenhofer" mit sechs bis acht Mitarbeitern die größte Pulverfabrik in Württemberg. 1857 erwarb die Firma die obere Pulvermühle hinzu und legte diese still. Damit wurde die untere Mühle zur Keimzelle der späteren Pulverfabrik.

serproduktion mit der halbsynthetischen Viskoseproduktion bis hin zur vollsynthetischen Nylonproduktion. Heute zeigt sich der Gewerbepark Neckartal als pulsierender, lebendiger Ort, der mit seiner außergewöhnlichen Geschichte überrascht, fasziniert und dank der Vielzahl an Möglichkeiten Besucher in die imposanten Gebäude lockt.

Das Neckartal.
Ein idealer Standort für Pulvermühlen

Antriebsenergie wurde in früherer Zeit aus Wasserkraft gewonnen. Viele Mühlen standen am Neckar in regelmäßigen Abständen, vorgegeben vom geringen Gefälle des Flusses. Zu Beginn wurde in den Mühlen Getreide gemahlen, bis sie später zu Pulvermühlen, für die Herstellung von Schießpulver, umfunktioniert wurden. Das Neckartal entwickelte sich zu einem Zentrum der Pulverherstellung. Die Lage im abgeschiedenen Tal war

Die Entwicklung zum Pulverindustriegebiet Neckartal unter Max von Duttenhofer – Der Grundstein für das Kraftwerk wird gelegt

Nach dem Tod seines Vaters übernahm der älteste Sohn Max Duttenhofer mit gerade mal 20 Jahren die Direktion. Unter seiner Führung erlangte die Pulverfabrik einen kometenhaften Aufstieg. Aus den einzelnen Mühlen im Neckartal entstanden nach und nach industrielle Werke, die in einen großen Betrieb zusammengefasst wurden. Max Duttenhofer gründete schließlich 1872 die „Pulverfabrik Rottweil" als Aktiengesellschaft. Der Bau der Neckartalbahn 1868 erschloss der Pulverfabrik neue Transportwege und Handelsbeziehungen. Wenige Jahre später wurden bereits Lieferungen bis nach China und Amerika getätigt.

1884 entwickelte Duttenhofer das sogenannte rauchlose Pulver, das als R.C.P. (Rottweiler Chemisches Pulver) Geschichte schrieb. Dank der Entwicklung von

R.C.P. schloss die Pulverfabrik nur drei Jahre später mit dem deutschen Kriegsministerium einen Vertrag ab, der eine Lieferung von 2500 Tonnen Pulver vorsah. Auch wenn der Erfolg von R.C.P. nur kurzfristig anhielt und von späteren Erfindungen überholt wurde, bedeutete dieser Vertrag einen enormen Aufschwung für den Rottweiler Betrieb und damit verbunden einen Ausbau mit zahlreichen Neubauten.

Da die Pulverproduktion, insbesondere im Bereich des Militärpulvers, ein unsicheres Geschäft darstellte, wurden nach und nach Kartelle geschlossen. Ein Kartell mit der Rheinisch-Westfälischen Pulverfabriken AG führte 1890 zur Fusion als Vereinigte Köln-Rottweiler Pulverfabriken.

Nachdem Duttenhofer 1903 überraschend gestorben war, ging Sohn Dr. Max Duttenhofer in den Vorstand der Vereinigten Köln-Rottweiler Pulverfabriken über und vergrößerte den Konzern mit Neugründungen und Betrieben im Ausland.

Mit dem Ersten Weltkrieg (1914–1918) stieg der Bedarf an Militärpulver enorm und erforderte eine deutliche Produktionssteigerung, was im Neckartal bauliche Neuerungen nach sich zog. Diese waren so umfassend, dass der Großteil des heutigen Baubestands auf die Jahre vor und während des Krieges zurückgeht.

Im Vorfeld des Ersten Weltkrieges wurden mit der Jagdpatronenfabrik, einer Säurefabrik im Hangbereich östlich oberhalb des Talkessels und dem Ausbau einer Ätherfabrik am Standort der oberen Mühle eigenständige Fabrikationsanlagen geschaffen.

Im Jahr 1917 arbeiteten mittlerweile stolze 2.200 Personen im Neckartal. So wurden Wohnungen für Beamte, Aufseher, Pförtner und Arbeiter zur Verfügung gestellt.

Das gewaltigste Bauvorhaben wurde jedoch während der Kriegszeit in Angriff genommen und in bemerkenswert kurzer Zeit durchgeführt. Es erfolgte der Bau des Kraftwerks, um die Energieversorgung weiterhin zu gewährleisten.

Das Kraftwerk: Der Bau des eindrucksvollsten Industriegebäudes der Jahrhundertwende

Mit der Erweiterung des Neckartals vor dem Ersten Weltkrieg um weitere Fabrikationsanlagen, zur Produktion von Schießpulver, sowie zahlreichen Sozialbauten, bedurfte es eines Ausbaus der Energieversorgung, da die kleinen auf dem Gelände verstreuten Kraftwerke im Neckartal dieser nicht mehr standhalten konnten.

Damit die Standorte mit ausreichend Strom, heißem Wasser und Dampf versorgt werden konnten, wurde 1916 das Rottweiler Kohlekraftwerk als eines der ein-

Abb. 183a und 183b:
1916 – Das Kraftwerk Rottweil
© trend factory

10 KULTUR UND KUNST

Abb. 184:
Der Turbinensaal
© Industriekultur im Neckartal

drucksvollsten Industriegebäude der Jahrhundertwende errichtet. Durch die Verbrennung von Kohle wurde Hochdruck für Wärme und Niederdruck für Strom erzeugt. Damit konnten das gesamte Areal sowie Teile von Rottweil mit Strom und Wärme versorgt werden.

Als geeigneten Bauplatz bot sich das Brunnentäle an, das durch die Nutzung als Steinbruch an seinem unteren Ende bereits stark aufgeweitet war. Dort stand das vormalige städtische Wasserwerk, welches dem Neubauvorhaben weichen musste. Ein günstig gelegener Standort, der die Versorgung mit Kühlwasser aus dem Neckar und die Anbindung an den nahegelegenen Fabrikbahnhof, für die Anlieferung von Kohle, gewährleistete. Gefiltertes Wasser für die Dampferzeugung kam von der heute von Bäumen überwachsenen Wasseraufbereitung auf der Bergnase oberhalb. Architekt des 1916 erbauten und so in nur einjähriger Bauzeit realisierten Kraftwerks ist der berühmte Professor Dr. Paul Bonatz. Der vom Modernismus geprägte Industriebau sticht durch seine künstlerischen, repräsentativen Elemente hervor.

Die herrschaftliche Fassade und die imposante Freitreppe symbolisieren die zentrale Bedeutung des Kraftwerks für das damalige Industriegebiet der Rottweiler Pulverfabrik. Die Baukosten betrugen damals 1,1 Millionen Mark.

Das Bauwerk ist aus mehreren Baukörpern unterschiedlicher Größen und Höhen zusammengesetzt. Im vorderen Baukörper befand sich eine große hohe Halle, in der die Stromgeneratoren sowie die Schaltzentrale ihren Platz fanden. Im dahinter liegenden, etwas höheren Trakt lag der gewaltige Kesselraum, in dem Wasserdampf in großen Feuerungsanlagen erzeugt wurde. Die Anlagen standen in Verbindung mit den beiden einst 90 Meter hohen Schornsteinen. Gefeuert wurde mit Kohle, die in den zehn riesigen Kohlebunkern, im hinteren Teil des Kraftwerks, gelagert wurde. Der turmartige Baukörper auf der rechten Seite diente der Wasseraufbereitung.

Der Transport von Kohle war Aufgabe eines fahrbaren, an Schienen hängenden Greiferkrans, der im kleineren Baukörper oberhalb der Kesselhalle untergebracht war. Der Greifer entlud die Güterwaggons am Bahnhof und befüllte die zehn Kohlebunker. Von dort wurde die Kohle dann wieder entnommen, um in große Trichter oberhalb des Kesselraums geschüttet zu werden, von wo aus sie direkt in die Feuerungslange rutschen konnte.

Zweck des Kraftwerks war die Stromerzeugung durch Kohle und Belieferung der Industrie im Neckartal mit elektrischer Energie. Nebenbei fand jedoch auch die Versorgung der Fabrik mit Wasserdampf als Wärmeträger, der mit Hilfe eines Netzes aus Rohleitungen verteilt werden konnte, statt. Erst in den 1960er Jahren erfolgte die Umstellung der Feuerung von Kohle auf Öl, welches in großen Tanks auf der linken Seite des Gebäudes lagerte.

In Spitzenzeiten arbeiteten knapp 60 Mitarbeiter in vier Schichten, um den Betrieb im Kraftwerk aufrecht zu erhalten.

Die Ära des Kraftwerks nimmt ihren Lauf

Nach dem Ersten Weltkrieg wurde die Herstellung von Militärpulver verboten, was die Demontage der Produktionsanlagen im Neckartal zur Folge hatte. Lediglich

1998: Von der Pulverfabrik zum angesagten Veranstaltungsort: Das Kraftwerk wird eröffnet

die Produktion von zivilen Jagdpatronen war noch zugelassen. Die bestehenden Fabrikgebäude wurden zur Kunstseidenfabrik umgerüstet und für die Herstellung von Viskose genutzt.

Mit Ausbruch des Zweiten Weltkriegs erfolgte eine Wiederaufnahme der Militärpulverherstellung. Auch die Produktion der Kunstseidenfabrik erhielt einen Aufschwung, da das Viskosegarn unter anderem in Fallschirmen der Luftwaffe sowie in Reifen Verwendung als Trägergewebe fand.

Nach Kriegsende löste sich die Pulverproduktion endgültig auf und 1948 wurde eine selbstständige Firma, die „Rottweiler Kunstseidefabrik AG", gegründet. Diese wurde 1967 an die französischstämmige Firma „Rhodia AG" aus Freiburg übergeben und zur Nylonproduktion, etwa für Bade- und Sportmode, Unterwäsche und Hemden, umgerüstet. Aufgrund der schweren Krise im Textilgewerbe im Jahre 1976 wurde ein Großteil der Produktion nach Freiburg ausgelagert, wodurch das Kraftwerk für die übrige Produktion im Neckartal zu groß und für die „Rhodia" unrentabel wurde. Dies brachte eine Stilllegung am 18. August 1976 mit sich. Bis zu seiner Schließung produzierte das Kraftwerk durchgehend Strom.

Nach seiner Schließung wurde es still um das Kraftwerk und ein 20 Jahre langer Verfall des Gebäudes begann. Im Laufe der Zeit sammelten sich immer mehr Schutt, Moder und Rost an. Treppen wurden marode und Decken stürzten ein – bis das Potenzial des Bauwerks schließlich von zwei jungen Rottweiler Unternehmern wiederentdeckt wurde. Sehr optimistisch entschloss sich 1998 die Eventagentur trend factory dazu, das Kraftwerk in ein Veranstaltungsareal umzuwandeln und es zu renovieren.

Ohne öffentliche Zuschüsse und nur durch die Unterstützung der „Rhodia" sowie Sponsoren aus der freien Wirtschaft und immensen Eigenleistungen erweckte die trend factory das Gebäude wieder zum Leben. Sämtliches erhaltenes Inventar wurde integriert, wie etwa Kerzenständer aus alten Isolatoren oder ein Brunnen aus alten Ventilteilen. Dadurch sollte der ursprüngliche Charakter des Gebäudes weitestgehend erhalten bleiben.

Durch die Einbindung zukunftsorientierter Strukturen und futuristischer Architektur entstand in den individuellen Räumen ein gekonnter Spannungsbogen zwischen morbidem Charme und modernen Designelementen. Die Vielzahl der Räume und deren Wandlungsfähigkeit erlauben die Umsetzung charakteristischer und außergewöhnlicher Konzepte, die in der Lage sind eine einzigartige, energiegeladene Veranstaltungsatmosphäre zu erzeugen.

Abb. 185a, 185b und 185c:
Verfall des Gebäudes
© trend factory

Abb. 186:
Die Eventlocation –
Das Kraftwerk Rottweil
© trend factory

Eine der besten Eventlocations Deutschlands

Seit fast 20 Jahren inszenieren Mike Wutta und Thomas Wenger mit ihrer Agentur trend factory hier Live-Kommunikation in Form von erlebnisorientierten Events, Konferenzen, Messen, Galaveranstaltungen, Partys, Hochzeiten, Tagungen, Konzerten und Incentive-Events aller Art. Auch die Vermietung der Räumlichkeiten an Kunden und Agenturen – für Events von 20 bis 4.000 Gästen ist Teil des Business. Dies sorgt dafür, dass jährlich knapp 100 Events in der Location stattfinden. Mit einem derartigen Erfolg des Kraftwerks als Eventlocation und der Bekanntheit weit über die Grenzen der Region hinaus hatten die beiden Eigentümer beim Erwerb des maroden, denkmalgeschützten Gebäudes im Jahr 1998 nicht gerechnet.

Heute ist klar, dass Locations mit dem Charme verfallener Industriearchitektur kein Modetrend sind. Nicht umsonst wurde das Kraftwerk aus über 380 Bewerbern zu Deutschlands bester Eventlocation mit Erlebnischarakter ausgezeichnet, von W&V[325] unter den Top Ten Locations in Deutschland gelistet und mit dem Drei-Löwen-Award zur innovativsten Eventlocation Süddeutschlands gewählt.

Noch vor dem Einsatz der ersten Schaufel trafen die beiden Eigentümer somit eine goldrichtige Entscheidung: Anstatt das Gebaute radikal zu sanieren, versuchten sie die ursprüngliche industrielle Einrichtung weitestgehend zu erhalten, brachten es auf moderne Sicherheitsstandards, integrierten modernste Veranstaltungstechnik und entwickelten eigene Interior Elemente. Wer hier Veranstaltungen feiert, bekommt das Beste aus beiden Welten: Geschichte und Zukunft, Tradition und Innovation, morbiden Charme gepaart mit postmodernem Design.

Heute wie damals gilt: Wenn das Kraftwerk seine Pforten öffnet, ziehen neben den Gästen die Big Player aus Wirtschaft und Unterhaltungsindustrie ein. Künstler wie Anastacia, Die Fantastischen Vier, Adel Tawil, Die Toten Hosen und Nena, um nur einige zu nennen, treten hier mit ihren Konzerten ebenso auf wie Daimler, mobilcom-debitel, ZEISS oder metabo, die ihre Firmenevents feiern. Dass die meisten trend factory-Kunden

---

325 Verlag Werben & Verkaufen GmbH.

1998: Von der Pulverfabrik zum angesagten Veranstaltungsort: Das Kraftwerk wird eröffnet

immer wieder in die Location zurückkommen, um dort ihre Marken und Botschaften zu präsentieren und zu zelebrieren liegt klar daran, dass das Kraftwerk etwas ganz Besonderes ist.

Die verschiedenen Räume – vom Aschekeller über den Kolossal, die Schaltzentrale und den Turbinensaal bis hin zum Garten Eden – mit Größen von 80 bis knapp 1000 m² und teils 14 Meter hohen Decken verleihen jeder Veranstaltung ihren einzigartigen Charakter. Ob Entertainment oder Economy, alle verfallen dem Charakter und Charme dieser beeindruckenden Räumlichkeiten. Jedes Mal neu inszeniert hinterlässt die Location bei jedem Besucher, Kunden oder Gast einen bleibenden Eindruck.

Der Gewerbepark Neckartal
Von der Industriebrache zum pulsierenden Gewerbepark

Nachdem die „Rhodia" Anfang der 1990er Jahre die Schließung der gesamten Produktion im ehemaligen Rottweiler „Pulverloch" veranlassen musste, stellte sich zeitnah die Frage, was mit der riesigen Industriebrache passieren soll. Bereits seit 1979 wurden erste Schritte in Richtung Gewebepark getätigt, es folgten teure und aufwändig angelegte Konzepte. 1996 fiel die Entscheidung für eine Rahmenplanung und somit zur behutsamen Umwandlung der Industriebranche in ein Mischgebiet für Arbeiten und Wohnen.

Was zunächst als Pionierprojekt einiger Weniger begann, entwickelte sich durch eine Vielzahl an Umnutzungen innerhalb 20 Jahre zu einem Vorzeigeprojekt mit Erfolgsgeschichte. Die Gebäude wurden zwischengenutzt, gekauft oder gepachtet und auf Grundlage eines Erschließungs- und Nutzungsplanes entstand ein Gewerbepark mit lebendiger Infrastruktur. Dies wurde vor allem dadurch begünstigt, dass die Unternehmer, Gründer und Pioniere, dank eines kompetenten und entscheidungsbefugten Ansprechpartners, auf kurzen und unbürokratischen Wegen mit persönlicher Nähe Entscheidungen treffen konnten.

Heute zeugen die zahlreichen Gebäude von der wechselvollen Geschichte der Fabrik im Neckartal und bieten mittlerweile fast 70 angesiedelten Firmen neue Arbeitsräume. Es sind große und kleine Gebäude, manche von architekturgeschichtlicher Bedeutung, andere zeichnen sich durch eine wichtige Funktion im Produktionsprozess aus, wieder andere durch eine wechselvolle, mitunter auch kuriose Baugeschichte. Alle zusammen bilden ein spannendes und vielschichtiges Geflecht gegenseitiger Bezüge. Rund 40 der 110 Gebäude sind als Kulturdenkmäler klassifiziert, weitere gelten als erhaltenswert.

Abb. 187a, 187b und 1897c:
Die Eventlocation –
Das Kraftwerk Rottweil
© trend factory

10 KULTUR UND KUNST

Abb. 188:
Das Kraftwerk Rottweil
im Gewerbepark Neckartal
© trend factory

Die Kombination aus Arbeiten und Wohnen, Dienstleistung und Produktion, Freizeit und Gastronomie sowie Kunst und Kultur entwickelte sich über die Jahre hinweg parallel zueinander und förderte sich gegenseitig. So lockt der Gewerbepark die Menschen heute täglich zur Arbeit, zum Entspannen in ihrer Freizeit oder zur Anregung und Unterhaltung. Vor allem Besuchermagnete wie das Kraftwerk, die größte Indoor-Kartbahn Süddeutschlands oder das Theaterrestaurant bringen jedes Jahr über 150.000 Gäste und Besucher in das Neckartal. Ein pulsierender, lebendiger Ort, der mit seiner außergewöhnlichen Geschichte überrascht und fasziniert. Ein Industriepfad mit reich bebilderten Schautafeln lässt die Vergangenheit lebendig werden.

Der Gewerbepark Neckartal ist ein gutes Beispiel dafür, dass sich nachhaltige Investitionen in Infrastruktur und Menschen auszahlen und auf einer alten Industriebrache neue Chancen entstehen können.

King, Stefan/Klos Hermann, Industriekultur im Neckartal Rottweil. Vom Pulver über Nylon zur gewerblichen Vielfalt, Freiburg i. Br. 2012 (Jahresgabe des GAV Rottweil; 113).

2005: ACHTUNG ROTTWEILER! Ottmar Hörls Vierbeiner erobern Rottweil

Von Jürgen Knubben

Abb. 189:
Rottweiler in der Innenstadt
© Forum Kunst Rottweil
Foto: Michael Kienzler

„Achtung Rottweiler"! Dieser Hinweis ist dann ernst zu nehmen, wenn Herrchen oder Frauchen den Hund aus Rottweil nicht im Griff haben oder ihn gegen seine Natur dazu erzogen haben, kämpferisch in Erscheinung zu treten. Dass der Rottweiler Hund an sich recht familienfreundlich daherkommt, das erlebten die Rottweiler Bürger im Jahr 2005, als 500 Plastik-Hunde in Originalgröße die gute Stube der Stadt bevölkerten. Kein Geringerer als der berühmte Installationskünstler Ottmar Hörl, seinerzeit Professor für Bildhauerei und gleichzeitig Präsident der Staatlichen Akademie Nürnberg, veränderte mit seinen Hunde-Skulpturen das Bild des Rottweiler Hundes in den und außerhalb der Stadtmauern. Nicht mehr der Kampfhund, gefährlich, weil bissig, stand dem städtischen Publikum gegenüber, sondern der freundliche Rottweiler, der es sogar fertigbrachte, dem menschlichen Pendant ein verschmitztes Lächeln abzugewinnen. Für drei Tage des Spätherbstes

10 KULTUR UND KUNST

2005 wurden auf stadteigenen Bauhof-Lastwagen die Hunde aus Kunststoff, die zuvor für einige Wochen den Skulpturenpark der Kunststiftung Erich Hauser besetzt hatten, in die Innenstadt gekarrt und in der vom Verkehr befreiten oberen Hauptstraße aufgestellt.

Es dauerte nicht lange, bis die Besucher, von hier oder von dort, Kontakt mit den fremden und gleichzeitig doch vertrauten Wesen aufnahmen. Am Abend des ersten Tages waren es bereits Hunderte, am Ende der Präsenz der Hundeschar im Zentrum der Stadt Tausende, in erster Linie menschliche, aber auch unzählige hündische Gäste, die sich um die Tierskulpturen scharten. Dass die Rottweiler nach Ende ihres Auftritts in der ältesten Stadt Baden-Württembergs von ihrem Züchter respektive Schöpfer nicht mehr abgeholt werden mussten, lag daran, dass die Mehrzahl während der Anwesenheit in der Stadt käuflich erworben wurde und sogleich ein neues Zuhause fand. Ein kleinerer Rest wurde in ganz Deutschland verteilt, nicht wenige gingen per Schiff, Flugzeug, aber auch auf dem Landweg in alle Kontinente unserer Erde. Noch heute sind sie nach wie vor sehr gefragt und der Züchter lässt gebären und verteilt diese, wo immer sie bestellt werden. Keiner kann sagen, ob mittlerweile die echten oder die unechten, also die in Kunststoff gegossenen Hunde in der Überzahl sind. Einer der Hörl'schen Rottweiler hat es übrigens als Bronze-Hund vor das Stadtmuseum geschafft und ist schlechthin das von der Touristenschar meist fotografierte Motiv. Dass der Rottweiler als Hund einmal eine solche Anerkennung, Wertschätzung und Berühmtheit erlangen könnte, das haben zuvor die wenigsten Mitbürger erwartet.

Canis lupus familiaris

Warum gehen die Berliner immer mit gesenktem Haupt durch die Straßen Ihrer Stadt? Nicht weil sie schlecht gelaunt sind. Das vielleicht auch, aber der eigentliche Grund für das unkommunikative Zu-Boden-Starren besteht darin, dass sie ständig aufpassen müssen, in keinen Hundehaufen zu treten. Über 109.000 Vierbeiner bewohnen die Dreimillionenstadt offiziell, und die Dunkelziffer ist natürlich wesentlich höher. Wer in Berlin lebt, ist entweder Hundehasser oder Hundefreund, neutral sein geht nicht. Berlin gilt als die Hundehauptstadt Deutschlands schlechthin. Ein typisch deutsches Phänomen wiederum ist die Hundeliebe nicht. In der Schweiz wurde erst kürzlich eine Hundepartei gegründet, in der allerdings ausschließlich Hundehalter Mitglied werden können.

Der Deutsche – aber eben nicht nur er – ist hundevernarrt. Die Hundehalter beteuern unentwegt, dass sie „Canis lupus familiaris" lieben und wie ihresgleichen behandeln. Im Extremfall werden die Vierbeiner gar wie Frauchen oder Herrchen eingekleidet, bestellt wird über das Internet unter www.allesfuerdenhund.de. Das Internet bietet darüber hinaus weltumspannende Informationen über Hundehaltung. Im Klick-Sprung erfährt man alles Wissenswerte über Anfang und Ende eines Hundelebens. Auf Tierfriedhöfen wird eine würdevolle Bestattung garantiert. Erd- oder Feuerbestattung mit Särgen oder Urnen in angemessener Form sind im

Abb. 190:
Die Vierbeiner in Rottweil
© Forum Kunst Rottweil
Foto: Michael Kienzler

Angebot. Die jährliche Liegegebühr beträgt bei einer Mindestliegezeit von vier Jahren im Durchschnitt 85 Euro. Sie ist im Voraus zu begleichen. Eine Verlängerung ist möglich, doch Grabpflegearbeiten sind im Preis nicht inbegriffen. Auch virtuelle Friedhöfe stehen für den treuen Begleiter zur Verfügung. Im Einzelgrab oder in der Gruft zusammen mit maximal 20 weiteren Artgenossen ist der Frieden garantiert. Auch ein Nachruf auf den besten Freund des Menschen kann bestellt werden.

Eine Unmenge von Geld wird von den Hundeliebhabern investiert, um des Menschen Lieblinge zu verwöhnen. Restaurants, in denen Hunden Filetsteaks aus der Hand serviert werden, haben Erfolg. In Hundeboutiquen werden diamantbesetzte Halsbänder angeboten und auch gekauft. Ihre Freunde, die Menschen, kleiden bisweilen die Hunde in Pyjamas, küssen sie, sprechen mit ihnen von Mensch zu Mensch. Hunde als Projektionsfläche menschlicher Ängste oder Zuneigung? Hunde als Kompensation für Stress in der Leistungsgesellschaft? Hunde als Partner für vereinsamte Mitglieder der Vereinzelungsgesellschaft? Hunde als Statussymbole oder als letzter Halt?

Das Verhältnis des Menschen zum Tier, respektive Hund, ist ambivalent. Selbstverständlich verlassen sich behinderte Menschen auf die Hilfe des Begleiters Hund und bestimmte Naturvölker – sofern es sie überhaupt noch gibt – hätten ohne Husky und Co. fast keine Überlebenschance. So scheint sich zu bewahrheiten, was der Schurke Gordon Gekko im Film „Wall Street" wärmstens empfiehlt: „Wenn Du einen Freund suchst, brauchst Du einen Hund!"[326] Hunde werden so zu idealisierten Menschen. Und so wundert es nicht, dass Voltaire meinte: „Das Beste am Menschen ist sein Hund!" Doch man darf auch die Kehrseite der Hundeliebe nicht außer Acht lassen. Verzehr von Hundefleisch ist vor allem in China und Korea weit verbreitet. In beiden Ländern gilt es als Delikatesse und ist von den Speisekarten nicht wegzudenken.

Wolf und Hund

Doch wo nahm des Menschen Hundepassion ihren Anfang? Die Theorien gehen zwar weit auseinander. Doch die Naturforscher glauben mittlerweile, dass die Stammväter und -mütter des Hundes vor etwa 15000 Jahren in Ostasien lebten. Nicht weniger umstritten ist die Frage, wer eigentlich die hündischen Urahnen waren: Hyäne, Kojote, Schakal, Fuchs oder doch der Wolf? Manche Evolutionsgenetiker sprachen von mehreren caniden Vätern, einer gemeinsamen Urrasse. Heute scheint klar zu sein, dass alle Hunde in direkter Linie von einer Hand voll Wölfinnen abstammen. Die Domestikation erfolgte durch reine Selektion. Der Mensch züchtete diejenigen Hunde, deren Verhalten den menschlichen Ansprüchen am nächsten kam, nämlich nicht aggressive Tiere. Zunächst als Nutztier zum Hüten der Schafe und Helfer bei der Jagd gehalten, ist der Hund heute in erster Linie Haustier und Freizeitbegleiter. Das genetische Rüstzeug verkümmerte, und auf diese Weise erinnert der neuzeitliche Hund immer weniger an seine Stammeltern, Wolf und Wölfin. Während von letzteren in den weiten Wäldern Europas etwas mehr als 3000 wildlebende Exemplare umherstreifen, tummeln sich mehr als 40 Millionen Hunde in Hof und Haus, im gepflegten Garten, meist aber auf Wohnzimmerteppichen oder Sofas von stolzen Herrchen und Frauchen. Und der Hund wird weiterhin der beste Freund des Menschen bleiben: als Kinderersatz genauso wie als Sportgenosse, der den Hundehalter regelmäßig an die frische Luft zerrt. Selbst als Therapeut in Altersheimen, bei der Resozialisierung Strafgefangener und in der Psychiatrie steht er im sogenannten Hundebesuchsdienst seinen Menschen. Denn der „canis lupus familiaris" ist im Gegensatz zum „canis lupus" genügend unterwerfungsfähig und zu (fast) jedem Opfer bereit.

Der Mensch ist des Hundes Gott

Die Fähigkeit des Menschen, Tiere zu domestizieren, revolutionierte die Weltgeschichte. Die Domestikation schuf verlässliche Nahrungsquellen und führte letztlich zur Sesshaftigkeit. Jede domestizierte Kreatur, ob Hund, Schaf, Ziege oder Rind, ist ein Geschöpf des Menschen und muss sich dessen Willen ergeben. Sie wird der Wildnis entrissen und ihr Herr bestimmt, wann und mit wem sie sich vermehren, wo sie sich frei bewegen

---

326 Film „Wall Street" aus dem Jahr 1987, Regie: Oliver Stone.

kann, welche Nahrung sie zu sich nehmen darf. Von der Wildnis getrennt, wird sie bald unfähig, dahin zurückzukehren. Das Vieh wird solange gut behandelt, bis es zur Schlachtbank geführt wird. Der Aspekt der Nützlichkeit in der Beziehung von Mensch zu Tier ist als Hauptmotiv jeglicher Domestikation anzusehen.

In einer Vielzahl von Kulturen und Religionen hält sich hartnäckig die Vorstellung eines Wesens, das halb Mensch und halb Hund sei. Die Verwandlung des Menschen in einen Hund, die sogenannte „cyanthropy", wurde zum Stoff zahlreicher Mythen und Legenden. Der Glaube, dass sich zwei Lebewesen, Hund und Mensch, vermischen könnten, hat mit der Vorstellung zu tun, dass Hunde nahezu menschliche Charakterzüge in sich tragen. Es ist die Überzeugung, dass Hunde Menschen zu ernähren vermögen. Immer wieder ist die Rede davon, dass ausgesetzte Menschenkinder von Wölfen oder Hunden aufgezogen wurden und zu Wolfsknaben heranwuchsen. Es ist durchaus überraschend festzustellen, wie viele Kulturen ihren Ursprung einer Art Kindermädchen aus dem Reich der Caniden zuschreiben. Die stolzen Römer fanden ihre Machtansprüche darin begründet, dass ihre Urahnen, die Zwillinge Romulus und Remus, von einer Wölfin gesäugt wurden und deshalb besondere Stärke entwickelten.

Daneben spielt in vielen Kulturen die Verbindung von Hunden mit einem Leben nach dem Tode eine gewichtige Rolle. Das relativ kurze Leben eines Hundes könnte ein „memento mori" sein, eine Mahnung, dass auch unser Leben keine unbegrenzte Dauer hat. Ob wir in der griechischen Unterwelt, am Eingang des Hades, auf „Cerberus", den vielköpfigen Höllenhund, treffen oder ob wir mit „Xolotl", dem hundeköpfigen Gott der Inkas, den Strom der Unterwelt überqueren, ob der hundeköpfige Anubis, Herrscher der Unterwelt, die Mumie und die Schätze des Pharao bewacht – stets gibt der Hund dem Menschen orientierende Hilfestellung beim Übergang von der diesseitigen zur jenseitigen Welt.

Sitz! Platz! Hund und Macht

Hunde haben zwingenden Einfluss auf die Dokumentation von Macht und Herrschaft. Diese Tatsache begründet das Verhältnis zwischen Mensch und Tier in zentraler Weise. In den Vereinigten Staaten ist der Hund des Präsidenten als der „erste Hund" zum unersetzlichen Teil der „presidential public relations machine" geworden und in den Wahlkämpfen kaum mehr wegzudenken. Queen Victoria ließ ihren Mops namens „Bully" im Bett schlafen. Adolf Hitler zeigte sich gern mit Schäferhund. Hunde unterstreichen die Aura von Macht, und das Verhalten der Hunde aller Mächtigen zeigt dem Volk, was von ihm erwartet wird, nämlich Gehorsam, Loyalität und treue Ergebenheit. Doch Besitzern großer, repräsentativer oder auch mit einem gewissen Image behafteter Hunde wächst ebenso fast automatisch Autorität zu. Sie erziehen sich ihren Hund, sie unterwerfen sich ihren Hund, sie erteilen Befehle. Sie loben und strafen ganz nach Gutdünken. Wer im Alltag oft genug frustriert wird, der bekommt wenigstens als „Rudelführer" Anerkennung gezollt. Ohnmacht wandelt sich in Macht. Und gelegentlich wird diese besondere Wechselwirkung auch nach außen demonstriert – wenn nämlich das Gespann Herrchen und Hund seine Mitmenschen in Angst und Schrecken versetzt. Nicht umsonst sind gewisse Hunderassen bei Unterweltgrößen beliebt, in deren Realität die Mechanismen von Abhängigkeit und Einschüchterung auf gar nicht subtile Weise funktionieren. Hier ist die Feststellung angebracht: Die Menschheit ist auf den Hund gekommen.

Der Hund in der Kunst

Schon Höhlenmalereien dokumentieren hundeähnliche Wesen als Jagdgefährten prähistorischer Menschen. Von den Assyrern und Hethitern sind Reliefs bekannt, die Löwenjagden mit Hunden zeigen. Aus Ägypten ist Anubis, der Totengott, überliefert. Und die griechische und römische Antike kennen die Jagdgöttin Diana oder Cerberus, den dreiköpfigen Wächter des Hades. Im Mittelalter begegnet man dem Hund als Motiv der christlichen Ikonographie, wenn zum Beispiel der Jünger und Verräter Judas beim Abendmahl häufig mit einem Hund zu seinen Füßen abgebildet wird. In der Porträtmalerei der Renaissance spielen Hunde eine immer wichtiger werdende Rolle. Mit dem Ende des Naturalismus im 20. Jahrhundert verliert sich die Bedeutung des Hundes in der Kunst der Malerei aber zunehmend.

Seit den späten 60er Jahren schlüpfen aber immer wieder Künstler im Rahmen von Aktionen und Performances in die Rolle des Hundes. Sie gehen auf allen vieren, bellen, knurren, geben Pfötchen oder beißen auch zu. Der russische Künstler Oleg Kulik trat gar als splitternackter Kettenhund auf. Er fiel einen Vernissagebesucher an, der ihm zu nahe kam, riss ihn zu Boden und biss zu. Rasch herbeigerufene Polizisten nahmen ihn fest. Die Erklärung für sein Verhalten lieferte er prompt: Die Mutation zu einem Hundewesen sei ein bewusster Akt, weil er das Ende der Anthropozentrik gekommen sehe. Für Kulik und Nachahmer ist die Zukunft des Menschen nur dann gesichert, wenn er seine animalischen Instinkte nicht mehr länger unterdrückt. Ganz neu ist diese Erkenntnis allerdings nicht. Erinnert sei in diesem Zusammenhang an den antiken Philosophen Diogenes, den Hauptvertreter der Kyniker. Diogenes führte ein geradezu hündisches Leben. Er wohnte bekanntlich in einem Fass, verrichtete seine körperlichen Bedürfnisse in aller Öffentlichkeit, verletzte alle Tabus und verachtete jegliche Errungenschaften der Zivilisation und Kultur. Von den Kynikern wurde Kultur als Instrument sozialer Unterdrückung ausgemacht. Domestizierung hielten sie für Verletzung, die nach ihrer Meinung direkt in eine Opferrolle führte. Die Rückkehr zu Verhaltensweisen des wilden und wortlosen Tieres galt ihnen dagegen als Ausdruck von Unabhängigkeit und Freiheit.

Achtung Rottweiler!

Wenn der amerikanische Schriftsteller Jeffery Deaver in seinem Roman „Die Saat des Bösen" Rottweiler Hunde beschreibt, dann rückt das Bestialische in den Vordergrund: „Die Stromspannung in den Zäunen war höher als gesetzlich erlaubt, und das zehn Morgen große Gelände durchstreiften fünf Rottweiler mit bulligen Köpfen, die so brutal und gefühllos waren, wie Hunde nur sein konnten. Ihre Zähne waren so scharf wie Obsidian; sie jagten im Rudel und zerfleischten ein- oder zweimal in der Woche eins der Rehe, die durch das Tor hereinkamen, wenn es offen stand."[327]

Und diese Szene ist noch eine der harmloseren im Roman.

Auch Überschriften wie „Rottweiler beißen Kind im Wald tot" sind nicht selten in den Blättern der Tagespresse zu lesen. In der „Gefahrenabwehrverordnung Gefährliche Hunde" des Freistaates Bayern werden Rottweiler als gefährliche Kampfhunde eingestuft. Andere Bundesländer führen sie nicht als „Kampfhunde". Doch in der Beißstatistik des Deutschen Städtetages steht der Rottweiler immerhin an dritter Stelle. In neuen Studien aus den USA über tödliche Beißunfälle mit Hunden rangiert die Rasse ebenfalls weit vorne.[328] Der Allgemeine Deutsche Rottweiler Club (ADRK) dagegen betont beständig, dass die Zucht dieser Rasse ausgesprochene Familienhunde zustandebringe. Das Tier sei von freundlicher und friedlicher Grundstimmung, kinderliebend und arbeitsfreudig, aber auch unerschrocken, gehorsam und loyal. Seine Erscheinung verrate Urwüchsigkeit. Nicht nur als Begleit- und Blindenhund, auch als Gebrauchs- und Diensthund sei er geeignet. Er zähle zu den ältesten Hunderassen der Welt. Seine Schutz- und Treibfähigkeit sei sprichwörtlich.

Im Raum um Rottweil galt der Hund seit Jahrhunderten als zuverlässiger Bewacher und Hüter von Großviehherden und erhielt von der Reichsstadt seinen endgültigen Namen. Als Hund der Metzger und Viehhändler, später neben dem Deutschen Schäferhund als Hund in Diensten der Polizei, wurde er über die Stadt hinaus bekannt. Er ist im Übrigen neben dem weitaus weniger bekannten „Leonberger" der einzige Hund, der den Namen einer Stadt trägt.[329]

---

327 Zit. nach Jeffery Deaver, Die Saat des Bösen, S. 13.
328 „Schwäbische Zeitung" vom 30. März 2002.
329 Vgl. Brace, Andrew H. et al., Das große Rottweiler Buch, Mürlenbach 1998, S. 13.

10 KULTUR UND KUNST

Abb. 191:
OB Dr. Regelmann mit Rottweiler EGO
© Stadtarchiv Rottweil Bestand J Fotoarchiv.

Noch heute wird er in Rottweil gezüchtet und der jeweilige Oberbürgermeister der Stadt ist kraft seines Amtes Schirmherr des ADRK.

Selbst Konrad Adenauer, der erste Kanzler der Bundesrepublik Deutschland, war ein Freund dieses Rassehundes. Immer wieder finden in Rottweil sogenannte Klubsieger-Zuchtschauen statt, bei der Hunderte von Hunden aus ganz Europa und Übersee zusammentreffen, um die Besten und Schönsten unter ihnen zu küren. Die Ahnentafel der Rottweiler liest sich wie das Register des Europäischen Adels. Ulan vom Wolfsberg, Finess vom Burghügel Mark, Dick vom Rhöngeist, Lex vom Hause Rumpel und von der lichten Aue heißen die Rottweiler. Auch Rick von Burgthann, dessen Eltern die Namen Doc von der Teufelsbrücke und Hope von Burgthann tragen, gehört zum erlauchten Kreis der echten Rottweiler.

Quellen
Stadtarchiv Rottweil Bestand J Fotoarchiv
Stadtarchiv Rottweil Bestand Zb 5/2002 (Schwäbische Zeitung)

Allgemeiner Deutscher Rottweiler Klub (ADRK) e.V., Der Rottweiler, Minden 1998.
Bilstein, Johannes/Winzen, Matthias (Hrsg.), Das Tier in mir, Baden-Baden/Köln 2002.
Brace, Andrew H. et al., Das große Rottweiler Buch, Mürlenbach 1998.
Deaver, Jeffery, Die Saat des Bösen, München 2016.
Drever, Karl-Josef, Rottweiler, Stuttgart 1999.
Grossman, Loyd, Der Hund und seine wahre Geschichte, Mürlenbach 1995.
Österreichisches Zentrum für Zeitgenössische Kunst (Hrsg.), Frame – the state of the art, Heft November/Dezember 2001.
Pienkoß, Adolf, Rottweiler, Essen 1982.
Zaczek, Iain, Hunde in Kunst, Fotografie und Literatur, Köln 2000.

2017: 50 Jahre Klassik-Festival „Sommersprossen"

Von Andreas Linsenmann

Musiker in koreanischer Tracht in der Werkhalle des Stahlbildhauers Erich Hauser auf der Rottweiler Saline, mittendrin Ingo Goritzki, einer der namhaftesten deutschen Oboisten. Diese Aufnahme, entstanden am 1. Juli 2017 bei der 50. Ausgabe des Klassikfestivals „Sommersprossen", verdeutlicht, welch spannende Horizonte das zunächst als „Rottweiler Kammerkonzerte" firmierende Festival der Stadt und der Region seit 1968 eröffnet: Hunderte Musikereignisse mit international renommierten Künstlern, die mit klassischer Musik begeisternde Glanzlichter setzen – verknüpft mit inspirierenden Impulsen aus verschiedensten Klangwelten bis hin zu Uraufführungen von eigens für Rottweil komponierten Werken der Neuen Musik. Das alles geprägt von der Künstler-Familie Goritzki mit engem Bezug zur Region.

Auf eine solch fulminante Entwicklung hätte anfangs wohl kaum jemand gewettet, als die späteren „Sommersprossen" im tiefen Winter aus der Taufe gehoben wurden. Von 35 Zentimetern Schnee und kernigem Frost berichtete die Lokalpresse, als der berühmte ungarische Geiger Sándor Végh (1912 – 1997) am 9. Januar 1968 in der Aula des Aufbaugymnasiums Rottweil die Violin-Solosonaten von Johann Sebastian Bach interpretierte. Végh, ein charismatischer Interpret und Lehrer, gastierte in Rottweil, um drei Musiker, die zu einem

Abb. 192:
Ansprache von Ingo Goritzky
© Andreas Linsenmann

Kreis von ihm geförderter junger Künstler gehörten, bei einem ambitionierten Projekt zu unterstützen: Deinhart und Johannes Goritzki, damals Solobratscher und Solocellist im Kammerorchester Véghs, sowie Ingo Goritzki, zu diesem Zeitpunkt Solo-Oboist bei der Basler Orchestergesellschaft, hatten die Idee, einmal jährlich einen Kreis junger Künstler zusammenzuführen – Kollegen, die nach dem Hochschulstudium ins Berufsleben eintraten und mit denen sie durch gemeinsames Musizieren in kreativer Verbindung bleiben wollten.

In mehreren Städten Europas hatten in den Jahren zuvor Musiker Festivals ins Leben gerufen: Im norditalienischen Bilderbuch-Dörfchen Cervo und dem französischen Côte d'Azur-Städtchen Menton, in Spoleto und Aix-en-Provence etwa. Und just 1967 hatte Herbert von Karajan, ein noch weit größeres Format anstrebend, in Salzburg die Osterfestspiele aus der Taufe gehoben. Warum, so drängte sich die Frage auf, also nicht auch in Rottweil ein Festival auf die Beine stellen? Zumal man Erfahrungen in diese Richtung bereits mit einer Arbeitswoche von Musikstudenten um Johannes Goritzki in Oberflacht bei Tuttlingen gesammelt hatte. Die dortigen Konzerte waren das Ergebnis einer intensiven Probenphase mit all ihrer jugendlichen Frische und Unwägbarkeit.

Hinzu kam ein weiterer Faktor: In Oberndorf aufgewachsen, hatten die Goritzki-Brüder in Rottweil das Gymnasium besucht und Freundschaften geschlossen, besonders mit der Familie des Künstlers Siegfried Haas. In dessen Atelier in der Klippeneckstraße fanden damals Konzerte in privatem Rahmen statt – unter anderem mit Wilhelm Kempff, einem der profiliertesten deutschen Pianisten des 20. Jahrhunderts und zudem Komponist: Zu seinen Werken zählte etwa die 1937 uraufgeführte Oper „Die Fastnacht von Rottweil".[330] Da Frowin Haas bei Johannes Goritzki Cello-Unterricht nahm, kam die Idee auf, auch Künstler aus dem Umkreis der Goritzki-Brüder zu Auftritten im Hause Haas einzuladen.

1966 und 1967 fanden auf dieser Basis mehrere Konzerte statt, unter anderem mit dem Pianisten Karl Engel sowie Sándor Végh – letztlich waren dies Vorläufer der Kammerkonzerte. Frowin und vor allem Berthold Haas initiierten daher eine Ansiedlung des Festival-Experiments 1968 in Rottweil. Und da sie im Stadtjugendring aktiv waren, fungierte der als Organisator. Unkonventionell und von viel Enthusiasmus getragen war der Start: Berthold Haas entwarf, druckte und verteilte Plakate, Honorare gab es keine und geprobt wurde im Elternhaus der Goritzkis in Oberndorf.

Der Rahmen mag improvisiert gewesen sein. Das Niveau jedoch bestach von Beginn an. Zwar kamen zum Auftakt-Konzert mit Sándor Végh nur rund 60, wenngleich geradezu hingerissene Zuhörer. Befördert von hymnischen Presseberichten sprach sich aber rasch herum, dass da etwas Furioses vor sich ging: Beim dritten Konzert war die Aula des Aufbaugymnasiums fast voll besetzt. Und zum vierten, abschließenden Abend strömten an die 500 Zuhörer, von denen gar nicht alle einen Sitzplatz ergatterten.

Die auch ein wenig als Testballon gedachten ersten „Rottweiler Kammerkonzerte" hatten sich als glänzender Erfolg erwiesen. Sie wurden als neuer Akzent im kulturellen Leben Rottweils mit Anziehungskraft weit über die Stadt hinaus begrüßt. Die Resonanz des Starts ermutigte Johannes und Ingo Goritzki, die gemeinsam als künstlerische Leiter firmierten, weiterzumachen.

Im Jahresturnus organisierten sie nun stets vier Konzerte – bis 1990 sollte es, von wenigen Ausnahmen abgesehen, bei diesem Format bleiben. Beim Blick in die Zeitungsspalten der späten 1960er und frühen 1970er Jahre überrascht, wie schnell die Kammerkonzerte sich etablierten und als ein Höhepunkt im kulturellen Kalender Rottweils gesehen wurden. Schon 1971 sprach man hochgestimmt von „Kammermusik-Festspielen", die Rottweil zu einer „Festspiel-Stadt" machten.

Die Popularität, die das Angebot ausstrahlte, fügte sich in das Bild eines Zeittrends, für den der Nürnberger Kulturdezernent Hillman Hoffman die griffige Formel „Kultur für alle" prägte. Rückenwind gab jedoch insbesondere Sándor Végh, der bereits zur Gründung ermutigt hatte. Voll des Lobes über das „aufgeschlossene Publikum" sowie die „jungen, frischen, unprätentiösen"

---

330 Vgl. den entsprechenden Beitrag von Andreas Linsenmann in diesem Buch.

Musiker übernahm er die Schirmherrschaft und blieb dem Festival in dieser Funktion bis 1984 treu.

Aber mehr noch: Der Violin-Virtuose spielte auch regelmäßig in Rottweil. Bis 1979 war er immer wieder bei den „Kammerkonzerten" zu hören. Als künstlerisch prägende Figur verlieh der Geiger, dem „unwiderstehliches Temperament" und ein tief bewegendes Musizieren attestiert wurden, dem ansonsten von jungen Interpreten dominierten Festival gleichsam ein Gütesiegel – eines, dessen sie angesichts des Niveaus indes eigentlich nicht mehr bedurften.

Auch wenn sich die Entwicklung rückschauend als kontinuierlich darstellt: Mitunter gab es Turbulenzen. So etwa bei der Organisation, die anfangs der Stadtjugendring stemmte. Als den Jugendlichen die Sache über den Kopf zu wachsen drohte, sprang die Stadt ein. Sie tritt seit 1971 als Veranstalter auf. Als 1973 die Konzerte vom Januar auf den März verlegt wurden, regte sich Widerstand beim Rottweiler Kammerorchester, dessen Frühjahrskonzert tangiert wurde. Unmut gab es auch, als bekannt wurde, dass die Künstler nicht mehr im Frack, sondern in, wie es mit einem gewissen Befremden hieß, „Zivilklamotten" auftreten und die Konzerte zu „Workshops" umfunktionieren wollten. Das war im überwiegend konservativen Rottweil der 1970er Jahre dann doch zu viel und schlug sich prompt in kurzzeitigem Besucherschwund nieder.

Probleme gab es auch mit der Unterbringung, als erstmals ein Streicherensemble aufgeboten wurde. Der bis dahin genutzte „Jungbrunnen" erwies sich schon am ersten Abend als ungeeignet wegen der strengen Hausordnung mit Zimmeraufteilung und Nachtruhe. Doch der damalige Haupt- und spätere Kulturamtsleiter Sepp Maier, der das Festival nach Kräften unterstützte, wusste Rat: Kurzfristig organisierte er einen Umzug in die Villa Oberrotenstein.

Das auf einem Bergvorsprung über der Eschach gelegene Anwesen wurde damit lange zum Domizil der Musiker. Hier kamen sie während der zehntägigen Vorbereitungsphase und während der Konzerte in zwangloser Atmosphäre zusammen. Familienmitglieder übernahmen den Küchendienst, während die Stadt den Aufenthalt nebst Fahrtkosten finanzierte. Und hier störte es auch niemanden, wenn die Künstler nachts um drei Uhr zu den Instrumenten griffen.

Auf dieser Basis entwickelte sich das Festival weiter, nicht zuletzt, weil Johannes und Ingo Goritzki stets neue Künstler einluden. Standen anfangs nur Werke für Solisten oder kleine Besetzungen bis hin zu Quintetten auf dem Programm, so wurde der Kammermusik-Begriff zusehends in seiner ganzen Breite auch für etwas größere Ensembles interpretiert, wenngleich man der Vorgabe lange treu blieb, dass Kammermusik nicht dirigiert wird und die Musiker eigenverantwortlich zusammenfinden.

Die auch ein wenig als Testballon gedachten ersten „Rottweiler Kammerkonzerte" hatten sich als glänzender Erfolg erwiesen. Sie wurden als neuer Akzent im kulturellen Leben Rottweils mit Anziehungskraft weit über die Stadt hinaus begrüßt.

Bemerkenswerte Früchte trug die alljährliche, von freundschaftlicher Verbundenheit getragene Rottweiler Projektarbeit beim zehnten Jubiläum 1977, das man mit der Uraufführung eines Werks von Hans Georg Pflüger sowie einem Sonderkonzert im Heilig-Kreuz-Münster mit Bachs „Kunst der Fuge" (BWV 1080) in einer Bearbeitung von Helmut Winschermann für Orgel (Peter Strasser), Holzbläser und Streicher feierte: Das Festival brachte mit der „Deutschen Kammerakademie Rottweil" ein eigenes Ensemble hervor, bestehend aus 15 Streichern sowie Bläsern und geleitet von Johannes Goritzki.

Von der Klangkultur der „Deutschen Kammerakademie Rottweil" zeugt eine Schallplatte, deren Hülle ein Ausschnitt der Pürschgerichtskarte von David Rötlin aus dem Jahr 1564 ziert. Nach diesem Debut machte die Kammerakademie international Karriere – allerdings nicht in Verbindung mit Rottweil, sondern mit dem niederrheinischen Neuss. Nachdem Johannes Goritzki eine Professur in Düsseldorf erhalten hatte, ergab sich eine Verbindung zur der Landeskapitale benachbarten 150000-Einwohner-Stadt, die das Orchester als Werbeträger verstand und unter ihre Fittiche nahm. Der Mitwirkung bei den Konzerten in Rottweil tat dies keinen Abbruch. Die Musiker der „Deutschen Kammerakademie Neuss" waren weiter präsent.

Die Frische und Spontaneität des musikalischen Ansatzes blieben. Mit den Jahren jedoch änderte sich die innere Struktur der „Kammerkonzerte". Aus Studenten waren inzwischen Familienväter und -mütter geworden, die mit Ehegatten und Kindern anreisten, was im dreiwöchigen Domizil auf dem Oberrotenstein mitunter Irritationen nach sich zog. Es zeigte sich, dass diese Organisationsform zunehmend überholt war und es neue Ansätze brauchte – zumal Johannes Goritzki inzwischen mit der Kammerakademie engmaschig gebunden war und kaum eine längere Arbeitsphase freihalten konnte. Hinzu kam mit steigendem Renommee die Honorarfrage, denn aus Studenten waren gestandene Profis geworden.

Mitte der 1980er Jahre hing die Fortführung der „Rottweiler Kammerkonzerte" daher buchstäblich in der Luft. Bei einer nächtlichen Autofahrt mit Johannes Goritzki nach einem Konzert plädierte der damals beim SWF-Landesstudio Tübingen für ernste Musik zuständige Dr. Max Forster mit Nachdruck dafür, die Reihe fortzusetzen und versicherte, die Konzerte weiter zu unterstützen. Daraufhin rief Johannes Goritzki seinen Bruder Ingo an und konnte ihn dafür gewinnen, die künstlerische Verantwortung allein zu übernehmen. Mit einem profilierten Programm zum 20-jährigen Jubiläum gab Ingo Goritzki 1987 einen Vorgeschmack darauf, wie er diesen Gestaltungsrahmen zu nutzen gedachte.

Zwar hatten die Musiker neben Werken vom Frühbarock bis zur Spätromantik bereits zuvor immer wieder Kompositionen aus dem 20. Jahrhundert aufgeführt. So erklangen etwa 1975 das Werk „Piri" für Oboe Solo von Isang Yun, 1981 Arnold Schönbergs Streichsextett „Verklärte Nacht" (op. 4), 1984 das Konzert für Violoncello und Streicher (op. 61) von Othmar Schoeck sowie 1986 Karlheinz Stockhausens „In Freundschaft" für Oboe Solo. 1987 setzte Ingo Goritzki jedoch gleich zwei Uraufführungen auf das Programm – ein starkes Signal der Innovationsfreude und Experimentierlust.

Hören konnte das Publikum im März 1987 Werke der in der DDR beheimateten Komponisten Reiner Bredemeyer und Friedrich Schenker, noch dazu interpretiert von hervorragenden Musikern aus dem sozialistischen deutschen Teilstaat und in Anwesenheit der Komponisten. Trotz der vom sowjetischen Reform-Führer Michail Gorbatschow ausgerufenen Politik der Offenheit („Glasnost") und Umgestaltung („Perestroika") war dies nach Jahrzehnten der Systemkonfrontation keine Selbstverständlichkeit, zumal in der DDR nach wie vor Hardliner den Ton angaben.

Die Kooperation lässt sich als Indikator gewandelter Rahmenbedingungen verstehen. Sie war jedoch auch eine Frucht persönlicher Verbindungen. Denn Ingo Goritzki spielte bereits seit einigen Jahren gemeinsam mit Burkhard Glaetzner, dem führenden Oboisten der DDR, Schallplatten ein. Publikum und Kritik reagierten auf die Hinwendung zu zeitgenössischen Klangwelten und die Verständigungsimpulse überaus positiv. „Die deutsch-deutsche Konzert-Liga Leipzig-Rottweil" hebe „das Konzertniveau der gesamten Region auf eine überregionale, bravourös-qualitätvolle Ebene", hieß es. Und eine Beobachterin hob hervor, in den „sehr starken Applaus" habe sich auch die Hoffnung gemischt, diese „sächsisch-schwäbische Völkerverbindung" nicht zum letzten Mal erlebt zu haben.

Dieser Wunsch sollte sich erfüllen. Zum einen setzten auch in den Folgejahren Musiker mit DDR-Hintergrund beim Festival Akzente. Das prominenteste Beispiel ist der Tenor Peter Schreier, der 1989, ein halbes Jahr vor dem Mauerfall, in Rottweil gemeinsam mit Claus Melber mit Franz Schuberts Zyklus „Die schöne Müllerin" brillierte – ein gemeinsam mit dem Konzertring Rottweil ermöglichtes Gastspiel. Aber auch Ensembles wie die Deutschen Bläsersolisten oder „I Solisti instrumentali Leipzig" belegten, dass es bereits seit geraumer Zeit deutsch-deutsche Kooperationen gab. Zum andern hatten die von Ingo Goritzki in den 1980er Jahren geknüpften Netzwerke für das Festival noch längeren Nachhall: Bis in die 2000er Jahre lud er Komponisten für Auftragswerke und als „Artists in Residence" nach Rottweil ein, die er in diesem Kontext kennengelernt hatte – so etwa Gerhard Rosenfeld, Friedrich Goldmann und Georg Katzer.

Auch in anderer Hinsicht ragt das Jahr 1987 heraus: Zum 20-jährigen Jubiläum wurde ein Kompositionsauftrag vergeben, finanziert von der Stadt und dem SWF-Landesstudio Tübingen. Das vom koreanischen Komponisten Isang Yun geschaffene „Duetto concertante" für Oboe, Violoncello und Streicher wurde bei einem Sonderkonzert aufgeführt und markiert den Beginn einer Tradition des Festivals, das seither durch zahlreiche Auftragskompositionen immer wieder bedeutende Impulse gesetzt hat. Mit Blick auf die hierbei entstandenen Werke von Friedrich Goldmann, Bernd Franke, Volker David Kirchner, Abel Ehrlich, Matthias S. Krüger, Christian Diemer, Anders Eliasson, Adriana Hölszky, Caspar Johannes Walter, Ferran Cruixent, Tzvi Avni, Daniel Schnyder und Kalevi Aho kann man mit Fug und Recht bilanzieren: In Rottweil wurde ausgehend von seinem Klassik-Festival immer wieder Musikgeschichte geschrieben.

Die 1990er Jahre brachten, gestützt auf neue Förderer, allen voran das Land Baden-Württemberg, eine Expansion des Festivals, das sich wandelte und in mancher Hinsicht geradezu neu erfunden wurde. So streifte man 1991 die Beschränkung auf Kammermusik ab und firmierte bis 1994 als „Rottweiler Musiktage", ergänzt um den Ortsbezug „in der barocken Predigerkirche". Dort waren nun größer besetzte Werke zu hören und dort beging man 1992 nicht nur das 100. Konzert, sondern feierte 25-jähriges Jubiläum, das ein Rezensent den Musikern mit dem Lob versüßte, ein „musikalisches Feinschmecker-Festival" zu bieten.

Die Metamorphosen waren damit indes nicht abgeschlossen. 1994, dem Jahr, als auch die enorm wichtige Unterstützer-Plattform „Freundeskreis Rottweiler Musiktage e.V." aus der Taufe gehoben wurde, weitete sich der räumliche Radius: Die Konzerte, vom März in den Mai/Juni gewandert, fanden nunmehr auch in der schicken Schalterhalle der Post, im Jugendstil-Festsaal des Rottenmünsters oder der Werkhalle Erich Hausers auf der Saline statt, die zu einem perfekten Refugium für zeitgenössische Klänge werden sollte. Und neben dem bereits seit 1992 etablierten Format der „musikalischen Interviews" von Ingo Goritzki mit herausragenden Musikern, gab es nun Workshops, öffentliche Proben sowie die Möglichkeit, nach Konzerten mit den Künstlern bei einem Glas Wein zwanglos ins Gespräch zu kommen.

„Die deutsch-deutsche Konzert-Liga Leipzig-Rottweil" hebe „das Konzertniveau der gesamten Region auf eine überregionale, bravourös-qualitätvolle Ebene"

Zur Freude vieler sprang der Funke der neuen Vitalität über: Das Festival steigerte seine Popularität und konnte wachsende Zuhörerkreise anlocken. Blättert man die damaligen Zeitungen durch, so sind die Wochen voll von Vorberichten, Reportagen, Hintergrundgeschichten und Beobachtungen am Rande. Die Künstler und Konzerte zogen breites Interesse auf sich, die ganze Stadt schien in prickelnd-beschwingter Festival-Laune.

Tüchtig befördert wurde dies 1995: Sich einen Hauch großstädtischer und weltläufiger gebend, wandelten sich die „Rottweiler Musiktage" zum Klassik-Festival „Sommersprossen". Ein cleverer Schachzug, der mit der Verschiebung auf Juni/Juli einherging. Mit der Namensinnovation und den neuen Strukturen waren die Weichen langfristig gestellt. Im nun gegebenen Rahmen konnte Ingo Goritzki die „Sommersprossen"-Metaphorik künstlerisch in pointierte Farbtupfer und kräftige Akzente überführen. Als solcher wurde etwa 1995 die Aufführung aller sechs „Brandenburgischen Konzerte" an einem Abend wahrgenommen. Eindrucksvoll gelang auch der Festival-Jahrgang 1997, bei dem das 30-jährige Bestehen mit rekordverdächtigen zwölf Konzerten begangen wurde.

1998 strickte Ingo Goritzki um den mit Spielfreude und Humor begeisternden Kontrabassisten Wolfgang Güttler und seine Studenten ein ganzes „Kontrabass Weekend", das mit Patrick Süskinds von Thomas Marx im Theater im Badhaus in Szene gesetzten Musiker-Drama „Der Kontrabass" begann und ein verschmitztes Jugendkonzert „Spass mit Bass" einschloss. 1999 wurden ebenfalls bei einem Jugendkonzert Schüler der Musikschule eingebunden, die „tierische Musikstücke" erklingen ließen. Im selben Jahr wurden mit einem Song- und Chanson-Abend sowie einem Crossover für südamerikanische Klänge auch die Klassik-Schranken gelockert.

Zwar erlaubte das Budget nach wie vor keine gänzlich um ein Thema zentrierten Festival-Jahrgänge. Aber Ingo Goritzki setzte verstärkt thematische Schwerpunkte. Nachdem man 1991 bereits dem 1791 verstorbenen

Wolfgang Amadeus Mozart gehuldigt hatte, stand im Jahr 2000 bei einem „Bach-Fest" anlässlich des 250. Todesjahres der Leipziger Thomaskantor im Mittelpunkt. 2002 nahm man mit zwei „Barockfesten" unter anderem Freunde Bachs, Georg Philipp Telemann und Johann Friedrich Fasch, in den Blick. 2007, beim 40. Jubiläum, wurde Ungarn portraitiert, 2010 würdigten jeweils zwei Konzerte den 200 Jahre zuvor geborenen Robert Schumann sowie die musikalische Blüte am Mannheimer Musenhof des Kurfürsten Karl Theodor. Mehrfach brachte das Festival mit Brasilien-Schwerpunkten südamerikanisches Flair ins sommerliche Rottweil. Und 2017 eröffnete der Korea-Schwerpunkt, mit dem man auch auf die Auftragskomposition Isang Yuns von 1987 zurückgriff, erneut ein bisher unentdecktes kulturelles Feld.

Auch darüber hinaus gab es immer wieder herausragende Musikereignisse, von denen nur einige beispielhaft genannt seien: 2009 etwa eine imposante Aufführung von Carl Orffs „Carmina Burana" in der Stadthalle mit dem Chor und Kinderchor der Predigerkirche sowie dem Oberstufenchor des Droste-Hülshoff-Gymnasiums, oder in Arbeitsteilung mit dem Freundeskreis eine Reihe von Konzerten mit großartigen jungen Künstlern aus der Region, bei denen etwa Janina Ruh, Simon Strasser, Birgit Schwab, Julia Guhl und Rie Koyama zu erleben waren, ebenso wie Sebastian Küchler-Blessing, der auch beim „Aufbruch" überschriebenen Finale der „Sommersprossen" 2017 mitwirkte. Besonders im Gedächtnis haften geblieben ist nicht zuletzt ein bewegender Abend 2015 mit den Deutschen Bachsolisten unter der Leitung des über 90-jährigen Helmut Winschermann.

Als stete Horizonterweiterung wirkten seit Jahren Konzerte mit dem schweizerisch-amerikanischen Saxofonisten, Flötisten und Musikschöpfer Daniel Schnyder. Nach seinem Einstand 2002 wurde der Brückenbauer zwischen Klangkulturen zu einem festen Faktor und Aushängeschild des Festivals. Mit quirlig-innovativen Programmen fesselte der polyglotte musikalische Weltbürger das Publikum.

Zwar erlaubte das Budget nach wie vor keine gänzlich um ein Thema zentrierten Festival-Jahrgänge. Aber Ingo Goritzki setzte verstärkt thematische Schwerpunkte.

In gewisser Weise sind Daniel Schnyders Crossover-Projekte bezeichnend für die integrative Kraft des Festivals, das ab 2002 „Sommersprossen Rottweil. Das internationale Klassikfestival" hieß und ab 2015 unter „Rottweil Musikfestival Sommersprossen" firmierte: Ingo Goritzki hat es verstanden, einerseits die Grundidee eines freundschaftlich verbundenen Künstlernetzwerks als Fundament und kreativem Motor seit den Anfängen zu bewahren – was den „Sommersprossen" auch in Zeiten des Sparzwangs zu Gute kam, so etwa 2011 bis 2015, als man zwischen „kleinen" und „großen" Jahrgängen zu alternieren versuchte.

Andererseits gab er experimenteller, zeitgenössischer Musik Raum und öffnete das Festival immer wieder für neue, dynamische Akteure und Ideen – dabei bestrebt, das treue Publikum mitzunehmen und neue Hörer zu gewinnen, bis hin zum Kindergarten- und Grundschulalter. So ermöglichte er, unterstützt auch von den Kulturamtsleitern Simone Maiwald (2001 – 2013) und Marco Schaffert (seit 2013), eine stete Weiterentwicklung und immer wieder neue, anregende Tupfer im Tableau der „Sommersprossen", die alljährlich mit Spannung erwartet werden. Die produktiven Traditionen hat Florian Donderer fortgeführt und um neue Perspektiven erweitert, als er 2019 die Festivalleitung von Ingo Goritzki übernahm. Der namhafte Violinist hat selber seit 2001 immer wieder bei den „Sommersprossen" mitgewirkt, ist also vertraut mit den familiären Strukturen dieses in besonderer Weise in Rottweil verwurzelten und dabei überregional strahlkräftigen Festivals.

Bolin, Norbert, Sommersprossen Rottweil. Basis und Spitze, hrsg. von der Internationalen Bachakademie Stuttgart durch Norbert Bolin und Andreas Bomba, Stuttgart 2006, S. 149 – 150.

Linsenmann, Andreas/Ebert, Hartwig, „Sommersprossen". 50 Jahre Rottweil Musikfestival, Rottweil 2017.

Linsenmann, Andreas, Geburtshelfer der „Sommersprossen". Wie die Familie Haas beim Start der Veranstaltungsreihe kräftig mithalf, in: NRWZ, 3. Juni 2017, S. 12.

11 FASNET

Narrensprung und Maskenspiel: Rottweil und seine Fasnet

Von Jochen Schicht

Abb. 193:
Rottweiler Narrenvielfalt
© Stadtarchiv Rottweil S 11
(Postkartensammlung)

„Rottweil kann ohne seine Fastnacht nicht gedacht werden." Dieser Satz im Schwarzwälder Volksfreund vom 3. März 1930 muss zwar in Zeiten von Testturm, Justizvollzugsanstalt und Landesgartenschau 2028 etwas relativiert werden. Neben der Hunderasse „Rottweiler" wird die ehemalige Reichsstadt am Neckar jedoch bundesweit immer noch mit ihrem Fastnachtsbrauch in Verbindung gebracht. Nicht zuletzt die alljährliche Präsenz in der „Tagesschau" und anderen Nachrichtensendungen fundieren den Ruf als „Hauptstadt der schwäbisch-alemannischen Narrenprovinz" und „Hochburg der historischen Fastnacht".

Dabei war diese Entwicklung nicht zu allen Zeiten vorhersehbar. Archivalischen Quellen zufolge vermutlich ab dem 15. Jahrhundert nachweisbar, ging der Fastnacht reichsstädtischer Prägung mit ihren spätmittelalterlichen Narrentypen im Laufe des 19. Jahrhunderts gehörig die Puste aus. Wer heute am Straßenrand dem berühmten Rottweiler Narrensprung beiwohnt und die mehreren tausend Vermummten in historischen Narrenkleidern bewundert, kann wahrscheinlich kaum glauben, dass etwa ab 1850 ein stetiger Niedergang dieser Feierform eingesetzt hatte. Der 1888 als Rettungsmaßnahme eingeführte „Narrensprung" verkam bald zum morgendlichen Vorspiel für den großen karnevalesken Umzug am Nachmittag. 1903 war der Tiefpunkt erreicht: Gerade noch neun Unentwegte hielten mit geschnitzten Holzmasken und schweren Schellen an der alten Tradition fest. Die Mehrheit der närrischen Rottweiler hatte sich für karnevaleske Verkleidungen entschieden.

Das damals selbst von so manchem Einheimischen prophezeite Ende der Fasnet alten Stils blieb jedoch aus. Erstaunlich schnell erholte sich der Brauch von seiner mehr oder weniger fast fünfzigjährigen Krise und erlebte einen fulminanten Aufschwung. Schon während der 1920er Jahre feierte man die Narrenkleider, welche noch kaum zwei Jahrzehnte zuvor regelrecht verramscht worden waren, als „Denkmäler der Heimat". Maßgeblich war an dieser Trendwende die 1903 von einigen Handwerkern wiedergegründete „Narrenzunft" beteiligt, welche mit sogenannten „Sprungprämien" und einer regelrechten Werbeoffensive versuchte, Rottweilern und ausdrücklich auch Auswärtigen das althergebrachte „Narren" wieder schmackhaft zu machen. 1908 führte die Zunft beispielsweise einen dritten Narrensprung ein, 1912 ließ sie Kinoaufnahmen erstellen und 1914 huldigte man dem auf der Durchreise befindlichen württembergischen König Wilhelm II. am Bahnhof mit einem Mini-Narrensprung.

Ganz offensichtlich ging es dabei um mehr als die Rettung einer Brauchform, die in Vergessenheit zu geraten schien. Die ehemals ruhmreiche Reichsstadt war nach ihrer 1802/1803 erfolgten Eingliederung in das Herzogtum bzw. Königreich Württemberg (ab 1806) von zunehmender Bedeutungslosigkeit bedroht. Besonders um das Selbstbewusstsein der Gewerbetreibenden schien es Ende des 19. Jahrhunderts schlecht bestellt zu sein. Nachbarstädte wie Schramberg oder Schwenningen setzten ganz auf die Industrialisierung und florierten. Im Gegensatz dazu versuchten in Rottweil überwiegend zugezogene Bildungsbürger – Lehrer, Geistliche und Juristen, die an den zahlreichen Schulen und Behörden wirkten – in jenen Jahren mit wenig Erfolg, Rottweil als Bade- und Luftkurort zu etablieren.

Nicht zuletzt die alljährliche Präsenz in der „Tagesschau" und anderen Nachrichtensendungen fundieren den Ruf als „Hauptstadt der schwäbisch-alemannischen Narrenprovinz" und „Hochburg der historischen Fastnacht".

Die Handwerker und Kaufleute hingegen waren bestrebt, sich wieder der glorreichen Reichsstadtvergangenheit bewusst zu werden. Nichts symbolisierte jene so bedeutungsvolle stadtgeschichtliche Epoche so sehr wie die alten Narrenkleider. Nach nur relativ kurzer Zeit begann die Überzeugungsarbeit der Zunftmitglieder Früchte zu tragen. Es war gelungen, die äußerst gegensätzlichen Bevölkerungsgruppen auf ein gemeinsames Ziel einzuschwören: Rottweil sollte als „Narrenstadt" Reputation erlangen.

Der Werbefeldzug wurde auch nach dem Ersten Weltkrieg weitergeführt. 1925 gab es den Narrenmarsch auf Schallplatte. 1926 repräsentierten Narrenkleider aus der ehemaligen Reichsstadt als Bestandteil der Stuttgarter Ausstellung „Schwäbisches Land" den Südwesten Deutschlands. 1929 begann der Narrensprung erst zehn Minuten später, um den mit dem Sonderzug anreisenden Tagestouristen das Ereignis von Anfang an zu präsentieren. Die Narrenzunft warb deutschlandweit mit Anzeigen und inszenierte fürs Radio weitere Mini-Narrensprünge.

Als „alte Volkssitte" etablierten die Nationalsozialisten die Rottweiler Fasnet systematisch als „reichsdeutsches" Heimatsymbol. Die NS-Freizeitorganisation „Kraft durch Freude" organisierte Sonderzüge, die Narrenzunft setzte 1936 einen vierten Narrensprung an und 1937 wurde sogar in Hannover eine Oper unter dem Titel „*Die Fastnacht von Rottweil*" uraufgeführt.[331] 1941 bestückten Rottweiler Holzlarven eine Ausstellung im besetzten Norwegen.

Auch nach dem Zweiten Weltkrieg blieb der nationale Symbolgehalt erhalten: beispielsweise gestaltete die Narrenzunft 1952 voller Stolz die 100-Jahr-Feierlichkeiten des Germanischen Nationalmuseums in Nürnberg mit. 1959 besuchten Vertreter der Narrenzunft in den Narrenfiguren „Biss", „Federahannes" und „Gschell" medienwirksam den Bundespräsidenten in Bonn. Und ein letztes Beispiel aus den 1980er Jahren: Im Rahmen der Weltausstellung 1982 in Knoxville (USA) komplettierte ein Dia mit Rottweiler Narrenkleidern den Reigen „deutscher" Impressionen, zu denen auch der Kölner Dom, der Hamburger Hafen oder Schloss Neuschwanstein zählten.

Zumindest die Lokalpresse akzeptierte bereits Mitte der 1960er Jahre die Tatsache, dass längst nicht mehr von einem „Fest von Rottweilern für Rottweiler" gesprochen werden konnte. So heißt es in der Schwäbischen Zeitung vom 11. Februar 1964: *„Die Fasnacht [wird] [...] genauso für die vielen auswärtigen Besucher begangen, die [...] angelockt werden allein schon durch den Ruf, den Rottweil als Narrenstadt und der Rottweiler Narrensprung besitzen."*[332]

Quellen

Stadtarchiv Rottweil S 11 (Postkartensammlung)
Stadtarchiv Rottweil Zb 7/1964 (Schwäbische Zeitung)

Deck, Hansjörg/Kratt, Sabina, Die Rottweiler Fasnet, Tübingen 2011.
Hammer, Angela/Hecht, Winfried/Huber, Frank, Rottweiler Fasnet, Reutlingen 2004.
Mezger, Werner, Das Große Buch der Rottweiler Fastnacht, Vöhrenbach 2004.
Ders., Schwäbisch-alemannische Fastnacht, Stuttgart 2015.
Schicht, Jochen, Die Rottweiler Fasnet als „heimatliches" Symbol. Zum Einfluss städtischer Festkultur auf lokale Identität, Rottweil 2003 (Veröffentlichungen des Rottweiler Stadtarchivs; 22).

331 Vgl. dazu Andreas Linsenmanns Beitrag zu diesem Thema in diesem Buch.
332 Schwäbische Zeitung vom 11. Februar 1964.

Von Andreas Linsenmann

1937: Die Uraufführung der Oper „Die Fasnacht von Rottweil"

Narren, die für eine Kamera posieren – das kennt man in Rottweil. Aber bei dieser Aufnahme stößt man rasch auf Ungereimtheiten: Die Kleidlesträger werden von Menschen in Trachten flankiert und beim Blick von Osten auf das Schwarze Tor überrascht linkerhand ein ungewohnter Erker sowie rechts das markante Stechschild des Gasthauses „Zum Paradies", das ja eigentlich auf der rückwärtigen Seite des Tors liegt. Die Irritation klärt sich auf, sobald man weiß: Zu sehen sind hier mit viel Freiheit kreierte Bühnenbilder, entstanden für die Oper „Die Fasnacht von Rottweil", die am 27. November 1937 am Städtischen Opernhaus Hannover uraufgeführt wurde. Für die Aufnahme, die im Archiv des Theatermuseums Hannover verwahrt wird, arrangierte ein Fotograf bei der Generalprobe über 70 Mitwirkende auf der Bühne – ein stattliches Aufgebot, zu dem noch ein großes sinfonisches Orchester hinzukam.

Weitere Aufnahmen aus dem gut 200 Fotografien und Skizzen umfassenden Fundus illustrieren, dass dem Publikum noch andere Rottweiler Impressionen geboten

Abb. 194:
Obere Hauptstraße in Rottweil
© Theatermuseum Hannover

wurden: Ein Panorama von der Au herauf gesehen, auf dem sich die ganze Silhouette der Türme ausbreitet, ein Künstleratelier, das dem Ratssaal im Alten Rathaus nachempfunden ist, sowie eine weitere Szenerie, welche die Orgel der Kapellenkirche mit dem gotischen Sakralraum des Heilig-Kreuz-Münsters verbindet.[333]

Prominent ins Licht gerückt wurde vom Fotografen auch der Komponist der Oper: Der damals 42-jährige Pianist und Klavierpädagoge Wilhelm Friedrich Walter Kempff. Er gilt als einer der herausragendsten Klaviervirtuosen des 20. Jahrhunderts und war 1937 bereits eine Berühmtheit. 1895 in Jüterborg in eine hochmusikalische Familie von Kantoren und Organisten geboren, hatte der Schüler von Heinrich Barth, Robert Kahn, Eugen d'Albert und Ferruccio Busoni schon 1906 in Potsdam sein erstes Solokonzert gegeben und bald in allen großen Musikzentren Europas gastiert. 1924 wurde er Direktor der Württembergischen Hochschule für Musik in Stuttgart – ein Amt, das er 1928 niederlegte, um als freier Künstler zu konzertieren. Kempff brachte es in der Zwischenkriegszeit zu beachtlichem Prestige, was sich auch daran ablesen lässt, dass er 1932 unter der Präsidentschaft Max Liebermanns in die Preußische Akademie der Künste berufen wurde.

Während andere Künstler nach der Machtergreifung der Nationalsozialisten 1933 ins Exil gingen, arrangierte sich Kempff mit dem „Dritten Reich". Obwohl nie Mitglied der NSDAP, konnte er seine glänzende Karriere fortsetzen, die ihn beispielsweise 1934 spektakulär mit dem Zeppelin bis nach Südamerika führte, wo er allein in Buenos Aires zehn Klavierabende gab. Befreundet mit Arno Breker und Albert Speer, der zu einem wichtigen Förderer Kempffs wurde, sowie unterstützt sogar von Herman Göring, ließ sich Kempff vielfach für die NS-Kulturpropaganda einspannen und trat in gleichsam staatsoffizieller Funktion auf. Als am 18. Juli 1937 Adolf Hitler in München die erste „Große Deutsche Kunstausstellung" mit Werken jener Künstler eröffnete, die seinem völkischen Ideal entsprachen, zählte Kempff zum Kreis der Persönlichkeiten, die zum Empfang eingeladen waren.

Abb. 195:
Nach der Generalprobe am 26. November 1937 zum Gruppenbild arrangiert (v.l.n.r.). Die Darstellerin der Marianne, Maria Engel, Dirigent Rudolf Krasselt, Komponist Wilhelm Kempff, Regisseur Hans Winkelmann und Tenor Reiner Minten, der Darsteller des Rainer Lochner
© Theatermuseum Hannover

Bezeichnenderweise kam der Virtuose, der sich selbst als apolitisch verstand, 1944 auf die „Gottbegnadetenliste", die aus Sicht des NS-Regimes besonders bedeutende Künstler vom Kriegsdienst freistellte. Die Nähe zur NS-Führungselite wurde von der amerikanischen Militärbehörde mit der Aufnahme auf deren „Black list" kompromittierter Künstler geahndet, was 1945 einem Berufsverbot gleichkam. Bereits 1947 jedoch wurde Kempff, der über Jahrzehnte als einer der weltweit besten Interpreten der Klavierwerke von Beethoven, Bach, Mozart, Schubert, Schumann und Chopin galt, bei Konzerten im Ausland wieder frenetisch gefeiert.

Neben seiner Tätigkeit als Konzertpianist sowie hoch geschätzter Klavierpädagoge geriet Kempffs kompositorisches Wirken in den Hintergrund. Dabei hat er – anfangs zwischen einer Klaviervirtuosen- und einer Komponistenlaufbahn schwankend – zeitlebens Werke im spätromantischen Duktus geschaffen. Davon zeugt ein 73 Opusnummern umfassendes Œuvre mit

---

333 Das Bildmaterial ist rückseitig teils sehr detailliert erläutert. U. a. werden dramaturgische Intentionen, aber auch Fragen des Bühnenbilds wie etwa die Farbgestaltung erörtert.

zahlreichen Stücken für Soloinstrumente, Liederzyklen, Ballett- und Theatermusiken, zwei Sinfonien sowie vier Opern – darunter als letzte „Die Fasnacht von Rottweil" (op. 41).

Mit dem Thema Fasnacht in Berührung gekommen war Kempff bereits 1927. Hans von Besele, Sohn des Komponisten des Rottweiler Narrenmarsches und als Klavierpädagoge ein Kollege Kempffs an der Stuttgarter Musikhochschule, hatte ihn über die tollen Tage in seine Heimatstadt eingeladen. Kempff machte sich, wie er 1937 notierte,[334] auf ein Gemisch von „feucht-fröhlichem Oktoberfest und Carnevale von Nizza" gefasst und war dann umso erstaunter von dem, was er tatsächlich erlebte. Der Starpianist sah sich „mit dem Schlag der Zauberrute berührt und um Jahrhunderte zurück versetzt". Nach einem weinseligen Abend im damaligen Hotel „Paradies" wurde ihm „auf gut Schwäbisch" aufgesagt, er wurde gar „in feierlicher Stunde" zum Mitglied der Narrenzunft ernannt und musste geloben, „sich in der weiten Welt auf Rottweiler Narrenart zu benehmen".

Als Aufforderung, eine Oper über die Fasnacht zu schreiben, muss man das wohl nicht verstehen. Aber Kempff hatte so starke Eindrücke gesammelt, dass es ihn drängte, diese musikalisch zu verarbeiten. Der erste Ertrag lag bereits 1928 vor: Ein achtsätziger Klavierzyklus unter dem Titel „Rottweiler Narrenspiegel" (op. 31), den Kempff am 12. November 1929 höchstpersönlich im Sonnensaal zum Besten gab. Mehrere Jahre vergingen, ehe Kempff 1934 erneut auf seine Erlebnisse in Rottweil zurückkam. Die Entstehung und Uraufführung unter den Bedingungen der nationalsozialistischen Diktatur wirft dabei zwangsläufig die Frage auf, wie sich das Werk zur NS-Kulturauffassung und zur NS-Ideologie verhielt. Zur Beantwortung dieser Frage sollen hier einige Anhaltspunkte dargelegt werden.

Doch zunächst zum Inhalt: Den ersten und dritten Akt der Oper verortet Kempff in Rottweil, im mittleren Akt führt er einen weiteren Schauplatz und Kontext ein: den Karneval in Rio de Janeiro. Dieser wird zu einem dekadenten Gegenbild zur Rottweiler Fasnacht, in der Kempff „urälteste, auf vorchristliche Zeiten zurückreichende" und damit im Sinne der NS-Ideologie gleichsam unverfälschte, völkisch reine Bräuche bewahrt sah. Anregung für die Komposition mag die angesprochene Lateinamerikareise 1934 gegeben haben. Aus diesem Jahr datieren jedenfalls erste und doch bereits sehr ausgereifte Skizzen des Particells, die sich in Kempffs Nachlass finden, welcher bei der Akademie der Künste in Berlin verwahrt wird.[335]

Die Geschichte beginnt am Fasnachtsmorgen 1923. „Im alten Kantorhaus zu Rottweil"[336] arbeitet der Kantorensohn – übrigens eine interessante Parallele zur Herkunft Kempffs aus einer Kantorendynastie – und Bildhauer Rainer Lochner an einer Büste der germanischen Göttin Hertha. Sein Vater, schon auf dem Weg zum Gottesdienst, „der die Fasnacht einleitet", bezichtigt ihn daraufhin des Aberglaubens. Als jedoch aus der Ferne die erste „Fasnachtsmusik" ertönt, versöhnen sich die beiden. Der Vater stimmt an der Hausorgel die angesichts „der Not des Jahres 1923" komponierte Weise „Heil dir, mein Vaterland" an und gemeinsam mit Marianne, Rainers Braut, erbaut man sich am tröstenden „neuen Lied".

Nun tritt Matthias, Rainers einziger Freund, hinzu, schon als Federahannes verkleidet. Er warnt Rainer vor Matz: Der neide ihm Braut und Kunst. Doch Rainer geht darüber hinweg und gemeinsam schließt man sich, den „fröhlichen Narrenkriegsruf Huhuhu!" auf den Lippen, wie es im Textbuch heißt, dem „Narrenzug" an. Nach Auftritten der „Laugenbrezel-Anna" und des mit Berliner Schnauze nölenden „Wurstelmaxe", wird beim „Narrengericht" auf dem Marktplatz jedoch nicht nur der Bürgermeister für einen fehlerhaften Haushaltsplan verspottet. Vielmehr nutzt besagter Matz die Chance und provoziert Rainer auf das Übelste. Der stürzt sich auf die Umstehenden und ersticht seinen Freund Matthias, im Glauben, es sei der böse Matz.

Der zweite Akt spielt neun Jahre später in Rio de Janeiro, wohin Rainer 1923 floh, „wiederum zur Kar-

---

334 Siehe hierzu Kempffs Erläuterungen im Textbuch.
335 Ausgewertet wurden für diesen Beitrag die Faszikel 73, 165, 168, 239 und 266.
336 Alle Angaben zu Orten und Personen sowie Regieanweisungen sind dem Textbuch und dem Klavierauszug entnommen.

nevalszeit". Hier hat Rainer mittlerweile vordergründig seinen im engen Rottweil unterdrückten Lebenstraum verwirklicht und ist als Bildhauer berühmt geworden. Die schöne Tänzerin Juana liegt ihm im Wortsinn zu Füßen. Doch Rainer ist nicht glücklich. Rio wird von Wilhelm Kempff zwar lasziv-verlockend, aber letztlich doch als Kontrastfolie zum ehrwürdigen „Vaterland" dargestellt: oberflächlichen Gelüsten verfallen und vom „Gott Mammon" beherrscht, was an damals allfällige antisemitische Muster denken lässt.

Doch für den gepeinigten Rainer naht Erlösung: Er träumt von der Fasnacht in Rottweil. Das „Lied vom verlorenen Vaterland" lässt ihn vor Sehnsucht innerlich erbeben und überstürzt nach Rottweil aufbrechen. Sein Bekenntnis dabei ist an Eindeutigkeit kaum zu steigern: „Wie stark ist mir der Heimat Rufen. Es hämmert laut wie Stahl und Eisen: Kehr heim und sei's zum Tod! Zum Vaterland, zum Heimatland, kehr heim!", lässt Kempff Rainer mit tenoralem Heldenpathos deklamieren.

Sein Vater sitzt an der Orgel der Kapellenkirche, als der im Textbuch als „verlorener Sohn" bezeichnete Rainer ihm im dritten Akt, welcher auf 1933 datiert ist, in die Arme sinkt. Der lässt freudetrunken ein „brausendes Te Deum" ertönen, in welches „wie von selbst" die Glocken einstimmen. Alles fügt sich wundersam: Rainers totgeglaubter Freund lebt noch und seine Braut Marianne hat treu auf Rainer gewartet. Das Erntefest, das gerade vor den Toren der Stadt gefeiert wird und bei dem „junge Bäuerinnen und Mädchen" Rainers opulente Hertha-Büste, an der er im ersten Akt gearbeitet hatte, „fröhlich umtanzen", wird zum großen Finale. Man feiert, wie Kempff erklärt, das „Wunder der Rückkehr", die „Versöhnung zwischen Stadt und Land" und zugleich im Schluss-Hymnus „des Vaterlandes Befreiung".

Die schwülstigen, verzopften Dialoge und das viele „Heidi, heidiralala", mit dem Kempff seine Oper versieht, könnte man noch als zeitgebundenes Bemühen um einen vermeintlich volkstümlichen Ton gelten las-

Abb. 196:
Fasnet als Tanz.
Das Ballett bei einer Probe
© Theatermuseum Hannover

sen. Auch der allfällige, triefende Kitsch, bei dem die Rottweiler Dächer „windschief", der tumbe Nachbar mit Zipfelmütze ausstaffiert und die Charaktere drall und kernig sein müssen, ginge zur Not noch als Tribut an vorgebliche Erfordernisse des Unterhaltungsgenres durch. Doch Details wie auch die Gesamtschau zeigen: Wilhelm Kempffs Oper „Die Fasnacht von Rottweil" ist nicht irgendwie volkstümlich. Sie ist in vieler Hinsicht schlicht „völkisch" und in deutlichem Gleichklang mit der NS-Ideologie angelegt. Die Indizien hierfür sind erdrückend. Nicht von ungefähr hat der Rezensent des „Hannoverschen Anzeigers" dem Komponisten nach der Uraufführung unzweifelhafte „Gesinnungstreue" bescheinigt.[337] In der Monatsschrift „Die Musik", hochoffizielles „Organ des Amts für Kunstpflege" der NSDAP, wurde Kempffs Oper gar mit einem eigenen Artikel gewürdigt und dabei hervorgehoben, es handle sich um „eine Schöpfung, die sich bewusst in die sittlichen und geistigen Strömungen unserer Zeit eingliedert".[338] Klarer kann man Linientreue kaum attestieren.

---

337 Limmert, Erich, „Die Fasnacht von Rottweil", Uraufführung der neuen Oper von Wilhelm Kempff im Städtischen Opernhaus, in: 2. Beilage zu Nr. 279 des Hannoverschen Anzeigers, 29. November 1937.
338 Uerz, Wilhelm, Wilhelm Kempffs Fasnacht von Rottweil, in: Die Musik, 30. Jg. 1. Hj. (1937 – 1938), S. 249 – 250, hier S. 249.

Abb. 197:
In einer Traumszene suchen Narren Rainer Lochner in Rio de Janeiro heim und veranlassen ihn zum Aufbruch zurück nach Rottweil (Entwurfsskizze)
© Theatermuseum Hannover

Einige aussagekräftige Aspekte seien angesprochen: So huldigt Kempff mit Rainers – zuletzt ja allgemein verehrter – Hertha-Büste dem Germanenkult der Nationalsozialisten. Dass ihn der Vater eingangs deshalb des Aberglaubens beschuldigt, spiegelt die konfliktreiche Polarisierung zwischen christlicher Tradition und nationalsozialistischem Blutnarrativ. Patriotische Gesänge beschwören – ganz im Sinne der bereits auf einen neuen Krieg einstimmenden NS-Rhetorik – „Treue" und „Todesbereitschaft". Zudem wird, wie die Kritiker lobend hervorheben, in Massenszenen vielfach das Volk imaginiert – ganz der „Volksgemeinschafts"-Ideologie des Nationalsozialismus entsprechend. Auch dass auf musikalischer Ebene Chorsätze und Rezitation überwiegen und Arien, die klassischerweise das Individuum profilieren, nur nebenrangig gewichtet sind, entspricht dieser antiindividualistischen Grundtendenz. Ein Rezensent lobt ausdrücklich, Kempff habe der „völkischen Opernform" entsprechend „das Volk selbst" in den Mittelpunkt gestellt.

Vor allem das „Ernte- und Wiedererstehungsfest" verdeutlicht die Botschaft, die dieser Oper eingeschrieben ist: „Wiedererstehung" wird eben anno 1933 gefeiert, im Jahr der nationalsozialistischen Machtübernahme, nachdem man im ersten Akt den kontrastierenden Tiefpunkt erlebt hatte, just im Jahr von schmachvoller Rheinlandbesetzung, Not und Hyper-Inflation.

Kempffs Werk vermittelt somit ein komplettes Geschichtsbild, das besagt: Die Nationalsozialisten haben Deutschlands Geschicke zum Besseren gewendet. Kempff fasst es aus Rainers Augen im Programmheft bildhaft so zusammen: „Nach der dunklen Nacht, die die Erde seiner Heimat bedeckte, folgt ein lichter Morgen." Dass mit diesem „lichten Morgen" die nationalsozialistische Machtergreifung und Umgestaltung Deutschlands gemeint war, lag für die Zeitgenossen auf der Hand.

Rottweil darf in dieser Geschichtsdeutung eingangs als „malerisch stolzes Bild großer Vergangenheit" eine vermeintlich wohlgeordnete alte Zeit verkörpern, eine putzige „Sonderwelt", wie es im Programmheft heißt: Nett und betulich, für den Tatmenschen Lochner aber auch zu eng. Rainer Lochner – mit dem Kempff übrigens ganz in der Tradition des romantischen Geniekults auf den bedeutenden, um 1400 in Meersburg geborenen gotischen Maler Stefan Lochner anspielt – wird spätestens im Exil zur Symbolfigur. Er verkörpert, wie Kempff

1937: Die Uraufführung der Oper „Die Fasnacht von Rottweil"

selbst sagt, den „Auslandsdeutschen", den es nach der „nationalen Erhebung" in die Heimat zieht. „Erschüttert" sieht er dort ein „einig Volk", „ohne den alten deutschen Hadergeist". Das kann man als Referenz an die Monopolstellung der NSDAP im „Dritten Reich" lesen, die aus dem Gleichschaltungssturm der ersten Jahreshälfte 1933 als letztverbliebene Partei hervorgegangen war.

Die Fasnacht ist für Kempff nicht viel mehr als hübsches Kolorit, in dem freilich – wie angeblich auch im Nationalsozialismus – Standesschranken fallen und das sich als altes, unverfälschtes „Volkstum" deuten lässt. Dem Federahannes indes fällt eine negative Rolle zu. Er, von Kempff als „dämonisch" gedeutet, diente dem „Verräter Matz", der mittlerweile zu Tode gekommen ist, als Maske. Diese fällt im Schlussbild als Symbol der „Vergangenheit" zu Boden, während „das Volk" in den Jubelgesang einstimmt, der das nunmehr „freie", also nach Kempff durch den Nationalsozialismus befreite, Vaterland beschwört.

Obwohl für die Uraufführung ein immenser Aufwand betrieben wurde, und die gleichgeschaltete Presse das unter „außergewöhnlicher Anteilnahme der hiesigen Opernfreunde, der Fachleute, Dirigenten und der Presse von mehreren norddeutschen Städten" präsentierte Werk anpries, war Kempffs vierter Oper kein Erfolg beschieden. Neben der Premiere in Hannover – an der übrigens auch eine kleine Abordnung der Rottweiler Narrenzunft teilnahm, darunter Narrenmeister Anton Villinger (1892–1974), der dort eine fulminante Rede gehalten haben soll – kam es offenbar nur noch 1938 zur Aufführung einer gekürzten Fassung in Remscheid. Weitere Aufführungen sind nicht nachweisbar. Dabei lag bereits 1937 im Berliner Verlag Ed. Bote & G. Bock neben einem Textbuch ein von Kempff selbst erstellter Klavierauszug vor, der zu einer Popularisierung hätte beitragen können. Auch an Partiturmaterial fehlte es nicht.

Blickt man in das Notenmaterial, so entdeckt man ein Werk, das vom Couplet bis zur Hymne ein breites Formenspektrum aufweist. Stilistisch strebte Kempff eine Synthese aus tragischen Elementen des Musikdramas und den heiteren Klängen der deutschen Lustspiel-Oper an, teils angereichert um die Lyrismen der italienischen

Abb. 198:
Beim „Erntefest" findet die Oper mit einer Massenszene einen pompösen Abschluss
© Theatermuseum Hannover

Oper. Trotz dieser mitunter etwas episodenhaft strukturierten, wenngleich durchaus gefällig arrangierten Mischung, kam Kempffs „Die Fasnacht von Rottweil" beim Publikum offenkundig nicht an. Weder das unter Dirigent Rudolf Krasselt farbenreich agierende Orchester, noch die imposanten Volksszenen oder die „sauber, schlicht und lebenswarm" gezeichneten Einzelgestalten vermochten zu begeistern. Nicht einmal der von Regisseur Dr. Hans Winkelmann ambitioniert in Szene gesetzte „ausgelassene Narrenumzug" machte nachhaltigen Eindruck, ebenso wenig wie die von Bühnenbildner Kurt Söhnlein nach in Rottweil gemachten Studien erstellten Kulissen.[339] Selbst eine ganz im Lobeston gestimmte Premierenbesprechung konnte eine „anfangs merkliche Zurückhaltung" der Zuhörer des dreistündigen Opernabends nicht verhehlen. Kempffs Oper „Die Fasnacht von Rottweil" versank letztlich binnen kurzer Zeit in Vergessenheit.

Wieder ins Blickfeld der Rottweiler Öffentlichkeit kam das Werk durch Zeitungsartikel sowie die Präsentation von Skizzen von Bühnenbildern, die aus Hannover erworben werden konnten und anlässlich des Narrentags des Viererbundes 1973 in den Fenstern des Stadtmuseums gezeigt wurden. In den 1980er Jahren gab es im Kontext des später in „Sommersprossen" umbenannten Klassikfestivals „Rottweiler Kammerkonzerte" Überlegungen, Teile der Oper dem Rottweiler Publikum zu Gehör zu bringen. Über erste Gedankenspiele kamen diese Pläne jedoch nicht hinaus.

Wilhelm Kempff konnte nach dem Krieg seinen Ruhm international weiter ausbauen. Das belegen unter anderem zahlreiche Schallplatten-Einspielungen, die Maßstäbe setzten und bis heute Gültigkeit haben. Der Region Rottweil blieb der weithin bewunderte Künstler und Pädagoge verbunden. Er war wiederholt in Königsfeld im Schwarzwald zu Gast, wo eine seiner Töchter lebte. Konzertauftritte Kempffs sind dort bis in die 1970er Jahre nachweisbar. Bereits in den späten 1960er Jahren hatte der Klaviervirtuose Kostproben seines Könnens im Atelier des Bildhauers Siegfried Haas in der Klippeneckstraße bei den dortigen Hauskonzerten gegeben. Kempff verstarb 1991 in seinem Altersdomizil Positano. In seinen autobiografischen Schriften erwähnt er „Die Fasnacht von Rottweil" nicht.

Quellen

Theaterarchiv Hannover

Wilhelm-Kempff-Archiv an der Akademie der Künste Berlin

Die Fasnacht von Rottweil. Oper in drei Aufzügen (Sieben Bildern) von Wilhelm Kempff Op. 41. vollständiger Auszug vom Komponisten, Berlin [1937].

Die Fasnacht von Rottweil [Textbuch]. Oper in drei Aufzügen von Wilhelm Kempff, Berlin [1937].

Uerz, August, Wilhelm Kempffs „Fasnacht von Rottweil", in: Die Musik, 30. Jg, 1.Hj. (1937–1938) S. 249–250.

Bergmeier, Hinrich/Katzenberger, Günter (Hrsg.), Kulturaustreibung. Die Einflußnahme der Nationalsozialismus auf Kunst und Kultur in Niedersachsen, Hamburg 1993.

Custodis, Michael, „Orpheus in Nöten". Wilhelm Kempffs Freundschaft zu Albert Speer, in: Musik & Ästhetik, 79. Jg, Heft 79 (2016) S. 36–53.

Gavoty, Bernard/Hauert, Roger, Wilhelm Kempff. Die großen Interpreten, Genf 1954.

Grünzweig, Werner u.a. (Hrsg.), „Ich bin kein Romantiker". Der Pianist Wilhelm Kempff 1895–1991. Dokumente zu Leben und Werk. Eine Ausstellung der Akademie der Künste, Berlin, in Kooperation mit dem Haus der Brandenburgisch-Preußischen Geschichte, Potsdam 22. November 2008–1. Februar 2009, Hofheim am Taunus 2009.

Hammer, Sabine (Hrsg.), Oper in Hannover. 300 Jahre Wandel im Musiktheater einer Stadt, Hannover 1990.

Kröncke, Dietrich, „Frohe Zeit und treffliche Kapelle" – Komponisten in Hannover. Ihr Leben, ihr Wirken, die Rezeption ihrer Werke und die Erinnerung an sie in der Musik-Stadt Hannover, Hannover 2017.

Lambrecht, Karl, Ein Freund der Rottweiler Fasnet: Wilhelm Kempff, in: RHbll. 71 (2010) Nr. 1.

Linsenmann, Andreas, „Herr Federnarr, darf ich bitten?" Wie Wilhelm Kempff 1937 aus der Rottweiler Fasnacht ein völkisches Propaganda-Stück machte, in: NRWZ, 16. Februar 2007, S. 13.

Linsenmeyer, Klaus, Wilhelm Kempff (1895–1991). Sein Leben und Wirken als Pianist, Klavierpädagoge und Komponist, Würzburg 1996.

Ders., Wilhelm Kempff. Lebensskizzen eines großen Pianisten, Wilhelmshaven 2006.

---

339 Söhnlein und Winkelmann hatten ausweislich des Programmhefts Rottweil vorab besucht.

1963: Der Viererbund. Narrenfreundschaft der besonderen Art

Von Jochen Schicht

Der sogenannte „Viererbund" bezeichnet die befreundeten Narrenzünfte aus Elzach, Oberndorf am Neckar, Rottweil und Überlingen. Seit 1963 versammeln sich die Narren aus diesen absoluten Hochburgen der Schwäbisch-Alemannischen Fastnacht alle drei bis vier Jahre zu großen Freundschaftstreffen an einem Wochenende vor dem eigentlichen Fastnachtsfest. Tausende von Hästrägern verwandeln in jeweils wechselnder Reihenfolge die vier Kleinstädte in ein närrisches Tollhaus mit Narrenbaumsetzen, Nachtumzug, Freinacht und großem Umzug.

Um zu erklären, wie es zu diesem besonderen Bündnis kam, geht unser Blick weit zurück in die Vergangenheit. Zu Beginn des 19. Jahrhunderts hielt die verklärend-rückwärtsgewandte Geistesbewegung der Romantik Einzug in den deutschen Sprachraum und mit ihr das Interesse des Bildungsbürgertums an den Sitten und Bräuchen der einfachen Leute. Mit

Abb. 199:
Der „Viererbund" 2003 in Rottweil
© Stadtarchiv Rottweil
S 11/1. (Postkartensammlung).

dem Ziel, die derben Fastnachtgepflogenheiten aus dem Mittelalter zu reformieren, gründeten Bürger in Köln ein „Komitee", das sich höchst erfolgreich daran machte, das Fastnachtsfest vollständig zu verändern.

An die Stelle pöbelnder Maskenträger mit schweren Schellen und Fuchsschwänzen, die auf der Straße und in den Wirtschaften ihr Unwesen trieben, trat der elegante Karneval. Dessen Schwerpunkt lag auf gepflegten Saalveranstaltungen und prunkvollen historisierenden Umzügen. Insbesondere die Verulkung des preußischen Militärs in vielerlei Facetten war ein typisches Merkmal des rheinischen Karnevals, der sich rasch in alle Himmelsrichtungen ausbreitete. Die bis dahin im deutschen Sprachraum durchgeführte Fastnacht mittelalterlicher Prägung kam so zum Ende des 19. Jahrhunderts oft ganz zum Erliegen.

Im deutschen Südwesten gab es jedoch eine besondere Entwicklung. Zwar kam der offene und wenig reglementierte Karneval auch in den großen industriellen Zentren wie Stuttgart oder Mannheim den zahlreichen zugezogenen Arbeitern als Feierform entgegen. In einigen Kleinstädten und Dörfern jedoch hielten Handwerker und Händler ganz bewusst an den Fastnachtsbräuchen der eigenen Vorfahren fest. Angesichts einer als bedrohlich empfundenen Industrialisierung und beginnenden Moderne sollte die örtliche Fastnachtstradition die eigene Identität stärken. Mit Blick auf das Mittelalter wurden „Narrenzünfte" neu gegründet, Narrenkleider verschönert und eine gezielte Öffentlichkeitsarbeit in Gang gesetzt.

Nach dem Ende des Ersten Weltkriegs (1914–1918) unterbanden die Regierungen in Karlsruhe und Stuttgart den einsetzenden Aufschwung der alten Fastnacht mit rigiden Feierverboten. Um vereint gegen diese Politik vorzugehen, gründeten 1924 die Narrenzünfte aus Bräunlingen, Donaueschingen, Elzach, Haslach, Hüfingen, Klein Laufenburg, Oberndorf, Offenburg, Rottweil, Schramberg, Stockach, Villingen und Waldshut den „Gauverband badischer und württembergischer Narrenzünfte", später umbenannt in „Vereinigung Schwäbisch-Alemannischer Narrenzünfte". Mit Erfolg: Verhandlungen mit den politisch Verantwortlichen führten zur Genehmigung, „gewachsene Bräuche" auszuüben. Deren Nachweis beherrschte fortan das Handeln der Zunft-Funktionäre. In deutlicher Abgrenzung zum Karneval fand 1928 in Freiburg ein erstes groß inszeniertes Treffen aller Mitgliedszünfte in der Festhalle statt. Ein Jahr später kam es in Villingen zum ersten Narrentreffen unter freiem Himmel mit einem großen Umzug.

Immer mehr Zünfte beantragten eine Mitgliedschaft in der Vereinigung, die sich schnell vergrößerte. Mit Nachdruck bemühten sich die Narren, möglichst „alte" Fastnachtsbräuche vorzuweisen. Dankbar propagierte man abenteuerliche Herkunftstheorien, entwickelt von Vertretern der noch jungen wissenschaftlichen Disziplin „Volkskunde". Insbesondere die beliebte Erklärung, die Fastnachtsbräuche hätten sich aus germanischen Fruchtbarkeitskulten und dem Vertreiben von winterlichen Geistern entwickelt, sollte sich mit Beginn des „Dritten Reichs" als verhängnisvoll erweisen.

Zwischen den beiden Weltkriegen boomte die Fastnacht im Südwesten. Mit dem durch die Narrentreffen ermöglichten direkten Vergleich begann ein Wettbewerb vieler Zünfte, die vorhandenen Maskenfiguren optisch zu perfektionieren. Parallel dazu erfand man vielerorts neue Narrenfiguren und führte die Holzmaske als Standard ein. So manche Zunft orientierte sich dabei an den geschichtsträchtigen Vorbildern alter Narrenstädte, andere ließen sich vom jeweiligen Ortsnecknamen inspirieren oder entwickelten ihre Maskenfiguren anhand regionaler Geschichten und Sagen. Auch die Märchenhexe des 19. Jahrhunderts bot eine willkommene Vorlage. Gleichzeitig drängten zum Missfallen der meisten Gründungsmitglieder weiterhin Zünfte in den Verband. Es kam zu ersten Zerwürfnissen. Die Breisacher Gauklerzunft erklärte 1937 ihren Austritt. Deren Zunftmeister Harry Schäfer gründete noch im selben Jahr den „Verband Oberrheinischer Narrenzünfte".

Relativ schnell bemächtigten sich die Nationalsozialisten der Schwäbisch-Alemannischen Fastnacht. Erhoben zu Trägern „urdeutschen Kulturguts" fühlten sich die Narren geschmeichelt. Stolz und Selbstverständnis vieler Narrenzünfte machten es dem NS-Regime einfach, mit seiner einerseits rückwärtsgewandten, vor Mythos und bäuerischem Germanenwahn strotzenden Vorstellungswelt, andererseits aber hochmodernen

Handhabung der Massenpsychologie, sich des Brauches für seine Zwecke zu bedienen. Die Fastnacht wurde auf allen Ebenen instrumentalisiert und nur wenige Narren boten der Diktatur die Stirn. Erst 1947 gelang es daher, die „Vereinigung Schwäbisch-Alemannischer Narrenzünfte" neu zu gründen.

Ganze sechs Jahre später konstituierte sich der „Bund Deutscher Karneval" (BDK) neu. Nicht zuletzt um die unrühmliche Rolle des Verbandes während der NS-Diktatur vergessen zu machen, war dessen Führungsspitze bestrebt, möglichst viele Narren unter ihr Dach zu holen. Das Werben des BDK erreichte auch die „Vereinigung Schwäbisch-Alemannischer Narrenzünfte", deren Präsidium sich anfänglich durchaus nicht abgeneigt zeigte.

Diese Haltung veranlasste 1953 die Gründungszünfte Elzach, Rottweil und Überlingen zum Austritt aus dem Verband. Neben einer drohenden „Karnevalisierung" ihrer Bräuche störten sich die Verantwortlichen an der stetig steigenden Zahl an Narrentreffen sowie immer neuen Mitgliedszünften, deren Maskenfiguren über keine lange Geschichte verfügten. Trotz der Tatsache, dass die Spitze der Vereinigung daraufhin dem BDK eine Absage erteilte, erklärten in den folgenden Jahren noch zwei weitere Gründungszünfte ihren Austritt.

Interne Differenzen bewogen im Jahr 1955 die Narrozunft Villingen, ihre Mitgliedschaft zu kündigen. 1958 schließlich vollzog die Narrenzunft Oberndorf die Trennung. Während in Villingen beschlossen wurde, die Fastnacht künftig ausschließlich in den eigenen Stadtmauern zu feiern, vereinigten sich die Zünfte aus Elzach, Rottweil und Überlingen zunächst zu einem Dreierbund, dessen erstes Treffen 1958 in Überlingen stattfand. 1963 beim erneuten Treffen in Überlingen stieß die Narrenzunft Oberndorf dazu. Der „Viererbund" war geboren und genießt seitdem eine besondere Stellung unter den Fastnachtsfreunden im deutschen Südwesten. Jener vom einstigen Ministerpräsidenten von Baden-Württemberg und Bundeskanzler Kurt Georg Kiesinger geprägte Begriff der „Aristokraten unter den Narren" hat sich ebenso bis heute gehalten wie der Ausdruck „Rebellenzünfte".

Quellen

Stadtarchiv Rottweil S 11/1 (Postkartensammlung)

Stadtarchiv Rottweil S 15/3 (Kalendersammlung) Photon, Der Viererbund, 2004, 2007, 2014, 2018

Danner, Günter/Hecht, Winfried, Fasnet im Viererbund: in Elzach, Oberndorf, Rottweil und Überlingen, Konstanz 2012.

Deck, Hansjörg, Der Viererbund. Fasnet in Rottweil, Oberndorf, Elzach und Überlingen, Tübingen 2002.

Hecht, Winfried, Was ist bloß der Viererbund? Rottweil 2016 (Rottweil Mini; 14).

Rieble, Egon, D' Rottweiler Narra und Narra aus em Viererbund amol uf schwäbisch, Zimmern ob Rottweil 2009.

Abkürzungsverzeichnis

AMG	Albertus-Magnus-Gymnasium (Rottweil)	NSLB	Nationalsozialistischer Lehrerbund
DAF	Deutsche Arbeitsfront	NSV	Nationalsozialistische Volkswohlfahrt
DEO	Dietrich-Eckart-Oberschule (Rottweil)	REM	Reichsministerium für Erziehung, Wissenschaft und Volksbildung
HJ	Hitlerjugend		
HJb	Historisches Jahrbuch	RHBll.	Rottweiler Heimatblätter
HLS	Historisches Lexikon der Schweiz	SA	Sturmabteilung
HStAS	Hauptstaatsarchiv Stuttgart	Schwabo	Schwarzwälder Bote
HZ	Historische Zeitschrift	SS	Schutzstaffel
JbSG	Jahrbuch für Schweizerische Geschichte	StALB	Staatsarchiv Ludwigsburg
LG	Leibniz-Gymnasium (Rottweil)	UB	Universitätsbibliothek
NAPEA	Nationalpolitische Erziehungsanstalt (Rottweil)	WUB	Württembergisches Urkundenbuch
		ZBLG	Zeitschrift für Bayerische Landesgeschichte
Napola	Nationalpolitische Lehranstalt(en)	ZGO	Zeitschrift für die Geschichte des Oberrheins
NDB	Neue Deutsche Biographie		
NRWZ	Neue Rottweiler Zeitung	ZSG	Zeitschrift für Schweizerische Geschichte
NS	Nationalsozialismus	ZWLG	Zeitschrift für Württembergische Landesgeschichte
NSDAP	Nationalsozialistische Deutsche Arbeiterpartei		